# EUROPÄISCHES WIRTSCHAFTSRECHT
Band 36

EUROPÄISCHES WIRTSCHAFTSRECHT

Schriftenreihe

Herausgegeben
von

Prof. Dr. Dr. h. c. Jürgen Basedow, Max-Planck-Institut für ausländisches und internationales Privatrecht Hamburg
Prof. Dr. Eberhard Grabitz †, Weiland Universität Berlin
Prof. Dr. Dr. Dr. h. c. mult. Klaus J. Hopt, Max-Planck-Institut für ausländisches und internationales Privatrecht Hamburg
Prof. Dr. Wulf-Henning Roth, Universität Bonn

Band 36

# Das Pflichtenprogramm börsennotierter Aktiengesellschaften im Europäischen Gemeinschaftsrecht

## Entwicklung, Systematik und Perspektiven

von

Dr. Dinah Brecht

Verlag C. H. Beck München 2004

Verlag C. H. Beck im Internet:
**beck.de**
D 6

ISBN 3 406 52220 3


Wilhelmstraße 9, 80801 München
Druck: Nomos Verlagsgesellschaft
In den Lissen 12, 76547 Sinzheim

Satz: Fotosatz H. Buck
Zweikirchenerstr. 7, 84036 Kumhausen

Gedruckt auf säurefreiem, alterungsbeständigem Papier
(hergestellt aus chlorfrei gebleichtem Zellstoff)

*Meiner Familie*

# Vorwort

Die vorliegende Arbeit entstand im Rahmen des Graduiertenkollegs „Rechtsfragen des Europäischen Finanzraums" an der Rheinischen Friedrich-Wilhelms-Universität Bonn und hat im Wintersemester 2002/2003 der dortigen Rechts- und Staatswissenschaftlichen Fakultät als Dissertation vorgelegen. Rechtsprechung und Literatur konnten bis November 2002 berücksichtigt werden; hinsichtlich der zugrundeliegenden Rechtsvorschriften wurde die Arbeit auf den Stand von April 2004 gebracht.

Mein Dank gilt zunächst Herrn Professor Dr. Wolfgang Schön, der die Betreuung der Arbeit übernommen hat, bei der Auswahl des Themas behilflich war und mir wichtige Anstöße für die Konzeption der Arbeit gab. Herrn Professor Dr. Wulf-Henning Roth danke ich für die sehr zügige Erstellung des Zweitgutachtens. Ihm sei auch stellvertretend als Sprecher des Graduiertenkollegs gedankt für meine Aufnahme in dieses Programm und die damit verbundene vielfältige Unterstützung durch wertvolle Diskussionen, Seminare und Vorlesungen. Der Deutschen Forschungsgemeinschaft danke ich für die großzügige finanzielle Förderung der Arbeit. Professor Dr. Dres. h. c. Marcus Lutter und Professor Dr. Holger Fleischer, Dipl.-Kfm., LL.M. bin ich zu Dank für weiterführende Gespräche und Anregungen verpflichtet. Dem ehemaligen Geschäftsführenden Direktor des Max-Planck-Instituts für ausländisches und internationales Privatrecht in Hamburg, Herrn Dr. Dr. Dres. h.c. Klaus J. Hopt sei stellvertretend für die Ermöglichung eines einmonatigen Forschungsaufenthalts im Herbst 2000 gedankt.

Besonderen Dank schulde ich Herrn Professor Dr. Martin Henssler für meine jahrelange Beschäftigung am Institut für Arbeits- und Wirtschaftsrecht an der Universität zu Köln und die damit verbundenen optimalen Arbeitsbedingungen. Auch die Vorzüge des Instituts für Handels- und Wirtschaftsrecht an der Universität Bonn durfte ich uneingeschränkt nutzen. Dem ehemaligen Geschäftsführenden Direktor, Herrn Professor Dr. Dres. h. c. Karsten Schmidt möchte ich daher an dieser Stelle ebenfalls danken.

Den Mitarbeitern und Mitarbeiterinnen beider Institute und meinen Kollegen und Kolleginnen im Graduiertenkolleg danke ich für die herzliche und freundschaftliche Atmosphäre, die für den nötigen Spaß und Abwechslung bei der Arbeit sorgte.

Schließlich danke ich meiner Familie für ihre lebenslange liebevolle Unterstützung und Förderung. Ihr widme ich diese Arbeit.

# Inhaltsübersicht

# Inhaltsverzeichnis

# Abkürzungsverzeichnis

| | |
|---|---|
| a.E. | am Ende |
| Art. | Artikel |
| Aufl. | Auflage |
| bzgl. | bezüglich |
| BZR | Börsenzulassungsrichtlinie |
| BZPR | Börsenzulassungsprospektrichtlinie |
| EG | EG-Vertrag i.d.F. des Vertrages von Amsterdam |
| EGV | EG-Vertrag i.d.F. des Vertrages von Maastricht |
| geänd. | geändert(er) |
| ggfs. | gegebenenfalls |
| HBR | Halbjahresberichtsrichtlinie |
| i.d.F. | in der Fassung |
| i.d.R. | in der Regel |
| insb. | insbesondere |
| i.V.m. | in Verbindung mit |
| kodRL | kodifizierte Richtlinie |
| TR | Transparenzrichtlinie |
| SE-VO | Verordnung über das Statut der Europäischen (Aktien-)gesellschaft |
| UAbs. | Unterabsatz |
| ursprgl. | ursprünglich(er) |
| WpDlR | Wertpapierdienstleistungsrichtlinie |
| zit. | zitiert |

Die Bedeutung verkürzter Literaturangaben in den Fußnoten ergibt sich aus dem Literaturverzeichnis.

Soweit die Abkürzungen nicht besonders erläutert sind, wird verwiesen auf:
*Kirchner, Hildebert:* Abkürzungsverzeichnis der Rechtssprache, 4. Aufl., Berlin/New York 1993.

# Einleitung

Wirtschaftsunternehmen wählen die europaweit bedeutendste börsenfähige Rechtsform der Aktiengesellschaft vor allem aus dem Grunde, um ihren ständig wachsenden Kapitalbedarf durch Emission von Wertpapieren am öffentlichen Kapitalmarkt decken zu können. Die Börse ist noch immer zentraler Platz des Kapitalmarkts. Sie kann ihre Funktion nur dann erfüllen, wenn die Kapitalanleger über die Anlagemöglichkeiten und Börsenmechanismen informiert sind und Vertrauen in die Zuverlässigkeit dieses Marktes haben.[1]

Da die in den Verkehr gebrachten Wertpapiere Geldforderungen gegen oder Beteiligungsrechte an Gesellschaften verkörpern, liegt der Ansatzpunkt für die Informationen bei den Emittenten selbst.[2] Informationen, die innerhalb des Unternehmens fließen und für die Kauf – oder Verkaufsentscheidung von Wertpapieren von Bedeutung sind, müssen in den freien Markt transportiert werden, und dort müssen bestimmte Verhaltensregeln beachtet werden.[3] Deshalb stehen im Mittelpunkt der rechtlichen Ausgestaltung des Kapitalmarkts – des Kapitalmarktrechts – der Anlegerschutz insbesondere durch Information sowie die Funktionsfähigkeit und Effizienz des Börsenhandels.[4]

Dementsprechend hat *Hopt* das Kapitalmarktrecht definiert „als die Gesamtheit der Grundsätze und Normen [...], die sich mit dem öffentlichen Vertrieb und Umlauf von Unternehmensbeteiligungen und verbrieften bzw. öffentlich registrierten Geldforderungstiteln – kurz fungiblen Kapitalmarktpapieren – befassen, um den Individualschutz der Kapitalanleger und den Funktionenschutz von Kapitalmarkt und Wirtschaft zu gewährleisten".[5]

Mit der Abschaffung der nationalen Währungen und der Einführung des Euro-Bargeldes zum 1.1.2002 wurde die theoretisch bereits bestehende Frei-

---

[1] *Lutter,* EuUntR, 4. Aufl. 1996, S. 93.

[2] *Hopt,* ZHR 141 (1977), S. 389 ff. (414 f.).

[3] Segré-Bericht, S. 237; *Heinze,* S. 4.

[4] Dies sind die traditionellen Ziele der amerikanischen „securities regulations"; *Wiedemann,* Gesellschaftsrecht, S. 482 (§ 9 II 1); *Kübler,* Gesellschaftsrecht, S. 390; *Hommelhoff,* ZGR 2000, S. 748 ff. (771 ff.); andere vertreten die Auffassung, das Kapitalmarktrecht sei nur auf Funktionenschutz, nicht auch auf Individualschutz ausgerichtet; *Heinze,* S. 8 m.w.Nachw.

[5] *Hopt,* ZHR 141 (1977), S. 389 ff. (431). Das Kapitalmarktrecht erfasst sowohl die Verfassung des Kapitalmarkts als auch die Transaktionen auf dem Primärmarkt (zwischen Emittenten und Anlegern) und dem Sekundärmarkt (zwischen verschiedenen Anlegern unter Beteiligung von Finanzintermediären); vgl. *Weber,* in: Dauses, Handbuch des EU-Wirtschaftsrechts, F.III. Rn. 6; *Schneider,* AG 2001, S. 269 ff. (271); *Wiedemann,* Gesellschaftsrecht, S. 483; *Hopt,* Systembildung und Systemlücken, S. 307 ff. (315).

heit, europaweit zu investieren, für den einzelnen Anleger praktisch relevant und selbstverständlich.[6] Den Anleger, der in Europa in börsennotierte Wertpapiere investieren will, interessiert besonders, welchen Risiken er ausgesetzt ist und welche Schutzmechanismen er auf den europäischen Wertpapiermärkten vorfindet. Die Europäischen Wertpapiermärkte sind derzeit den umfassendsten regulatorischen Veränderungen seit über zwanzig Jahren ausgesetzt: Der „Aktionsplan für Finanzdienstleistungen" der Kommission vom 11.5.1999[7] sieht im Bereich der Wertpapiermärkte eine Vielzahl von Rechtsetzungsmaßnahmen vor, die bereits zum Ende des Jahres 2006 in die nationalen Rechte der Mitgliedstaaten umgesetzt sein sollen. Die Neuregelungen, die die Kommission auch als „Transparenzagenda" bezeichnet[8], werden erhebliche Auswirkungen auf die kapitalmarktrechtlichen Pflichten börsennotierter Aktiengesellschaften haben, die zum Schutz der Anleger und der Funktionsfähigkeit der Kapitalmärkte existieren. Gegenstand dieser Arbeit sind daher die künftigen Entwicklungen und deren Einfluss auf das bestehende gemeinschaftsrechtliche Pflichtenprogramm börsennotierter Aktiengesellschaften. Mit dieser Thematik werden sich sowohl die Kapitalmarktteilnehmer, d.h. die Gesellschaften und die Anleger, als auch die nationalen Gesetzgeber und die im kapitalmarktrechtlichen Bereich tätigen Personen eingehend auseinandersetzen müssen.

---

[6] Vgl. *Lutter,* Systembildung und Systemlücken, S. 121 ff. (140).
[7] Mitteilung, DOK KOM (1999) 232.
[8] Zweites Konsultationspapier, S. 2.

# Erster Teil: Problemstellung und Grundlagen

## Erstes Kapitel: Problemstellung

In der folgenden Darstellung geht es um die kapitalmarktrechtlichen Pflichten, die das Gemeinschaftsrecht Aktiengesellschaften vor der Zulassung zur amtlichen Notierung an einer mitgliedstaatlichen Börse und im Anschluss an die Zulassung auferlegt. Den Schwerpunkt bilden die nach erfolgter Zulassung bestehenden laufenden, d.h. periodischen und anlassbezogenen Verhaltenspflichten.

### A. Ziel der Arbeit

Im Rahmen dieser Darstellung soll versucht weden, die einzelnen Pflichten innerhalb des Europäischen Kapitalgesellschafts- und Kapitalmarktrechts in einen systematischen Zusammenhang zu bringen, ihre bisherige und künftige Entwicklung aufzuzeigen und gemeinsame Prinzipien herauszuarbeiten.

Als Ergebnis wird sich herausstellen, dass sich im Bereich der Pflichten börsennotierter Gesellschaften trotz des fragmentarischen und kompromisshaften Charakters des Sekundärrechts tatsächlich ein System feststellen lässt und dass durch den Ausbau und die Entwicklung des Anlegerschutzes am öffentlichen und regulierten Kapitalmarkt ein ganz spezielles harmonisiertes Rechtsgebiet, ein „besonderes Europäisches Kapitalgesellschaftsrecht" für börsennotierte Aktiengesellschaften mit eigenen Prinzipien und Konfliktentscheidungen entstanden bzw. im Werden begriffen ist.[9] Mit diesem Ergebnis soll dem verbreiteten Vorwurf begegnet werden, das Europäische Kapitalmarktrecht sei pointillistisch, fragmentarisch, konzeptionslos und folge keinem System.[10]

Eine Systembildung fördert den Zugang und das Verständnis der Einzelregelungen. Sie ist ferner aufschlussreich für die Lösung einzelner nationaler Auslegungsprobleme. Diese werden im Schrifttum überwiegend unter Außerachtlassung der systematischen Stellung der Normen im Europäischen Rechtsgefüge erörtert.[11] Gerade im Hinblick auf die in naher Zukunft erforderlichen

---

[9] *Lutter*, ZGR 2000, S. 1 ff. (6).

[10] *Assmann*, AG 1993, S. 549 ff. (550, 562 f.); *ders.*, ORDO 44 (1993), S. 87 ff.; *Assmann/Buck*, EWS 1990, S. 110 ff. (111); *Schneider*, AG 2001, S. 269 ff. (269); *Hoppmann*, S. 50 f.; a.A. *Grundmann*, ZfSR 1996, S. 103 ff. (127–135).

[11] Ähnlich *Schön*, RabelsZ 64 (2000), S. 1 ff. (4 f.).

Umsetzungsmaßnahmen aufgrund der bevorstehenden umfangreichen Änderungen im Europäischen Kapitalmarktrecht durch die Verwirklichung des „Aktionsplans für Finanzdienstleistungen" kann das hier gebildete System den nationalen Gesetzgebern zur Vermeidung von und zum Abbau bestehender Umsetzungsdefizite anhalten. Es dient einer korrekten, d.h. „systemkonformen" Umsetzung der sekundärrechtlichen Vorschriften.[12]

## B. Vorgehensweise

Eine Systembildung muss ausgehen von der Frage, welchem Ziel der untersuchte Bereich dient. Nach einer Bestandsaufnahme der zu untersuchenden Regelungen und Materialien ist es zunächst erforderlich, auf die primärrechtlichen Grundlagen der in Rede stehenden Vorschriften einzugehen.[13] Daraufhin werden die einzelnen Pflichten untersucht. Zunächst wird auf ihre Entstehungsgeschichte und Entwicklung eingegangen. Darüber hinaus werden die Zusammenhänge der Pflichten untereinander, insbesondere zwischen Emissions- und Regelpublizität aufgezeigt. Ferner werden die Bezüge und Unterschiede der Pflichten zum allgemeinen Europäischen Aktiengesellschaftsrecht, d.h. dem Recht, das sowohl für nicht börsennotierte als auch für börsennotierte Gesellschaften gilt, hergestellt. Dadurch wird deutlich, inwieweit sich – vom Europarecht ausgehend – eine Zweiteilung des Aktienrechts in ein Recht der börsennotierten und ein Recht der nicht börsennotierten Gesellschaften vollzieht bzw. bereits vollzogen hat.[14] Das Europäische Aktiengesellschafts- und das Europäische Kapitalmarktrecht können heutzutage nicht mehr isoliert voneinander betrachtet werden; die Berücksichtigung der wechselseitigen Zusammenhänge ist im Rahmen einer Systembildung unerlässlich.[15] Denn in Zukunft werden gesellschaftsrechtliche Neuerungen und Publizitätsfortschritte vor allem durch die Zwänge und Bedürfnisse der internationalen und globalisierten Kapitalmärkte bestimmt.[16]

Schließlich wird – soweit dies zum gegenwärtigen Zeitpunkt möglich ist – auf die zu erwartenden künftigen Entwicklungen der Pflichten eingegangen,

---

[12] Vgl. *Grundmann*, Systembildung und Systemlücken, S. 1 ff. (12).

[13] *Grundmann*, Systembildung und Systemlücken, S. 1 ff. (2).

[14] In Frankreich und Deutschland ist diese Zweiteilung im nationalen Aktienrecht festgeschrieben: Das französische Aktienrecht unterscheidet in vielen Vorschriften zwischen Gesellschaften, die den Kapitalmarkt in Anspruch nehmen („qui font publiquement appel à l'épargne") und solchen, die das nicht tun. Auch im deutschen Aktiengesetz sind durch das KonTraG (Gesetz zur Kontrolle und Transparenz im Unternehmensbereich v. 27. 4. 1998, BGBl. I S. 768) eine Definition der börsennotierten Gesellschaft (§ 3 Abs. 2 AktG) sowie besondere Bestimmungen für diese eingefügt worden.

[15] Vgl. *Grundmann*, Systembildung und Systemlücken, S. 1 ff. (28); *Hopt*, Systembildung und Systemlücken, S. 307 ff. (327 f.); vgl. *K. Schmidt*, Gesellschaftsrecht, S. 15.

[16] *Merkt*, Unternehmenspublizität; *Claussen*, ZGR 2000, S. 604 ff. (618).

die sich aus der Umsetzung des „Aktionsplans für Finanzdienstleistungen“ ergeben werden und aufgezeigt, inwieweit sich diese in das bestehende System einfügen oder zu Änderungen führen.

Zur Erleichterung des Verständnisses wird – in Fußnoten – auf die jeweiligen deutschen Umsetzungsvorschriften und auf ggfs. vorhandene Umsetzungsdefizite hingewiesen.

## C. Begründung für einen systematischen Ansatz

Gegen einen systematischen Ansatz bei der Interpretation von Europarecht wird eingewendet, das bestehende Europäische Normensystem beruhe auf dem Prinzip der „begrenzten Einzelermächtigung“ und dem „Subsidiaritätsprinzip“ und sei aufgrund seines kompromisshaften und fragmentarischen Charakters ein eher „eklektisches Rechtsgebäude“. Deshalb folge es zwangsläufig keiner Systematik wie ein nationales gewachsenes und umfassendes Gesamtgefüge von Normen.[17]

Dagegen ist einzuwenden, dass das Europäische Sekundärrecht auf dem Gebiet des Gesellschafts- und Kapitalmarktrechts in seiner Gesamtheit der Schaffung des Binnenmarkts und der Verwirklichung der einschlägigen Grundfreiheiten, insbesondere der Niederlassungs- und der Kapitalverkehrsfreiheit dient. Ferner liegen den entsprechenden Vorschriften weitgehend dieselben primärrechtlichen Ermächtigungsnormen, Artt. 44, 94, 95 EG zugrunde.[18] Diese gemeinsamen primärrechtlichen Grundlagen können der Ursprung von *zentralen* Wertungen sein.

Auch in den sekundärrechtlichen Vorschriften selbst wird auf bereits vorhandene, zum Teil nicht verabschiedete Rechtsakte[19] Bezug genommen, entweder durch ausdrückliche Verweisung, oder – vor allem im letzteren Fall – durch Wiederholung des Wortlauts. Soweit die Normen auf diese Weise ein System schaffen oder sogar von einem bestehenden System ausgehen[20], er-

[17] Vgl. *Lutter*, JZ 1992, S. 593 ff. (602); *Schön*, RabelsZ 64 (2000), S. 1 ff. (6 f.); *Mülbert*, WM 2001, S. 2085 ff. (2087).

[18] S. u. Drittes Kapitel unter C.

[19] Diese können jedenfalls dann herangezogen werden, wenn die Gesetzgebung nicht durch grundsätzliche Sachdifferenzen, wie z. B. im Bereich des Konzernrechts, behindert wurde. Sofern sich der Streit auf einen abgrenzbaren Bereich beschränkt, wie beispielsweise im Falle des Vorschlags einer Strukturrichtlinie auf die Frage der Arbeitnehmermitbestimmung, können die Materialien im übrigen zur Auslegung herangezogen werden; vgl. *Schön*, RabelsZ 60 (2000), S. 1 ff. (8). Diesen Weg geht auch der EuGH, Urt. v. 16. 12. 1997 – Rs. C-104/96 (Coöperatieve Rabobank/E. A. Minderhoud), Slg. 1997, I–7211 (7227 Rz. 25) (mit Verweis auf Art. 10 des dritten geänderten Vorschlags einer Strukturrichtlinie v. 20. 11. 1991).

[20] So die Verordnung EG Nr. 2157/2001 des Rates v. 8. 10. 2001 über das Statut der Europäischen Gesellschaft (SE), die umfänglich auf die gesellschaftsrechtlichen Richtli-

scheint ein systematischer Ansatz nahezu geboten.[21] Dagegen spricht auch nicht die Tatsache, dass das Instrument der Richtlinie den Mitgliedstaaten die Wahl der Form und der Mittel überlässt, den europäischen Normbefehl zu befolgen,[22] ihnen also die Möglichkeit gibt, die Umsetzungsvorschriften in das bestehende nationale Rechtssystem zu integrieren, ohne dieses zu verletzen. Daraus könnte man zwar folgern, dass die Gesetzessystematik weiterhin Sache der nationalen Gesetzgeber ist. Dies bezieht sich aber lediglich auf die äußere Gesetzestechnik. Soweit dem europäischen Recht grundlegende Wertungen, Sachentscheidungen und Schutzniveaus entnommen werden können, ist das mit der Richtlinie verbundene Ziel betroffen, das für die nationalen Gesetzgeber verbindlich ist.[23]

## Zweites Kapitel: Überblick über die maßgeblichen Regelungen

Vor der eigentlichen Darstellung ist eine Bestandsaufnahme des der Darstellung zugrunde liegenden Regelungsmaterials erforderlich.

### A. Bemühungen der Kommission zur Schaffung eines Europäischen Kapitalmarkts

Die Bemühungen der EG-Kommission zur Schaffung eines Europäischen Kapitalmarkts begannen bereits kurz nach Abschluss der Römischen Verträge:

#### I. Segré-Bericht von 1966

Im Jahre 1964 beauftragte die Kommission eine Gruppe unabhängiger Sachverständiger unter dem Vorsitz von Prof. Claudio Segré mit der Untersuchung aller Fragen, die sich aus der Verwirklichung des EWG-Vertrags für die Funktionsfähigkeit der europäischen Kapitalmärkte ergeben. Als Ergebnis wurde 1966 der sog. Segré-Bericht[24] veröffentlicht, der die notwendigen Schritte zur

---

nien bzw. auf die entsprechenden nationalen Umsetzungsvorschriften verweist; ABl. EG Nr. L 294 v. 10. 11. 2001, S. 1 ff.

[21] Vgl. *Schön*, RabelsZ 64 (2000), S. 1 ff. (7 f.) mit weiteren Beispielen; im Ergebnis auch *Tippach*, Insider-Handelsverbot, S. 140.

[22] Art. 249 Abs. 3 EG.

[23] Ähnlich *Schön*, RabelsZ 64 (2000), S. 1 ff. (8 f.); zu Eigenheiten der Systembildung im Europäischen Recht *Mülbert*, WM 2001, S. 2085 ff. (2087 f.).

[24] *Europäische Wirtschaftsgemeinschaft – EG-Kommission*, Der Aufbau eines Europäischen Kapitalmarkts Bericht einer von der EWG-Kommission eingesetzten Sachverständigengruppe, 1966.

Schaffung eines Europäischen Kapitalmarkts aufzeigte und damit die rechtspolitischen Grundlagen des bis heute verfolgten Integrationskonzepts legte.[25]

Die darin geforderte Verschärfung der Publizitätspflichten, die grundsätzlich im Widerspruch zu den Interessen der Gesellschaften an Konkurrenzfähigkeit durch Geheimhaltung und an Deregulierung stand, wurde u.a. damit gerechtfertigt, dass die Erweiterung der Publizität auf dem amerikanischen Markt zu einer Verbesserung der Finanzierungsmöglichkeiten der Gesellschaften und allgemein deren Verhältnis zum Publikum geführt hatte (disclosure philosophy) und dies auch für den europäischen Kapitalmarkt zu erwarten sei.[26]

Der Segré-Bericht macht ausführliche Vorschläge für die Publizität der Gesellschaften vor der öffentlichen Emission von Wertpapieren[27], geht aber noch nicht auf Einzelheiten bzgl. der „ständigen" Publizität ein, da dafür die Voraussetzungen einer gewissen Harmonisierung der Jahresabschlussvorschriften noch nicht geschaffen waren. Die Sachverständigengruppe schlug lediglich vor, diesbezüglich bestimmte Grundsätze aufzustellen.[28]

## II. Wohlverhaltenskodex von 1977

Während sich die ersten den Kapitalmarkt betreffenden Richtlinien noch im Vorbereitungsstadium befanden[29], richtete die EG-Kommission, gestützt auf Artt. 2, 211 EG (ex. Artt. 2, 155 EGV), eine Empfehlung an die Mitgliedstaaten „betreffend europäische Wohlverhaltensregeln für Wertpapiertransaktionen" (sog. *Wohlverhaltenskodex*).[30] Sie ist der erste Rechtsakt auf EG-Ebene, der sich

[25] *Weber,* in: Dauses, EU-Wirtschaftsrecht, F. III. Rn. 2; *Izquierdo,* S. 30, 34; *Kiel,* Internationales Kapitalanlegerschutzrecht, S. 77.

[26] Segré-Bericht, S. 238, 241; so auch die Begründung der Kommission zum ursprünglichen Vorschlag einer BZPR v. 26. 9. 1972, BR-Drucks. 566/72 v. 26. 10. 1972, S. 59; *Wiedemann*, Gesellschaftsrecht, S. 484; *Edwards,* EC-Company Law, S. 244; *Schwark,* Anlegerschutz, S. 211; aufgegriffen in der Begründung der Kommission zum ursprgl. Vorschlag einer BZPR v. 26. 9. 1972, BR-Drs. 566/72 v. 2. 11. 1972, S. 59.

[27] Das Schema eines Zulassungsprospektes wurde als Anhang beigefügt und bildete die Grundlage für den ursprünglichen Kommissionsvorschlag einer BZPR vom 26. 10. 1972, vgl. Segré-Bericht S. 267 ff.; dazu *Izquierdo*, S. 31.

[28] Segré-Bericht, S. 242, 251; zum Ganzen *Edwards*, EC Company Law, S. 229.

[29] Zu diesem Zeitpunkt hatte die Kommission dem Rat bereits verschiedene Vorschläge in Bezug auf die Wertpapiermärkte unterbreitet: den ursprgl. Vorschlag der Richtlinie zur Koordinierung der Bedingungen für die Erstellung des Prospekts, der für die Zulassung von Wertpapieren zur amtlichen Notierung an einer Wertpapierbörse zu veröffentlichen ist, ABl. EG Nr. C 131 v. 13. 12. 1972, S. 61 ff. sowie den ursprgl. Vorschlag der Richtlinie zur Koordinierung der Bedingungen für die Zulassung von Wertpapieren zur amtlichen Notierung an einer Wertpapierbörse, ABl. EG Nr. C 56 v. 10. 3. 1976 S. 2 ff.

[30] Empfehlung 77/534/EWG der Kommission vom 25. 7. 1977 betreffend europäische Wohlverhaltensregeln für Wertpapiertransaktionen, ABl. EG Nr. L 212 v. 20. 8. 1977 S. 36 ff., abgedruckt in: *Kommission der Europäischen Gemeinschaften,* Wertpapiermärkte: Zusammenstellung der EG-Rechtsakte und Vorschläge sowie ihre Anwendung auf den Europäischen Wirtschaftsraum, Stand Juni 1993, Luxemburg 1993, S. 75–81.

mit der Regelung der europäischen Wertpapiermärkte befasst. Die Empfehlung besteht aus allgemeinen Grundsätzen und ergänzenden Einzelregelungen, die zum Teil laufende Verhaltenspflichten der Gesellschaften enthalten, die später in den Richtlinien verbindlich festgeschrieben wurden.[31]

Aufgrund der Unverbindlichkeit der Empfehlung war die Beachtung der Wohlverhaltensregeln von der Kooperation der Mitgliedstaaten und der Selbstbindung der im Wertpapierbereich tätigen Personen abhängig. Sie führte nicht zum gewünschten Erfolg, was zugleich die Notwendigkeit verbindlicher Regelungen belegte.[32] Heute kommt der Empfehlung infolge der in der Folgezeit erlassenen verbindlichen Rechtsetzungsakte keine praktische Bedeutung mehr zu.[33] Aufgrund ihrer gleichgerichteten Intention ist sie jedoch für die Entwicklung und das Verständnis der mit ihr in Zusammenhang stehenden später entstandenen Richtlinien von Bedeutung.

## III. Weißbuch der Kommission an den Europäischen Rat von 1985

Nach Erscheinen des Segré-Berichts wurden die Rechtsangleichungsmaßnahmen im Bereich des Börsenrechts zunächst unter der Prämisse erlassen, langfristig eine Vollharmonisierung zu erreichen.[34] Um den Bemühungen um einen gemeinsamen Markt und dem Abbau der Binnengrenzen eine neue Dynamik zu verleihen, wurde dieser Ansatz aufgegeben: Mit dem **Weißbuch** von 1985 legte die Kommission ein Programm mit Zeitplan zur Vollendung des Binnenmarktes bis Ende 1992 vor, das sich auch mit der Liberalisierung des Kapitalverkehrs befasst.[35] Das Weißbuch führte das Konzept der Mindestharmonisierung unter gleichzeitiger gegenseitiger Anerkennung einzelstaatlicher strengerer oder zusätzlicher Regelungen im harmonisierten Bereich ein (Herkunftslandprinzip).[36]

---

[31] Empfehlung (77/534/EWG) Begründung Nr. 15, dritter Gedankenstrich, ABl. EG Nr. 212 v. 20. 8. 1977 S. 38; vgl. dazu *Hoffmann*, S. 109.

[32] Art. 249 Abs. 5 EG; Empfehlung (77/534/EWG) Begründung Nr. 6), 13), ABl. EG Nr. L 212 v. 20. 8. 1977 S. 38, 40; so die Stellungnahme des Wirtschafts- und Sozialausschusses v. 16. 12. 1987 zum ursprgl. Vorschlag einer Insiderrichtlinie, ABl. EG Nr. C 35 v. 8. 2. 1988, S. 22 ff. (22); *Izquierdo*, S. 39, 44.

[33] Zum Ganzen *Kiel*, S. 77 f.; *Edwards*, EC Company Law, S. 229 ff.

[34] 5.–7., 11., 28. Erwägungsgrund kodRL (vormals 4.–6. Erwägungsgrund BZR; 4. Erwägungsgrund BZPR; 4. Erwägungsgrund HBR).

[35] *EG-Kommission*, Vollendung des Binnenmarktes, Weißbuch der Kommission an den Europäischen Rat, Juni 1985, DOK KOM (1985) 310, S. 27 f., 31 ff., Anhang S. 31, 33.

[36] *EG-Kommission*, Vollendung des Binnenmarktes, Weißbuch der Kommission an den Europäischen Rat, 1985, S. 19 f., 22, 27; *Streinz*, Europarecht, Rn. 36, 955; Assmann/Schütze-*Assmann*, Handbuch des Kapitalanlagerechts, § 1 Rn. 88; GTE/*Kiemel* Art. 73b Rn. 49; *Heinze*, S. 19, 21; zur Mindestharmonisierung im Europäischen Gesellschaftsrecht vgl. *Schön*, ZHR 160 (1996), S. 221 ff.; *Grundmann*, Europäisches Schuldvertragsrecht, 1. Teil Rn. 107 ff.; *Edwards*, EC Company Law, S. 228; *Hoffmann*, S. 12; *Hoppmann*, S. 6 f.

Das im Segré-Bericht aufgestellte rechtspolitische Integrationskonzept für den Bereich der Wertpapiermärkte ist bis heute wegweisend für die Harmonisierungsbemühungen.[37] In dieser Tradition steht auch der Aktionsplan für Finanzdienstleistungen von 1999.[38]

## B. Geltendes Recht

Die durch das Gemeinschaftsrecht einer börsennotierten Aktiengesellschaft auferlegten vor und während der Zulassung zur amtlichen Notierung zu beachtenden Verhaltenspflichten ergaben sich zunächst aus einem Bündel von vier Richtlinien:

### I. Börsenzulassungsrichtlinie

Die erste überhaupt auf dem Gebiet des Kapitalmarktrechts erlassene Richtlinie ist die Börsenzulassungsrichtlinie (BZR).[39] Sie trat am 5.4.1979 in Kraft[40] und musste ursprünglich bis zum 8.3.1981[41], im Falle gleichzeitiger Umsetzung der Börsenzulassungsprospektrichtlinie[42] (BZPR) ein Jahr später umgesetzt werden.[43]

Die BZR wurde ergänzt durch die Richtlinie des Rates Nr. 82/148/EWG[44], die die Umsetzungsfrist für solche Mitgliedstaaten verlängerte, die die

[37] *Weber,* in: Dauses, EU-Wirtschaftsrecht, F. III. Rn. 2.

[38] Dazu s.u. unter C.I.

[39] Richtlinie des Rates Nr. 79/279/EWG vom 5.3.1979 zur Koordinierung der Bedingungen für die Zulassung von Wertpapieren zur amtlichen Notierung an einer Wertpapierbörse, ABl. EG Nr. L 66 v. 16.3.1979 S. 21 ff.

[40] Zwanzig Tage nach ihrer Veröffentlichung im Amtsblatt der EG, vgl. Art. 254 Abs. 1 EG (ex Art. 191 Abs. 1 EGV)

[41] 2 Jahre nach ihrer Bekanntgabe am 8.3.1979, Art. 22 Abs. 1 BZR; vgl. Art. 111 i.V.m. Anhang II Teil B kodRL.

[42] Richtlinie des Rates vom 17.3.1980 zur Koordinierung der Bedingungen für die Erstellung, die Kontrolle und die Verbreitung des Prospekts, der für die Zulassung von Wertpapieren zur amtlichen Notierung an einer Wertpapierbörse zu veröffentlichen ist, ABl. EG Nr. L 100 v. 17.4.1980 S. 1 ff.

[43] Art. 22 Abs. 2 BZR. Alle Richtlinien bestimmen eine Frist, innerhalb derer die Umsetzung in nationales Recht erfolgt sein muss, wobei die Kommission über den Vollzug der Richtlinien in Kenntnis zu setzen ist. Diese Pflicht zur rechtzeitigen und vollständigen Umsetzung ergibt sich bereits aus Artt. 10, 249 Abs. 3 EG. Die Überschreitung der Umsetzungsfrist ist eine Verletzung des EG-Vertrages, die im Rahmen des Vertragsverletzungsverfahrens gemäß Artt. 226, 228 EG (ex-Artt. 169, 171 EGV) geahndet werden kann.

[44] Art. 2 der Richtlinie des Rates vom 3.3.1982 zur Änderung der Richtlinie 79/279/EWG zur Koordinierung der Bedingungen für die Zulassung von Wertpapieren zur amtlichen Notierung an einer Wertpapierbörse und der Richtlinie 80/390/EWG zur Koordinierung der Bedingungen für die Erstellung, die Kontrolle und die Verbreitung des Prospekts, der für die Zulassung von Wertpapieren zur amtlichen Notierung an einer Wertpapierbörse zu veröffentlichen ist, ABl. EG Nr. L 62 v. 5.3.1982 S. 22 f.

inzwischen erlassene BZPR und die Halbjahresberichtsrichtlinie[45] (HBR) gleichzeitig umsetzten, und zwar bis zum 30. 6. 1983.[46] Weitere Änderungen erfolgten 1988 und 1989 durch die Transparenzrichtlinie[47] (TR) und die Insiderrichtlinie.[48]

Die BZR fasste alle gemeinschaftsrechtlichen Anforderungen zusammen, denen die Emittenten und die Wertpapiere entsprechen müssen, damit die Wertpapiere zur amtlichen Notierung an einer mitgliedstaatlichen Börse zugelassen werden. Ausgenommen war die Prospektpflicht.[49] Darüber hinaus enthielt sie die gemeinschaftsrechtlichen Pflichten, denen Emittenten von Wertpapieren ständig, während der gesamten Zeit der amtlichen Notierung unterworfen sind.[50] Diese laufenden Pflichten wurden später durch die HBR und die TR erweitert.

---

[45] Richtlinie des Rates Nr. 82/121/EWG vom 15. 2. 1982 über die regelmäßigen Informationen, die von Gesellschaften zu veröffentlichen sind, deren Aktien zur amtlichen Notierung an Wertpapierbörsen zugelassen sind, ABl. EG Nr. L 48 vom 20. 2. 1982 S. 26 ff.

[46] Am 2. 12. 1985, mehr als zwei Jahre nach Ablauf der Umsetzungsfrist am 30. 6. 1983, hat die Kommission gegen das Königreich Belgien mit Erfolg ein Vertragsverletzungsverfahren wegen nicht rechtzeitiger Umsetzung der BZR, BZPR und HBR vor dem EuGH eingeleitet. In dem Verfahren wies die belgische Regierung zu ihrer Verteidigung auf die mit der Umsetzung der Richtlinien verbundenen Schwierigkeiten hin, die sich u.a. aufgrund der Kürze der Umsetzungsfrist, der Ungenauigkeit der Richtlinien, der Vielzahl der zu treffenden Regelungen, der Vielschichtigkeit der einzuhaltenden nationalen Verfahren und der Probleme bei der Verleihung von Befugnissen auf die zuständigen nationalen Behörden ergäben und stellte eine alsbaldige Verabschiedung der entsprechenden Normierungen in Aussicht. Der EuGH stellte dennoch die Vertragsverletzung durch Belgien fest und bestätigte seine ständige Rechtsprechung, indem er ausführte, dass sich ein Mitgliedstaat nicht auf Bestimmungen, Übungen oder Umstände seiner internen Rechtsordnung berufen könne, um damit die Nichtbeachtung von Verpflichtungen zu rechtfertigen, die in den Richtlinien der Gemeinschaft festgelegt sind; EuGH, Urt. v. 12. 2. 1987, Rs. 390/85 (Kommission gegen Königreich Belgien), Slg. 1987 S. 761 ff.

[47] Art. 1 Abs. 4 der Richtlinie des Rates Nr. 88/627/EWG vom 12. 12. 1988 über die bei Erwerb und Veräußerung einer bedeutenden Beteiligung an einer börsennotierten Gesellschaft zu veröffentlichenden Informationen, ABl. EG Nr. L 348 v. 17. 12. 1988 S. 62 ff.; s.u. Dritter Teil unter D. VI. 5.

[48] Art. 1 Ziffer 2 a.E. der Richtlinie des Rates Nr. 89/592/EWG v. 13. 11. 1989, ABl. EG Nr. L 334 v. 18. 11. 1989 S. 30 ff.; s.u. Dritter Teil unter C. IV.

[49] Art. 3 1. Gedankenstrich i.V.m. Art. 23 BZR; die Zulassungsvoraussetzungen ergeben sich aus Art. 4 Abs. 1 i.V.m. Schema A und B des Anhangs der BZR, je nachdem, ob es sich um Emittenten von Aktien oder Schuldverschreibungen handelt. Aussteller von Zertifikaten, die Aktien vertreten, müssen gemäß Art. 4 Abs. 3 BZR dieselben Anforderungen erfüllen wie Emittenten von Aktien; die von ihnen ausgegebenen Zertifikate müssen den Anforderungen entsprechen, die an Aktien gestellt werden. Soweit die folgenden Ausführungen zu den Pflichten von Aktiengesellschaften auf die entsprechenden Vorschriften Bezug nehmen, gelten die Ausführungen in gleicher Weise für die Aussteller von Zertifikaten, die Aktien vertreten.

[50] Anhang, Schema C und D BZR, je nachdem, ob es sich um Aktien oder Schuldverschreibungen handelt. Schema D ist in zwei Abschnitte untergliedert: Abschnitt A gilt

## II. Börsenzulassungsprospektrichtlinie

Die zweite Harmonisierungsmaßnahme auf dem Gebiet des Börsenrechts war die Börsenzulassungsprospektrichtlinie (**BZPR**), die am 7. 5. 1980 in Kraft trat[51] und bis zum 19. 9. 1982 umgesetzt werden musste.[52] Durch die Richtlinie 82/148/EWG wurde die Umsetzungsfrist im Falle der gleichzeitigen Umsetzung der BZR und der HBR bis zum 30. 6. 1983 verlängert.[53] Bedeutende Änderungen erfolgten durch die Börsenzulassungsprospektanerkennungsrichtlinie[54] sowie die Richtlinien 90/211/EWG[55] und 94/18/EWG.[56]

Der Regelungsgehalt der BZPR beschränkte sich zunächst auf die Bestimmung des Inhalts, der Kontrolle und der Veröffentlichung des Prospekts, der Bedingung für die Zulassung der Wertpapiere zur amtlichen Notierung an einer mitgliedstaatlichen Börse ist.[57] Die ersten beiden Änderungsrichtlinien führten bedeutsame Bestimmungen zur gegenseitigen Anerkennung der Prospekte für die Zulassung zum amtlichen Handel in verschiedenen Mitgliedstaaten[58] und

für privatrechtliche Emittenten, Abschnitt B für öffentlich-rechtliche Emittenten. Bei Zertifikaten, die Aktien vertreten, hängt bereits die Erstzulassung davon ab, dass der Emittent die in Schema C aufgeführten Pflichten einhält (Art. 4 Abs. 3 BZR). Das bedeutet, dass die Vorschriften des Schema C nach erfolgter Zulassung erst recht uneingeschränkt auf Zertifikate, die Aktien vertreten, anwendbar sind. Wenn im folgenden die laufenden und anlassbezogenen Pflichten der Emittenten von Aktien erläutert werden, gelten diese Ausführungen daher in gleichem Maße für Emittenten von Zertifikaten, die Aktien vertreten.

[51] Gem. Art. 254 Abs. 1, 2 EG: 20 Tage nach ihrer Veröffentlichung im Amtsblatt am 17. 4. 1980.

[52] Art. 27 Abs. 1 BZPR: 30 Monate nach ihrer Bekanntgabe durch Veröffentlichung im Amtsblatt; vgl. Art. 111 i.V.m. Anhang II Teil B kodRL.

[53] Art. 2 der Richtlinie des Rates vom 3. 3. 1982 zur Änderung der Richtlinie 79/279/EWG zur Koordinierung der Bedingungen für die Zulassung von Wertpapieren zur amtlichen Notierung an einer Wertpapierbörse und der Richtlinie 80/390/EWG zur Koordinierung der Bedingungen für die Erstellung, die Kontrolle und die Verbreitung des Prospekts, der für die Zulassung von Wertpapieren zur amtlichen Notierung an einer Wertpapierbörse zu veröffentlichen ist, ABl. EG Nr. L 62 v. 5. 3. 1982 S. 22 f.

[54] Richtlinie des Rates Nr. 87/345/EWG vom 22. 6. 1987 zur Änderung der Richtlinie 80/390/EWG zur Koordinierung der Bedingungen für die Erstellung, die Kontrolle und die Verbreitung des Prospekts, der für die Zulassung von Wertpapieren zur amtlichen Notierung an einer Wertpapierbörse zu veröffentlichen ist (Börsenzulassungsprospektanerkennungsrichtlinie), ABl. EG Nr. L 185 v. 4. 7. 1987, S. 81 ff.

[55] Richtlinie des Rates vom 23. 4. 1990 zur Änderung der Richtlinie 80/390/EWG hinsichtlich der gegenseitigen Anerkennung der Prospekte für öffentliche Angebote als Börsenprospekt, ABl. EG Nr. L 112 v. 3. 5. 1990 S. 24 ff.

[56] Richtlinie des Europäischen Parlaments und des Rates vom 30. 5. 1994 zur Änderung der Richtlinie 80/390/EWG zur Koordinierung der Bedingungen für die Erstellung, die Kontrolle und die Verbreitung des Prospekts, der für die Zulassung von Wertpapieren zur amtlichen Notierung an einer Wertpapierbörse zu veröffentlichen ist, im Hinblick auf die Verpflichtung zur Veröffentlichung eines Prospekts, ABl. EG Nr. L 135 v. 31. 5. 1994 S. 1 ff.

[57] Artt. 3, 28 BZPR.

[58] Vgl. Artt. 24, 24a BZPR.

die (gegenseitige) Anerkennung von Emissionsprospekten für öffentliche Angebote zur Verwendung als Prospekt für die Zulassung zum amtlichen Handel[59] ein. Die dritte Änderungsrichtlinie erweiterte die Möglichkeiten, in bestimmten Fällen ganz oder teilweise von der Prospektpflicht zu befreien.[60]

## III. Halbjahresberichtsrichtlinie

Die dritte im Bereich des Börsenrechts verabschiedete Richtlinie war die Halbjahresberichtsrichtlinie (HBR).[61] Sie trat am 12. 3. 1982 in Kraft[62] und musste bis zum 30. 6. 1983 umgesetzt werden.[63] Diese Richtlinie blieb bisher inhaltlich unverändert.

Die HBR verpflichtete Gesellschaften, deren Aktien zur amtlichen Notierung an einer mitgliedstaatlichen Wertpapierbörse zugelassen sind, zur Veröffentlichung eines Halbjahresberichts.

## IV. Transparenzrichtlinie

Die Transparenzrichtlinie[64] (TR) trat am 6. 1. 1989 in Kraft[65] und war bis zum 1. 1. 1991 umzusetzen.[66] Sie blieb ebenfalls bis heute inhaltlich unverändert.

Die TR konkretisierte die in der BZR enthaltene Pflicht von Gesellschaften, deren Wertpapiere an einer mitgliedstaatlichen Börse zur amtlichen Notie-

---

[59] Vgl. Art. 24b BZR i.V.m. Artt. 7, 8, 12 der Richtlinie des Rates Nr. 89/298/EWG vom 17. 4. 1989 zur Koordinierung der Bedingungen für die Erstellung, Kontrolle und Verbreitung des Prospekts, der im Falle öffentlicher Angebote von Wertpapieren zu veröffentlichen ist (Emissionsprospektrichtlinie), ABl. EG Nr. L 124 v. 5. 5. 1989 S. 8 ff., abgedruckt bei *Lutter*, EuUntR, 4. Aufl. 1996, S. 610 ff.

[60] Vgl. Art. 6 BZPR.

[61] Richtlinie des Rates Nr. 82/121/EWG vom 15. 2. 1982 über die regelmäßigen Informationen, die von Gesellschaften zu veröffentlichen sind, deren Aktien zur amtlichen Notierung an Wertpapierbörsen zugelassen sind, ABl. EG Nr. L 48 vom 20. 2. 1982 S. 26 ff.

[62] 20 Tage nach ihrer Veröffentlichung im Amtsblatt der EG, vgl. Art. 254 Abs. 1 EG (ex-Art. 191 Abs. 1 EGV).

[63] Art. 12 Abs. 1 HBR; allerdings gestattete Art. 12 Abs. 2 HBR den Mitgliedstaaten, die Umsetzungsvorschriften erst drei Jahre nach ihrem Erlass in Kraft zu setzen. Dies resultiert daraus, dass die Gesellschaft gemäß Art. 5 Abs. 5 HBR Zahlen für den entsprechenden Zeitraum des Vorjahres beizubringen hat. Ohne Übergangszeit hätten viele Gesellschaften bei der ersten Anwendung der Richtlinie nicht über Zahlen für das vorausgegangene Geschäftsjahr verfügt. Mit Hilfe der Übergangszeit sollte es den Gesellschaften ermöglicht werden, diese Zahlen zu ermitteln, bevor die Richtlinie Anwendung findet, ursprgl. Kommissionsvorschlag einer HBR, Begründung, BT-Drucks. 8/2718 v. 2. 4. 1979, S. 7; vgl. Art. 111 i.V.m. Anhang II Teil B kodRL.

[64] Richtlinie des Rates Nr. 88/627/EWG vom 12. 12. 1988 über die bei Erwerb und Veräußerung einer bedeutenden Beteiligung an einer börsennotierten Gesellschaft zu veröffentlichenden Informationen, ABl. EG Nr. L 348 vom 17. 12. 1988 S. 62 ff.

[65] 20 Tage nach ihrer Veröffentlichung im Amtsblatt der EG, vgl. Art. 254 Abs. 1 EG (ex-Art. 191 Abs. 1 EGV).

[66] Art. 17 Abs. 1 TR; vgl. Art. 111 i.V.m. Anhang II, Teil B kodRL.

rung zugelassen sind, das Publikum über wesentlicher Änderungen in der Struktur der Beteiligungen an ihrem Kapital (Inhaber und Anteile) zu informieren. Die Inhaber der Beteiligungen wurden gegenüber der Gesellschaft und den zuständigen Stellen entsprechenden Meldepflichten unterworfen.

Der Geltungsbereich der vier Richtlinien wurde durch den Beitritt mehrerer Staaten zur Gemeinschaft[67] sowie durch das Abkommen über den Europäischen Wirtschaftsraum[68] mehrfach geographisch erweitert.

## V. Kodifizierte Richtlinie

Die vier Richtlinien wurden am 28. 5. 2001 durch die Richtlinie „über die Zulassung von Wertpapieren zur amtlichen Börsennotierung und über die hinsichtlich dieser Wertpapiere zu veröffentlichenden Informationen" in einem einheitlichen Text zusammengefasst.[69] Dies geschah im Wege der Kodifizierung. Die Kodifizierungsrichtlinie (**kodRL**) vereinigt und ersetzt die genannten Richtlinien unter Berücksichtigung aller zwischenzeitlichen Änderungen und Ergänzungen, ohne deren materiellen Regelungsgehalt zu ändern.[70] Die Vorgängervorschriften sind mit Wirkung vom 26. 7. 2001 außer Kraft getreten.[71]

Die Kodifizierung hat lediglich formelle Auswirkungen; insbesondere ändert sich die Numerierung der Erwägungsgründe und der einzelnen Artikel. Mangels inhaltlicher Änderungen ergeben sich keine neuen Umsetzungsverpflichtungen für die Mitgliedstaaten.

---

[67] Beitrittsakte Griechenland, ABl. EG Nr. L 291 vom 19. 11. 1979 S. 1 ff.; Beitrittsakte Königreich Spanien und Portugal, ABl. EG Nr. L 302 vom 15. 11. 1985 S. 1 ff.; Beitrittsakte Österreich, Finnland und Schweden, ABl. EG Nr. C 241 vom 29. 8. 1994 S. 1 ff., angepasst durch Ratsentscheidung 95/1/EG, Euratom, EGKS, ABl. Nr. L 1 vom 1. 1. 1995 S. 1 ff.

[68] Die Richtlinien gelten auch für Island, Liechtenstein und Norwegen, Art. 36 Abs. 2 des Abkommens über den Europäischen Wirtschaftsraum vom 2. 5. 1992, geändert durch das Anpassungsprotokoll zum Abkommen über den Europäischen Wirtschaftsraum vom 17. 3. 1993 i.V.m. Punkt 7 des Protokolls 1 über horizontale Anpassungen, Anhang IX Finanzdienstleistungen Nr. 24–27, abgedruckt in: *Kommission der Europäischen Gemeinschaften,* Wertpapiermärkte: Zusammenstellung der EG-Rechtsakte und Vorschläge sowie ihre Anwendung auf den Europäischen Wirtschaftsraum, Luxemburg 1993, S. 281 ff.

[69] Richtlinie 2001/34/EG des Europäischen Parlaments und des Rates v. 28. 5. 2001, ABl. EG Nr. L 184 v. 6. 7. 2001, S. 1 ff., in der berichtigten Fassung ABl. EG Nr. L 217 v. 11. 8. 2001, S. 18 ff.; vgl. den Vorschlag der Kommission vom 20. 7. 2000, DOK KOM (2000) 126.

[70] Die „konstitutive oder offizielle Kodifizierung" von mehrfach geänderten Rechtsakten dient dem erleichterten Verständnis und der Übersichtlichkeit des Gemeinschaftsrechts. Ferner trägt sie zur Rechtssicherheit bei hinsichtlich der Frage, welches Recht zu einem bestimmten Zeitpunkt auf einen bestimmten Gegenstand Anwendung findet. Im Zusammenhang mit dem „Europa der Bürger" misst die Kommission der Kodifizierung von Rechtsakten große Bedeutung bei; vgl. die Begründung der Kommission zum Richtlinienvorschlag v. 20. 7. 2000, DOK KOM (2000) 126, S. 2.; *Kampf,* in: Grabitz/Hilf, Bd. IV, E 26, Rn. 2, 7.

[71] Mit Inkrafttreten der Richtlinie 20 Tage nach deren Veröffentlichung im Amtsblatt; Artt. 111, 112 der Richtlinie 2001/34/EG, ABl. EG Nr. L 184 v. 6. 7. 2001, S. 1 ff. (36).

Der enge inhaltliche Zusammenhang der vier Richtlinien wird durch die Kodifikation in besonderer Weise manifestiert, da nun alle gemeinschaftsrechtlichen Regelungen, die Aktiengesellschaften betreffen, deren Wertpapiere an einer mitgliedstaatlichen Börse zur amtlichen Notierung zugelassen oder zuzulassen sind, in einem einzigen Regelwerk enthalten sind.

## C. Geplante Änderungen

### I. Aktionsplan für Finanzdienstleistungen vom 11. 5. 1999

Angesichts der Einführung des Euro zum 1. 1. 1999 „als eines der Hauptkatalysatoren für die Integration der europäischen Finanzmärkte"[72] und der rasanten strukturellen Veränderungen in diesem Bereich wurde die Kommission vom Europäischen Rat in Cardiff im Juni 1998 zur Ausarbeitung eines Aktionsrahmens für den Finanzdienstleistungsbereich aufgefordert, der auf die Konsolidierung, Verstärkung und Verbesserung des bestehenden gemeinschaftsrechtlichen Rahmens im Bereich des Kapitalmarktrechts ausgerichtet sein sollte.[73] Daraufhin stellte die Kommission im Oktober 1998 einen Aktionsrahmen auf.[74] Auf dessen Grundlage sowie aufgrund des vom Europäischen Rat in Wien im Dezember 1998 erteilten Mandats legte die Kommission am 11. 5. 1999 ein konkretes Arbeitsprogramm, den „Aktionsplan für Finanzdienstleistungen" zur Umsetzung des Aktionsrahmens, vor.[75] Dieser fasst die Maßnahmen zusammen, die zur Schaffung eines integrierten Finanzmarkts getroffen werden müssen, um die mit der Einführung des Euro verbundenen Vorteile optimal zu nutzen, die Wettbewerbsfähigkeit des Finanzsektors und der Wirtschaft der Union überhaupt zu sichern und zugleich die einschlägigen Verbraucherinteressen zu schützen.[76]

Im börsenrechtlichen Bereich sieht der Aktionsplan die Förderung der EU-weiten Kapitalbeschaffung für Unternehmen, die Schaffung eines gemeinsamen Rechtsrahmens für Wertpapiermärkte sowie die Einführung einheitlicher Abschlüsse für Emittenten vor.[77]

---

[72] Dritter Fortschrittsbericht, DOK KOM (2000) 692 v. 8. 11. 2000, S. 2.

[73] Schlussfolgerungen des Vorsitzes Nr. 17 http://www.europa.eu.int/council/off/conclu/june98/ june98_de.htm.

[74] „Finanzdienstleistungen: Abstecken eines Aktionsrahmens", DOK KOM (1998) 625 v. 28. 10. 1998.

[75] „Mitteilung der Kommission – Umsetzung des Finanzmarktrahmens: Aktionsplan", DOK KOM (1999) 232 v. 11. 5. 1999.

[76] DOK KOM (1999) 232 v. 11. 5. 1999 S. 21; Erster Fortschrittsbericht, 29. 11. 1999 S. 1, http://www.europa.eu.int/comm/internal_market/en/finances/actionplan/progress1en.pdf; *Kampf*, in: Grabitz/Hilf, Bd. IV, E 26, Rn. 18 ff., 24.

[77] Vgl. die Mitteilung der Kommission vom 13. 6. 2000, DOK KOM 2000 (356); dazu *Hopt*, Systembildung und Systemlücken, S. 307 ff. (326); s. u. Dritter Teil, Erstes Kapitel unter A. IV. 2. f).

Aufbauend auf den Arbeiten des FESCO[78] sind Neuregelungen der Börsenzulassungsanforderungen sowie der Prospektvorschriften vorgesehen, da trotz der bisherigen Harmonisierung Mehrfachnotierungen und grenzüberschreitende Börsengänge selten geblieben sind.[79] Ferner sollen die nach Zulassung bestehenden Pflichten börsennotierter Aktiengesellschaften, insbesondere die Verpflichtung zur Halbjahresberichterstattung zugunsten häufigerer und qualitativ besserer Informationen neu geregelt werden, um das Vertrauen in den Markt zu stärken und Kapital anzuziehen.[80]

Auf dem kurze Zeit später stattfindenden Gipfel in Köln hat der Europäische Rat den Aktionsplan begrüßt und im Grundsatz die darin enthaltenen Vorschläge und Prioritäten unterstützt.[81] Knapp ein Jahr später forderte der Europäische Rat auf seiner Tagung in Lissabon die Festlegung eines straffen Zeitplans für die Umsetzung des Aktionsrahmens bis 2005.[82]

## II. Lamfalussy-Bericht vom 15. 2. 2001

Daraufhin setzte der Rat der Wirtschafts- und Finanzminister (ECOFIN-Rat) im Juli 2000 einen siebenköpfigen „Ausschuss der Weisen" unter dem Vorsitz von Alexandre Lamfalussy ein. Der Ausschuss wurde damit beauftragt, die derzeitigen Bedingungen für die Regulierung der Wertpapiermärkte in der EU zu bewerten und zu untersuchen, mit welcher Form der Regulierung den Entwicklungen auf den Wertpapiermärkten am besten entsprochen werden kann. Ferner sollte er Vorschläge zur Anpassung der derzeitigen Praktiken ausarbeiten, die darauf abzielen, die Schranken und Hindernisse in diesem Bereich zu beseitigen, eine stärkere Konvergenz und Zusammenarbeit bei der Rechtsanwendung zu gewährleisten und den neuen Marktentwicklungen Rechnung zu tragen.[83]

---

[78] Forum of European Securities Commissions; dabei handelte es sich um einen informellen Zusammenschluss von 17 europäischen Wertpapieraufsichtsbehörden, denen der 15 EU-Mitgliedstaaten sowie Norwegens und Islands als Vertragsstaaten des EWR-Abkommens. Das Forum widmete sich dem Informations- und Erfahrungsaustausch innerhalb der EU sowie der harmonisierten Auslegung des Wertpapieraufsichtsrechts. Es ist mit Wirkung zum 11. 9. 2001 in das CESR (Committee of European Securities Regulators – Ausschuss der Europäischen Wertpapierregulierungsbehörden – AEWRB) übergegangen. Näheres dazu unter http://www.europefesco.org.

[79] Zweiter Fortschrittsbericht, DOK KOM (2000) 336 v. 31. 5. 2000, S. 10.

[80] Mitteilung der Kommission, DOK KOM (1999) 232 v. 11. 5. 1999, S. 22.

[81] Schlussfolgerungen des Vorsitzes des Europäischen Rates von Köln, 2./3. Juni 1999 Punkte 25 und 26, http://www.europa.eu.int/council/off/conclu/june99/june99_de.htm; Erster Fortschrittsbericht, 29. 11. 1999, S. 1.

[82] Schlussfolgerungen des Vorsitzes des Europäischen Rates von Lissabon (23. und 24. März 2000) Punkte 20 und 21, www.europa.eu.int/council/off/conclu/mar2000_de.pdf; Zweiter Fortschrittsbericht, DOK KOM (2000) 336 v. 31. 5. 2000.

[83] Mandat des Ausschusses der Weisen, das ihm am 17. 7. 2000 vom Rat der Wirtschafts- und Finanzminister der EU (ECOFIN-Rat) übertragen wurde, Anlage I zum Ersten Bericht des Ausschusses der Weisen über die Reglementierung der Europäischen Wertpapiermärkte, Brüssel, 9. 11. 2000.

Der Ausschuss der Weisen hat seinen Schlussbericht (Lamfalussy-Bericht) im Februar 2001 vorgelegt.[84]

Die Ergebnisse des Ausschusses trafen bei den gesetzgebenden Organen der Union auf Zustimmung.[85] Auf dem Gipfel in Stockholm im März 2001 begrüßte der Europäische Rat den Schlussbericht und nahm eine Entschließung zur wirksameren Regulierung der Wertpapiermärkte in der Europäischen Union an.[86] Entsprechend der Empfehlung im „Lamfalussy-Bericht“ wurde den im Aktionsplan vorgesehenen Änderungen der börsenrechtlichen Richtlinien Vorrang eingeräumt; deren Umsetzung ist bis spätestens Ende 2004 vorgesehen.[87]

---

[84] Schlussbericht des Ausschusses der Weisen über die Regulierung der Europäischen Wertpapiermärkte, eingesetzt aufgrund des Mandats des Rates der Wirtschafts- und Finanzminister vom 17.7.2000, unter Vorsitz von Alexandre Lamfalussy, Brüssel, 15.2.2001, http://europa.eu.int/comm/internal_market/ en/finances/general/lamfalussyde.pdf. Der Ausschuss hat seine Arbeiten neben dem Mandat des ECOFIN-Rates auf dessen Schlussfolgerungen vom 27.11.2000 zum Ersten Bericht des Ausschusses vom 9.11.2000 gestützt. Diese sowie der Erste Bericht samt Anlagen sind dem Lamfalussy-Bericht als Anlagen beigefügt. Der Europäische Rat hat sich auf seiner Tagung in Nizza (7.–10.12.2000) in seinen Schlussfolgerungen (Nr. 30) dem Ersten Bericht des Ausschusses angeschlossen. Auch diese sind im Anhang zum Lamfalussy-Bericht enthalten; dazu *Dine*, Securities Regulation, Appendix 17–57 ff.

[85] Vgl. die Presseerklärung des für den Binnenmarkt zuständigen Kommissionsmitglieds *Frits Bolkestein* vom 15.2.2000, www.europa.eu.int/comm/internal_market/de/finances/general/lamfalussy.htm.

[86] Entschließung des Europäischen Rates über eine wirksame Regulierung der Wertpapiermärkte in der Europäischen Union v. 23.3.2001, Anlage I zu den Schlussfolgerungen des Vorsitzes des Europäischen Rates von Stockholm (23. und 24. März 2001), http://ue.eu.int/Newsroom/ LoadDoc.cfm?MAX=1&DOC=1&DOC=!!!&BID=76&DID=65815&GRP=3314&LANG=4, angezeigt am 1.6.2001 über www.eu.int.europa. Was gibt's Neues auf Europa?.

[87] Art. 18 Abs. 1 der Marktmissbrauchsrichtlinie v. 28.1.2003, ABl. EG Nr. L 96 v. 12.4.2003, S. 25; Art. 29 der neuen Prospektrichtlinie v. 4.11.2003, ABl. EG Nr. 345 v. 31.12.2003, S. 81; Art. 27 des Vorschlags einer neuen Transparenzrichtlinie v. 26.3.2003, DOK KOM (2003) 138, S. 63 f.; vgl. die Schlussfolgerung des Vorsitzes des Europäischen Rates von Stockholm (23. und 24. März 2001), Punkt 19 Abs. 2; „Der Europäische Rat wünscht, dass der Aktionsplan für Finanzdienstleistungen bis zum Jahre 2005 in vollem Umfang durchgeführt wird, wobei alle Beteiligten sich intensiv bemühen müssen, bis Ende 2003 einen integrierten WP-Markt zu schaffen, indem sie den in dem Plan vorgesehenen Rechtsvorschriften für Wertpapiermärkte Vorrang einräumen, einschließlich der Maßnahmen, die in dem Bericht des Ausschusses der Weisen über die Regulierung der Europäischen Wertpapiermärkte befürwortet werden.“; vgl. Schlussfolgerungen des Europäischen Rates von Barcelona (15. und 16. März 2002), Punkt 35; Schlussfolgerungen des Europäischen Rates von Sevilla (21. und 22. Juni 2002), Punkt 49; vgl. Dritter Fortschrittsbericht, DOK KOM (2000) 692/2 v. 8.11.2000, S. 7 f.; Vierter Fortschrittsbericht, Brüssel, Juni 2001, DOK KOM (2001) 286, S. 2 f.

## III. Beschleunigtes Rechtsetzungsverfahren

Die Änderung der Richtlinien soll im Wege eines neuen vierstufigen Regulierungskonzepts erfolgen, das im Lamfalussy-Bericht vorgeschlagen wurde. Das Regulierungskonzept erfordert keine Änderung des EG-Vertrages und bewahrt das institutionelle Gleichgewicht der betroffenen Organe. Es führt zur Beschleunigung und Flexibilisierung des Gesetzgebungsprozesses, der bisher zu langsam, zu starr und zu komplex ist. Dies soll gewährleisten, dass die EU unter Beachtung der Erfordernisse von Transparenz und Rechtssicherheit über genügend Dynamik verfügt, um zügig auf Marktentwicklungen reagieren und sich an internationalen Standards orientieren zu können, um die weltweite Wettbewerbsfähigkeit der EU-Finanzmärkte zu stärken.[88] Der Europäische Rat forderte in seiner Entschließung die Anwendung des neuen Konzepts spätestens mit Beginn des Jahres 2002.[89]

### 1. Vierstufiges Verfahren

Auf der ersten Stufe erlassen der Rat und das Europäische Parlament auf der Grundlage von Kommissionsvorschlägen im Mitentscheidungsverfahren gemäß Art. 251 EG Richtlinien und Verordnungen. Diese enthalten Rahmenprinzipien, d.h. allgemeine, hinreichend präzise Grundvorschriften[90] und Bestimmungen, durch die konkret festgelegte Durchführungsbefugnisse auf die zweite Stufe übertragen werden.[91]

Hier trifft die Kommission im Wege des sog. Komitologieverfahrens[92] unter Beteiligung eigens errichteter und eingesetzter Ausschüsse, dem EU-Wertpapierausschuss (EWA) und dem Ausschuss der EU-Wertpapierregulierungsbehörden (AEWRB), die entsprechenden Durchführungsmaßnahmen: Sie erlässt Vorschriften zur Konkretisierung und Anwendung der Rahmenregelungen sowie detaillierte technische Vorschriften, die sie ggfs. ändern oder anpassen kann.[93] Im

[88] Schlussfolgerungen des Vorsitzes des Europäischen Rates von Stockholm (23. und 24. März 2001) Punkte 18 und 19 Abs. 1; Präambel der Entschließung des Europäischen Rates v. 23. 3. 2001; Lamfalussy-Bericht, S. 12.

[89] Punkte 1 und 7 der Entschließung des Europäischen Rates von Stockholm vom 23. 3. 2001; Lamfalussy-Bericht, S. 8, 23.

[90] Der EuGH verlangt „wesentliche Grundzüge der zu regelnden Materie", Urt. v. 17. 12. 1970, Rs. 25/70 (Köster, Berodt & Co.), 6. Entscheidungsgrund, Slg. 1970 S. 1161 ff. (1172).

[91] Lamfalussy-Bericht, S. 8, 10, 29 ff., 34.

[92] Art. 202 3. Gedankenstrich EG i.V.m. Beschluss Nr. 1999/468/EG des Rates vom 28. 6. 1999, ABl. EG Nr. L 184 v. 17. 7. 1999 S. 23 ff. (interinstitutioneller Komitologiebeschluss), abgedruckt in: Sartorius II, Nr. 236; siehe auch die Vereinbarung zwischen dem Europäischen Parlament und der Kommission über die Modalitäten der Anwendung des Beschlusses 1999/468/EG des Rates vom 28. 6. 1999 zur Festlegung der Modalitäten für die Ausübung der der Kommission übertragenen Durchführungsbefugnisse, ABl. EG Nr. C 256 v. 10. 10. 2000 S. 19 ff.

[93] Vgl. Punkt 3 der Entschließung des Europäischen Rates vom 23. 3. 2001; Lamfalussy-Bericht, S. 8, 10, 35 ff.

Verlauf des Rechtsetzungsverfahrens wird das Europäische Parlament ständig unterrichtet, um zu überwachen, ob sich die Kommission im Rahmen ihrer Durchführungsbefugnisse bewegt.[94]

Auf der dritten Stufe geht es in erster Linie darum, die auf der ersten und zweiten Stufe erlassenen Vorschriften im Wege einer intensiveren Zusammenarbeit und Vernetzung der EU-Wertpapierregulierungsbehörden im Rahmen des AEWRB kohärent und fristgerecht umzusetzen und anzuwenden.

Auf der vierten Stufe tragen die Mitgliedstaaten und die Kommission für eine effektivere Durchsetzung der EU-Vorschriften Sorge.[95]

## 2. Beteiligung von zwei neu eingesetzten Ausschüssen

Der EWA berät die Kommission in Grundsatzfragen und hinsichtlich der Maßnahmen, die sie auf der ersten Stufe vorschlägt. Darüber hinaus wird er auf der zweiten Stufe Regelungsausschuss i.S. des interinstitutionellen Komitologiebeschlusses vom 28. 6. 1999 sein. Er setzt sich aus hochrangigen Vertretern der Mitgliedstaaten unter dem Vorsitz eines Kommissionsmitglieds zusammen.[96]

---

[94] Vgl. Punkt 5 der Entschließung des Europäischen Rates vom 23. 3. 2001; Lamfalussy-Bericht, S. 8, 10, 35, 37 f., 39, 42 ff.

[95] Stufe 3: Der AEWRB arbeitet gemeinsame Empfehlungen zu Auslegungsfragen, einheitliche Leitlinien zu den Verwaltungsvorschriften, gemeinsame Standards in nicht von EU-Rechtsvorschriften erfassten Bereichen und ein Peer Review-Verfahren aus und vergleicht die Praxis der Regulierungsbehörden, um eine einheitliche Umsetzung und Anwendung zu gewährleisten. Stufe 4: Die Kommission überprüft die Einhaltung der EU-Rechtsvorschriften durch die Mitgliedstaaten; in diesem Zusammenhang kann sie rechtliche Schritte gegen diejenigen Mitgliedstaaten einleiten, die eines Verstoßes gegen das Gemeinschaftsrecht verdächtigt werden, Lamfalussy-Bericht; S. 8 ff., 43 ff.; vgl. Nr. 6 der Entschließung des Europäischen Rates vom 23. 3. 2001.

[96] Der EWA hat seine Beratungsfunktion zum 7. 6. 2001 aufgenommen und ist am 21. 5. 2001 erstmals zusammengetreten, vgl. Art. 6 des Beschlusses der Kommission Nr. 2001/528/EG v. 6. 6. 2001 zur Einsetzung des Europäischen Wertpapierausschusses, ABl. EG Nr. L 191 v. 13. 7. 2002, S. 45. Als Regelungsausschuss kann er dagegen erst fungieren, wenn ihm Durchführungsbefugnisse übertragen worden sind, d.h. die erste Richtlinie oder Verordnung nach dem neuen Regulierungskonzept in Kraft getreten ist. Auf das Regelungsverfahren wird zurückgegriffen bei Maßnahmen von allgemeiner Tragweite, mit denen wesentliche Bestimmungen von Basisrechtsakten angewandt werden sollen, sowie bei Maßnahmen, mit denen bestimmte nicht wesentliche Bestimmungen eines Basisrechtsakts angepasst und aktualisiert werden sollen. Der Vertreter der Kommission unterbreitet dem Ausschuss einen Entwurf der zu treffenden Maßnahme, zu dem dieser innerhalb einer bestimmten Frist mit einer Mehrheit i.S.v. Art. 205 Abs. 2 EG Stellung nehmen muss. Stimmt die Stellungnahme mit dem Entwurf überein, kann die Kommission die Maßnahme erlassen; anderenfalls unterbreitet die Kommission dem Rat einen Vorschlag über die zu treffende Maßnahme und unterrichtet das Europäische Parlament. Der Rat kann innerhalb einer bestimmten Frist den Durchführungsrechtsakt mit qualifizierter Mehrheit erlassen. Im Einzelnen siehe 7. Erwägungsgrund, Artt. 2 lit. b), 5 des Beschlusses 1999/468/EG v. 28. 6. 1999; Lamfalussy-Bericht S. 36 ff. und Anhang 5 zum Ersten Bericht; vgl. Punkte 4 und 5 der Entschließung des Europäischen Rates vom 23. 3. 2001.

Demgegenüber ist der AEWRB als rein beratendes Gremium außerhalb des Komitologieverfahrens vorgesehen, der aufgrund von Mandaten der Kommission Entwürfe für die Durchführungsmaßnahmen auf der zweiten Stufe ausarbeitet und umfangreiche Konsultationen durchführt.[97] Er ist aus dem FESCO hervorgegangen und besteht aus den Leitern der nationalen Wertpapierregulierungs- bzw. -aufsichtsbehörden, von denen einer den Vorsitz führt.[98]

## IV. Entwicklungsstand

Der überwiegende Teil der Maßnahmen, die im Aktionsplan für Finanzdienstleistungen für den Wertpapiersektor angekündigt wurde, ist bereits auf den Weg gebracht worden. Die Maßnahmen folgen dem neuen Regelungskonzept:

### 1. Neue Rechtsetzungsakte

Am 13.2.2001 hat die Kommission einen Vorschlag für eine Verordnung betreffend die Anwendung internationaler Rechnungslegungsgrundsätze vorgelegt.[99] Dieser wurde am 19.7.2002 mit geringfügigen Änderungen vom Rat und dem Europäischen Parlament angenommen und trat am 14.9.2002 in Kraft.[100] Die Wahl einer Verordnung trägt den Forderungen des Ausschusses der Weisen und des Europäischen Rates Rechnung, häufiger auf diese Form zurückzugreifen, wenn dies rechtlich möglich und der Beschleunigung des Rechtsetzungsprozesses förderlich ist.[101] Auf die Bedeutung der Verordnung im Rahmen der Regelpublizität wird an geeigneter Stelle ausführlich eingegangen.[102]

Ferner sind gravierende Änderungen der Prospektpublizität geplant: Am 30.5.2001 hat die Kommission einen Richtlinienvorschlag „über den Pros-

---

[97] Beschluss der Kommission Nr. 2001/527/EG v. 6.6.2001 zur Einsetzung des Ausschusses der Europäischen Wertpapierregulierungsbehörden, ABl. EG Nr. L 191 v. 13.7.2001, S. 43 ff.; vgl. Punkt 6 der Entschließung des Europäischen Rates vom 23.3.2001; Mitteilung der Kommission, DOK KOM (1999) 232 v. 11.5.1999 S. 29; die Ausschüsse sind keine Organe i.S. des EGV, Lamfalussy-Bericht, S. 35, 38 ff.

[98] Artt. 1, 2 Charter of the Committee of European Securities Regulators, www.europefesco.org/v1/documents/Charter-va.pdf. Der Vorsitzende nimmt als Beobachter an den Sitzungen des EWA teil, damit eine enge Verbindung zwischen beiden Ausschüssen gewährleistet ist; Art. 3 Abs. 2 des Beschlusses der Kommission Nr. 2001/528/EG v. 6.6.2001 zur Einsetzung des EWA, ABl. EG Nr. L 191 v. 13.7.2002, S. 45 ff. Der AEWRB ist am 11.9.2001 erstmals zusammengetreten.

[99] Vorschlag für eine Verordnung des Europäischen Parlaments und des Rates betreffend die Anwendung internationaler Rechnungslegungsgrundsätze v. 13.2.2001, DOK KOM (2001) 80.

[100] Verordnung (EG) Nr. 1606/2002 des Europäischen Parlaments und des Rates vom 19.7.2001 betreffend die Anwendung internationaler Rechnungslegungsstandards, ABl. EG Nr. L 243 v. 11.9.2002, S. 1 ff.

[101] Punkt 4 der Entschließung des Europäischen Rates vom 23.3.2001; Lamfalussy-Bericht, S. 9, 28, 33.

[102] Dazu s.u. Dritter Teil, Erstes Kapitel unter A. IV. 2. f) (IV.).

pekt, der beim öffentlichen Angebot von Wertpapieren oder bei deren Zulassung zum Handel zu veröffentlichen ist", vorgelegt[103], den sie am 9. 8. 2002 geändert hat.[104] Nach dem gemeinsamen Standpunkt des Rates vom 24. 3. 2003[105] und der Stellungnahme der Kommission vom 10. 7. 2003[106] zu den Änderungen des Parlaments hierzu wurde die Richtlinie am 4. 11. 2003 verabschiedet.[107] Sie erstreckt die Prospektvorschriften für die amtliche Notierung auf die geregelten Märkte i.S. des Art. 1 Nr. 13 Wertpapierdienstleistungsrichtlinie[108] (WpDlR). Die Emissionsprospektrichtlinie sowie die den Börsenzulassungsprospekt betreffenden Vorschriften der kodRL werden mit Wirkung zum 1. 7. 2005 aufgehoben und durch die neuen Regelungen ersetzt.[109]

Auswirkungen auf die laufenden Pflichten börsennotierter Aktiengesellschaften sind mit der von der Kommission am 30. 5. 2001 vorgeschlagenen[110] und am 28. 1. 2003 verabschiedeten Richtlinie über Insider-Geschäfte und Marktmanipulation (Marktmissbrauch) verbunden. Diese Richtlinie war ebenfalls im Aktionsplan für Finanzdienstleistungen vorgesehenen. Sie ersetzt die Insiderrichtlinie.[111]

---

[103] Vorschlag für eine Richtlinie des Europäischen Parlaments und des Rates über den Prospekt, der beim öffentlichen Angebot von Wertpapieren oder bei deren Zulassung zum Handel zu veröffentlichen ist, DOK KOM (2001) 280.

[104] Geänderter Vorschlag für eine Richtlinie des Europäischen Parlaments und des Rates betreffend den Prospekt, der beim öffentlichen Angebot von Wertpapieren oder bei deren Zulassung zum Handel zu veröffentlichen ist, und zur Änderung der Richtlinie 2001/34/EG, DOK KOM (2002) 460.

[105] Gemeinsamer Standpunkt (EG) Nr. 25/2003 vom Rat festgelegt am 24. März 2003 im Hinblick auf den Erlass der Richtlinie 2003/.../EG des Europäischen Parlaments und des Rates vom ... betreffend den Prospekt, der beim öffentlichen Angebot von Wertpapieren oder bei deren Zulassung zum Handel zu veröffentlichen ist, und zur Änderung der Richtlinie 2001/34/EG, ABl. EG Nr. C 125 E v. 27. 5. 2003, S. 21 ff.

[106] Stellungnahme der Kommission gemäß Art. 251 Abs. 2 UAbs. 3 lit. c) EG zu den Änderungen des Europäischen Parlaments am gemeinsamen Standpunkt des Rates zum Vorschlag für eine Richtlinie des Europäischen Parlaments und des Rates betreffend den Prospekt, der beim öffentlichen Angebot von Wertpapieren oder bei deren Zulassung zum Handel zu veröffentlichen ist, und zur Änderung der Richtlinie 2001/34/EG – Änderung des Vorschlags der Kommission gemäß Art. 250 Abs. 2 EG v. 10. 7. 2003, DOK KOM (2003) 432.

[107] Richtlinie 2003/71/EG des Europäischen Parlaments und des Rates vom 4. November 2003 betreffend den Prospekt, der beim öffentlichen Angebot von Wertpapieren oder bei deren Zulassung zum Handel zu veröffentlichen ist, und zur Änderung der Richtlinie 2001/34/EG, ABl. EG Nr. L 345 v. 31. 12. 2003, S. 64 ff.

[108] Richtlinie des Rates Nr. 92/22/EWG vom 10. 5. 1993, ABl. EG Nr. L 141 v. 11. 6. 1993, S. 27 ff., abgedruckt bei *Lutter,* EuUntR, 4. Aufl. 1996, S. 459 ff.

[109] Artt. 27–29 der Richtlinie, ABl. EG Nr. L 345 v. 31. 12. 2003 S. 81; s.u. Zweiter Teil, Drittes Kapitel unter A.

[110] Vorschlag für eine Richtlinie des Europäischen Parlaments und des Rates über Insider-Geschäfte und Marktmanipulation (Marktmissbrauch) vom 30. 5. 2001, DOK KOM (2001) 281, S. 1 ff. (24).

[111] Art. 20 der Richtlinie 2003/6/EG des Europäischen Parlaments und des Rates vom 28. Januar 2003 über Insider-Geschäfte und Marktmanipulation (Marktmiss-

**2. Konsultationen**

Am 11.7.2001 – und damit ein Jahr später als nach dem Aktionsplan beabsichtigt[112] – hat die Kommission ein offenes Internet-Konsultationsverfahren zur Vorbereitung der Überarbeitung der EU-Regelungen über Informationspflichten von Emittenten eingeleitet, deren Wertpapiere auf einem geregelten Markt zum Handel zugelassen sind. Damit folgte sie erstmals einer Empfehlung im Lamfalussy-Bericht und der entsprechenden Aufforderung in der Entschließung des Europäischen Rates von Stockholm, wonach alle Institutionen und Betroffenen im Wertpapiersektor vor dem Erlass neuer Rechtsvorschriften im Wertpapierbereich frühzeitig, umfassend und systematisch konsultiert werden sollen.[113] Das von den Dienststellen der Generaldirektion Binnenmarkt herausgegebene Konsultationspapier lieferte erste Anhaltspunkte, wie eine Neuregelung der periodischen und anlassbezogenen Publizitätspflichten börsennotierter Emittenten formal und inhaltlich aussehen könnte: Aus Gründen der Übersichtlichkeit und Vereinfachung des Gemeinschaftsrechts wurde vorgeschlagen, die laufenden Publizitätspflichten dieser Emittenten in einem einzigen Regelwerk zu vereinigen. Die entsprechenden Vorschriften der kodRL sollen durch eine neue Richtlinie ersetzt werden.[114]

Im Rahmen eines zweiten Konsultationspapiers vom 8.5.2002 ging die Kommission noch einen Schritt weiter und stellte den möglichen Text für einen „Vorschlag für eine Richtlinie/Verordnung über die periodischen und fortlaufenden Informationspflichten von Emittenten und Inhabern von Wertpapieren, die zum Handel auf einem geregelten Markt zugelassen sind" mit Erläuterungen im Internet zur abschließenden öffentlichen Diskussion.[115]

**3. Vorschlag für eine Transparenzrichtlinie**

Unter Berücksichtigung der Ergebnisse der Konsultationen und den Forderungen des Europäischen Rates[116] folgend hat die Kommission am 26.3.2003

---

brauch), ABl. EG Nr. L 96 v. 12.4.2003, S. 16ff.; dazu s.u. Dritter Teil, Erstes Kapitel unter C. XI. 2.

112 *Europäische Kommission,* Mitteilung, DOK KOM (1999) 232 v. 11.5.1999, S. 22.

113 Lamfalussy-Bericht, S. 8, 32ff.; Entschließung des Europäischen Rates über eine wirksamere Regulierung der Wertpapiermärkte in der Europäischen Union, Stockholm, 23.3.2001, Punkt 2.

114 *Europäische Kommission,* Auf dem Weg zu einer EU-weiten Regelung der Informationspflichten von Emittenten, deren Wertpapiere zum Handel auf einem geregelten Markt zugelassen sind – Konsultationspapier der Dienststellen der Generaldirektion Binnenmarkt, Brüssel, 11.7.2001; http://www.europa.eu.int/comm/internal_market/en/finances/mobil/euregime_de.pdf. Die Konsultationen waren am 30.9.2001 abgeschlossen; vgl. die Zusammenfassung der Antworten auf das Konsultationspapier, www.europa.eu.int/comm/internal_market/en/finances/mobil/transparency.pdf.

115 Zweites Konsultationspapier, Anhang 1.

116 Schlussfolgerungen des Europäischen Rates von Barcelona (15. und 16. März 2002), Punkt 35; Schlussfolgerungen des Europäischen Rates von Sevilla (21. und 22. Juni 2002), Punkt 49.

einen förmlichen Vorschlag für eine Richtlinie „zur Harmonisierung der Transparenzanforderungen in Bezug auf Informationen über Emittenten, deren Wertpapiere zum Handel auf einem geregelten Markt zugelassen sind, und zur Änderung der Richtlinie 2001/34/EG" vorgelegt.[117]

Abgesehen von der Konsolidierung der bestehenden Regelungen sollen gleichzeitig auch der Anwendungsbereich der Publizitätspflichten, die Vorschriften zur Art und Weise der Veröffentlichung und die Verteilung der Zuständigkeiten und Befugnisse der Behörden modifiziert werden. Dies soll in Entsprechung mit der neuen Prospektrichtlinie erfolgen. Daher sollen die bestehenden regelmäßigen und laufenden Pflichten auf alle Emittenten erstreckt werden, deren Wertpapiere zum Handel auf einem geregelten Markt i.S. der WpDlR zugelassen sind. Das bedeutet einerseits eine Ausweitung hinsichtlich der Märkte, da die Pflichten bisher weitgehend auf das amtliche Marktsegment beschränkt waren.[118] Ferner bedeutet dies eine Erweiterung des Kreises der Pflichtigen, soweit die Vorschriften bisher nicht auf Emittenten Anwendung fanden, bei denen lediglich Schuldverschreibungen, nicht aber ihre Aktien zur amtlichen Notierung zugelassen sind.[119]

Die Richtlinie soll im Bereich der Regel- und anlassbezogenen Publizität das Herkunftslandprinzip einführen. Das bedeutet, dass nur der Herkunftsmitgliedstaat hinsichtlich der Informationenen und deren Offenlegung die Emittenten und die Wertpapierinhaber strengeren Anforderungen unterwerfen darf, als die Richtlinie es vorsieht. Einem Aufnahmemitgliedstaat ist dies nicht gestattet.[120]

Die neue Richtlinie soll im Wege des beschleunigten vierstufigen Gesetzgebungskonzepts als Rahmenrichtlinie in Verbindung mit von der Kommission und dem EWA im Komitologieverfahren zu erlassenden Durchführungsbestimmungen verabschiedet werden.[121]

---

[117] DOK KOM (2003) 138; vgl. den sechsten Fortschrittsbericht, S. 15f. sowie den aktuellen Stand der Umsetzungsmaßnahmen des Aktionsplans für Finanzdienstleistungen, www.europa.eu.int/comm/internal_market/en/finances/ actionplan/index.htm.

[118] Eine Ausnahme bildet die Ad-hoc-Publizität, die bereits durch Art. 7 der Insiderrichtlinie auf die geregelten Märkte erstreckt wurde.

[119] So die Halbjahresberichtspflicht.

[120] S.o. unter A. III.; Begründung, Art. 3 des Vorschlags einer neuen Transparenzrichtlinie v. 26. 3. 2003, DOK KOM (2003) 138, S. 25, 44; vgl. das Zweite Konsultationspapier, Anhang I, S. 4 und der „Aktionsplan für Finanzdienstleistungen" schweigen zu diesem Punkt.

[121] Begründung, 20.–26. Erwägungsgrund des Vorschlags einer neuen Transparenzrichtlinie v. 26. 3. 2003, DOK KOM (2003) 138, S. 5, 39f.; vgl. Erstes Konsultationspapier, Punkte 4.1., 4.2., S. 9f.; vgl. Neunter Fortschrittsbericht v. 25. 11. 2003, S. 4.

# Drittes Kapitel: Primärrechtliche Grundlagen

## A. Regelungskompetenz der EG bzgl. des Kapitalmarktrechts

Jede verbindliche Rechtsetzung der EG bedarf einer Kompetenzzuweisung in den Verträgen der Gemeinschaft, also eines primärrechtlichen Regelungsauftrags. Dies folgt aus Art. 5 Abs. 1 EG (ex-Art. 3b EGV), der bestimmt, dass die Gemeinschaft nur „innerhalb der Grenzen der ihr in diesem Vertrag zugewiesenen Befugnisse und gesetzten Ziele" tätig wird (Prinzip der begrenzten Einzelermächtigung). Dasselbe gilt für die Organe der Gemeinschaft gemäß Art. 7 Abs. 1 Satz 2 EG (ex-Art. 4 EGV).[122] Unter diesen Voraussetzungen stehen auch die Regelungen der EG im Bereich des Kapitalmarktrechts:

### I. Aufgabenzuweisung

Ein ausdrücklicher Auftrag zur Regelung des Kapitalmarktrechts findet sich weder in der „Einheitlichen Europäischen Akte" aus dem Jahre 1987[123], noch im „Vertrag von Maastricht" aus dem Jahre 1992[124], noch im „Amsterdamer Vertrag" von 1997.[125] Jedoch kann aus den Grundsätzen des EG-Vertrages eine

[122] Bleckmann/*Bleckmann*, Europarecht, Rn. 380 ff.; *Oppermann*, Europarecht, Rn. 513; *Schweitzer/Hummer*, Europarecht, Rn. 335 ff.; *Koenig/Haratsch*, Europarecht, Rn. 54 ff.; *Streinz*, Europarecht, Rn. 436; *Bischof*, Europarecht, Rn. 69; *Arndt*, Europarecht, S. 81 ff.; *Schwarz*, EuGesR, Rn. 190; *Hoffmann*, S. 17. Ob und inwieweit die Gemeinschaft von einer Handlungsermächtigung Gebrauch machen darf, hängt in den Bereichen, die nicht in die ausschließliche Zuständigkeit der Gemeinschaft fallen, davon ab, ob und inwieweit die mit den Maßnahmen verfolgten Ziele nicht genauso effektiv auf nationaler Ebene erreicht werden können (Art. 5 Abs. 2 EG – Subsidiaritätsprinzip). Der Umfang des Gemeinschaftshandelns ist schließlich durch das zur Erreichung der Vertragsziele Erforderliche begrenzt (Art. 5 Abs. 3 EG – Verhältnismäßigkeitsprinzip); dazu ausführlich *Schön*, ZGR 1995, S. 1 ff. (11 ff.); *ders.*, ZHR 160 (1996), S. 221 ff. (228 ff.); *Behrens*, in: Dauses, Handbuch des EU-Wirtschaftsrechts, E. III. Rn. 6 f.; *Koenig/Haratsch*, Europarecht, Rn. 63 ff.; zu dieser Schranke i.R. des Art. 44 Abs. 2 EG *Kübler*, Gesellschaftsrecht, S. 448.

[123] EEA vom 17./28. 2. 1986: Schlussakte ABl. EG Nr. L 169 v. 29. 6. 1987 S. 1 ff.; BGBl. II 1986, S. 1102, 1104, abgedruckt bei: *Beutler/Bieber/Piepkorn/Streil*, Das Recht der Europäischen Union, Textsammlung, Baden-Baden 1995 ff. (Lsbl.) unter I. 7; in Kraft seit dem 1. 1. 1987.

[124] Vertrag über die Europäische Union, unterzeichnet zu Maastricht am 7. 2. 1992; ABl. EG Nr. C 191 v. 29. 7. 1992, S. 1 ff. = BGBl. II, 1992 S. 1253, abgedruckt bei *Beutler/Bieber/Piepkorn/Streil*, Das Recht der Europäischen Union, Textsammlung, Baden-Baden 1995 ff. (Lsbl.) unter I. 8 in Kraft seit dem 1. 11. 1993.

[125] Vertrag von Amsterdam zur Änderung des Vertrags über die Europäische Union, der Verträge zur Gründung der Europäischen Gemeinschaften sowie einiger damit zusammenhängender Rechtsakte, unterzeichnet in Amsterdam am 2. 10. 1997, ABl. EG Nr. C 340 v. 10. 11. 1997, S. 1 ff., abgedruckt bei *Beutler/Bieber/Piepkorn/Streil*, Das Recht der Europäischen Union, Textsammlung, Baden-Baden 1995 ff. (Lsbl.) unter I. 0.

Regelungskompetenz auch für den Kapitalmarkt als Teil des Gemeinsamen Marktes bzw. des Binnenmarkts abgeleitet werden[126]:

Art. 2 EG definiert die „Errichtung eines Gemeinsamen Marktes" und die Durchführung der in Art. 3 EG genannten gemeinsamen Maßnahmen und Politiken als Aufgabe der Gemeinschaft. Gemäß Art. 3 Abs. 1 lit. c) EG umfasst die Tätigkeit der Gemeinschaft „einen Binnenmarkt, der durch die Beseitigung der Hindernisse für den freien [...] Kapitalverkehr zwischen den Mitgliedstaaten gekennzeichnet ist", sowie gemäß Art. 3 Abs. 1 lit. h) EG „die Angleichung der innerstaatlichen Rechtsvorschriften, soweit dies für das Funktionieren des Gemeinsamen Marktes erforderlich ist." Der durch die Einheitliche Europäische Akte eingeführte Art. 14 EG (ex-Art. 7a EGV) forderte die Gemeinschaft auf, bis Ende 1992 den Binnenmarkt schrittweise zu verwirklichen. Dieser wurde als „Raum ohne Binnengrenzen" definiert, „in dem der freie Verkehr von Waren, Personen[127], Dienstleistungen und Kapital" gemäß den Bestimmungen des EG-Vertrages gewährleistet wird. Somit wurde das Ziel der Schaffung eines Europäischen Kapitalmarktes, der sich durch vollständige Integration der nationalen Kapitalmärkte auszeichnet, im Vertrag verankert.[128]

Die Instrumente zur Erreichung der Integration der nationalen Märkte sind demnach der Abbau aller zwischenstaatlichen Binnenmarkthindernisse mittels der Grundfreiheiten sowie der Rechtsangleichung.[129]

## II. Grundfreiheiten

Innerhalb des Binnenmarktprogramms müssen die Grundfreiheiten, die Warenverkehrs-[130], Niederlassungs-[131] und Dienstleistungsfreiheit[132] sowie die Ka-

[126] GTE/*Kiemel*, EG-Vertrag, Art. 73b Rn. 48; *Assmann*, AG 1993, S. 549 ff. (549); *ders.*, ORDO 44 (1993), S. 87 ff. (87); *ders.*, in: Bankrechtstag 1993, S. 61 ff. (64 ff.); *Heinze*, S. 11; *Mülbert*, WM 2001, S. 2085 ff. (2088); zur Unterscheidung zwischen den Begriffen „Gemeinsamer Markt" und „Binnenmarkt" vgl. *Geiger*, EG-Vertrag Art. 14 Rn. 5; Grabitz/Hilf/*Langeheine*, Bd. I (alt), Art. 100a EGV, Rn. 20.

[127] Hinsichtlich der Personenverkehrsfreiheit wird im EG-Vertrag nach selbständigen und unselbständigen Erwerbstätigkeiten differenziert, was sich in den Vorschriften über die Arbeitnehmerfreizügigkeit, Art. 39 EG (ex-Art. 48 EGV), und die Niederlassungsfreiheit, Art. 43 EG (ex-Art. 52 EGV), niederschlägt; Grabitz/Hilf/*Randelzhofer*, Bd. I (alt), vor Art. 52 EGV, Rn. 8; Grabitz/Hilf/*Randelzhofer/Forsthoff*, Bd. I (neu), Art. 39 EG; Rn. 233; *Roth*, in: Dauses, Handbuch des EU-Wirtschaftsrecht, E. I. Rn. 10.

[128] Assmann/Schütze-*Assmann*, Handbuch des Kapitalanlagerechts, § 1 Rn. 84; Assmann/Buck, EWS 1990, S. 110 ff. (115); *Hoppmann*, Europarechtliche Entwicklungen im Börsenrecht, 1998, S. 1; *Kampf*, in: Grabitz/Hilf, Bd. IV, E 26, Rn. 8; *Hoffmann*, S. 19; *Lutter*, Systembildung und Systemlücken, S. 121 ff. (140); *Streinz*, Europarecht, Rn. 37 f.; *Weber*, Kapitalmarktrecht, S. 82.

[129] *Mülbert*, WM 2001, 2085 ff. (2088); *Deckert/von Rüden*, EWS 1998, S. 46 ff. (48); *Assmann*, ORDO 44 (1993), S. 87 ff. (94 ff.).

[130] Artt. 25, 28 f. EG (ex-Artt. 12, 30, 34 EGV).

[131] Artt. 43, 48 EG (ex-Artt. 52, 58 EGV).

[132] Artt. 49, 55 i.V.m. Art. 48 EG (ex-Artt. 59, 66 i.V.m. Art. 58 EGV).

pitalverkehrsfreiheit[133], vollständig verwirklicht werden.[134] Ihnen kommt gemäß Art. 3 lit. c) EG im Hinblick auf die Schaffung eines integrierten Kapitalmarkts zentrale Bedeutung zu:

Durch die Ausübung der Grundfreiheiten seitens der Unternehmen erweitern diese den Wirtschaftsraum, in dem sie ihrer Tätigkeit nachgehen, auf das Gebiet der Gemeinschaft. Damit geht eine Erweiterung ihres Finanzierungsbedarfs und der Kapitalmärkte, die sie zur Deckung ihres Finanzierungsbedarfs in Anspruch nehmen müssen, einher.[135]

Seitens der Investoren führt die vollständige Liberalisierung des Kapitalverkehrs zur Erweiterung der Anlagemöglichkeiten auf das gesamte Gemeinschaftsgebiet.

Soweit europäische Gesellschaften dem Anlegerpublikum Wertpapiere am Europäischen Kapitalmarkt anbieten, sind zugunsten der Gesellschaften und der Investoren insbesondere die Niederlassungsfreiheit (Art. 43 EG) und die Kapitalverkehrsfreiheit (Art. 56 Abs. 1 EG) betroffen:[136]

## 1. Niederlassungsfreiheit

Art. 43 Abs. 1 S. 1, Abs. 2 EG garantiert den Staatsangehörigen eines Mitgliedstaats und über Art. 48 Abs. 1 EG auch den „nach den Rechtsvorschriften eines Mitgliedstaats gegründeten Gesellschaften, die ihren satzungsmäßigen Sitz, ihre Hauptverwaltung oder ihre Hauptniederlassung innerhalb der Gemeinschaft haben", die unbeschränkte Aufnahme und Ausübung selbständiger Erwerbstätigkeiten sowie die Gründung und Leitung von Unternehmen in einem anderen Mitgliedstaat nach den für dessen eigene Angehörige geltenden Bestimmungen (primäre Niederlassungsfreiheit). Die Niederlassungsfreiheit wird in Art. 43 Abs. 1 Satz 2 EG auf die Gründung von Agenturen, Zweigniederlassungen und Tochtergesellschaften erstreckt (sekundäre Niederlassungsfreiheit). Gesellschaften können also sowohl Subjekt als auch Objekt dieser Grundfreiheit sein.[137] Die unternehmerische Tätigkeit über eine Tochtergesellschaft wird durch das Begriffspaar „Gründung" und „Leitung" von Unternehmen in Art. 43 Abs. 2 EG präzisiert. Unter „Gründung" ist nicht nur die erstmalige Errichtung einer Gesellschaft zu verstehen, sondern auch der Erwerb einer wesentlichen Beteiligung an einer bestehenden Gesellschaft. „Leitung" beinhaltet den unternehmerischen Einfluss auf die Tätigkeit der Gesellschaft mit Hilfe

---

[133] Artt. 56–60 EG (Artt. 73b–73g a.F. EGV).

[134] Art. 14 Abs. 2 EG (ex-Art. 7a Satz 2 EGV), vgl. *EG-Kommission*, Vollendung des Binnenmarktes, Weißbuch der Kommission an den Europäischen Rat, 1985.

[135] Lenz/*Weber*, EG-Vertrag Art. 56 Rn. 2, 26 f.; *Lutter*, EuUntR, 4. Aufl. 1996, S. 76; *Heinze* S. 3; vgl. auch *EG-Kommission*, Vollendung des Binnenmarktes, Weißbuch der Kommission an den Europäischen Rat, 1985, S. 31; vgl. *Schön*, ZHR 160 (1996), S. 221 ff. (225).

[136] Vgl. *Hopt*, Systembildung und Systemlücken, S. 307 ff. (316).

[137] *Werlauff*, S. 17 ff.; *Schön*, FS Lutter, S. 685 ff. (690 ff.).

einer Beteiligung, die die rechtliche oder faktische Herrschaft über die Gesellschaft verleiht.[138]

Somit erfasst die Niederlassungsfreiheit auch die unternehmerische Einflussnahme auf die Gesellschaft mit Hilfe einer wesentlichen Beteiligung. Diese kann alle Anteile der Gesellschaft erfassen, eine Stimmrechtsmehrheit verleihen oder nur eine Sperrminorität ausmachen.[139]

## 2. Kapitalverkehrsfreiheit

Art. 56 Abs. 1 EG verbietet alle Beschränkungen des grenzüberschreitenden Transfers von Werten in Form von Geld- oder Sachkapital zwischen den Mitgliedstaaten sowie zwischen den Mitgliedstaaten und dritten Ländern.[140]

Sie umfasst zugunsten der Gesellschaften die grenzüberschreitende Emission von Wertpapieren, deren „Zulassung [...] zu den Kapitalmärkten" und deren Handel. Zugunsten der Anleger garantiert sie „Direktinvestitionen". Darunter fällt auch die grenzüberschreitende Investition in und Beteiligung an (Aktien-)Gesellschaften, die auch von Artt. 43, 48 EG erfasst wird.[141] Der Umfang der Beteiligung ist hier jedoch unerheblich; neben Mehrheits- oder wesentlichen Beteiligungen ist auch die Geldanlage in Minderheits- oder Zwerganteilen erfasst.[142]

Angesprochen sind also Personen, die mit dem Erwerb von Aktien nicht in erster Linie unternehmerischen Einfluss auf die Gesellschaft nehmen, sondern ertragbringend in diese investieren wollen. Dabei steht der Erwerb der Gesellschafterstellung vermittels Aktien neben anderen möglichen Geldinvestitionen, insbesondere der Anlage in sonstigen Wertpapieren, z.B. Schuldverschreibun-

---

[138] Vgl. die Definition des Tochterunternehmens mithilfe des Kontrollbegriffs gemäß Artt. 1, 2 der Richtlinie über den konsolidierten Abschluss (83/349/EWG); vgl. Art. 3 Abs. 1 lit. a), Abs. 2 der Konzernbesteuerungsrichtlinie v. 23. 7. 1990 (90/435/EWG), der für die Begründung der Stellung eines Mutterunternehmens – wahlweise – einen Kapital- oder Stimmrechtsanteil von mindestens 25% verlangt; ABl. EG Nr. L 225 v. 20. 8. 1990, S. 6 ff.; abgedruckt bei *Lutter*, EuUntR, 4. Aufl. 1996, S. 799 ff.; dasselbe sieht Art. 4 Abs. 1 lit. a), Abs. 2 des Vorschlags einer Richtlinie über Zinsen und Lizenzgebühren v. 6. 12. 1990 vor, ABl. EG Nr. C 53 v. 28. 2. 1991, S. 26 ff., abgedruckt bei *Lutter*, EuUntR, 4. Aufl. 1996, S. 829 ff.

[139] GTE-*Troberg*, EG-Vertrag Art. 52 Rn. 11 f., 20; Art. 221 Rn. 3; *Werlauff*, S. 20; *Schön*, RabelsZ 64 (2000), S. 1 ff. (10 f.); *ders.*, GD Knobbe-Keuk, S. 743 ff. (750f.)

[140] *Schön*, GD Knobbe-Keuk, S. 743 ff. (747).

[141] Arg. ex-Art. 57 Abs. 1 a.E., Abs. 2 S. 1 a.E. EG (ex-Art. 73 c Abs. 1 a.E. EGV); Grabitz/Hilf/*Ress*/*Ukrow*, Bd. I (alt), Art. 73b EGV, Rn. 7; Bd. I (neu), Art. 56 EG, Rn. 13 ff.; *Geiger*, EG-Vertrag, Art. 56 Rn. 4; Lenz/*Weber*, EG-Vertrag, Vorbem. Artt. 56–60, Rn. 8; Art. 56 Rn. 5 f.; vgl. die Nomenklatur im Anhang I der Richtlinie zur Durchführung von Art. 67 des Vertrags v. 24. 6. 1988, ABl. EG Nr. L 178 v. 8. 7. 1988, S. 5 ff.

[142] Die beiden Grundfreiheiten stehen im Falle kumulativer Verwirklichung gleichberechtigt nebeneinander (vgl. Artt. 43 Abs. 2, 58 Abs. 2). Sie schützen jeweils eine andere Dimension desselben Vorgangs – die Niederlassungsfreiheit die Ausübung einer Erwerbstätigkeit, die Kapitalverkehrsfreiheit den Transfer geldwerter Güter; *Schön*, GS Knobbe-Keuk, S. 743 ff. (748 ff.); *Mülbert*, WM 2001, S, 2085 ff. (2089); *Hoffmann*, S. 42 f.

gen. Somit erweist sich die Kapitalverkehrsfreiheit als die zentrale Grundfreiheit bei Portfolioinvestitionen.[143]

### III. Art. 294 EG

Eine diesen Bereich ergänzende Vorschrift, die sich im 6. Teil des Vertrages befindet, der „Allgemeine und Schlussbestimmungen" enthält, ist Art. 294 EG (ex-Art. Art. 221 EGV). Er verpflichtet die Mitgliedstaaten „unbeschadet der sonstigen Bestimmungen dieses Vertrages", die Staatsangehörigen der anderen Mitgliedstaaten hinsichtlich ihrer Beteiligung am Kapital von Gesellschaften i.S. des Art. 48 EG gleich zu behandeln. Die Vorschrift konkretisiert für die Beteiligung am Kapital von Gesellschaften das allgemeine Diskriminierungsverbot des Art. 12 EG (ex-Art. 6 EGV).[144] Der Begriff der Staatsangehörigen ist weit auszulegen und erfasst auch Gesellschaften i.S. des Art. 48 EG. Auch der Begriff der Beteiligung ist weit zu verstehen und erfasst neben Gesellschaftsanteilen auch langfristige Darlehen mit kapitalähnlichem Charakter. Art. 294 EG ist gegenüber den Artt. 43, 56 EG subsidiär. Eigenständige Bedeutung kommt ihm nur im Falle von Minderheitsbeteiligungen zu. Hier schützt er den ausländischen Beteiligten vor Diskriminierungen in seiner Funktion als Gesellschafter, während Art. 56 Abs. 1 EG seine Funktion als Eigenkapitalgeber schützt. Bezogen auf beherrschende Beteiligungen hat Art. 294 EG gegenüber Art. 43, 48 EG keinen weitergehenden Anwendungsbereich und somit nur klarstellende Funktion.[145]

## B. Regelungsmethode: Richtlinien

Die europäischen Wirtschaftsunternehmen stehen hinsichtlich der Attraktion des Investitionskapitals im Wettbewerb miteinander. Die optimale Zusammenführung der durch Ausnutzung der Grundfreiheiten entstehenden gemeinschaftsweiten Nachfrage nach und des Angebots von Kapital als zentralem Wirtschaftsfaktor erfordert die Schaffung eines Rechtsrahmens, innerhalb dessen die Funktionsfähigkeit des Kapitalmarktes gewährleistet ist. Die Rechtsetzungsmaßnahmen der EG haben also die Herstellung gleichmäßiger Rechts-

---

[143] GTE/*Troberg*, EG-Vertrag, Art. 52 Rn. 11 f.; Art. 221 Rn. 6; Grabitz/Hilf/*Ress*/*Ukrow*, Bd. I (alt), Art. 73b EGV, Rn. 9; Bd. I (neu), Art. 56 EG, Rn. 13 ff.; EuGH, Urt. v. 26. 6. 2000 – Rs C-4787/98, ZBB 2001, 29 (Leitsatz); *Schön*, RabelsZ 64 (2000), S. 1 ff. (11 f.); *Hakenberg*, Europäisches Gemeinschaftsrecht, S. 124; *Weber*, Kapitalmarktrecht, S. 91 ff.

[144] *Schön*, GD Knobbe-Keuk, S. 743 ff. (748, 751).

[145] GTE/*Troberg*, Art. 52 Rn. 13; Art. 221 Rn. 1 f., 8, 11; Grabitz/Hilf/*Schweitzer*, Bd. II (alt), Art. 221 EGV, Rn. 1 ff.; Bd. II (neu), Art. 294 EG, Rn. 1 ff.; Lenz/*Röttinger*, Art. 294 Rn. 1 ff.; *Geiger*, EG-Vertrag, Art. 294 Rn. 1 f.; *Schön*, GS Knobbe-Keuk, S. 743 ff. (751); *Roth*, in: Dauses, Handbuch des EU-Wirtschaftsrecht, E. I. Rn. 46.

verhältnisse, eines „level playing field" im Europäischen Kapitalmarkt zur Aufgabe. Es muss sichergestellt werden, dass wirtschaftliche Entscheidungen nach Maßgabe betriebswirtschaftlicher Vernunft getroffen und nicht durch rechtliche Differenzen zwischen den Mitgliedstaaten verzerrt werden. Dies entspricht dem traditionellen Verständnis von Rechtsangleichung.[146] Aufgrund der starken Konkurrenz der europäischen Börsenplätze mit den amerikanischen und ostasiatischen Kapitalmärkten spielt bei den Rechtangleichungsmaßnahmen der EG auch die weltweite Wettbewerbsfähigkeit eine wichtige Rolle. Die Anlegerschutzbestimmungen müssen daher auch über die Grenzen des Europäischen Wirtschaftsraums hinaus mit denen dieser Märkte vergleichbar sein, um international Anleger anzuziehen.[147]

Gerade im Bereich des Kapitalmarkts, der sich ständig wandelnden Bedingungen unterliegt, muss das Rechtsangleichungssystem schließlich flexibel genug sein, um auf veränderte wirtschaftliche Bedürfnisse reagieren zu können.[148]

Für die Schaffung eines Europäischen Kapitalmarktes hat sich der Gemeinschaftsgesetzgeber für den im EG-Vertrag vorgegebenen[149] Weg der Rechtsangleichung mithilfe von Richtlinien[150] entschieden. Gemäß Art. 249 Abs. 3 EG (Art. 189 EGV a.F.) beansprucht die Richtlinie im Gegensatz zur Verordnung nicht unmittelbare Verbindlichkeit in den einzelnen Mitgliedstaaten, sondern ist für diese nur hinsichtlich des zu erreichenden Ziels verbindlich. Die Richtlinien verpflichten die Mitgliedstaaten, diese nach Maßgabe ihres jeweiligen Verfassungsrechts in nationales Recht umzusetzen, wobei sie in der Wahl der Form und der Mittel frei sind. So wird den Mitgliedstaaten der rechtstechnische Anschluss des europäischen Normbefehls in ihre Rechtsordnungen überlassen, damit dieser nicht die gesetzliche Systematik des nationalen Rechts verletzt.[151]

[146] *Weber*, in: Dauses, Handbuch des EU-Wirtschaftsrechts, F. III. Rn. 12; *Schön*, GD Knobbe-Keuk, S. 743 ff. (745 f., 748); *Kübler*, Gesellschaftsrecht, S. 458; *Merkt*, in: Hopt/Rudolpf/Baum, Börsenreform, S. 17 ff. (128 ff.); *Wiedemann*, Gesellschaftsrecht I, 1980, S. 50 f., 122 f.; eine ökonomische Alternative zur fortschreitenden Rechtsangleichung, die eine wechselseitige Qualitätskontrolle der Rechtsordnungen ausschließt, wäre die „Systemkonkurrenz", d.h. ein „Wettbewerb der Gesetzgeber". Bei einem solchen wählen die Wirtschaftssubjekte ihren Standort bzw. Tätigkeitsschwerpunkt nach dem für sie günstigsten Rechtssystem aus. Dieser „Institutional Competition" wird die Gefahr eines ständigen Qualitätsverlusts („race to the bottom") entgegen gehalten; zum Ganzen *Schön*, ZHR 160 (1996) S. 221 ff. (232 ff.) m.w.Nachw.

[147] *Izquierdo*, S. 34; *Lutter*, EuUntR, 4. Aufl. 1996, S. 93; allgemein *Schön*, ZGR 160 (1996), S. 221 ff. (237).

[148] Die Befürworter eines „Wettbewerbs der Gesetzgeber" führen die Gefahr der „Versteinerung" europäischer Rechtssetzung als wesentliches Argument gegen die zentralisierte Rechtsangleichung in der EG an; *Schön*, ZGR 160 (1996), S. 221 ff. (236) m.w.Nachw.

[149] Siehe Art. 3 Abs. 1 lit. h) EG sowie Abschnitt VI Kapitel 3, insb. Art. 94 EG.

[150] Vgl. Art. 249 Abs. 3 EG.

[151] *Schön*, RabelsZ 64 (2000), S. 1 ff. (8); *Oppermann*, Europarecht, Rn. 547 ff.; *Schweitzer/Hummer*, Europarecht, Rn. 356 ff.

Erst das infolge der Umsetzung geschaffene nationale Recht führt zur innerstaatlichen Verbindlichkeit des materiellen Regelungsgehalts der Richtlinie.[152]

## C. Ermächtigungsnormen

Werden die Gemeinschaftsorgane zur Erfüllung ihrer durch den Vertrag zugewiesenen Aufgaben tätig, müssen sie ihr Handeln auf eine konkrete Ermächtigung stützen.

Die zur Schaffung eines Europäischen Kapitalmarkts im Rahmen dieser Darstellung zu untersuchenden Angleichungsvorschriften (Art. 3 lit. h) EG) berufen sich ausdrücklich auf Art. 44 EG (ex-Art. 54 EGV), die BZR, BZPR und HBR speziell auf Art. 44 Abs. 2 lit. g) EG (ex-Art. 54 Abs. 3 lit. g) EGV).[153] Art. 44 Abs. 1 EG ermächtigt zum Erlass von Richtlinien zur Verwirklichung der Niederlassungsfreiheit (Art. 43 EG) für eine bestimmte Tätigkeit. Nach Art. 44 Abs. 2 lit. g) EG kann der Gemeinschaftsgesetzgeber zur Erfüllung dieser Aufgabe insbesondere, „soweit erforderlich die Schutzbestimmungen koordinieren, die in den Mitgliedstaaten den Gesellschaften im Sinne des Art. 48 Abs. 2 EG im Interesse der Gesellschafter sowie Dritter vorgeschrieben sind, um diese Bestimmungen gleichwertig zu gestalten".

Die BZR, die BZPR und die HBR nennen als Ermächtigungsnorm ferner Art. 94 EG (ex-Art. 100 EGV). Dieser beauftragt den Gemeinschaftsgesetzgeber, Richtlinien zur Angleichung der nationalen Rechtsvorschriften zu erlassen, „die sich unmittelbar auf die Errichtung oder das Funktionieren des Gemeinsamen Marktes auswirken."[154]

Die kodRL sowie die zur Umsetzung des „Aktionsplans für Finanzdienstleistungen" von der Kommission bisher vorgelegten Richtlinien- bzw. Verordnungsvorschläge, die börsennotierte Gesellschaften betreffen und zum Teil die bestehenden börsenrechtlichen Richtlinien ablösen sollen, stützen sich teilweise auf Art. 44 EG, alle aber auf Art. 95 EG.[155] Letzterer ermächtigt die ge-

---

[152] Nur ausnahmsweise kann sich ein Bürger gegenüber dem Staat unmittelbar auf die Richtlinie berufen, wenn die Umsetzungsfrist abgelaufen ist und der Richtlinie allgemeine, unbedingte, unmittelbar vollziehbare, den Bürger entlastende und gegenüber dem Staat berechtigende Rechtssätze zu entnehmen sind, Rechtssätze also, die keiner weiteren rechtstechnischen Umsetzung bedürfen, z.B. EuGH Urt. v. 28. 3. 1990, Rs. C-38/88, Slg. 1990, 1447 (Waldrich).

[153] Vgl. jeweils den ersten Absatz der Präambel der BZR, der BZPR, der HBR und der TR, abgedruckt bei *Lutter,* EuUntR, 4. Aufl. 1996, S. 532, 552, 581, 589.

[154] Zur Problematik der kumulativen Nennung von Ermächtigungsgrundlagen unter Berücksichtigung der Rechtsprechung des EuGH vgl. *Schön,* ZGR 1995, S. 1 ff. (12, Fn. 60 und 17 f.) m.w.Nachw.

[155] Sowohl auf Art. 44 EG und auf Art. 95 EG stützen sich Richtlinie 2001/34/EG vom 28. 5. 2001, ABl. EG Nr. L 184 v. 6. 7. 2001, S. 1 ff. (7); Vorschlag für eine Richtlinie über den Prospekt, der beim öffentlichen Angebot von Wertpapieren oder bei deren Zulassung zum Handel zu veröffentlichen ist, DOK KOM (2001) 280 v. 30. 5. 2001, S. 19;

setzgebenden Organe dazu, die Maßnahmen zur Angleichung der Rechts- und Verwaltungsvorschriften der Mitgliedstaaten zu treffen, die „die Errichtung und das Funktionieren des Binnenmarktes zum Gegenstand haben.“[156]

Die auf die Artt. 44 Abs. 2 lit. g), 95 EG gestützten Richtlinien werden vom Rat gemäß dem in Art. 251 EG (ex-Art. 189b EGV) geregelten Verfahren der Mitentscheidung und nach Anhörung des Wirtschafts- und Sozialausschusses[157] erlassen. Zu ihrer Verabschiedung bedarf es der qualifizierten Mehrheit im Rat.[158]

Der Erlass von Richtlinien auf Grundlage des Art. 94 EG vollzieht sich auf Vorschlag der Kommission nach Anhörung des Europäischen Parlaments[159] und des Wirtschafts- und Sozialausschusses und bedarf eines einstimmigen Ratsbeschlusses.[160]

---

Vorschlag für eine Richtlinie des Europäischen Parlaments und des Rates über Insider-Geschäfte und Marktmanipulation (Marktmissbrauch) v. 30. 5. 2001, DOK KOM (2001) 281 S. 14. Nur Art. 95 EG nennt der Vorschlag für eine Verordnung des Europäischen Parlaments und des Rates betreffend die Anwendung internationaler Rechnungslegungsgrundsätze, DOK KOM (2001) 80 v. 13. 2. 2001 S. 9.

[156] Die Rechtsgrundlagen, auf die sich die gesellschaftsrechtlichen bzw. die börsenrechtlichen Richtlinien stützen, verdeutlichen, welche Zielsetzungen jeweils verfolgt werden. Bestimmungen einer allein auf Art. 44 Abs. 3 EG beruhenden Richtlinie sind so zu interpretieren, dass sie der Niederlassungsfreiheit unter Berücksichtigung des Gesellschafter- und Gläubigerschutzes zu größter Wirkung verhelfen. Normen einer auf Art. 94 EG gestützten Richtlinie hingegen müssen so ausgelegt werden, dass sie der Verwirklichung des Gemeinsamen Marktes weitestgehend dienen.“ *Lutter,* JZ 1992, S. 593 ff. (603).

[157] Vgl. Artt. 257 ff. EG; dabei handelt es sich um ein rein beratendes, weisungsunabhängiges Gremium, das aus Vertretern der Mitgliedstaaten der verschiedenen Gruppen des wirtschaftlichen und sozialen Lebens besteht. Die Stellungnahme ist für die Auslegung der Richtlinie von eher untergeordneter Bedeutung, da sie weniger eine einheitlich gebildete Meinung als vielmehr die unterschiedlichen Positionen seiner Mitgliedergruppen wiedergibt und der Rat an sie in keiner Weise gebunden ist; *Lutter,* JZ 1992, S. 593 ff. (601).

[158] Art. 44 Abs. 1 EG; gemäß Art. 205 Abs. 2 UAbs. 2, 1. Gedankenstrich EG sind 62 Stimmen erforderlich; *Geiger,* EG-Vertrag, Art. 251 Rn. 4; Callies/Ruffert/*Kluth,* Art. 251 EG Rn. 12.

[159] Das geschieht in der Weise, dass der Kommissionsvorschlag im Europäischen Parlament beraten und in einer abschließenden Stellungnahme gebilligt oder mit Änderungsvorschlägen versehen wird; Artt. 36 ff. Geschäftsordnung des Europäischen Parlaments. Diese Stellungnahme ist von erheblicher politischer Bedeutung für den Willensbildungsprozess im Rat und wichtige Auslegungshilfe, sofern die vom Rat verabschiedete Fassung der Richtlinie der Stellungnahme folgt; *Lutter,* JZ 1992, S. 593 ff. (601).

[160] Die Vorschrift wurde durch den Vertrag von Maastricht (7. 2. 1992) geändert; vorher, auch zum Zeitpunkt der Verabschiedung der in Rede stehenden Richtlinien, war eine Anhörung der beiden Organe nur erforderlich, wenn es sich um Richtlinien handelte, deren Durchführung in einem oder mehreren Mitgliedstaaten eine Änderung von gesetzlichen (im formellen Sinne, also nicht von verwaltungsrechtlichen) Vorschriften zur Folge hatte. Eine Anhörung war jedoch schon vor der Änderung gängige Praxis; Lenz/*Röttinger,* EG-Vertrag, Art. 94 Rn. 18; GTE/*Taschner,* EG-Vertrag, Art. 100 Rn. 55.

Diese Ermächtigungsnormen stellen zugleich das Bindeglied zwischen den primärrechtlichen Vorschriften (Art. 2, Art. 3 Abs. 1 lit. c), h), Art. 43, Art. 56 Abs. 1 EG) und den sekundärrechtlichen Normen, den kapitalmarktbezogenen Richtlinien dar.[161]

## I. Art. 44 Abs. 2 lit. g) EG

Art. 44 Abs. 2 lit. g) EG fordert den Rat dazu auf, zur Ermöglichung, Erleichterung und zum Ausbau der Niederlassungsfreiheit die rechtlichen Wettbewerbsbedingungen für Gesellschaften im Binnenmarkt anzunähern und dabei ein hinreichendes Schutzniveau für Gesellschafter und Dritte aufrechtzuerhalten.[162] Die Koordinierungsmaßnahmen müssen sich jedoch nicht darin erschöpfen, sondern können auch der Verwirklichung der übrigen Vertragsziele dienen.[163]

„Koordinierung" im Sinne der Vorschrift bedeutet nicht Rechtsvereinheitlichung, sondern Rechtsangleichung.[164] Die Vorschrift verdeutlicht die Tendenz des EG-Vertrages, nur unter Beachtung der historischen und systematischen Besonderheiten Eingriffe in die nationalen Unternehmensrechte zu vollziehen und Umfang und Intensität der Eingriffe – entsprechend den in Art. 5 Abs. 2 und 3 EG (ex-Art. 3b Abs. 2 und 3 EGV) niedergelegten Prinzipien der Subsidiarität und Erforderlichkeit – an den Bedürfnissen und Zielen der Gemeinschaft auszurichten.[165] Im Gegensatz zu den einschlägigen Grundfreiheiten (Artt. 43, 56 EG) erfassen die auf der Grundlage von Art. 44 Abs. 2 lit. g) EG erlassenen Richtlinien nicht nur grenzüberschreitende sondern auch reine Inlandssachverhalte.[166]

In der Vorschrift kommt das Bewusstsein der Verfasser des EG-Vertrages zum Ausdruck, dass die Verwirklichung des Gemeinsamen Marktes, in dem die Ge-

[161] Lenz/*Röttinger*, EG-Vertrag, Art. 94 Rn. 1; *Geiger*, EG-Vertrag, Art. 94 Rn. 1; *Schön*, RabelsZ 2000, S. 1 ff. (12); zum Ganzen *Behrens*, in: Dauses, Handbuch des EU-Wirtschaftsrechts, E. III. Rn. 4 ff.

[162] Grabitz/Hilf/*Langeheine*, Bd. I (alt), Art. 100 EGV, Rn. 74; *Schön*, RabelsZ 2000, S. 1 ff. (13); *ders.*, ZGR 1995, S. 1 ff. (13 ff.).

[163] H.M. Grabitz/Hilf/*Randelzhofer*, Bd. I (alt), Art. 54 EGV, Rn. 34; Grabitz/Hilf/*Randelzhofer/Forsthoff*, Bd. I (neu), Art. 44 EG, Rn. 16; Lenz/*Scheuer*, EG-Vertrag Art. 44 Rn. 2; *Geiger*, EG-Vertrag, Art 44 Rn. 12; GTE-Handbuch/*Troberg*, Art. 54 Rn. 24 (Stand Mai 1997); *Wiedemann*, Gesellschaftsrecht I, 1980 S. 51; *Edwards*, EC-Company Law, S. 6 ff.; nach anderer Ansicht soll die Angleichung der gesellschaftsrechtlichen Schutzvorschriften nur dann zulässig sein, wenn sie zur Aufhebung von Niederlassungsbeschränkungen notwendig ist. Dieser Streit hat heute keine praktische Relevanz mehr, vgl. *Schwarz*, EuGesR, Rn. 194 m.w.Nachw; *Wymeersch*, in: 1. EurJT, S. 85 ff. (158).

[164] Grabitz/Hilf/*Randelzhofer*, Bd. I (alt), Art. 54 EGV, Rn. 31; Grabitz/Hilf/*Randelzhofer/Forsthoff*, Bd. I (neu), Art. 44 EG, Rn. 11; Lenz/*Scheuer*, EG-Vertrag Art. 44 Rn. 10.

[165] Grabitz/Hilf/*Randelzhofer*, Bd. I (alt), Art. 54 EGV, Rn. 31; Grabitz/Hilf/*Randelzhofer/Forsthoff*, Bd. I (neu), Art. 44 EG, Rn. 11; *Lutter*, EuUntR, S. 10 f.; *Schwarz*, EuGesR, Rn. 198; *Schön*, ZGR 1995, S. 1 ff. (13 ff.).

[166] *Schön*, ZGR 1995, S. 1 ff. (26).

sellschaften zunehmend grenzüberschreitend tätig werden, ein Gefährdungspotential für ihre Gesellschafter und Gläubiger in sich birgt.[167] Wer in Ausübung der Niederlassungs- und Kapitalverkehrsfreiheit in einem anderen Mitgliedstaat in von Gesellschaften ausgegebene Wertpapiere investiert, soll dort auf ein Mindestmaß an rechtlichen Sicherungen treffen.[168]

Gesellschafter im Sinne der Vorschrift sind alle Mitglieder der Gesellschaften i.S. des Art. 48 Abs. 2 EG[169]; soweit die auf Grundlage der Vorschrift erlassenen Richtlinien börsennotierte Aktiengesellschaften betreffen, sind dies also deren Aktionäre.

Der Begriff des *Dritten* war umstritten. Teilweise wurde eine enge Auslegung befürwortet; erfasst würden nur solche natürlichen oder juristischen Personen, die zu der Gesellschaft in einer konkreten Rechtsbeziehung stehen, also deren Gläubiger.[170] Im Bereich der an Aktiengesellschaften gerichteten gesellschafts- und kapitalmarktrechtlichen Vorschriften sind dies insbesondere die Inhaber von Fremdkapitalpapieren, z.B. Schuldverschreibungen.[171] Der EuGH hat den Begriff des Dritten weit ausgelegt. Dies kann jede interessierte Person sein, da in Art. 44 Abs. 2 lit. g) EG vom Ziel des Schutzes der Interessen Dritter ganz allgemein die Rede ist.[172] Dieser Ansicht ist auch die Kommission, die im Rahmen der auf börsennotierte Aktiengesellschaften bezogenen kapitalmarktrechtlichen Vorschriften auch potenzielle Anleger, seien es künftige Aktionäre oder künftige Inhaber von Fremdkapitalpapieren, unter den Begriff des Dritten subsumiert.[173]

## II. Artt. 94, 95 EG

Unter dem Aspekt der Angleichung gesellschaftsrechtlicher Vorschriften zum Abbau von wettbewerbsverzerrenden Einflüssen auf den gemeinsamen bzw.

---

[167] Grabitz/Hilf/*Randelzhofer*, Bd. I (alt), Art. 54 EGV, Rn. 37; *Schön*, ZGR 1995, S. 1 ff. (13); *ders.*, RabelsZ 2000, S. 1 ff. (12); *ders.*, FS Lutter, S. 685 ff. (692).

[168] *Schön*, RabelsZ 2000, S. 1 ff. (13); vgl. *Werlauff*, S. 38.

[169] *Schwarz*, EuGesR, Rn. 197.

[170] So die von der Bundesregierung im Verfahren Verband deutscher Daihatsu-Händler e.V./Daihatsu Deutschland GmbH vorgetragene Rechtsansicht, siehe dazu EuGH, Urt. v. 4. 12. 1997, Rs. C-97/96, Slg. 1997, I–6843 ff.; *Schön*, JZ 1998, S. 194 f. (195); *Edwards*, EC Company Law, S. 28.

[171] Vgl. 6. Erwägungsgrund, Art. 14 der Fusionsrichtlinie; 8. Erwägungsgrund, Art. 12 Abs. 5 der Spaltungsrichtlinie.

[172] EuGH, Urt. v. 4. 12. 1997, Rs. C-97/96 (Verband deutscher Daihatsu-Händler e.V./Daihatsu Deutschland GmbH), Slg. 1997, I–6843 ff. Rn. 19 ff. = JZ 1998, S. 193 f.; in diesem Zusammenhang ging es um den Begriff des Dritten im Rahmen der Publizitätsrichtlinie und deren Umsetzung in § 335 HGB; vgl. Urteilsanmerkung *Schön*, JZ 1998, S. 194 f. (194).

[173] Begründung der Kommission zum ursprgl. Vorschlag einer BZPR v. 26. 9. 1972, BR-Drucks. 566/72 v. 26. 10. 1972, S. 59; *van Hulle*, Das Europäische Bilanzrecht – Entwicklungen und Herausforderungen, 1994, S. 4; *Behrens*, in: Dauses, Handbuch des EU-Wirtschaftsrechts, E. III. Rn. 17; so auch *Merkt*, Unternehmenspublizität, 4. Teil, 2. Kap., II. 1. c) bb); *Hommelhoff*, ZGR 2000, S. 748 ff. (750).

den Binnenmarkt[174] stellen sich Artt. 94, 95 EG als allgemeine Ermächtigungsnormen zum Erlass von Rechtsvorschriften im Verhältnis zu der Spezialnorm des Art. 44 EG dar.[175]

Art. 95 EG wurde durch die Einheitliche Europäische Akte zur Verwirklichung des Binnenmarktprogramms (Art. 14 EG) eingeführt. Er verdrängt Art. 94 EG, soweit Rechtsangleichungsmaßnahmen der Verwirklichung des Binnenmarkts dienen und keiner Bereichsausnahme nach Art. 95 Abs. 2 EG unterfallen.[176]

Im Gegensatz zu den Artt. 44 und 94 EG beschränkt Art. 95 EG die gemeinschaftliche Rechtsetzungskompetenz nicht auf Richtlinien, sondern ermächtigt zu „Maßnahmen", lässt also auch den Erlass von Verordnungen zu.[177]

Unter den anzugleichenden nationalen Rechts- und Verwaltungsvorschriften i.S. der Artt. 94, 95 EG ist die Gesamtheit aller Rechtsvorschriften eines Mitgliedstaats zu verstehen, d.h. alle von staatlicher Seite erlassenen oder anderweitig mit staatlicher Autorität versehenen generellen Regelungen.[178] Diese müssen sich im Falle des Art. 94 EG „unmittelbar auf die Errichtung und das Funktionieren des Gemeinsamen Marktes auswirken", im Falle des Art. 95 EG die „Errichtung und das Funktionieren des Binnenmarktes zum Gegenstand haben".

### 1. Besondere Bedeutung des Art. 95 EG im Rahmen des Art. 153 EG

Gemäß Art. 95 Abs. 3 EG müssen die Angleichungsmaßnahmen im Bereich des Verbraucherschutzes, der den Anlegerschutz als sachspezifischen Bereich des

---

[174] Zur Unterscheidung der Begriffe „Gemeinsamer Markt" und „Binnenmarkt" vgl. Grabitz/Hilf/*Langeheine,* Bd. I (alt), Art. 100a EGV, Rn. 20 ff. m.w.Nachw.; GTE-Handbuch/*Pipkorn,* Art. 100a Rn. 8.

[175] *Geiger,* EG-Vertrag, Art. 94 Rn. 1, 3; Lenz/*Röttinger,* EG-Vertrag, Art. 94 Rn. 1; GTE-Handbuch/*Pipkorn* Art. 100a Rn. 48; *Schön,* ZGR 1995, S. 1 ff. (16); *ders.,* ZHR 160 (1996), S. 221 ff. (223); Callies/Ruffert/*Kahl,* Art. 94 EG Rn. 3; Schwarze/*Herrnfeld,* Art. 94 EG Rn. 2, 5.

[176] Der Verzicht auf das Einstimmigkeitserfordernis zugunsten einer qualifizierten Mehrheit im Rat sollte den Harmonisierungsprozess beschleunigen; die Mitwirkung des Europäischen Parlaments im Rechtsetzungsprozess wurde verstärkt; Art. 95 Abs. 1 1. Hs. EGV; Lenz/*Röttinger,* EG-Vertrag Art. 95 Rn. 3; GTE-Handbuch/*Pipkorn,* Art. 100a Rn. 1, 24; Grabitz/Hilf/*Langeheine,* Bd. I (alt), Art. 100a EGV, Rn. 1; *Werlauff,* S. 39 f. Rechtsakte zur Änderungen von Richtlinien, die vor Inkrafttreten des Art. 95 EG auf Grundlage des Art. 94 EG erlassen wurden, sind auf Art. 95 EG zu stützen, wenn die Richtlinie die Errichtung oder das Funktionieren des Binnenmarkts zum Gegenstand hat und Art. 95 EG im übrigen anwendbar ist; GTE-Handbuch/*Pipkorn,* Art. 100a Rn. 33, 35.

[177] *Geiger,* EG-Vertrag, Art. 95 Rn. 4; Lenz/*Röttinger,* EG-Vertrag, Art. 95 Rn. 4; *Schön,* ZHR 160 (1996) S. 221 ff. (226 f.); Callies/Ruffert/*Kahl,* Art. 95 EG Rn. 12; *Werlauff,* S. 40.

[178] *Geiger,* EG-Vertrag, Art. 94 Rn. 8; Lenz/*Röttinger,* EG-Vertrag, Art. 94 Rn. 4; Grabitz/Hilf/*Langeheine,* Bd. I (alt), Art. 100 EGV, Rn. 15; GTE/*Taschner,* EG-Vertrag, Art. 100 Rn. 28; Schwarze/*Herrnfeld,* Art. 94 EG Rn. 10 ff.; vgl. 3. Erwägungsgrund kodRL (vormals 2. Erwägungsgrund BZR).

Verbraucherschutzes mitumfasst, ein hohes Schutzniveau zugrunde legen.[179] Art. 95 Abs. 3 EG gewinnt im Rahmen des Art. 153 EG (ex-Art. 129a EGV) an Bedeutung: Gemäß Abs. 1 verpflichtet sich die Gemeinschaft zur Gewährleistung eines hohen Verbraucherschutzniveaus und zur Förderung der Rechte der Verbraucher auf Information [...] zur Wahrung ihrer Interessen. Laut Art. 153 Abs. 2 EG wird den Erfordernissen des Verbraucherschutzes, bei der [...] Durchführung der anderen Gemeinschafts[...]maßnahmen Rechnung getragen. Dementsprechend bestimmt schließlich Art. 153 Abs. 3 lit. a) EG, dass die Gemeinschaft einen Beitrag zur Erreichung der in Abs. 1 genannten Ziele durch Maßnahmen leistet, die sie im Rahmen der Verwirklichung des Binnenmarkts nach Art. 95 EG erlässt.

Die Gewährleistung von Verbraucher- bzw. Anlegerschutz ist also keine eigenständige Gemeinschaftsaufgabe, sondern stets funktional zu beziehen auf die Herstellung eines integrierten europäischen Binnen(kapital)markts.[180]

Somit erfüllt Art. 153 Abs. 3 lit. a) EG im Verhältnis zu Art. 95 EG eine ähnliche Funktion, wie Art. 44 Abs. 2 lit. g) EG im Verhältnis zu Art. 44 Abs. 1 EG: Den mit der Schaffung des Binnenmarktes verbundenen Gefahren für Verbraucher und Anleger soll mit entsprechenden Schutzmechanismen begegnet werden. Mit der Ermöglichung von Markt durch die Grundfreiheiten („enabling") soll eine entsprechende Marktordnung durch Regulierung („regulating") einhergehen.[181]

### 2. Eigenständige Bedeutung der Artt. 94, 95 EG gegenüber Art. 44 EG

Der Rückgriff auf Artt. 94, 95 EG als Ermächtigungsgrundlage neben Art. 44 Abs. 2 lit. g) EG ist im Rahmen der börsenrechtlichen Richtlinien erforderlich, soweit auch Emittenten von Wertpapieren angesprochen werden, bei denen es sich nicht um Gesellschaften i.S. des Art. 48 Abs. 2 EG handelt, die Niederlassungsfreiheit also nicht betroffen ist. Dies ist insbesondere bei öffentlich-rechtlichen Emittenten und bei Gesellschaften, die nicht dem Recht eines Mitgliedstaats unterliegen, der Fall.[182] So erklärt sich auch, dass die TR aufgrund ihres eingeschränkten Anwendungsbereichs allein auf Art. 44 EG gestützt werden konnte.[183]

---

[179] Lenz/*Röttinger*, EG-Vertrag Art. 95 Rn. 6; *Schön*, ZGR 2000, S. 706 ff. (708).

[180] *Mülbert*, WM 2001, S. 2085 ff. (2092) m.w.Nachw.

[181] Vgl. *Grundmann*, Systembildung und Systemlücken, S. 1 ff. (27 ff.), der dieses traditionelle Begriffspaar jedoch zur Systematisierung sekundärrechtliche Vorschriften verwendet.

[182] Vgl. 3., 12. Erwägungsgrund kodRL (vormals 2. Erwägungsgrund BZR, 5. Erwägungsgrund BZPR); *Schön*, ZGR 1995, S. 1 ff. (16); *Edwards*, EC Company Law, S. 238 f.

[183] Soweit man anonyme Marktteilnehmer und potentielle Anleger nicht – wie der EuGH – unter den Begriff des Dritten im Sinne des Art. 44 Abs. 2 lit. g) EG subsumiert, können die auch zu deren Schutz erlassenen Regelungen jedenfalls auf Art. 94 EG gestützt werden. Denn das Anlegerschutzniveau hat erhebliche Auswirkungen auf

# Viertes Kapitel: „Allgemeiner Teil" der sekundärrechtlichen Vorschriften

## A. Rechtsangleichungsintensität: Aufstellung von Mindeststandards

Rechtsangleichungsmaßnahmen können von unterschiedlicher Intensität sein. Sie können den Mitgliedstaaten unterschiedlichen verbleibenden Regelungsspielraum belassen, indem sie Mindeststandards oder Höchststandards setzen oder eine Kombination von beidem vorsehen.

In den in Rede stehenden börsenrechtlichen Richtlinien wird den Mitgliedstaaten ausdrücklich die Möglichkeit eingeräumt, den Emittenten über die in den Richtlinien aufgeführten Pflichten hinaus strengere oder zusätzliche Verhaltenspflichten aufzuerlegen.[184]

Die ausdrückliche Öffnung der Richtlinien für strengeres nationales Recht verdeutlicht, dass sie nicht auf eine Vollharmonisierung abzielen, sondern grundsätzlich nur *Mindeststandards* aufstellen.[185] Dies hat in erster Linie politische Gründe: Die bei Erlass der Richtlinien starken strukturellen Unterschiede der einzelstaatlichen Wertpapiermärkte machten zunächst nur eine teilweise Rechtsangleichung konsensfähig und durchführbar, die später verstärkt werden sollte.[186] Den Mitgliedstaaten sollte die Möglichkeit verbleiben, flexibel auf besondere Situationen der eigenen Wertpapiermärkte zu reagieren.[187]

### I. Strengere und zusätzliche nationale Vorschriften

Die zusätzlichen oder strengeren nationalen Vorschriften können sich sowohl auf inländische als auch auf Gesellschaften aus anderen Mitgliedstaaten und aus Drittstaaten beziehen. Dies folgt eindeutig aus den Vorschriften über die ge-

die Funktionsfähigkeit des Kapitalmarkts als Teil des Gemeinsamen bzw. des Binnenmarktes.

[184] Artt. 8 Abs. 1 und 2, 22 Abs. 1, 71, 88 kodRL (vormals Art. 5 Abs. 2 BZR, Art. 5 Abs. 1 BZPR, Art. 3 HBR, Art. 3 TR).

[185] Vgl. 12. Erwägungsgrund kodRL (vormals 5. Erwägungsgrund BZR); Stellungnahme des Wirtschafts- und Sozialausschusses v. 1. 7. 1976 zum Kommissionsvorschlag einer BZR, ABl. EG Nr. C 204 v. 30. 8. 1976 S. 5 ff. (6).

[186] Ursprünglich sollte die Kommission bereits vier Jahre nach Inkrafttreten der BZR dem Rat einen Richtlinienvorschlag bzgl. der weitergehenden Harmonisierung der Zulassungsbedingungen mit dem Ziel eines „Europapasses" vorlegen, vgl. Art. 22 a) des geänderten Kommissionsvorschlags zur BZR v. 3. 11. 1976, DOK KOM (1976), 565 S. 19; Art. 6 der Stellungnahme des Europäischen Parlaments v. 17. 9. 1976, ABl. EG Nr. C 238 v. 11. 10. 1976 S. 37 ff. (38, 40).

[187] Begründung der Kommission zum Vorschlag einer BZR, DOK KOM (1976) 686, S. 2, 4; *Weber,* Kapitalmarktrecht, S. 95 ff.; *Heinze,* S. 84; Bleckmann/*Eiden,* Europarecht, Rn. 2171 ff.

genseitige Anerkennung.[188] Die strengeren oder zusätzlichen Pflichten sowie Ausnahmen von diesen[189] müssen allerdings für alle Emittenten bzw. Gesellschaften oder einzelne Kategorien von Emittenten bzw. Gesellschaften gleichermaßen gelten.[190] Dies ist Ausdruck des allgemeinen Diskriminierungsver-

---

[188] Artt. 38, 39, 77 kodRL (vormals Art. 24 a), b) BZPR, Art. 10 Abs. 2 HBR); Art. 21 der Emissionsprospektrichtlinie; a.A. *Heinze*, S. 24, 56, 84, 246 unter Berufung auf die sog. „allgemeine europa- bzw. primärrechtlichen Doktrin" *Grundmanns.* Diese besagt, daß die Mitgliedstaaten wegen der vollständigen Kapitalverkehrsliberalisierung in einem harmonisierten Bereich keine weitergehenden, behindernden Anforderungen an den grenzüberschreitenden Kapitalverkehr mehr stellen dürfen; *Grundmann,* Europäisches Schuldvertragsrecht, 1. Teil Rn. 110–120; *ders.,* JZ 1996, S. 274 (277f., 280f.); *ders.,* ZfSR 137 (1996), S. 103ff. (106–108, 118). *Heinze* folgert daraus, dass strengere Regeln als die, die in den börsenrechtlichen Richtlinie vorgesehen sind, nur in den Fällen ohne Bezug zur Kapitalverkehrsfreiheit, also nur gegenüber Inländern angewandt werden dürfen. *Grundmann* selbst dürfte hinsichtlich der börsenrechtlichen Richtlinien wohl anderer Meinung sein. Denn bzgl. Richtlinien, die Marktregeln enthalten, soll es nur einen Wettbewerb der Märkte, nicht der Systeme geben. Daher haben die Marktregeln für alle Transaktionen auf diesem Markt gleichermaßen zu gelten, also sowohl für Inländer, als auch für EU-Ausländer und Ausländer aus Drittstaaten; vgl. am Beispiel der Insiderrichtlinie *Grundmann,* Europäisches Schuldvertragsrecht, S. 757f. Rn. 8; *ders.,* RabelsZ 64 (2000), S. 457ff. (474); wohl allgemein auf Marktregulierungen bezogen *ders.,* Systembildung und Systemlücken, S. 1ff. (18, 23); Gegen die Ansicht *Heinzes* spricht ferner, dass die Vorschriften über die gegenseitige Anerkennung sonst obsolet wären. Schließlich widerspricht die Ansicht *Heinzes* dem eindeutigen Willen des Gemeinschaftsgesetzgebers. Dieser sah den Bereich der Börsenzulassungsanforderungen nach Verabschiedung der Richtlinien keineswegs als vollständig harmonisiert an. In ihrer Begründung zum ursprgl. Kommissionsvorschlag einer BZR v. 23. 12. 1975, DOK KOM (1975) 686 S. 4, führt die Kommission aus, dass die Richtlinie nur ein erster Schritt zur späteren weitergehenden Angleichung der einzelstaatlichen Rechtsvorschriften auf dem Gebiet der Börsenzulassungsbedingungen sei. Diese solle eine weitergehende Koordinierung in einer zweiten Harmonisierungsphase wesentlich erleichtern. Erst seit dem „Weißbuch" von 1985 wurde das Ziel der Vollharmonisierung aufgegeben zugunsten einer Mindestharmonisierung mit gleichzeitiger gegenseitiger Anerkennung nationaler Vorschriften im harmonisierten Bereich.

[189] Art. 8 Abs. 3 kodRL (vormals Art. 5 Abs. 3 BZR) erlaubt den Mitgliedstaaten, von eventuell getroffenen strengeren oder zusätzlichen Pflichten (Art. 8 Abs. 2 kodRL) wiederum Ausnahmen zuzulassen. Die Ausnahmen müssen für alle Emittenten gleichermaßen gelten, sofern die Umstände, die sie rechtfertigen, gleichartig sind (Art. 9 kodRL; vormals Art. 7 BZR). Die Vorschrift dient dazu, den Mitgliedstaaten im Falle einmal getroffener strengerer oder zusätzlicher gemeinschaftsrechtskonformer Regelungen den legislativen Spielraum zu gewähren, davon wiederum Ausnahmen zu bestimmen, so wie es die Richtlinie selbst in Art. 9 kodRL bzgl. ihrer eigenen Vorschriften vorsieht; *Heinze,* S. 85; *Izquierdo,* S. 52.

[190] Artt. 8 Abs. 2 2. Hs., 71 2. Hs., 88 2. Hs. kodRL (vormals Art. 5 Abs. 2 2. Hs. BZR; Art. 3 2. Hs. TR; Art. 3 2. Hs. HBR); vgl. Begründung der Kommission zum Vorschlag einer BZR v. 23. 12. 1975, DOK KOM (1975) 686, S. 9. In den Materialien zur BZR war zunächst vorgesehen, die Aufstellung zusätzlicher oder strengerer Pflichten von der vorherigen Zustimmung der Kommission abhängig zu machen; Stellungnahme des Europäischen Parlaments vom 17. 9. 1976 zum Kommissionsvorschlag einer BZR, ABl. EG Nr. C 238 v. 11. 10. 1976, S. 37ff. (39f.). Dieses Erfordernis sollte die langfristig angestrebte Vollharmonisierung erleichtern, ließ sich in der endgültigen Fassung der BZR aber nicht durchsetzen.

bots (Art. 12 EG).[191] Verstoßen strengere Regeln gegen dieses Verbot, sind sie gemeinschaftswidrig und dürfen nicht angewendet werden.[192]

Hinsichtlich der Verpflichtung zur Halbjahresberichtserstattung wird das Diskriminierungsverbot sogar auf Emittenten aus Drittstaaten erstreckt.[193] Die Wettbewerbschancen vergleichbarer Emittenten sollen nicht ohne sachlichen Grund durch staatliche Maßnahmen verzerrt oder beeinträchtigt werden dürfen.[194]

Dies verdeutlicht, dass es sich bei den Richtlinien des Europäischen Börsenrechts um Marktrecht handelt. Oberhalb der im Gemeinschaftsgebiet gewährleisteten Mindeststandards sollen für alle Teilnehmer eines bestimmten mitgliedstaatlichen Marktes unabhängig von ihrer Herkunft die gleichen Spielregeln gelten. Die Aufstellung von Mindeststandards verbunden mit der Möglichkeit, für alle Marktteilnehmer zusätzliche oder strengere Vorschriften vorzusehen, führt zu einem „Wettbewerb der Märkte": Die Marktteilnehmer werden im Idealfall auf dem Markt agieren, wo sie die günstigsten Bedingungen vorfinden.[195]

## II. Kontrolle der strengeren und zusätzlichen Vorschriften

Während Inländer an die heimischen Standards gebunden sind, misst der EuGH die strengeren nationalen Normen bei grenzüberschreitenden Sachverhalten unmittelbar an den Grundfreiheiten. Soweit sie diesbezüglich eine Beschränkung darstellen, sind sie nur durch zwingende Gründe des Allgemeinwohls unter Beachtung des Verhältnismäßigkeitsprinzips zu rechtfertigen. Die Frage nach der Erforderlichkeit hat der EuGH in diesem Zusammenhang dahingehend konkretisiert, dass anstelle von Verboten vorrangig Informations- und Aufklärungspflichten vorzusehen sind, wenn diese in gleicher Weise geeignet sind, das schützenswerte Ziel zu erreichen.[196]

---

[191] Vgl. Stellungnahme des Wirtschafts- und Sozialausschusses v. 1. 7. 1976 zum Kommissionsvorschlag einer BZR, ABl. EG Nr. C 204 v. 30. 8. 1976, S. 5 ff. (7).

[192] Zu Art. 6 der Insiderrichtlinie EuGH, Urt. v. 3. 5. 2001, Rs. C 28/99, EuR 2001, S. 557 ff. (2. Leitsatz).

[193] Art. 71 kodRL (vormals Art. 3 HBR).

[194] *Heinze*, S. 73, 84.

[195] *Weber*, in: Dauses, Handbuch des EU-Wirtschaftsrechts, F. III. Rn. 13; *Grundmann*, Europäisches Schuldvertragsrecht, S. 757 f. Rn. 8; *ders.*, RabelsZ 64 (2000), S. 457 ff. (474).

[196] Die Rspr. betraf allerdings den Bereich der Warenverkehrsfreiheit: st. Rspr. seit EuGH Rs. C-120/78 (Cassis de Dijon), Slg. 1979, 649 ff. (663 Rn. 13); übertragen auf Finanzdienstleistungen (code calling) für die Dienstleistungsfreiheit: EuGH, Rs. C-384/93 (Alpine Investments), Slg. 1995, I S. 1141 ff. (1178 ff. Rn. 40 ff.); *Koenig/Haratsch*, Europarecht, Rn. 622 ff.; *Grundmann*, Systembildung und Systemlücken, S. 1 ff. (17, 28); *Mülbert*, WM 2001, 2085 ff. (2091, 2093); *Deckert/von Rüden*, EWS 1998, S. 46 ff. (49).

## B. Kritik am bisherigen Stand der Harmonisierung

Eine Mindestharmonisierung, die zwar einen nicht zu unterschreitenden Mindestschutz garantiert, aber zusätzliche oder strengere nationale Regelungen zulässt, hat Nachteile: Zum einen ermöglicht sie den Mitgliedstaaten weiterhin einen nationalen Sonderweg oberhalb des Mindestschutzplafonds. Dies führt zu einem Fortbestand der Fragmentierung der Märkte und mit dem „Wettbewerb der Märkte" zu einem „Wettbewerb der Gesetzgeber", da sich die Unternehmen den für sie günstigsten Kapitalmarkt aussuchen. Zum anderen wird mit einer derartigen Mindestharmonisierung keine Transparenz der nationalen Rechtsordnungen erreicht. Auch wenn man unterstellt, dass multinational operierende börsennotierte Unternehmen und institutionelle Anleger stets umfassend juristisch beraten und über die über die Mindestanforderungen der Richtlinien hinausgehenden Vorschriften informiert sind, so trifft das für die Adressaten der Schutzbestimmungen, die aktuellen und potenziellen (Klein-) Anleger jedenfalls nicht zu. Diese können sich nicht ohne erheblichen Aufwand über die Ausgestaltung der Sicherungsmechanismen in den Mitgliedstaaten Kenntnis verschaffen. Dies verhindert Vertrauen und hemmt die Bereitschaft zu grenzüberschreitender Investition. Ferner wird durch das Fortbestehen nationaler Unterschiede auch keine Transparenz der marktrelevanten Informationen erreicht. Das Ziel der Vergleichbarkeit der verfügbaren Informationen als Grundlage ökonomischer Investitionsentscheidungen für Fremd- und Eigenkapitalgeber erfordert einen streng einheitlichen Rechtshintergrund.[197]

## C. Zielsetzung der Richtlinien

Den in der kodRL vereinigten Richtlinien ging allen eine Präambel mit Erwägungsgründen voraus[198], die einerseits belegen sollen, dass die Voraussetzungen der Ermächtigungsnormen vorliegen und andererseits verdeutlichen, was den Gemeinschaftsgesetzgeber zum Erlass der Richtlinie bewogen hat und welche Ziele mit deren Umsetzung verfolgt werden. In den Erwägungsgründen sowie in den Kommissionsbegründungen[199] zu den Richtlinienvorschlägen

---

[197] *Schön*, ZHR 160 (1995), S. 221 ff. (243 f.); *Streinz*, Europarecht, Rn. 978 ff.

[198] Entsprechend Art. 253 EG (ex-Art. 190 EGV).

[199] Beide sind für die historische Auslegung der Richtlinie von Bedeutung. Die Erwägungsgründe werden von der Kommission formuliert und mit Verabschiedung durch den Rat Bestandteil der Richtlinie selbst. Somit lassen sie sowohl Rückschlüsse auf die Zielsetzung und Motivation der Kommission als Exekutivorgan als auch des Rates als gesetzgebendem Organ zu. Die als Kommissionspapier (DOK KOM) veröffentlichte Begründung der Kommission enthält Ausführungen zu Bedeutung und Zweck der Richtlinie insgesamt und einzelner Artikel. Aus ihr ergibt sich, was die Kommission als

werden die primärrechtlichen Aufgaben sowie die in den Vorarbeiten der Kommission betonten Ziele aufgegriffen:

Damit die Wirtschaftsunternehmen und die Investoren von der Niederlassungsfreiheit und der Kapitalverkehrsfreiheit[200] tatsächlich Gebrauch machen, müssen die tatsächlichen Voraussetzungen für einen gemeinschaftsweit optimalen Ausgleich von Kapitalangebot- und nachfrage geschaffen werden. Im Mittelpunkt der vier Richtlinien steht daher das im Vertrag verankerte (Fern-) Ziel, einen integrierten europäischen Kapitalmarkt zu schaffen.[201]

Das sehr unterschiedliche und lückenhafte Anlegerschutz- und Informationsniveau in den einzelnen Mitgliedstaaten sowie die unterschiedlichen Bedingungen der Zulassung von Wertpapieren zur amtlichen Notierung verhinderten aber weiterhin die grenzüberschreitende Nutzung der Kapitalmärkte seitens der Anleger und der Emittenten.

Daher sollte einerseits zugunsten der Emittenten eine erleichterte Zulassung derselben Wertpapiere an verschiedenen Börsen der Mitgliedstaaten (Mehrfachzulassung) durch einheitliche Zulassungsbedingungen erreicht werden. Die entsprechenden Vorschriften sollten gemeinschaftsweit vereinheitlicht werden, um die europäischen Unternehmen gleichzustellen und jede Diskriminierung auf Grund der Staatsangehörigkeit bzw. des Sitzes auszuschalten.[202] Dazu sollte zunächst die Funktionsfähigkeit der einzelstaatlichen Wertpapiermärkte sichergestellt und deren gegenseitige Durchdringung gefördert werden.[203]

---

Initiatorin des Gesetzgebungsverfahrens mit der Richtlinie bezweckt und was Grundlage der Meinungsbildung im Rat ist; sie läßt also ebenfalls Rückschlüsse auf den objektivierten Willen des Gesetzgebers zu; *Lutter,* JZ 1992, S. 593 ff. (599 f.).

[200] Durch die ersten beiden Richtlinien zur Verwirklichung der Kapitalverkehrsfreiheit vom 11. 5. 1960, ABl. 1960, S. 921 und vom 18. 12. 1962, ABl. 1963, S. 62 wurden die (Devisen-) Beschränkungen zum Erwerb aller in einem anderen Mitgliedstaat notierten Wertpapiere aufgehoben; 8. Erwägungsgrund a.E. kodRL (vormals 1. Erwägungsgrund a.E. BZPR); Begründung der Kommission zum ursprgl. Vorschlag einer BZPR v. 26. 9. 1972, BR-Drs. 566/72 v. 2. 11. 1972, S. 57; *Assmann/Buck,* EWS 1990, S. 110 ff. (117).

[201] 8., 9., 26., 32. Erwägungsgrund kodRL (vormals 1., 2. Erwägungsgrund BZPR; 2. Erwägungsgrund HBR; 2. Erwägungsgrund TR); ebenso 4. Erwägungsgrund Emissionsprospektrichtlinie; vgl. Empfehlung (77/534/EWG) Begründung Nr. 1, 2, Hauptziel, ABl. EG Nr. L 212 v. 20. 8. 1977 S. 37, 41.

[202] 2., 8., 26. Erwägungsgrund kodRL (vormals 1. Erwägungsgrund BZR, 1. Erwägungsgrund BZPR; 2. Erwägungsgrund HBR), Begründung der Kommission zum ursprgl. Vorschlag einer BZR v. 23. 12. 1975, DOK KOM (1975), 686, S. 3 f.; Segré-Bericht S. 90, 259, 265; dazu Assmann/Schütze-*Assmann,* Handbuch des Kapitalanlagerechts, § 1 Rn. 86.

[203] 2., 26. Erwägungsgrund kodRL (vormals 1. Erwägungsgrund BZR; 2. Erwägungsgrund HBR); ursprgl. Kommissionsvorschlag einer TR v. 23. 12. 1985, Begründung, DOK KOM (1985), 791 S. 1; 3. Erwägungsgrund der Insiderrichtlinie bzgl. des Sekundärmarkts; 4. Erwägungsgrund Emissionsprospektrichtlinie; vgl. Empfehlung (77/534/EWG) Begründung Nr. 1, 2, Hauptziel, ABl. EG Nr. L 212 v. 20. 8. 1977 S. 37, 41; dazu *Weber,* in: Dauses, Handbuch des EU-Wirtschaftsrechts, F. III. Rn. 2, 12; *Assmann,* in: Bankrechtstag 1993, S. 61 ff. (89).

Die Funktionsfähigkeit des Kapitalmarktes spiegelt sich wieder im Umfang des Handels bzw. der Akzeptanz von Wertpapieren, auch solchen aus anderen Mitgliedstaaten. Dies wiederum ist abhängig vom Vertrauen der Anleger.[204] Vertrauen in ausländische Titel wird vor allem dadurch erreicht, dass mit dem Besitz von Wertpapieren aus anderen Mitgliedstaaten gegenüber inländischen Wertpapieren ein *gleichwertiger Anlegerschutz* einhergeht, der insbesondere durch Information sowie Gleichbehandlung vermittelt wird.[205]

Deshalb sollten andererseits zugunsten der Anleger die Publizitätsanforderungen in sowohl quantitativer als auch qualitativer Hinsicht koordiniert und verbessert werden und zwar sowohl vor der Emission von Wertpapieren als auch ständig während der Börsennotierung (vgl. Artt. 3 lit. c), h), 14 EG).[206]

Abgesehen von der Menge und der Qualität der dem Publikum zur Verfügung gestellten Informationen[207] wird das Anlegerschutzniveau durch den Umfang staatlicher Kontrollmechanismen bestimmt: In der Gemeinschaft ist die amtliche Notierung von Wertpapieren an einer mitgliedstaatlichen Börse von der vorherigen Zulassung durch die zuständigen Aufsichtsbehörden abhängig, die nur erteilt wird, wenn Emittenten und Wertpapiere bestimmte Mindestvoraussetzungen erfüllen und der Prospekt kontrolliert worden ist.[208]

Alle sekundärrechtlichen Regelungen, gleichgültig, welche konkreten Maßnahmen sie zur Schaffung eines Europäischen Kapitalmarkts betreffen, dienen somit zugleich der Funktionsfähigkeit der Kapitalmärkte und dem Anlegerschutz. Dies sind zwei Seiten derselben Medaille: Die Verbesserung der Funktionsfähigkeit des Kapitalmarkts dient zugleich dem Schutz der Marktteilneh-

[204] 4. Erwägungsgrund der Insiderrichtlinie.

[205] Vgl. 2. Erwägungsgrund kodRL (vormals 1. Erwägungsgrund BZR, Begründung der Kommission zum ursprgl. Vorschlag einer BZPR v. 26. 9. 1972, BR-Drs. 566/72 v. 2. 11. 1972, S. 57; 25. Erwägungsgrund kodRL (vormals 1. Erwägungsgrund HBR); 5., 6. Erwägungsgrund der Insiderrichtlinie, wonach eine Gleichstellung der Anleger insbesondere durch den Schutz vor unrechtmäßiger Verwendung von Insider-Informationen erzielt werden soll; vgl. *Hopt/Will*, Insiderrecht, S. 130 ff.; *Assmann*, in: Bankrechtstag 1993, S. 61 ff. (89).

[206] Begründung der Kommission zum ursprgl. Vorschlag einer BZR v. 23. 12. 1975, DOK KOM (1975) 686, S. 8; 2. Erwägungsgrund kodRL (vormals 1. Erwägungsgrund BZR), Begründung der Kommission zum ursprgl. Vorschlag einer BZPR v. 26. 9. 1972, BR-Drs. 566/72 v. 2. 11. 1972, S. 57 ff.; 10. Erwägungsgrund kodRL (vormals 3. Erwägungsgrund BZPR); Segré-Bericht, S. 31, 238, 251; vgl. Empfehlung (77/534/EWG) Begründung Nr. 1, 2, Hauptziel, ABl. EG Nr. L 212 v. 20. 8. 1977 S. 37, 41; dazu Assmann/Schütze-*Assmann*, Handbuch des Kapitalanlagerechts, § 1 Rn. 95; *Hopt/Baum*, in Hopt/Rudolph/Baum, Börsenreform, S. 287 ff. (311 ff., 315 ff.).

[207] Ursprgl. Kommissionsvorschlag einer TR v. 23. 12. 1985, Begründung, DOK KOM (1985) 791 S. 1; vgl. *Edwards*, EC Company Law, S. 252.

[208] 4., 6., 9., 10., 11. Erwägungsgrund kodRL (vormals 3., 5 Erwägungsgrund BZR; 2., 3., 4. Erwägungsgrund BZPR); *Hopt*, Systembildung und Systemlücken, S. 307 ff. (318); vgl. *Wiedemann*, Gesellschaftsrecht, S. 484 f.; *Schwark*, Anlegerschutz, S. 211 f.; *Weber*, Kapitalmarktrecht, S. 82 ff.

mer, also den Anlegern in ihrer Gesamtheit. Verwenden die Richtlinien den Begriff „Anlegerschutz", ist hingegen der Schutz des individuellen Anlegers i.S. des Gesellschafters oder Dritten gemäß Art. 44 Abs. 2 lit. g) EG gemeint. Somit liegt den Richtlinien das Regelungsprinzip des Anlegerschutzes in seinen Ausprägungen als Individualschutz für die einzelnen Anleger und als Funktionenschutz für Börse, Kapitalmarkt und Wirtschaft zugrunde.[209]

## D. Das gemeinschaftsrechtliche Konzept der Anlegerinformation

Den kapitalmarktrechtlichen Rechtsetzungsmaßnahmen der Gemeinschaft liegen verschiedene eng miteinander verzahnte übergeordnete Prinzipien zugrunde.[210]

### I. Prinzip der Publizität

Der Europäische Gesetzgeber geht davon aus, dass sich eine optimale Kapitalallokation und damit verbundene angemessene Wertpapierkurse dadurch ergeben, dass die Anleger alle öffentlich zugänglichen Informationen über die Wertpapiere und die diese emittierenden Unternehmen auswerten.[211]

Dieses sog. Prinzip der Publizität (principle of disclosure) hat seinen Ursprung in der US-amerikanischen Regulierungsphilosophie.[212] Es geht auf die „Hypothese der informationseffizienten Kapitalmärkte" zurück, die anlässlich der Diskussionen über den ökonomischen Nutzen der in den USA seit den 30er Jahren erlassenen umfangreichen zwingenden Publizitätsvorschriften entwickelt wurde.[213] Letztere haben für den Gemeinschaftsgesetzgeber seit dem Segré-Bericht eine gewisse Vorbildfunktion eingenommen.[214]

---

[209] Vgl. *Hopt*, Systembildung und Systemlücken, S. 307 ff. (318); *ders.*, Kapitalanlegerschutzrecht, S. 334 ff., 345 f.; *Weber*, Kapitalmarktrecht, S. 349 f.; *Deckert/von Rüden*, EWS 1998, S. 46 ff. (48).

[210] Zu den Prinzipien des Kapitalmarktrechts vgl. *Weber*, Kapitalmarktrecht, S. 351–390.

[211] Vgl. zuletzt die Begründung sowie den 10. Erwägungsgrund des Vorschlags einer Richtlinie über Marktmissbrauch v. 30. 5. 2001, DOK KOM (2001) 281, S. 3.

[212] Die Präambel des Securities Act von 1933 lautet: „An Act to provide full and fair disclosure of the character of securities." Der Staat sieht seine Aufgabe im Rahmen des Anlegerschutzes darin, für eine umfassende und wahrheitsgetreue Offenlegung aller entscheidungserheblichen Fakten zu sorgen, ohne jedoch die Bonität der gehandelten Wertpapiere zu garantieren. Solange den Marktteilnehmern alle Produkteigenschaften mitgeteilt werden, ist es nicht verboten, schlechte Produkte zu verkaufen („rotten egg doctrine": You could sell all the rotten eggs you wanted if you told people fully how rotten they were"). Dazu *Hopt*, ZHR 140 (1976), S. 201 ff. (204 ff.); *ders.*, ZHR 141 (1977), S. 389 ff. (415); *ders.*, ZGR 1980, S. 225 ff. (235); *Pellens/Fülbier*, ZGR 2000, S. 572 ff. (581); *Deckert/von Rüden*, EWS 1998, S. 46 ff. (46).

[213] In erste Linie der Securities Act von 1933, 15, United States Code §§ 77a–77aaa, und der Securities Exchange Act von 1934, 15, United States Code, §§ 78a–78kk; zit.

Nach der genannten Hypothese reagieren die Wertpapierkurse auf neue, den Marktteilnehmern zur Verfügung stehende Informationen.[215] Die Effizienz der Kapitalmärkte ist also davon abhängig, wie schnell und in welchem Umfang Informationen in den Markt transportiert werden. Zwingende Publizitätsvorschriften, die die Unternehmen verpflichten, alle kursrelevanten Informationen möglichst zeitnah zu veröffentlichen, verbessern somit die Informationseffizienz und damit die Effizienz der Kapitalmärkte.[216]

## II. Abbau von Informationsasymmetrien/Gleichbehandlung

Andererseits sollen Publizitätsvorschriften gewährleisten, dass alle Anleger gleichen Zugang zu relevanten Informationen haben (Chancengleichheit) und vor Marktmanipulation geschützt werden. Zwischen durchschnittlichen Anlegern und Personen, die ohne weiteres Zugang zu unternehmensinternen Informationen haben (Insidern), besteht typischerweise ein erhebliches Wissensgefälle. Diese „Informationsasymmetrien“ sollen durch kapitalmarktrechtliche Publizitätsvorschriften abgebaut werden, da es sonst zu Wettbewerbsverzerrungen, Vertrauensverlust und Marktversagen kommt, was insbesondere einen Qualitätsverlust der gehandelten Wertpapiere zur Folge hat („market for lemons“).[217] Durch unverzügliche und angemessene öffentliche Bekanntgabe von Informationen wird die Integrität des Marktes gefördert, Unsicherheiten abgebaut und Anlegervertrauen erreicht.[218] Der Schutz des Anlegerpublikums durch Publizität ist damit zugleich ein konstituierendes Element der Funktionsfähigkeit des Kapitalmarkts.[219]

---

nach: *v. Klitzing,* Ad-hoc-Publizität, S. 8 Fn. 22 f., sowie die von der Securities Exchange Commission (SEC) und den einzelnen Börsen, insb. der New York Stock Exchange (NYSE) erlassenen Vorschriften.

[214] Vgl. Segré-Bericht, S. 238 ff., 249.

[215] „Efficient capital markets hypothesis“, vgl. *v. Klitzing,* Ad-hoc-Publizität, S. 13 f.; *Steinhauer,* Insiderhandelsverbot, S. 62 ff.; *Leis/Nowak,* Ad-hoc-Publizität, S. 182 f.

[216] Zum Ganzen *v. Klitzing,* Ad-hoc-Publizität, S. 13–28 m.w.Nachw.; *Dreyling/Schäfer,* Insiderrecht, Rn. 316; *Mülbert,* S. 129 ff.

[217] *Ekkenga,* Anlegerschutz, S. 3; *Kalss,* S. 159; *Grundmann,* Systembildung und Systemlücken, S. 1 ff. (29); *Hopt,* Systembildung und Systemlücken, S. 307 ff. (321); *Heinze,* S. 9, 13 ff. m.w.Nachw.; *Pellens/Fülbier,* ZGR 2000, S. 572 ff. (577, 580); *Mülbert,* WM 2001, S. 2085 ff. (2093); *Schlüter,* Wertpapiehandelsrecht, Teil D Rn. 50 ff.; *Möllers,* ZGR 1997, S. 334 ff. (338).

[218] 12. Erwägungsgrund des Richtlinienvorschlags über Marktmissbrauch v. 30. 5. 2001, DOK KOM (2001) 281, S. 16; *Ekkenga,* Anlegerschutz, S. 16.

[219] Sog. „Prinzip der Publizität“, *Hopt,* ZHR 140 (1976), S. 201 ff. (205, 219, 231); *ders.,* ZHR 141 (1977), S. 389 ff. (399, 403 f., 415); *Pellens/Fülbier,* ZGR 2000, S. 572 ff. (580); *Mülbert,* S. 110 ff., 119 ff.

## III. Aufklärung der Anleger

Publizitätsvorschriften dienen schließlich dazu, die Quantität und Qualität der den Anlegern zu erteilenden Informationen zu gewährleisten, die für ihre Anlageentscheidung sowie die Aufklärung über die mit der Anlage verbundenen Risiken erforderlich sind. Dem liegt die Prämisse zugrunde, dass zusätzliche und feinere Informationen über das Unternehmen als Investitionsobjekt für die Anleger grundsätzlich einen positiven Nutzen haben („there is no damage in knowledge").[220] Schließlich kann durch Publizitätsvorschriften irrationales Anlegerverhalten, das zu „unangemessenen" Preisen und damit Ineffizienz führt, reduziert werden.[221]

## IV. Emissions- und Regelpublizität

Publizitätsvorschriften zum Schutz der Anleger sind sowohl vor als auch nach der Zulassung der Wertpapiere zum Börsenhandel erforderlich. Im Bereich der Publizitätsvorschriften für Emittenten besteht ein wichtiger Zusammenhang zwischen Primär- und Sekundärmarkt.[222] Dem Anlegerschutz auf dem Primärmarkt dient die erstmalige umfassende Information über Papiere und Gesellschaft, die Emissionspublizität. Die Informationspflichten knüpfen hier nicht an die Emission als solche an, sondern an das erstmalige öffentliche Angebot von Wertpapieren oder an die Zulassung zur Börsennotierung.[223] Die weiteren Aufklärungs- und Informationspflichten der Emittenten während des Effektenumlaufs kann man als „Regelpublizität" bezeichnen. Diese setzt die Emissionspublizität voraus und schreibt sie fort. Die Forderung nach einer Regelpublizität resultiert aus den Bedürfnissen des Sekundärmarkts, die Übernahme einer entsprechenden Pflicht wird bereits beim Erstvertrieb vorausgesetzt.[224] Die laufenden Informationspflichten folgen unmittelbar aus Sinn und Zweck der Zulassung als einem auf Dauer angelegten Angebot an der Börse.[225]

---

[220] Vgl. *Pellens/Fülbier*, ZGR 2000, S. 572ff. (586). Die Gefahr der Informationsüberflutung und die damit verbundenen Nachteile für die Funktionsfähigkeit des Marktes werden in den gemeinschaftsrechtlichen Regelungen an keiner Stelle erwähnt.

[221] *V.Klitzing*, Ad-hoc-Publizität, S. 26f.; *Gericke*, S. 19.

[222] Der Primärmarkt bezeichnet die erstmalige Emission von Wertpapieren. Als Marktteilnehmer stehen sich Emittenten und Anleger gegenüber. Demgegenüber umfasst der Sekundärmarkt den gesamten späteren Handel in den emittierten Papieren, ohne Rücksicht darauf, ob dieser an der Börse stattfindet oder nicht. Marktteilnehmer sind in diesem Fall anbietende und nachfragende Anleger; *Weber*, in: Dauses, Handbuch des EU-Wirtschaftsrechts, F. III. Rn. 6, 16.

[223] Art. 1 Abs. 1 der Emissionsprospektrichtlinie; Art. 3 Abs. 1 kodRL (vormals Art. 1 Abs. 1 BZPR); *Weber*, in: Dauses, Handbuch des EU-Wirtschaftsrechts, F. III. Rn. 16.

[224] *Hopt*, ZHR 141 (1977), S. 389ff. (425f.); *Ekkenga*, S. 16; *Kümpel*, Kapitalmarktrecht, S. 62, 83, 91ff.; *Kalss*, S. 286ff.; *Weber*, Kapitalmarktrecht, S. 244ff.

[225] *Schwark*, § 36 BörsG, Rn. 16.

## V. Anforderungen an die Informationen

Die Publizitätspflichten börsennotierter Aktiengesellschaften, die bereits im Wohlverhaltenskodex angelegt waren, folgen einem „gemeinschaftlichen Informationskonzept".[226] Ihnen liegt die Idee einer „gemeinsamen Ethik" zugrunde, die verdeutlicht, „in welchem Geist" die Kommission die Harmonisierungsmaßnahmen gefördert hat:[227]

Im Hinblick auf die Schaffung eines transparenten Marktes sollen die dem Publikum zu erteilenden Informationen der Wahrheit entsprechen[228], vollständig[229], leicht verständlich[230], angemessen[231], möglichst aktuell[232], möglichst objektiv[233] und vergleichbar sein.[234]

Inhaltlich sollen sie so beschaffen sein, dass sie es den Anlegern und deren Anlageberatern ermöglichen, in voller Kenntnis der Sachlage eine Anlageentscheidung über den Kauf, das Behalten oder den Verkauf bestimmter Wertpapiere zu treffen.[235]

---

[226] 4., 5. Erwägungsgrund Emissionsprospektrichtlinie; vgl. *Möllers*, ZGR 1997, S. 334 ff. (366).

[227] Vgl. Empfehlung (77/534/EWG) Begründung Nr. 4, ABl. EG Nr. 212 v. 20. 8. 1977 S. 37 f.

[228] 2. allgemeiner Grundsatz Wohlverhaltenskodex; 2. Erwägungsgrund Emissionsprospektrichtlinie.

[229] 2. allgemeiner Grundsatz Wohlverhaltenskodex; 2. Erwägungsgrund Emissionsprospektrichtlinie.

[230] 2. allgemeiner Grundsatz Wohlverhaltenskodex; Art. 22 Abs. 1 kodRL (vormals Art. 5 Abs. 1 BZPR).

[231] 9., 11., 31. Erwägungsgrund kodRL (vormals 2., 4. Erwägungsgrund BZPR, 1. Erwägungsgrund TR).

[232] 2. allgemeiner Grundsatz Wohlverhaltenskodex.

[233] 9., 11. Erwägungsgrund kodRL (vormals 2., 4. Erwägungsgrund BZPR).

[234] Segré-Bericht S. 237, 239; vgl. *Fleischer*, NJW 2002, Beilage H. 23, S. 37 ff. (38, Punkt II. 3).

[235] Segré-Bericht S. 242, 251; 1. Erwägungsgrund Emissionsprospektrichtlinie; Art. 21 Abs. 1 kodRL (vormals Art. 4 Abs. 1 BZPR). Zu den Anforderungen an die Informationsdarstellung vgl. *Weber*, Kapitalmarktrecht, S. 275 ff. Auch der Vorschlag der Takeover-Richtlinie folgt dem Grundsatz der möglichst umfassenden Information des Anlegers: Die Empfänger des Übernahmeangebots müssen über genügend Zeit und hinreichende Informationen verfügen, um in voller Kenntnis der Sachlage entscheiden zu können. Den Wertpapierinhabern darf durch die Geschäftsführung der Zielgesellschaft nicht die Möglichkeit genommen werden, das Angebot selbst zu beurteilen; 15. Erwägungsgrund, Art. 3 Abs. 1 lit. b), c), Art. 6 Abs. 2 und 3 des geänderten Vorschlags einer dreizehnten Richtlinie (…) über Übernahmeangebote in der Fassung des Gemeinsamen Standpunkts des Rates vom 19. 6. 2000, ABl. EG Nr. C 23 v. 24. 1. 2001 S. 1 ff.; nach Art. 4 Abs. 5, 2. UAbs. ist eine Dispenserteilung durch die zuständigen Stellen in bestimmten begründeten Fällen ausnahmsweise zulässig; vgl. 6. Erwägungsgrund lit. b), 10., 11. Erwägungsgrund, Art. 6a lit. b), Art. 10, Art. 11 Abs. 1a) des geänderten Vorschlags einer dreizehnten Richtlinie vom 10. 9. 1990, ABl. EG Nr. C 240 v. 26. 9. 1990 S. 7 ff.; *Werlauff*, S. 290; *Behrens*, in: Dauses, Handbuch des EU-Wirtschaftsrechts, E. III. Rn. 94; vgl. *Hopt*, Kapitalanlegerschutz, S. 312.

### 1. Standardisierung im Bereich des Primärmarkts

Da es bei den Informationspflichten der Emittenten um die Information des Marktes über ihre „Rechtsprodukte" in Form von Wertpapieren geht, können die Informationen in standardisierter Form erteilt werden und müssen sich nicht an den individuellen Adressaten orientieren.[236]

### 2. Berücksichtigung individueller Bedürfnisse im Bereich des Sekundärmarkts

Die Informationspolitik setzt sich im Sekundärmarkt durch die entsprechenden Verpflichtungen in den Wohlverhaltensregeln der Wertpapierfirmen gemäß Art. 11 der WpDlR fort: Die Anlageberater haben „bei den Verhandlungen mit ihren Kunden alle zweckdienlichen Informationen in geeigneter Form" mitzuteilen.[237] Bei Beachtung der Wohlverhaltensregeln müssen sie der „Professionalität der Person" Rechnung tragen „für die die Dienstleistung erbracht wird", „im bestmöglichen Interesse ihrer Kunden [...] handeln" und „von ihren Kunden Angaben über ihre finanzielle Lage, ihre Erfahrung mit Wertpapiergeschäften und ihre mit den geforderten Dienstleistungen verfolgten Ziele verlangen."[238]

Das intellektuelle und technische Gefälle zwischen Emittenten und Anlegern bei der Verarbeitung soll also durch die Mediatisierung der Informationen ausgeglichen werden, wie z.B. durch die Nutzung aufbereiteter Informationen durch Fachpresse oder Anlageberater.[239]

Letzteren kommt also die Aufgabe zu, die Informationen individuell den Anlage- und Informationsbedürfnissen sowie den intellektuellen Fähigkeiten der Privatanleger anzupassen sowie ihren Erfahrungen entsprechend aufzubereiten, auszuwerten und gegebenenfalls beratend tätig zu werden. Im Gegensatz zur marktbezogenen Emittentenpublizität wird hier also eine *kundengerechte* Information und Beratung verlangt.[240]

## E. Gemeinsame Begrifflichkeiten

Die Darstellung des Pflichtenprogramms börsennotierter Aktiengesellschaften setzt das Verständnis der Fachtermini voraus, die zwar in allen Richtlinien ver-

---

236 *Mülbert,* WM 2001, S. 2085 ff. (2099, 2101).

237 Art. 11 Abs. 1 S. 4 5. Gedankenstrich der WpDlR.

238 Art. 11 Abs. 1 S. 2, S. 4 1., 2., 4., 7. Gedankenstrich WpDlR; auch die WpDlR soll im Wege des vierstufigen Gesetzgebungsverfahrens modernisiert werden, im Einzelnen dazu siehe www.europa.eu.int/comm/internal_market/en/finances/mobil/isd.htm; zur deutschen Umsetzung in §§ 31 ff. WpHG vgl. *Schwark,* in: Bankrechtstag 1995, S. 109 ff.

239 *Hopt,* Kapitalanlegerschutz, S. 94 f.; *Ekkenga,* Anlegerschutz, S. 14, 452 ff.; *Mülbert,* WM 2001, S. 2085 ff. (2089).

240 Dazu *Mülbert,* WM 2001, S. 2085 ff. (2089, 2099 f.); *Hopt,* Kapitalanlegerschutz, S. 94 f., 414 ff.; *Möllers,* ZGR 1997, S. 334 ff. (363 ff.); *Ekkenga,* Anlegerschutz, S. 14, 452 ff.; *Gericke,* S. 21.

wendet, aber überwiegend nicht legaldefiniert werden. Es soll versucht werden, eine Begriffsbestimmung dieser Termini vom Europarecht her vorzunehmen:

## I. Begriff des Emittenten, des Ausstellers und des Anbieters

Als Emittent bzw. Aussteller definiert Art. 1 lit. a) kodRL Gesellschaften, sonstige juristische Personen und alle Unternehmen, für deren Wertpapiere ein Antrag auf Zulassung zur amtlichen Notierung an einer Wertpapierbörse gestellt wird.[241]

Nach der neuen Prospektrichtlinie wird ein Emittent definiert als „eine Rechtspersönlichkeit, die Wertpapiere begibt oder zu begeben beabsichtigt", eine „Person, die ein Angebot untebreitet (Anbieter)" als „eine juristische oder natürliche Person, die Wertpapiere öffentlich anbietet".[242]

Wenn im folgenden von Emittenten oder Ausstellern die Rede ist, sind – der Problemstellung dieser Arbeit entsprechend – ausschließlich Aktiengesellschaften gemeint.

## II. Wertpapierbegriff

In allen vier Richtlinien, die in der kodRL aufgegangen sind, wird zwar der Begriff des Wertpapiers, z.T. als Oberbegriff für einzelne Arten (Aktien, Schuldverschreibungen, Wandelschuldverschreibungen, austauschbare Schuldverschreibungen, Optionsanleihen und -scheine, Zertifikate, die Aktien vertreten) verwendet.[243] Eine Legaldefinition findet sich allerdings nicht.

---

[241] Vormals Art. 2 lit. c) BZPR; dazu *Weber,* Kapitalmarktrecht, S. 170 ff. Mitgliedstaaten oder ihre öffentlichen Gebietskörperschaften sind als Emittenten von Wertpapieren vom Anwendungsbereich der Richtlinien zwingend oder fakultativ ausgenommen, Artt. 2 Abs. 2 lit. b), 3 Abs. 2 lit. b) kodRL (vormals Art. 1 Abs. 2 2. Gedankenstrich BZR, Art. 1 Abs. 2 2. Gedankenstrich BZPR).

[242] Art. 2 Abs. 1 lit. h), i) der Prospektrichtlinie, ABl. EG Nr. L 345 v. 31. 12. 2003, S. 70; nach dem ursprgl. und dem geänderten Vorschlag der Prospektrichtlinie ist Emittent „eine juristische Person, die Wertpapiere emittiert oder zu emittieren gedenkt"; DOK KOM (2002) 460, S. 33 und DOK KOM (2001) 280, S. 25. Gemäß 11., 17. Erwägungsgrund, Art. 1 Abs. 2 lit. b) der Prospektrichtlinie werden Nichtdividendenwerte, die von einem Mitgliedstaat oder einer Gebietskörperschaft eines Mitgliedstaats, von internationalen Organismen öffentlich-rechtlicher Art, denen ein oder mehrere Mitgliedstaat(en) angehört/angehören, von der Europäischen Zentralbank oder von den Zentralbanken der Mitgliedstaaten ausgegeben werden, von der Anwendung ausgenommen. Gemäß Art. 1 Abs. 3 haben alle hoheitliche Emittenten aber die Möglichkeit, einen der Richtlinie entsprechenden Prospekt zu erstellen, wenn sie Wertpapiere dem Publikum anbieten bzw. zum Handel auf einem geregelten Markt zulassen, um in den Genuss eines „Europäischen Passes" für Emittenten zu gelangen, ABl. EG Nr. L 345 v. 31. 12. 2003, S. 65, 69; vgl. die Begründung zum geänderten Richtlinienvorschlag, DOK KOM (2002) 460, S. 9, 32 f.

[243] Artt. 2 Abs. 1, 6, 59 kodRL (vormals Art. 1 Abs. 1, Art. 4, Anhang, Schema B Abschnitt A III Nr. 2 BZR); vgl. Begründung der Kommission zum Vorschlag einer BZR v. 23. 12. 1975, DOK KOM (1975) 686, S. 8.

### 1. Bisheriger Wertpapierbegriff

Nach der Begründung der Kommission zu ihrem Vorschlag einer BZR sollte die Richtlinie grundsätzlich für alle an einer amtlichen Börse eines Mitgliedstaates zugelassenen Wertpapiere gelten, die von Emittenten des privaten wie des öffentlichen Sektors im In- oder Ausland begeben werden.[244]

In der verabschiedeten Fassung wurde lediglich die unbeschränkte Handelbarkeit der Wertpapiere vorausgesetzt.[245]

In anderen börsenrechtlichen Rechtsakten der Gemeinschaft, wie dem Wohlverhaltenskodex[246], der Emissionsprospektrichtlinie[247], der Insiderrichtlinie[248] sowie zuletzt der WpDlR[249] wird der Begriff des Wertpapiers jeweils mit leichten Abweichungen legaldefiniert. Da diese Definitionen ausdrücklich auf den jeweiligen Geltungsbereich der Rechtsakte beschränkt werden, ist eine unmittelbare Übertragung auf die jeweils anderen Richtlinien an für sich nicht möglich.

Anhaltspunkte dafür, dass dennoch eine einheitliche Begriffsbildung gewollt war, ergeben sich allerdings aus den Materialien der Emissionsprospektrichtlinie, die stark an die BZPR angelehnt ist[250] und die die Kommission selbst als „letztes Glied einer natürlichen Kette" der bis 1989 erlassenen börsenrechtlichen Richtlinien angesehen hat.[251] In deren ursprünglichem Vorschlag, den die Kommission bereits Anfang 1981, also unmittelbar nach Verabschiedung der BZR und der BZPR vorlegte[252], war nur von „Wertpapieren" die Rede, ohne dass der Begriff näher bestimmt wurde. Der geänderte Vorschlag von 1982 ent-

[244] Begründung zum Kommissionsvorschlag einer BZR, DOK KOM (1975) 686, S. 6f.

[245] Artt. 45, 53 kodRL (vormals Schema A Nr. 2 Satz 1; Schema B Abschnitt A Nr. 2 Satz 1 BZR); vgl. *Lutter,* EuUntR, 4. Aufl. 1996, S. 528; *Knobl/Opitz,* in: Griller, Banken im Binnenmarkt, S. 477 ff. (524 f.).

[246] „Alle Papiere, die auf einem organisierten Markt gehandelt werden oder gehandelt werden können", Empfehlung (77/534/EWG), Begriffsbestimmung, erster Gedankenstrich ABl. EG Nr. L 212 v. 20. 12. 1972, S. 41.

[247] Art. 3 lit. e) der Richtlinie 89/298/EWG v. 17. 4. 1989, ABl. EG Nr. L 124 v. 5. 5. 1989, S. 8 ff.

[248] a) Aktien und Schuldverschreibungen und vergleichbare Effekten, b) Verträge über oder Rechte auf Zeichnung, Erwerb oder Veräußerung der unter a) genannten Wertpapiere, c) Terminkontrakte, Optionen oder Finanzinstrumente mit fester Laufzeit, die sich auf die unter a) genannten Wertpapiere beziehen; d) Verträge mit Indexklauseln, die unter a) genannte Wertpapiere zum Gegenstand haben, wenn sie zum Handel auf einem Markt zugelassen sind, der von staatlich anerkannten Stellen reglementiert und überwacht wird, regelmäßig stattfindet und der Öffentlichkeit direkt oder indirekt zugänglich ist, Art. 1 Nr. 2 der Richtlinie 89/592/EWG v. 13. 11. 1989, ABl. EG Nr. L 334 v. 18. 11. 1989, S. 30 ff.

[249] Art. 1 Abs. 4 der Richtlinie 93/22/EWG v. 10. 5. 1993, ABl. EG Nr. L 141 v. 11. 6. 1993, S. 27 ff.

[250] 5., 6. Erwägungsgrund; Artt. 7, 8, 12 der Emissionsprospektrichtlinie.

[251] *Edwards,* EC Company Law, S. 266.

[252] DOK KOM (1980) 893 v. 31. 12. 1980.

hielt bereits eine einfache Definition von Wertpapieren als „Aktien, Schuldverschreibungen und Zertifikate, die Aktien vertreten" und nahm damit Bezug auf die Gliederung der BZR und der BZPR.[253] Daraus folgt, dass in der Emissionsprospektrichtlinie keine abweichende Bestimmung des Wertpapierbegriffs getroffen werden sollte. In der endgültigen Fassung lautet die Legaldefinition für „vertretbare Wertpapiere" in Art. 3 lit. e) wie folgt:

„Aktien und andere, Aktien gleichzustellende handelbare Wertpapiere, Schuldverschreibungen mit einer Laufzeit von mindestens einem Jahr und andere, solchen Schuldverschreibungen gleichzustellende handelbare Wertpapiere sowie jedes Wertpapier, das es ermöglicht, solche Wertpapiere durch Zeichnung oder Austausch zu erwerben."

Mit Aktien gleichzustellenden Wertpapieren sind Zertifikate, die Aktien vertreten, gemeint. Dabei handelt es sich um Urkunden, die über bei Verwahrstellen hinterlegte Aktien ausgestellt werden. Sie werden verwendet, wenn die Aktien selbst nicht den Zulassungsanforderungen oder Usancen des Börsenplatzes entsprechen, insbesondere im Falle ausländischer Emittenten. Die Verwahrfunktion wird in der Regel von Banken oder Finanzinstitutionen des Börsenlandes erfüllt; diese sind die Aussteller der Zertifikate.[254]

Neben gewöhnlichen Schuldverschreibungen[255] werden von der Definition gemäß ihrem letzten Teil auch Wandelschuldverschreibungen, Optionsanleihen[256] und Bezugsrechte erfasst.

Dieses dem Gemeinschaftsrecht innewohnende Verständnis des Wertpapiers als Kapitalmarktpapier, das aufgrund seiner Fungibilität börsentauglich ist[257],

---

[253] DOK KOM (1982) 441 v. 27.7.1982, dort Art. 3 lit. h); dazu *Edwards*, EC Company Law, S. 271.

[254] Zertifikate, die Aktien vertreten, sind beispielsweise erforderlich, wenn die Aktien Namenspapiere sind, am Börsenplatz aus rechtlichen oder praktischen Gründen aber nur Inhaberpapiere gehandelt werden und im umgekehrten Fall. Dann werden Inhaber- bzw. Namenszertifikate ausgestellt. Ferner wird so verfahren, wenn die Lieferfristen für die Originalpapiere zu lang oder die Lieferkosten zu hoch sind und in der Praxis Zertifikate, die sie vertreten, im Umlauf sind. Schließlich können die Originalpapiere einen zu niedrigen oder zu hohen Einheitswert haben, weshalb Zertifikate, die ein Vielfaches oder einen Bruchteil dieser Werte darstellen, notiert werden; vgl. die Begründung der Kommission zum ursprgl. Vorschlag einer BZPR v. 26.9.1972, BR-Drucks. 566/72 v. 26.10.1972, S. 73.

[255] Schuldverschreibungen, oft auch als Anleihen oder Obligationen bezeichnet, sind Wertpapiere des Kapitalmarktes, die den Emittenten zur Beschaffung mittel- bis langfristigen Fremdkapitals dienen. Der Käufer einer Schuldverschreibung erwirbt einen Anspruch auf Rückzahlung und in der Regel einen Anspruch auf Zinszahlung, wird also zum Gläubiger des Emittenten. Als Emittenten kommen sowohl juristische Personen des öffentlichen Rechts, insbesondere die öffentliche Hand, als auch private Industrieunternehmen und Banken in Betracht; *Grill/Perczynski*, S. 277; *Weber*, Kapitalmarktrecht, S. 158 f.

[256] Vgl. bereits Artt. 25, 31, 59 kodRL (vormals Art. 8 Abs. 2, 14 BZPR, Anhang, Schema B Abschnitt A III Nr. 2 BZR).

[257] *Lutter*, EuUntR, 4. Aufl. 1996, S. 528; vgl. *Heinze*, S. 40 ff. m.w.Nachw.

findet sich bereits im Segré-Bericht und liegt den folgenden Ausführungen zugrunde.[258]

## 2. Künftiger Wertpapierbegriff

Dafür, dass dem Europäischen Börsenrecht dieser gemeinsame Wertpapierbegriff zugrunde liegt und auch in Zukunft zugrunde liegen wird, spricht auch, dass in der neuen Prospektrichtlinie und im Vorschlag der neuen Transparenzrichtlinie der in der Emissionsprospektrichtlinie „verankerte" Begriff durch eine ausdrückliche Bezugnahme auf die in der WpDlR enthaltenen Definition „aktualisiert und der Funktionsweise des Sekundärmarkts für Wertpapiere angepasst" werden soll.[259] Wertpapiere sind demnach „übertragbare Wertpapiere im Sinne von Art. 1 Abs. 4 der Richtlinie 93/22/EWG (Aktien[260] und andere Aktien gleichzustellende Wertpapiere[261], Schuldverschreibungen und sonstige verbriefte Schuldtitel, die auf dem Kapitalmarkt gehandelt werden können, und alle anderen üblicherweise gehandelten Titel, die zum Erwerb solcher Wertpapiere durch Zeichnung oder Austausch berechtigen oder zu einer Barzahlung führen, mit Ausnahme von Zahlungsmitteln). Ausgenommen sind „Geldmarktinstrumente i.S. v. Art. 1 Abs. 5 der Richtlinie 93/22/EWG mit einer Laufzeit von weniger als 12 Monaten." Diese Instrumente können einzelstaatlichen Rechtsvorschriften unterworfen werden.[262]

[258] Gemäß dem *Segré-Bericht* sollten die zu erlassenden Publizitätsvorschriften zur Schaffung eines Europäischen Kapitalmarktrechts auf folgende Wertpapiere angewendet werden: marktfähige, abtretbare oder rückzahlbare Namens-, Order- oder Inhaberpapiere und Papiere, die im Rahmen einer Gemeinschaftsemission aufgelegt werden und ihrem jeweiligen Anteil entsprechende Rechte verleihen. Diese müssen entweder Gesellschafterrechte in Gesellschaften oder Vereinigungen des öffentlichen oder privaten Rechts verbriefen, wobei zu den Gesellschaftsanteilen an Aktiengesellschaften auch Wertpapiere gehören, die derartige Rechte indirekt repräsentieren oder zur Zeichnung solcher Anteile berechtigen (z.B. Bezugsrechte oder Warrants). Die Wertpapiere können aber auch Forderungen an derartigen Gesellschaften oder Vereinigungen bzw. an öffentlichen Körperschaften oder internationalen Einrichtungen verkörpern; Segré-Bericht, S. 244; zum gemeinschaftsrechtlichen Wertpapierbegriff vgl. *Weber*, Kapitalmarktrecht, S. 144 ff.

[259] Begründung des geänderten Vorschlags einer Prospektrichtlinie v. 9. 8. 2002, DOK KOM (2002) 460, S. 13.

[260] Eine Aktie ist ein fungibles/vertretbares Wertpapier, das die Mitgliedschaft in einer Aktiengesellschaft verbrieft. Der Eigentümer einer Aktie ist mit ihrem Nennwert am Grundkapital der Aktiengesellschaft beteiligt. Seine Mitgliedschaftsrechte ergeben sich aus den jeweiligen nationalen gesellschaftsrechtlichen Vorschriften. *Grill/Perzcynski*, S. 299.

[261] Damit sind die in den älteren Richtlinien so bezeichneten Zertifikate, die Aktien vertreten, gemeint.

[262] Art. 2 Abs. 1 lit. a) der Prospektrichtlinie, ABl. EG Nr. L 345 v. 31. 12. 2003, S. 69; Art. 2 Abs. 1 lit. a) des Vorschlags einer Transparenzrichtlinie, DOK KOM (2003) 138 v. 26. 3. 2003, S. 41 Vgl. Begründung, Art. 2 Abs. 1 lit. a) des geänderten Vorschlags der Prospektrichtlinie v. 9. 8. 2002, DOK KOM (2002) 460, S. 10, 33. Demgegenüber enthielt der ursprgl. Vorschlag der Prospektrichtlinie noch eine positive Definition: Wertpapiere

Durch die neue Definition werden zum Zeitpunkt des Erlasses der BZR und der BZPR nicht bekannte und außer acht gelassene Wertpapiertypen miteinbezogen.[263]

### 3. Keine Anwendbarkeit der Regelungen auf Anteile von OGAW

Anteile von „Organismen für gemeinsame Anlagen in Wertpapieren" (OGAW)[264] werden zwar vom Wertpapierbegriff des Europäischen Börsenrechts erfasst.[265] Jedoch werden diese Anteile vom Anwendungsbereich der meisten hier in Rede stehenden Vorschriften ausgenommen.[266] Dasselbe sehen die neue Prospektrichtlinie und der Vorschlag der neuen Transparenzrichtlinie vor.[267] Die Ursache liegt darin, dass für diese Gesellschaften besondere Richt-

---

wurden hier definiert als „Anteile an Unternehmen und sonstige (übertragbare) Wertpapiere, die Unternehmensanteilen gleichzustellen sind; Schuldverschreibungen und sonstige Formen von wertpapiermäßig besicherten Schuldtiteln, die auf einem geregelten Markt gehandelt werden können; alle weiteren (übertragbaren) Wertpapiere, die in der Regel gehandelt werden und das Recht auf Erwerb der zuvor genannten (übertragbaren) Wertpapiere mittels Zeichnung oder Tausch verbriefen oder zur Barabrechnung berechtigen." DOK KOM (2001) 280 v. 30. 5. 2001, S. 8, 25.

263 Begründung zum ursprgl. Vorschlag einer Prospektrichtlinie v. 30. 5. 2001, DOK KOM (2001) 280, S. 8.

264 OGAW eines anderen als des geschlossenen Typs i.S. des Art. 1 lit. b) kodRL (vormals Art. 2 lit. a) BZPR) sind Investmentfonds und Investmentgesellschaften, deren Zweck es ist, die vom Publikum bei ihnen eingelegten Gelder nach dem Grundsatz der Risikomischung gemeinsam anzulegen, und deren Anteilscheine auf Verlangen der Anteilinhaber unmittelbar oder mittelbar zu Lasten des Vermögens dieser Organismen zurückgenommen oder zurückgekauft werden. Diesen Rücknahmen oder Auszahlungen gleichgestellt sind Handlungen, mit denen ein OGAW sicherstellen will, dass der Kurs seiner Anteilscheine nicht erheblich von deren Nettoinventarwert abweicht; vgl. die entsprechende Legaldefinition der Investmentgesellschaft in Art. 1 lit c) kodRL (vormals Art. 1 Abs. 2 HBR), sowie der „OGAW eines anderen als des geschlossenen Typs" in Art. 2 Abs. 1 lit. o) der neuen Prospektrichtlinie, ABl. EG Nr. L 345 v. 31. 12. 2003, S. 70 und Art. 2 Abs. 1 lit. g) des Vorschlags der neuen Transparenzrichtlinie, DOK KOM (2003) 138 v. 26. 3. 2003, S. 42.

265 Dies ergibt sich aus Art. 1 lit. e) kodRL (vormals Art. 2 lit. b) BZR; Art. 2 lit. b) BZPR) sowie aus Art. 1 Abs. 1 lit. p) der neuen Prospektrichtlinie und Art. 2 Abs. 1 lit. h) des Vorschlags der neuen Transparenzrichtlinie, die Anteile an OGAW als von einem OGAW begebene *Wertpapiere* definieren, die die Rechte der Anteilinhaber am Vermögen dieses Organismus verbriefen.

266 Art. 2 Abs. 2 lit. a) kodRL (vormals Art. 1 Abs. 2 BZR), die Ausnahme liegt jedoch im Belieben der Mitgliedstaaten; Art. 3 Abs. 2 lit. a) kodRL (vormals Art. 1 Abs. 2 lit. a) BZPR); Art. 4 Abs. 2 kodRL (vormals Art. 1 Abs. 2 HBR), jedoch ausdrücklich nur hinsichtlich Investmentgesellschaften; Art. 85 Abs. 3 kodRL (vormals Art. 1 Abs. 3 TR). Diese Ausnahme geht auf die Stellungnahme des Wirtschafts- und Sozialausschusses vom 2. 7. 1986 zum ursprgl. Kommissionsvorschlag einer TR zurück, ABl. EG Nr. C 263 v. 20. 10. 1986 S. 1 f. (2); ferner Art. 2 Nr. 2 lit. b) i.V.m. Art. 3 lit. a) und b) der Emissionsprospektrichtlinie.

267 Art. 1 Abs. 2 lit. a), Art. 2 Abs. 1 lit. o) der Prospektrichtlinie, ABl. EG Nr. L 345 v. 31. 12. 2003, S. 68, 70; Begründung, 4. Erwägungsgrund, Art. 1 Abs. 2, Art. 2 Abs. 1 lit. g) des Vorschlags einer Transparenzrichtlinie, DOK KOM (2003) 138 v. 26. 3. 2003, S. 23, 36, 41 f.

linien bestehen.[268] Daher bleiben Anteile von OGAW im Rahmen dieser Darstellung außer Betracht.

## III. Marktbegriffe

Die vier kodifizierten Richtlinien finden nur auf Emittenten Anwendung, deren Wertpapiere *zur amtlichen Notierung* an einer in einem Mitgliedstaat ansässigen oder tätigen *Wertpapierbörse* zugelassen oder zuzulassen sind.[269]

Der Begriff der Börse ist in diesem Zusammenhang nicht im Sinne des Unternehmens, das eine bestimmte Dienstleistung anbietet, sondern im Sinne eines „organisierten Marktes für Wertpapiere" zu verstehen.[270] Gemeinschaftsrechtlicher Anknüpfungspunkt ist also weniger der Börsenbegriff, als vielmehr der der „geregelten Märkte". Dies sind die „zulassungsgebundenen Märkte" und die „amtliche Notierung". Diese Marktsegmente können zusammenfassend als Börsenmärkte bezeichnet werden.[271]

### 1. Begriff der amtlichen Notierung

Der Begriff der *amtlichen Notierung* ist im Gemeinschaftsrecht nicht definiert. Er impliziert Öffentlichkeit und eine staatliche Reglementierung – in welcher Form und Intensität auch immer.[272] In vielen Mitgliedstaaten wurde er als Zulassung zum amtlichen Marktsegment der nationalen Börse interpretiert. Schon vor der Harmonisierung zeichnete sich in den Mitgliedstaaten das amtliche Marktsegment dadurch aus, dass hier die höchsten Zulassungs- und Publizitätsanforderungen an die Emittenten der gehandelten Wertpapiere gestellt wurden und eine bestimmte Instanz eine ausdrückliche Entscheidung bzgl. der Zulassung zur Notierung bzw. zum Handel traf. Ferner gibt es im amtlichen Marktsegment eine größere Zuverlässigkeit bei der Preisbildung.[273] Das den Wertpa-

---

[268] Richtlinie des Rates vom 20.12.1985 zur Koordinierung der Rechts- und Verwaltungsvorschriften betreffend bestimmte Organismen für gemeinsame Anlagen in Wertpapieren (OGAW) (85/611/EWG), ABl. EG Nr. 375 v. 31. 12. 1985, S. 3ff., abgedruckt bei *Lutter*, EuUntR, 4. Aufl. 1996, S. 627ff.; geändert durch die Richtlinie 2001/107/EG (...) v. 21. 1. 2002 (...) zwecks Festlegung von Bestimmungen für Verwaltungsgesellschaften und vereinfachte Prospekte, ABl. EG Nr. 41 v. 13. 2. 2002, S. 20ff. und die Richtlinie 2001/108/EG (...) v. 21. 1. 2002 (...) hinsichtlich der Anlagen der OGAW, ABl. EG Nr. L 41 v. 13. 2. 2002, S. 35ff.

[269] 2., 26., 33. Erwägungsgrund, Artt. 2 Abs. 1, 4 Abs. 1, 85 Abs. 1 kodRL (vormals 1. Erwägungsgrund, Art. 1 Abs. 1 BZR; 1., 2. Erwägungsgrund, Art. 1 Abs. 1 HBR; 3. Erwägungsgrund, Art. 1 Abs. 1 TR).

[270] *Heinze*, S. 43.

[271] *Weber*, in: Dauses: Handbuch des EU-Wirtschaftsrechts, F. III. Rn. 5, 8; *ders.*, Kapitalmarktrecht, S. 108f., 126ff.

[272] *Heinze*, S. 36, 45f.

[273] *Izquierdo*, S. 51; *Knobl/Opitz*, in: Griller, Banken im Binnenmarkt, S. 477ff. (525f.); vgl. *Weber*, in: Dauses, Handbuch des EU-Wirtschaftsrechts, F. III. Rn. 11. An den deutschen Wertpapierbörsen wurden die Kurse der Wertpapiere bislang mit Hilfe eines von der Aufsichtsbehörde bestellten amtlichen Kursmaklers festgestellt und im amtlichen

pieren dadurch anhaftende „Gütesiegel" besonderer Sicherheit und Seriosität wurde durch die gemeinschaftsweite Gewährleistung einheitlicher Mindeststandards noch verstärkt.[274] Die Rechtsvorschriften betreffend die amtliche Notierung haben Vorbild- und Orientierungsfunktion hinsichtlich der anderen Marktsegmente.[275]

### 2. Begriff des geregelten Marktes

Eine Harmonisierung der Zulassungsbedingungen und Publizitätsvorschriften für andere geregelte Märkte fand zunächst nicht statt. Dies resultiert daraus, dass bei Erlass der Richtlinien die für die Zulassung zum und den Handel im geregelten oder nicht geregelten Freiverkehr geltenden Vorschriften der Mitgliedstaaten zu unterschiedlich waren, um einer Gemeinschaftsregelung zugänglich zu sein. Eine solche wurde aber für die Zukunft in Aussicht gestellt.[276]

„Andere geregelte Märkte" zeichnen sich gemäß Artt. 43 Abs. 3 2. Hs., 59 Abs. 1 a.E. kodRL dadurch aus, dass sie regelmäßig tätig, anerkannt und offen sind und ordnungsgemäß funktionieren.[277] Durch die Insiderrichtlinie wurde Art. 68 Abs. 1 kodRL (vormals Anhang, Schema C Nr. 5 BZR), die Verpflichtung zur Ad-hoc-Publizität, auf Emittenten erstreckt, deren Wertpapiere zum Handel auf einem Markt zugelassen sind, der von staatlich anerkannten Stellen reglementiert und überwacht wird, regelmäßig stattfindet und der Öffentlichkeit direkt oder indirekt zugänglich ist.[278]

---

Kursblatt veröffentlicht, vgl. §§ 29 ff. BörsG a.F. Sofern kein Angebots- oder Nachfrageüberhang bestand, hatte der Anleger, der eine unlimitierte Kauf- oder Verkaufsorder rechtzeitig erteilt hatte, Anspruch auf Ausführung des Geschäfts zum amtlich festgestellten Kurs; *Heinze*, S. 47. Die amtliche Preisfeststellung ist durch das 4. Finanzmarktförderungsgesetz v. 21. 6. 2002 (BGBl. I S. 2010) entfallen. Sie erfolgt nun im amtlichen oder geregelten Markt gemäß §§ 24 ff. BörsG n.F. an Wertpapierbörsen im elektronischen Handel oder durch zur Feststellung des Börsenpreises zugelassene Unternehmen (Skontroführer). Dies öffnet den Weg zur Abschaffung des Parketthandels. Zum Diskussionsentwurf *Mues,* ZBB 2001, S. 353 ff. (357 f.).

[274] *Heinze*, S. 37; *Schwark,* NJW 1987, S. 2041 (2042).

[275] *Weber*, in: Dauses: Handbuch des EU-Wirtschaftsrechts, F. III. Rn. 11; *ders.*, Kapitalmarktrecht, S. 104, 128 f.; vgl. z.B. die Anforderungen an den Prospekt im Falle eines öffentlichen Angebots gemäß der Emissionsprospektrichtlinie gegenüber den Anforderungen an den Börsenzulassungsprospekt gemäß der BZPR.

[276] Begründung der Kommission zum ursprgl. Vorschlag einer BZPR v. 26. 9. 1972, BR-Drucks. 566/72 v. 26. 10. 1972, S. 61; Begründung der Kommission zum ursprgl. Vorschlag einer BZR v. 23. 12. 1975, DOK KOM (1975) 686, S. 6. Der Wirtschafts- und Sozialausschuss regte in seiner Stellungnahme zum Kommissionsvorschlag einer BZR an, zu gegebener Zeit auch die Bedingungen für die Einbeziehung von Wertpapieren in den geregelten Freiverkehr zu harmonisieren, damit für Emittenten kein Anreiz bestünde, von einer amtlichen Notierung ihrer Wertpapiere abzusehen, ABl. EG Nr. C 204 v. 30. 8. 1976, S. 5 ff. (7).

[277] Vormals Anhang, Schema A I Nr. 2 UAbs. 3; Schema B Abschnitt A III Nr. 2 UAbs. 1 BZR.

[278] Art. 7 i.V.m. Art. 1 Nr. 2 a.E. Insiderrichtlinie; zum Begriff des geregelten Marktes i.S. der Insiderrichtlinie *Knobl/Opitz*, in: Griller, Banken im Binnenmarkt, S. 477 ff.

*a) Legaldefinition gemäß Art. 1 Nr. 13 WpDlR*

Die genannten, weitgehend identischen Merkmale wurden schließlich in der WpDlR aufgegriffen, die den Begriff des geregelten Marktes für den Sekundärmarkt legaldefinierte. Gemäß Art. 1 Nr. 13 WpDlR ist dies ein Markt, der regelmäßig funktioniert und dadurch gekennzeichnet ist, dass seine Funktions- und Zugangsbedingungen sowie die Zulassungsbedingungen für die Notierung von den zuständigen Stellen erlassen oder genehmigt werden. Darüber hinaus muss er von dem betreffenden Mitgliedstaat bei der Kommission angemeldet worden sein[279], und es müssen bestimmte Melde- und Transparenzvorschriften eingehalten werden.[280]

*b) Ausblick*

Im Zuge der Umsetzung des Aktionsplans für Finanzdienstleistungen werden alle Publizitätsvorschriften börsennotierter Aktiengesellschaften im Anwendungsbereich angeglichen und auf die geregelten Märkte i.S. des Art. 1 Nr. 13 WpDlR erstreckt werden.[281] Damit soll das bereits vor mehr als zwanzig Jahren formulierte Ziel einer weitergehenden Harmonisierung endlich verwirklicht werden.

## F. Grundkonzept: Information und Gleichbehandlung

Die sich aus den börsenrechtlichen Richtlinien ergebenden Pflichten börsennotierter Aktiengesellschaften lassen sich grob in drei Gruppen einteilen. Dies

(480); ausführlich zu Ad-hoc-Publizität und Insiderrichtlinie s.u. Dritter Teil, Erstes Kapitel unter C. IV.

[279] Gemäß Art. 16 UAbs. 1 der WpDlR muss jeder Mitgliedstaat ein Verzeichnis der geregelten Märkte erstellen und dieses sowie etwaige Änderungen der Kommission übermitteln; diese veröffentlicht die aktuellen Verzeichnisse der geregelten Märkte mindesten einmal jährlich im Amtsblatt der EG.

[280] Die Wertpapierfirmen müssen bestimmte Wertpapiergeschäfte den Behörden melden und für diese mindestens 5 Jahre lang alle einschlägigen Angaben zu den Wertpapierdienstleistungsgeschäften zur Verfügung halten; ferner müssen mehrmals börsentäglich die Kurse und die Volumina der getätigten Geschäfte veröffentlicht werden, vgl. Artt. 20, 21 der WpDlR; dazu *Hoppmann*, S. 26 ff.; ausführlich zum Begriff des geregelten Marktes i.S. der WpDlR *Weber,* Kapitalmarktrecht, S. 126 ff.

[281] S.o. Erstes Konsultationspapier, S. 3, 8, 10; Begründung, Art. 2 Abs. 1 lit. f) des ursprgl. Vorschlag einer Prospektrichtlinie v. 30. 5. 2001, DOK KOM (2001) 280, S. 7 f., 25; Begründung, Art. 2 Abs. 1 lit. j) des geänderten Vorschlags einer Prospektrichtlinie v. 9. 8. 2002, DOK KOM (2002) 460, S. 4, 34; 12. Erwägungsgrund, Art. 1 Abs. 1, Art. 2 Abs. 1 lit. j) der Prospektrichtlinie, ABl. EG Nr. L 345 v. 31. 12. 2003, S. 65, 68, 70; Begründung, Art. 1 Abs. 1, Art. 2 Abs. 1 lit. c) des Vorschlags einer neuen Transparenzrichtlinie, DOK KOM (2003) 138 v. 26. 3. 2003, S. 3, 6, 41. Die Umsetzung der WpDlR führte in einigen Mitgliedstaaten zur Abschaffung der Formulierung „amtliche Notierung". Stattdessen wurden erstrangige (first tier), zweitrangige (second tier) etc. Märkte eingeführt; vgl. Begründung des ursprgl. Vorschlags einer Prospektrichtlinie v. 30. 5. 2001, DOK KOM (2001) 280, S. 7.

gilt sowohl für die Pflichten vor Zulassung der Wertpapiere zur Börsennotierung als auch für die laufenden Verhaltenspflichten:

Zum einen bestehen umfangreiche **Informationspflichten über die Gesellschaft selbst und deren wirtschaftliche Situation.** Diese Informationen über das Unternehmen ermöglichen dem sachkundigen Anleger und den Anlageberatern, mittelbar die Werthaltigkeit des Investitionsobjekts Wertpapier zu beurteilen, mögliche (Kurs-) Entwicklungen vorauszusehen und so die Informationen zur Grundlage der Entscheidung bzw. Beratung über den Erwerb, das Behalten oder den Verkauf der Kapitalanlage zu machen.[282]

Zweitens bestehen **Informationspflichten, die die mit den Wertpapieren verbundenen Rechte betreffen,** seien es Mitwirkungsrechte, Teilhaberechte oder schlicht Gläubigerrechte.

Schließlich bestehen **Gleichbehandlungspflichten** der Aktiengesellschaft gegenüber den Wertpapierinhabern und dem Anlegerpublikum, um deren gleichmäßige Behandlung im gesamten Gemeinschaftsgebiet zu gewährleisten.[283]

---

[282] So schon schön *Schön*, RabelsZ 2000, 1 ff. (26).

[283] *Schön,* RabelsZ 2000, S. 1 ff. (24); *Knobl/Opitz*, in: Griller, Banken im Binnenmarkt, S. 477 ff. (529); *Kalss,* S. 231 f., 249 ff.; zu den Informationsbereichen vgl. *Weber*, Kapitalmarktrecht, S. 260 ff.

# Zweiter Teil: Emissionspublizität

Die laufenden Informationspflichten können nicht unabhängig von den Informationen gesehen werden, die dem Anleger *vor* der Zulassung der Wertpapiere zur amtlichen Notierung vom Emittenten zur Verfügung gestellt werden müssen. Denn es wird sich in der folgenden Darstellung zeigen, dass jeder Vorschrift, die eine laufende Publizitätspflicht enthält, eine entsprechende Parallelvorschrift vor der Börsenzulassung gegenübersteht. Jede laufende Informationspflicht knüpft an eine vor der Börsenzulassung bestehende Informationspflicht an, so dass die entsprechenden Informationen fortgeschrieben werden.

## Erstes Kapitel: Systemvorläufer: Börsenzulassungsprospektrichtlinie

### A. Voraussetzung für die Zulassung zur amtlichen Notierung

Die Zulassung von Wertpapieren zur amtlichen Notierung an einer mitgliedstaatlichen Börse ist u.a. davon abhängig, dass die Gesellschaft ein umfangreiches Informationsdokument veröffentlicht. Dabei handelt es sich um ein einheitliches Dokument, den sog. Börsenzulassungsprospekt (Prospekt)[284]. Dessen Inhalt, Kontrolle und Verbreitung richten sich nach den Vorschriften in Titel III, Kapitel I, Titel V, Kapitel I sowie dem Anhang I der kodRL. Diese Vorschriften entsprechen der BZPR von 1980.[285]

### B. Mit dem Börsenzulassungsprospekt verfolgte Ziele

Die Erstellung und Veröffentlichung des Prospekts dient dazu, das Publikum über das Rechtsprodukt Wertpapier umfassend und angemessen zu informieren. Der Prospekt muss alle Informationen enthalten, die die Beurteilung des emittierten Wertpapiers beeinflussen können.[286] Zur korrekten Bewertung der Wert-

---

[284] Art. 20 kodRL (vormals Art. 3 BZPR).

[285] Zur Entstehung der BZPR *Onderka*, in Hadding/Schneider, S. 9 ff. (11).

[286] Begründung der Kommission zum ursprgl. Vorschlag einer BZPR v. 26. 9. 1972, BR-Drs. 566/72 v. 2. 11. 1972, S. 63; vgl. *Schwark*, Anlegerschutz, S. 187; *Hopt*, Kapitalanlegerschutz, S. 312; *Claussen*, Bank- und Börsenrecht, § 9 Rn. 80; *Kalss*, S. 161, 170 ff.

papiere hält der Gemeinschaftsgesetzgeber einen *Dreiklang* von Angaben für erforderlich: Der Prospekt muss alle Angaben enthalten, die entsprechend den Merkmalen des Emittenten und der Wertpapiere, deren Börsenzulassung beantragt wird, nötig sind, um die Anleger und deren Anlageberater in die Lage zu versetzen, sich ein fundiertes Urteil über *erstens* die Vermögens-, Finanz- und Ertragslage des Emittenten, *zweitens* dessen Entwicklungsaussichten sowie *drittens* über die mit den Wertpapieren verbundenen Rechte zu machen.[287] Dabei darf sich der Prospekt nicht auf kurz gefasste Informationen beschränken, sondern muss auch die Auskünfte enthalten, die es Fachleuten gestatten, das Publikum zu beraten oder für Rechnung des Publikums Anlageentscheidungen in voller Sachkenntnis zu treffen.[288] Die Angaben müssen in einer Form aufbereitet und dargestellt werden, die die Analyse und das Verständnis möglichst erleichtern.[289]

## C. Aufbau und Inhalt des Prospekts

Der Gemeinschaftsgesetzgeber hielt es für erforderlich, die allgemeine Verpflichtung des Emittenten zur umfassenden Information über die Wertpapiere inhaltlich zu konkretisieren, um einen zufriedenstellenden Harmonisierungsgrad zu erreichen und durch Gleichwertigkeit der Informationen ein gleichmäßiges Vertrauen der Anleger gegenüber den Prospekten in allen Mitgliedstaaten zu gewährleisten. Daher wurde der Mindestinhalt der Prospektinformationen durch detaillierte Kataloge im Anhang der Richtlinie festgelegt:[290]

Die Angaben müssen im Einzelnen, je nachdem, ob es sich um Aktien, Schuldverschreibungen oder Zertifikate, die Aktien vertreten, handelt, grundsätzlich entsprechend den zahlreichen Gliederungspunkten der Schemata A–C im Anhang I der kodRL aufgeschlüsselt werden.[291] In besonderen Fäl-

---

[287] 9. Erwägungsgrund, Art. 21 Abs. 1 kodRL (vormals 2. Erwägungsgrund, Art. 4 Abs. 1 BZPR); vgl. 5. Erwägungsgrund der Emissionsprospektrichtlinie; denselben Zweck verfolgt der Emissionsprospekt im Falle des erstmaligen öffentlichen Angebots von Wertpapieren in einem Mitgliedstaat, unabhängig davon, ob später eine Zulassung zur amtlichen Notierung erfolgt oder nicht, 6. Erwägungsgrund, Art. 11 Abs. 1 der Emissionsprospektrichtlinie.

[288] Begründung der Kommission zum ursprgl. Vorschlag einer BZPR v. 26. 9. 1972, BR-Drs. 566/72 v. 2. 11. 1972, S. 63.

[289] Art. 22 Abs. 1 kodRL (vormals Art. 5 Abs. 1 BZPR); dasselbe fordert Art. 11 Abs. 2 der Emissionsprospektrichtlinie.

[290] Begründung der Kommission zum ursprgl. Vorschlag einer BZPR v. 26. 9. 1972, BR-Drs. 566/72 v. 2. 11. 1972, S. 63; vgl. die deutsche Umsetzung in §§ 30 Abs. 3 Nr. 2, 32 Abs. 1 Nr. 2 BörsG (i. d. F. der Bekanntmachung v. 21. 6. 2002, BGBl. I S. 2010 = Artt. 1 des 4. Finanzmarktförderungsgesetzes, in Kraft seit dem 1. 7. 2002) i. V. m. §§ 13 ff. BörsZulVO (i. d. F. der Bekanntmachung v. 9. 9. 1998, zuletzt geändert durch Art. 20 des 4. Finanzmarktförderungsgesetzes v. 21. 6. 2002).

[291] Art. 22 Abs. 1 kodRL (Art. 5 Abs. 1 BZPR); die Schemata A–C in Anhang I der kodRL sind identisch mit den Schemata A–C im Anhang der BZPR; sie verpflichten nicht

len (z.B. Ausgabe von Aktien als Belegschaftsaktien oder im Rahmen bedingten Kapitals sowie Aktien, die an derselben Börse bereits zur amtlichen Notierung zugelassen sind) ist eine vollständige oder teilweise Befreiung von der Verpflichtung zur Erstellung und Veröffentlichung eines Prospekts möglich, weil entsprechende Informationen für das gesamte Publikum oder den begrenzten Kreis der betroffenen Anleger bereits vorliegen und die mit der Veröffentlichung eines neuen Prospekts verbundenen Formalitäten und Kosten daher nicht gerechtfertigt sind.[292] Für besondere Kategorien von Emittenten (z.B. Finanzinstitute, öffentlich-rechtliche Emittenten), besondere Wertpapierarten (Vorzugsaktien, garantierte Anleihen, Wandel- und Optionsanleihen), besondere Emissionen (Daueremissionen oder wiederholt aufgelegte Anleihen) sowie besondere Transaktionen (Fusionen, Spaltungen, öffentliche Umtauschangebote) sind Anpassungen und Abweichungen von den Schemata vorgesehen.[293]

Die Aktien und Schuldverschreibungen betreffenden Schemata enthalten je ein Kapitel über die Emission, die besonderen Merkmale der angebotenen Wertpapiere und die mit ihnen verbundenen Rechte (Informationen der zweiten Pflichtengruppe)[294]. Überwiegend betreffen sie jedoch den Emittenten (Informationen der ersten Pflichtengruppe): Entsprechend den zwei Bereichen der emittentenbezogenen Information finden sich neben allgemeinen Angaben über den Emittenten und sein Kapital jeweils Kapitel über dessen Vermögens-, Finanz- und Ertragslage, die Geschäftstätigkeit sowie den jüngsten Geschäftsgang und die Geschäftsaussichten.[295]

Ferner enthält der Prospekt Kapitel mit Informationen über die Leitungs- und Aufsichtsorgane des Emittenten, deren Bezüge, Beteiligungen am und sonstige Beziehungen zum Unternehmen sowie über die für den Prospekt verantwortlichen Personen und die Abschlussprüfer.[296]

---

zu einer bestimmten Gestaltung der Prospekte; die Prospekte sollten vielmehr so aufgemacht sein, dass sie leicht lesbar und verständlich sind. Für Zertifikate, die Aktien vertreten, muss der Prospekt grundsätzlich in Bezug auf die vertretenen Aktien die Angaben gemäß Schema A und in Bezug auf die Zertifikate zusätzlich die Angaben nach Schema C enthalten; Art. 33 Abs. 1 kodRL (vormals Art. 16 Abs. 1 BZPR); Begründung der Kommission zum ursprgl. Vorschlag einer BZPR v. 26. 9. 1972, BR-Drucks. 566/72 v. 26. 10. 1972, S. 64, 73.

[292] 19.-23. Erwägungsgrund, Art. 23 kodRL (vormals Art. 6 BZPR); Begründung der Kommission zum ursprgl. Vorschlag einer BZPR, DOK KOM (1972) 835 v. 26. 9. 1972, S. 65; Stellungnahme des Wirtschafts- und Sozialausschusses zum ursprgl. Vorschlag einer BZPR v. 17. 7. 1974, ABl. EG Nr. C 125 v. 16. 10. 1974, S. 1 ff. (3).

[293] Artt. 22 Abs. 2, 25–34 kodRL (vormals Artt. 5 Abs. 2, 8–17 BZPR); vgl. die Begründung der Kommission zum ursprgl. Vorschlag einer BZPR v. 26. 9. 1972, BR-Drucks. 566/72 v. 26. 10. 1972, S. 64; vgl. §§ 33–42, 45–47 BörsZulVO.

[294] Art. 21 Abs. 1 (vormals Art. 4 Abs. 1 BZPR) i.V.m. Anhang I, Schema A, B und C jeweils Kapitel 2 kodRL; vgl. §§ 15–17 BörsZulVO.

[295] Artt. 21 und 22 (vormals Artt. 4 und 5 BZPR) i.V.m. Anhang I, Schema A und B jeweils Kapitel 3–5, 7 kodRL; *Werlauff*, S. 149; vgl. §§ 18–29 BörsZulVO.

[296] Art. 21 Abs. 2 (vormals Art. 4 Abs. 2 BZPR) i.V.m. Anhang I, Schema A und B jeweils Kapitel 1 und 6 kodRL; über die Aussteller von Zertifikaten, die Aktien vertreten

Sind die Pflichtangaben nach den Schemata der kodRL nicht geeignet, den mit dem Prospekt verfolgten Zweck umfassender Anlegerinformation zu erfüllen, weil sie der Tätigkeit oder Rechtsform des Unternehmens nicht angemessen Rechnung tragen, ist ein Prospekt mit gleichwertigen Angaben durch Anpassung der Schemata zu erstellen.[297]

## D. Befreiungsmöglichkeit

Art. 24 kodRL sieht vor, dass die zuständigen Stellen den Emittenten im Einzelfall von der Aufnahme bestimmter in der Richtlinie vorgesehener Angaben befreien können.[298]

### I. Unbedeutende Angaben

Eine Befreiungsmöglichkeit besteht, wenn die Aufsichtsbehörde der Auffassung ist, dass die Angaben nur von geringer Bedeutung und nicht geeignet sind, die Beurteilung der Vermögens-, Finanz- und Ertragslage und der Entwicklungsaussichten des Emittenten zu beeinflussen.[299] Es handelt sich also um Informationen, die für eine sachgerechte Investitionsentscheidung im konkreten Fall unwesentlich sind, obwohl der Gemeinschaftsgesetzgeber durch deren Aufnahme in die Schemata zum Ausdruck gebracht hat, dass er sie generell für erheblich hält.[300] Der Emittent muss der Aufsichtsbehörde zunächst alle Informationen vorlegen. Dieser obliegt die Entscheidung, ob die Informationen wesentlich sind oder nicht. Auf diese Weise kann die Behörde den Markt vor einer Überflutung mit für die Investitionsentscheidung irrelevanten Informationen bewahren. Ein Antrag der Gesellschaft ist in diesem Fall nicht zwingend erforderlich.[301]

---

und die Zertifikate werden in Schema C Kapitel 1 und 2 kodRL demgegenüber nur die wichtigsten Angaben gefordert; einen Überblick über den Inhalt der Kapitel liefert *Edwards,* EC Company Law, S. 254 f.; vgl. §§ 14, 28, 30 BörsZulVO.

[297] Art. 22 Abs. 3 kodRL (vormals Art. 5 Abs. 3 BZPR); Begründung der Kommission zum ursprgl. Vorschlag einer BZPR v. 26. 9. 1972, BR-Drucks. 566/72 v. 26. 10. 1972, S. 64 f.; dasselbe gilt für den Emissionsprospekt gemäß Art. 11 Abs. 6 der Emissionsprospektrichtlinie; dazu *Edwards,* EC Company Law, S. 254; zum Ganzen *Knobl/Opitz,* in: Griller, Banken im Binnenmarkt, S. 477 ff. (536); vgl. § 13 Abs. 2 S. 2 BörsZulVO. Vgl. zum Prospektinhalt nach deutschem Recht *Schanz* § 13 Rn. 8 ff.

[298] Zum Ganzen *Knobl/Opitz,* in: Griller, Banken im Binnenmarkt, S. 477 ff. (534 f.); zu den Befreiungstatbeständen im allgemeinen *Weber,* Kapitalmarktrecht, S. 280 ff.

[299] Art. 24 lit. a) kodRL (vormals Art. 7 lit. a) BZPR); dasselbe regelt Art. 13 Abs. 1 lit. a) der Emissionsprospektrichtlinie; vgl. § 47 Nr. 1 BörsZulVO.

[300] Vgl. die Begründung der Kommission zum ursprgl. Vorschlag einer BZPR v. 26. 9. 1972, BR-Drucks. 566/72 v. 26. 10. 1972, S. 66.

[301] *Heinze,* S. 154 f.; vgl. *Izquierdo,* S. 69; *Klages,* S. 105 f.

## II. Gefährdung öffentlicher Interessen

Ferner ist eine Befreiung von bestimmten Angaben möglich, wenn die zuständigen Stellen der Auffassung sind, dass deren Verbreitung dem öffentlichen Interesse zuwiderliefe.[302] Auch in diesem Fall kann die Aufsichtsbehörde ohne Antrag des Emittenten entscheiden. Eine Gefährdung öffentlicher Interessen wird nur in seltensten Fällen angenommen werden können. Als Beispiele nennt die Kommission die Gefährdung der Handelspolitik oder der Verteidigung des Landes.[303]

## III. Erheblicher Schaden für den Emittenten

Schließlich können die zuständigen Stellen von der Veröffentlichung bestimmter Angaben befreien, wenn sie der Auffassung sind, dass deren Verbreitung dem Emittenten erheblichen Schaden zufügen würde und die Nichtveröffentlichung das Publikum nicht über die für die Beurteilung der betreffenden Wertpapiere wesentlichen Umstände irreführt.[304]

In diesem Fall entscheidet die Behörde auf Antrag des Emittenten und nach Abwägung der widerstreitenden Interessen, d.h. des Geheimhaltungsinteresses des Emittenten einerseits und der Anlegerinteressen an möglichst umfassender Information andererseits. Der Emittent muss glaubhaft machen, dass ihm durch die Veröffentlichung ein „erheblicher Schaden" droht. Hieran sind hohe Anforderungen zu stellen; es reicht nicht, dass die finanzielle Situation des Emittenten unbefriedigend ist und die Veröffentlichung diesbezüglicher Informationen schwerwiegende Folgen haben könnte. Ferner genügt ein Schaden der Eigeninteressen bestimmter Gesellschafter nicht.

Die Dispensmöglichkeit wird dadurch begrenzt, dass das Fehlen derartiger Informationen keinesfalls zur Irreführung des Publikums führen darf.[305] Im Rahmen der Interessenabwägung durch die zuständigen Behörden wird also dem Prinzip der angemessenen Anlegerinformation und der wahrheitsgemäßen Darstellung („true and fair view") vor den Interessen der Gesellschaft stets Vorrang eingeräumt.[306]

---

[302] Art. 24 lit. b) 1. Fall kodRL (vormals Art. 7 lit. b) 1. Fall BZPR); dasselbe regelt Art. 13 Abs. 1 lit. b) 1. Fall der Emissionsprospektrichtlinie; vgl. § 47 Nr. 2 BörsZulVO.

[303] Begründung der Kommission zum ursprgl. Vorschlag einer BZPR v. 26. 9. 1972, BR-Drucks. 566/72 v. 26. 10. 1972, S. 66 f.; *Heinze*, S. 155; *Klages*, S. 106; *Izquierdo*, S. 155; vgl. *Weber*, in: Dauses, Handbuch des EU-Wirtschaftsrechts, F. III Rn. 76, wonach auch bei Gefährdung öffentlicher Interessen das Weglassen der Angaben nicht zu einer Irreführung des Publikums führen darf.

[304] Art. 24 lit. b) 2. Fall kodRL (vormals Art. 7 lit. b) 2. Fall BZPR); dasselbe regelt Art. 13 Abs. 1 lit. b) 2. Fall der Emissionsprospektrichtlinie; vgl. § 47 Nr. 3 BörsZulVO.

[305] Begründung der Kommission zum ursprgl. Vorschlag einer BZPR v. 26. 9. 1972, BR-Drucks. 566/72 v. 26. 10. 1972, S. 66f; zum Ganzen *Edwards*, EC Company Law, S. 256.

[306] *Heinze*, S. 155 f.; *Klages*, S. 106.

## E. Prospektkontrolle

Ein neben dem Konzept der umfassenden Information stehendes wesentliches Element des Anlegerschutzes im Gemeinschaftsrecht bildet die obligatorische Kontrolle des Prospekts, bevor die in ihm enthaltenen Informationen an die Öffentlichkeit gelangen:[307]

Der Prospekt ist vor seiner Veröffentlichung von den zuständigen Stellen zu billigen.[308] Ohne deren Kontrolle und Erlaubnis darf er in keiner Form dem Publikum zugänglich gemacht werden.[309] Werbeträger sowie alle Dokumente, in denen die Veröffentlichung des Prospekts angekündigt und die wesentlichen Merkmale der Wertpapiere angegeben werden, müssen vor ihrer Veröffentlichung den zuständigen Stellen übermittelt werden. Sie können entscheiden, ob diese Dokumente ebenfalls einer vorherigen Kontrolle unterworfen werden. Dadurch soll eine Irreführung des Anlegerpublikums vermieden werden.[310]

Der Prüfungsmaßstab der zuständigen Stellen beschränkt sich auf die Übereinstimmung des Prospekts mit der Zielsetzung, den allgemeinen Grundsätzen und den inhaltlichen Vorgaben der Schemata im Anhang der Richtlinie. Den zuständigen Stellen obliegt es hingegen nicht, die sachliche Richtigkeit und Vollständigkeit der Informationen zu prüfen.[311] Insoweit können sie sich auf die Berichte von Abschlussprüfern und ähnlich qualifizierten Personen stützen und sich darauf beschränken, den Nachweis entsprechender Prüfungen zu verlangen. Bei Zweifeln in Bezug auf bestimmte Informationen sind sie jedoch

---

[307] *Werlauff,* S. 150; *Edwards,* EC Company Law, S. 257 f.; *Klages,* S. 117, 160; *Izquierdo,* S. 72 f.; vgl. *Schwark,* Anlegerschutz, S. 196; *Weber,* Kapitalmarktrecht, S. 414 ff.

[308] Art. 35 Abs. 1 kodRL (vormals Art. 18 Abs. 2 BZPR); richtet sich der Emissionsprospekt nach den Vorschriften für den Prospekt, gilt dasselbe. Richtet er sich nach den Vorschriften der Emissionsprospektrichtlinie, ist lediglich die vorherige Zustellung des Prospekts an die zuständigen Stellen erforderlich, Artt. 7 Abs. 1, 14 der Emissionsprospektrichtlinie; in Art. 17 des ursprünglichen Vorschlags einer Emissionsprospektrichtlinie v. 31. 12. 1980, DOK KOM (1980) 893, war hingegen noch eine vorherige Kontrolle vorgesehen; *Edwards,* EC Company Law, S. 277.

[309] *Heinze,* S. 167; vgl. die deutsche Umsetzung in § 30 Abs. 4 BörsG, § 43 Abs. 2 BörsZulVO.

[310] Die Werbemittel haben anzugeben, dass es einen Prospekt gibt und wo dieser veröffentlicht wird, Art. 101 kodRL (vormals Art. 22 BZPR); dieselbe Regelung findet sich in Art. 10 Abs. 1 und 2 sowie in Art. 17 der Emissionsprospektrichtlinie, betrifft aber nur öffentliche Angebote von Wertpapieren, deren Emissionsprospekt sich entweder nach den Vorschriften über den Prospekt richtet, d.h. deren Zulassung zur amtlichen Notierung gleichzeitig beantragt wird, oder der – aufgrund nationaler Vorschriften – der vorherigen Kontrolle durch die zuständigen Behörden unterliegt; vgl. dazu *Heinze,* S. 174, *Klages,* S. 204, 212 f.; *Knobl/Opitz,* in: Griller, Banken im Binnenmarkt, S. 477 ff. (539 f.); *Weber,* Kapitalmarktrecht, S. 319 ff.

[311] Für die Richtigkeit der Angaben und deren Vollständigkeit im Hinblick auf die Aussage des Prospekts haften die Personen, die für den Prospekt die Verantwortung übernommen haben, vgl. Anhang I, Schema A, B Punkt 1.1. und 1.2. kodRL; vgl. *Schwark,* Anlegerschutz, S. 196.

berechtigt und verpflichtet, vom Emittenten zusätzliche Informationen und besondere Überprüfungen zu verlangen.[312] Insgesamt müssen die Angaben den Anlegern und ihren Anlageberatern eine fundierte Beurteilung der Gesellschaft und deren Wertpapiere erlauben; wird dies durch die obligatorischen Angaben nicht gewährleistet, müssen die Angaben entsprechend angepasst werden.[313]

## F. Zuständige Stellen und deren Befugnisse

Die Mitgliedstaaten bestimmen eine oder mehrere zuständige Stelle(n), die sie mit der Prospektkontrolle und den sonstigen zur Einhaltung der den Prospekt betreffenden Richtlinienvorschriften erforderlichen Aufgaben betrauen, und verleihen ihnen die dazu erforderlichen Befugnisse.[314] Dabei steht es den Mitgliedstaaten frei, vorhandene Institutionen zu beauftragen oder eigens neue zu schaffen und einzelne Zuständigkeiten aufzuteilen. Die Stellen können öffentlich-rechtlich oder privatrechtlich organisiert sein. Sind die Befugnisse auf mehrere Stellen verteilt, müssen diese genau abgegrenzt werden. Den zuständigen Stellen sind alle für die Erfüllung ihrer Aufgaben notwendigen Vollmachten und Prüfungsbefugnisse zu erteilen.[315] Ihnen muss ein allgemeines Auskunftsrecht eingeräumt werden, damit sie die Angaben der Gesellschaften auf Vollständigkeit und Richtigkeit prüfen können.[316] Sie müssen sämtliche Unterlagen und Informationen anfordern dürfen, die sie für erforderlich halten, um die Einhaltung der Pflichten zu kontrollieren, einschließlich aller Prüfungsberichte von Wirtschaftsprüfern und sonstiger Beweisunterlagen. Dies gilt

---

[312] Art. 35 Abs. 2 kodRL (vormals Art. 18 Abs. 2 BZPR); Begründung der Kommission zum ursprgl. Vorschlag einer BZPR v. 26. 9. 1972, BR-Drucks. 566/72 v. 26. 10. 1972, S. 76; vgl. *Klages,* S. 161 f.; *Knobl/Opitz,* in: Griller, Banken im Binnenmarkt, S. 477 ff. (538 f.); *Izquierdo,* S. 74.

[313] Art. 23 Abs. 1 und 3 kodRL (vormals Art. 5 Abs. 1 und 3 BZPR); zum Umfang der materiellen Prüfungskompetenz der zuständigen Stellen *Bulletin der EG,* Beilage 8/72 S. 60; ausführlich zum Streitstand *Heinze,* S. 167 ff. m.w.Nachw.; vgl. *Kalss,* S. 175 ff.; *Fleischer,* NJW 2002, Beilage H. 23, S. 37 ff. (39 Punkt II. 8).

[314] Art. 105 Abs. 1 und 2 kodRL (vormals Art. 18 Abs. 1, Abs. 3 UAbs. 2 BZPR). Der *Wohlverhaltenskodex* definiert „Zuständige Behörden" als Behörden, „die für das ordnungsgemäße Funktionieren und für die Information des Marktes auf nationaler Ebene zu sorgen haben. In erster Linie sind dies die Börsenaufsichtsbehörden und die Aufsichtsämter.", Empfehlung (77/534/EWG) Begriffsbestimmung 4. Gedankenstrich, ABl. EG Nr. L 212 v. 20. 8. 1977, S. 41.

[315] Begründung der Kommission zum ursprgl. Vorschlag einer BZPR, DOK KOM (1972) 835 v. 26. 9. 1972, S. 75. Vgl. die Begründung der Kommission zum ursprgl. Vorschlag einer BZR, DOK KOM (1975) 686 v. 23. 12. 1975, S. 10.

[316] Vgl. die Stellungnahme des Wirtschafts- und Sozialausschusses v. 1. 7. 1976 zum ursprgl. Kommissionsvorschlag einer BZR, ABl. EG Nr. C 204 v. 30. 8. 1976, S. 5 ff. (7).

auch für die Überprüfung von Tatsachen, die dazu führen, dass ein Emittent einem Ausnahmetatbestand unterfällt.[317]

Aus Gründen der Transparenz und Kontrollierbarkeit muss die Kommission von der jeweils einzelstaatlich gewählten Zuständigkeitsverteilung unterrichtet werden.

Für die Prospektkontrolle sind also grundsätzlich die Stellen des Aufnahmestaats zuständig, d.h. die Behörde des Mitgliedstaats, in dem die Börse ansässig oder tätig ist, an der die Wertpapiere zur amtlichen Notierung zugelassen werden sollen.

## G. Veröffentlichung

Der Prospekt muss innerhalb einer angemessenen Frist vor Beginn der amtlichen Notierung veröffentlicht werden.[318] Die Veröffentlichung erfolgt entweder durch vollständigen Abdruck in einer weit verbreiteten Zeitung oder in Form einer Broschüre, die dem Publikum an den Börsenplätzen, dem Sitz des Emittenten und bei dessen Zahlstellen, bei denen Zeichnungsanträge oder Kauforders abgegeben werden können, kostenlos zur Verfügung gestellt wird.[319]

Darüber hinaus ist in einem von den Mitgliedstaaten zu bestimmenden Publikationsträger (in der Bundesrepublik dem Bundesanzeiger) entweder der voll-

[317] Begründung der Kommission zum ursprgl. Vorschlag einer BZPR, DOK KOM (1972) 835 v. 26. 9. 1972, S. 77; vgl. die Begründung der Kommission zum ursprgl. Vorschlag einer BZR, DOK KOM (1975), 686 v. 23. 12. 1975, S. 11.

[318] Die Frist wird durch nationale Regelungen oder die zuständigen Stellen bestimmt. Angemessen ist die Frist dann, wenn sie den Anlegern einerseits genügend Zeit lässt, die Angaben im Prospekt zu evaluieren, andererseits, wenn sie einen inoffiziellen Wertpapierhandel vor der Zulassung verhindert; Begründung der Kommission zum ursprgl. Vorschlag einer BZPR v. 26. 9. 1972, BR-Drucks. 566/72 v. 26. 10. 1972, S. 78. Gleichzeitig dürfen die Angaben im Prospekt nicht an Aktualität verlieren (vgl. Art. 100 kodRL). In Deutschland beträgt die Frist gemäß § 43 BörsZulVO mindestens einen Werktag. Ausführlich zum Ganzen *Heinze*, S. 173; *Klages*, S. 185, 193 f.; *Grundmann*, ZfSR 137 (1996), S. 103 ff. (115); *Izquierdo*, S. 75.

[319] Artt. 98 Abs. 1, 99 Abs. 1 kodRL (vormals Artt. 20 Abs. 1, 21 Abs. 1 BZPR); in Art. 14 Abs. 2 des ursprgl. Richtlinienvorschlags war aus Kostengründen und zur besseren Lesbarkeit noch eine Kombination beider Veröffentlichungsverfahren vorgesehen. Danach sollte ein partieller Abdruck in der Zeitung bei gleichzeitiger Erstellung vollständiger Broschüren zulässig sein, wenn dies nicht zur Irreführung des Publikums führte und von den zuständigen Stellen kontrolliert wurde; das breite Publikum habe in der Regel weder hinreichenden Sachverstand noch Interesse, alle im Prospekt enthaltenen Informationen zu analysieren, diese seien eher für Anlageberater und institutionelle Anleger bestimmt; BR-Drucks. 566/72 v. 26. 10. 1972, S. 14 f., 77 f.; auf die Kritik des Wirtschafts- und Sozialausschusses hin wurde die Vorschrift zugunsten einer vollständigen und einheitlichen Information der Anleger geändert, ABl. EG Nr. C 125 v. 16. 10. 1974 S. 1 ff. (6); ausführlich dazu *Heinze*, S. 170 ff. m.w.Nachw.; *Izquierdo*, S. 75; *Klages*, S. 180.

ständige Prospekt oder ein Hinweis abzudrucken, wo der Prospekt veröffentlicht oder für das Publikum erhältlich ist.[320]

Diese Vorschriften sollen gewährleisten, dass die Informationen auch tatsächlich ihre Adressaten erreichen. Die obligatorische Bekanntmachung in einem vom jeweiligen Mitgliedstaat zu bestimmenden Publikationsorgan führt dazu, dass alle in dem betreffenden Mitgliedstaat veröffentlichten Prospekte hier erscheinen oder zumindest auf eine Bezugsquelle hingewiesen wird. Dadurch werden die Anleger in die Lage versetzt, auch noch lange Zeit nach der Börsenzulassung auf den Inhalt des Prospekts zuzugreifen.[321]

## H. Ergänzende Prospektangaben

Gemäß Art. 100 kodRL muss „jedes bedeutsame neue Ereignis, welches die Bewertung der Wertpapiere beeinflussen kann und zwischen der Fertigstellung des Prospekts und dem Beginn der amtlichen Notierung eintritt, (...) in ein ergänzendes Dokument aufgenommen werden, das unter den gleichen Bedingungen wie der Prospekt kontrolliert und nach den von den zuständigen Stellen festzusetzenden Modalitäten veröffentlicht wird."[322]

---

[320] Art. 98 Abs. 2 kodRL (vormals Art. 20 Abs. 2 BZPR); der Wirtschafts- und Sozialausschuss hatte in seiner Stellungsnahme zum ursprgl. Vorschlag einer BZPR v. 17.7.1974 das Amtsblatt der EG als zentrales Publizitätsorgan favorisiert, ABl. EG Nr. C 125 v. 16.10.1974, S. 1 ff. (3). Richtet sich der Emissionsprospekt nach der BZPR, gilt gem. Art. 10 Abs. 3, 4 der Emissionsprospektrichtlinie für die Veröffentlichung dasselbe; richtet sich der Emissionsprospekt allein nach den Vorschriften der Emissionsprospektrichtlinie, muss der Prospekt in dem Mitgliedstaat, in dem das öffentliche Angebot erfolgt, veröffentlicht oder für das Publikum zur Verfügung gehalten werden, Art. 15 der Emissionsprospektrichtlinie. Vgl. die deutsche Umsetzung in § 30 Abs. 5 S. 1–3 BörsG n.F., wo darüber hinaus eine Zurverfügungstellung des Prospekts in elektronischer Form durch die Börse vorgeschrieben ist; zur Form der Bereitstellung kapitalmarktrechtlicher Informationen im Allgemeinen vgl. *Weber,* Kapitalmarktrecht, S. 284 ff.

[321] *Heinze*, S. 170 ff.; *Klages*, S. 170, 180 f.; *Edwards,* EC Company Law, S. 258.

[322] Vormals Art. 23 BZPR. Eine entsprechende Vorschrift enthält Art. 18 der Emissionsprospektrichtlinie für den Zeitraum zwischen Veröffentlichung des Emissionsprospekts und Abschluss des öffentlichen Angebots: Danach muss „jedes neue Ereignis oder jede Ungenauigkeit des Prospekts (...), sofern dieses bzw. diese die Bewertung der Wertpapiere beeinflussen könnte und zwischen der Veröffentlichung des Prospekts und dem Zeitpunkt eintritt bzw. festgestellt wird, zu dem das öffentliche Angebot endgültig abgeschlossen ist, in einer Ergänzung zum Prospekt erwähnt oder berichtigt werden, die unter Einhaltung mindestens der gleichen Bestimmungen, nach denen der ursprüngliche Prospekt verteilt worden ist, oder gemäß der Modalitäten veröffentlicht wird, der für das Publikum zur Verfügung gehalten wird, die von den Mitgliedstaaten oder den von ihnen bestimmten Stellen festgesetzt werden." Dass hier im Gegensatz zu Art. 100 kodRL auch die Berichtigung von Ungenauigkeiten vorgesehen ist, mag damit zusammenhängen, dass der Prospekt vor seiner Veröffentlichung von den zuständigen Stellen gebilligt werden muss, nachdem diese dessen Übereinstimmung mit der BZPR geprüft haben (Art. 35 Abs. 2, 3 kodRL); hingegen muss der Emissionsprospekt den zuständigen Behör-

Diese Vorschrift kann sich auf alle im Prospekt enthaltenen Angaben beziehen, sowie auf sonstige Angaben, wenn sie möglicherweise die Bewertung der Wertpapiere durch das Publikum beeinflussen. Die Verfahren der Kontrolle und der Veröffentlichung für die Prospektergänzungen sind grundsätzlich dieselben wie für den Prospekt selbst; letztere können von Fall zu Fall jedoch auch von den Behörden festgelegt werden.

Die Aufnahme dieser Verpflichtung in die Prospektvorschriften dient dazu, dem Publikum stets ein aktuelles und vollständiges Informationsdokument zur Verfügung zu stellen.[323]

## I. Internationale Zusammenarbeit und Gegenseitige Anerkennung

Die zuständigen Stellen der Mitgliedstaaten sind hinsichtlich der Anwendung der börsenrechtlichen Richtlinienvorschriften zur Zusammenarbeit jeder Art und zum Informationsaustausch verpflichtet, soweit dies für die Erfüllung ihrer Aufgaben notwendig ist.[324]

Durch die Beschränkung auf eine Mindestharmonisierung waren die Möglichkeiten der gegenseitigen Anerkennung von Prospekten bei grenzüberschreitenden Emissionen nach den Vorschriften der BZPR zunächst begrenzt. Im Anschluss an das im Weißbuch von 1985 eingeführte Konzept der Herkunftslandkontrolle in Verbindung mit der gegenseitigen Anerkennung nationaler Vorschriften im harmonisierten Bereich wurde die BZPR im Jahre 1987 durch eine Änderungsrichtlinie um Vorschriften über die gegenseitige Anerkennung von Prospekten ergänzt:[325] Für den Fall, dass ein Emittent die Zulassung zur amtlichen Notierung gleichzeitig oder innerhalb eines so engen Zeitraums in verschiedenen Mitgliedstaaten beantragt, dass noch von einer einheitlichen Emission gesprochen werden kann, ist lediglich die Erstellung eines Prospekts nach den Vorschriften des Staates, in dem der Emittent seinen satzungsmäßigen Sitz hat, und dessen Billigung durch die zuständige Behörde dieses Staates erforderlich.[326] Die Behörden der anderen Zulassungsstaaten dürfen

---

den lediglich vorab zugestellt werden (Art. 15 Emissionsprospektrichtlinie). Dazu *Edwards,* EC Company Law, S. 258; vgl. die deutsche Umsetzung in § 52 Abs. 2 BörsZulVO, dazu *Groß,* §§ 48–52 BörsZulVO Rn. 13.

[323] Begründung der Kommission zum ursprgl. Vorschlag einer BZPR v. 26. 9. 1972, BR-Drucks. 566/72 v. 26. 10. 1972, S. 81 f.; dazu *Heinze,* S. 175 f.; *Klages,* S. 195 f.; *Knobl/Opitz,* in: Griller, Banken im Binnenmarkt, S. 477 ff. (S. 540, Fn. 394); *Izquierdo,* S. 76.

[324] Art. 106 kodRL (vormals Art. 18 Abs. 1 BZR; Art. 24c Abs. 1 BZPR; Art. 10 Abs. 1 HBR; Art. 12 Abs. 3 TR); Art. 22 Abs. 1 Emissionsprospektrichtlinie; Art. 10 Insiderrichtlinie; vgl. § 34 BörsG.

[325] Durch Art. 1 der Richtlinie 87/345/EWG v. 22. 6. 1987, ABl. EG Nr. L 185 v. 4. 7. 1987, S. 81 ff. wurden die Artt. 24, 24a, 24b, 24c und 25 BZPR eingeführt, geändert bzw. ergänzt; diese entsprechen Artt. 37–40 kodRL; siehe auch 13.–18. Erwägungsgrund kodRL; *Edwards,* EC Company Law, S. 228, 283 ff.

[326] Wird keine Zulassung in dem Staat, in dem der Emittent seinen satzungsmäßigen Sitz hat, begehrt, muss der Emittent den Mitgliedstaat bestimmen, nach dessen Vor-

– abgesehen von einer Übersetzung in die Landes- oder Amtssprache – keine zusätzlichen Angaben fordern. Ausnahmen bestehen hinsichtlich spezifischer Angaben über den Markt des Zulassungsstaats, wie z.B. über die Zahlstellen, die Besteuerung der Wertpapiererträge und die Veröffentlichungsmodalitäten bei Wertpapierbekanntmachungen.[327] Dabei handelt es sich um für die Anleger unerlässliche Informationen, die im Prospekt nur marktspezifisch anzugeben sind und daher bei Verwendung desselben Prospekts in verschiedenen Staaten jeweils angepasst werden müssen.[328]

Erfolgt zu einem späteren Zeitpunkt ein Antrag auf Börsenzulassung in einem anderen Mitgliedstaat, ist grundsätzlich ein neuer Prospekt in der Landes- oder Amtssprache und nach den gegebenenfalls zusätzlichen und strengeren Vorschriften des Zulassungsstaats zu erstellen, der von dessen zuständiger Stelle nach deren Verfahren gebilligt werden muss.[329]

Gemäß Art. 14 kodRL können die zuständigen Stellen eines Mitgliedstaats den Antrag der Gesellschaft auf Zulassung der Wertpapiere zur amtlichen Notierung auch bei Vorliegen aller Zulassungsvoraussetzungen ablehnen, wenn die Wertpapiere der Gesellschaft bereits in einem anderen Mitgliedstaat zur amtlichen Notierung zugelassen sind und die Gesellschaft die dort geltenden, aus der Zulassung erwachsenden, also die laufenden Pflichten nicht erfüllt.[330]

Aufgrund des mit der Erstellung von Prospekten in verschiedenen Fassungen verbundenen beträchtlichen Personal- und Kostenaufwands ist die grenzüberschreitende Kapitalaufnahme an den europäischen Börsen zu selten ge-

---

schriften der Prospekt erstellt und kontrolliert werden soll, Art. 37 kodRL (vormals Art. 24 BZPR); vgl. Art. 20 Abs. 1 der Emissionsprospektrichtlinie; *Weber,* in: Dauses, Handbuch des EU-Wirtschaftsrechts, F. III. Rn. 127 ff.; *Heinze,* S. 183; § 35 BörsG.

[327] Vgl. Artt. 37, 38 kodRL (vormals Artt. 24, 24a BZPR); dieselbe Regelung enthält Art. 21 Abs. 1 der Emissionsprospektrichtlinie für die gegenseitige Anerkennung von Emissionsprospekten; *Lutter,* EuUntR, 4. Aufl. 1996, S. 548; ausführlich *Edwards,* EC Company Law, S. 286 ff.; *Heinze,* S. 184 ff.

[328] Vgl. Anhang I, Schema A Punkte 2.2.3 (Quellensteuer), 2.2.7.(Finanzinstitute); Schema B Punkte 2.1.3. (Quellensteuer), 2.1.5. (Finanzinstitute) kodRL; vgl. dazu Art. 44 Abs. 1 der Investmentfondsrichtlinie; *Knobl/Opitz,* in: Griller, Banken im Binnenmarkt, S. 477 ff. (540 f.); missverständlich insoweit *Heinze,* S. 184.

[329] Sind Wertpapiere seit weniger als 6 Monaten in einem anderen Mitgliedstaat zugelassen und erfolgt ein Antrag auf Zulassung in einem anderen Mitgliedstaat, so sollen die zuständigen Stellen dieses Staates den Emittenten jedoch so weit wie möglich von der Erstellung eines neuen Prospekts befreien, Art. 40 Abs. 2 kodRL (vormals Art. 24c Abs. 3 BZPR). Außerdem können die Mitgliedstaaten ihre zuständigen Stellen ermächtigen, erstklassigen Emittenten, deren Wertpapiere mehrere Jahre in einem anderen Mitgliedstaat zugelassen waren und die dort ihre laufenden Pflichten erfüllen, zu gestatten, einen verkürzten Prospekt mit den wichtigsten Angaben zu veröffentlichen (sog. Euroliste-Ausnahme), 19.–23. Erwägungsgrund, Art. 23 Nr. 4 kodRL (vormals Art. 6 Nr. 4 BZPR, eingeführt durch die Richtlinie 94/18/EG v. 30. 5. 1994); von dieser Möglichkeit hat Deutschland in § 45a BörsZulVO Gebrauch gemacht; a.A. *Heinze,* S. 182 f.

[330] Vormals Art. 11 BZR; umgesetzt in § 30 Abs. 6 BörsG.

blieben, um von einem integrierten Europäischen Kapitalmarkt sprechen zu können.[331]

## Zweites Kapitel: Vorverlagerung des Informationskonzepts: Emissionsprospektrichtlinie

Das Konzept der umfassenden Anlegerinformation wurde 1989 durch die Verabschiedung der Emissionsprospektrichtlinie[332] in zeitlicher Hinsicht vorverlagert:[333]

Bereits im Jahre 1972 hatte die Kommission anlässlich der Entstehung der BZPR zum Ausdruck gebracht, dass es wünschenswert sei, den Emittenten bereits bei der Emission entsprechende Informationspflichten aufzuerlegen, da die Emission und die Placierung der Wertpapiere in der Regel der Börsenzulassung vorausgehen. Zum damaligen Zeitpunkt sah man sich aber nicht zu einer weiterreichenden Harmonisierung in der Lage.[334]

Die Emissionsprospektrichtlinie sieht vor, dass der im Falle eines erstmaligen öffentlichen Angebots von Wertpapieren in einem Mitgliedstaat zu veröffentlichende Emissionsprospekt gemäß den Vorschriften der BZPR erstellt, kontrolliert und verbreitet werden muss, wenn gleichzeitig ein Antrag auf Zulassung zur amtlichen Notierung gestellt wird.[335]

---

[331] Begründung der Kommission zum ursprgl. Vorschlag einer Prospektrichtlinie v. 30.5.2001, DOK KOM (2001) 280, S. 2. Eine Ausdehnung der gegenseitigen Anerkennung der Publizitätsvorschriften forderten bereits *Hopt/Baum*, in Hopt/Rudolph/Baum, Börsenreform, S. 287 ff. (443 ff.).

[332] Richtlinie des Rates Nr. 89/298/EWG vom 17.4.1989, ABl. EG Nr. L 124 v. 5.5.1989, S. 8 ff. Die Kommission sah in der Verabschiedung der Richtlinie „das letzte Glied in einer natürlichen Kette" hinsichtlich der dem Anleger zu erteilenden Informationen; ausführlich dazu *Edwards*, EC Company Law, S. 266 ff.

[333] Assmann/Schütze-*Assmann*, Handbuch des Kapitalanlagerechts, § 1 Rn. 96; *ders.*, in: Bankrechtstag 1993, S. 61 ff. (90 f.); *Knobl/Opitz*, in: Griller, Banken im Binnenmarkt, S. 477 ff. (552).

[334] Begründung der Kommission zum ursprgl. Vorschlag einer BZPR v. 26.9.1972, BR-Drs. 566/72 v. 2.11.1972, S. 60 f.; vgl. zur Entwicklung in Deutschland *Schwark*, Anlegerschutz, S. 188 f.

[335] Artt. 1 Abs. 1, 4, 7 ff. Emissionsprospektrichtlinie; gemäß Art. 12 der Emissionsprospektrichtlinie steht es den Mitgliedstaaten frei, die Vorschriften der BZPR auch auf das erstmalige öffentliche Angebot solcher Wertpapiere zu erstrecken, deren Zulassung zur amtlichen Notierung nicht beantragt wird; dann ist aber auch eine vorherige Billigung erforderlich. Im übrigen sind die Anforderungen an den Inhalt des im Falle eines öffentlichen Angebots zu veröffentlichenden Emissionsprospekts mit Rücksicht auf kleine und mittlere Emittenten (KMU) niedriger, wenn für die Wertpapiere keine Zulassung zur amtlichen Notierung beantragt wird, 8. Erwägungsgrund, Artt. 11 ff. Emissionsprospektrichtlinie; so fordert Art. 11 Abs. 2 der Emissionsprospektrichtlinie für Emissionsprospekte thematisch dieselben Mindestangaben, ohne jedoch eine derart ins Detail ge-

Als logische Folge wurde in die BZPR eine Vorschrift zur (gegenseitigen) Anerkennung des Emissionsprospekts als Börsenzulassungsprospekt aufgenommen: Emissionsprospekte, die für ein öffentliches Angebot erstellt wurden und den Anforderungen der BZPR entsprechen, werden im Falle des Antrags auf Zulassung zur amtlichen Notierung innerhalb von drei Monaten – ggfs. aktualisiert durch ergänzende Prospektangaben – unter denselben Bedingungen, unter denen Prospekte gegenseitig anerkannt werden, von den Behörden der Mitgliedstaaten, in denen die Zulassung erfolgen soll, akzeptiert.[336]

## Drittes Kapitel: Ausblick: Ersetzung der Vorschriften über Emissions- und Börsenzulassungsprospekte

### A. Jüngste Entwicklungen

Die Lösung des Problems der selten gebliebenen grenzüberschreitenden Börsenzulassung und Mehrfachzulassung hat die Kommission als eine der Hauptprioritäten des „Aktionsplans für Finanzdienstleistungen" in Angriff genommen und – aufbauend auf einem Bericht des FESCO[337] – am 30. 5. 2001 den Vorschlag einer Richtlinie „über den Prospekt, der beim öffentlichen Angebot von Wertpapieren oder bei deren Zulassung zum Handel zu veröffentlichen ist", vorgelegt.[338] Im Gegensatz zum bisherigen Ansatz folgt sie dem **Grundsatz der maximalen Harmonisierung.**[339] Die Richtlinie ist als Rahmenrichtlinie im

---

hende Aufgliederung wie in den Schemata der BZPR zu verlangen; soweit Parallelen zum Börsenzulassungsprospekt bestehen, wird im Folgenden an den entsprechenden Stellen darauf hingewiesen; vgl. *Edwards*, EC Company Law, S. 278 ff.; *Hoppmann*, S. 19 f. Die Emissionsprospektrichtlinie wurde in der Bundesrepublik durch Art. 4 des Gesetzes v. 1. 1. 1991, BGBl. I, S. 2749 ff. (2755 ff.) im Verkaufsprospektgesetz i.V.m. der Verkaufsprospektverordnung umgesetzt. Deren Neubekanntmachung erfolgte am 9. 9. 1998, BGBl. I, S. 2701 ff. (2853 ff.); vgl. dazu *Hüffer*, Wertpapier-Verkaufsprospektgesetz. Zum Inhalt des Emissionsprospekts nach deutschem Recht vgl. *Schanz*, § 13 Rn. 16 ff.

[336] 15., 17. Erwägungsgrund, Art. 39 kodRL (vormals Art. 24b Abs. 1 der BZPR, geändert durch die Richtlinie 90/211EWG v. 23. 4. 1990, ABl. EG Nr. L 112 v. 3. 5. 1990, S. 24 ff.); vgl. dazu Artt. 7, 8, 12 der Emissionsprospektrichtlinie; zum Ganzen *Edwards*, EC Company Law, S. 233, 286 ff.; *Werlauff*, S. 150 f.; *Heinze*, S. 185 f.; *Weber*, in: Dauses, Handbuch des EU-Wirtschaftsrechts, F. III. Rn. 113 ff.; *Raida*, in: Büschgen/Schneider, S. 229 ff. (236 ff.).

[337] *FESCO*, A European Passport for Issuers, Ref. Fesco-99–098e; FESCO/00–138b, zit. nach: *Fürhoff/Ritz*, WM 2001, S. 2280 ff. (2282); dazu *Weber*, NJW 2000, S. 3461 ff. (3467).

[338] Dazu *Mülbert*, WM 2001, S. 2085 ff. (2101).

[339] Begründung zum geänderten Vorschlag einer Prospektrichtlinie v. 9. 8. 2002, DOK KOM (2002) 460, S. 4. Der ursprgl. Vorschlag einer Prospektrichtlinie v. 30. 5. 2001 folgte noch dem Grundsatz der Mindestharmonisierung in Verbindung

Sinne der ersten Stufe des im Lamfalussy-Bericht vorgeschlagenen beschleunigten Gesetzgebungsverfahrens konzipiert. Zusammen mit den zu ihrer Durchführung von der Kommission im Komitologieverfahren zu erlassenden Bestimmungen (zweite Stufe des Gesetzgebungsverfahrens)[340] soll sie an die Stelle der Vorschriften über den Prospekt in der kodRL und der Emissionsprospektrichtlinie treten. Diese treten mit Wirkung zum 1. 7. 2005, dem Ablauf der Umsetzungsfrist, außer Kraft.[341]

## I. Gesetzgebungsverfahren

Die EZB hat den Richtlinienvorschlag grundsätzlich begrüßt.[342] Nach der Stellungnahme des Wirtschafts- und Sozialausschusses[343], der ersten Lesung im Europäischen Parlament am 14. 3. 2002 und einer Vielzahl von Sitzungen der Sachverständigengruppe des Rates auf dem Gebiet der Börsenprospekte legte die Kommission unter Berücksichtigung der Änderungsvorschläge am 9. 8. 2002 einen geänderten Richtlinienvorschlag vor.[344] Dieser tendiert zur Setzung von Maximalstandards hinsichtlich der offenzulegenden Informationen und bewegt sich damit weg vom Prinzip der Mindestharmonisierung. Ferner enthält er flexibler ausgestattete Regelungen sowie Erleichterungen für KMU, für Angebote gegenüber professionellen Anlegern sowie für Daueremissionen, wobei zum Teil auf bereits in der kodRL enthaltene Regelungen zurückgegriffen wird. Ferner sieht der Änderungsvorschlag – erstmals auf europäischer Ebene – eine Haftungsregelung für fehlerhafte Prospektangaben vor. Nach der Festlegung des Gemeinsamen Standpunkt des Rates am

---

mit dem Grundsatz der gegenseitigen Anerkennung im harmonisierten Bereich, Begründung, DOK KOM (2001) 280, S. 3. Diese Änderung geht auf die Stellungnahme des Wirtschafts- und Sozialausschusses zurück, ABl. EG Nr. C 80 v. 3. 4. 2002, S. 52 ff. (57).

[340] Auf Durchführungsmaßnahmen i. S. der zweiten Stufe soll häufiger zurückgegriffen werden, um sicherzustellen, dass die technischen Bestimmungen, Definitionen und Ausnahmen stets den Entwicklungen auf den Märkten angepasst werden; Begründung, 9., 32., 33. Erwägungsgrund, Art. 24 des geänderten Vorschlags einer Prospektrichtlinie v. 9. 8. 2002, DOK KOM (2002) 460, S. 4, 8 f., 26, 29 f., 55. 9., 40., 41. Erwägungsgrund, Art. 24 der Prospektrichtlinie, ABl. EG Nr. L 345 v. 31. 12. 2003, S. 65, 67, 80 f.

[341] 1.–3. Erwägungsgrund, Art. 28–30 der Prospektrichtlinie, ABl. EG Nr. L 345 v. 31. 12. 2003, S. 64, 81; vgl. Begründung, 1.–3. Erwägungsgrund, Artt. 27–29 des geänderten Vorschlags einer Prospektrichtlinie v. 9. 8. 2002, DOK KOM (2002) 460, S. 2, 24 f., 56 f.; zum ursprgl. Vorschlag *Dine,* Securities Regulation, Appendix 17–53 ff.

[342] Stellungnahme der Europäischen Zentralbank vom 16. 11. 2001 auf Ersuchen des Rates der Europäischen Union für eine Richtlinie (…) über den Prospekt (…), ABl. EG Nr. C 344 v. 6. 12. 2001, S. 4 ff.

[343] ABl. EG Nr. C 80 v. 3. 4. 2002, S. 52–60.

[344] Geänderter Vorschlag für eine Richtlinie des Europäischen Parlaments und des Rates betreffend den Prospekt, der beim öffentlichen Angebot von Wertpapieren oder bei deren Zulassung zum Handel zu veröffentlichen ist, und zur Änderung der Richtlinie 2001/34/EG v. 9. 8. 2002, DOK KOM (2002) 460.

24. 3. 2003[345], den Änderungen des Europäischen Parlaments in zweiter Lesung am 2. 7. 2003 und der Stellungnahme der Kommission zu diesen Änderungen vom 10. 7. 2003[346] wurde die Richtlinie am 4. 11. 2003 angenommen. Sie trat am 31. 12. 2003 in Kraft.[347]

## II. Regelungsgehalt

Die Richtlinie führt neue Prospektformate, insbesondere das sog. „Registrierungsformularsystem"[348] ein. Letzteres ermöglicht eine in der gesamten Gemeinschaft gültige Einmalzulassung (sog. Europäischer Pass für Emittenten), d.h. die uneingeschränkte gegenseitige Anerkennung von Prospekten, was die grenzüberschreitende Kapitalaufnahme und -anlage erleichtert. In diesem Zusammenhang wird das Herkunftslandprinzip auf den Primärmarkt erstreckt, das nahezu zehn Jahre früher durch die WpDlR auf dem Sekundärmarkt eingeführt wurde.[349]

Durch die Richtlinie sollen die Bedingungen für die Erstellung, Kontrolle und Verbreitung des Prospekts harmonisiert werden, der sowohl im Falle eines öffentlichen Angebots[350] von Wertpapieren als auch bei deren Zulassung zum

---

345 ABl. EG Nr. C 125 E v. 27. 5. 2003, S. 21 ff.

346 DOK KOM (2003) 432 v. 10. 7. 2003.

347 Am Tag ihrer Veröffentlichung im Amtsblatt: Art. 32 der Prospektrichtlinie, ABl. EG Nr. L 345 v. 31. 12. 2003, S. 82. Dies entspricht dem Zeitplan: Fortschritte beim Aktionsplan für Finanzdienstleistungen, Anhang v. 2. 10. 2002, S. 4; der jeweils aktuelle Stand der Umsetzungsmaßnahmen des Aktionsplans für Finanzdienstleistungen ist abrufbar unter www.europa.eu.int/comm/internal_market/en/finances/actionplan/index.htm.

348 Das Registrierungsformularsystem bzw. „shelf-registration" wird seit kurzem im Vereinigten Königreich praktiziert; vgl. *Dine,* Securities Regulation, Appendix 17–57.

349 1., 4., 14. Erwägungsgrund, Artt. 5, 17 der Prospektrichtlinie, ABl. EG Nr. L 345 v. 31. 12. 2003, S. 64 f., 72 f., 78; vgl. Begründung, 1., 4., 12., 18. Erwägungsgrund, Artt. 5, 17 des geänderten Vorschlags einer Prospektrichtlinie v. 9. 8. 2002, DOK KOM (2002) 460, S. 2 ff., 6 f., 24 ff., 39, 49; vgl. 2., 3. Erwägungsgrund, Artt. 14 ff. der WpDlR; vgl. *Fürhoff/Ritz,* WM 2001, S. 2280 ff. (2283); *Hoppmann,* S. 53 f.

350 Dieser Begriff wird in Art. 2 Abs. 1 lit. d) der Prospektrichtlinie erstmals auf Europäischer Ebene definiert: Dabei handelt es sich um „eine Mitteilung an das Publikum in jedweder Form und auf jedwede Art und Weise, die ausreichende Informationen über die Angebotsbedingungen und die anzubietenden Wertpapiere enthält, um einen Anleger in die Lage zu versetzen, sich für den Kauf oder die Zeichnung dieser Wertpapiere zu entscheiden. Diese Definition gilt auch für die Paltzierung von Wertpapieren durch Finanzintermediäre. Gemäß Art. 3 Abs. 2 der Prospektrichtlinie sind bestimmte Angebote nicht als „öffentliches Angebot" anzusehen, insbesondere Angebote an ausschließlich qualifizierte Anleger oder an einen beschränkten Personenkreis sowie Angebote von Wertpapieren mit einer großen Stückelung. Ferner enthält Art. 4 Abs. 1 der Prospektrichtlinie Ausnahmen von der Prospektpflicht bei öffentlichen Angeboten von Wertpapieren, z.B. im Falle des Austauschs mit bereits existierenden Wertpapieren, als Ergebnis spezifischer Transaktionen (Übernahmen, Fusionen) sowie im Falle von Angeboten gegenüber Führungskräften und sonstigen Beschäftigten des Emittenten. ABl. EG Nr. 345 v. 31. 12. 2003, S. 69, 71.

Handel auf einem geregelten Markt im Sinne von Art. 1 Abs. 13 der WpDlR[351], der in einem Mitgliedstaat belegen oder dort tätig ist, zu veröffentlichen ist. Die bisherigen Publizitätsanforderungen für ein öffentliches Angebot nach der Emissionsprospektrichtlinie, die zwar an die der BZPR angelehnt, aber wesentlich niedriger waren[352], sollen nach der neuen Richtlinie also dieselben sein, wie für die Zulassung zum Handel auf einem geregelten Markt. Die vor Zulassung bestehenden Offenlegungspflichten für die neben dem amtlichen bzw. erstrangigen Börsensegment bestehenden geregelten Märkte, die in der Regel von Jungunternehmen und High-Tech-Firmen genutzt werden, werden erstmals harmonisiert.[353] Zum Zeitpunkt der Verabschiedung der BZPR vor zwanzig Jahren war dies nicht möglich, da es einerseits noch nicht so viele verschiedene Marktsegmente gab und andererseits kein Konsens hätte erzielt werden können.[354] Heute existieren innerhalb der EU etwa 80 geregelte Märkte, so dass eine Harmonisierung sinnvoll erscheint.[355] Insgesamt wird die Richtlinie die durch fortbestehende Fragmentierungen bestehenden Lücken im Informationssystem schließen und das Informationsniveau für Anleger und Märkte durch Verschärfung der Anforderungen und deren Orientierung an besten internationalen Standards sowohl quantitativ als auch qualitativ verbessern.[356]

---

[351] S.o. Erster Teil, Viertes Kapitel unter E. III. 2. Dies ist ein Markt, der regelmäßig funktioniert und dessen Funktions- und Zugangsbedingungen sowie die Zulassungsbedingungen für die Notierung bzw. den tatsächlichen Handel entweder der BZR entsprechen (im Falle der Zulassungsbedingungen) oder bzw. im Übrigen durch von den zuständigen Behörden erlassene oder genehmigte Bestimmungen geregelt sind. Ferner müssen auf diesem Markt die gemäß Artt. 20, 21 WpDlR geltenden Dokumentations-, Melde- und Transparenzvorschriften eingehalten werden und er muss in das Verzeichnis des Herkunftsstaats i.S. des Art. 16 WpDlR eingetragen sein. Art. 2 Abs. 1 lit. j) der Prospektrichtlinie enthält einen ausdrücklichen Verweis, ABl. EG Nr. L 345 v. 31. 12. 2003, S. 70.

[352] Dies geschah, um kleine und mittlere Unternehmen (KMU) nicht über Gebühr zu belasten, 8. Erwägungsgrund der Emissionsprospektrichtlinie; *Werlauff*, S. 151.

[353] 12. Erwägungsgrund, Art. 1 der Prospektrichtlinie, ABl. EG Nr. L 345 v. 31. 12. 2003, S. 65, 68; vgl. Begründung, 11. Erwägungsgrund, Art. 1 des geänderten Vorschlags einer Prospektrichtlinie v. 9. 8. 2002, DOK KOM (2002) 460, S. 4, 26, 32.

[354] S.o. Erster Teil, Viertes Kapitel unter E. III. 2; vgl. die Begründung der Kommission zum ursprgl. Vorschlag einer BZPR v. 26. 9. 1972, BR-Drs. 566/72 v. 2. 11. 1972, S. 60 f.; in Deutschland wurde das Börsensegment des „geregelten Marktes" erst durch die Novelle des Börsengesetzes von 1986 eingeführt, vgl. §§ 49 ff. BörsG n.F.; der „Neue Markt" an der Frankfurter Wertpapierbörse existierte von 1997 bis 2003.

[355] Vgl. die von der Kommission zuletzt am 17. 2. 2004 gemäß Art. 16 Abs. 1 Satz 3 der WpDlR veröffentlichte, mit Anmerkungen versehene Übersicht über die geregelten Märkte und einzelstaatlichen Rechtsvorschriften zur Umsetzung der entsprechenden Anforderungen der WpDlR (93/22/EWG), http://europa.eu.int/comm/internal_market/en/finances/mobil/isd/docs/isd-regulated-market_en.pdf.

[356] Zum Ganzen ausführlich *von Ilberg/Neises*, WM 2002, S. 635 ff. (639 ff.); *von Kopp-Colomb/Lenz*, AG 2002, S. 24 ff.

## B. Mit dem Prospekt verfolgte Ziele

Die mit dem Prospekt verfolgten Ziele sind dieselben, wie bereits nach der kodRL und der Emissionsprospektrichtlinie: Er hat sämtliche Angaben zu enthalten, die entsprechend den Merkmalen des Emittenten und der öffentlich angebotenen bzw. zum Handel an dem geregelten Markt zugelassenen Wertpapiere erforderlich sind, damit die Anleger sich ein fundiertes Urteil über die Vermögenswerte und Verbindlichkeiten, die Finanzlage, die Gewinne und Verluste, die Zukunftsaussichten des Emittenten und jedes Garantiegebers sowie über die mit diesen Wertpapieren verbundenen Rechte bilden können.[357] Den Anlegern soll es durch vollständige, ausreichende, möglichst objektive, aktuelle und kohärente Informationen ermöglicht werden, eine fundierte Bewertung der Anlagerisiken vorzunehmen und Anlageentscheidungen in voller Kenntnis der Sachlage zu treffen.[358] Im Unterschied zu Art. 21 Abs. 1 kodRL kommt es nur noch auf die Urteilsfähigkeit der Anleger, nicht mehr auch auf die ihrer Berater an.[359] Wie schon gemäß Art. 22 Abs. 1 kodRL sind die Informationen in leicht analysierbarer und verständlicher Form vorzulegen.[360] Gemäß dem seit dem Segré-Bericht verfolgten Regelungskonzept soll durch die umfangreichen Informationen letztendlich das Vertrauen der Anleger in die Wertpapiere erhöht werden und so zur reibungslosen Funktionsweise und zur Entwicklung der Wertpapiermärkte beitragen.[361]

---

[357] Die in der BZPR verwendeten Begriffe „Vermögenslage", „Ertragslage" und „Entwicklungsaussichten" werden zwar durch „Vermögenswerte und Verbindlichkeiten", „Gewinne und Verluste" und „Zukunftsaussichten" ersetzt, haben aber keine andere Bedeutung. So bereits in Art. 4 BZPR der englischen Fassung: „assets and liabilties, financial position, profits and losses, and prospects of the issuer".

[358] 18.–20., 26., 27., 30. Erwägungsgrund, Art. 5 Abs. 1 der Prospektrichtlinie, ABl. EG Nr. L 345 v. 31. 12. 2003, S. 65 f., 72; vgl. Begründung, 14.–16., 21, 23. Erwägungsgrund, Art. 3 Abs. 2, Art. 5 des geänderten Vorschlags einer Prospektrichtlinie v. 9. 8. 2002, DOK KOM (2002) 460, S. 15, 26 f., 37, 39; vgl. Begründung, 11., 12., 16. Erwägungsgrund, Art. 5 Abs. 1 des ursprgl. Vorschlags einer Prospektrichtlinie v. 30. 5. 2001, DOK KOM (2001) 280, S. 10, 21, 27 f.

[359] Dies hatte schon der Wirtschafts- und Sozialausschuss in seiner Stellungnahme zum ursprgl. Vorschlag einer BZPR v. 17. 7. 1974 vorgeschlagen, ABl. EG Nr. C 125 v. 16. 10. 1974, S. 1 ff. (4).

[360] Dies entspricht internationalen Wohlverhaltensregeln, 20., 22. Erwägungsgrund, Art. 5 Abs. 1 S. 2 der Prospektrichtlinie, ABl. EG Nr. L 345 v. 31. 12. 2003, S. 66, 72; vgl. Begründung, 16. Erwägungsgrund, Art. 5 Abs. 1 des geänderten Vorschlags einer Prospektrichtlinie v. 9. 8. 2002, DOK KOM (2002) 460, S. 15, 27, 39.

[361] 18. Erwägungsgrund der Prospektrichtlinie, ABl. EG Nr. L 345 v. 31. 12. 2003, S. 65; vgl. Begründung, 14. Erwägungsgrund des geänderten Vorschlags einer Prospektrichtlinie v. 9. 8. 2002, DOK KOM (2002) 460, S. 4 ff., 26.

## C. Prospektpflicht und Prospektformate

Wie bisher ist ein öffentliches Angebot von Wertpapieren oder deren Zulassung zum Handel auf einem geregelten Markt grundsätzlich von der Veröffentlichung eines Prospekts in der von der Herkunftslandbehörde anerkannten Sprache, in der Regel der Landessprache abhängig.[362] Bestimmte Emissionen von Wertpapieren, bei denen die Mitgliedstaaten bisher eine Befreiung von der Prospektpflicht vorsehen konnten, weil sie in Zusammenhang mit besonderen Transaktionen erfolgen, die vergleichbare Informationspflichten nach sich ziehen, werden nun generell von der Prospektpflicht ausgenommen.[363] Dies hat eine erheblich stärkere Harmonisierung zur Folge.

Die Richtlinie führt neue Prospektformate ein: Emittenten, deren Wertpapiere auf einem geregelten Markt zugelassen sind oder die ein entsprechendes Zulassungsverfahren durchlaufen, können den Prospekt in Form eines dreiteiligen Dokuments veröffentlichen:[364] Der erste Teil ist das sog. *Registrierungsformular*, das allgemeine Informationen über den Emittenten und seine Finanzausweise enthält. Den zweiten Teil bildet die *Wertpapierbeschreibung*, die über die Ausstattung der Wertpapiere und die Modalitäten der Abwicklung informiert. Die Informationen über den Emittenten und die Wertpapiere (Pflichten der 1. und 2. Gruppe) werden also auf zwei verschiedene Dokumente aufgeteilt. Der dritte Teil besteht in einer *Zusammenfassung* beider Dokumente, die einen sofortigen präzisen Überblick über die wichtigsten Informationen über Emittent und Wertpapiere ermöglichen soll.[365]

---

[362] 12. Erwägungsgrund, Artt. 3 Abs. 1 (für öffentliche Angebote), Abs. 3 (für die Zulassung zum Handel), 19 der Prospektrichtlinie, ABl. EG Nr. L 345 v. 31. 12. 2003, S. 65, 71, 78; vgl. die Begründung des geänderten Vorschlags einer Prospektrichtlinie v. 9. 8. 2002, DOK KOM (2002) 460, S. 14, 26.

[363] Art. 4 Abs. 1 (für öffentliche Angebote) und Abs. 2 (für die Zulassung zum Handel) der Prospektrichtlinie, ABl. EG Nr. L 345 v. 31. 12. 2003, S. 71 vgl. die Begründung des geänderten Vorschlags einer Prospektrichtlinie v. 9. 8. 2002, DOK KOM (2002) 460, S. 4, 10, 14. Z.B. im Falle des Austauschs von Aktien ohne Kapitalerhöhung, der Übernahme mittels eines Umtauschangebots, der Fusion, der Ausgabe von Aktien als Dividende oder an die Belegschaft. Die Zulassung von Aktien, die innerhalb von 12 Monaten weniger als 10% der bereits auf demselben Markt zugelassenen Aktien ausmachen, bedarf ebenfalls keines Prospekts. Vgl. die entsprechende Regelung in Art. 23 kodRL (vormals Art. 6 BZPR) und Art. 2 Abs. 2 lit. d)–i) der Emissionsprospektrichtlinie. Letztere enthielt ebenfalls eine Ausnahme vom Anwendungsbereich. Vgl. o. Erstes Kapitel, C.

[364] 23. Erwägungsgrund, Artt. 5 Abs. 3 S. 2–4, 7 i.V.m. Anhang II-IV der Prospektrichtlinie, ABl. EG Nr. 345 v. 31. 12. 2003, S. 66, 73; 86 ff.; vgl. Begründung des geänderten Vorschlags einer Prospektrichtlinie v. 9. 8. 2002, DOK KOM (2002) 460, S. 3, 6 f., 15; im usprgl. Vorschlag war dies als Verpflichtung vorgesehen; vgl. Begründung, 15. Erwägungsgrund, Art. 5 Abs. 4, Art. 7 Abs. 2 i.V.m. Anhang II–IV des ursprgl. Vorschlags einer Prospektrichtlinie v. 30. 5. 2001, DOK KOM (2001) 280, S. 4 ff., 10, 21, 28 ff., 44 ff.

[365] 21. Erwägungsgrund, Art. 5 Abs. 2 der Prospektrichtlinie, ABl. EG Nr. L 345 v. 31. 12. 2003, S. 66, 72. Der Zusammenfassung bedarf es – vorbehaltlich einer einzelstaatlichen Regelung – gem. Art. 5 Abs. 2 UAbs. 2, 19 Abs. 4 der Prospektrichtlinie nicht,

Die Emittenten haben nach wie vor die Möglichkeit, ihren Prospekt in Form eines einzigen Dokuments zu erstellen. Dieser muss ebenfalls eine Zusammenfassung sowie dieselben Angaben enthalten wie der dreiteilige Prospekt; er darf jedoch einem anderen Aufbau folgen.[366]

Für bestimmte Emissionen von Schuldverschreibungen („Nichteigenkapitalwertpapiere") im Rahmen von Angebotsprogrammen und Daueremissionen von Kreditinstituten wird der Prospekt als *Basisprospekt* definiert, der bei jeder Neuemission lediglich durch Nachträge zum Prospekt zu aktualisieren ist.[367]

## D. Prospektinhalt

Die Richtlinie verweist – wie die kodRL – hinsichtlich des Inhalts des Prospekts auf ihren Anhang. Anders als der kodRL kann dem Text der Prospektrichtlinie nicht eindeutig entnommen werden, dass es sich dabei um Mindestanforderungen handelt. Es spricht vieles dafür, dass die Kommission sich aufgrund der berechtigten Kritik des Wirtschafts- und Sozialausschusses für die Festlegung von Standards entschieden hat, über die die nationalen Gesetzgeber nicht hinausgehen dürfen.[368] Dies gilt jedenfalls für den Prospekt im Falle eines

---

wenn Nichtdividendenpapiere auf einem geregelten Markt zugelassen werden sollen, die eine Stückelung von mindestens 50.000 € aufweisen, im Ergebnis also nur professionelle Anleger angesprochen sind. Diese Einschränkung ist gegenüber dem ursprgl. Richtlinienvorschlag v. 30. 5. 2001 neu und geht auf die Stellungnahme des Wirtschafts- und Sozialsausschusses bzgl. auf dem professionellen Markt gehandelte Eurobonds zurück, ABl. EG Nr. C 80 v. 3. 4. 2002, S. 52 ff. (53, 55 f.). Sie korrepondiert mit der Entbindung solcher Angebote von der Prospektpflicht gemäß Art. 3 Abs. 2 lit. d) der Prospektrichtlinie; vgl. die Begründung, Art. 2 Abs. 2, Art. 5 Abs. 2 S. 4 des geänderten Vorschlags einer Prospektrichtlinie v. 9. 8. 2002, DOK KOM (2002) 460, S. 13, 36, 39.

[366] Art. 5 Abs. 2, 3 S. 1 der Prospektrichtlinie, ABl. EG Nr. L 345 v. 31. 12. 2003, S. 73; vgl. Begründung des geänderten Vorschlags einer Prospektrichtlinie v. 9. 8. 2002, DOK KOM (2002) 460, S. 15, zum ursprgl. Vorschlag *Dine,* Securities Regulation, Appendix 17–56 f.

[367] 23., 24. Erwägungsgrund, Art. 5 Abs. 4 i.V.m. Art. 16 der Prospektrichtlinie, ABl. EG Nr. L 345 v. 31. 12. 2003, S. 66, 73, 77; vgl. Begründung, des geänderten Vorschlags einer Prospektrichtlinie v. 9. 8. 2002, DOK KOM (2002) 460, S. 3, 6 f., 10, 15. Diese Regelung geht auf die Stellungnahme des Wirtschafts- und Sozialausschusses bzgl. der mittelfristigen Euro-Emissionen (Euro Medium Term Note) zurück, ABl. EG Nr. C 80 v. 3. 4. 2002, S. 52 ff. (53, 56). Erleichterungen für derartige Emittenten bei der Prospekterstellung sah bereits Art. 29 kodRL (vormals Art. 12 BZPR) vor.

[368] Art. 7 der Prospektrichtlinie, ABl. EG Nr. L 345 v. 31. 12. 2003, S. 73 f.; vgl. Begründung des geänderten Vorschlags einer Prospektrichtlinie v. 9. 8. 2002, DOK KOM (2002) 460, S. 4: „Grundsatz der maximalen Harmonisierung". Lediglich die Überschrift zu Art. 7 „Mindestanforderungen" deutet im Gegensatz zum ursprgl. Vorschlag einer Prospektrichtlinie v. 30. 5. 2001 noch darauf hin; vgl. dort Art. 5 Abs. 3, 4, DOK KOM (2001) 280, S. 28. Stellungnahme des Wirtschaft- und Sozialausschusses v. 17. 1. 2002, ABl. EG Nr. C 80 v. 3. 4. 2002, S. 52 ff. (57).

öffentlichen Angebots. Im Zusammenhang mit der Zulassung von Wertpapieren zum Handel an einem geregelten Markt sind ein Mitgliedstaat, eine zuständige Behörde oder eine Börse jedoch berechtigt, mittels ihrer Börsenordnung weitere besondere Anforderungen, insbesondere in Bezug auf die Entscheidungsstrukturen im Unternehmen, festzulegen. Derartige, in speziellen Marktregelungen festgelegte höhere Standards können beispielsweise zum Schutze der Öffentlichkeit für sinnvoll erachtet werden oder wenn damit ein potentieller Wettbewerbsvorteil gegenüber anderen Märkten erreicht werden kann. Diese Anforderungen dürfen die Erstellung, den Inhalt und die Verbreitung des von einer zuständigen Behörde gebilligten Prospekts weder direkt noch indirekt einschränken[369], sie dürfen also nicht mit den Prospekt-Anforderungen in Verbindung stehen.[370]

Im Anhang der Prospektrichtlinie ist die inhaltliche Gestaltung für den einheitlichen Prospekt und die drei Bestandteile des zusammengesetzten Prospekts durch Vorgabe der Grobgliederungspunkte festgelegt. Die Kommission hat diesen vorgegebenen Rahmen im Komitologieverfahren zusammen mit dem Europäischen Wertpapierausschuss (EWA)[371] auszufüllen: Sie soll detaillierte Vorschriften für die spezifischen Informationen in Form von Modellen für die verschiedenen Prospektformate, Wertpapiertypen und Kategorien von Emittenten entwickeln.[372] Das Konzept, noch stärker als bisher verschiedene, auf die Besonderheiten der Wertpapiere und Emittenten abgestimmte Prospektmodelle vorzusehen und im Gegensatz zur kodRL nur im Ausnahmefall Abweichungen zuzulassen,[373] wird zu sachgerechteren Informationen, einem höheren

[369] 15. Erwägungsgrund der Prospektrichtlinie, ABl. EG Nr. L 345 v. 31. 12. 2003, S. 65; er geht auf die Änderungen des Europäischen Parlaments am gemeinsamen Standpunkt des Rates im Rahmen der Zweiten Lesung zurück; vgl. die Empfehlung für die Zweite Lesung v. 13. 6. 2003 – Entwurf einer legislativen Entschließung, Dokument A5–0218/2003, S. 6, http://www2.europarl.eu.int/omk/sipade2?PUBREF=-//EP//NONSGML+REPORT+AS-2003-0218+0+DOC+PDF+VO/-M.

[370] Stellungnahme der Kommission zu den Änderungen des Europäischen Parlaments am gemeinsamen Standpunkt des Rates (...) v. 10. 7. 2003, DOK KOM (2003) 432, S. 4.

[371] S.o. Erster Teil, Zweites Kapitel unter C. III. 2.

[372] Es sollen z.B. Differenzierungen gemacht werden zwischen Dividenden- und verschiedenen Typen von Nichtdividendenwerten, zwischen den unterschiedlichen Tätigkeiten und der Größe der Emittenten, insbesondere der KMU, sowie bei öffentlich-rechtlichen Emittenten. Die Ausführungsbestimmungen sollen bis zum 1. 7. 2004 erlassen werden, d.h. innerhalb eines halben Jahres nach Inkrafttreten der Richtlinie, 6., 9. Erwägungsgrund, Art. 7, 24 der Prospektrichtlinie, ABl. EG Nr. L 345 v. 31. 12. 2003, S. 64f., 73f., 80; vgl. Begründung des geänderten Vorschlags einer Prospektrichtlinie v. 9. 8. 2002, DOK KOM (2002) 460, S. 16, 27. Im Falle des dreiteiligen Prospektformats sollen unnötige Wiederholungen in den einzelnen Teilen vermieden werden.

[373] Artt. 22 Abs. 3, 25–34 kodRL (vormals Artt. 5 Abs. 3, 8–17 BZPR), s.o. Erstes Kapitel unter C; ferner Art. 8 Abs. 3 der Prospektrichtlinie, ABl. EG Nr. L 345 v. 31. 12. 2003, S. 74. Der ursprgl. Vorschlag einer Prospektrichtlinie v. 9. 8. 2002 sah Abweichungen überhaupt nicht vor; vgl. u. II. 4.

Standardisierungsgrad und somit zu einer besseren Vergleichbarkeit von ähnlichen Wertpapiertypen und von Unternehmen derselben Branche führen.

## I. Verweis auf internationale Standards

In zunehmendem Maße wollen Anleger ihre Entscheidungen auf der Grundlage standardisierter Unternehmensinformationen treffen, die aus Finanz- und Nichtfinanzinformationen bestehen.[374] Daher müssen die von der Kommission zu erarbeitenden Prospektmodelle den von der „International Organisation of Securities Commissions" (IOSCO) aufgestellten Informationsanforderungen, insbesondere den im Jahre 1998 herausgegebenen „Internationalen Offenlegungsstandards für grenzüberschreitende öffentliche Angebote und Erstnotierungen" genügen (IOSCO Offenlegungsstandards). Gegenstand dieser Standardisierung sind alle Informationen nicht finanzieller Natur, die von Aktien emittierenden Unternehmen zu veröffentlichen sind. Demgegenüber sollen sich die Finanzinformationen, insbesondere die Jahresabschlüsse, nach internationalen Rechnungslegungs- und Prüfungsgrundsätzen richten, die von anderen Standardsetzern, insbesondere vom IASB (International Accounting Standards Board) festgelegt werden.[375] Auf letztere wird noch ausführlich eingegangen.[376]

Beide Standardwerke zielen darauf ab, die internationale Vergleichbarkeit von Jahresabschlüssen bzw. von Emissions- und Börsenzulassungsprospekten zu steigern und gleichzeitig ein hohes Anlegerschutzniveau zu gewährleisten. Die Zugrundelegung dieser beiden Standardwerke, die man als die **zwei neuen Säulen der Unternehmenspublizität im Europäischen Kapitalmarktrecht** bezeichnen kann, soll die Akzeptanz der Prospekte auch außerhalb der EU ge-

---

[374] *Europäische Kommission,* Mitteilung an den Rat und das Europäische Parlament: Rechnungslegungsstrategien der EU: Künftiges Vorgehen, DOK KOM (2000) 359 v. 13. 6. 2000, S. 3.

[375] 10., 22. Erwägungsgrund, Art. 7 Abs. 3 der Prospektrichtlinie, ABl. EG Nr. L 345 v. 31. 12. 2003, S. 65 f., 74; vgl. Begründung des geänderten Vorschlags einer Prospektrichtlinie v. 9. 8. 2002, DOK KOM (2002) 460, S. 6, 15 f.; vgl. *International Organization of Securities Commissions (IOSCO),* International Disclosure Standards for Cross-Boarder Offerings and initial Listings by foreign Issuers, Part I, September 1998, pdf-Datei, www.iosco.org/iosco.html. Angaben, die die IOSCO-Offenlegungsstandards vorsehen, aber bereits nach Rechnungslegungsstandards in die Jahresabschlüsse aufzunehmen sind, müssen nicht wiederholt werden. Die Standards wurden mit der Empfehlung der IOSCO an ihre Mitglieder herausgegeben, diese in ihre nationalen Rechte zu implementieren. Im Falle der Verabschiedung der Richtlinie und deren Umsetzung wird die EU dies bis Mitte des Jahres 2004 verwirklicht haben. Siehe auch *IOSCO,* Adopting IOSCO International Standards of Disclosure for shelf registration standards – report from the Technical Committee of the IOSCO, march 2001, www.iosco.org/docs-public-2000/2001-shelf_registration_systems.html; zur IOSCO vgl. *Hoppmann,* S. 12 ff.

[376] S.u. Dritter Teil, Erstes Kapitel unter A. IV. 2. f) (IV.).

währleisten, um multinationalen Emittenten die Kapitalaufnahme auch auf den amerikanischen und ostasiatischen Märkten zu erleichtern.[377]

## II. Prospektangaben

Aus der Zusammenschau des Anhangs zum Richtlinienvorschlag und den IOSCO Offenlegungsstandards lassen sich bereits vor Erlass der Durchführungsbestimmungen Aussagen über den konkreten Inhalt der künftigen Prospekte machen und Unterschiede zum bisherigen Regelungssystem aufzeigen:

### 1. Materiality-Prinzip

Gemäß den IOSCO Offenlegungsstandards steht im Rang über allen konkreten Offenlegungsanforderungen das sog. „Materiality-Prinzip", wonach ein Emittent alle Informationen offen legen muss, die für die Investitionsentscheidung eines Anlegers wesentlich und für eine vollständige und wahrheitsgetreue Darstellung erforderlich sind. Umgekehrt bedeutet dies, dass für die Investitionsentscheidung unwesentliche Informationen nicht veröffentlicht werden brauchen.[378] Dieses Prinzip wurde zwar in der kodRL nicht ausdrücklich erwähnt, kann aber mittelbar aus der Dispensvorschrift entnommen werden, nach der Emittenten von der Wiedergabe von Angaben, die für die Bewertung der Wertpapiere von geringer Bedeutung sind, befreit werden können.[379]

### 2. Inhalt der einzelnen Prospektteile

#### a) Registrierungsformular

Das *Registrierungsformular* enthält im Gegensatz zu einem gemäß der kodRL erstellten Prospekt detailliertere Angaben über den Emittenten, sein Kapital, die Vermögens, Finanz- und Ertragslage, die Geschäftstätigkeit und Entwicklungsaussichten:

Es finden sich ein Kapitel mit ausgewählten Finanzdaten und Informationen über die Kapitalisierung, Verschuldung sowie die Risikofaktoren des Emittenten, ein Kapitel über die Entwicklung und die Geschäftstätigkeit des Unternehmens sowie weitere Kapitel über dessen Betriebsergebnis, Finanzlage und Aussichten und über die Beteiligungsstruktur und Geschäfte mit verbundenen Unternehmen. Ein Kapitel enthält ausführliche Finanzinformationen, ein weiteres zusätzliche Informationen, die nicht an anderer Stelle im Prospekt genannt werden, wie z.B. über das Aktienkapital und die Satzung.[380]

---

377 10., 22. Erwägungsgrund, Art. 7 Abs. 3 der Prospektrichtlinie, ABl. EG Nr. L 345 v. 31. 12. 2003, S. 65 f., 74; vgl. Begründung, 33. Erwägungsgrund des geänderten Vorschlags einer Prospektrichtlinie v. 9. 8. 2002, DOK KOM (2002) 460, S. 2 ff., 27, 30; zum ursprgl. Vorschlag vgl. *Dine,* Securities Regulation, Appendix 17–55 f.

378 *IOSCO*, Offenlegungsstandards, S. 5.

379 Art. 24 lit. a) kodRL (Art. 7 lit. a) BZPR), s.o. Erstes Kapitel unter D. I.

380 Anhang II Kapitel II–IV, VI–VIII der Prospektrichtlinie, ABl. EG Nr. L 345 v. 31. 12. 2003, S. 86 ff.; dies entspricht den Kapiteln II–V, VII, VIII, X der IOSCO

Ferner enthält das Registrierungsformular Angaben über die für den Prospekt verantwortlichen Personen, in der Regel die Unternehmensleitung, sowie die Abschlussprüfer und – insoweit weitergehend als die kodRL – sonstige Berater des Unternehmens.[381] Darüber hinaus findet sich – wie bisher – ein Kapitel über die Unternehmensleitung, deren Bezüge und Beteiligungen und über die Arbeitnehmer.[382]

Bisher innerhalb der EU nicht vorgeschrieben und somit neu sind in den genannten Kapiteln enthaltene Informationen über Risikofaktoren, die Organisationsstruktur im Unternehmen, Praktiken der Unternehmensleitung[383], Geschäfte mit verbundenen Unternehmen und Interessen von Sachverständigen und Beratern.[384]

*b) Wertpapierbeschreibung*

Die *Wertpapierbeschreibung* enthält Informationen hinsichtlich der Abwicklung des Wertpapierangebots und der Zulassung zum Handel sowie zusätzliche Angaben über Dividenden, Zahlstellen, Besteuerung etc. Sie wiederholt die Angaben über die für den Prospekt verantwortlichen Personen und die Abschlussprüfer, die Geschäfte mit Sachverständigen und Beratern sowie die Informationen über die Finanzlage, Kapitalausstattung und Risikofaktoren des Unternehmens.[385]

---

Offenlegungsstandards: „key information", „information on the company", operating and financial review and prospect", major shareholders and related party transactions", „financial information", „additional information".

[381] Anhang II Kapitel I. der Prospektrichtlinie, ABl. EG Nr. L 345 v. 31. 12. 2003, S. 86. Dies entspricht Kapitel I der IOSCO Offenlegungsstandards: „Identity of Directors, Senior Management and Advisers". In der kodRL findet sich keine klare Aussage, dass die für den Prospekt verantwortlichen Personen im Regelfall die Leitungsorgane sind; die Kommission geht hier aber von einer Beibehaltung des bisherigen Systems aus; Art. 6 Abs. 1 S. 2 der Prospektrichtlinie, ABl. EG Nr. L 345 v. 31. 12. 2003, S. 73; vgl. Begründung des geänderten Vorschlags einer Prospektrichtlinie v. 9. 8. 2002, DOK KOM (2002) 460, S. 15 und Art. 4 Abs. 2 BZPR.

[382] Anhang II Kapitel V. der Prospektrichtlinie, ABl. EG Nr. L 345 v. 31. 12. 2003, S. 86. Dies entspricht Kapitel VI der IOSCO-Offenlegungsstandards: „Directors, Senior Management and Employees".

[383] Es handelt sich hierbei um den Abschnitt „Management Discussion and Analysis of Results and Operation – MD&A" bzw. „Darstellung und Analyse der Finanzlage und der wirtschaftlichen Entwicklung", in dem die Geschäftsführung auf Grundlage von Periodenvergleichen das Zahlenwerk, insb. die GuV des Emittenten erläutert; vgl. *Busse von Colbe,* ZGR 2000, S. 651 ff. (670).

[384] Anhang II, Kapitel II. C, III. C, V. C., VI. B, C der Prospektrichtlinie, ABl. EG Nr. L 345 v. 31. 12. 2003, S. 86 f. Dies entspricht Kapitel III. D., IV. C., VI. C., VII. B., C. der IOSCO Offenlegungsstandards: „Risk Factors", „Organizational Structure", „Board Practices", „Share ownersips", „related party transactions", „interest of experts and counsel". Vgl. Begründung des geänderten Vorschlags einer Prospektrichtlinie v. 9. 8. 2002, DOK KOM 2002 (460), S. 7.

[385] Anhang III der Prospektrichtlinie, ABl. EG Nr. L 345 v. 31. 12. 2003, S. 88. Diese Angaben entsprechen Kapitel II, IX und X der IOSCO Offenlegungsstandards: „Offer

*c) Zusammenfassung*

Die *Zusammenfassung* hat in einer allgemein verständlichen, d.h. nichttechnischen Sprache in maximal 2500 Wörtern die wesentlichen Merkmale und Risiken aufzuzeigen, die auf den Emittenten, jeden Garantiegeber und die Wertpapiere zutreffen. Sie ist in der Sprache abzufassen, in der der Prospekt ursprünglich erstellt wurde.

Wird das dreiteilige Prospektformat gewählt, fasst sie die wichtigsten der in den anderen beiden Dokumenten enthaltenen Informationen durch Wiedergabe der Hauptgliederungspunkte zusammen. Die Zusammenfassung muss zudem Warnhinweise enthalten, dass sie als Einleitung zum Prospekt zu verstehen ist und der Anleger jede Entscheidung zur Anlage in die betreffenden Wertpapiere auf die Prüfung des gesamten Prospektes stützen sollte. Ferner ist darauf hinzuweisen, dass für den Fall, dass vor einem Gericht Ansprüche aufgrund der in einem Prospekt enthaltenen Informationen geltend gemacht werden, der als Kläger auftretende Anleger in Anwendung der einzelstaatlichen Rechtsvorschriften der Mitgliedstaaten die Kosten für die Übersetzung des Prospekts vor Prozessbeginn zu tragen haben könnte. Schließlich ist dem Anleger mitzuteilen, dass diejenigen Personen, die die Zusammenfassung einschließlich einer Übersetzung davon vorgelegt und deren Meldung beantragt haben, haftbar gemacht werden können, jedoch nur für den Fall, dass die Zusammenfassung irreführend, unrichtig oder widersprüchlich ist, wenn sie zusammen mit den anderen Teilen des Prospekts gelesen wird.[386]

## 3. Aufnahme von Informationen mittels Verweisung

Eine erhebliche, insbesondere kostensparende Erleichterung gegenüber der bisherigen Rechtslage besteht darin, dass der Emittent zur Erfüllung der Richtlinienanforderungen Informationen mittels Verweises auf zuvor oder gleichzeitig veröffentlichte, von der zuständigen Behörde geprüfte oder dort hinterlegte Dokumente in den Prospekt einbeziehen kann, wenn sie den gemeinschaftsrechtlichen Anforderungen entsprechen. Dabei muss es sich um die dem Emittenten zuletzt zur Verfügung stehenden Angaben handeln. In Betracht kommt insbesondere der Verweis auf die letzten Jahresabschlüsse oder ein geprüftes Registrierungsformular.[387] Im Falle von Verweisungen ist eine Liste mit Querverweisen vorzulegen, damit die Anleger bestimmte Einzelangaben leicht auffin-

---

Statistics and expected timetable", „The Offer and the Listing" und „Additional Information".

[386] 21. Erwägungsgrund, Art. 5 Abs. 2 S. 2–4, Anhang IV der Prospektrichtlinie, ABl. EG Nr. L 345 v. 31.12.2003, S. 66, 72. Der Aufbau ist nahezu identisch mit der Gliederung der IOSCO Offenlegungsstandards, da diese – ebenso wie die Zusammenfassung – nicht wie die beiden anderen Prospektteile streng nach Angaben über den Emittenten bzw. die Wertpapiere aufgeteilt ist.

[387] Dazu s.u. F. und L.

den können. Lediglich die Zusammenfassung darf keine Verweisungen enthalten.[388]

**4. Abweichungen von den Vorschriften**

Wie bisher besteht „unbeschadet einer adäquaten Unterichtung der Anleger", also unter Wahrung des „Materiality-Prinzips" die Möglichkeit, für den Fall, dass die obligatorischen Prospektangaben dem Tätigkeitsbereich, der Rechtsform des Emittenten oder der besonderen Art der Wertpapiere nicht entsprechen, diese Angaben durch gleichwertige Informationen zu ersetzen. Existieren solche Informationen nicht, kann auf diese Angaben ganz verzichtet werden. Die Kommission geht davon aus, dass diese Vorschrift nur im Ausnahmefall anzuwenden ist, da in den Durchführungsbestimmungen auf der zweiten Stufe bereits verschiedene Prospektmodelle entwickelt werden sollen, die auf besondere Arten von Emittenten und Wertpapieren zugeschnitten sind.[389]

Im Gegensatz zur kodRL ist die Herkunftslandbehörde ausdrücklich befugt, im Einzelfall die Aufnahme ergänzender, über die Richtlinie und die Durchführungsbestimmungen der Kommission hinausgehender Angaben in den Prospekt zu verlangen, wenn der Anlegerschutz dies erfordert.[390]

## E. Befreiungsmöglichkeit

Auch die neue Prospektrichtlinie enthält eine Dispensvorschrift, nach der die zuständigen Stellen den Emittenten unter engen Voraussetzungen von bestimmten sensiblen Angaben befreien können.[391] Wie bisher handelt es sich um Fälle, in denen entweder ein öffentliches Interesse oder ein gegenüber dem In-

---

[388] 29. Erwägungsgrund, Art. 11 der Prospektrichtlinie, ABl. EG Nr. L 345 v. 31. 12. 2003, S. 66, 75.

[389] Art. 8 Abs. 3 der Prospektrichtlinie, ABl. EG Nr. L 345 v. 31. 12. 2003, S. 74; vgl. Begründung, 19. Erwägungsgrund Satz 2 des geänderten Vorschlags einer Prospektrichtlinie v. 9. 8. 2002, DOK KOM (2002) 460, S. 10, 16, 27. Im ursprgl. Vorschlag einer Prospektrichtlinie v. 30. 5. 2001 bestand diese Anpassungsmöglichkeit noch nicht.

[390] Art. 21 Abs. 3 lit. a) der Prospektrichtlinie, ABl. EG Nr. L 345 v. 31. 12. 2003, S. 79. Art. 16 Abs. 1 kodRL (vormals Art. 13 Abs. 1 BZR) enthält lediglich eine derartige Bestimmung für den Zeitraum *nach* erfolgter Börsennotierung.

[391] Der ursprgl. Vorschlag einer Prospektrichtlinie v. 30. 5. 2002 enthielt noch keine Befreiungsmöglichkeit. Eine inhaltlich ähnliche Dispensmöglichkeit lässt sich auch der Einleitung der IOSCO Offenlegungsstandards entnehmen: Danach können die zuständigen Behörden von bestimmten Angaben befreien, wenn deren Geheimhaltung gesetzlich vorgeschrieben ist oder dies staatlicher Praxis entspricht (z.B. bei einem Staatsgeheimnis) oder wenn es sich um ein Handelsgeheimnis oder eine patentrechtlich geschützte Information handelt. Dass durch das Weglassen der Angaben keine Irreführung des Anlegerpublikums hervorgerufen wird, gewährleistet das „Materiality-Prinzip", das allen Offenlegungsvorschriften als „overriding principle" innewohnt, so dass den Anlegern keine Informationen vorenthalten werden dürfen, die für eine sachgerechte Investitionsentscheidung wesentlich sind. *IOSCO,* Offenlegungsstandards, S. 5.

formationsinteresse der Anleger höherwertiges Interesse des Emittenten an der Geheimhaltung besteht. Die Auslassung darf jedoch nicht irreführend sein und die fundierte Beurteilung des Emittenten, Anbieters oder Garantiegebers und der mit den Wertpapieren wesentlich verbundenen Rechte nicht beeinflussen. Der von der Richtlinie vorgegebene Rahmen ist von der Kommission im Komitologieverfahren mithilfe von Durchführungsbestimmungen zu konkretisieren.[392]

## F. Erleichterungen für die Neuzulassung zum Handel

Eine erhebliche Neuerung der Prospektrichtlinie im Gegensatz zur bisherigen Rechtslage besteht in einem vereinfachten Verfahren für Neuemissionen:

Ein Prospekt, der gemäß den Vorschriften der Richtlinie erstellt, genehmigt und veröffentlicht worden ist, kann 12 Monate lang als Grundlage für ein öffentliches Angebot oder eine Zulassung auf einem geregelten Markt verwendet werden, wenn er ggfs. durch einen Nachtrag zum Prospekt aktualisiert wird.[393] Es bedarf – vorbehaltlich einer ggfs. erforderlichen Übersetzung – also keines neuen Prospekts.

Für Emittenten, die sich für die Veröffentlichung eines dreiteiligen Prospekts entschieden haben, gibt es weitere Erleichterungen für das Registrierungsformular:[394] Hat der Emittent ein solches bei der Herkunftslandbehörde hinterlegt, ist er im Falle eines öffentlichen Angebots oder eines Antrags auf Zulassung seiner Wertpapiere zum Handel auf einem geregelten Markt nur noch zur Erstellung der Wertpapierbeschreibung und der Zusammenfassung verpflichtet. Wenn seit der Übermittlung des Registrierungsformulars erhebliche Veränderungen eingetreten sind oder es zu neueren Entwicklungen gekommen ist, die üblicherweise in das Registrierungsformular aufzunehmen wären, sind diese Informationen zu aktualisieren. Hat eine Billigung des Registrierungsformulars durch die Herkunftslandbehörde stattgefunden, erfolgt die Aktualisierung im Rahmen der Wertpapierbeschreibung, so dass das Registrierungsformular ohne Änderungen und Genehmigung als Teil des Prospekts verwendet werden kann. Nur die Wertpapierbeschreibung und die Zusammenfassung müssen dann ge-

[392] 25. Erwägungsgrund, Art. 8 Abs. 2, 4 der Prospektrichtlinie, ABl. EG Nr. L 345 v. 31. 12. 2003, S. 66, 74 vgl. Begründung des geänderten Vorschlags einer Prospektrichtlinie v. 9. 8. 2002, DOK KOM (2002) 460, S. 16.

[393] 26. Erwägungsgrund, Artt. 9 Abs. 1, 16 der Prospektrichtlinie, ABl. EG Nr. L 345 v. 31. 12. 2003, S. 66, 75, 77; vgl. Begründung des geänderten Vorschlags einer Prospektrichtlinie, DOK KOM (2002) 460 v. 9. 8. 2002, S. 16 f., 19. Art. 9 Abs. 3 der Prospektrichtlinie enthält eine weitergehende Regelung für den „Basisprospekt" betreffend bestimmter Nichtdividendenwerte. Dieser ist gültig, bis keines der betroffenen Wertpapiere mehr dauernd oder wiederholt ausgegeben wird.

[394] 27., 28. Erwägungsgrund, Art. 10 Abs. 1 der Prospektrichtlinie; ABl. EG Nr. L 345 v. 31. 12. 2003, S. 66.

billigt werden. Wurde das Registrierungsformular bei der Herkunftslandbehörde ohne Genehmigung hinterlegt, müssen die betreffenden Informationen in allen Prospektteilen aktualisiert werden. Dann bedürfen auch alle Prospektteile einer Genehmigung.[395]

Im Falle der Zulassung zu einem geregelten Markt bedarf es der Erfüllung einer weiteren Voraussetzung: Dies hängt mit einer durch die Prospektrichtlinie eingeführten neuen laufenden Verhaltenspflicht für Emittenten zusammen, deren Wertpapiere zum Handel an einem geregelten Markt zugelassen sind. Sie müssen in Zukunft zumindest einmal im Jahr ein Dokument vorlegen, das alle Informationen enthält oder auf sie verweist, die sie in den vorausgegangenen zwölf Monaten in einem oder mehreren Mitgliedstaaten und in Drittstaaten aufgrund ihrer Verpflichtung nach dem Gemeinschaftsrecht und den einzelstaatlichen Vorschriften über die Beaufsichtigung von Wertpapieren, Wertpapieremittenten und Wertpapiermärkten veröffentlicht oder dem Publikum zur Verfügung gestellt haben. Dabei müssen die Emittenten zumindest auf die gemäß der kodRL, den gesellschaftsrechtlichen Richtlinien und der IAS-Verordnung[396] veröffentlichten Informationen verweisen. Das Dokument ist bei der zuständigen Behörde des Herkunftmitgliedstaates nach der Veröffentlichung des Jahresabschlusses zu hinterlegen; im Falle von Verweisen muss angegeben werden, wo die betreffenden Informationen erhältlich sind.[397] Einer Genehmigung des Dokuments bedarf es nicht.

Soll von dem o.g. vereinfachten Verfahren für Neuemissionen im Falle der Zulassung von Wertpapieren zu einem geregelten Markt Gebrauch gemacht werden, muss diese Verpflichtung bzgl. der im Registrierungsformular enthaltenen Angaben eingehalten worden sein.[398]

---

[395] Art. 9 Abs. 4, 12 der Prospektrichtlinie, ABl. EG Nr. 345 v. 31. 12. 2003, S. 75; vgl. die abweichende Regelung in Art. 8 des ursprgl. Vorschlags einer Prospektrichtlinie v. 30. 5. 2001, DOK KOM (2001) 280, S. 3 f., 29.

[396] Zu Beidem siehe Drittes Kapitel Erster Teil A.

[397] 27. Erwägungsgrund, Art. 10 Abs. 1, 2 der Prospektrichtlinie, ABl. EG Nr. L 345 v. 31. 12. 2003, S. 66, 75; vgl. die Begründung, 21. Erwägungsgrund, Art. 10 Abs. 1 des geänderten Vorschlags einer Prospektrichtlinie v. 9. 8. 2002, DOK KOM (2002) 460, S. 7, 17, 27 f., 44. Hier war noch die Pflicht zur jährlichen Aktualisierung des Registrierungsformulars vorgesehen, d.h. über die bloße Auflistung bereits erteilter Informationen die Verpflichtung, weitere Informationen zu erteilen. Dies ist gemäß Art. 10 Abs. 4 der Prospektrichtlinie nun ausdrücklich ausgeschlossen: Die im Komitologieverfahren zu erlassenden Durchführungsmaßnahmen dürfen sich nur auf die Art der Veröffentlichung beziehen, nicht aber neue Publizitätspflichten festlegen. Diese Änderung geht auf den Gemeinsamen Standpunkt des Rates v. 24. 3. 2003 zurück, ABl. EG Nr. C 125E v. 27. 5. 2003, S. 21 und verhindert einen höheren Verwaltungsaufwand und zusätzliche Kosten für die Emittenten. Zur neuen laufenden Verhaltenspflicht s.u. Drittes Kapitel unter L; Dritter Teil, Erstes Kapitel unter A. IV. 3. d) (II.).

[398] Art. 9 Abs. 4 der Prospektrichtlinie, ABl. EG Nr. L 345 v. 31. 12. 2003, S. 75. Hier könnte es sich jedoch auch um ein Redaktionsversehen handeln, mit der Folge, dass diese Voraussetzung nicht erfüllt sein muss. Denn die Vorschrift macht die einjährige

Durch dieses Verfahren wird einerseits gewährleistet, dass die dem Publikum zur Verfügung gestellten Angaben über den Emittenten stets dem aktuellen Stand entsprechen, andererseits wird der Emittent der kostenintensiven Verpflichtung enthoben, bei jeder Neuzulassung von Wertpapieren innerhalb eines Jahres einen neuen Prospekts zu erstellen.

## G. Prospektkontrolle durch die zuständige Behörde des „Herkunftsmitgliedstaats"

Die Veröffentlichung von Prospekt oder Prospektteilen ist von der Billigung durch die zuständige Behörde des Herkunftsmitgliedstaats abhängig. Dies soll der Staat sein, der am besten in der Lage ist, den Emittenten i.S. der Richtlinienvorschriften zu regulieren. Deshalb ist Herkunftsmitgliedstaat grundsätzlich der Mitgliedstaats, in dem der Emittent seinen Sitz hat.[399] Im Gegensatz zur bisherigen Rechtslage gilt dies grundsätzlich auch dann, wenn die Wertpapiere in einem anderen Mitgliedstaat öffentlich angeboten werden oder deren Handel auf einem geregelten Markt eines anderen Mitgliedstaats beantragt wird.[400]

---

Gültigkeit des Registrierungsformulars von der Aktualisierung gemäß Art. 10 Abs. 1 abhängig. Eine solche existierte aber nur in Art. 10 Abs. 1 i.d.F. des geänderten Richtlinienvorschlags (s. die vorherige Fn.), so dass möglicherweise vergessen wurde, Art. 9 Abs. 4 in der endgültigen Fassung entsprechend anzupassen.

[399] 14. Erwägungsgrund, Art. 2 Abs. 1 lit. m) (i) der Prospektrichtlinie, ABl. EG Nr. L 345 v. 31. 12. 2003, S. 65, 70. Im Falle eines in einem Drittstaat gegründeten Emittenten ist es gem. Art. 2 Abs. 1 lit. m (iii) je nach Wahl des Emittenten, des Anbieters bzw. der die Zulassung beantragenden Person entweder der Mitgliedstaat, in dem die Wertpapiere erstmals nach Inkrafttreten der Richtlinie öffentlich angeboten oder zum Handel auf einem geregelten Markt zugelassen werden sollen, vorbehaltlich einer späteren Wahl durch den Drittstaatsemittenten, wenn der Herkunftsmitgliedstaat nicht nach seiner Wahl bestimmt wurde. Der Herkunftsmitgliedstaat ist legaldefiniert und kann auch, wenn die Erstzulassung außerhalb des Herkunftslands begehrt wird, nicht vom Emittenten selbst bestimmt werden; vgl. Art. 37 kodRL (vormals Art. 24 BZPR). Eine Ausnahme gilt gemäß Art. 2 Abs. 1 lit. m) (ii) der Prospektrichtlinie lediglich für Emittenten von Nichtdividendenwerten mit einer Stückelung von mindestens 1.000 €. Diese Vorschrift weicht vom geänderten Kommissionsvorschlag und vom Gemeinsamen Standpunkt des Rates ab und geht auf die Zweite Lesung des Europäischen Parlaments zurück; vgl. Empfehlung für die Zweite Lesung – Entwurf einer legislativen Entschließung, Dokument A5–0218/2003, S. 12; http://www2.europarl.eu.int/omk/sipade2?PUBREF=-//EP//NONSGML+REPORT+A5–2003–0218+0+DOC+PDF+VO/-M. Ursprünglich war geplant, die Wahlmöglichkeit auf Emittenten zu beschränken, die sich ausschließlich an professionelle Anleger wenden. Dies ging auf die Stellungnahme des Wirtschafts- und Sozialausschusses zurück, ABl. EG Nr. C 80 v. 3. 4. 2002, S. 52ff. (54ff.); vgl. noch 12. Erwägungsgrund, Art. 2 Abs. 1 lit. m) (ii) des geänderten Vorschlags einer Prospektrichtlinie v. 9. 8. 2002, DOK KOM (2002) 460, S. 26, 35 und den Gemeinsamen Standpunkt des Rates v. 27. 5. 2003, ABl. EG Nr. C 125 E v. 27. 5. 2003, S. 50.

[400] Die zuständige Behörde des Herkunftsmitgliedstaats kann die Billigung des Prospekts jedoch der zuständigen Behörde eines anderen Mitgliedstaats übertragen, wenn diese ihr Einverständnis erklärt. Die Übertragung ist dem Antragsteller innerhalb von

Auch der im Falle eines öffentlichen Angebots zu veröffentlichende Emissionsprospekt unterliegt – anders als bisher – uneingeschränkt einer vorherigen Kontrolle.[401]

Die zuständige Behörde teilt dem Emittenten, dem Anbieter bzw. der die Zulassung zum Handel an einem geregelten Markt beantragenden Person innerhalb von zehn Arbeitstagen nach Vorlage des Prospektentwurfs mit, ob sie den Prospekt billigt. Trifft sie keine Entscheidung, gilt dies nicht als Billigung. Wenn die zuständige Behörde zu der hinreichend begründeten Auffassung kommt, dass die ihr übermittelten Unterlagen unvollständig sind oder es ergänzender Informationen bedarf – was sie innerhalb des zehntägigen Prüfungszeitraums mitteilen sollte – beginnt die Frist erst mit Vorlage der angeforderten Informationen.[402] Die weiteren Details des Genehmigungsverfahrens werden im Komitologieverfahren von Kommission und EWA festgelegt.[403] Dadurch erfolgt eine weitgehende Harmonisierung der bisher sehr unterschiedlichen Methoden und des Zeitplans des Kontrollverfahrens. Dies führt auf Seite der Emittenten zu einem höheren Maß an Rechtssicherheit und auf Anlegerseite zur Steigerung des Vertrauens.

---

drei Arbeitstagen mitzuteilen. Die zehntägige Prüfungsfrist läuft ab dem Zeitpunkt der Übertragung. Die jeweiligen nationalen Vorschriften für die Amtshaftung gelten lediglich für die Billigung von Prospekten, die von der Behörde des jeweiligen Mitgliedstaats erteilt wird, nicht aber im Falle der Übertragung. Art. 13 Abs. 1, 5, 6 der Prospektrichtlinie, ABl. EG Nr. L 345 v. 31. 12. 2003, S. 76; vgl. Begründung des geänderten Vorschlags einer Prospektrichtlinie v. 9. 8. 2002, DOK KOM (2002) 460, S. 18.

[401] Dies war bisher nur dann der Fall, wenn der Emissionsprospekt gemäß der BZPR erstellt wurde, entweder, weil gleichzeitig mit dem öffentlichen Angebot der Wertpapiere ein Antrag auf deren Zulassung zur amtlichen Notierung gestellt wurde oder weil die Mitgliedstaaten freiwillig vorschrieben, dass auch der Emissionsprospekt nach der BZPR erstellt werden muss, Artt. 7 Abs. 1, 12, 14 der Emissionsprospektrichtlinie; s.o. Zweites Kapitel. Jedoch war bereits in Art. 17 des ursprgl. Vorschlags einer Emissionsprospektrichtlinie v. 31. 12. 1980, DOK KOM (1980) 893, die vorherige Kontrolle jedes Emissionsprospekts vorgesehen; *Edwards,* EC Company Law, S. 277.

[402] Art. 13 Abs. 2 der Prospektrichtlinie, ABl. EG Nr. L 345 v. 31. 12. 2003, S. 76. Gemäß Art. 13 Abs. 3 der Prospektrichtlinie verlängert sich die Frist auf 20 Arbeitstage, wenn das öffentliche Angebot Wertpapiere eines Emittenten betrifft, dessen Wertpapiere noch nicht zum Handel an einem geregelten Markt zugelassen sind und der zuvor keine Wertpapiere öffentlich angeboten hat. Nach der Begründung, 23. Erwägungsgrund, Art. 13 des geänderten Richtlinienvorschlags v. 9. 8. 2002, DOK KOM (2002) 460, S. 18, 28, 45 f. und nach deutschem Recht betrug die Frist 15 bzw. 30 Arbeitstage; vgl. § 30 Abs. 4 S. 2 BörsG n.F. Die Verkürzung ist auf die Änderungen durch das Europäische Parlamtent in Zweiter Lesung zurückzuführen, Dokument A5–0218/2003, S. 24 ff, http://www2.europarl.eu.int/omk/sipade2?PUBREF=-//EP//NONSGML+REPORT+A5–2003–0218+0+DOC+PDF+VO/-M. Eine andere Regelung enthielt noch die Regelung in Art. 11 des ursprgl. Vorschlag einer Prospektrichtlinie v. 30. 5. 2001, DOK KOM (2001) 280, S. 30 f., die auf die Stellungnahme des Wirtschafts- und Sozialausschusses, ABl. EG Nr. C 80 v. 3. 4. 2002, S. 52 ff. (57) hin geändert wurde.

[403] Art. 13 Abs. 7 der Prospektrichtlinie, ABl. EG Nr. 345 v. 31. 12. 2003, S. 76.

Die bisherige Regelung für *Werbung* wird modifiziert und um materielle Anforderungen erweitert. Die Informationen müssen als Werbung klar erkennbar und dürfen nicht unrichtig oder irreführend sein. Sie müssen mit den im Prospekt enthaltenen Angaben übereinstimmen und dürfen nicht im Widerspruch stehen zu den Angaben, die ein bereits veröffentlichter Prospekt enthält oder ein noch zu veröffentlichender Prospekt enthalten muss. Ferner müssen sie einen Hinweis darauf enthalten, dass ein Prospekt veröffentlicht wurde oder die Veröffentlichung eines Prospekts bevorsteht und wo dieser gegebenenfalls erhältlich ist. Die Kohärenz mit den Prospektangaben gilt auch für mündlich verbreitete Informationen hinsichtlich des Angebots oder der Zulassung zum Handel, z.B. im Rahmen von Interviews. Die Informationen müssen im Gegensatz zur bisherigen Rechtslage der zuständigen Behörde des Herkunftsmitgliedstaats zwar nicht mehr vorab übermittelt werden, diese kontrolliert jedoch die Einhaltung dieser Anforderungen. Einzelheiten sollen im Komitologieverfahren geregelt werden.[404]

## H. Zuständige Behörde und deren Befugnisse

Die Durchsetzung der in der Richtlinie festgelegten Pflichten bzw. der entsprechenden Umsetzungsvorschriften soll in den Mitgliedstaaten grundsätzlich auf jeweils eine zentrale unabhängige nationale Verwaltungsbehörde übertragen werden. Dadurch soll die teilweise zersplitterte Zuständigkeitverteilung beendet werden. Wenn dies nach nationalem Recht erforderlich ist, kann die Prospektkontrolle und die Überwachung der Veröffentlichung auch durch andere Verwaltungsbehörden vorgenommen werden; jedoch sollen die Börsen, deren Mitglieder Marktteilnehmer sind, nicht mehr mit der Prospektkontrolle befasst sein, um Interessenkonflikte zu vermeiden.[405] Bei grenzüberschreitenden Sach-

[404] 33. Erwägungsgrund, Art. 15 Prospektrichtlinie, ABl. EG Nr. L 345 v. 31. 12. 2003, S. 67, 77; vgl. Begründung des geänderten Vorschlags einer Prospektrichtlinie v. 9. 8. 2002, DOK KOM (2002) 460, S. 11, 19; der ursprgl. Vorschlag sah noch eine vorherige Überprüfung der Werbung vor, vgl. Begründung, 20. Erwägungsgrund, Art. 13 des ursprgl. Vorschlags einer Prospektrichtlinie v. 30. 5. 2001, DOK KOM (2001) 280, S. 13f., 22, 32; vgl. zum ursprgl. Vorschlag *Fürhoff/Ritz*, WM 2001, S. 2280ff. (2285) und die bisherige Regelung in Art. 101 kodRL (vormals Art. 22 BZPR).

[405] So die bisherige Lage in Deutschland, vgl. § 31 BörsG n. F. In Deutschland ist durch das Gesetz über die integrierte Finanzdienstleistungsaufsicht (FinDAG) v. 22. 4. 2002 mit Wirkung zum 1. 5. 2002 die Bundesanstalt für Finanzdienstleistungsaufsicht geschaffen worden, die die Befugnisse des BAWe, des BAKred und des BAV zusammenfasst, BGBl. I v. 25. 4. 2002, S. 1310. Es bleibt abzuwarten, inwieweit dieser als zentraler Verwaltungsbehörde im Zuge der Umsetzung der geplanten Richtlinien die Zuständigkeiten der Zulassungsstelle bei den Börsen übertragen werden. Im Vereinigten Königreich wurde die „listing authority“ bereits am 1. 5. 1999 von der London Stock Exchange auf die Financial Services Authority (FSA) übertragen. Aufgrund ihrer föderalen Struktur muss die BRD die Zentralisierung erst bis zum 31. 12. 2008 vorneh-

verhalten ist die Konzentration auf die Zentralbehörde zur praktischen Durchführbarkeit der Herkunftslandkontrolle obligatorisch. Die Delegation von Aufgaben ist unter strengen Voraussetzungen möglich; der Ausgangsbehörde verbleibt jedoch die Letztentscheidungskompetenz.[406] Zuständig ist grundsätzlich die Behörde des Herkunftsmitgliedstaats, selbst dann, wenn die Wertpapiere eines Emittenten auf einem geregelten Markt in einem anderen Mitgliedstaat zugelassen sind. Die Behörde des Aufnahmestaats ist jedoch gehalten, der Herkunftslandbehörde Unregelmäßigkeiten und Pflichtverletzungen der Emittenten mitzuteilen. Für den Fall, dass die daraufhin getroffenen Maßnahmen der Herkunftslandbehörde keine Wirkung zeitigen, darf die zuständige Behörde des Aufnahmemitgliedstaats nach Unterrichtung der Herkunftslandbehörde ausnahmsweise selbst die für den Anlegerschutz erforderlichen Maßnahmen treffen.[407]

Die Richtlinie legt gemeinsame Mindestbefugnisse zur Durchsetzung der Richtlinienvorschriften fest. In diesem Bereich wird also am Grundsatz der Mindestharmonisierung festgehalten. Zu den Befugnissen zählt die Durchsetzung der ursprünglich in der BZR aufgestellten Informations- und Veröffentlichungspflichten, die der Emittent nach der Zulassung zur amtlichen Notierung zu erfüllen hat.[408] Über die Befugnisnorm werden diese Pflichten somit auf Emittenten erstreckt, deren Wertpapiere auf geregelten Märkten gehandelt werden. Darüber hinaus werden die Pflicht zur gleichmäßigen Anlegerinformation sowie der Gleichbehandlungsgrundsatz gegenüber Wertpapierinhabern, die sich „in der gleichen Lage befinden" auf Emittenten, die ein öffentliches Angebot unterbreiten oder deren Wertpapiere auf einem geregelten Markt zum Handel zugelassen sind, erstreckt.[409] Dasselbe gilt für die Befugnis, von den Emittenten zu verlangen, den Anlegern alle wesentlichen Informationen offen zu legen, die die Bewertung der Wertpapiere beeinflussen können, um den Schutz der Anleger sicher zu stellen bzw. das reibungslose Funktionieren des Marktes zu gewährleisten.[410]

---

men, Art. 30 Abs. 3 der Prospektrichtlinie, ABl. EG Nr. L 345 v. 31. 12. 2003, S. 81; Gemeinsamer Standpunkt des Rates, ABl. EG Nr. C 125 E v. 27. 5. 2003, S. 55 f.

[406] 37.–39. Erwägungsgrund, Art. 21 Abs. 1, 2 der Prospektrichtlinie, ABl. EG Nr. L 345 v. 31. 12. 2003, S. 67, 79.

[407] Art. 23 der Prospektrichtlinie, ABl. EG Nr. 345 v. 31. 12. 2003, S. 80; vgl. Begründung des geänderten Vorschlags einer Prospektrichtlinie v. 9. 8. 2002, DOK KOM (2002) 460, S. 4 f., 20 f.

[408] Artt. 67, 68, 80, 81, 102 Abs. 1 kodRL (vormals Schema C und D des Anhangs i. V. m. Art. 17 der BZR).

[409] Vgl. Artt. 65 Abs. 1, 69, 78, 82 kodRL.

[410] Diese Befugnis fand sich in ähnlicher Form in Art. 16 Abs. 1 kodRL (vormals Art. 13 Abs. 1 BZR); allerdings kam es dort nicht auf die Wesentlichkeit der Informationen und deren Einfluss auf die Bewertung der Wertpapiere an. Im Einzelnen s. u. Dritter Teil, Erstes Kapitel unter E.; zum Ganzen 38. Erwägungsgrund, Art. 21 Abs. 4 lit. a), c) der Prospektrichtlinie, ABl. EG Nr. L 345 v. 31. 12. 2003, S. 67, 80.

Ferner werden die Mitgliedstaaten aufgefordert, wirksame, verhältnismäßig und abschreckende Sanktionsmechanismen vorzusehen.[411]

Die Bündelung der Zuständigkeiten bei einer zentralen Wertpapieraufsichtsbehörde und die Festlegung von gemeinsamen Mindestbefugnissen und Sanktionsmechanismen sollen die Zusammenarbeit erleichtern und die Effizienz und Transparenz der Wertpapieraufsicht verbessern.[412]

## I. Veröffentlichung

Nach dem Genehmigungsverfahren hat der Emittent den gebilligten Prospekt bei der zuständigen Behörde des Herkunftsmitgliedstaats zu hinterlegen und dem Publikum durch den Emittenten, den Anbieter oder die die Zulassung zum Handel an einem geregelten Markt beantragende Person so bald wie möglich, in jedem Fall rechtzeitig vor und spätestens mit Beginn des öffentlichen Angebots bzw. der Zulassung der betreffenden Wertpapiere zum Handel praktisch möglich zur Verfügung zu stellen. Dies gilt als erfolgt, wenn der Prospekt gemäß dem bereits in der kodRL geregelten, oben geschilderten Verfahren veröffentlicht wird (Abdruck in weit verbreiteten Zeitungen oder Erstellung einer Broschüre, die am Sitz des Emittenten, bei den Finanzintermediären, die die Wertpapiere platzieren oder verkaufen, einschließlich der Zahlstellen oder bei den zuständigen Stellen[413] der betreffenden Märkte erhältlich ist). Es besteht darüber hinaus die Möglichkeit, den Prospekt statt dessen in elektronischer Form auf der Website des Emittenten, der die Wertpapiere plazierenden oder verkaufenden Finanzintermediäre einschließlich der Zahlstellen, des geregelten Marktes, für den die Zulassung zum Handel beantragt wird oder der zuständigen Behörde des Herkunftsmitgliedstaats bereitzustellen. Die Veröffentlichung auf der Website des Emittenten kann im Falle der Papierveröffentlichung zur Pflicht gemacht werden. Andererseits ist der Prospekt den Anlegern im Falle der elektronischen Veröffentlichung auf Anfrage stets auch kostenlos in Papierform zur Verfügung zu stellen.

Wenn der Emittent einen dreiteiliger Prospekt verwendet oder Informationen mittels Verweisung aufgenommen hat, können die Dokumente und Informationen in einer der drei Formen auch getrennt veröffentlicht und in Umlauf gebracht werden, wenn gewährleistet ist, dass zwischen den einzelnen

---

[411] 43. Erwägungsgrund, Art. 25 der Prospektrichtlinie, ABl. EG Nr. L 345 v. 31. 12. 2003, S. 68, 81; vgl. Begründung des geänderten Vorschlags einer Prospektrichtlinie v. 9. 8. 2002, DOK KOM (2002) 460, S. 21.

[412] 37.–39., 43. Erwägungsgrund, Art. 13, 21 ff. der Prospektrichtlinie, ABl. EG Nr. L 345 v. 31. 12. 2003, S. 67 f., 76, 79 f.; vgl. Begründung des geänderten Vorschlags einer Prospektrichtlinie v. 9. 8. 2002, DOK KOM (2002) 460, S. 4 f., 20 f.

[413] Nach Art. 98 Abs. 1 kodRL (vormals Art. 20 Abs. 1 BZPR) war bisher stattdessen eine Veröffentlichung am Sitz der Börsen vorgesehen. Die Änderung ist darauf zurückzuführen, dass die Prospektkontrolle in Zukunft europaweit bei einer unabhängigen Verwaltungsbehörde zentralisiert werden soll; s.u. unter K.

Teilen Verbindungen hergestellt werden, z.B. im Falle der elektronischen Veröffentlichung durch Hyperlinks.

Zusätzlich zu der Veröffentlichung gemäß einer der drei Möglichkeiten hat die Herkunftslandbehörde den Prospekt für die Dauer von zwölf Monaten – entsprechend seiner Gültigkeit – auf ihrer Website zur Verfügung zu stellen oder ggfs. per Hyperlink zum auf der Website des Emittenten veröffentlichten Prospekt zu verweisen.[414] Dieses Verfahren tritt an die Stelle der bisherigen Veröffentlichung in einem von den Mitgliedstaaten zu bestimmenden Publikationsträger (z.B. Bundesanzeiger).[415]

Die ausdrücklich eingeräumte Möglichkeit, das Internet für die Offenlegung zu nutzen, bildet ein Novum im europäischen Börsenrecht. Sie dient der erleichterten Verbreitung der ggfs. verschiedenen den Prospekt bildenden Dokumente und wird auf Seiten der Emittenten zu erheblichen Kostenersparnissen und auf Seiten der Anleger zu einem problemlosen freien Zugang zu den Informationen in Echtzeit führen. Es bleibt also gewährleistet, dass eine zentrale Abrufstelle für alle veröffentlichten Prospekte existiert, bei der die Anleger jederzeit alle einschlägigen Informationen erhalten können.

## J. Ergänzende Prospektangaben

Auch nach der neuen Prospektrichtlinie muss der Emittent jeden wichtigen neuen Umstand, oder jede wesentliche Unrichtigkeit oder Ungenauigkeit in Bezug auf die im Prospekt enthaltenen Angaben, die die Beurteilung der Wertpapiere und damit die Anlageentscheidung beeinflussen könnten, und die zwischen der Billigung bzw. Veröffentlichung des Prospekts und dem endgültigen Schluss des öffentlichen Angebots bzw. der Eröffnung des Handels an einem geregelten Markt auftreten oder festgestellt werden, mittels eines Nachtrags zum Prospekt mitteilen. Die Kontrolle und die Veröffentlichung des Nachtrags richten sich nach dem Verfahren, das für den Prospekt selbst gilt.

Die Vorschrift soll auf Seiten der Anleger die Möglichkeit einer korrekten Bewertung der Wertpapiere aufgrund aktueller Informationen gewährleisten.[416]

---

[414] 31., 32. Erwägungsgrund, Art. 14 der Prospektrichtlinie, ABl. EG Nr. L 345 v. 31. 12. 2003, S. 67, 76 f.; vgl. Begründung des geänderten Vorschlags einer Prospektrichtlinie v. 9. 8. 2002, DOK KOM (2002) 460, S. 7, 11, 18. Der ursprgl. Vorschlag schrieb noch die Übermittlung des Prospekts in elektronischer Form vor, der vollständig auf der Website der zuständigen Behörde abrufbar sein sollte, vgl. Begründung, 19. Erwägungsgrund, Art. 7 Abs. 1, Art. 12 des ursprgl. Vorschlags einer Prospektrichtlinie v. 30. 5. 2001, DOK KOM (2001) 280, S. 6, 12 f., 22 f., 29, 31.

[415] Art. 98 Abs. 2 kodRL (vormals Art. 20 Abs. 2 BZPR).

[416] 34. Erwägungsgrund, Art. 16 der Prospektrichtlinie, ABl. EG Nr. L 345 v. 31. 12. 2003, S. 67, 77; vgl. Begründung des geänderten Vorschlags einer Prospektrichtlinie v. 9. 8. 2002, DOK KOM (2002) 460, S. 19; zum ursprgl. Vorschlag *Fürhoff/Ritz*, WM 2001, S. 2280 ff. (2286).

## K. Prospekthaftung

Die neue Prospektrichtlinie enthält die erste eindeutig gemeinschaftsrechtliche Regelung der Prospekthaftung: Die Mitgliedstaaten sind verpflichtet, eine zivilrechtliche Regelung einzuführen, die je nach Fall die Haftung zumindest des Emittenten oder dessen Verwaltungs-, Management- bzw. Aufsichtsstellen, des Anbieters, der Person, die die Zulassung zum Handel an einem geregelten Markt beantragt oder des Garantiegebers für die im Prospekt enthaltenen Angaben gewährleistet. Die verantwortlichen Personen sind im Prospekt mit Namen und Stellung, bei juristischen Personen auch des Sitzes, eindeutig zu bezeichnen. Diese müssen im Prospekt erklären, dass die Angaben nach ihrem Wissen richtig sind und keine Angaben verschwiegen werden, die die Aussage des Prospekts verändern können. Die Haftung gilt jedoch nicht für die Zusammenfassung oder eine Übersetzung von dieser, es sei denn, diese ist irreführend, unrichtig oder widersprüchlich, wenn sie zusammen mit den anderen Teilen des Prospekts gelesen wird.[417]

## L. Gegenseitige Anerkennung/Europäischer Emittentenpass

Das bisherige fragmentarische Verfahren der gegenseitigen Anerkennung wird ersetzt:

Erfolgt die Emission innerhalb der Gültigkeitsdauer des Prospekts, ist der vom Herkunftsmitgliedstaat genehmigte Prospekt – ggfs. ergänzt um Nachträge – in beliebig vielen Aufnahmemitgliedstaaten für ein öffentliches Angebot oder die Zulassung zum Handel an einem geregelten Markt gültig. Voraussetzung ist lediglich, dass die zuständige Behörde des Herkunftsmitgliedstaats der zuständigen Behörde des Aufnahmemitgliedstaats auf Ersuchen des Emittenten oder der für die Erstellung des Prospekts verantwortlichen Person innerhalb von drei Arbeitstagen eine Bescheinigung über die Billigung vorlegt, aus der hervorgeht, dass der Prospekt sowie eventuelle Nachträge den Anforderungen der Richtlinie entsprechen. Der Bescheinigung ist eine Kopie des Prospekts sowie ggfs. eine vom Emittenten oder der für die Erstellung des Prospekts verantwortlichen Person in Auftrag gegebene Übersetzung der Zusammenfassung beizufügen.[418]

---

[417] Art. 6 i.V.m. Anhang I, II., Anhang II, I., Anhang III, I., Anhang IV erster Gedankenstrich der Prospektrichtlinie, vgl. Begründung des geänderten Vorschlags einer Prospektrichtlinie v. 9. 8. 2002, DOK KOM (2002) 460, S. 9f., 15. Bisher wurde die Existenz von Haftungstatbeständen durch die Angabe der „für den Prospekt verantwortlichen Personen" in den Prospektschemata als selbstverständlich vorausgesetzt, vgl. Anhang I, Schema A und B, jeweils Punkte 1.1, 1.2 der kodRL (vormals Anhang, Schema A und B, jeweils Punkte 1.1., 1.2. BZPR).

[418] Wird das Ersuchen zusammen mit dem Prospektentwurf vorgelegt, muss die Bescheinigung einen Arbeitstag nach der Billigung des Prospekts erteilt werden. 36. Erwä-

Die Anforderungen an die sprachliche Fassung des Prospekts bei Mehrfachzulassungen werden wesentlich erleichtert: Der Emittent kann den Prospekt neben der vom Herkunftsmitgliedstaat akzeptierten Sprache in einer von den zuständigen Behörden der Aufnahmemitgliedstaaten anerkannten Sprache oder in einer in internationalen Finanzkreisen geläufigen Sprache, in der Regel Englisch, zur Verfügung stellen. Die Aufnahmemitgliedstaaten können lediglich die Übersetzung der Zusammenfassung in ihre Amtssprache(n) verlangen, die von der Behörde des Herkunftsmitgliedstaats zu genehmigen ist. Auf diese Weise sollen Kleinanleger geschützt werden, da sie die wichtigsten Daten in verständlicher Form erhalten.[419] Ob dieser Schutz erzielt werden kann, erscheint jedoch im Hinblick auf die eingeschränkte Haftung für die Angaben in der Zusammenfassung[420] fragwürdig.

Somit ist bei Emissionen außerhalb des Herkunftsmitgliedstaats weder eine Ausarbeitung eines neuen Prospekts noch eine vollständige Übersetzung in dessen Amtssprache(n) erforderlich. Dieses beschleunigte, vereinfachte und vor allem kostengünstige Verfahren trägt den Bedürfnissen multinationaler Emittenten Rechnung, die häufig Kapital auf den europäischen und internationalen Wertpapiermärkten aufnehmen.

Die Folge dieser Regelung, dass die zuständige Behörde des Aufnahmemitgliedstaats weder zu einer eigenen Prüfung noch zur Forderung von zusätzlichen Angaben berechtigt ist,[421] ist als das zentrale Element des Europäischen Emittentenpasses nach dem im Weißbuch von 1985 entwickelten Herkunftslandprinzip anzusehen: Letzteres beruhte auf einer Maximalharmonisierung im

gungsgrund, Art. 17, 18 der Prospektrichtlinie, ABl. EG Nr. L 345 v. 31. 12. 2003, S. 67, 78; vgl. Begründung des geänderten Vorschlags einer Prospektrichtlinie v. 9. 8. 2002, DOK KOM (2002) 460, S. 3, 5 f. und die abweichende Regelung im ursprgl. Vorschlag, Begründung, 22. Erwägungsgrund, Artt. 15, 16, DOK KOM (2001) 280, S. 4, 14, 23, 33; dazu *Fürhoff/Ritz*, WM 2001, S. 2280 ff. (2286 f.). Bedenken bezüglich der Gleichbehandlung der Anleger bestehen nicht, da der Gleichbehandlungsgrundsatz hinsichtlich der Information nur vorschreibt, allen Anlegern gleichzeitig Zugang zu denselben Informationen zu ermöglichen. Auf die unterschiedlichen individuellen Möglichkeiten, diese Informationen zu verstehen und auszuwerten, nimmt das Europäische Börsenrecht keine Rücksicht; s. o. Erster Teil, Viertes Kapitel unter D. V.

[419] 33. Erwägungsgrund, Art. 19 der Prospektrichtlinie, ABl. EG Nr. L 345 v. 31. 12. 2003, S. 66, 78; vgl. Begründung des geänderten Vorschlags einer Prospektrichtlinie v. 9. 8. 2002, DOK KOM (2002) 460, S. 11, 20. Der Übersetzung der Zusammenfassung bedarf es gemäß Art. 19 Abs. 4 der Prospektrichtlinie – vorbehaltlich einer nationalen Regelung – nicht, wenn Nichtdividendenwerte in einer Stückelung von mindestens 50.000 € zum Handel an einem geregelten Markt zugelassen werden sollen, also nur professionelle Anleger angesprochen sind.

[420] S. o. K.

[421] Art. 17 Abs. 1 S. 2 der Prospektrichtlinie, ABl. EG Nr. L 345 v. 31. 12. 2003, S. 78; vgl. Begründung des geänderten Vorschlags einer Prospektrichtlinie v. 9. 8. 2002, DOK KOM (2002) 460, S. 5, 19 und Begründung, 22., 23. Erwägungsgrund, Artt. 8, 15, 17 des ursprgl. Richtlinienvorschlags, DOK KOM (2001) 280, S. 12, 14, 23, 29, 33; *Dine,* Securities Regulation, Appendix 17–55.

materiellen Sinne, d.h. einer Kombination von Mindestharmonisierung durch Richtlinien und wechselseitiger Anerkennung der Herkunftslandstandards. Nach diesem Prinzip können die Mitgliedstaaten – selbst wenn es manche Richtlinienbestimmungen nur Mindestanforderungen aufstellen[422] – faktisch strengere oder zusätzliche nationale Regelungen nur gegenüber solchen Emittenten durchsetzen, für die sie Herkunftsmitgliedstaat sind. Ausgenommen dürften marktspezifische Angaben sein, wie z.B. im Börsenbereich Steuervorschriften, Informationen über Zahlstellen und die Stellen, wo Veröffentlichungen erhältlich sind. Im Ergebnis führt dies zu einer uneingeschränkten gegenseitigen Anerkennung.

Die neue Prospektrichtlinie weist sogar über das im Weißbuch entwickelte Konzept hinaus: Sie tendiert im Bereich der Informations- und Offenlegungsvorschriften zum Grundsatz der Maximalharmonisierung, wonach den Mitgliedstaaten die Aufstellung zusätzlicher und strengerer Normen verwehrt ist. Dies beugt Wettbewerbsverzerrungen vor, die dadurch entstehen können, dass die Emittenten grundsätzlich ihren Herkunftsmitgliedstaat und das auf sie anwendbare Recht im Gegensatz zur bisherigen Regelung nicht mehr durch die Wahl des Marktes bestimmen können.[423]

Das noch in der kodRL verfolgte Konzept eines *Wettbewerbs der Märkte*, das jedem Mitgliedstaat erlaubt, strengere und zusätzliche Regelungen aufzustellen, solange sie in gleicher Weise auf inländische und ausländische Emittenten angewendet wurden, soll ersetzt werden durch einen *Wettbewerb der Systeme* mit dem Ziel einer *Vollharmonisierung*.

Die Umsetzung der Richtlinie zum 1.7.2005 mit dem damit verbundenen Europäischen Emittentenpass bedeutet einen Meilenstein für die Schaffung eines Einheitlichen Europäischen Kapitalmarkts.[424]

## M. Neue laufende Verhaltenspflicht

Emittenten, deren Wertpapiere zum Handel an einem geregelten Markt zugelassen sind, werden durch die neue Richtlinie verpflichtet, mindestens einmal jährlich ein Dokument vorzulegen, das alle Informationen enthält oder auf sie ver-

[422] Artt. 7 (Überschrift), 21 Abs. 3 der Prospektrichtlinie, ABl. EG Nr. L 345 v. 31. 12. 2003, S. 73, 79, beachte aber die Ausführungen oben unter D; deutlicher noch in Art. 5 Abs. 3, 4 des ursprgl. Vorschlags einer Prospektrichtlinie v. 30. 5. 2001, DOK KOM (2001) 280, S. 28.

[423] 15. Erwägungsgrund S. 2 der Prospektrichtlinie, ABl. EG Nr. L 345 v. 31. 12. 2003, S. 65, dazu s.o. unter D.; vgl. die Stellungnahme des Wirtschafts- und Sozialausschusses zum ursprgl. Vorschlag einer Prospektrichtlinie v. 30. 5. 2001, ABl. EG Nr. C 80 v. 3. 4. 2002, S. 52 ff. (57).

[424] Vgl. die Stellungnahme der EZB vom 13. 11. 2001 zum ursprgl. Vorschlag einer Prospektrichtlinie, ABl. EG Nr. C 344 v. 6. 12. 2001, S. 4 ff. (4).

weist, die sie in den vorausgegangenen zwölf Monaten in einem oder mehreren Mitgliedstaaten und in Drittstaaten aufgrund ihrer Verpflichtungen nach dem Gemeinschaftsrecht und den einzelstaatlichen Vorschriften über die Beaufsichtigung von Wertpapieren, Wertpapieremittenten und Wertpapiermärkten veröffentlicht oder dem Publikum zur Verfügung gestellt haben. Die Emittenten müssen in dem Dokument zumindest auf die Informationen verweisen, die gemäß den Gesellschaftsrechtsrichtlinien, der kodRL und der IAS-VO[425] gefordert werden. Das Dokument muss jedes Jahr, nachdem die Jahresabschlüsse geprüft worden sind, bei der zuständigen Behörde des Herkunftsmitgliedstaats hinterlegt werden. Eine Billigung und Veröffentlichung findet nur statt, wenn das Dokument im Rahmen eines Prospekts verwendet wird. Im Übrigen haben die zuständigen Behörden die Einhaltung der Verpflichtung angemessen zu überwachen.

Durch die neue Verpflichtung werden die Emittenten nicht über die bestehenden laufenden und anlassbezogenen Publizitätspflichten hinaus verpflichtet, regelmäßig weitere aktualisierte Informationen bereit zu stellen, wie es noch in den Richtlinienvorschlägen vorgesehen war.[426] Der emittentenbezogene Teil des Prospekts bzw. bei einem dreiteilige Prospekt das Registrierungsformular sind also nicht alljährlich zu aktualisieren. Durch die Zusammenfassung aller dem Publikum bis zu einem bestimmten Zeitpunkt erteilten Informationen innerhalb eines Dokuments wird jedoch ein ähnlicher Effekt erzeugt. Denn der Regelpublizität kommt bereits de lege lata die Funktion zu, die im Prospekt enthaltenen Angaben zu aktualisieren.[427]

Die neue regelmäßige Verpflichtung wird dazu führen, dass hinsichtlich der auf geregelten Märkten notierten Gesellschaften alle in Erfüllung der regelmäßigen und anlassbezogenen Publizitätspflichten während des Jahres veröffentlichten unternehmensbezogenen Informationen zusammengestellt und der Behörde zumindest in Form einer Liste mit Verweisen in zusammenhängender Form zur Verfügung gestellt werden. Dies dient der Ergänzung der bereits bestehenden Bestimmungen über die laufenden Offenlegungspflichten und soll – durch die Überwachung durch die zuständige Behörden – die regelmäßige Veröffentlichung kohärenter und leicht verständlicher Informationen und damit ein angemessenes Informations- und Schutzniveau der Anleger gewährleisten.[428]

---

[425] Verordnung EG Nr. 1606/2002 v. 19. 7. 2002, ABl. EG Nr. L 243 v. 11. 9. 2002, S. 1 ff. Als gesellschaftsrechtliche Richtlinien kommen insbesondere die 4. Richtlinie – Jahresabschlussrichtlinie (78/660/EWG) und die 7. Richtlinie – Konzernbilanzrichtlinie (83/349/EWG) in Betracht; s.u. Dritter Teil, Erstes Kapitel, A. IV. 1.

[426] 27., 28. Erwägungsgrund, Art. 10 i.V.m. Art. 9 Abs. 4 der Prospektrichtlinie, ABl. EG Nr. L 345 v. 31. 12. 2003, S. 66, 75; anders noch Begründung, 16. Erwägungsgrund, Art. 9 Abs. 1 Satz 1 des ursprgl. Vorschlags einer Prospektrichtlinie v. 30. 5. 2001, DOK KOM (2001) 280, S. 3, 12, 21 f., 29; dazu *Dine,* Securities Regulation, Appendix 17–57.

[427] S.o. Zweiter Teil, Einleitung.

[428] 27. Erwägungsgrund, Art. 10 der Prospektrichtlinie, ABl. EG Nr. L 345 v. 31. 12. 2003, S. 66, 75; vgl. Begründung, 21. Erwägungsgrund, Art. 10 des geänderten

## Viertes Kapitel: Zusammenfassung des Zweiten Teils

Der Prospekt enthält alle Informationen, die für die Beurteilung der Wertpapiere durch die Marktteilnehmer erforderlich sind. Er bildet die wirtschaftliche Situation des Unternehmens sowie die mit den Wertpapieren verbundenen Rechte im Zeitpunkt der Zulassung zur amtlichen Notierung vollständig und aktuell ab. Die Qualität der Informationen wird im Wege der Prospektkontrolle durch staatlich eingesetzte Stellen gewährleistet. Abgerundet wird das Informationskonzept durch nationale, in Zukunft harmonisierte Prospekthaftungstatbestände im Falle unrichtiger oder unvollständiger Angaben durch die für diese verantwortlichen im Prospekt genannten Personen.[429]

Die umfassende Information sowie die flankierenden Maßnahmen der Kontrolle und Haftung führen zu größtmöglicher Transparenz, sind wichtige Voraussetzungen für das Vertrauen in die Europäischen Wertpapiermärkte und tragen dazu bei, dass Anleger grenzüberschreitend in Wertpapiere investieren und Unternehmen ihren Finanzierungsbedarf gemeinschaftsweit decken können.[430]

Das Rechtsetzungskonzept zur Erreichung binnenmarktähnlicher Verhältnisse in Europa, das sich zunächst auf eine Mindestharmonisierung beschränkte, wird mehr und mehr ersetzt durch das Prinzip der Herkunftslandkontrolle und der gegenseitigen Anerkennung. Die künftigen Rechtsetzungsmaßnahmen der Gemeinschaft weisen durch die Orientierung an weltweit anerkannten besten internationalen Standards und die Nutzung der Möglichkeiten des Internets weit über die Grenzen des Europäischen Kapitalmarkts hinaus. Sie sind nicht mehr zuvörderst dem Ziel einer fortschreitenden Rechtsvereinheitlichung in Europa verpflichtet. Mehr und mehr in den Vordergrund rückt vielmehr die Wettbewerbsfähigkeit des Europäischen Kapitalmarktes mit anderen internationalen Börsenplätzen.

---

Vorschlags einer Prospektrichtlinie v. 9.8.2002, S.7, 10f., 17, 27, 44. Von dieser Verpflichtung ausgenommen sind Emittenten von Nichtdividendenwerten mit einer Stückelung von mindestens 50.000 €, die sich also hauptsächlich an professionelle Anleger wenden.

[429] Anhang I Schema A, B jeweils Kapitel 1 kodRL (vormals Anhang, Schema A, B jeweils Kapitel 1 BZPR); vgl. im deutschen Recht §§ 44–48 BörsG n.F.; § 264a Abs. 1 StGB; zur alten Rechtslage Kommentierung und Nachweise bei *Groß*, §§ 45, 46 BörsG; Schäfer/*Hamann*, §§ 45, 46 n.F., §§ 45, 46 a.F. BörsG; *Schwark*, §§ 45, 46 BörsG.

[430] Vgl. 8. und 10. Erwägungsgrund kodRL (vormals 1. und 3. Erwägungsgrund BZPR).

# Dritter Teil: Laufende Verhaltenspflichten

Die oben beschriebene Systematik ergibt für die Darstellung der laufenden Verhaltenspflichten börsennotierter Gesellschaften folgenden Aufbau:

**Erstes Kapitel: Informationen über die wirtschaftliche Situation der Gesellschaft (S. 94)**

| | |
|---|---|
| A. Zurverfügungstellung von Jahresabschluss und Lagebericht: | Artt. 67, 80 kodRL |
| B. Halbjahresberichtspflicht | Artt. 70–77 kodRL (Art. 8 Abs. 4 kodRL) |
| C. Ad-hoc-Publizität | Artt. 68 Abs. 1, 81 Abs. 1 kodRL |
| D. Beteiligungstransparenz | Art. 91 kodRL |
| E. Feinabstimmung | Art. 16 kodRL |

**Zweites Kapitel: Informationen über die mit den Wertpapieren verbundenen Rechte (S. 325)**

| | |
|---|---|
| A. Änderung der Satzung | Artt. 66, 79 kodRL |
| B. Änderung von Rechten | Artt. 68 Abs. 2, 81 Abs. 2 kodRL |
| C. Ausübung von Rechten | Artt. 65 Abs. 2, 78 Abs. 2 kodRL |

**Drittes Kapitel: Gleichbehandlungspflichten (S. 358)**

| | |
|---|---|
| A. Allgemeiner Gleichbehandlungsgrundsatz gegenüber Wertpapierinhabern | Artt. 65 Abs. 1, 78 Abs. 1 kodRL |
| B. Zulassung von Neuemissionen | Art. 64 kodRL |
| C. Gleichbehandlung der Anleger bzgl. der Erteilung von Informationen | ungeschrieben |
| D. Gleichbehandlung der Märkte bzgl. der Erteilung von Informationen | Artt. 69, 82 kodRL |

Bei der Darstellung wird stets der Bezug zu der entsprechenden Pflicht *vor* Zulassung zur Börsennotierung, an die die laufende Verhaltenspflicht anknüpft, hergestellt, um den konkreten Zweck der Pflicht zu verdeutlichen. Außerdem werden die Beziehungen der einzelnen Pflichten untereinander aufgezeigt, um deutlich zu machen, wie diese Pflichten ineinander greifen.

# Erstes Kapitel: Informationen über die wirtschaftliche Situation der Gesellschaft

Der Prospekt zielt unter anderem darauf ab, die finanzielle Situation des emittierenden Unternehmens, die mit Vermögens-, Finanz- und Ertragslage sowie den Entwicklungsaussichten umschrieben wird, im Zeitpunkt der Zulassung der Wertpapiere zur amtlichen Notierung umfassend, angemessen, objektiv und aktuell abzubilden.[431]

Die Kommission sah es als wesentlich an, dieses Informationskonzept dadurch zu ergänzen, dass den aktuellen und potentiellen Anlegern nicht nur im Zeitpunkt der Zulassung zur amtlichen Notierung, sondern während des gesamten Zeitraums, in dem die Wertpapiere an der Börse amtlich notiert sind, regelmäßig angemessene Informationen über die finanzielle Situation des Emittenten zur Verfügung gestellt werden.[432] Diese Art der Anlegerinformation sollte auf Gemeinschaftsebene folgendermaßen sichergestellt werden:

Börsennotierte Gesellschaften sollten dafür Sorge tragen, dass ihr Jahresabschluss den Anlegern in den Mitgliedstaaten, in denen die Wertpapiere notiert sind, jederzeit zur Verfügung steht. Ferner sollte die Veröffentlichung von periodischen Berichten über die Geschäftstätigkeit während der ersten sechs Monate eines jeden Geschäftsjahrs obligatorisch sein. Schließlich sollte das Publikum unverzüglich über außergewöhnliche Ereignisse unterrichtet werden, die bedeutende Kursschwankungen bei den Wertpapieren auslösen können (Ad-hoc-Publizität).[433]

Die erste und die dritte Pflicht wurden in der BZR festgelegt, die zweite wurde Gegenstand einer eigenen Richtlinie, der HBR.

## A. Publikation von Jahresabschluss und Lagebericht

### I. Historische Entwicklung

In den Kommissionsvorschlägen einer BZR von 1975 und 1976 war noch keine Pflicht der Gesellschaften enthalten, Jahresabschluss und Lagebericht regelmäßig während des gesamten Zeitraums der amtlichen Notierung zu veröffentlichen. Dies resultiert daraus, dass die Erstellung und Veröffentlichung von Jahresabschluss und Rechenschaftsbericht in allen Mitgliedstaaten bereits durch nationales Recht vorgeschrieben war und teilweise auch einzelstaatliche Vor-

---

431 9. Erwägungsgrund kodRL (vormals 2. Erwägungsgrund BZPR).
432 Vgl. 25 Erwägungsgrund kodRL (vormals 2. Erwägungsgrund HBR).
433 Begründung der Kommission zum ursprgl. Vorschlag einer HBR, BT-Drs. 8/2718 v. 2.4.1979 S. 1 ff. (5); 25. Erwägungsgrund kodRL (vormals 2. Erwägungsgrund HBR).

schriften zur Erstellung entsprechender Konzernabschlüsse existierten.[434] Die Maßnahmen zur Harmonisierung der Rechnungslegung von Kapitalgesellschaften befanden sich zu diesem Zeitpunkt noch im Vorbereitungsstadium. Durch die Vorschriften der BZR sollte in diesem Bereich nicht vorgegriffen werden.[435]

In der verabschiedeten Fassung der BZR von 1979, zu einem Zeitpunkt, als die Jahresabschlussrichtlinie bereits verabschiedet war und der geänderte Kommissionsvorschlag der Konzernbilanzrichtlinie vorlag[436], wurden in Schema C Nr. 4 und Schema D Abschnitt A Nr. 3 im Anhang der BZR entsprechende Vorschriften aufgenommen:

## II. Inhalt der Vorschriften

1.) Gemäß Artt. 67 Abs. 1, 80 Abs. 1 kodRL muss die Gesellschaft dem Publikum ihren letzten Jahresabschluss und Lagebericht unverzüglich zur Verfügung stellen. Für Schuldverschreibungen gilt dies jedoch nur, wenn das innerstaatliche Recht eine Offenlegung vorsieht.[437]

2.) Die Vorschriften in Artt. 67 Abs. 2, 80 Abs. 2 kodRL verpflichten Gesellschaften, die sowohl einen nicht konsolidierten Jahresabschluss als auch einen Konzernabschluss erstellen, grundsätzlich dazu, dem Publikum beide zur Verfügung zu stellen. Die zuständigen Stellen können die Publikationspflicht jedoch auf einen der Abschlüsse beschränken, wenn der andere Abschluss nicht wesentliche zusätzliche Angaben enthält.[438]

---

[434] Darauf weist der Wortlaut „unbeschadet der gemäß nationalem Recht vorgeschriebenen Veröffentlichung der Jahresabschlüsse (...)" hin, DOK KOM (1975) 686 v. 23. 12. 1975, S. 8, 28, 31; DOK KOM (1976) 565 v. 3. 11. 1976, S. 42, 47; *Lutter,* EuUntR, 4. Aufl. 1996, S. 60; in Deutschland wurde erstmals 1870 die Veröffentlichung der Jahresbilanz in den Gesellschaftsblättern gesetzlich vorgeschrieben (Art. 185c ADHGB). Das HGB ordnete 1897 die Hinterlegung der Abschlüsse bei den Handelsregistern an. *Schön,* ZHR 161 (1997), S. 133 ff. (149). Die Publizität sollte dasselbe leisten wie die weggefallene Konzession und Staatsaufsicht: Anleger- und Gläubigerschutz; vgl. *Hopt,* ZHR 140 (1971), S. 389 ff. (400).

[435] Vgl. die Nachweise bei *Lutter,* EuUntR, 4. Aufl. 1996, S. 145.

[436] Vierte Richtlinie Nr. 78/660/EWG vom 25. 7. 1978 (Jahresabschlussrichtlinie); ABl. EG Nr. L 222 v. 14. 8. 1978 S. 1 ff.; geänderter Vorschlag einer siebten Richtlinie v. 10. 12. 1978, ABl. EG Nr. C 14 v. 17. 1. 1979, S. 2 ff., abgedruckt bei *Lutter,* EuGesR, 1. Aufl., S. 146 ff.

[437] Vormals Anhang, Schema C Nr. 4 a), Schema D Abschnitt A Nr. 3 a) BZR; vgl. 26. Erwägungsgrund kodRL (vormals 3. Erwägungsgrund HBR); vgl. die deutsche Umsetzung in § 39 Abs. 1 Nr. 3, Abs. 2 BörsG n.F. i.V.m. § 65 Abs. 1 BörsZulVO; *Groß,* §§ 53–70 BörsZulVO Rn. 11.

[438] Vormals Anhang Schema C Nr. 4 b), Schema D Abschnitt A Nr. 3 b) BZR. Die Möglichkeit, die Veröffentlichung auf einen der Abschlüsse zu beschränken, findet sich auch an verschiedenen Stellen in der kodRL: Artt. 23 Nr. 4 lit. c) iii), 25 Abs. 4, 26 Abs. 3 (vormals Artt. 6 Nr. 4 lit. c) iii), 8 Abs. 4, 9 Abs. 3 BZPR) und im Anhang I, Schema A und B jeweils Punkt 5.1.1. kodRL; dieselbe Vorschrift enthält Art. 11 Abs. 1 lit. e) der

3.) Sofern Jahresabschluss und Lagebericht nicht den gemeinschaftsrechtlichen Vorgaben für Unternehmensabschlüsse[439] entsprechen und kein getreues Bild von der Vermögens-, Finanz- und Ertragslage der Gesellschaft vermitteln, sind genauere oder zusätzliche Angaben zu machen (Artt. 67 Abs. 3, 80 Abs. 3 kodRL).[440]

## III. Art und Weise der Bekanntgabe der Informationen

Die Art und Weise der Bekanntgabe der Informationen richtet sich nach Artt. 102 Abs. 1, 103 kodRL.[441]

### 1. Veröffentlichung

Die Mitgliedstaaten haben gemäß Art. 102 Abs. 1 UAbs. 1 kodRL verschiedene Möglichkeiten, die Veröffentlichung zu regeln:

Entweder müssen die Informationen in mindestens einer Zeitung mit einer Verbreitung im gesamten Staatsgebiet oder weiter Verbreitung in diesem Staat veröffentlicht werden. Alternativ können durch Anzeigen in derartigen Zeitungen Orte angegeben werden, an denen die Informationen in schriftlicher Form zugänglich sind. Schließlich besteht die Möglichkeit, dass die Informationen dem Publikum durch andere von den zuständigen Stellen anerkannte Mittel zugänglich gemacht werden.[442]

Gemäß Art. 102 UAbs. 2 kodRL sind dieselben Informationen gleichzeitig den zuständigen Stellen mitzuteilen.

---

Emissionsprospektrichtlinie; vgl. die Umsetzung in § 39 Abs. 1 Nr. 3, Abs. 2 BörsG n.F. i.V.m. § 65 Abs. 2 BörsZulVO.

[439] 4. Richtlinie des Rates vom 25. 7. 1978 aufgrund von Artikel 54 Absatz 3 Buchstabe g) des Vertrages über den Jahresabschluss von Gesellschaften bestimmter Rechtsformen, Nr. 78/660/EWG – ABl. 1978 Nr. L 222/11 vom 14. 8. 1978; 7. Richtlinie des Rates vom 13. 6. 1983 aufgrund von Artikel 54 Absatz 3 Buchstabe g) des Vertrages über den konsolidierten Abschluss, Nr. 83/349/EWG – ABl. 1983 Nr. L 193/1 vom 18. 7. 1983; Änderungen für beide: ABl. 1990 Nr. L 317/60 vom 16. 11. 1990; Richtlinie des Rates vom 8. 12. 1986 über den Abschluss und den konsolidierten Abschluss von Banken und anderen Finanzinstituten, Nr. 86/635/EWG – ABl. 1986 Nr. L 372/1 vom 31. 12. 1986; Richtlinie des Rates vom 19. 12. 1991 über den Jahresabschluss und den konsolidierten Abschluss von Versicherungsunternehmen, Nr. 91/674/EWG – ABl. 1991 Nr. 374/7 vom 31. 12. 1991.

[440] Vormals Anhang, Schema C Nr. 4 c), Schema D Abschnitt A Nr. 3 c) BZR; dieselbe Regelung enthält Anhang I, Schema A und B, Punkt 5.1.5 bzw. 5.1.3 der kodRL; vgl. die deutsche Umsetzung in § 39 Abs. 1 Nr. 3, Abs. 2 BörsG n.F. i.V.m. § 65 Abs. 4 BörsZulVO.

[441] Vormals Art. 17 Abs. 1 BZR.

[442] Der deutsche Gesetzgeber hat sich hinsichtlich der Jahresabschlüsse für ein Stufenverhältnis der beiden Alternativen entschieden, vgl. § 39 Abs. 1 Nr. 3, Abs. 2 BörsG n.F. i.V.m. § 65 Abs. 1 BörsZulVO, wonach Jahresabschluss und Lagebericht unverzüglich nach der Feststellung bei den Zahlstellen zur Verfügung zu stellen sind, wenn sie nicht bereits veröffentlicht worden sind.

### 2. Sprache

Auch hinsichtlich der *Sprache,* in der die Informationen zu veröffentlichen sind, können verschiedene Wege eingeschlagen werden: Die Veröffentlichung muss gemäß Art. 103 kodRL[443] in der Amtssprache, sofern mehrere existieren, in mindestens einer Amtssprache des Mitgliedstaates oder in einer anderen Sprache abgefasst werden, sofern in dem betreffenden Mitgliedstaat diese Sprache oder diese Sprachen auf finanziellem Gebiet üblich sind und von den zuständigen Stellen akzeptiert werden.

## IV. Systematische Einordnung der Verpflichtung

Die Pflicht zur Erstellung und Offenlegung von Jahresabschluss und Lagebericht und den entsprechenden konsolidierten Abschlüssen ergibt sich für Aktiengesellschaften bereits aus den nationalen handels- und/oder gesellschaftsrechtlichen Vorschriften.[444]

Börsennotierte Aktiengesellschaften wurden durch die kapitalmarktrechtlichen Vorschriften bisher also nicht zur regelmäßigen Erstellung eines zusätzlichen Informationsdokuments verpflichtet. Der eigentliche Regelungsgehalt der Vorschriften liegt in den Worten *„dem Publikum unverzüglich zur Verfügung zu stellen"* und den Anforderungen an die Offenlegung.

Die Bedeutung der kontinuierlichen Verpflichtung zur Veröffentlichung von Jahresabschluss und Lagebericht innerhalb der börsenrechtlichen Regelpublizität erschließt sich nur, wenn man sich einerseits die Bedeutung der handelsrechtlichen Rechnungslegung und andererseits die kapitalmarktrechtliche Bedeutung von Jahresabschluss und Lagebericht, insbesondere im Rahmen der Emissionspublizität *vor* Zulassung der Wertpapiere zur amtlichen Börsennotierung vor Augen führt.

Daher muss an dieser Stelle zunächst auf Bedeutung, Inhalt und Offenlegung von Jahresabschluss und Lagebericht nach den allgemeinen handelsrechtlichen Rechnungslegungsvorschriften und sodann auf deren kapitalmarktrechtliche Funktion, insbesondere im Rahmen der Emissionspublizität eingegangen werden:

---

[443] Vormals Art. 17 Abs. 2 BZR.

[444] Die Verpflichtung des Kaufmanns zur Erstellung der Jahresbilanz wurde für Deutschland erstmals in Art. 29 des Allgemeinen Deutschen Handelsgesetzbuchs (ADHGB) in der Fassung vom 5. 6. 1869 (BGBl. des Norddeutschen Bundes, S. 379) kodifiziert. Die Verpflichtung zur Erstellung einer Konzernbilanz wurde durch das AktG 1965 eingeführt. *Schön*, ZHR 161 (1997), S. 133 ff. (135, 150). Heute befinden sich die entsprechenden Regelungen für Aktiengesellschaften in den §§ 242 ff., 264 ff., 290 ff. HGB, zum größten Teil in der Fassung des die vierte, siebte und achte gesellschaftsrechtliche Richtlinie umsetzenden Bilanzrichtliniengesetzes vom 19. 12. 1985 (BGBl. I S. 2355).

### 1. Publikation von Jahresabschluss und Lagebericht nach Europäischem Gesellschaftsrecht

Für Kapitalgesellschaften, die dem Recht eines Mitgliedstaats unterliegen oder für die die Richtlinien aufgrund eines der EWR-Abkommen gelten, wurden die Regelungen über die Erstellung und Offenlegung von Jahresabschluss und Lagebericht durch die vierte[445] und siebte[446] in Verbindung mit der ersten[447] gesellschaftsrechtlichen Richtlinie der EG harmonisiert.[448] Für Banken, andere Finanzinstitute sowie Versicherungsgesellschaften waren aufgrund der branchenspezifischen Besonderheiten eigene Richtlinien erforderlich.[449]

#### a) *Jahresabschlussrichtlinie*

Die vierte gesellschaftsrechtliche Richtlinie[450] wurde am 25.7.1978 verabschiedet. Sie koordiniert die Rechts- und Verwaltungsvorschriften der Mitgliedstaaten betreffend den Jahresabschluss und Lagebericht von Kapitalgesellschaften hinsichtlich der Gliederung, des Inhalts, der Bewertungsmethoden, der Prüfung und der Offenlegung. Für die Gliederung von Bilanz und Gewinn- und Verlustrechnung wurden zwingende Gliederungsschemata festgelegt und für den Inhalt des Anhangs und des Lageberichts Mindestbedingungen aufgestellt.[451]

---

[445] Artt. 1, 2 der Vierten Richtlinie v. 25.7.1978 (78/660/EWG) (Jahresabschlussrichtlinie); ABl. EG Nr. L 222 v. 14.8.1978, S. 11 ff.

[446] Artt. 1, 4 der Siebenten Richtlinie vom 13.6.1983 (Richtlinie über den konsolidierten Abschluss) (83/349/EWG), ABl. EG Nr. L 193 v. 18.7.1983 S. 1 ff., abgedruckt bei *Lutter*, EuUntR, 4. Aufl. 1996, S. 211 ff.

[447] Erste Richtlinie vom 9.3.1968 (Publizitätsrichtlinie)(68/151/EWG); ABl. EG Nr. L 65 v. 14.3.1968, S. 8 ff.; abgedruckt bei *Lutter*, EuUntR, 4. Aufl. 1996, S. 104 ff.

[448] Die Richtlinien finden auch auf Personenhandelsgesellschaften Anwendung, deren persönlich haftende Gesellschafter ausnahmslos Kapitalgesellschaften sind, Art. 1 Abs. 1 UAbs. 2 der Jahresabschlussrichtlinie, Art. 4 Abs. 1 UAbs. 2 der Richtlinie über den konsolidierten Abschluss.

[449] Hier gelten statt diesen die Richtlinie des Rates Nr. 86/635/EWG vom 8.12.1986 über den Jahresabschluss und den konsolidierten Abschluss von Banken und anderen Finanzinsitituten, ABl. EG Nr. L 372 v. 31.12.1986 S. 1 ff., abgedruckt bei *Lutter*, EuUntR, 4. Aufl. 1996, S. 398 ff., bzw. die Richtlinie des Rates Nr. 91/674/EWG vom 19.12.1991 über den Jahresabschluss und den konsolidierten Abschluss von Versicherungsunternehmen, ABl. EG Nr. L 374 v. 31.12.1991, S. 7 ff. Bis zu deren Verabschiedung waren die Mitgliedstaaten gem. Art. 1 Abs. 2 der Jahresabschlussrichtlinie und Art. 40 der Richtlinie über den konsolidierten Abschluss berechtigt, diese nicht auf Banken und andere Finanzinstitute sowie auf Versicherungsgesellschaften anzuwenden; *van Hulle*, Das Europäische Bilanzrecht – Entwicklungen und Herausforderungen, 1994, S. 18 f.

[450] Vierte Richtlinie v. 25.7.1978 (78/660/EWG) (Jahresabschlussrichtlinie); ABl. EG Nr. L 222 v. 14.8.1978 S. 11 ff.

[451] Nach Art. 2 Abs. 6 der Jahresabschlussrichtlinie und Art. 16 Abs. 6 der Richtlinie über den konsolidierten Abschluss dürfen die Mitgliedstaaten zusätzliche Angaben fordern. Für „große" Gesellschaften i.S. der Richtlinie gelten die Bilanzierungs- und Publizitätsvorschriften uneingeschränkt, während die Mitgliedstaaten für kleine und mittel-

### b) Konzernbilanzrichtlinie

Die Richtlinie über den konsolidierten Abschluss[452] wurde am 13. 6. 1983 verabschiedet. Sie stellt eine Ergänzung zur Jahresabschlussrichtlinie dar. Da viele der dort erfassten Gesellschaften Unternehmenszusammenschlüssen angehören, sollten auch die Informationen über die finanziellen Verhältnisse dieser Zusammenschlüsse Gesellschaftern und Dritten bekannt gemacht werden.[453] Die Richtlinie verpflichtet Unternehmen, die aus verschiedenen Gründen die rechtliche Möglichkeit haben, ein anderes oder mehrere andere Unternehmen zu beherrschen, gleichzeitig mit dem Jahresabschluss einen das eigene und alle beherrschten Unternehmen konsolidierenden Abschluss aufzustellen.[454] Die Beherrschungsmöglichkeit kann auf einer Mehrheit der tatsächlich ausübbaren Stimmrechte, auf dem Recht, die Mehrheit der Mitglieder des Verwaltungs-, Leitungs- oder Aufsichtsorgans eines Unternehmens zu bestellen oder auf einer Vereinbarung mit anderen Aktionären (Stimmbindungsvertrag) beruhen.[455] Fakultativ können die Mitgliedstaaten die Konsolidierungspflicht auf andere Gestaltungen erstrecken.[456] Für eine Beherrschungsmöglichkeit ist nach Ge-

große Gesellschaften Erleichterungen vorsehen können. Jene müssen mindestens zwei der drei folgenden Schwellenwerte überschreiten: 3,65 bzw. 14,6 Mio. Euro Bilanzsumme, 7,3 bzw. 29,2 Mio. Euro Netto-Umsatzerlöse, 250 Beschäftigte, Artt. 11, 27 der Jahresabschlussrichtlinie i.d.F. der Richtlinie 2003/38/EG v. 13. 5. 2003, ABl. EG Nr. L 120 v. 15. 5. 2003, S. 22 f.; vgl. 7. Erwägungsgrund, Artt. 11, 12, 23, 27, 44, 46 Abs. 3, 47 Abs. 2, 3, 51 Abs. 2, 3, Art. 53 Abs. 2 der Jahresabschlussrichtlinie; *Grünwald,* EuGesR, S. 24 ff. Bei Aktiengesellschaften, deren Wertpapiere zur amtlichen Notierung zugelassen sind, dürfte es sich aufgrund der in der kodRL aufgestellten Zulassungsvoraussetzungen hinsichtlich der Größe der Gesellschaft in der Regel um „große" Gesellschaften handeln. Die kodRL setzt für die Zulassung der Aktien zur amtlichen Notierung grundsätzlich einen geschätzten Börsenkurswert der zuzulassenden Aktien von 1 Mio. Euro, alternativ ein Mindesteigenkapital der emittierenden Gesellschaft in derselben Höhe voraus, vgl. Art. 43 Abs. 1 kodRL (vormals Anhang Schema A I 2 Abs. 1 BZR); nach der deutschen Umsetzung gelten börsennotierte Gesellschaften stets als große Gesellschaften, § 267 Abs. 3 S. 2 HGB.

[452] Siebente Richtlinie vom 13. 6. 1983 (Richtlinie über den konsolidierten Abschluss) (83/349/EWG), ABl. EG Nr. L 193 v. 18. 7. 1983 S. 1 ff., abgedruckt bei *Lutter,* EuUntR, 4. Aufl. 1996, S. 211 ff.

[453] 1. Erwägungsgrund der 7. Richtlinie, vgl. *Hennrichs,* ZGR 2000, S. 627 ff. (629); *Behrens,* in: Dauses, Handbuch des EU-Wirtschaftsrechts, E. III. Rn. 106; *Edwards,* EC Company Law, S. 157.

[454] 5. Erwägungsgrund, Artt. 1, 3, 4 der Richtlinie über den konsolidierten Abschluss; auch hier hat sich als Anknüpfungspunkt das britische „Control"-Konzept gegenüber der deutschen Konzeption, die an die Zusammenfassung unter einheitlicher Leitung anknüpfte, durchgesetzt. *Habersack,* EuGesR, Rn. 292; *Behrens,* in: Dauses, Handbuch des EU-Wirtschaftsrechts, E. III. Rn. 107; *Edwards,* EC Company Law, S. 161.

[455] Art. 1 Abs. 1 lit. a), b) und d) bb) der Richtlinie über den konsolidierten Abschluss; dazu ausführlich *Edwards,* EC Company Law, S. 163 ff.

[456] Z.B. bei Vorliegen eines Beherrschungsvertrags mit dem Tochterunternehmen, einer tatsächlichen Beherrschung aufgrund einer Minderheitskapitalbeteiligung oder einheitlicher Leitung oder im Falle eines auf gleichberechtigter Ebene zustande gekom-

meinschaftsrecht die Herrschaft über mindestens ein Organ einer anderen Gesellschaft konstituierend.[457]

Stehen Unternehmen in einer Beziehung, die die Pflicht zur Aufstellung eines konsolidierten Jahresabschlusses begründet, so sind sie „verbundene Unternehmen".[458]

Bei mehrstufigen Gestaltungen muss grundsätzlich jedes Mutterunternehmen, das zugleich Tochterunternehmen ist, einen Teilkonzernabschluss erstellen. Da der Informationsgehalt solcher ergänzender Teilkonzernabschlüsse gering ist, können diese Tochterunternehmen unter bestimmten Voraussetzungen durch einen im Einklang mit der Richtlinie erstellten, geprüften und offengelegten Konzernabschluss des Mutterunternehmens von der Pflicht zur Erstellung eines Teilkonzernabschlusses befreit werden (befreiender Konzernabschluss).[459]

*c) Rechtsgrundlage und Zielsetzung*

Die Richtlinien stützen sich auf Art. 44 Abs. 2 lit. g) EG (Art. 54 Abs. 3 lit. g) a.F. EGV), dienen also der Verwirklichung der Niederlassungsfreiheit von Gesellschaften. Einerseits wurde eine Koordinierung der Publizität der finanziellen Verhältnisse von Kapitalgesellschaften als Kompensation ihrer beschränkten Haftung auf das Gesellschaftsvermögen zum Schutze von Gesellschaftern und Dritten (Gläubigern und anderen Personen) für erforderlich gehalten. Ande-

menen Unternehmenszusammenschlusses; 2. Erwägungsgrund, Art. 1 Abs. 1 lit. c), Abs. 2, Art. 12 der Richtlinie über den konsolidierten Abschluss.

[457] *Werlauff,* S. 360 ff.

[458] Art. 41 der Richtlinie über den konsolidierten Abschluss. In der Bilanz und GuV sind Aktiva und Passiva sowie Aufwendungen und Erträge betreffend verbundene Unternehmen gesondert auszuweisen, vgl. Artt. 9, 10, 23–26 der Jahresabschlussrichtlinie. Beachte dazu Art. 56 der Jahresabschlussrichtlinie in der Fassung von Art. 42 der Richtlinie über den konsolidierten Abschluss sowie Art. 59 der Jahresabschlussrichtlinie in der Fassung von Art. 45 der Richtlinie über den konsolidierten Abschluss.

[459] 3. Erwägungsgrund, Artt. 7 (Befreiung obligatorisch) 8, 11 (Befreiung fakultativ) der Richtlinie über den konsolidierten Abschluss; beachte aber Art. 7 Abs. 3, wonach die Mitgliedstaaten Art. 7 nicht auf Gesellschaften anzuwenden brauchen, deren Wertpapiere zur amtlichen Notierung an einer mitgliedstaatlichen Börse zugelassen sind; *Habersack,* EuGesR, Rn. 299; *Schwarz,* EuGesR, Rn. 478 f.; *Behrens,* in: Dauses, Handbuch des EU-Wirtschaftsrechts, E. III. Rn. 109. Es besteht auch die Möglichkeit, Unternehmenszusammenschlüsse aufgrund ihrer geringen Größe von der Erstellung eines konsolidierten Abschlusses zu befreien. Diese Möglichkeit ist ausgeschlossen, wenn eines der in die Konsolidierung einbezogenen Unternehmens eine Gesellschaft ist, deren Wertpapiere zur amtlichen Notierung an einer mitgliedstaatlichen Wertpapierbörse zugelassen sind; 4. Erwägungsgrund, Art. 6 Abs. 4 der Richtlinie über den konsolidierten Abschluss; vgl. Art. 6 Abs. 1–3 der Richtlinie über den konsolidierten Abschluss i.V.m. Artt. 11, 27 der Jahresabschlussrichtlinie; *Schwarz,* EuGesR, Rn. 479; zu den Ausnahmen ausführlich *Edwards,* EC Company Law, S. 173 ff.; vgl. die deutsche Umsetzung in § 293 Abs. 5 HGB. In diesem Fall wird also dem Informationsinteresse des Marktes gegenüber den Interessen des Mutterunternehmens an Kostenersparnis der Vorrang eingeräumt.

rerseits sollten grenzüberschreitend tätige Europäische Gesellschaften durch *gleichwertige* Informationen für das Publikum *vergleichbarer* gemacht werden. Durch das Anstreben von *Gleichwertigkeit* wollte man erreichen, dass miteinander im Wettbewerb stehende Gesellschaften nicht weiterhin unterschiedlichen Publizitätspflichten unterliegen, um Wettbewerbsverzerrungen und im nationalen Recht begründete Handelshemmnisse abzubauen.[460] Der Anspruch der *Vergleichbarkeit* der finanziellen Angaben für das *Publikum* ist zunächst kein Zweck, der zum Schutze von Gesellschaften und Gläubigern, die konkret mit einer bestimmten Kapitalgesellschaft befasst sind, erforderlich wäre. Hier wird vielmehr auf die kapitalmarktrechtliche Funktion der Jahresabschlüsse insbesondere börsennotierter Publikumsgesellschaften Bezug genommen, die an den Europäischen Wertpapiermärkten um Fremd- und Eigenkapital nachfragen. Ihre Jahresabschlüsse sollen nach der Konzeption des Europäischen Börsenrechts die Grundlage der Markttransparenz i.S. einer „Produktbeschreibung Wertpapier" bilden und müssen somit einem Vergleich mit den Jahresabschlüssen konkurrierender Publikumsgesellschaften zugänglich sein, damit die Anleger entsprechend ihren Bedürfnissen ihr Investitionsobjekt auswählen können.[461] Auch wenn diese spezielle Funktion der Jahresabschlüsse von Publikumsgesellschaften in den Rechnungslegungsrichtlinien nicht ausdrücklich erwähnt wird, hatte sie der Europäische Gesetzgeber bei der Konzeption der Richtlinien gleichwohl im Kopf, da sie im selben Zeitraum wie die einschlägigen börsenrechtlichen Richtlinien, die BZR und die BZPR, entstanden sind.[462]

#### *d) Aufbau und Inhalt von Einzeljahresabschluss und -lagebericht*

#### *(I.) Jahresabschluss*

#### *(1.) Übergeordnete Vorgaben*

Der Jahresabschluss muss klar und übersichtlich aufgestellt werden und ein den tatsächlichen Verhältnissen entsprechendes Bild der Vermögens-, Finanz- und Ertragslage der Gesellschaft vermitteln (Einblicksgebot bzw. Grundsatz der Bilanzwahrheit oder des „true and fair view").[463] Darüber hinaus gelten für

---

[460] 2.–4. Erwägungsgrund Publizitätsrichtlinie; 1.–3. Erwägungsgrund der 4. Richtlinie; 1. Erwägungsgrund der 7. Richtlinie; 7. Erwägungsgrund der 11. Richtlinie; *Van Hulle*, Das europäische Bilanzrecht – Entwicklungen und Herausforderungen, 1994, S. 2 ff.; *Habersack*, EuGesR, Rn. 260; *Behrens*, in: Dauses, Handbuch des EU-Wirtschaftsrechts, E. III. Rn. 63.

[461] Zuletzt *Europäische Kommission*, Rechnungslegungsstrategie der EU: Künftiges Vorgehen, DOK KOM (2000) 359 v. 13. 6. 2000, S. 5.

[462] Die vierte Richtlinie ist zwischen 1971 und 1978, die siebte zwischen 1976 und 1983 entstanden; die BZR ist zwischen 1976 und 1979, die BZPR zwischen 1972 und 1980 entstanden, vgl. die Nachweise bei *Lutter*, EuUntR, 4. Aufl. 1996, S. 145, 210, 531, 550.

[463] Ausführlich zum Grundsatz des „true and fair view" *van Hulle*, FS Budde, S. 313 ff.

den Jahresabschluss weitere „Grundsätze ordnungsgemäßer Buchführung" (GoB).[464] Reichen die gemäß der Richtlinie vorgeschriebenen Angaben nicht aus, um ein dem „true and fair view" entsprechendes Bild zu vermitteln, müssen zusätzliche Angaben gemacht werden.[465] Von Richtlinienbestimmungen, auch von den GoB, muss abgewichen werden, wenn anderenfalls kein dem Grundsatz des „true and fair view" entsprechendes Bild von der wirtschaftlichen Situation des Unternehmens vermittelt werden kann.[466] Auf diese Weise erhält der Grundsatz des „true and fair view" den Stellenwert eines „overriding principle".[467]

*(2.) Bestandteile*

Der *Jahresabschluss* besteht aus Bilanz, Gewinn- und Verlustrechnung (GuV) und Anhang zum Jahresabschluss; diese Unterlagen bilden eine Einheit.[468]

---

[464] Art. 31 Abs. 1 lit. a) (Grundsatz des „going concern", d.h. Bewertung der Vermögensgegenstände zu Fortführungswerten), Artt. 3, 31 Abs. 1 lit. b) (Grundsatz der formellen und materiellen Bilanzkontinuität bzw. der Stetigkeit), Artt. 31 Abs. 1 lit. c), 32 (Grundsatz der Vorsicht), Art. 31 Abs. 1 lit. d) (Grundsatz der Periodenabgrenzung), Artt. 7, 31 Abs. 1 lit. e (Grundsatz der Einzelbewertung), Art. 31 Abs. 1 lit. f) (Grundsatz der formellen Identität von Eröffnungs- und Schlussbilanz), vgl. *Habersack*, EuGesR, Rn. 280 ff.; *Schwarz*, EuGesR, Rn. 452 ff.; *Edwards*, EC Company Law, S. 134 ff.; *Schön*, ZHR 161 (1997), S. 133 ff. (145); *van Hulle*, Das Europäische Bilanzrecht – Entwicklungen und Herausforderungen, 1994, S. 8; *Grünwald*, EuGesR, S. 26.

[465] 4. Erwägungsgrund, Art. 2 Abs. 2–4 Jahresabschlussrichtlinie; *Lutter*, EuUntR, 4. Aufl. 1996, S. 139.

[466] Art. 2 Abs. 5 der Jahresabschlussrichtlinie; in diesem Fall ist die Abweichung im Anhang zum Jahresabschluss unter Angabe der Auswirkungen auf die Vermögens-, Finanz- und Ertragslage zu begründen. Hier wird deutlich, dass der Grundsatz des „true and fair view", d.h. das Prinzip der Bilanzwahrheit stets Vorrang vor der Befolgung der Einzelvorschriften hat. Dies geht auf die englische Bilanzauffassung zurück; *Schwarz*, EuGesR, Rn. 406, 439, 453; *Habersack*, EuGesR, Rn. 265, 283 f.; *Behrens*, in: Dauses, Handbuch des EU-Wirtschaftsrechts, E. III. Rn. 68. Die Vorschrift wurde nicht in deutsches Recht umgesetzt, *van Hulle*, Das europäische Bilanzrecht – Entwicklungen und Herausforderungen, 1994, S. 7.

[467] Dies war bereits in der Begründung der Kommission zum geänderten Vorschlag einer vierten Richtlinie v. 26. 1. 1974 vorgesehen, Beilage 6/74 zu EG-Bulletin 1974; der EuGH hat dies bestätigt, EuGH, Urt. v. 27. 6. 1996, Rs. C-234/94 (Waltraud Tomberger/Gebrüder v. d. Wettern GmbH), Slg. 1996, I-3133 ff. (3153 f., Tz. 17 f.); EuGH, Urteilsberichtigungsbeschluss v. 10. 7. 1997, Rs. C-293/94, ZIP 1997, 1374; *Habersack*, EuGesR, Rn. 285 ff.; *Schön*, ZHR 161 (1997), S. 133 ff. (152 f.); *Groß*, ZGR 2000, S. 604 ff. (613 f.); *Edwards*, EC Company Law, S. 128 ff. Eine Richtlinienverletzung stellt daher die deutsche Umsetzung in § 264 Abs. 2 S. 2 HGB dar, wonach Abweichungen vom „true and fair view"-Prinzip durch entsprechende Erläuterungen im Anhang korrigiert werden können (sog. Abkopplungsthese); vgl. *Schön*, ZHR 161 (1997), S. 133 ff. (153); *van Hulle*, WPg 1998, S. 138 ff. (142); *Kübler*, ZGR 2000, S. 550 ff. (560) m.w.Nachw; a.A. *Moxter*, FS Budde, S. 419 ff. (427 f.).

[468] Art. 2 Abs. 1 Jahresabschlussrichtlinie, vgl. wortgleich Art. 1 lit. h) kodRL (vormals Art. 2 lit. g) BZPR); Überblick bei *Behrens*, in: Dauses, Handbuch des EU-Wirtschaftsrechts, E. III. Rn. 64.

In den Gliederungsschemata von *Bilanz* und *GuV*, die in Tabellen- oder Staffelform erstellt werden können, sind zahlreiche Zahlenposten vorgeschrieben, für die bestimmte Bewertungsgrundsätze gelten (s.o.).

Die *Bilanz* besteht in einer Gegenüberstellung von Vermögen und Schulden der Gesellschaft. Die Aktivseite gibt Auskunft über die Mittelverwendung, ihr lassen sich die Gegenstände des Gesellschaftsvermögens entnehmen. Die Passivseite zeigt die Mittelherkunft, führt also Eigen- und Fremdmittel auf.[469] Demgegenüber enthält die *GuV* eine Gegenüberstellung der Aufwendungen und Erträge der Gesellschaft im Geschäftsjahr. Ihr lässt sich entnehmen, worauf das in der Bilanz ausgewiesen Jahresergebnis (d.h. die Differenz zwischen Aktiv- und Passivvermögen) zurückzuführen ist.[470] Neben jedem Posten ist die entsprechende Zahl des vorhergehenden Geschäftsjahrs anzugeben[471]; dadurch soll die Entwicklung der Gesellschaft veranschaulicht werden.[472]

Bezogen auf die Zielsetzung der Richtlinie stellt also die Bilanz die Vermögenslage dar, während die Ertragslage Gegenstand der GuV ist. Der Begriff Finanzlage bezeichnet die Finanzierung und Liquidität, d.h. den Umfang und die Dauer der Fremdkapitalbindung der Gesellschaft. Diese kann sich aus der Gliederung der Bilanz und zusätzlichen Angaben im Anhang erschließen.[473]

Der *Anhang zum Jahresabschluss* dient der Erläuterung und Ergänzung der Zahlenangaben in der Bilanz und der GuV. Hier ist zum Ausdruck zu bringen, was sich mit den Zahlenteilen des Jahresabschlusses nicht darstellen lässt, insbesondere die nicht aus der Bilanz ersichtlichen Verpflichtungen der Gesellschaft.[474] Im Anhang ist insbesondere auf die für die einzelnen Posten angewandten Bewertungsmethoden einzugehen. Zulässige Abweichungen von den von der Richtlinie vorgesehene Bewertungsregeln sind zu erläutern, um die Vergleichbarkeit der Abschlüsse wieder herzustellen.[475] Ferner müssen Angaben gemacht werden über die Unternehmen, an denen die Gesellschaft be-

---

[469] *Behrens*, in: Dauses, Handbuch des EU-Wirtschaftsrechts, E. III. Rn. 69.

[470] Artt. 9 ff., 22 ff., 31 ff. der Jahresabschlussrichtlinie; *Schwarz*, EuGesR, Rn. 275, 277; *Behrens*, in: Dauses, Handbuch des EU-Wirtschaftsrechts, E. III. Rn. 70; *Edwards*, EC Company Law, S. 131 ff.

[471] Art. 4 Abs. 4 der Jahresabschlussrichtlinie; eine Vergleichsübersicht der Jahresabschlüsse wird auch im Prospekt gefordert, vgl. Anhang I, Schema A und B jeweils Punkt 5.1.0. kodRL.

[472] Dem dient auch das Prinzip der formellen und materiellen Stetigkeit, Artt. 3, 31 Abs. 1 lit. b) der Jahresabschlussrichtlinie; *Habersack*, EuGesR, Rn. 281.

[473] H.M., *van Hulle,* FS Budde, S. 313 ff. (319); *v. Klitzing*, Ad-hoc-Publizität, S. 114; a.A. *Ekkenga,* Anlegerschutz, S. 107 f. m.w.Nachw. zur h.M.

[474] Dies sind z.B. Verpflichtungen aus Dauerschuldverhältnissen oder sonstigen schwebenden Geschäften, Verlustübernahmeverpflichtungen sowie Verpflichtungen infolge der Beteiligung als persönlich haftender Gesellschafter; *Schwarz*, EuGesR, Rn. 437; *Habersack,* EuGesR, Rn. 278.

[475] Artt. 31 Abs. 2, 43 Abs. 1 Nr. 1 der Jahresabschlussrichtlinie; *van Hulle,* Das Europäische Bilanzrecht – Entwicklungen und Herausforderungen, 1994, S. 5, 9.

teiligt ist[476], über Zahl und Nennwert der verschiedenen Gattungen von Aktien, über die Zahl bestehender Genussscheine und Wandelschuldverschreibungen und die mit ihnen verbundenen Rechte. Ferner sind die Nettoumsatzerlöse nach Tätigkeitsbereichen und geographisch bestimmten Märkten aufzugliedern.[477]

*(II.) Lagebericht*

Der *Lagebericht* ist ein neben dem dreiteiligen Jahresabschluss stehendes Informationsdokument. Er stellt im Gegensatz zur Vermögens-, Finanz- und Ertragslage der Gesellschaft (mindestens) deren Geschäftsverlauf im Geschäftsjahr dar, für das der Abschluss erstellt wird, sowie die Lage der Gesellschaft im Zeitpunkt der Berichterstattung.[478] Dabei muss ein den tatsächlichen Verhältnissen entsprechendes Bild entstehen; der Grundsatz des „true and fair view" gilt also auch für den Lagebericht. Er muss mit dem Jahresabschluss des betreffenden Geschäftsjahrs in Einklang stehen.[479] Im Übrigen macht die Richtlinie nahezu keine inhaltlichen Vorgaben. Sie bestimmt lediglich, dass der Lagebericht *auch* auf nach Schluss des Geschäftsjahres eingetretene Vorgänge von besonderer Bedeutung, die voraussichtliche Entwicklung der Gesellschaft, den Bereich Forschung und Entwicklung, eigene Aktien sowie bestehende Zweigniederlassungen der Gesellschaft eingehen *soll.*[480] Daraus lässt sich entnehmen, dass der Lagebericht auch einem mit den förmlichen Regeln des Bilanzrechts nicht

[476] Die Mitgliedstaaten dürfen den Prozentsatz auf höchstens 20% festlegen. Damit kann der Beteiligungsbegriff in den Mitgliedstaaten unterschiedlich bestimmt werden, Artt. 17, 43 Abs. 1 Nr. 2 der Jahresabschlussrichtlinie. Deutschland hat die Höchstgrenze in § 271 Abs. 1 S. 3 HGB ausgeschöpft; *Schwarz*, EuGesR, Rn. 448.

[477] Art. 43 Abs. 1 Nr. 4, 5, 8 i.V.m. Art. 28 der Jahresabschlussrichtlinie; vgl. die Empfehlung der Kommission vom 13. 9. 1995 betreffend die Berücksichtigung der statistischen Systematik der Wirtschaftszweige in der Europäischen Gemeinschaft bei der Aufgliederung der Nettoumsatzerlöse nach Tätigkeitsbereichen, ABl. EG Nr. L 225 v. 22. 9. 1995, S. 18 ff.; *Behrens,* in: Dauses, Handbuch des EU-Wirtschaftsrechts, E. III. Rn. 72; ausführlich zum Ganzen *Werlauff,* S. 339 ff.; *Edwards,* EC Company Law, S. 144 ff.

[478] *Schwarz*, EuGesR, Rn. 438; *Edwards,* EC Company Law, S. 148; zur deutschen Umsetzung vgl. MünchKomm HGB-*Lange* § 289 Rn. 2.

[479] Arg. ex Art. 51 Abs. 1 lit. b) der Jahresabschlussrichtlinie.

[480] Art. 46 Jahresabschlussrichtlinie; Art. 22 Abs. 2 der Kapitalrichtlinie; Art. 11 der Zweigniederlassungsrichtlinie; *Behrens,* in: Dauses, Handbuch des EU-Wirtschaftsrechts, E. III. Rn. 73. Über die Auslegung der Sollvorschrift in der deutschen Fassung besteht Streit. Gemäß ihrem Wortlaut wird sie zum Teil als Grundsatznorm interpretiert, von der in begründeten Ausnahmefällen abgewichen werden kann; zum Teil wird sie als Mussvorschrift gedeutet. Für die zweite Ansicht sprechen systematische Erwägungen: Die in der Jahresabschlussrichtlinie, nicht aber in § 289 HGB vorgeschriebenen Angaben über den Erwerb eigener Aktien sind bereits nach Art. 22 Abs. 2 der Kapitalrichtlinie obligatorisch. Dies spricht dafür, dass auch die anderen Angaben als obligatorische Mindestinformationen zu verstehen sind; vgl. zum deutschen Streitstand MünchKomm-*Lange* § 289 HGB Rn. 8 ff. m.w.Nachw.

vertrauten Leser ein zukunftsorientiertes Bild von den Verhältnissen der Gesellschaft geben soll, das es ermöglicht, Chancen und Risiken der Gesellschaft abzuschätzen.[481]

*e) Aufbau und Inhalt des konsolidierten Jahresabschlusses und Lageberichts*

*(I.) Übergeordnete Vorgaben*

Der *konsolidierte Abschluss* ist ebenfalls klar und übersichtlich aufzustellen und hat ein den tatsächlichen Verhältnissen entsprechendes Bild von der Vermögens-, Ertrags- und Finanzlage der Unternehmensgruppe zu vermitteln, muss also – wie der Einzelabschluss – bezogen auf den Konzern ebenfalls dem Grundsatz des „true and fair view" entsprechen.[482] Ferner gelten die „Grundsätze ordnungsgemäßer Buchführung".[483]

*(II.) Weltkonzernabschluss*

Grundsätzlich sind alle Unternehmen, bei denen aufgrund der genannten Konstellationen eine Beherrschungsmöglichkeit der Muttergesellschaft besteht, unabhängig von ihrem Sitz in die Konsolidierung einzubeziehen (Weltkonzernabschluss).[484] Dem liegt die Überlegung zugrunde, dass dem Einflusspotential ein entsprechendes unternehmerisches Risiko gegenübersteht und deshalb der konsolidierte Abschluss nur bei Einbeziehung sämtlicher Tochterunternehmen einen zuverlässigen Einblick in die Verhältnisse der wirtschaftlichen Einheit *Konzern* gewährleisten kann.[485] Ausnahmen können gemacht werden, wenn ein oder mehrere Unternehmen insgesamt im Hinblick auf diese Zielsetzung der Richtlinie nur von untergeordneter Bedeutung sind, von der Beherrschungsmöglichkeit kein Gebrauch gemacht wird oder werden kann, wenn es sich bei dem Unternehmen um eine reine Holdinggesellschaft handelt oder wenn die für die Konsolidierung erforderlichen Angaben nur unter unverhältnismäßigem Kosten- oder Zeitaufwand erlangt werden können.[486] Eine Einbeziehung kann

---

[481] *Habersack*, EuGesR, Rn. 279; ebenso das deutsche Gesetzeskonzept, vgl. *Hommelhoff*, ZGR 2000, S. 748 ff. (755) m.w.Nachw.

[482] 5. Erwägungsgrund, Artt. 16 Abs. 2 und 3 der Richtlinie über den konsolidierten Abschluss; vgl. 9. Erwägungsgrund Jahresabschlussrichtlinie; *Lutter*, EuUntR, 4. Aufl. 1996, S. 207; *Grünwald*, EuGesR, S. 26 ff.

[483] Vgl. 6. Erwägungsgrund der Richtlinie über den konsolidierten Abschluss. Teilweise werden diese ausdrücklich geregelt, teilweise finden sie durch Verweisung auf die Jahresabschlussrichtlinie Anwendung, z.B. Art. 25 Abs. 1 (Grundsatz der Stetigkeit), Artt. 18, 22 (Grundsatz der Vollständigkeit), Art. 29 Abs. 1 (Verweis auf Art. 31 ff. der Jahresabschlussrichtlinie) der Richtlinie über den konsolidierten Abschluss; *Habersack*, EuGesR, Rn. 304; *Schwarz*, EuGesR, Rn. 481; *Edwards*, EC Company Law, S. 183 ff.

[484] 5. Erwägungsgrund, Art. 3 der Richtlinie über den konsolidierten Abschluss.

[485] Vgl. 5. Erwägungsgrund der Richtlinie über den konsolidierten Abschluss; *Habersack*, EuGesR, Rn. 300; *Schwarz*, EuGesR, Rn. 437.

[486] Artt. 13, 15 der Richtlinie über den konsolidierten Abschluss; *Habersack*, EuGesR, Rn. 301.

sich sogar verbieten, wenn sie aufgrund der unterschiedlichen Tätigkeiten der Unternehmen mit dem Grundsatz des „true and fair view" unvereinbar wäre.[487]

### *(III.) Einheitsprinzip*

Der konsolidierte Abschluss hat die finanziellen Verhältnisse der in die Konsolidierung einbezogenen Unternehmen so darzustellen, als handele es sich um ein einziges Unternehmen. Die wirtschaftliche Einheit des Konzerns wird fingiert, d.h. die rechtliche Selbständigkeit der Tochterunternehmen wird ignoriert, indem sie wie unselbständige Betriebsteile des Mutterunternehmens behandelt werden (Einheitsprinzip):[488]

### *(IV.) Bestandteile*

Hinsichtlich der Gliederung, des Inhalts und der Bewertung der Einzelposten der konsolidierten Bilanz und der konsolidierten GuV gelten die Vorgaben für den Jahresabschluss entsprechend unter Berücksichtigung der Anpassungen, die sich aus den besonderen Merkmalen eines konsolidierten Abschlusses im Vergleich zum Einzelabschluss zwangsläufig ergeben.[489] Beteiligungen an Unternehmen, die nicht in die Konsolidierung einbezogen werden, auf deren Geschäftspolitik ein einbezogenes Unternehmen aber aufgrund der Beteiligung

[487] Dies ist allerdings im Anhang zum konsolidierten Abschluss zu erwähnen und zu begründen, Art. 14 der Richtlinie über den konsolidierten Abschluss; auch hier wird das Vollständigkeitsgebot (Art. 3) dem Grundsatz des „true and fair view" (Art. 16 Abs. 3) untergeordnet, *Habersack,* EuGesR, Rn. 301.

[488] *Schwarz,* EuGesR, Rn. 473; *Habersack,* EuGesR, Rn. 305; *Grünwald,* EuGesR S. 28; vgl. auch *Hopt,* Kapitalanlegerschutz, S. 308. Im Rahmen der Konsolidierung werden zunächst die Gegenstände des Aktiv- und Passivvermögens sowie die Erträge und Aufwendungen der einbezogenen Unternehmen voll in den konsolidierten Abschluss übernommen, wobei die Anteile außerhalb des Konzerns stehender Personen gesondert ausgewiesen werden. Hinsichtlich der konzerninternen Beziehungen werden Berichtigungen vorgenommen, um Doppelerfassungen zu vermeiden; 5. Erwägungsgrund, Artt. 18, 21–23, 26 Abs. 1 S. 1 der Richtlinie über den konsolidierten Abschluss. Die Buchwerte der Beteiligungen am Kapital der Tochtergesellschaften werden mit dem auf sie fallenden Anteil an deren Eigenkapital verrechnet; ferner werden alle Forderungen und Verbindlichkeiten zwischen den in die Konsolidierung einbezogenen Unternehmen sowie Gewinne, Verluste, Aufwendungen und Erträge aus Geschäften zwischen diesen weggelassen (Grundsatz der Vollkonsolidierung). 5. Erwägungsgrund, Artt. 19, 26 Abs. 1 S. 2 der Richtlinie über den konsolidierten Abschluss (Kapital- und Schuldenkonsolidierung); *Schwarz,* EuGesR, Rn. 473, 485 ff.; *Habersack,* EuGesR, Rn. 306 f.; *Edwards,* EC Company Law, S. 185 ff. Eine sog. Quotenkonsolidierung ist ausnahmsweise möglich, wenn ein in die Konsolidierung einbezogenes Unternehmen gemeinsam mit einem nicht einbezogenen Unternehmen ein anderes Unternehmen leitet; vgl. Art. 33 der Richtlinie über den konsolidierten Abschluss.

[489] Artt. 16 Abs. 1 (Aufbau), Abs. 4 und 5 (Abweichungen), 17 (Gliederung) der Richtlinie über den konsolidierten Abschluss; *Behrens,* in: Dauses, Handbuch des EU-Wirtschaftsrechts, E. III. Rn. 110.

einen maßgeblichen Einfluss ausüben kann (Assoziierte Unternehmen), müssen gesondert ausgewiesen werden.[490]

Im *Anhang zum konsolidierten Jahresabschluss* werden über die gemäß der Jahresabschlussrichtlinie obligatorischen Informationen hinaus insbesondere nähere Angaben über die in die Konsolidierung einbezogenen Unternehmen gefordert.[491]

Für den *konsolidierten Lagebericht* gilt das für den Einzel-Lagebericht Gesagte, jedoch bezogen auf den gesamten Konzern.[492]

*f) Abschlussprüfung*

Sowohl Einzel- als auch konsolidierte Abschlüsse müssen grundsätzlich von einer oder mehreren unabhängigen, sachverständigen und nach einzelstaatlichem Recht dazu zugelassenen Personen geprüft werden.[493] Für deren Befähigung wurden durch die achte gesellschaftsrechtliche Richtlinie die Mindestanforderungen koordiniert.[494] Mangels Verabschiedung der Strukturrichtlinie sind derzeit die Bestellung und die Rechte des Prüfers gegenüber der prüfungspflichtigen Gesellschaft, die Sicherstellung seiner Unabhängigkeit sowie Einzelheiten zu Gegenstand und Umfang der Prüfung nicht harmonisiert.[495]

---

[490] Ein maßgeblicher Einfluss wird ab einer Beteiligung von 20% der Stimmrechte vermutet; die Bewertung der Beteiligung erfolgt gemäß der „Equity-Methode", vgl. 7. Erwägungsgrund, Art. 33 Abs. 1, 2, 4 der Richtlinie über den konsolidierten Abschluss. Dies führt dazu, dass die Beteiligung zeitkongruent und entsprechend den tatsächlichen Wertverhältnissen angesetzt wird; vgl. *Schwarz*, Rn. 489; *Habersack*, Rn. 310.

[491] 8. Erwägungsgrund, Art. 34 der Richtlinie über den konsolidierten Abschluss; *Edwards*, EC Company Law, S. 192 ff.

[492] Art. 36 der Richtlinie über den konsolidierten Abschluss; *Edwards,* EC Company Law, S. 195.

[493] 8. Erwägungsgrund, Art. 51 Abs. 1 lit. a) der Jahresabschlussrichtlinie; Art. 37 Abs. 1 der Richtlinie über den konsolidierten Abschluss. Gemäß Art. 51 Abs. 2 der Jahresabschlussrichtlinie können kleine Gesellschaften i.S.v. Art. 11 (i.d.F. der Richtlinie 2003/38/EG v. 13. 5. 2003) von der Prüfungspflicht des Einzelabschlusses ausgenommen werden. Die Mitgliedstaaten können Tochterunternehmen von der Prüfungspflicht hinsichtlich der GuV befreien, wenn der konsolidierte Abschluss des Mutterunternehmens, in den das Tochterunternehmen einbezogen ist, den Vorschriften der siebten Richtlinie entspricht, die Befreiung des Tochterunternehmens im Einzel- und konsolidierten Abschluss des Mutterunternehmens kenntlich gemacht und das Ergebnis des Tochterunternehmens in der Bilanz des Mutterunternehmens ausgewiesen wird; Art. 58 der Jahresabschlussrichtlinie i.d.F. des Art. 44 der Richtlinie über den konsolidierten Abschluss; dazu *Edwards,* EC Company Law, S. 154.

[494] Achte Richtlinie vom 10. 4. 1984 (84/253/EWG)(Prüferbefähigungsrichtlinie), ABl. EG Nr. L 126 v. 12. 5. 1984 S. 20 ff.; näher dazu *Werlauff,* S. 370 ff.; *Edwards,* EC Company Law, S. 199 ff.

[495] Der dritte geänderte Vorschlag einer Strukturrichtlinie v. 20. 11. 1991 enthält in den Artt. 53–62 entsprechende Vorschriften, vgl. auch dessen 15. Erwägungsgrund, ABl. EG Nr. C 321 v. 12. 12. 1991, S. 9 ff., abgedruckt bei *Lutter,* EuUntR, 4. Aufl. 1996, S. 176 ff.; dazu *van Hulle,* Das Europäische Bilanzrecht – Entwicklungen und Herausforderungen, 1994, S. 16; *Grünwald,* EuGesR, S. 28 f.; Zu den aktuellen Entwicklungen s.u. unter 2. f) (VII).

Gegenstand der Prüfung gemäß den Rechnungslegungsrichtlinien ist die Beantwortung der Frage, ob die Abschlüsse den angeglichenen nationalen Vorschriften und deren Zweck entsprechen, d.h. ein den tatsächlichen Verhältnissen entsprechendes Bild der Vermögens-, Ertrags- und Finanzlage der Gesellschaft bzw. des Unternehmenszusammenschlusses vermitteln.[496] Die Prüfung erstreckt sich auf die Frage, ob Lagebericht und Abschluss miteinander in Einklang stehen.[497] Der Abschlussprüfer erstellt einen Prüfungsbericht. Sofern die Abschlüsse den Anforderungen entsprechen, werden sie mit einem Bestätigungsvermerk, der das Ergebnis der Prüfung zusammenfasst, versehen. Die Bestätigung kann unter Angabe von Gründen eingeschränkt oder insgesamt verweigert werden.[498]

*g) Offenlegung*

Nach erfolgter Prüfung sind Jahresabschluss und Lagebericht sowie der Prüfungsbericht und die Personalien der Prüfer offen zu legen.[499] Die Mitgliedstaaten können auf die Offenlegung des Lageberichts verzichten, sofern er am Sitz der Gesellschaft für jedermann einsehbar und auf Antrag gegen Kostenerstattung vollständig oder auszugsweise erhältlich ist.[500] Gleichzeitig mit dem

---

[496] *Habersack*, EuGesR, Rn. 288; *Schwarz*, EuGesR, Rn. 462 ff. So war es ausdrücklich in Art. 58 Abs. 1 S. 1 des dritten geänderten Vorschlags einer Strukturrichtlinie vom 20. 11. 1991 vorgesehen.

[497] Art. 51 Abs. 1 lit. b) der Jahresabschlussrichtlinie; Art. 37 Abs. 2 der Richtlinie über den konsolidierten Abschluss. So auch Art. 58 Abs. 1 Satz 2 des dritten geänderten Vorschlags einer Strukturrichtlinie.

[498] Dies ergibt sich aus Art. 48 der Jahresabschlussrichtlinie; vgl. Artt. 58 Abs. 2, 60 des dritten geänderten Vorschlags einer Strukturrichtlinie v. 20. 11. 1991. Danach sollte der Prüfungsbericht auf ggfs. festgestellte Verstöße der Buchführung, des Jahresabschlusses oder des Lageberichts gegen Gesetz oder Satzung sowie Tatsachen, aus denen sich eine schwere Gefährdung der Finanzlage der Gesellschaft ergibt, hinweisen. Ferner sollte die Erklärung der Ordnungsmäßigkeit (Bestätigungsvermerk) bzw. deren Einschränkung oder Verweigerung unter Angabe von Gründen ungekürzt wiedergegeben werden; *Behrens*, in: Dauses, Handbuch des EU-Wirtschaftsrechts, E. III. Rn. 75 ff.; vgl. die deutsche Rechtslage gem. §§ 316 ff. HGB.

[499] Die Offenlegung von Bilanz, GuV und der Personalien der Abschlussprüfer, „die aufgrund gesetzlicher Vorschriften einen Bestätigungsvermerk zu der Bilanz zu erteilen haben", war bereits in Art. 2 Abs. 1 lit. f) der Publizitätsrichtlinie vorgesehen. Art. 47 Abs. 1 UAbs. 1 der Jahresabschlussrichtlinie und Art. 38 Abs. 1 der Richtlinie über den konsolidierten Abschluss erstrecken die Pflicht zur Offenlegung auf den Anhang, den Lagebericht und den Bericht des Abschlussprüfers, vgl. 7. Erwägungsgrund der Jahresabschlussrichtlinie; *Habersack*, EuGesR, Rn. 81, 90; *Schwarz*, EuGesR, Rn. 307, 309; *Edwards*, EC-Company Law, S. 21, 149, 196.

[500] Art. 47 Abs. 1 UAbs. 2 der Jahresabschlussrichtlinie i.d.F. von Art. 38 Abs. 3 der Richtlinie über den konsolidierten Abschluss; Art. 38 Abs. 2 der Richtlinie über den konsolidierten Abschluss. Die Mitgliedstaaten können Tochterunternehmen von der Offenlegungspflicht hinsichtlich der GuV befreien, wenn der konsolidierte Abschluss des Mutterunternehmens, in den das Tochterunternehmen einbezogen ist, den Vorschriften der siebten Richtlinie entspricht, die Befreiung des Tochterunternehmens im Einzel-

Einzelabschluss sind der Vorschlag für die Verwendung des Ergebnisses und dessen tatsächliche Verwendung, insbesondere die vorgeschlagene und ausgeschüttete Dividende offen zu legen, sofern diese Angaben nicht bereits im Einzelabschluss enthalten sind.[501] Die Abschlüsse können neben der Währung, in der sie aufgestellt wurden, auch in Euro unter Angabe des Umrechnungskurses offengelegt werden.[502] Die Offenlegung richtet sich für alle Kapitalgesellschaften nach den Vorschriften der Publizitätsrichtlinie:[503] Die Unterlagen müssen bei einer von den Mitgliedstaaten zu bestimmenden zentralen oder lokalen Registerstelle (z.B. Handelsregister) zusammen mit den anderen Urkunden der Gesellschaft hinterlegt werden.[504] Sie müssen in einem von dem Mitgliedstaat bestimmten Amtsblatt vollständig oder auszugsweise wiedergegeben oder in Form eines dortigen Hinweises auf die Hinterlegung bekannt gemacht werden.[505] Eine vollständige Veröffentlichung von Jahresabschluss und Lagebericht muss inhaltlich und formell in der Fassung erfolgen, auf deren Grundlage der Abschlussprüfer seinen Bericht erstellt hat. Der Bestätigungsvermerk muss vollständig beigefügt sein; etwaige Einschränkungen oder die Verweigerung der Bestätigung sind unter Angabe der Gründe ebenfalls bekannt zu geben.[506] Im Falle einer unvollständigen Veröffentlichung muss auf die Kürzung hingewiesen werden und auf das Register, wo der Abschluss vollständig hinterlegt wor-

---

und konsolidierten Abschluss des Mutterunternehmens kenntlich gemacht und das Ergebnis des Tochterunternehmens in der Bilanz des Mutterunternehmens ausgewiesen wird; Art. 58 der Jahresabschlussrichtlinie i.d.F. des Art. 44 der Richtlinie über den konsolidierten Abschluss; dazu *Edwards,* EC Company Law, S. 154.

[501] Art. 50 der Jahresabschlussrichtlinie; dazu *Werlauff,* S. 158.

[502] Art. 50a der Jahresabschlussrichtlinie; diese Vorschrift hat ab dem 1. 1. 2002 nur noch Bedeutung für Großbritannien, Schweden und Dänemark, die nicht an der Währungsunion teilnehmen, sowie die EWR-Staaten.

[503] Art. 3 der Publizitätsrichtlinie. Diese koordiniert u.a. die einzelstaatlichen Vorschriften über die Offenlegung der wesentlichen Urkunden und Angaben der Gesellschaften; *Grünwald,* EuGesR, S. 19f.

[504] Für jede registrierte Gesellschaft wird eine Akte angelegt, in der alle publizitätspflichtigen Unterlagen und Angaben hinterlegt bzw. eingetragen werden, Art. 3 Abs. 1, 2 der Publizitätsrichtlinie; *Schwarz,* Rn. 314f. Gemäß § 8a Abs. 1 S. 3 HGB, der durch das KapCoRiLiG v. 24. 2. 2000 eingeführt wurde, können die Landesregierungen durch RVO bestimmen, dass die Einreichung von Jahres- und Konzernabschlüssen sowie von Lageberichten in maschinell lesbarer Form möglich ist.

[505] Art. 3 Abs. 4 der Publizitätsrichtlinie; vgl. die deutsche Umsetzung in § 325 HGB, wonach im Falle großer Gesellschaften zunächst die vollständige Bekanntgabe der Unterlagen im Bundesanzeiger erfolgt und die Bekanntmachung daraufhin unter Beifügung der Unterlagen zum Handelsregister eingereicht wird. Der ursprgl. Richtlinienvorschlag v. 16. 11. 1971, ABl. EG Nr. C 7 v. 28. 1. 1972, S. 11ff. sah in Art. 44 Abs. 2 die stets vollständige Veröffentlichung im Amtsblatt vor, um den Zugang für Dritte, einschließlich künftiger Anleger, zu erleichtern Diese Vorschrift wurde mit Rücksicht auf den damit verbundenen gigantischen Publikationsumfang und die Kostenbelastung der Unternehmen verworfen, *Edwards,* EC-Company Law, S. 149f.

[506] Art. 48 Jahresabschlussrichtlinie; Art. 38 Abs. 5 der Richtlinie über den konsolidierten Abschluss.

den ist. Der Bestätigungsvermerk darf in diesem Falle nicht bekannt gemacht werden; es muss jedoch mitgeteilt werden, ob der Bestätigungsvermerk uneingeschränkt oder eingeschränkt erteilt oder ob er verweigert wurde.[507] Briefe und Bestellscheine der Gesellschaft müssen die Angabe des Registers und der Nummer enthalten, unter der die entsprechenden Unterlagen geführt werden. Die Registerstelle übermittelt auf Antrag gegen Erstattung ihrer Kosten vollständige oder auszugsweise Abschriften der Angaben.[508]

Durch die elfte Richtlinie wurde die Verpflichtung zur Offenlegung von Jahresabschluss und Lagebericht auf das Register am Ort bestehender Zweigniederlassungen der Gesellschaft erstreckt.[509]

*h) Bedeutung der Abschlüsse nach allgemeinem Gesellschaftsrecht*

Der Schutz von Gesellschaftern und Dritten, also sonstigen Gläubigern der Gesellschaft, soll nach den Erwägungsgründen und den grundsätzlichen Vorschriften der die Rechnungslegung betreffenden Richtlinien durch Unternehmenspublizität erfolgen.

Dies geschieht zum einen durch Veröffentlichung der Informationsdokumente und deren Hinterlegung bei einem öffentlichen Register[510], zum anderen durch die Darstellung der Angaben nach dem „true and fair view"-Prinzip[511] und deren Prüfung durch unabhängige, gesetzlich zugelassene Sachverständige.[512]

---

[507] Art. 49 Jahresabschlussrichtlinie; Art. 38 Abs. 5 der Richtlinie über den konsolidierten Abschluss.

[508] Art. 3 Abs. 3, Art. 4 S. 1 erster Gedankenstrich der Publizitätsrichtlinie. Während man die Registrierung und die Bekanntgabe im Amtsblatt als „primäre Publizitätsmittel" bezeichnen kann, sind das Recht eines jeden, Abschriften zu verlangen und die Pflicht der Gesellschaft, in ihrer Korrespondenz auf das entsprechende Register hinzuweisen, als „sekundäre Publizitätsmittel" anzusehen, die es Dritten ermöglichen, sich über die veröffentlichten Umstände zu informieren. Ein Recht des Einzelnen, das Register einzusehen, ist in der Richtlinie nicht vorgesehen, kann aber durch nationales Recht begründet werden; vgl. z.B. § 9 Abs. 1 HGB. Derartige Regelungen sind mit der Publizitätsrichtlinie vereinbar, da sie dem Schutz des Rechtsverkehrs dienen und die Richtlinie insoweit keine abschließende Regelung darstellt; *Habersack*, EuGesR, Rn. 86; *Schwarz*, EuGesR, Rn. 317 f.; *Behrens*, in: Dauses, Handbuch des EU-Wirtschaftsrechts, E. III. Rn. 21 ff., 78.

[509] 10. Erwägungsgrund, Artt. 2 Abs. 2 lit. g), 3, 8 lit. j), 9 der Elften Richtlinie v. 22. 12. 1989 (89/666/EWG) (Zweigniederlassungsrichtlinie), ABl. EG Nr. L 395 v. 30. 12. 1989 S. 36 ff., abgedruckt bei *Lutter,* EuUntR, 4. Aufl. 1996, S. 269 ff.; für Zweigniederlassungen von Kredit- und Finanzinstituten wurde eine gesonderte Richtlinie Nr. 89/117/EWG v. 13. 2. 1989, ABl. EG Nr. L 44 v. 16. 2. 1989, S. 40 ff. verabschiedet; *van Hulle,* Das Europäische Bilanzrecht – Entwicklungen und Herausforderungen, 1994, S. 20; *Grünwald,* EuGesR, S. 21 f.; *Edwards,* EC Company Law, S. 150 ff., 212 ff.

[510] Art. 2 Abs. 1 lit. f) der Publizitätsrichtlinie; Artt. 47 ff. der Jahresabschlussrichtlinie; Art. 38 der Richtlinie über den konsolidierten Abschluss, vgl. auch die Richtlinie Nr. 89/666/EWG vom 22. 12. 1989 (Zweigniederlassungsrichtlinie), abgedruckt bei *Lutter,* EuUntR, S. 269 ff.; vgl. *Schwark,* Anlegerschutz, S. 206.

[511] Artt. 2 Abs. 2–5, 46 Abs. 1 der Jahresabschlussrichtlinie; Artt. 16 Abs. 2–5, 36 Abs. 1 der Richtlinie über den konsolidierten Abschluss.

Die Information über die wirtschaftliche Situation und Entwicklung des Unternehmens dient einerseits der kollektiven Kontrolle der Leitungsorgane durch die Hauptversammlung (Kontrollpublizität). Andererseits dient sie der individuellen Investitionsentscheidung bisheriger und künftiger Fremd- und Eigenkapitalgeber, d.h. dem Anlegerpublikum, das dadurch in die Lage versetzt werden soll, zu beurteilen, ob sich das Halten, Verkaufen oder Kaufen des Wertpapiers lohnt (Marktpublizität). Die kapitalmarktrechtliche Stoßrichtung dieser an sich gesellschaftsrechtlichen Regelung wird damit offensichtlich.[513]

Nur auf den zweiten Blick ist zu erkennen, dass der Jahresabschluss weitere Funktionen hat: Er dient der Ermittlung des Ergebnisses der Gesellschaft, dessen vorgeschlagene und tatsächliche Verwendung ebenfalls offen zu legen ist.[514] Die Entscheidung über die Verwendung des Ergebnisses ist nach Europäischem Verständnis der Hauptversammlung vorbehalten.[515] Der ausschüttungsfähige Teil des Ergebnisses wird begrenzt durch Kapitalerhaltungsvorschriften der Kapitalrichtlinie. Diese schreiben vor, dass eine Ausschüttung nur dann erfolgen darf, wenn unter Berücksichtigung auch früherer Verluste ein Überschuss erzielt wurde und der Gesellschaft genügend haftendes Kapital verbleibt. Somit sind sie gläubigerschützend, weil sie dazu dienen, Haftungsmasse zu erhalten.[516] Ebenfalls der Kapitalerhaltung durch Begrenzung der Gewinnausschüttung dient das Vorsichtsprinzip und seine einzelnen Ausprägungen bei der Bewertung: Das Realisationsprinzip verbietet den Ausweis nicht realisierter Gewinne. Damit in Zusammenhang steht die Bewertung nach den Anschaffungs- bzw. Herstellungskosten, was eine Bewertung zum über diesem Betrag liegenden Marktwert verbietet. Nach dem Imparitäts- und Niederstwertprinzip sind umgekehrt vorhersehbare aber nicht realisierte Risiken und Wertminderungen zu erfassen.[517]

---

[512] Art. 51 der Jahresabschlussrichtlinie; Art. 37 der Richtlinie über den konsolidierten Abschluss; vgl. den 15. Erwägungsgrund sowie die Artt. 52 ff. des dritten Vorschlags einer Strukturrichtlinie vom 20. 11. 1991. Nach Art. 63 des Richtlinienvorschlags wird der Prüfung der Abschlüsse eine derart hohe Bedeutung beigemessen, dass deren Nichtbeachtung zur Nichtigkeit des Beschlusses über die Feststellung der Abschlüsse führt; vgl. *Schwark,* Anlegerschutz, S. 205 f.; *Weber,* Kapitalmarktrecht, S. 417 f.

[513] *Hopt,* ZHR 141 (1976), S. 389 ff. (403); *Schön,* ZHR 161 (1997), S. 133 ff. (148); *Ekkenga,* Anlegerschutz, S. 89; *Hommelhoff,* ZGR 2000, S. 748 ff. (750, 758); vgl. *Hopt,* Kapitalanlegerschutz, S. 306 f.; *Kümpel,* Gesellschaftsrecht, S. 399.

12[514] Artt. 9 (Passiva VI.), Art. 10 (L. VI.); Art. 50 der Jahresabschlussrichtlinie.

[515] Artt. 48, 50 des dritten geänderten Vorschlags einer Strukturrichtlinie; Art. 53 der SE-VO v. 8. 10. 2001 überlässt dies dem Recht des Sitzstaats; anders noch Art. 82 Abs. 3 und 4 des dritten geänderten Verordnungsvorschlags vom 16. 5. 1991; vgl. §§ 58 Abs. 4, 174 AktG; *Werlauff,* S. 214; *Behrens,* in Dauses, Handbuch des EU-Wirtschaftsrechts, E. III. Rn. 47, 74.

[516] 4. Erwägungsgrund, Art. 15 Abs. 1 der Kapitalrichtlinie; siehe auch Art. 50 des dritten geänderten Vorschlags einer Strukturrichtlinie; dazu *Werlauff,* S. 154 ff.; *Behrens,* in: Dauses, Handbuch des EU-Wirtschaftsrechts, E. III. Rn. 32; *Edwards,* EC-Company Law, S. 68 ff.

[517] Artt. 31 Abs. 1 lit. c), 32, 33 Abs. 3 der Jahresabschlussrichtlinie; *Habersack,* EuGesR, Rn. 282; *Werlauff,* S. 338.

Schließlich ist es nach der Jahresabschlussrichtlinie möglich, die Bilanz der Bemessung des steuerpflichtigen Einkommens des Unternehmens zugrunde zu legen (Maßgeblichkeitsprinzip). So wird es in verschiedenen Mitgliedstaaten praktiziert.[518]

Somit dient der Einzelabschluss neben der Information von Gesellschaftern, Gläubigern und Anlegern auch der Ausschüttungsbemessung, der Kapitalerhaltung und der Besteuerung, drei traditionellen Funktionen der Handelsbilanz nach dem kontinentaleuropäischen Bilanzrecht.[519]

Nach dem Recht aller Mitgliedstaaten ist der Unternehmenszusammenschluss (Konzern) als solcher nicht rechtsfähig. Dementsprechend hat der konsolidierte Abschluss auch keine materiell-rechtlichen Wirkungen wie der Einzelabschluss.[520] Er präjudiziert weder das Ausschüttungsvolumen noch die steuerliche Gewinnermittlung. Ihm kommt ausschließlich Informationsfunktion zu. Dennoch ist er gegliedert wie der Einzelabschluss und unterliegt grundsätzlich denselben gläubiger- und kapitalschützenden Bewertungsmethoden.[521]

## 2. Kapitalmarktrechtliche Funktion des Jahresabschlusses

Im Rahmen der Pflichten von Aktiengesellschaften, deren Wertpapiere zur amtlichen Notierung an einer mitgliedstaatlichen Börse zugelassen oder zuzulassen sind, wurde das handelsrechtlichen Rechnungslegungsdokument Jahresabschluss als kapitalmarktrechtliches Informationsdokument instrumentalisiert.

Der Jahresabschluss ist ferner – wie noch zu sehen sein wird – Referenzdokument für spezifisch kapitalmarktrechtliche Informationsinstrumente, wie z.B. den Halbjahresbericht und Ad-hoc-Mitteilungen.[522]

---

[518] Das „Maßgeblichkeitsprinzip", beruht auf dem Grundgedanken der Gleichstellung des für den Gesellschafter verteilungsfähigen und für den Fiskus besteuerungsfähigen Gewinns. Steuerlich motivierte Wertansätze gehen auch in die Handelsbilanz ein; der Einfluss der Steuergesetzgebung auf den handelsrechtlichen Bilanzausweis ist im Anhang anzugeben und zu erläutern (Artt. 33 Abs. 2 lit. a), 35 Abs. 1 lit. d), 39 Abs. 1 lit. e), 43 Abs. 1 Nr. 10 der Jahresabschlussrichtlinie), *Schwarz*, EuGesR, Rn. 442. Zur deutschen Rechtslage vgl. § 5 Abs. 1 EStG; *Schön*, ZHR 161 (1997), S. 133 ff. (142 f., 153).

[519] Im deutschen Recht ergibt sich die Ausschüttungsbemessung aus § 58 Abs. 2 AktG, *Schön*, ZHR 161 (1997), S. 133 ff. (151 ff.) m.w.Nachw.; *Pellens/Fülbier*, ZGR 2000, S. 571 ff. (574).

[520] Im deutschen Recht knüpfen an den Einzelabschluss neben der Ausschüttungsbemessung (§§ 58 Abs. 2, 174 Abs. 1 AktG) die Vorstandspflicht bei Verlust, Überschuldung oder Zahlungsunfähigkeit (§ 92 AktG), die Festlegung des Überschuldungstatbestands (§ 19 Abs. 2 InsO) und die steuerliche Gewinnermittlung (§ 5 Abs. 1 EStG) an; *Habersack*, EuGesR, Rn. 291; *Schwarz*, EuGesR, Rn. 473; *Pellens/Fülbier*, ZGR 2000, S. 571 ff. (574).

[521] Art. 17 (Gliederung), Art. 29 (Bewertung) der Richtlinie über den konsolidierten Abschluss; *van Hulle*, Europäisches Bilanzrecht – Entwicklungen und Herausforderungen, 1994, S. 13; *ders.*, ZGR 2000, S. 537 ff. (541); *Schön*, ZHR 161 (1997), S. 133 ff. (157); *ders.*, ZGR 2000, S. 707 ff. (719); *Groß*, ZGR 2000, S. 604 ff. (609 f.); *Grünwald*, EuGesR, S. 28.

[522] Vgl. *Schön*, ZGR 2000, S. 706 ff. (729).

Adressat des Jahresabschlusses nach den kapitalmarktrechtlichen Vorschriften sind die Anleger, d.h. neben den aktuellen Gesellschaftern und Gläubigern auch potenzielle künftige Investoren. Ihnen dient der Abschluss als Grundlage ihrer Investitionsentscheidung, die im Halten, Verkaufen oder Kaufen von Kapitalmarktpapieren bestehen kann. Die Informationsfunktion des Jahresabschlusses, ein getreues Bild der Vermögens-, Finanz- und Ertragslage des Unternehmens zu vermitteln, tritt stark in den Vordergrund, während Gläubigerschutz durch Kapitalerhaltung und Ausschüttungsbemessung eine sehr untergeordnete Rolle spielen. Neben der Richtigkeit der Angaben spielt ferner die Vergleichbarkeit der Vermögensverhältnisse mit denen anderer Europäischer Unternehmen, die ebenfalls Kapital nachfragen, eine zentrale Rolle. Dieses Erfordernis ist für den Kapitalmarkt von wesentlich größerer Bedeutung als für das Gesellschaftsrecht.[523]

*a) Zulassungsvoraussetzung: Art. 6 Abs. 1 i.V.m. Art. 44 kodRL*

Auf Europäischer Ebene wurden die Jahresabschlüsse für die Zwecke des Kapitalmarkts erstmals in Art. 4 Abs. 1 i.V.m. Schema A I. Nr. 3 der BZR von 1979 funktionalisiert. Letztere Vorschrift trägt die Überschrift „Dauer der Gesellschaft". Die Vorschriften entsprechen heute Art. 6 Abs. 1 i.V.m. Art. 44 kodRL.

*(I.) Inhalt*

Demnach ist Voraussetzung der Zulassung von Aktien zur amtlichen Börsennotierung, dass die emittierende Gesellschaft ihre Jahresabschlüsse für die drei dem Antrag auf Zulassung zur amtlichen Notierung vorausgegangenen Geschäftsjahre nach den einzelstaatlichen Publizitätsvorschriften[524] veröffentlicht oder hinterlegt hat. Die zuständigen Stellen können ausnahmsweise von dieser Bedingung abweichen, wenn eine solche Abweichung im Interesse der Gesellschaft oder der Anleger wünschenswert ist und die zuständigen Stellen die Gewähr haben, dass die Anleger über die erforderlichen Informationen verfügen, um sich ein begründetes Urteil über die Gesellschaft und über die Aktien, deren Zulassung zur amtlichen Notierung beantragt wird, zu bilden.

Für Emittenten von Schuldverschreibungen existiert keine vergleichbare Zulassungsvoraussetzung.

*(II.) Zweck der Vorschrift*

Die Vorschrift unterwirft börsennotierte Gesellschaften keiner zusätzlichen Pflicht. Sie setzt für die Zulassung zur amtlichen Notierung lediglich voraus, dass die Gesellschaft den allgemeinen Anforderungen an die externe Rechnungslegung von Kapitalgesellschaften während der letzten drei Geschäftsjahre nachgekommen ist. Die Überschrift „Dauer der Gesellschaft" verschleiert die

[523] *Ekkenga*, S. 16; *Schön*, ZGR 2000, S. 706 ff. (712); *Hommelhoff*, ZGR 2000, S. 748 ff. (760 f.).

[524] D.h. bei EU-Unternehmen nach den nationalen Umsetzungsvorschriften zur Publizitätsrichtlinie.

eigentliche Intention der Regelung: Zwar gewährleistet die Offenlegung von drei Jahresabschlüssen vor Antrag zur Börsennotierung, dass die Gesellschaft seit über drei Jahren als Kapitalgesellschaft besteht. Das Entscheidende ist aber, dass sie während dieser Zeit im Rahmen der gesellschaftsrechtlichen Rechnungslegung Informationen über ihre finanzielle Situation offengelegt hat. Die Gründe, auf die die zuständigen Stellen einen Dispens stützen können, verdeutlichen, dass das wesentliche Ziel der Regelung die Gewährleistung angemessener Anlegerinformation ist: Der Richtliniengeber sah die mit der Offenlegung von drei Jahresabschlüssen verbundenen Finanzinformationen als für diese Zwecke ausreichend an. Sofern die angemessene Information der Anleger auf andere Weise gewährleistet ist, ist die mehrjährige „Dauer der Gesellschaft" für die Zulassung zur amtlichen Börsennotierung verzichtbar.[525] In Art. 44 kodRL wurde auf die Überschrift denn auch verzichtet. Auch den Materialien zur BZR lässt sich entnehmen, dass das Ziel der Vorschrift darin liegt, die Solidität des Emittenten sowie eine angemessene Information der Anleger zu gewährleisten, damit diese sich ein Urteil über die Gewinnerzielungsfähigkeit der Gesellschaft bilden können.[526] Hinsichtlich der Aufbereitung und der Offenlegung der Informationen ergeben sich keine Unterschiede zur gesellschaftsrechtlichen Publizität. Nach dieser Vorschrift wird nicht gewährleistet, dass die Informationen ihren Adressaten, das breite Anlegerpublikum, auch erreichen. Denn die Informationen sind für die Anleger nur durch Lektüre der entsprechenden Ausgabe des nationalen Amtsblatts zugänglich – vorausgesetzt, das nationale Recht schreibt eine vollständige Wiedergabe vor –, im übrigen nur nach Antragstellung bei der Registerstelle auf Zusendung einer gebührenpflichtigen vollständigen Abschrift.[527] Für Anleger aus anderen Mitgliedstaaten ergibt sich die zusätzliche Schwierigkeit, dass die Informationen nur in der Sprache des Staates, dessen Recht die Gesellschaft unterliegt, erhältlich sind.

---

[525] Vgl. aber die deutsche Umsetzung in § 3 Abs. 1 BörsZulVO.

[526] Die Vorschrift des Art. 44 kodRL hat sich zwischen ihrer ursprünglich vorgeschlagenen und der letztlich verabschiedeten Fassung stark verändert: zunächst musste die Gesellschaft für die beiden letzten Geschäftsjahre den Nachweis ihrer Gewinnerzielungsfähigkeit erbringen und ausreichende Angaben bezüglich ihrer Gewinnerzielungsfähigkeit im laufenden und folgenden Geschäftsjahr machen. Entsprechendes galt für die Emittenten von Schuldverschreibungen bzgl. der Fähigkeit, ihren Verbindlichkeiten nachzukommen, DOK KOM (1975) 686 v. 23. 12. 1975, Begründung S. 8, Text S. 15, 20. Im geänderten Kommissionsvorschlag musste der Nachweis der Gewinnerzielungsfähigkeit grundsätzlich durch Hinterlegung und Bekanntgabe der letzten beiden Bilanzen erbracht werden, DOK KOM (1976) 575 v. 3. 11. 1976, S. 22 ff. Auf das Merkmal der „Gewinnerzielungsfähigkeit wurde letztendlich unter Berücksichtigung der Stellungnahme des Wirtschafts- und Sozialausschusses zum ursprgl. Kommissionsvorschlag verzichtet, da dies zu einer Bonitätsprüfung von Amts wegen geführt hätte, was nicht Aufgabe der für die Zulassung zuständigen Stellen sein kann; ABl. EG Nr. C 204 v. 30. 8. 1976, S. 5 ff. (8); *Edwards,* EC Company Law, S. 245; unkritisch *Heinze,* S. 59.

[527] Art. 3 Abs. 2–4 der Publizitätsrichtlinie, s. o. unter 1. g).

Der eigentliche Zweck der Vorschrift ist daher ein aufsichtsrechtlicher: Die Behörden sollen im Vorfeld der Zulassung der Wertpapiere zur amtlichen Notierung darüber befinden, ob über die Gesellschaft generell genügend solide Finanzinformationen vorhanden sind, um das Publikum im Rahmen eines anderen Informationsmediums, dem zu veröffentlichenden Prospekt, ausreichend zu informieren.[528] Insofern kommt der Vorschrift eine gewisse Vorbereitungsfunktion im Hinblick auf die spätere, in der Regel von derselben Behörde vorzunehmende Billigung des Prospekts zu. Die Angemessenheit der Anlegerinformation wird hier nur in quantitativer Hinsicht, nicht auch hinsichtlich ihrer Aufbereitung und der Möglichkeit der Kenntnisnahme beurteilt.

*b) Verwendung der Jahresabschlüsse im Börsenzulassungsprospekt – Inhalt der Vorschriften*

Die nach den gesellschaftsrechtlichen Rechnungslegungsvorschriften aufgestellten Jahresabschlüsse werden nach der kodRL in den vor Zulassung zur amtlichen Börsennotierung zu erstellenden Prospekt integriert. Im Rahmen der Vorschriften über die Vermögens-, Finanz- und Ertragslage des Emittenten schreiben die Schemata in Anhang I der kodRL ausführliche Angaben aus der Rechnungslegung der Gesellschaft vor:

*(I.) Aufmachung und Umfang der wiederzugebenden Abschlüsse*

Die letzten von den Organen des Emittenten aufgestellten Bilanzen und Gewinn- und Verlustrechnungen müssen in Form einer Vergleichsübersicht wiedergegeben werden. Für Emittenten von Aktien sind dies die letzten drei, für Emittenten von Schuldverschreibungen die letzten zwei Bilanzen und Gewinn- und Verlustrechnungen. Ferner muss der Anhang zum Jahresabschluss des letzten Geschäftsjahrs wiedergegeben werden. Der Stichtag des letzten Jahresabschlusses darf grundsätzlich nicht länger als 18 Monate zurückliegen.[529]

Hinsichtlich der Angaben im *Anhang zum letzten Jahresabschluss* ergeben sich auf den ersten Blick keine materiellen Unterschiede der Anlegerinformationen gegenüber nicht börsennotierten Gesellschaften. Sieht man sich die einzelnen Kapitel der Schemata genauer an, lässt sich jedoch feststellen, dass einige der für den Anhang in der Jahresabschlussrichtlinie vorgeschriebenen Posten dort aufgegriffen und diesbezüglich zum Teil detailliertere, zum Teil auf einen längeren Zeitraum bezogene Angaben gefordert werden:

---

[528] Vgl. *Heinze*, S. 59.

[529] Anhang I, Schema A und B jeweils Punkt 5.1.0. kodRL; für Aussteller von Zertifikaten, die Aktien vertreten, genügt eine Zusammenfassung der Jahresabschlüsse des letzten abgeschlossenen Geschäftsjahrs, Anhang I, Schema C Punkt 1.8. Abs. 1 kodRL; für den Emissionsprospekt genügt der letzte Jahresabschluss und ggfs. der konsolidierte Abschluss, Art. 11 Abs. 2 lit. e) der Emissionsprospektrichtlinie; vgl. auch § 21 Abs. 1 Nr. 1 BörsZulVO.

Beispielsweise müssen detaillierte Angaben über Unternehmen gemacht werden, an denen der Emittent mit einem Kapitalanteil beteiligt ist, der die Beurteilung seiner Vermögens-, Ertrags- und Finanzlage wesentlich beeinflussen kann. Darüber hinaus müssen Emittenten von Aktien Angaben zu Beteiligungen an anderen Unternehmen schon ab einem Prozentsatz von 10% machen, nicht erst ab einem Prozentsatz, den die Mitgliedstaaten auf höchstens 20% festsetzen dürfen.[530] Ferner sind die Angaben über das Kapital des Emittenten detaillierter aufzuschlüsseln.[531] Die Aufgliederung der Nettoumsatzerlöse nach Tätigkeitsbereichen und Märkten muss – in Übereinstimmung mit der Vergleichsübersicht der GuV – für den Zeitraum der letzten drei bzw. zwei Geschäftsjahre gemacht werden.[532] Für Emittenten von Aktien sind ferner wesentlich detailliertere Angaben zum durchschnittlichen Personalbestand[533] und über die den Leitungsorganen gewährten Bezüge und Vorteile zu machen.[534]

*(II.) Form der Abschlüsse*

Für den Fall, dass der Emittent nur konsolidierte Abschlüsse aufstellt, sind diese in oben beschriebener Aufmachung und entsprechendem Umfang in den Prospekt aufzunehmen.[535]

Wie im Rahmen der Regelpublizität sind grundsätzlich beide Arten von Abschlüssen in den Prospekt aufzunehmen, wenn der Emittent sowohl Einzel- als auch konsolidierte Abschlüsse aufstellt. Die Zahlenangaben sind also aus beiden Abschlüssen in einer Vergleichsübersicht gegenüberzustellen und beide Anhänge zu den letzten Abschlüssen beizufügen.

Wie im Rahmen der Regelpublizität können die zuständigen Stellen dem Emittenten gestatten, nur eine Art der Abschlüsse in den Prospekt aufzuneh-

[530] Anhang I Schema A Punkt 5.3.; Schema A und B Punkt 5.2. kodRL, vgl. dagegen Art. 43 Abs. 1 Nr. 2 der Jahresabschlussrichtlinie und Art. 34 Nr. 5 der Richtlinie über den konsolidierten Abschluss.

[531] Anhang I, Schema A, Punkte 3.2.0.–3.2.9.; Schema B Punkte 3.2.0.–3.2.3. kodRL, vgl. Art. 43 Abs. 1 Nr. 3–5 der Jahresabschlussrichtlinie.

[532] Anhang I, Schema A und B Punkt 4.1.1. kodRL; vgl. dagegen Art. 43 Abs. 1 Nr. 8 der Jahresabschlussrichtlinie und Art. 34 Nr. 8 der Richtlinie über den konsolidierten Abschluss.

[533] Ebenfalls bezogen auf die letzten drei Geschäftsjahre, Anhang I Schema A Punkt 4.6. kodRL; vgl. Art. 43 Abs. 1 Nr. 9 der Jahresabschlussrichtlinie und Art. 34 Nr. 9 der Richtlinie über den konsolidierten Abschluss.

[534] Anhang I, Schema A Kapitel 6 Unterkapitel 2 kodRL; vgl. Art. 43 Abs. 1 Nr. 12, 13 der Jahresabschlussrichtlinie und Art. 34 Nr. 12, 13 der Richtlinie über den konsolidierten Abschluss.

[535] Anhang I, Schema A, B jeweils Punkt 5.1.1. UAbs. 1 kodRL. Dieser Fall ist m.E. nach den Europarechtlichen Vorschriften nicht denkbar, da die Richtlinie über den konsolidierten Abschluss für verbundene Unternehmen immer eine zusätzliche, über die Pflicht zur Aufstellung eines Einzelabschlusses hinausgehende Pflicht begründet. Auch nach der deutschen Umsetzung der Jahresabschlussrichtlinie, § 290 HGB, ergibt sich nicht anderes, vgl. *Heinze*, S. 133 Fn. 141 f.

men, wenn die nicht aufgenommenen Jahresabschlüsse keine wesentlichen zusätzlichen Aussagen enthalten.[536]

### *(III.) Angaben über das Ergebnis je Aktie*

In den Jahresabschlüssen sind Angaben über das Ergebnis der Gesellschaft enthalten, in Bilanz und GuV das Ergebnis des Geschäftsjahrs[537], in der GuV ferner das „Ergebnis der normalen Geschäftstätigkeit nach Steuern."[538] Dem entsprechen im konsolidierten Abschluss die Posten „konsolidiertes Ergebnis des Geschäftsjahrs" und „konsolidiertes Ergebnis der normalen Geschäftstätigkeit nach Steuern".[539] Diese im Prospekt in einer Vergleichsübersicht für die letzten drei Geschäftsjahre enthaltenen Angaben finden im Falle der Emission von Aktien eine Ergänzung:

Werden Einzelabschlüsse in den Prospekt aufgenommen, ist für die letzten drei Geschäftsjahre das „Ergebnis der normalen Geschäftstätigkeit nach Steuern" *pro Aktie* anzugeben. Werden konsolidierte Abschlüsse in den Prospekt aufgenommen, ist – ebenfalls für die drei letzten Geschäftsjahre – das konsolidierte Ergebnis *je Aktie* aufzunehmen.[540]

Ferner ist die Höhe der *Dividende pro Aktie* in den letzten drei Geschäftsjahren, also der an die Aktionäre ausgeschüttete Gewinn des Emittenten, im Prospekt anzugeben.[541]

Im Prospekt erfährt der Anleger über die Tatsache, dass das Unternehmen in der Vergangenheit Gewinne erwirtschaftet hat, hinaus, wie sich der Gewinn pro Gesellschafteranteil dargestellt und inwieweit der Aktionär durch Ausschüttungen am Erfolg des Unternehmens teilgenommen hat.[542] Erst diese Angaben ermöglichen dem Anleger eine Prognose hinsichtlich künftiger Ausschüttungen.

---

[536] Anhang I, Schema A, B jeweils Punkt 5.1.1. UAbs. 2 kodRL; dieselbe Vorschrift enthalten auch Artt. 23 Nr. 4 c) ii), 25 Abs. 4, 26 Abs. 3 kodRL im Falle der bei teilweiser oder gänzlicher Befreiung von der Prospektpflicht zu veröffentlichenden Informationen und im Rahmen des Prospektinhalts in Sonderfällen.

[537] Art. 9 Passiva A V., VI.; Art. 10 L V., VI.; Art. 23 Nr. 21, Art. 24 A Nr. 13, B Nr. 10, Art. 25 Nr. 19, Art. 26 A Nr. 11, B Nr. 8 der Jahresabschlussrichtlinie.

[538] Art. 23 Nr. 15; Art. 24 Nr. 9; Art. 25 A Nr. 9, B Nr. 8; Art. 25 Nr. 13, Art. 26 A Nr. 7, B Nr. 6 der Jahresabschlussrichtlinie.

[539] Art. 17 der Richtlinie über den konsolidierten Abschluss, der auf die genannten Vorschriften der Jahresabschlussrichtlinie verweist.

[540] Anhang I, Schema A Punkt 5.1.2. kodRL. Diese Angaben sind unter Angabe der Berichtigungsformeln zu bereinigen, wenn sich der Aktienbestand geändert hat, um die Vergleichbarkeit zu gewährleisten.

[541] Anhang I, Schema A Punkt 5.1.3. kodRL. Diese Angaben sind ggfs. ebenfalls zu bereinigen.

[542] Vgl. *Heinze,* S. 135.

*(IV.) Aktualisierung der Finanzinformationen*

Die in den Prospekt aufgenommenen letzten Jahresabschlüsse sind ggfs. zu aktualisieren:[543]

*(1.) Zwischenübersichten*

Wenn der Stichtag des letzten veröffentlichten nichtkonsolidierten und/oder konsolidierten Jahresabschlusses mehr als neun Monate zurückliegt, ist eine Zwischenübersicht über die Finanzlage für mindestens die ersten sechs Monate in den Prospekt aufzunehmen oder ihm beizufügen. Sofern diese Zwischenübersicht nicht geprüft wurde, ist dies anzugeben.

Sofern der Emittent (auch) einen konsolidierten Jahresabschluss aufstellt, entscheiden die zuständigen Stellen, ob die Zwischenübersicht über die Finanzlage in konsolidierter Form vorzulegen ist oder nicht.[544]

*(2.) Wesentliche Änderungen*

Ferner ist „jede wesentliche Änderung, die seit Abschluss des letzten Geschäftsjahrs oder dem Stichtag der Zwischenübersicht über die Finanzlage eingetreten ist, […] in einem in den Prospekt aufzunehmenden oder ihm beigefügten Vermerk zu beschreiben."[545]

*(V.) Herkunft und Verwendung der Mittel*

Über die Abschlüsse hinaus hat der Emittent eine Aufstellung über die Herkunft und Verwendung der Mittel für die letzten drei Geschäftsjahre in den Prospekt aufzunehmen.[546] Diese Aufgabe übernimmt in der modernen Bilanzierung die „Kapitalflussrechnung". Die Einzelposten der Bilanz werden nach Mittelherkunft, d.h. der Minderungen auf der Aktivseite und Mehrungen auf der Passivseite, und Mittelverwendung, d.h. Mehrungen auf der Aktivseite und Minderungen auf der Passivseite, aufgegliedert. Dadurch erschließt sich dem Prospektleser, worauf Veränderungen der einzelnen Bilanzposten zurückzu-

[543] Anhang I, Schema A Punkt 5.1.4. UAbs. 3 (für Emittenten von Aktien), Schema B Punkt 5.1.2. UAbs. 3 (für Emittenten von Schuldverschreibungen), Schema C Punkt 1.8. UAbs 3 S. 2 (für Aussteller von Zertifikaten, die Aktien vertreten) kodRL.

[544] Anhang I, Schema A Punkt 5.1.4. UAbs. 1 und 2 (für Emittenten von Aktien), Schema B Punkt 5.1.2. UAbs. 1 und 2 (für Emittenten von Schuldverschreibungen), Schema C Punkt 1.8. UAbs. 2 und 3 S. 1 (für Aussteller von Zertifikaten, die Aktien vertreten) kodRL. Eine Zwischenübersicht ist im Emissionsprospekt nur anzugeben, falls eine solche seit Abschluss des vorhergehenden Geschäftsjahrs veröffentlicht wurde, Art. 11 Abs. 2 lit. e) der Emissionsprospektrichtlinie.

[545] Anhang I, Schema A Punkt 5.1.4. UAbs. 3 (für Emittenten von Aktien), Schema B Punkt 5.1.2. UAbs. 3 (für Emittenten von Schuldverschreibungen), Schema C Punkt 1.8. UAbs. 4 (für Aussteller von Zertifikaten, die Aktien vertreten) kodRL.

[546] Anhang I, Schema A Punkt 5.1.6., Schema B Punkt 5.1.5. kodRL.

führen sind. Im Ergebnis werden die finanzwirtschaftlichen Vorgänge beim Emittenten periodisch analysiert.[547]

*(VI.) Weitere Angaben bei Aufnahme konsolidierter Abschlüsse*

Werden konsolidierte Abschlüsse in den Prospekt aufgenommen – d.h. die Gesellschaft ist zu deren Erstellung verpflichtet und die zuständigen Stellen haben nicht von deren Aufnahme in den Prospekt befreit – ist dies mit der Verpflichtung zur Veröffentlichung weiterer Angaben verbunden: Zum einen müssen die angewandten Konsolidierungs-grundsätze genannt werden. Zum anderen sind Firma und Sitz der in die Konsolidierung einbezogenen Unternehmen zu nennen, wenn dies für die Beurteilung der Vermögens-, Finanz- und Ertragslage des Emittenten von Bedeutung ist. Schließlich sind die von Dritten an diesen Unternehmen gehaltenen Anteile aufzuführen.[548]

Ist der Emittent ein herrschendes Unternehmen und bildet er mit anderen Unternehmen einen Konzern, womit zugleich grundsätzlich die Verpflichtung besteht, konsolidierte Abschlüsse zu erstellen,[549] werden die über den *Anhang* zum Jahresabschluss hinausgehenden Angaben, soweit sie die Geschäftstätigkeit betreffen (Aufgliederung der Nettoumsatzerlöse und durchschnittlicher Personalbestand, s.o. unter (I.)) auch bezüglich des Konzerns gefordert. Diese Angaben müssen also selbst dann gemacht werden, wenn die zuständigen Stellen von der Aufnahme der konsolidierten Abschlüsse in den Prospekt befreit haben. Die zuständigen Stellen können jedoch auch hier die Angaben auf eines der Bezugsobjekte beschränken, wenn die weggelassenen Angaben nicht von wesentlicher Bedeutung sind.[550] Der Anleger erhält also zu den Zahlenangaben des Emittenten und des Konzerns die entsprechenden über den Anhang zum jeweiligen Abschluss hinausgehenden Erläuterungen. Insofern wird im Prospekt ein gleichmäßiges Informationsniveau hinsichtlich der beiden Bezugsobjekte erreicht.

*(VII.) Abweichungen von den Europäischen Rechnungslegungsrichtlinien*

Wie im Rahmen der Regelpublizität müssen nähere und/oder ergänzende Angaben gemacht werden, sofern die Abschlüsse nicht den Europäischen Rechnungslegungsrichtlinien entsprechen und kein den tatsächlichen Verhältnissen der Vermögens, Finanz- und Ertragslage der Gesellschaft entsprechendes Bild vermitteln.[551]

---

[547] *Heinze,* S. 135 f.; vgl. zur deutschen Regelung durch das KonTraG vom 27. 4. 1998 bzgl. der Konzernrechnungslegung gemäß § 297 Abs. 1 S. 2 HGB: MünchKomm HGB-*Busse von Colbe,* § 297 Rn. 21 ff.; *Schön,* ZHR 161 (1997), S. 133 ff. (148); *Kübler,* ZGR 2000, S. 550 ff. (553).

[548] Anhang I, Schema A Punkt 5.4., Schema B Punkt 5.3. kodRL.

[549] Art. 1 der Richtlinie über den konsolidierten Abschluss.

[550] Anhang I, Schema A Punkt 5.5. i.V.m. Punkt 4.1.1., 4.6.; Schema B Punkt 5.4. i.V.m. Punkt 4.1.1. kodRL.

[551] Anhang I, Schema A Punkt 5.1.5.; Schema B Punkt 5.1.3. kodRL.

*(VIII.) Angaben über die Abschlussprüfung*

Im Prospekt sind Name, Anschrift und Berufsbezeichnung der gesetzlich zugelassenen Abschlussprüfer anzugeben, die die letzten drei Jahresabschlüsse[552] nach den jeweiligen nationalen Vorschriften geprüft haben.

Ferner ist anzugeben, dass die Jahresabschlüsse geprüft worden sind. Es verwundert, dass die Vorschrift keine Verpflichtung enthält, den Bestätigungsvermerk oder den Prüfungsbericht wiederzugeben. Hingegen sind die gegebenenfalls von den Prüfern gemachten Einschränkungen oder die Verweigerung der Bestätigung der Ordnungsmäßigkeit unter Angabe von Gründen in den Prospekt aufzunehmen.[553] Hier ist von einem Redaktionsversehen auszugehen. Nach Art. 36 Abs. 1 kodRL entscheiden die zuständigen Stellen, „ob sie den in den Schemata A und B des Anhangs I Nummer 1.3 *vorgesehenen* Bestätigungsvermerk [...] akzeptieren [...]."[554] Die ausdrückliche Aufnahme des Bestätigungsvermerks als obligatorische Angabe in die entsprechenden Vorschriften wurde also offensichtlich vergessen. Dafür spricht auch, dass selbst bei einer Befreiung von der Prospektpflicht die Berichte der Abschlussprüfer zu veröffentlichen sind,[555] was die Wesentlichkeit der Prüfungsangaben für die Beurteilung der Wertpapiere betont. Dann wird man die Aufnahme des Bestätigungsvermerks in den Prospekt erst recht fordern müssen.[556]

*c) Zweck der kapitalmarktrechtlichen Publizitätsvorschriften*

*(I.) Emissionspublizität*

Die Verpflichtung, die letzten Jahresabschlüsse in den Prospekt aufzunehmen, findet sich in den Kapiteln der Schemata, die mit „Vermögens-, Finanz- und Ertragslage des Emittenten" überschrieben sind. Insofern wird auf eines der drei mit der Erstellung und Verbreitung des Prospekts verfolgten Ziele, „den Anlegern und deren Anlageberatern ein fundiertes Urteil über die Vermögens-, Finanz- und Ertragslage [...] des Emittenten" zu gestatten, Bezug genommen.[557] Dieses Ziel ist an die Forderung der Rechnungslegungsrichtlinien an die Jahresabschlüsse, „ein den tatsächlichen Verhältnissen entsprechendes Bild der Vermögens-, Finanz- und Ertragslage" des Unternehmens bzw. des

---

552 Gemeint sind sowohl Einzel- als auch konsolidierte Abschlüsse; *Heinze*, S. 119 m.w.Nachw.

553 Anhang I, Schema A und B jeweils Punkt 1.3. S. 1, 2 kodRL; vgl. §§ 13 Abs. 2 Nr. 4, 30 Abs. 1 BörsZulVO, wonach auch der Bestätigungsvermerk einschließlich zusätzlicher Bemerkungen wiederzugeben ist.

554 Vormals Art. 19 Abs. 1 BZPR, Hervorhebung von der Verfasserin.

555 Art. 23 Nr. 4 lit. c) iv) letzter Gedankenstrich kodRL (vormals Art. 6 Nr. 4 lit. c) iv) letzter Gedankenstrich BZPR).

556 Dementsprechend hat der deutsche Gesetzgeber in § 30 Abs. 1 S. 2 1. Hs. BörsZulVO diese Unregelmäßigkeit beseitigt.

557 Art. 21 Abs. 1 kodRL (vormals Art. 4 Abs. 1 BZPR).

Unternehmenszusammenschlusses zu vermitteln[558], angelehnt. Der Grundsatz des „true and fair view" wird somit auf die Angaben im Prospekt übertragen.

Die Verpflichtung, die Zahlenangaben in einer Vergleichsübersicht darzustellen, dient zugleich dem zweiten mit dem Prospekt verfolgten Ziel, den Anlegern und ihren Anlageberatern ein fundiertes Urteil über die Entwicklungsaussichten des Emittenten zu ermöglichen.[559] Denn die Darstellung der Entwicklung der wirtschaftlichen Situation der Gesellschaft in der Vergangenheit zeigt zumindest Trends an und lässt Prognosen über die künftige Entwicklung zu.

Während der Jahresabschluss „klar und übersichtlich aufzustellen" ist[560], müssen die Angaben im Prospekt „in einer Form, die das Verständnis und die Analyse möglichst erleichtern"[561], aufbereitet sein. Neben der wahrheitsgetreuen Darstellung der wirtschaftlichen Situation des Unternehmens kommt es im Rahmen der kapitalmarktrechtlichen Informationen mehr noch als bei der externen Rechnungslegung maßgeblich auf deren Verständlichkeit an.

*(II.) Regelpublizität*

Vor diesem Hintergrund erschließt sich auch der Zweck der kontinuierlichen Pflicht der Gesellschaft, alljährlich dem Publikum die neuesten Jahresabschlüsse zur Verfügung zu stellen. Mit der laufenden Information verfolgt der Europäische Gesetzgeber dieselben Ziele wie mit dem Prospekt selbst.[562] Die Jahresabschlüsse aktualisieren einmal im Jahr den überwiegenden Teil der im Prospekt enthaltenen Angaben über die Vermögens-, Finanz- und Ertragslage des Unternehmens. Dies soll es den Anlegern und deren Anlageberatern ermöglichen, sich jedes Jahr aufs Neue ein fundiertes Urteil über die aktuelle finanzielle Situation des Unternehmens zu bilden. Die Gegenüberstellung der Zahlenangaben mit denen des Vorjahrs gestattet ferner eine Beurteilung der Entwicklung des Unternehmens in der Vergangenheit und erlaubt eine Prognose hinsichtlich der künftigen Entwicklung. Aufgrund der Informationen soll der Anleger selbständig oder unterstützt durch Anlageberater in die Lage versetzt werden, eine sachgerechte Investitionsentscheidung hinsichtlich des Behaltens, des Kaufs oder des Verkaufs der betreffenden Wertpapiere zu treffen.

Während in der Jahresabschlussrichtlinie auf die Beurteilung der wirtschaftlichen Lage der Gesellschaft durch den abgegrenzten Kreis von Gesellschaftern

---

[558] 4. Erwägungsgrund, Art. 2 Abs. 3 der Jahresabschlussrichtlinie; 5. Erwägungsgrund, Art. 16 Abs. 3 der Richtlinie über den konsolidierten Abschluss.

[559] Art. 21 Abs. 1 kodRL (vormals Art. 4 Abs. 1 BZPR); vgl. *Schwark*, Anlegerschutz, S. 210.

[560] Art. 2 Abs. 2 Jahresabschlussrichtlinie.

[561] Art. 22 Abs. 1 kodRL (vormals Art. 5 Abs. 1 BZPR).

[562] Vgl. 26. Erwägungsgrund kodRL (vormals 2. Erwägungsgrund HBR); Begründung der Kommission zum ursprgl. Vorschlag einer HBR v. 19. 1. 1979, BR-Drucks. 8/2718 v. 2. 4. 1979, S. 1 ff. (5).

und Dritten (Gläubigern) abgestellt wird, die mit der Gesellschaft bereits befasst sind oder sich in einem konkretisierbaren Anbahnungsstadium befinden, hat die kodRL die Urteilskraft der Masse der anonymen, noch nicht konkret mit der Gesellschaft in Kontakt stehenden Marktteilnehmer, der potentiellen Anleger und der Anlageberater im Blick.

*d) Beurteilung / Vergleich gegenüber sonstigen Kapitalgesellschaften*

*(I.) Aufmachung und Umfang der wiederzugebenden Abschlüsse*

*(1.) Emissionspublizität*

Von börsennotierten Aktiengesellschaften werden *vor* der Zulassung ihrer Wertpapiere zur amtlichen Notierung mehr Finanzinformationen gefordert als allgemein von Kapitalgesellschaften. Dies gilt sowohl hinsichtlich des Bezugszeitraums als auch hinsichtlich des Umfangs der Informationen:[563]

Für Emittenten von Aktien sind sowohl nach der Zulassungsvoraussetzung in Art. 44 kodRL als auch nach den Prospektvorschriften die Zahlenangaben aus den letzten drei Bilanzen und GuVen erforderlich, d.h. die Zahlenangaben der letzten vier Geschäftsjahre.[564] Emittenten von Schuldverschreibungen müssen die Zahlenangaben der letzten drei Geschäftsjahre liefern. Teilweise beziehen sich die Angaben, die der Erläuterung dieser Zahlen dienen, ebenfalls auf diesen Zeitraum.[565] Auf diese Weise wird der Anhang zum Jahresabschluss entsprechend prolongiert. Die Gegenüberstellung der Zahlen aus mehreren Geschäftsjahren in einer Vergleichsübersicht in Verbindung mit den entsprechenden Erläuterungen hat wesentlich mehr Aussagekraft hinsichtlich der wirtschaftlichen Entwicklung des Unternehmens als die Angaben in einem einzigen Jahresabschluss.

Hinsichtlich des *Umfangs* der Informationen hat der Europäische Gesetzgeber im Gegensatz zu der Vorschrift des Art. 44 kodRL in den Prospektvorschriften zum Ausdruck gebracht, dass er die Angaben aus den letzten Jahresabschlüssen nicht als ausreichend für die angemessene Information des Publikums über die Vermögens-, Finanz- und Ertragslage der Gesellschaft ansieht; er fordert zahlreiche weitere bzw. genauere Finanzinformationen (Angaben über Beteiligungen, Kapitalzusammensetzung, Geschäftsführung und Personal, Ergebnis und Ausschüttung je Aktie, Kapitalflussrechnung).[566]

Der Anleger einer in naher Zukunft im amtlichen Marktsegment notierten Gesellschaft erhält also umfangreichere und wesentlich detailliertere Informa-

---

563 Vgl. *Schwark*, Anlegerschutz, S. 192.

564 D.h. die Zahlenangaben der letzten drei Jahresabschlüsse sowie die Zahlenangaben des dem ersten dieser Abschlüsse vorausgehenden Geschäftsjahrs, vgl. Art. 4 Abs. 4 der Jahresabschlussrichtlinie.

565 S.o. unter b) (I.).

566 S.o. unter b) (III.)–(V.). Diese müssen allerdings nicht wiederholt werden, wenn sie sich bereits aus den in den Prospekt aufgenommenen Jahresabschlüssen ergeben, Anhang I, Schema A Punkt 5.6.; Schema B Punkt 5.5. kodRL; vgl. § 13 Abs. 5 BörsZulVO.

tionen über die wirtschaftliche Situation des Unternehmens als derjenige, der als Gesellschafter oder Gläubiger in eine sonstige Kapitalgesellschaft investiert.[567]

*(2.) Regelpublizität*

Anders verhält es sich mit den entsprechenden Finanzinformationen *nach* erfolgter Börsenzulassung. Die Vorschrift, die die kontinuierliche Verpflichtung der Gesellschaften enthält, die nach den handelsrechtlichen Vorschriften erstellten Jahresabschlüsse dem Publikum zur Verfügung zu stellen, geht weder hinsichtlich des Berichtszeitraums noch hinsichtlich des Umfangs der Informationen über das von allen großen Kapitalgesellschaften zu erfüllende Maß hinaus. Die im Prospekt enthaltenen, über die Jahresabschlüsse hinausgehenden Finanzinformationen, wie beispielsweise die Einzelangaben über die Unternehmen, an denen Beteiligungen bestehen[568], müssen nicht regelmäßig aktualisiert werden. Sie können jedoch ggfs. Gegenstand von Ad-hoc-Mitteilungen sein.[569] Den Mitgliedstaaten steht es ferner frei, insofern strengere Regeln aufzustellen, um eine weitergehende inhaltliche Entsprechung zum Prospekt zu erreichen.[570]

---

[567] **Exkurs: Parallelen bei Umwandlungsvorgängen:**
Im Vorfeld der Abstimmung der Hauptversammlung über eine Fusion oder Spaltung hat jeder Aktionär der beteiligten Gesellschaften das Recht, neben dem Verschmelzungs- bzw. Spaltungsplan von den Jahresabschlüssen und Geschäftsberichten der beteiligten Gesellschaften für die letzten drei Geschäftsjahre am Sitz der Gesellschaft Kenntnis zu nehmen. Bezieht sich der letzte Jahresabschluss auf einen Zeitraum, der mehr als ein halbes Jahr vor Aufstellung des Verschmelzungs- oder Spaltungsplans zurückliegt, ist zur Aktualisierung der Angaben eine Zwischenbilanz aufzustellen. Jeder Aktionär kann auf formlosen Antrag kostenlos vollständige oder auszugsweise Abschriften dieser Unterlagen verlangen (Art. 11 Abs. 1 lit. b), c), Abs. 2, 3 Fusionsrichtlinie; Art. 9 Abs. 1 lit. b), c), Abs. 2, 3 Spaltungsrichtlinie). Der öffentliche Zugang zu den Jahresabschlüssen der beteiligten Gesellschaften dient auch hier dazu, die Aktionäre möglichst objektiv und angemessen über die finanzielle Situation der Gesellschaft zu informieren und ihre Rechte zu schützen (4. Erwägungsgrund Fusionsrichtlinie; 6. Erwägungsgrund Spaltungsrichtlinie). Durch die Informationen sollen die Aktionäre nicht nur in die Lage versetzt werden, eine sachgerechte Entscheidung hinsichtlich der Abstimmung über den Verschmelzungs- bzw. Spaltungsplan auf der Hauptversammlung zu treffen. Wie im Prospekt dienen die Informationen den Aktionären auch dazu, die Entwicklung der beiden Gesellschaften nachzuvollziehen und zu entscheiden, ob die Aufrechterhaltung der Investition in diese Gesellschaften weiterhin lohnend ist, oder ob sie ihr Kapital durch Verkauf der Aktien vor dem Umwandlungsvorgang abziehen. Gesellschaften, die dem Publikum in derartigem Umfang Informationen zur Verfügung gestellt haben, können gemäß Art. 24 Abs. 1 lit. c) kodRL (vormals Art. 6 Nr. 1 c) BZPR) von der Prospektpflicht befreit werden, wenn sie anlässlich eines Umwandlungsvorgang Wertpapiere ausgegeben haben und innerhalb der letzten 12 Monate vor Zulassung der Wertpapiere zur amtlichen Notierung in demselben Mitgliedstaat ein Dokument veröffentlicht wurde, das den Prospektanforderungen der kodRL entspricht. Das Dokument sowie ggfs. eingetretene wesentlichen Änderungen sind anstelle des Prospekts dem Publikum zur Verfügung zu stellen.

[568] Anhang I, Schema A Punkte 5.2. und 5.3., Schema B Punkt 5.2. kodRL.

[569] Dazu s.u. unter C. VIII. 4. a) (2.) (a).

[570] Art. 8 Abs. 2 kodRL (vormals Art. 5 Abs. 2 BZR).

*(II.) Wiedergabe konsolidierter Abschlüsse*

*(1.) Emissionspublizität*

Ist eine Gesellschaft zur Aufstellung konsolidierter Jahresabschlüsse verpflichtet, sind diese in gleicher Form wie die Einzelabschlüsse in den Prospekt aufzunehmen. Damit verbunden sind Angaben über die Konsolidierungsgrundsätze, die in die Konsolidierung einbezogenen Unternehmen sowie Fremdbeteiligungen an diesen. Die über den Anhang hinausgehenden Angaben sind in diesem Fall auch für den Konzern zu machen.[571]

Somit werden die Angaben über den Konzern quantitativ und qualitativ denen über das emittierende Unternehmen angepasst.

*(2.) Regelpublizität*

Konsequent hat der Europäische Gesetzgeber auch im Rahmen der Regelpublizität die Publizitätspflicht auf die konsolidierten Abschlüsse erstreckt. Allerdings müssen hier die im Prospekt zu machenden, über die handelsrechtlichen Anforderungen an konsolidierte Bilanz, GuV und Anhang hinausgehenden Angaben nicht aufgegriffen und aktualisiert werden.[572]

*(III.) Befreiungsmöglichkeit*

Die zuständigen Stellen sind befugt, sowohl für die Emissions- als auch für die Regelpublizität die Publizitätspflicht auf eine Art der Abschlüsse zu beschränken, wenn der andere Abschluss nicht wesentliche zusätzliche Aussagen enthält.[573] Hinsichtlich des Prospekts gilt dies ferner für die über den Anhang zum jeweiligen Abschluss hinausgehenden Angaben, wenn sie nicht von wesentlicher Bedeutung sind.[574]

*(1.) Emissionspublizität*

Damit den Zahlenangaben immer die entsprechenden Erläuterungen gegenüberstehen, erscheint es sinnvoll, dass die zuständigen Stellen für den Prospekt eine Befreiung immer sowohl hinsichtlich einer Art der Abschlüsse als auch der entsprechenden zusätzlichen Angaben erteilen.

*(2.) Regelpublizität*

Für die laufende Verhaltenspflicht ist zu betonen, dass sich die Befreiungsmöglichkeit allein auf die börsenrechtlichen Vorschriften, nicht auch auf die handels-

[571] S.o. unter b) (I.); Anhang I, Schema A, B jeweils Punkt 5.1.1. UAbs. 2 S. 1 kodRL; Schema A Punkte 5.4. und 5.5. Abs. 1 i.V.m. Punkten 4.1.1. und 4.6., Schema B Punkte 5.3. und 5.4. Abs. 1 i.V.m. Punkt 4.1.1. kodRL.

[572] Artt. 67 Abs. 2 S. 1, 80 Abs. 2 S. 1 kodRL (vormals Schema C Nr. 4 b) S. 1, Schema D Nr. 3 b) S. 1 BZR).

[573] Artt. 67 Abs. 2 S. 2, 80 Abs. 2 S. 2, Anhang I, Schema A, B jeweils Punkt 5.1.1. UAbs. 2 S. 2 kodRL.

[574] S.o. unter b) (VI.); Anhang I, Schema A Punkt 5.5. UAbs. 2; Schema B Punkt 5.4. UAbs. 2 kodRL.

rechtlichen Rechnungslegungspflichten bezieht. Die aufgrund der harmonisierten nationalen Handels- und Gesellschaftsrechte unabhängig von der Börsennotierung bestehende Pflicht der Gesellschaften, alljährlich Einzelabschlüsse und ggfs. konsolidierte Abschlüsse aufzustellen und offenzulegen, bleibt unberührt.

Die Dispensvorschriften wurden in die kodRL aufgenommen, weil eine entsprechende Beschränkung der Informationspflichten zu einer erheblichen Verschlankung des Prospekts bzw. des jährlichen Informationsdokuments und damit zu Kostenersparnissen für den Emittenten führt. Wenn die Angaben nicht von wesentlicher Bedeutung für die Bewertung der Wertpapiere sind, die Anlegerinteressen an möglichst umfassender Information also berücksichtigt werden, erscheint dies bei einer Abwägung der widerstreitenden Interessen sachgerecht. In der Praxis werden die zuständigen Stellen wohl nur in seltenen Fällen auf eine Art der Abschlüsse verzichten, weil es kaum vorstellbar ist, dass Einzel- und konsolidierte Abschlüsse sich aufgrund ihrer unterschiedlichen Bezugsobjekte inhaltlich so sehr gleichen, dass auf einen der beiden unter Berücksichtigung des Prinzips möglichst umfassender Anlegerinformation verzichtet werden könnte.[575]

*(IV.) Regelung für Emittenten aus Drittstaaten*

In der kodRL wird davon ausgegangen, dass die in den Prospekt aufgenommenen und im Rahmen der Regelpublizität dem Publikum zur Verfügung gestellten Jahresabschlüsse in bestimmten Fällen nicht den Europäischen Rechnungslegungsrichtlinien entsprechen.[576]

Da die Jahresabschlussrichtlinie, die Richtlinie über den konsolidierten Abschluss und die entsprechenden Richtlinien für die Abschlüsse von Banken, Finanz- und Versicherungsinstituten heute in allen Mitgliedstaaten umgesetzt sind[577], betrifft die Vorschrift gegenwärtig nur noch Gesellschaften, die weder dem Recht eines Mitgliedstaats noch eines Vertragsstaats des Abkommens über den EWR unterliegen und deren Wertpapiere an einer mitgliedstaatlichen Börse zur amtlichen Notierung zuzulassen oder zugelassen sind.[578]

Diese Gesellschaften genügen ihren Publizitätspflichten grundsätzlich dadurch, dass sie die nach ihrem nationalen Recht aufgestellten Jahresabschlüsse

---

[575] Apodiktisch *Heinze*, S. 78, 82, 131; dies wird in Zukunft erst recht nicht der Fall sein, wenn börsennotierte Gesellschaften verpflichtet sein werden, ihre Einzelabschlüsse weiterhin gemäß den Europäischen Rechnungslegungsrichtlinien und ihre konsolidierten Abschlüsse nach den International Accounting Standards aufzustellen. Dann werden sich die Abschlüsse in ihrer Struktur wesentlich unterscheiden und gerade in ihrer Zusammenschau wichtige Aufschlüsse über die finanzielle Situation des Emittenten zulassen; vgl. *Schön*, ZGR 2000, S. 706 ff. (733); ausführlich dazu s.u. unter f) (VI.).

[576] Artt. 67 Abs. 3, 80 Abs. 3, Anhang I Schema A Punkt 5.1.5., Schema B Punkt 5.1.3. kodRL.

[577] Vgl. die Nachweise bei *Schwarz*, EuGesR Rn. 388 f., 392.

[578] Vgl. die deutsche Umsetzung in §§ 22 Abs. 4, 65 Abs. 4 BörsZulVO. Diesen Sinn der Vorschrift verkennt offenbar *Heinze*, S. 78, 81, 135.

in den Prospekt aufnehmen und danach regelmäßig dem Publikum zur Verfügung stellen. Damit kommt zum Ausdruck, dass diese Emittenten an den mitgliedstaatlichen Börsen durchaus willkommen sind. Man will sie nicht vom Europäischen Kapitalmarkt abschrecken, indem man sie verpflichtet, zusätzlich eigens für die Börsenzulassung in der EG bestimmte Abschlüsse aufzustellen. Die Abschlüsse der Gesellschaften aus Drittstaaten müssen aber dem Grundsatz des „true and fair view" entsprechen. Ist dies nicht der Fall, können die zuständigen Stellen die Angabe genauerer oder zusätzlicher Informationen verlangen, um eine den tatsächlichen Verhältnissen entsprechende Darstellung der finanziellen Verhältnisse zu erreichen. Somit kommt dem Grundsatz des „true and fair view" auch im Rahmen der kapitalmarktrechtlichen Publizität die Stellung eines „overriding principle" zu.

Den zuständigen Stellen steht bei der Prüfung dieser Voraussetzung ein Ermessensspielraum zu.[579] Deren Befugnisnormen ähneln denjenigen Vorschriften in den Rechnungslegungsrichtlinien, nach denen zur Erreichung des „true and fair view" über die in den Richtlinien enthaltenen Inhaltsbestimmungen hinaus entweder zusätzliche Angaben verlangt werden können oder Abweichungen bei Ersetzung durch gleichwertige Angaben zugelassen werden.[580] In den gesellschaftsrechtlichen Richtlinien wird also unter Umständen erst durch eine Abweichung von den Gliederungsschemata ein „true and fair view" erreicht.

Die börsenrechtlichen Richtlinien gehen einen Schritt weiter: Sie stellen die Vermutung auf, dass die gemäß den Rechnungslegungsrichtlinien erstellten Abschlüsse dem Grundsatz des „true and fair view" entsprechen, gleichgültig ob bei deren Erstellung zulässigerweise von den Gliederungsschemata abgewichen wurde oder nicht. Weitergehende Anforderungen an die Rechnungslegung der Emittenten dürfen von den zuständigen Stellen nicht gestellt werden.[581]

Die Vorschriften dienen schließlich der Gleichbehandlung von Emittenten innerhalb und außerhalb der EG; ihre Angaben sollen gleichwertig sein. Emittenten aus den Mitgliedstaaten sollen gegenüber solchen aus Drittstaaten jedenfalls nicht benachteiligt werden.

*(V.) Aktualität der finanziellen Angaben / Zeitpunkt der Veröffentlichung*

Die erste, vierte und siebte Richtlinie enthalten keine zeitlichen Vorgaben hinsichtlich der Erstellung und Offenlegung der Jahresabschlüsse. Die Mitglied-

---

[579] Dies übersieht *Heinze*, S. 78, 81, 135.

[580] Vgl. Art. 2 Abs. 4, 5 der Jahresabschlussrichtlinie; Art. 16 Abs. 4, 5 der Richtlinie über den konsolidierten Abschluss; s.o. unter IV. 1. d) (I.) (1.).

[581] Stellungnahme des Wirtschafts- und Sozialausschusses zum ursprgl. Kommissionsvorschlag einer BZPR, ABl. EG Nr. C 125 v. 16. 10. 1974 S. 1 ff. (9); missverständlich *Heinze*, S. 135, der auf die Gliederungsschemata der Rechnungslegungsrichtlinien, nicht auf diese selbst abstellt. Eine Abweichung von den Gliederungsschemata zur Erreichung des „true and fair view" ist in den Richtlinien – wie gezeigt – ja gerade vorgesehen.

staaten sind allerdings verpflichtet, die Richtlinie effektiv umzusetzen, insbesondere Sanktionen bei Nichtbefolgung vorzusehen.[582]

*(1.) Emissionspublizität*

Im Rahmen der Prospektvorschriften wird auf besondere Weise gewährleistet, dass die finanziellen Angaben des Emittenten aktuell sind. Dies geschieht durch die Vorgabe, dass der Stichtag des letzten veröffentlichten Jahresabschlusses grundsätzlich nicht länger als achtzehn Monate zurück liegen darf sowie die Verpflichtung, Zwischenübersichten über mindestens die ersten sechs Monate des Geschäftsjahrs aufzunehmen, wenn der Stichtag länger als neun Monate zurückliegt. Dadurch liegt der Stichtag der jüngsten im Prospekt enthaltenen Darstellung der Finanzlage im Zeitpunkt der Erstellung des Prospekts im besten Fall etwas über drei, im schlechtesten Fall neun Monate zurück. Diese Angaben werden durch die Beschreibung wesentlicher Änderungen, die nach dem Stichtag des letzten Jahresabschlusses bzw. der Zwischenübersicht eingetreten sind, aktualisiert.[583] Eine weitere Aktualisierung ist im Falle von kursrelevanten Ereignissen, die zwischen der Erstellung des Prospekts und dem Beginn der Notierung erfolgen, durch ergänzende Prospektangaben möglich.[584]

Durch diese Vorschriften wird gewährleistet, dass die Finanzinformationen des Emittenten im Zeitpunkt der Veröffentlichung des Prospekts und des Beginns der amtlichen Notierung ein dem Grundsatz des „true and fair view" entsprechendes Bild der wirtschaftlichen Situation des Emittenten zeichnen.

*(2.) Regelpublizität*

Im Rahmen der Regelpublizität macht der Gemeinschaftsgesetzgeber zwar keine Vorgaben über das Höchstalter des zu veröffentlichenden Jahresabschlusses. Es wird aber die „unverzügliche" Zurverfügungstellung der Abschlüsse an das Anlegerpublikum verlangt.[585]

---

[582] Artt. 10, 249 Abs. 3 EG, Art. 6 1. Gedankenstrich der Publizitätsrichtlinie; Art. 51 Abs. 3 der Jahresabschlussrichtlinie; vgl. hierzu die deutsche Umsetzung in §§ 264 Abs. 1 S. 2, 325 Abs. 1 HGB für den Einzelabschluss und §§ 290 Abs. 1, 325 Abs. 3 HGB für den konsolidierten Abschluss, die eine Frist von drei bzw. fünf Monaten nach Abschluss des Geschäftsjahres für die Aufstellung und zwölf Monate nach Abschluss des Geschäftsjahres für die Offenlegung vorsehen; die Bundesrepublik ist durch den EuGH wegen unzureichender Umsetzung der ersten und vierten Richtlinien aufgrund ineffektiver Sanktionen bei Nichtoffenlegung von Jahresabschlüssen kleiner und mittlerer Gesellschaften (§ 335 HGB a.F.) verurteilt worden: EuGH, Urt. v. 29. 9. 1998, Rs. C-191/95 (Kommission/Deutschland), Slg. 1998, I-5449 ff.; *Schwarz*, EuGesR, Rn. 427 f. m.w.Nachw. Aufgrund dessen wurden durch das KapCoRiLiG v. 24. 2. 2000 die §§ 335, 335a HGB neu gefasst bzw. eingeführt, BGBl. I S. 154.

[583] S.o. unter b) (IV.).

[584] S.o. im Ersten Teil, Erstes Kapitel unter H.

[585] In der englischen Fassung heißt es „as soon as possible", in der französischen „dans les meilleurs délais", in der spanischen „en el plazo más breve posible", in der italienischen „quanto prima" und in der niederländischen „zo spoedig mogelijk".

Es stellt sich die Frage, auf welchen Zeitpunkt sich die „Unverzüglichkeit" bezieht. In Betracht kommen die Zeitpunkte nach Aufstellung des Jahresabschlusses durch die gesetzlichen Vertreter der Gesellschaft, nach erfolgter Abschlussprüfung, nach der Feststellung durch das dazu berufene Gesellschaftsorgan und nach der handelsrechtlichen Offenlegung.

*(a) Konkretisierung des Merkmals „unverzüglich"*

Zur Konkretisierung dieses Merkmals bietet es sich an, andere sachnahe sekundärrechtliche Normen heranzuziehen: Im mehrfach geänderten Vorschlag einer Strukturrichtlinie war vorgesehen, dass der aufgestellte und ordnungsgemäß geprüfte Jahresabschluss primär von der Hauptversammlung festzustellen sei, in Mitgliedstaaten mit dualistischer Führungsstruktur sollte darüber hinaus eine Feststellung allein durch das Leitungs- und das Aufsichtsorgan möglich bleiben.[586] In jedem Fall sollte die Hauptversammlung über die Verwendung des Ergebnisses entscheiden.[587] Unabhängig davon, wer den Jahresabschluss feststellte, sollten jedem Aktionär gemäß Art. 30 des Richtlinienvorschlags spätestens am Tag der Bekanntgabe der Einberufung der Hauptversammlung, die über die Ergebnisverwendung beschließt, Jahresabschluss, Lagebericht, Vorschlag für die Verwendung des Jahresergebnisses sowie die Erklärung des Abschlussprüfers (Bestätigungsvermerk) zur Verfügung stehen; jeder Aktionär sollte eine Abschrift dieser Unterlagen kostenlos beziehen können. Der Prüfungsbericht war bei der Gesellschaft und am Ort der Hauptversammlung zur Einsicht auszulegen.[588]

Daraus lässt sich schließen, dass der Europäische Gesetzgeber von der Prämisse ausgeht, dass die Jahresabschlüsse den Gesellschaftern einerseits erst nach erfolgter Prüfung, andererseits vor der handelsrechtlichen Offenlegung zugänglich gemacht werden. Dies erscheint sinnvoll, da die Abschlüsse den Aktionären erst zur Verfügung gestellt werden, wenn diesbezüglich alle internen Verfahrensschritte durchlaufen sind, die Angaben endgültig und einer sachverständigen Prüfung unterzogen sind, so dass die Aktionäre ein seriöses und verlässliches Informationsdokument in Händen halten.

Es stellt sich die Frage, ob diese Prämisse auf die kapitalmarktrechtliche Pflicht, die gegenüber dem Publikum, also der Gesamtheit aller aktuellen und

---

[586] Zuletzt Artt. 48, 50, 63 Abs. 1 des dritten geänderten Vorschlags v. 20. 11. 1991, ABl. EG Nr. C 321 v. 12. 12. 1991, S. 9 ff., abgedruckt bei *Lutter*, EuUntR, 4. Aufl. 1996, S. 176 ff.; vgl. den ersten geänderten Vorschlag v. 19. 8. 1983, ABl. EG Nr. C 240 v. 9. 9. 1983, S. 2 ff.; abgedruckt bei *Lutter*, EuGesR, 2. Aufl. 1984, S. 145 ff.; *Werlauff*, S. 211, 214.

[587] Vgl. die deutsche Regelung: §§ 170 ff. AktG; § 316 Abs. 1 S. 2 HGB.

[588] Vgl. die deutsche Rechtslage gemäß § 175 Abs. 2 AktG; die Unterlagen sind im Geschäftsraum der Gesellschaft zur Einsicht der Aktionäre auszulegen; diese können kostenlose Abschriften erhalten. Wegen der Befreiung kleiner Gesellschaften von der Prüfungspflicht gem. § 316 Abs. 1 S. 1 i.V.m. § 267 Abs. 1 HGB schweigt die Norm hinsichtlich der Prüfungsunterlagen.

potentiellen Anleger, die überwiegend nicht zur Stimmabgabe auf der ordentlichen Hauptversammlung berechtigt sind, übertragbar ist.[589] Im Europäischen Kapitalmarktrecht wird generell eine möglichst aktuelle, gleichmäßige Information des Marktes, also sowohl der aktuellen als auch der potentiellen Anleger angestrebt.[590]

Werden den Aktionären die Jahresabschlüsse nach erfolgter Prüfung vor der ordentlichen Hauptversammlung zur Verfügung gestellt, so erscheint es sachgerecht, dass sie dem an der Gesellschaft unbeteiligten Publikum gleichzeitig zugänglich gemacht werden. Also bezieht sich der Begriff der „Unverzüglichkeit" auf den Zeitpunkt nach erfolgter Abschlussprüfung. Erfolgt keine frühere Veröffentlichung, wird dies in der Praxis mit der Einberufung der Hauptversammlung verbunden werden können.[591]

Die kapitalmarktrechtliche Vorschrift erstreckt somit die (noch nicht harmonisierte) Verpflichtung der Gesellschaft, den Aktionären vor der ordentlichen Hauptversammlung die geprüften Jahresabschlüsse zur Verfügung zu stellen, auf das gesamte Anlegerpublikum.

*(b) Zeitpunkt der Veröffentlichung*

Der Zeitpunkt der Veröffentlichung lässt sich durch einen Blick auf die Verpflichtung zur Veröffentlichung eines Halbjahresberichts gemäß Art. 70 kodRL weiter eingrenzen. Letzterer ist gemäß Art. 72 Abs. 1 kodRL spätestens vier Monate nach Abschluss des Berichtszeitraums, also zehn Monate nach dem Stichtag des letzten Jahresabschlusses zu veröffentlichen. Damit der Halbjahresbericht seine Funktion als Informationsdokument zwischen zwei Jahresabschlüssen und Lageberichten erfüllen kann, muss der Jahresabschluss des letzten Geschäftsjahrs dem Publikum in jedem Fall früher, nach Möglichkeit sechs Monate vor Veröffentlichung des Halbjahresberichts, also vier Monate nach dem Stichtag zur Verfügung stehen.[592]

## *(VI.) Angaben über die Prüfer*

### *(1.) Emissionspublizität*

Die im Prospekt enthaltenen Informationen über die Personen, die die letzten Jahresabschlüsse geprüft haben, die Wiedergabe des Bestätigungsvermerks (s.o.)

---

[589] Auch im deutschen Recht erfolgt nach der allgemeinen Vorschrift des § 325 Abs. 1 S. 1 HGB die Vorlage an die Gesellschafter vor der handelsrechtlichen Offenlegung.

[590] S.u. Drittes Kapitel unter B.

[591] Vgl. § 65 Abs. 1 BörsZulVO, wonach eine Zurverfügungstellung bei den Zahlstellen entbehrlich ist, wenn Jahresabschluss und Lagebericht (z.B. im Rahmen der Einberufung) bereits veröffentlicht worden sind; Schäfer/*Hamann,* § 44 BörsG a.F. Rn. 28; *Schwark,* § 44 BörsG a.F. Rn. 9.

[592] Vgl. Punkt 7.3.2. Abs. 2 S. 1 des Regelwerks Neuer Markt (abgedruckt bei *Kümpel/Hammen/Ekkenga* Band 2 Nr. 456), wonach dort notierte Unternehmen Jahresabschluss und Lagebericht spätestens drei Monate nach Abschluss des Berichtszeitraums dem Publikum zur Verfügung stellen mussten.

und etwaiger Beanstandungen steigern das Vertrauen der Anleger in die Finanzinformationen. Deren Überprüfung und Beurteilung durch eine unabhängige sachverständige Person, die durch einen Bestätigungsvermerk oder Einschränkungen bekräftigt wird, gewährleistet ein höheres Maß an Seriosität und Aussagekraft. Dies erleichtert die Beurteilung der Vermögens-, Finanz- und Ertragslage des Emittenten und somit auch der Bewertung der Wertpapiere.

*(2.) Regelpublizität*

Die entsprechenden Vorschriften zur Regelpublizität enthalten keinen Hinweis darauf, dass dem Publikum auch der Bestätigungsvermerk und etwaige Einschränkungen der Abschlussprüfer zugänglich zu machen sind, obgleich die Abschlüsse dem Publikum erst nach erfolgter Prüfung zur Verfügung gestellt werden.[593] Daher stellt sich die Frage, ob dem Publikum zusammen mit den Abschlüssen auch der Bestätigungsvermerk und etwaige Beanstandungen der Prüfer zur Verfügung zu stellen sind, oder ob dies nicht erforderlich ist.

Für die letztere Alternative spricht der Wortlaut der Vorschrift. Es ergeben sich aber gewichtige systematische Argumente zugunsten der ersten Alternative: Zum einen sollten gemäß den Vorschlägen einer Strukturrichtlinie den Aktionären zusammen mit den Jahresabschlüssen stets auch die Bestätigungsvermerke und etwaige Einschränkungen zur Verfügung gestellt werden. Sieht man in der kapitalmarktrechtlichen Regelpublizität eine Ausdehnung dieser gesellschaftsrechtlichen (bislang nicht harmonisierten) Verpflichtung auf die sonstigen und potentiellen Anleger, kann für diese Vorschriften nichts anderes gelten. Ferner sprechen auch Vorschriften des Europäischen Kapitalmarktrechts für die Veröffentlichung des Bestätigungsvermerks: Innerhalb des Prospekts und des Halbjahresberichts sind – soweit bestimmte Angaben von gesetzlich zugelassenen Abschlussprüfern geprüft worden sind – deren Bestätigungsvermerke und etwaige Einschränkungen stets vollständig zur Kenntnis des Publikums zu bringen.[594] Es erschiene nicht sinnvoll, die sich an die Prospektpflicht anschließende und zeitlich mit der Halbjahresberichtspflicht abwechselnde, also in engem Zusammenhang mit diesen Pflichten stehende Verpflichtung zur Offenlegung von Jahresabschluss und Lagebericht hinsichtlich der Erklärungen der Abschlussprüfer unterschiedlich zu behandeln. Ein entsprechender Wille des Europäischen Gesetzgebers ist auch aus den Materialien nicht zu entnehmen. Der Zweck der Vorschrift, das Vertrauen der Anleger in die Funktionsfähigkeit des Kapitalmarkts durch möglichst umfassende verlässliche Informationen zu stärken, spricht ebenfalls dafür, die Veröffentlichungspflicht auf die Erklärungen der Abschlussprüfer zu erstrecken, um den Angaben mehr Aussagekraft und Seriosität zu verleihen.

---

[593] S.o. unter (V.) (2.).

[594] Anhang I, Schema A, B jeweils Punkt 1.3. UAbs. 2 und 3 i.V.m. Art. 36 kodRL; Art. 75 kodRL (vormals Art. 8 HBR).

Folglich ist von einem *Redaktionsversehen* auszugehen. Die Vorschrift müsste eigentlich folgendermaßen lauten: „Die Gesellschaft muss dem Publikum unverzüglich ihren letzten Jahresabschluss und ihren letzten Lagebericht sowie den Bestätigungsvermerk des gesetzlichen Abschlussprüfers und gegebenenfalls Einschränkungen zur Verfügung stellen."[595]

*(VII.) Zusätzliche Prüfung der Angaben nur im Wege der Prospektkontrolle*

*(1.) Emissionspublizität*

Im Rahmen der Prospektkontrolle werden die Angaben aus den Jahresabschlüssen einer zusätzlichen Prüfung durch die zuständigen Stellen unterzogen. Der Prüfungsmaßstab ist ein anderer als im Rahmen der Abschlussprüfung von Kapitalgesellschaften. Er beinhaltet die Übereinstimmung des Prospektinhalts mit allen in der kodRL vorgeschriebenen Bedingungen.[596] Dagegen überprüfen die zuständigen Stellen nicht die Vollständigkeit und die Richtigkeit der aus den Jahresabschlüssen übernommenen Angaben. Insoweit können sie sich auf die Berichte der Abschlussprüfer stützen und entsprechende Nachweise verlangen.[597] Stattdessen werden diese Angaben einer sachverständigen Prüfung im Hinblick auf ihre kapitalmarktrechtliche Funktion, ihre Bedeutung für die Bewertung der Wertpapiere und ihre Aufbereitung, die das Verständnis und die Analyse erleichtern soll, unterzogen. Die Prospektkontrolle soll also das Vertrauen der Anleger in die Verlässlichkeit und Wahrheit der Angaben stärken.[598]

*(2.) Regelpublizität*

Im Gegensatz zu den im Prospekt enthaltenen Angaben unterliegen die dem Publikum regelmäßig zur Verfügung gestellten Informationen keiner behördlichen Vorabkontrolle. Nicht erforderlich ist ferner eine förmliche Billigung vor der Veröffentlichung. Das Gemeinschaftsrecht sieht lediglich vor, dass die Informationen im selben Moment, in dem sie dem Publikum zugänglich gemacht werden, auch den zuständigen Stellen übermittelt werden.[599] Die Übermittlung dient lediglich der Überprüfung, ob die Emittenten ihre Informationspflichten

[595] Dementsprechend ist auch die deutsche Umsetzung der Vorschrift in § 65 BörsZulVO auszulegen.

[596] Art. 35 Abs. 2 kodRL (vormals Art. 18 Abs. 3 UAbs. 1 BZPR); vgl. §§ 30 Abs. 4, 31 BörsG n.F.

[597] S.o. Zweiter Teil, Erstes Kapitel unter E.; Art. 35 Abs. 1 kodRL (vormals Art. 18 Abs. 2 BZPR); Begründung der Kommission zum ursprgl. Vorschlag einer BZPR v. 26. 9. 1972, BR-Drucks. 566/72 v. 26. 10. 1972, S. 76; im Gegensatz dazu muss der Emissionsprospekt für Wertpapiere, deren Zulassung zur amtlichen Notierung nicht beantragt wird, den zuständigen Stellen vor der Veröffentlichung lediglich zugestellt werden, Art. 14 der Emissionsprospektrichtlinie.

[598] Kritisch die Stellungnahme des Wirtschafts- und Sozialausschusses zum ursprgl. Kommissionsvorschlag einer BZPR, ABl. EG Nr. C 125 v. 16. 10. 1974, S. 1 ff. (9); *Heinze*, S. 168.

[599] Art. 102 Abs. 1 S. 2 kodRL (vormals Art. 17 Abs. 1 S. 2 BZR).

formal ordnungsgemäß erfüllen. Eine inhaltliche Prüfung ist grundsätzlich nicht vorgesehen.[600] Die zuständigen Stellen können nur nachträglich durch aufsichtsrechtliche Maßnahmen für die Beseitigung von Missständen sorgen.

Vom Nachweis der formalen Erfüllung dieser Pflichten kann es abhängen, ob spätere Anträge auf gänzliche oder teilweise Befreiung von der Prospektpflicht bei Neuemissionen oder auf Zulassung der Wertpapiere zur amtlichen Notierung in anderen Mitgliedstaaten positiv beschieden werden.[601]

Die Regelung erweist sich im Falle von Emittenten aus Drittstaaten, deren Jahresabschlüsse nicht den Rechnungslegungsrichtlinien entsprechen, als problematisch:[602] Die zuständigen Stellen können erst nach Veröffentlichung etwaiger unzureichender Angaben von ihrer Befugnis Gebrauch machen, die Angabe genauerer und zusätzlicher Informationen zu verlangen. Diese würden erst später und außerhalb des Jahresabschlusses veröffentlicht und würden deshalb u.U. weniger beachtet. Ferner ergäbe sich zugunsten dieser Emittenten ein zeitlicher Vorteil gegenüber Gesellschaften innerhalb des EWR, die die strengen Anforderungen der Richtlinien unverzüglich und vollständig erfüllen müssen. Aufgrund dieser praktischen Erwägungen wäre es wünschenswert, diejenigen Gesellschaften, die ihre Abschlüsse nicht im Einklang mit den Rechnungslegungsrichtlinien aufstellen, zu verpflichten, sie den zuständigen Stellen vor der Veröffentlichung zwecks Überprüfung vorzulegen. Diese könnten dann entscheiden, ob im Einzelfall zur Erreichung eines „true and fair view" zusätzliche oder strengere Angaben gemacht werden müssen, die gleichzeitig mit den Jahresabschlüssen zu veröffentlichen wären.[603]

*(VIII.) Art und Weise der Veröffentlichung*

Bei den Anforderungen an die Art und Weise der Bekanntgabe handelt es sich um Pflichten rein technischer Natur, die für den Anlegerschutz ebenso bedeutend sind, wie der Inhalt der Informationen selbst.[604] Denn jede Publizität ist nur so gut wie ihre Verbreitung.[605]

Die Regelungen in Artt. 98, 102 kodRL zielen darauf ab, die Informationen möglichst vielen Anlegern zugänglich zu machen, gleichgültig, ob sie bereits Wertpapiere der Gesellschaft besitzen oder als deren mögliche Käufer in Betracht kommen.[606]

---

[600] Ursprgl. Kommissionsvorschlag einer HBR, Begründung, BT-Drucks. 8/2718 v. 2. 4. 1979, S. 7.

[601] Art. 17, 23 Nr. 3 a) UAbs. 2 1. Gedankenstrich und Nr. 4 b) kodRL (vormals Art. 11 BZR, Art. 6 Nr. 3 a) UAbs. 2, 1. Gedankenstrich und Nr. 4 b) BZPR).

[602] S.o. unter (IV.).

[603] Dieses Verfahren ist für die Veröffentlichung der Informationen innerhalb des Prospekts stets vorgesehen: Art. 35 kodRL (vormals Art. 18 Abs. 1 und 2 BZPR).

[604] *Heinze*, S. 76.

[605] *Hopt*, ZGR 1980, S. 225 ff. (251).

[606] Vgl. den ursprgl. Kommissionsvorschlag einer HBR, Begründung, BT-Drucks. 8/2718 v. 2. 4. 1979, S. 7.

*(1.) Emissionspublizität*

Die in den Prospekt aufgenommenen Jahresabschlüsse werden gemäß Art. 98 Abs. 1 kodRL entweder durch vollständigen Abdruck in einer oder mehreren weit verbreiteten Zeitungen in jedem Mitgliedstaat, in dem die Wertpapiere zur amtlichen Notierung zugelassen werden sollen, in einer Amtssprache veröffentlicht oder dem Publikum in Form einer Broschüre an den Börsenplätzen, dem Sitz der Gesellschaft und deren Zahlstellen kostenlos zur Verfügung gestellt. Ferner muss gemäß Art. 98 Abs. 2 kodRL in einem von dem betreffenden Mitgliedstaat bestimmten Informationsträger – z.B. im Bundesanzeiger – entweder der Prospekt vollständig abgedruckt oder darauf hingewiesen werden, wo er für das Publikum als Broschüre erhältlich ist.[607] Im Falle einer grenzüberschreitenden Börsenzulassung wird der Prospekt zumindest in eine Amts- bzw. Landessprache des betroffenen Marktes übersetzt.[608]

*(2.) Regelpublizität*

Auch im Rahmen der Regelpublizität ist eine Veröffentlichung entweder in weit verbreiteten Zeitungen oder durch Bereitstellung der Informationsdokumente an bestimmten Stellen, auf die in der Presse hingewiesen wird, vorgesehen. Die Stellen sind im Gegensatz zu den Vorschriften über die Bereitstellung des Prospekts nicht vorbestimmt. Es bietet sich eine Hinterlegung bei den vom Emittenten zu benennenden Zahlstellen an.[609] Aber auch die Angabe der jeweiligen Börsenplätze oder des Sitzes der Gesellschaft, wie es in Art. 98 Abs. 1 kodRL vorgesehen ist, ist denkbar.

Ferner ist im Rahmen der Regelpublizität keine vollständige Veröffentlichung bzw. kein Hinweis auf den Ort der Bereitstellung in einem von jedem Mitgliedstaat zu benennenden Publikationsträger vorgesehen. Jedoch entspricht bereits die Veröffentlichung der Jahresabschlüsse nach den allgemeinen gesellschaftsrechtlichen Publizitätsvorschriften[610] in etwa diesen Modalitäten.

Die Möglichkeit, auch eine dritte gleichwertige Form der Publikation vorzusehen, erlaubt den Mitgliedstaaten bzw. den zuständigen Stellen, flexibel auf technische oder sonstige neuere Entwicklungen zu reagieren und öffnet die Richtlinie für moderne Kommunikationsmittel, z.B. das Internet.

Auch im Rahmen der Regelpublizität ist vorgesehen, dass die Informationen in jede Amts- bzw. Landessprache der Mitgliedstaaten übersetzt werden, in denen die Wertpapiere zugelassen sind. Möglich ist aber auch eine andere Spra-

---

[607] S.o. Zweiter Teil, Erstes Kapitel unter G.; Artt. 37 ff., 98 kodRL (vormals Artt. 20, 24 ff. BZPR).

[608] S.o. Zweiter Teil, Erstes Kapitel unter I.; arg. ex. Art. 38 Abs. 1 S. 1, 39 Abs. 1 S. 1 kodRL.

[609] Artt. 65 Abs. 2 lit. c), 78 Abs. 2 lit. b) kodRL; dazu s.u. Zweites Kapitel unter C. III. Für diese Variante hat sich der deutsche Gesetzgeber in § 65 Abs. 1 BörsZulVO entschieden.

[610] Art. 3 Abs. 4 der Publizitätsrichtlinie; s.o. unter 1. g).

che, sofern diese auf finanziellem Gebiet üblich ist und von den zuständigen Stellen akzeptiert wird (z.B. Englisch).

*(3.) Bewertung*

Der wesentliche Unterschied zwischen den kapitalmarktrechtlichen Offenlegungsanforderungen im Vergleich zu den allgemeinen handelsrechtlichen Anforderungen der Publizitätsrichtlinie besteht darin, dass die Gesellschaft Jahresabschluss und Lagebericht *dem Publikum zur Verfügung* zu *stellen* hat. Eine nicht börsennotierte Gesellschaft hat mit der Erstellung und handelsrechtlichen Bekanntgabe von Jahresabschluss und Lagebericht das Ihre getan. Die Publizität im Gesellschaftsrecht soll es Gesellschaftern und Dritten erlauben, „sich über die wesentlichen Urkunden" der Gesellschaft sowie einige sie betreffende Angaben [...] zu unterrichten".[611] Die *Ermöglichung* des Zugriffs ist also ausreichend. Zur tatsächlichen Kenntnisnahme bedarf es dagegen weiterer erheblicher Eigeninitiative der interessierten Person, sei es, dass sie Einsicht in das jeweilige nationale Amtsblatt nimmt oder bei der Registerstelle eine kostenpflichtige Abschrift verlangt, sei es, dass sie aufgrund ihrer stärkeren Verhandlungsposition bei der Gesellschaft die Vorlage der entsprechenden Unterlagen durchsetzt.

Eine börsennotierte Gesellschaft hat darüber hinaus Maßnahmen zu ergreifen, die dazu führen, dass die Informationen das Publikum, also nicht nur aktuelle Investoren der Gesellschaft (= Gesellschafter), sondern die Gesamtheit möglicher Anleger auch *tatsächlich* erreichen. Dies trägt dem Umstand Rechnung, dass diese Gesellschaften ihre Wertpapiere am öffentlichen Kapitalmarkt als Anlageobjekte anbieten und deshalb ein verstärktes öffentliches Interesse an Unternehmenstransparenz besteht.[612]

Durch die Veröffentlichung der ungekürzten Informationen in weit verbreiteten Zeitungen wird ein großer Teil der Anleger unmittelbar erreicht.[613] Diese Form der Bekanntgabe kann daher als „Allgemeinpublizität" bezeichnet werden. Sie gibt dem gesamten Anlegerpublikum die Möglichkeit, von den Informationen durch den Kauf der Zeitung und ohne weiteren bürokratischen Aufwand Kenntnis zu nehmen. Sie gewährleistet jedoch nicht die tatsächliche Kenntnisnahme durch das breite Publikum.

Durch die Bereitstellung der Informationsdokumente in schriftlicher Form an Stellen, auf die in der Presse hingewiesen wird, wird das Publikum zumindest auf das Vorhandensein der Informationen aufmerksam gemacht. Der einzelne Anleger muss allerdings über den Kauf der Zeitung hinaus weitere Initia-

[611] 4. Erwägungsgrund der Publizitätsrichtlinie.

[612] Dazu umfassend *Merkt,* Unternehmenspublizität – Offenlegung von Unternehmensdaten als Korrelat der Marktteilnahme.

[613] Ursprgl. Kommissionsvorschlag einer HBR, Begründung, BT-Drucks. 8/2718 v. 2.4.1979, S.7; vgl. *Kübler,* Gesellschaftsrecht, S.399.

tive aufbringen, um in den Besitz der Informationen zu gelangen. Diese zweite Form der Bekanntgabe kann als „Individualpublizität" bezeichnet werden, weil sie dem interessierten Anleger das Informationsdokument unmittelbar nahebringt.[614]

Sowohl die Anforderungen an die Veröffentlichung des Prospekts als auch diejenigen an die Regelpublizität gewährleisten, dass der interessierte Anleger stets vollständige ungekürzte Informationen erhält, entweder durch die Zeitung oder überall dort, wo er die Wertpapiere erwerben kann, also nicht nur am Ort einer bestimmten nationalen Registerstelle.[615] Ferner ist dies für ihn weder mit hohen Kosten noch mit bürokratischem Aufwand verbunden, da es zum Erhalt der Informationen keines gebührenpflichtigen Antrags bei der Registerstelle bedarf.

Hinsichtlich der Verständlichkeit der Informationen können sich für den Investor einer börsennotierten Gesellschaft ebenfalls Vorteile ergeben: Während nicht börsennotierte Gesellschaften Jahresabschluss und Lagebericht nur in der Sprache des Mitgliedstaats, dessen Recht sie unterliegen, veröffentlichen müssen, sind börsennotierte Gesellschaften verpflichtet, die Informationen jeweils in der Amts-, Landes- oder anderweitig anerkannten Sprache des Mitgliedstaats zu verfassen, in dem die Wertpapiere zur amtlichen Notierung zugelassen sind.

Im Hinblick auf die Art und Weise der Verbreitung der Informationen ergeben sich für die Anleger amtlich notierter Gesellschaften gegenüber den für Kapitalgesellschaften allgemein geltenden Offenlegungsmodalitäten nach der Publizitätsrichtlinie also erhebliche qualitative Verbesserungen.

#### *e) Zusammenfassung: kapitalmarktrechtliche Funktion des Jahresabschlusses*

Durch die Aufnahme der Jahresabschlüsse in den Prospekt erhalten diese über ihre Aufgabe im Rahmen der handelsrechtlichen Rechnungslegung hinaus eine zusätzliche kapitalmarktrechtliche Funktion. Sie werden in ein Informationsdokument integriert, das über das Risikoprodukt Wertpapier des Investitionsobjekts Gesellschaft informiert. Im Rahmen der Informationen über die Vermögens-, Finanz- und Ertragslage sowie über die Entwicklungsaussichten der Gesellschaft kommt ihnen zentrale Bedeutung zu.

Durch die während der gesamten Zeit der Zulassung zur amtlichen Notierung gemäß Artt. 67, 80 kodRL bestehende Verpflichtung der Gesellschaften, die Jahresabschlüsse nach den kapitalmarktrechtlichen Vorschriften und in ähnlicher Form wie den Prospekt dem Publikum zugänglich zu machen, werden

614 *Hopt*, ZHR 141 (1977), S. 389 ff. (416).

615 Richtlinienkonform ist daher die Regelung in § 65 Abs. 3 BörsZulVO, wonach die zuständigen Stellen Zusammenfassungen oder Kürzungen der bei den Zahlstellen zur Verfügung gestellten Jahresabschlüsse zulassen dürfen, soweit eine ausreichende Unterrichtung des Publikums gewährleistet bleibt und auf die Stelle hingewiesen wird, bei der die vollständige Fassung verfügbar oder veröffentlicht ist.

die im Prospekt enthaltenen Informationen über die Vermögens-, Finanz- und Ertragslage der Gesellschaft oder die entsprechenden Angaben des letzten entsprechend veröffentlichten Jahresabschlusses aktualisiert. Die Pflicht dient somit der Perpetuierung der wichtigsten Angaben über die Vermögens-, Finanz- und Ertragslage der Gesellschaft im betreffenden Teil des Prospekts.

Die Vorschrift des Art. 67 kodRL erstreckt die gesellschaftsrechtliche Verpflichtung, den Aktionären im Vorfeld der ordentlichen Hauptversammlung den geprüften Jahresabschluss zur Verfügung zu stellen, auf das gesamte Anlegerpublikum. Ferner wird durch diese Pflicht gewährleistet, dass diese Informationen dem Börsenpublikum zeitnah zum Abschluss des Berichtszeitraums zur Verfügung gestellt werden. Darüber hinaus werden die Angaben dem Publikum stets in vollständiger Form und auf unbürokratische Weise zugänglich gemacht. Schließlich liegen die Informationen stets in einer Amts- oder Landessprache des jeweiligen Marktes oder in einer im Finanzsektor gängigen Sprache vor.

#### *f) Aktuelle Entwicklungen: Anwendung internationaler Rechnungslegungsgrundsätze auf die konsolidierten Abschlüsse börsennotierter Gesellschaften*

Die vierte und die siebte gesellschaftsrechtliche Richtlinie haben die Grundlagen für eine Koordinierung der Anforderungen an die externe Rechnungslegung der Gesellschaften geschaffen. Die Vorschriften hinsichtlich des Aufbaus, der Gliederung, der Prüfung und der Offenlegung wurden harmonisiert. Die mit den Richtlinien verfolgten Ziele der Publizität der wirtschaftlichen Verhältnisse von Kapitalgesellschaften und einer kapital- und gläubigerschützenden Ausschüttungsbemessung konnten verwirklicht werden.[616] Hinsichtlich des Inhalts wurde den Mitgliedstaaten durch die Beschränkung auf Mindestbedingungen[617] und die Einräumung zahlreicher Wahlrechte jedoch ein zu großer Spielraum belassen, um eine für die Bedürfnisse eines effizienten und vollständig integrierten Kapitalmarkts ausreichende Standardisierung und Vergleichbarkeit der von Europäischen Publikumsgesellschaften erstellten Jahresabschlüsse herbeizuführen.[618] Speziell der Konzernrechnungslegung wurde vorgeworfen, dass sie auf einer falschen Prämisse, dem Konzern als wirtschaftlichem Einheitsunternehmen aufbaue, während er sich rechtlich vielmehr

---

[616] S.o. unter 1. h); *Lutter*, Systembildung und Systemlücken, S. 121 ff. (139 f.).

[617] Art. 2 Abs. 6 der Jahresabschlussrichtlinie; Art. 16 Abs. 6 der Richtlinie über den konsolidierten Abschluss.

[618] *Lutter,* EuUntR, 4. Aufl. 1996, S. 60, 139; *Habersack*, EuGesR, Rn. 265; *Schwarz*, EuGesR, Rn. 407; *Schön,* ZGR 2000, S. 706 ff. (716 ff., 741); *van Hulle*, Das Europäische Bilanzrecht – Entwicklungen und Herausforderungen, 1994, S. 26 f.; *Groß*, ZGR 2000, S. 604 ff. (608); *Hennrichs,* ZGR 2000, S. 627 ff. (632 f.); *Hommelhoff,* RabelsZ 62 (1998), S. 381 ff. (395 f.); *Großfeld,* IntUntR, S. 104; *Raiser,* Kapitalgesellschaftsrecht, § 7 Rn. 20; *Edwards,* EC Company Law, S. 117.

durch die Spannung zwischen Einheit und Vielheit auszeichne. Das Konzernbilanzrecht sei auf einem Entwicklungsstand stehen geblieben, der den heutigen rechtlichen und ökonomischen Gegebenheiten nicht entspreche und den mitgliedstaatlichen Erkenntnissen zum Gesellschafts- und Konzernrecht mitsamt seinen Schutzkonzepten nicht mehr gerecht werde.[619]

Darüber hinaus erfüllen die nach den Richtlinien aufgestellten Abschlüsse nicht die auf internationaler Ebene, insbesondere von der amerikanischen „Securities and Exchange Commission" (SEC) geforderten Standards. Dies führt zu Wettbewerbsnachteilen europäischer Großunternehmen, die Kapital auf den internationalen Kapitalmärkten aufnehmen, da sie gezwungen sind, eigens hierfür unter erheblichem zusätzlichen Arbeits- und Kostenaufwand einen zweiten Abschluss nach internationalen Rechnungslegungs-systemen zu erstellen, die von privatrechtlich verfassten Standardsetzern ausgearbeitet werden, entweder nach den „US-GAAP"[620] oder nach den „IAS".[621]

Aber auch an einigen europäische Börsen, wie z.B. für das mittlerweile eingestellte Handelssegment „Neuer Markt" der Deutsche Börse AG, wird vorausgesetzt, dass die Jahresabschlüsse, die sowohl in den Prospekt aufzunehmen als auch regelmäßig zu veröffentlichen sind, den IAS oder US-GAAP entsprechen.[622]

*(I.) Vorteile der Rechnungslegung nach internationalen Standards*

Die nach diesen internationalen Rechnungslegungssystemen erstellten Abschlüsse dienen ausschließlich den Informationsbedürfnissen des Kapitalmarkts. Sie sind allein auf die Angemessenheit der Angaben („fair presentation") im Hinblick auf deren Nützlichkeit für die Investitionsentscheidung („decision usefulness") der aktuellen und potenziellen Anleger ausgerichtet. Aus diesem Grunde enthalten sie detailliertere, standardisierte Gliederungsschemata, die nahezu keine der Vergleichbarkeit entgegenstehenden Wahlrechte zulassen. Die Bilanzierung erfolgt nach optimistisch-dynamischen, informationsorientierten

---

[619] *Forum Europaeum Konzernrecht*, ZGR 1998, S. 672 ff. (700); *Busse von Colbe*, ZGR 2000, S. 651 ff. (651).

[620] „US Generally Accepted Accounting Principles" in den Vereinigten Staaten. Diese wendeten in Deutschland seit 1997 z.B. Daimler-Benz, die Deutsche Telekom, Preussen Elektra und VEBA an; *Kübler*, ZGR 2000, S. 550 ff. (554).

[621] International Accounting Standards. Im ersten Quartal von 2001 waren ca. 7000 Unternehmen auf den geregelten EU-Märkten notiert, wobei 275 bereits die IAS anwendeten, in Deutschland z.B. Deutsche Bank, Bayer und Schering; Begründung zum Verordnungsvorschlag der Kommission betreffend die Anwendung Internationaler Rechnungslegungsgrundsätze, DOK KOM (2001) 80 v. 13. 2. 2001, S. 6 f.; *Kübler*, ZGR 2000, S. 550 ff. (554); *Hommelhoff*, RabelsZ 62 (1998), S. 381 ff. (383, 389).

[622] Punkte 4.1.9. Abs. 3 und 7.3.2. Abs. 1 S. 1 des Regelwerks Neuer Markt der Deutsche Börse AG v. 10. 3. 1997, abgedruckt in: *Kümpel/Hammen/Ekkenga*, Band 2 Nr. 456; vgl. § 9 Abs. 2 Nr. 1 BörsG n.F. i.V.m. § 66a der Börsenordnung für die Frankfurter Wertpapierbörse v. 16. 12. 1994.

Bewertungsmethoden. Die periodengerechte Erfassung von Aufwendungen und Erträgen, auch der Ausweis nicht realisierter Gewinne, und eine an Marktwerten orientierte, zukunftsbezogene Bewertung stehen im Vordergrund. Da keine Rücksicht auf eine kapital- und gläubigerschützende Ausschüttungsbemessung genommen werden muss, erlaubt diese Bewertung einen verlässlicheren Einblick in die wirtschaftliche Situation des Unternehmens und gestattet eine realistischere Prognose hinsichtlich der Ertragsentwicklung. Denn die statische Bilanzierung gemäß dem Vorsichtsprinzip führt diesbezüglich zu einem verfälschten und verzerrten Bild.[623] Schließlich unterliegen die internationalen Rechnungslegungsstandards einer fortdauernden Anpassung durch die Erkenntnisse der Betriebswirtschaft und der Kapitalmarkttheorie.[624]

*(II.) Neuer Ansatz der Kommission („Binnenmarkt-Ansatz")*

Die Kommission verfolgte aus den oben beschriebenen Gründen im Bereich der Rechnungslegung seit 1995 einen neuen Ansatz:[625] Unter Wahrung und Weiterentwicklung des erreichten Harmonisierungsgrads soll die Lücke zwischen den gemeinschaftsrechtlichen Anforderungen an die Rechnungslegung und denen der internationalen Kapitalmärkte geschlossen werden. Statt langwieriger weitergehender Harmonisierungsbemühungen auf Europäischer Ebene[626] wurde die Öffnung des Europäischen Bilanzrechts für internationale Rechnungslegungssysteme angestrebt. Dabei bevorzugte die Kommission die vom „International Accounting Standards Board" (IASB)[627] in Zusammenar-

---

[623] *Schön*, ZHR 161 (1997), S. 133 ff. (146); *ders.*, ZGR 2000, S. 706 ff. (713, 719) m.w.Nachw.; *Pellens/Fülbier,* ZGR 2000, S. 572 ff. (584); *Hennrichs,* ZGR 2000, S. 627 ff. (629); *Hommelhoff,* RabelsZ 62 (1998), S. 381 ff. (386); *ders.,* ZGR 2000, S. 748 ff. (758 ff., 770); *Möllers,* ZGR 1997, S. 334 ff. (351).

[624] Zum Ganzen *Europäische Kommission,* Mitteilung: Harmonisierung auf dem Gebiet der Rechnungslegung: Eine neue Strategie im Hinblick auf die internationale Harmonisierung, DOK KOM (1995) 508 v. 14. 11. 1995, S. 12; *dies.*, Mitteilung der Kommission an den Rat und das Europäische Parlament: Rechnungslegungsstrategie der EU: Künftiges Vorgehen, DOK KOM (2000) 359 v. 13. 6. 2000, S. 5; *IASC,* IAS 2000, S. 9, 21; *van Hulle,* ZGR 2000, S. 537 ff. (538); *Schön*, ZHR 161 (1997), S. 133 ff. (145); *ders.,* ZGR 2000, S. 706 ff. (719 f., 734); *Pellens/Fülbier,* ZGR 2000, S. 572 ff. (573); *Großfeld*, Systembildung und Systemlücken, S. 289 ff. (296).

[625] *Europäische Kommission,* Mitteilung: Harmonisierung auf dem Gebiet der Rechnungslegung: Eine neue Strategie im Hinblick auf die internationale Harmonisierung, DOK KOM (1995) 508 v. 14. 11. 1995, S. 6 ff, *dies.,* Mitteilung der Kommission an den Rat und das Europäische Parlament: Rechnungslegungsstrategie der EU: Künftiges Vorgehen, DOK KOM (2000) 359 v. 13. 6. 2000.

[626] So noch *Europäische Kommission (Hrsg.),* Die Angleichung des Bilanzrechts in der EG: Probleme bei der Anwendung der Vierten Richtlinie, Amt für amtliche Veröffentlichungen der Europäischen Gemeinschaften, Brüssel/Luxemburg 1990; *van Hulle*, Das europäische Bilanzrecht – Entwicklungen und Herausforderungen, 1994, S. 21 ff.

[627] Der IASB besteht aus 14 unabhängigen hochqualifizierten Vertretern auf dem Gebiet der Rechnungslegung und Abschlussprüfung. Auf den IASB sind mit Wirkung vom 1. 4. 2001 die alleinigen Befugnisse zur Entwicklung internationaler Rechnungslegungs-

beit mit der „International Organisation of Securities Commissions" (IOSCO) aufgestellten wesentlichen internationalen Rechnungslegungsgrundsätze („Kernstandards") für multinational notierte Unternehmen, die IAS 2000[628]. Diese haben gegenüber den US-GAAP, die allein auf das US-amerikanische Umfeld zugeschnitten sind und von der SEC überwacht werden, den Vorteil,

---

standards, die vorher das International Accounting Standards Committee (IASC) innehatte, übergegangen. Er ersetzt den bisherigen Board des IASC. Das IASC ist eine seit 1973 bestehende private Organisation, deren Mitglieder, die in der IFAC (International Federation of Accountants) zusammengeschlossenen, mit der Rechnungslegung befassten Berufsverbände und Gremien, insb. weltweit operierende Wirtschaftsprüfungsgesellschaften, im Jahre 2000 aus 104 Ländern stammten. Das IASC erarbeitet umfassende, international anwendbare Standards für die externe Berichterstattung von Unternehmen mit dem Ziel, eine weltweite Harmonisierung der Rechnungslegung zu erreichen. Auch wenn die Rechnungslegungsgrundsätze rechtlich nicht verbindlich sind, werden sie doch weltweit von mehreren Großunternehmen und multinationalen Gesellschaften angewendet und haben zudem den Normsetzungsprozess in vielen Ländern beeinflusst. Das IASC ist aufgrund umfassender Reorganisationsmaßnahmen im März 2001 in eine selbständige, von Treuhändern geführte Stiftung (IASC Foundation) überführt worden. Der IASB besteht unter dem Dach dieser Stiftung; dessen Mitglieder werden von den Treuhändern bestellt. Weitere Gremien unter dem IASC sind der „Standard Advisory Council", der einem breiten Kreis von Einzelpersonen und Gruppen ein Forum zur Mitwirkung bei der Standardsetzung bietet, der „IASB Staff" sowie das bereits bestehende „Standards Interpretations Committee" (SIC), das Auslegungsbestimmungen zu den IAS festlegt. Letzteres wurde mit Wirkung zum 1. 4. 2001 umbenannt in „International Financial Reporting Interpretations Committee" (IFRIC). Die Umstrukturierung wurde von dem Ziel bestimmt, die IAS für die weltweite Verwendung auf den Kapitalmärkten zu den maßgeblichen Rechnungslegungsstandards von höchster Qualität zu machen, vgl. *IASC, Strategy Working Party,* Recommendations on Shaping IASC for the future, November 1999, www.iasc.org.uk/docs/swp/swp_rep.pdf; *IASC*, IAS 2000, S. 1 ff.; zu IFAC, IASC und IOSCO ausführlich *Bienert,* FS Budde, S. 87 ff. (91 ff.).

[628] Das IASC hat im Rahmen eines 1995 initiierten gemeinsames Arbeitsprogramms mit dem „Technical Committee" der IOSCO im Jahre 1999 die Entwicklung eines Pakets von „Kernstandards" (core set of rules) abgeschlossen, die in einer von der IOSCO zusammen mit dem IASC Board im Jahre 1993 erstellten Liste benannt wurden und die von Unternehmen, die eine multinationale Börsennotierung anstreben, angewendet werden sollen. Im Mai 2000 hat das „President's Committee" der IOSCO seinen Mitgliedern, den internationalen Wertpapieraufsichts- und -regulierungsbehörden, empfohlen, multinationalen Emittenten die Aufstellung ihrer Abschlüsse nach diesen Kernstandards und deren Verwendung für grenzüberschreitende öffentliche Angebote und die Börsennotierung auf allen Weltmärkten zu gestatten. Die Standards können ggfs. auf nationaler oder regionaler Basis in Bereichen ergänzt werden, die verbleibende wesentliche Streitpunkte hinsichtlich der Überleitung von Positionen, weitergehender Offenlegung und Auslegung betreffen. Vgl. *IOSCO, Technical Committee,* IASC Standards – Assessment Report, May 2000, http://www.iosco.org/iosco.html; *Europäische Kommission,* Mitteilung: Harmonisierung auf dem Gebiet der Rechnungslegung: Eine neue Strategie im Hinblick auf die internationale Harmonisierung, DOK KOM (1995) 508 v. 14. 11. 1995, S. 2, 4; *dies.,* Mitteilung der Kommission an den Rat und das Europäische Parlament: Rechnungslegungsstrategie der EU: Künftiges Vorgehen, DOK KOM (2000) 359 v. 13. 6. 2000, S. 4; *IASC*, IAS 2000, S. 1 ff.; *Forum Europaeum Konzernrecht,* ZGR 1998, S. 672 ff. (703).

mit internationaler Perspektive verfasst zu sein und Aussicht auf weltweite Akzeptanz zu haben.[629] Ferner hat die EU in den genannten Gremien, anders als bei den US-GAAP, Einfluss auf den Standardsetzungsprozess. Dieser müsste intensiviert werden, indem die Vertreter aus den einzelnen Mitgliedstaaten bei Abstimmungen einen gemeinsamen Kurs verfolgen.[630]

Um multinational operierenden Unternehmen den Zugang zu internationalen Märkten zu erleichtern, schlug die Kommission den Mitgliedstaaten zunächst vor, diesen unter Befreiung von den nationalen Vorschriften die Möglichkeit einzuräumen, ihre *konsolidierten* Abschlüsse nach den IAS oder den US-GAAP aufzustellen. Voraussetzung war jedoch, dass die Abschlüsse zugleich mit den Richtlinien in Einklang stehen.[631] Sieben Mitgliedstaaten haben entsprechende Maßnahmen getroffen.[632] Die Beschränkung der Regelungen auf kon-

---

[629] *Europäische Kommission,* Mitteilung an den Rat und das Europäische Parlament: Rechnungslegungsstrategie der EU: Künftiges Vorgehen, DOK KOM (2000) 359 v. 13. 6. 2000, S. 7; am 29. 10. 2002 haben der IASB und das verantwortliche Standardsetzungsorgan für die US-GAAP, der FASB (Financial Accounting Standards Board) ein „Memorandum of Understanding" verabschiedet, wonach beide bestehenden Regelwerke so schnell wie möglich, spätestens bis zum 1. 1. 2005 – dem Stichtag, ab dem EU-Unternehmen die IAS anwenden müssen – kompatibel gemacht werden sollen. Ferner sollen spätere Arbeitsprogramme, auch zwischen den jeweiligen Interpretations Committees koordiniert werden; www.iasc.org.uk/docs/press/2002pr/15.pdf. Dies wird die Anerkennung der IAS durch die SEC zur Folge haben; *Löw,* ZBB 2001, S. 19 ff. (29).

[630] Die Kommission war seit 1990 Mitglied der „Consultive Group" und wohnte dem ehemaligen „Board" als Beobachterin bei. Ferner ist sie, wie auch die IOSCO, Beobachterin ohne Stimmrecht des vom Board im Jahre 1997 errichteten IFRAC (vormals SIC); vier der zwölf Mitglieder des IFRAC stammen aus Mitgliedstaaten der EU; *IASC (Hrsg.),* IAS 2000, S. 3 ff. Nach der Restrukturierung ist der Einfluss der EU u.a. durch 12 von insgesamt 45 Vertretern aus den Mitgliedstaaten im „Standard Advisory Council" sowie der Stellung der Kommission (ebenso wie der SEC) als offizielle Beobachterin dieses Gremiums gewährleistet. Der „Standard Advisory Council" tagt mindestens dreimal jährlich zusammen mit dem IASB, berät diesen und muss vor wesentlichen Entscheidungen oder Projekten des IASB oder der IASC-Foundation konsultiert werden; www.iasc.org.uk; *van Hulle,* WPg 1998, S. 138 ff. (139); *ders.,* ZGR 2000, S. 537 ff. (547 f.); *Hommelhoff,* RabelsZ 62 (1998), S. 381 ff. (384 f.).

[631] Dieser Vorschlag beruht auf Art. 29 Abs. 2 der Richtlinie über den konsolidierten Abschluss, wonach die Mitgliedstaaten von den im Einzelabschluss verwendeten Bewertungsregeln abweichen können. Das „Einklang"-Gebot stammt aus Art. 7 Abs. 2 lit. b) bb) der Richtlinie über den konsolidierten Abschluss und muss bei der Anerkennung von konsolidierten Abschlüssen der Konzernmutter aus anderen Mitgliedstaaten im Rahmen der Befreiung von einem Teilkonzernabschluss berücksichtigt werden; s.o. unter 1. e); *Europäische Kommission,* Mitteilung: Harmonisierung auf dem Gebiet der Rechnungslegung: Eine neue Strategie im Hinblick auf die internationale Harmonisierung, DOK KOM (1995) 508 v. 14. 11. 1995, S. 3 f., 6; *Europäische Kommission,* Rechnungslegungsstrategie der EU: Künftiges Vorgehen, DOK KOM (2000) 359 v. 13. 6. 2000, S. 5; *van Hulle,* WPg 1998, S. 138 ff. (139).

[632] Neben Deutschland haben Belgien, Finnland, Frankreich, Italien, Luxemburg und Österreich entsprechende Maßnahmen getroffen; *van Hulle,* WPg 1998, S. 138 ff. (142 f.); *ders.,* ZGR 2000, S. 537 ff. (540 f.); *Kübler,* ZGR 2000, S. 550 ff. (552). In der Bundesrepublik ist es börsennotierten Gesellschaften durch die Einfügung von § 292a HGB er-

solidierte Abschlüsse wurde damit gerechtfertigt, dass sie einerseits im Mittelpunkt des Publizitätsinteresses des Kapitalmarkts stehen und andererseits neben der Informationsfunktion nicht wie die Einzelabschlüsse weitere vom harmonisierten und nicht harmonisierten nationalen Gesellschafts- und Steuerrecht beeinflusste Funktionen erfüllen müssen.[633]

Zur Schaffung eines Europäischen Kapitalmarkts wurde darüber hinaus eine Koordinierung innerhalb Europas für erforderlich gehalten. Im „Aktionsplan für Finanzdienstleistungen" von 1999 wurden Maßnahmen zur Verbesserung der Vergleichbarkeit der Jahresabschlüsse von EU-Aktiengesellschaften unter Berücksichtigung internationaler Rechnungslegungsgrundsätze und entsprechende Modernisierungen der Rechnungslegungsrichtlinien angekündigt.[634] Diese sollten außerdem für die Anwendung des Komitologieverfahrens geöffnet werden, um künftige Änderungen der Richtlinien im technischen Bereich zur Anpassung an internationale Standards zu erleichtern und zu beschleunigen.[635]

### *(III.) Diskussion und Entwicklung*

#### *(1.) Dynamische Auslegung*

Zunächst wurde im Wege einer „dynamischen Auslegung"[636] und großzügigen Interpretation der Richtlinien versucht, die Übereinstimmung der siebten

laubt, ihren Konzernabschluss statt nach den §§ 290 ff. HGB nach den IAS aufzustellen, wenn der Abschluss gleichzeitig den Europäischen Rechnungslegungsrichtlinien entspricht: Gesetz zur Verbesserung der Wettbewerbsfähigkeit deutscher Konzerne an Kapitalmärkten und zur Erleichterung der Aufnahme von Gesellschafterdarlehen (Kapitalaufnahmeerleichterungsgesetz, KapAEG) v. 20. 4. 1998, BGBl. I, S. 707; § 292a HGB tritt gem. Art. 5 KapAEG mit Wirkung vom 31. 12. 2004 außer Kraft; *Weber,* NJW 2000, S. 3461 ff. (3461 f.).

[633] S.o. unter 1. g); vgl. *Pellens/Fülbier,* ZGR 2000, S. 572 ff. (588); vgl. *Groß,* ZGR 2000, S. 604 ff. (604 f., 616); *Hommelhoff,* ZGR 2000, S. 748 ff. (771) m.w.Nachw.

[634] *Europäische Kommission,* Finanzdienstleistungen: Umsetzung des Finanzmarktrahmens: Aktionsplan, Mitteilung, DOK KOM (1999) 232 v. 11. 5. 1999, S. 6 f., 23: Hier war zunächst vorgesehen, die vierte und siebte Richtlinie dahingehend zu ändern, dass börsennotierte Unternehmen berechtigt werden, ihre Abschlüsse nach IAS aufzustellen, ohne dass in diesem Fall nationale Abweichungen zulässig sind. Auch der Europäische Rat von Lissabon hat zur Beschleunigung der Vollendung des Binnenmarkts für Finanzdienstleistungen auf Maßnahmen gedrängt, die die Vergleichbarkeit der Jahresabschlüsse von Unternehmen zugunsten von Unternehmen und Anlegern verbessern; vgl. die Schlussfolgerungen des Vorsitzes des Europäischen Rates von Lissabon (23. und 24. März 2000), Punkt 21, www.europa.eu.int/council/off/conclu/mar2000_de.pdf; *van Hulle,* ZGR 2000, S. 537 ff. (538 ff., 543, 545); *Grünwald,* EuGesR, S. 25; *Hopt,* Systembildung und Systemlücken, S. 307 ff. (329 f.).

[635] *Van Hulle,* Das Europäische Bilanzrecht – Entwicklungen und Herausforderungen, 1994, S. 23 f.; *Europäische Kommission,* Harmonisierung auf dem Gebiet der Rechnungslegung – Eine neue Strategie im Hinblick auf die internationale Harmonisierung, DOK KOM (1995) 508 v. 14. 11. 1995, S. 7.

[636] Diesen Begriff hat *van Hulle* in diesem Zusammenhang erstmals verwendet, WPg 1998, S. 138 ff. (147).

Richtlinie mit den bestehenden IAS herzuleiten. Der damit betraute Kontaktausschuss für Richtlinien der Rechnungslegung[637] stellte eine weitgehende Konformität fest;[638] diesem Ergebnis schloss sich die Kommission an.[639] Entsprechende Untersuchungen mit ähnlichen Ergebnissen fanden auch auf nationaler Ebene statt.[640]

Dieser Ansatz wurde im Schrifttum heftig kritisiert. Eine dynamische Interpretation der siebten Richtlinie zugunsten kapitalmarktorientierter Bedürfnisse sei ohne förmliche Änderung der Richtlinie unzulässig. Eine unterschiedliche Auslegung der siebten im Verhältnis zur vierten Richtlinie sei aufgrund ihrer engen Verknüpfung nicht möglich. Die Zurückdrängung des Vorsichtsprinzips zugunsten der Informationsfunktion sei mit den im Zusammenhang mit dem Einzelabschluss stehenden kapital- und gläubigerschützenden Ausschüttungsbemessungsregeln der Kapitalrichtlinie nicht vereinbar. Der innere Widerspruch zwischen Informations- und Ausschüttungsfunktion könne nicht ohne Änderung der Richtlinien beseitigt werden, ohne den Geltungsanspruch des harmonisierten Bilanzrechts in Frage zu stellen.[641] Der Ausschüttungsbemessungs- und Kapitalschutzfunktion der Handelsbilanz und der reinen Infor-

---

[637] Dieser Kontaktausschuss wurde durch Art. 52 der Jahresabschlussrichtlinie eingesetzt und sein Aufgabenbereich durch weitere Richtlinien erweitert; siehe Art. 47 der Richtlinie über den konsolidierten Abschluss; Art. 29 der Prüferbefähigungsrichtlinie; Art. 17 der Zweigniederlassungsrichtlinie; *Schwarz*, EuGesR, Rn. 502.

[638] *Europäische Kommission*, Mitteilung: Harmonisierung auf dem Gebiet der Rechnungslegung: Eine neue Strategie im Hinblick auf die internationale Harmonisierung, DOK KOM (1995) 508 v. 14. 11. 1995, S. 7; dazu *Edwards,* EC Company Law, S. 155, 197 f.

[639] *Kontaktausschuss für Richtlinien der Rechnungslegung*: Eine Prüfung der Konformität zwischen den Internationalen Rechnungslegungsgrundsätzen und den Europäischen Rechnungslegungs-Richtlinien, Europäische Kommission, Amt für amtliche Veröffentlichungen der Europäischen Gemeinschaften, Luxemburg 1996; *ders.*, Prüfung der Vereinbarkeit zwischen IAS 1 und den Europäischen Rechnungslegungsrichtlinien, Luxemburg 1998; zusammenfassend: *Europäische Kommission, Generaldirektion XV: Binnenmarkt und Finanzdienstleistungen*, Prüfung der Konformität zwischen den internationalen Rechnungslegungsgrundsätzen und den Europäischen Rechnungslegungsrichtlinien, Brüssel, 27. 4. 1999; diese Dokumente sind abrufbar unter http://www.europa.eu.int/comm/internal_market/en/company/account/ias/700396de.pdf, 7030de.pdf und 6005de.pdf. Beachte die weiteren Untersuchungen in diesem Bereich, nachgewiesen bei *van Hulle*, ZGR 2000, S. 535 ff. (541 Fn. 7). *Europäische Kommission,* Mitteilung zu Auslegungsfragen im Hinblick auf bestimmte Artikel der Vierten und Siebten Richtlinie des Rates auf dem Gebiet der Rechnungslegung, ABl. EG Nr. C 143 v. 20. 1. 1998, S. 5.

[640] Vgl. die Ausführungen des gemäß § 342 HGB errichteten *Deutschen Rechnungslegungs Standards Committee (DRSC),* Deutscher Rechnungslegungsstandard Nr. 1 (E-DRS 1) – Befreiender Konzernabschluss nach § 292a HGB v. 23. 5. 2000; dazu *Löw,* ZBB 2001, S. 19 ff. (26 f.); *Schön,* ZGR 2000, S. 706 ff. (721 ff.). Ähnliche Aufgaben nimmt in Frankreich das „Comité de Règlementation Comptable" wahr, *van Hulle,* ZGR 2000, S. 535 ff. (546 f.).

[641] *IDW,* WPg 1998, S. 183 ff.; vgl. dazu die Stellungnahme von *van Hulle,* WPg 1998, S. 138 ff. (143 ff.); *Schön,* ZGR 2000, S. 706 ff. (720 f., 725).

mationsfunktion der auf dem Kapitalmarkt zu verwendenden konsolidierten Abschlüsse könne nicht gleichzeitig innerhalb des bestehenden Europäischen Rechnungslegungssystems Rechnung getragen werden.[642]

*(2.) Keine Neuverhandlung der Richtlinien*

Aber auch eine Neuverhandlung der Richtlinien hätte nicht zur Erreichung der von der Kommission gesteckten Ziele in der gebotenen Eile geführt. Außerdem sollten die vielen hunderttausend kleinen und mittelständischen nicht börsennotierten EU-Unternehmen, insbesondere in Form der GmbH, durch Änderung der Richtlinien nicht mit zusätzlichen kostenintensiven Bilanzierungspflichten belastet werden, die der Gläubigerschutz nicht erfordert: Diese Unternehmen treten aktuellen und potenziellen Gesellschaftern und Gläubigern individuell und nicht vermittelt durch den anonymen Kapitalmarkt gegenüber. Die nach den Rechnungslegungsrichtlinien aufgestellten Abschlüsse reichen aus, um über den Stand der Haftungsmasse und den Umfang der Gewinnanteile dieser Unternehmen zu informieren. Besteht darüber hinausgehender Informationsbedarf, kann dieser von den betroffenen Personen durch Einzelverträge, die auf den konkreten Fall optimal abgestimmt werden können, abgesichert werden. Eine Notwendigkeit für eine ausführlichere, an den Bedürfnissen des Kapitalmarkts orientierte Rechnungslegung dieser Unternehmen besteht demnach nicht.[643]

*(3.) Sonderrecht für börsennotierte Gesellschaften*

Dies sprach dafür, für börsennotierte Gesellschaften ein neben der vierten und siebten Richtlinie stehendes eigenständiges Informationsbilanzsystem einzuführen. Bei diesen Gesellschaften ist der Jahresabschluss das wesentliche Verbindungsglied zwischen Emittenten und Anlegern; er ist die Hauptquelle für Finanzinformationen seiner Adressaten; individuelle Zusatzinformationen sind in der Regel nicht realisierbar.[644] Dies gilt vor allem für künftige Anleger, die noch

---

[642] *Ekkenga,* Anlegerschutz, S. 106 f.; *ders.,* BB 2001, S. 2362 ff. (2365); *IDW,* WPg 1998, S. 183 ff.; *van Hulle,* ZGR 2000, S. 537 ff. (548); *Schön,* ZHR 161 (1997), S. 133 ff. (158), *ders.,* ZGR 2000, S. 706 ff. (738) m.w.Nachw.; *Pellens/Fülbier,* ZGR 2000, S. 572 ff. (581, 586).

[643] *Schön,* ZHR 161 (1997), S. 133 ff. (158); *ders.,* ZGR 2000, S. 706 ff. (730 ff.); *Pellens/Fülbier,* ZGR 2000, S. 572 ff. (579, 586, 592 f.); *Hommelhoff,* RabelsZ 62 (1998), S. 381 ff. (398).

[644] Teilweise wird dem Auskunftsrecht des Aktionärs auf der Hauptversammlung einer börsennotierten Gesellschaft eine kapitalmarktspezifische Informationsfunktion zugeschrieben. *Hopt* hat das Auskunftsrecht des individuellen Aktionärs auf der Hauptversammlung im Jahre 1976 nicht allein als Ausprägung der gesellschaftsinternen Beziehung des Aktionärs zu seiner Gesellschaft verstanden, sondern einen engen Zusammenhang zwischen Regelpublizität und Auskunft gesehen. Das Auskunftsrecht setze die Rechnungslegung voraus und komplettiere sie auf die besonderen Informationsbedürfnisse des Fragenden. Darin wurde ein „aktienrechtliches Informationssystem" erblickt. Daher müsse auch die kapitalmarktrechtliche Sicht auf das Auskunftsrecht erstreckt werden, ins-

in keiner Rechtsbeziehung zur Gesellschaft stehen. Daher müssen die Rechnungslegungsdaten solcher Gesellschaften hinsichtlich ihres Inhalts, ihres Umfangs und ihrer Zeitnähe so ausgestaltet sein, dass sie den Informationsbedürfnissen aktueller und potenzieller Anleger vollständig genügen.[645] Sie müssen ferner prognosetauglich hinsichtlich der künftigen Wertentwicklung der Kapitalanlage sein und auf diese Weise eine Investitionsentscheidung unterstützen können.

Darüber hinaus untermauern die Jahresabschlüsse das gesamte System der Kapitalmarktinformationen (Prospekte und Regelpublizität). Eine internationale Standardisierung ist daher notwendig, um das hohe Niveau an Vergleichbarkeit zu erreichen, das für einen integrierten Europäischen Wertpapiermarkt erforderlich ist. Entsprechende Rechnungslegungsstandards, auf die man sich geeinigt hat, müssten innerhalb des gesamten Geltungsbereichs ordnungsgemäß angewandt und mit Hilfe wirksamer, gleichwertiger Sanktionen durchgesetzt werden, um die Effizienz der Märkte zu gewährleisten. Das Bilanzsystem müsste ferner flexibel sein, um die fortschreitenden betriebswirtschaftlichen Erkenntnisse sowie die Finanzmarkttheorie schnellstmöglich berücksichtigen zu können.[646]

*(4.) Parallelführung von Ausschüttungs- und Informationsbilanz*

Im deutschen Schrifttum wurde eine zweigleisige Vorgehensweise propagiert. Alle Unternehmen sollten ihre Einzel- und konsolidierten Abschlüsse gemäß der vierten und siebten Richtlinie aufstellen. Börsennotierte Unternehmen sollten zusätzlich für die Zwecke des Kapitalmarkts beide Abschlüsse gemäß den IAS aufstellen.[647] Damit wären die Abschlüsse „monofunktional" ausgestaltet und für den jeweiligen Verwendungszweck – Ausschüttungsbemessung, Gläubiger- bzw. Kapitalschutz gemäß dem Vorsichtsprinzip einerseits und Anlegerschutz durch Transparenz und Information andererseits – optimal geeignet.[648]

---

besondere weil sie nicht individuell gegenüber dem Aktionär, sondern gegenüber der Hauptversammlung erteilt werden müsse (§§ 131 Abs. 1, 4 AktG). Das beweist für *Hopt*, dass der fragende Aktionär auch das allgemeine Anlegerpublikum repräsentiert. Der kapitalmarktrechtliche Bezug verwirkliche sich darin, dass die öffentlich in der Hauptversammlung gegebene Information von den dort anwesenden Mitaktionären, Bankvertretern und Pressebeobachtern durch Berichterstattung oder Orders an die Öffentlichkeit getragen wird; *Hopt*, ZHR 141 (1977), S. 389 ff. (404); vgl. *Möllers*, ZGR 1997, S. 334 ff. (356 ff.) zuletzt *Merkt*, Unternehmenspublizität, 4. Teil, 1. Kap. I. 4; ablehnend *Hommelhoff*, ZGR 2000, S. 748 ff. (767 f.).

[645] *IASC*, IAS 2000, Rahmenkonzept, §§ 6, 8, IAS 1 § 2, S. 30 f., 62; vgl. *Ekkenga*, BB 2001, S. 2362 ff. (2363).

[646] *Europäische Kommission*, Mitteilung an den Rat und das Europäische Parlament: Rechnungslegungsstrategie der EU: Künftiges Vorgehen, DOK KOM (2000) 359 v. 13. 6. 2000, S. 3.

[647] *van Hulle*, WPg 1998, S. 138 ff. (151); *Schön*, ZHR 161 (1997), S. 133 ff. (158 f.); *ders.*, ZGR 2000, S. 706 ff. (732 ff.); *Kübler*, ZGR 2000, S. 550 ff. (555 ff.); *IASC*, IAS 2000, S. 30 ff.; *Hennrichs*, ZGR 2000, S. 627 ff. (630, 648).

[648] *Pellens/Fülbier*, ZGR 2000, S. 572 ff. (586 f.); *Ekkenga*, BB 2001, S. 2362 ff. (2365).

Dem Einwand des damit verbundenen erheblichen Kostenaufwands könnte man entgegensetzen, dass – anders als bei nicht börsennotierten Unternehmen – höhere Informationsbereitstellungskosten bei diesen Unternehmen vertretbar sind. Hier geht es nicht um den Schutz individualisierbarer Gesellschafter und Gläubiger, die sich über Einzelverträge absichern können, sondern neben dem Schutz des anonymen Anlegerpublikums letztendlich um die volkswirtschaftliche Bedeutung funktionierender Kapitalmärkte.[649] Ferner kann der zusätzliche Aufwand durch die heutigen Möglichkeiten moderner Buchhaltung bewerkstelligt und durch die Chance zur Erlangung internationalen Investitionskapitals kompensiert werden.[650]

Der Gefahr der Anlegerverwirrung durch in unterschiedlichem Zusammenhang veröffentlichte unterschiedliche Zahlen wäre entgegenzuhalten, dass allein die aufgrund der IAS erstellten Informationsbilanzen auf dem Europäischen Kapitalmarkt verwendet und gemäß den entsprechenden Vorschriften verbreitet würden. Die nach den nationalen Umsetzungsvorschriften der vierten und siebten Richtlinie erstellten Abschlüsse würden nur noch im Rahmen der handelsrechtlichen Registerpublizität verwendet, die den einzelnen Investor in der Regel ohne ein erhebliches Maß an Eigeninitiative nicht erreichen.[651] Eine Verwirrung des breiten Anlegerpublikums wäre also nicht zu befürchten.

### *(IV.) Ergebnis: Verordnung „betreffend die Anwendung internationaler Rechnungslegungsgrundsätze"*

#### *(1.) Gesetzgebungsverfahren*

Ungeachtet der kritischen Anregungen im Schrifttum hat die Kommission einen anderen Weg eingeschlagen: Sie hat dem Rat auf dessen Aufforderung[652] am 13.2.2001 einen auf Art. 95 Abs. 1 EG gestützten Verordnungsvorschlag „betreffend die Anwendung internationaler Rechnungslegungsgrundsätze" vorgelegt.[653] Die Wahl von Art. 95 EG als Ermächtigungsnorm verdeutlicht, dass die Errichtung und das Funktionieren des Europäischen Kapitalmarkts als Teil des Binnenmarkts im Vordergrund steht, und nicht mehr – wie bei den Rechnungslegungsrichtlinien – der Schutz von Gläubigern und Dritten i.S. des Art. 44 Abs. 2 lit. g) EG.[654] Ferner konnte man eine Verordnung nur auf diese Rechtsgrundlage stützen.[655] Eine solche wird für erforderlich gehalten, um der

---

[649] *Pellens/Fülbier,* ZGR 2000, S. 572ff. (586).

[650] *Schön,* ZHR 161 (1997), S. 133ff. (159); *ders.,* ZGR 2000, S. 706ff. (733).

[651] S.o. unter d) (VIII.).

[652] Schlussfolgerungen des ECOFIN-Rates vom 17.7.2000.

[653] Vorschlag für eine Verordnung des Europäischen Parlaments und des Rates betreffend die Anwendung internationaler Rechnungslegungsgrundsätze, DOK KOM (2001) 80 v. 13.2.2001.

[654] Vgl. 3.–5. Erwägungsgrund, Art. 1 der Verordnung v. 19.7.2002, ABl. EG Nr. L 243 v. 19.7.2002, S. 1ff. (1, 3).

[655] S.o. Erster Teil, Drittes Kapitel unter C. II.

Vergleichbarkeit im Wege stehende nationale Abweichungen auszuschließen und eine schnelle gemeinschaftsweite Geltung zu gewährleisten.[656]

Im Juli 2001 hat der Wirtschafts- und Sozialausschuss den Verordnungsvorschlag grundsätzlich begrüßt.[657] Auch der Rat befürwortete das Vorgehen der Kommission. Die Sitzungen des Rechtsausschusses sowie des Wirtschafts- und Währungsausschusses des Europäischen Parlaments endeten ebenfalls mit einem positiven Ergebnis. Die Kommission hat die dennoch geforderten Änderungswünsche aufgenommen; die Verordnung wurde mit geringfügigen Änderungen am 19.7.2002 angenommen und ist am 14.9.2002 in Kraft getreten.[658]

*(2.) Regelungsgehalt*

Die Verordnung verpflichtet alle Gesellschaften, die dem Recht eines Mitgliedstaats unterliegen, ihre *konsolidierten* Abschlüsse für Geschäftsjahre, die nach dem 1.1.2005 beginnen, nach den von der Kommission übenommenen internationalen Rechnungslegungsstandards aufzustellen, wenn ihre Wertpapiere am jeweiligen Bilanzstichtag zum Handel auf einem geregelten Markt der EU i.S. v. Art. 1 Abs. 13 der WpDlR zugelassen sind.[659]

„Internationale Rechnungslegungsstandards" werden in Art. 2 der Verordnung definiert als die vom IASB herausgegebenen IAS, die „International Financial Reporting Standards" (IFRS) und damit verbundene Auslegungen (SIC/IFRIC-Intepretationen) sowie spätere Änderungen und Neufassungen dieser Standards und damit verbundene Auslegungen, die vom IASB herausgegeben oder angenommen wurden.[660]

[656] Begründung, 10. Erwägungsgrund des Verordnungsvorschlags, DOK KOM (2001) 80 v. 13.2.2001, S. 3f., 11; dies entspricht dem Vorschlag von *Schön*, ZGR 2000, S. 706 ff. (736 f.).

[657] Stellungnahme des Wirtschafts- und Sozialausschusses v. 11.7.2001, ABl. EG Nr. C 260 v. 17.9.2001, S. 86 ff.

[658] Art. 11 (3 Tage nach ihrer Veröffentlichung im Amtsblatt); Verordnung (EG) Nr. 1606/2002 des Europäischen Parlaments und des Rates v. 19.7.2002 betreffend die Anwendung internationaler Rechnungslegungsstandards, ABl. EG Nr. L 243 v. 11.9.2002, S. 1 ff.

[659] 2. Erwägungsgrund, Art. 4 der Verordnung v. 19.7.2002. Für EU-Unternehmen, deren Wertpapiere sowohl in der Gemeinschaft als auch in einem Drittland zum Handel auf einem geregelten Markt zugelassen sind, und die ihren konsolidierten Abschlüssen bereits primär andere internationale Rechnungslegungsstandards, insb. die US-GAAP zugrunde legen, sowie für Unternehmen, von denen ausschließlich Schuldtitel auf einem geregelten Markt gehandelt werden, kann die Frist bis zum 1.1.2007 verlängert werden; 17 Erwägungsgrund, Art. 9 der Verordnung. ABl. EG Nr. L 243 v. 11.9.2002, S. 1 ff. (1, 3 f.).

[660] Die IAS und die SIC-Interpretations sind die unter der bis zum 30.3.2001 geltenden Verfassung des IASC aufgestellten Standards und Interpretationen. Die ab dem 1.4.2001 unter der neuen Verfassung erlassenen oder geänderten künftigen Standards heißen International Financial Reporting Standards (IFRS), die Interpretationen des International Financial Reporting Interpretations Committee (IFRIC, vormals SIC) heißen IFRIC-Interpretations. Die bisherigen Standards, insbesondere die IAS 2000, sowie die SIC-Interpretations bleiben gültig, bis sie geändert oder aufgehoben werden.

Diese müssen zur Anwendung innerhalb der EU im Wege des Komitologieverfahrens unter Beteiligung neu einzusetzender Ausschüsse nach einem speziellen Anerkennungsmechanismus[661] übernommen werden, um ihre demokratische Legitimation zu gewährleisten.[662] Sie dürfen nur übernommen wer-

---

Resolution des IASB v. 1. 4. 2001, abrufbar unter www.iasc.org.uk/standards; 7. Erwägungsgrund der Verordnung v. 19. 7. 2002, ABl. EG Nr. L 243 v. 11. 9. 2002, S. 1 ff. (2).

[661] Um die demokratische Legitimation der Anwendung der von der privatrechtlich organisierten IASC erstellten IAS innerhalb der EU und die öffentliche Überwachung zu gewährleisten, ist ein zweigliedriger EU-Anerkennungsmechanismus vorgesehen: Auf der Regelungsebene wird entsprechend Art. 202 3. Gedankenstrich EG i.V.m. Art. 5 des Beschlusses 1999/468/EG vom 28. 6. 1999 (interinstitutioneller Komitologiebeschluss) ein „Regelungsausschuss auf dem Gebiet der Rechnungslegung" eingesetzt, der aus Vertretern aller Mitgliedstaaten besteht und dessen Vorsitz ein Vertreter der Kommission führt. Der Ausschuss hat seine Tätigkeit Ende 2001 aufgenommen und soll in Zusammenarbeit mit der Kommission darüber befinden, ob ein IAS-Rechnungslegungsgrundsatz von der EU angenommen wird oder nicht und zu welchem Zeitpunkt er in der EU anzuwenden ist. Auf der zweiten Stufe des Anerkennungsmechanismus, der Sachverständigenebene, wird im Vorfeld der Annahme eines IAS-Grundsatzes ein „Technischer Ausschuss auf dem Gebiet der Rechnungslegung" tätig, der die Kommission dabei unterstützt, das IASC-Standardsetzungsverfahren in allen seinen Phasen aktiv und kontinuierlich zu verfolgen. Der „Technische Ausschuss" wird ferner die Kommission darüber beraten, inwieweit eine Änderung der Rechnungslegungsrichtlinien angesichts internationaler Entwicklungen auf dem Gebiet der Rechnungslegung angezeigt ist. Dieser Ausschuss wurde am 26. 6. 2001 in Form der „Europäischen Beratenden Gruppe für die Vorlage von Abschlüssen" (European Financial Reporting Advisory Group – EFRAG) gegründet und trat erstmals im September 2001 zusammen. Er besteht aus führenden Sachverständigen aus den Bereichen der Abschlussersteller, -adressaten und -prüfern; vgl. zum Kreis der Beteiligten DOK KOM (2001) 80, S. 24 (Folgenabschätzungsbogen). Der AEWRB (ehemals FESCO, s.o. Erster Teil, Zweites Kapitel, C. III. 2.), der EWA und die Kommission haben in diesem Ausschuss einen Beobachterstatus, vgl. *van Hulle*, BB 2001, Heft 33, „Die erste Seite"; *Goethel*, DB 2001, S. 2057 ff. (2060). Der Anerkennungsmechanismus soll nur dann intervenieren, wenn die Rechnungslegungsgrundsätze und die Bestimmungen zu deren Auslegung des IFRAC (vormals SIC) erhebliche Mängel aufweisen oder bestimmten Merkmalen nicht gerecht werden, die für das wirtschaftliche oder rechtliche Umfeld der EU charakteristisch sind. Die Hauptaufgabe dieses Mechanismus sollte in der Bestätigung bestehen, dass die IAS eine geeignete Grundlage für die Rechnungslegung börsennotierter EU-Unternehmen bilden; Begründung zum Verordnungsvorschlag, DOK KOM (2001) 80 v. 13. 2. 2001, S. 5 ff.; kritisch *Hommelhoff*, RabelsZ 62 (1998), S. 381 ff. (401). Gemäß Art. 7 der Verordnung v. 19. 7. 2002 ist die Kommission verpflichtet, sich mit dem Regelungsausschuss regelmäßig über den Stand laufender Vorhaben des IASB ins Benehmen zu setzen, um die Erörterungen über die Übernahme von ggfs. aus diesen Vorhaben hervorgehenden Standards zu erleichtern. Ferner soll die Kommission dem Ausschuss frühzeitig mitteilen, wenn sie die Übernahme eines Standards nicht vorschlagen will; ABl. EG Nr. L 243 v. 11. 9. 2002, S. 1 ff. (4).

[662] Begründung, Art. 4 des Verordnungsvorschlags, DOK KOM (2001) 80 v. 13. 2. 2001 S. 6 f., 12, 23; so schon *Europäische Kommission*, Mitteilung der Kommission an den Rat und das Europäische Parlament: Rechnungslegungsstrategie der EU: Künftiges Vorgehen, DOK KOM (2000) 359 v. 13. 6. 2000, S. 2, 8 ff.; dies forderte bereits *Schön*, ZGR 2000, S. 706 ff. (736 f.); im Einzelnen *Ekkenga*, BB 2001, S. 2362 ff. (2369); *Heinzten*, BB 2001, S. 825 ff.

den, wenn sie dem Grundsatz des „true and fair view" i.S. der vierten und siebten gesellschaftsrechtlichen Richtlinie nicht zuwiderlaufen, dem europäischen öffentlichen Interesse („European public good") entsprechen und „den Kriterien der Verständlichkeit, Erheblichkeit, Verlässlichkeit und Vergleichbarkeit genügen, die Finanzinformationen erfüllen müssen, um wirtschaftliche Entscheidungen und die Bewertung der Leistung einer Unternehmensleitung zu ermöglichen." Letztere Kriterien hinsichtlich der Informationsqualität werden als grundlegend angesehen, damit die Abschlüsse für die Adressaten von Nutzen sind. Das „true and fair view" – Prinzip soll zwar im Lichte der Rechnungslegungsrichtlinien zu verstehen sein, erfordert aber keine strenge Einhaltung ihrer einzelnen Bestimmungen.[663]

Die bisher durch Verordnung der Kommission vom 29.9.2003 angenommenen IAS und Auslegungsgrundsätze des SIC entsprechen weitgehend der Liste der von der IASC (jetzt IASB) verabschiedeten „Kernstandards".[664] Der Anerkennungsmechanismus hat die Aufgabe, die Übereinstimmung eines in Rede stehenden Standards mit den Rechnungslegungsrichtlinien zu bestätigen – von der regelmäßig auszugehen ist – und seine Zweckmäßigkeit als Grundlage für die Rechnungslegung in der EU zu bewerten. Bei Unstimmigkeiten sollen Änderungen der Rechnungslegungsrichtlinien ausgearbeitet werden.[665] Im Ergebnis wird es der Kommission möglich sein, ihre Vorschläge im Rat mit 29,9% der Stimmen durchzusetzen.[666]

Auf *Einzelabschlüsse* soll die Verpflichtung nicht ausgedehnt werden, da diese nach den nationalen Rechts- und Steuervorschriften einiger Mitgliedstaaten weitere Funktionen erfüllt, die die Anwendung der IAS als unangemessen erscheinen lassen oder sogar verbieten.[667] Die Verordnung enthält jedoch ein

---

[663] 9. Ewägungsgrund, Art. 6 der Verordnung v. 19.7.2002, ABl. EG Nr. L 243 v. 11.9.2002, S. 1 ff. (2 f.).

[664] Verordnung (EG) Nr. 1725/2003 der Kommission v. 29.9.2003 betreffend die Übernahme bestimmter internationaler Rechnungslegungsstandards in Übereinstimmung mit der Verordnung (EG) Nr. 1606/2002 des Europäischen Parlaments und des Rates, ABl. EG Nr. L 261 v. 13.10.2003, S. 1 ff.; s.o. unter (II.).

[665] Vgl. die Begründung zum Verordnungsvorschlag, DOK KOM (2001) 80 v. 13.2.2001, S. 5, 7; in diese Richtung weisend bereits *Europäische Kommission,* Mitteilung: Harmonisierung auf dem Gebiet der Rechnungslegung: Eine neue Strategie im Hinblick auf die internationale Harmonisierung, DOK KOM (1995) 508 v. 14.11.1995, S. 2; *dies.,* Rechnungslegungsstrategie der EU: Künftiges Vorgehen – Mitteilung der Kommission an den Rat und das Europäische Parlament, DOK KOM (2000) 359 v. 13.6.2000, S. 5, 9. Gemäß Art. 3 Abs. 3 der Verordnung v. 19.7.2002 muss im Rahmen des Anerkennungsverfahrens bis zum 31.12.2002 über die Anwendbarkeit der bei Inkrafttreten der Verordnung vorliegenden internationalen Rechnungslegungsstandards in der Gemeinschaft entschieden werden, ABl. EG Nr. L 243 v. 11.9.2002, S. 1 ff. (3).

[666] *Ernst,* BB 2001, S. 823 ff. (824); *Goethel,* DB 2001, S. 2057 ff. (2059 f.).

[667] S.o. unter 1. h); *Europäische Kommission,* Mitteilung: Harmonisierung auf dem Gebiet der Rechnungslegung: Eine neue Strategie im Hinblick auf die internationale Harmonisierung, DOK KOM (1995) 508 v. 14.11.1995, S. 8; *dies.,* Mitteilung der Kommis-

Wahlrecht, demzufolge die Mitgliedstaaten den genannten Publikumsgesellschaften für die Aufstellung von Einzelabschlüssen die Anwendung angenommener IAS vorschreiben oder gestatten können. Ebenso können die Mitgliedstaaten Unternehmen, die sich nicht des öffentlichen Kapitalmarkts bedienen, die Anwendung der selben Rechnungslegungsgrundsätze gestatten oder vorschreiben, wie sie von Publikumsgesellschaften anzuwenden sind.[668]

Um den praktischen Anforderungen der Verordnung zu genügen, mussten die betreffenden Unternehmen bereits 2003 beginnen, ihre konsolidierten Abschlüsse gemäß den angenommenen IAS aufzustellen bzw. sie entsprechend zu überarbeiten, so dass sie 2005 in der Lage sind, einen IAS-konformen konsolidierten Abschluss für dieses Geschäftsjahr vorzulegen. Entsprechendes gilt für die Angaben zu den beiden vorherigen Geschäftsjahren, um das Kriterium der Vergleichbarkeit erfüllen zu können, das sowohl von den Rechnungslegungsrichtlinien als auch von den IAS-Normen vorgeschrieben wird.[669]

*(3.) Verhältnis der Verordnung zur vierten und siebten Richtlinie*

Die Verordnung soll die Bestimmungen der vierten und siebten Richtlinie ergänzen.

Die Einhaltung der Richtlinien gilt somit weiterhin für alle Gesellschaften, und die Anwendung der IAS stellt eine zusätzliche Verpflichtung für börsennotierte Unternehmen dar. Der Inhalt des Einzelabschlusses richtet sich für alle Kapitalgesellschaften nach der vierten Richtlinie und bleibt weitgehend unabhängig von den kapitalmarktrechtlichen Anforderungen infolge von Globalisierung und Internationalisierung.[670]

Die Konzernrechnungslegung erfährt eine Zweiteilung: Börsennotierte Unternehmen stellen ihren konsolidierten Abschluss nach den IAS auf, die übrigen Gesellschaften gemäß der siebten Richtlinie. Da die Kommission davon ausgeht, dass überwiegend eine Konformität zwischen den IAS und der siebten Richtlinie besteht, genügen börsennotierte Gesellschaften durch die Anwendung der IAS gleichzeitig der siebten Richtlinie und sind deshalb von der

---

sion an den Rat und das Europäische Parlament: Rechnungslegungsstrategien der EU: Künftiges Vorgehen, DOK KOM (2000) 359 v. 13. 6. 2000, S. 7.

[668] 13. Erwägungsgrund, Art. 5 der Verordnung v. 19. 7. 2002, ABl. EG Nr. L 243 v. 11. 9. 2002, S. 3; dadurch können die Mitgliedstaaten eine einheitliche Anwendung angenommener IAS in so wichtigen Sektoren wie dem Bank- oder dem Versicherungswesen vorschreiben, unabhängig davon, ob die Unternehmen börsennotiert sind oder nicht; vgl. Begründung zum Verordnungsvorschlag v. 13. 2. 2001, DOK KOM (2001) 80, S. 4, 11 f.

[669] Folgenabschätzungsbogen zum Verordnungsvorschlag v. 13. 2. 2001, DOK KOM (2001) 80, S. 23.

[670] Vgl. *Groß,* ZGR 2000, S. 604 ff. (618); eine ähnliche Parallelführung von Ausschüttungs- und Informationsbilanz in jeweils gesonderten Rechenwerken forderte bereits *Schön,* ZHR 161 (1997), S. 133 ff. (158); *ders.,* ZGR 2000, S. 706 ff. (738 ff.); vgl. *Göthel,* DB 2001, S. 2057 ff. (2058).

Anwendung der nationalen Umsetzungsvorschriften befreit. Der Abschluss börsennotierter Gesellschaften ist detaillierter und um einige Bestandteile erweitert.[671] Somit führt die Verordnung zu einer Verschärfung der gemeinschaftsrechtlichen Pflichten börsennotierter Gesellschaften. Für diese entsteht im Bereich der Rechnungslegung ein Sonderrecht.[672]

*(V.) Kritikpunkte an der Verordnung*

*(1.) Unklarheiten und Systemlücken*

Ungelöst bleibt die vom Schrifttum erkannte Problematik, wonach den IAS und den Vorschriften der siebten Richtlinie aufgrund ihrer unterschiedlichen Zielsetzungen und anzuwendenden Bewertungsmethoden nicht innerhalb eines Abschlusses Rechnung getragen werden kann. Größere Schwierigkeiten sind zu befürchten, wenn die Mitgliedstaaten von der Befugnis in Art. 5 der Verordnung Gebrauch machen, indem sie die Verpflichtung zur Anwendung der IAS unter Befreiung von den Umsetzungsvorschriften zur vierten Richtlinie auf Einzelabschlüsse ausdehnen, die zugleich Grundlage der Gewinnausschüttung und der Steuerbemessung sind.[673] Es ist äußerst zweifelhaft, ob die eher oberflächlichen Untersuchungen des Kontaktausschusses zur Konformität diesen inneren Widersprüchen ausreichend Rechnung getragen haben.[674] Die Kommission hat jedoch die Modernisierung der Rechnungslegungsrichtlinien in Angriff genommen.[675] Die Änderungsrichtlinie vom 15. 7. 2003, die bis zum

---

[671] S.u. unter (VI.)

[672] So auch der 7. Erwägungsgrund des Vorschlags einer Transparenzrichtlinie v. 26. 3. 2003, DOK KOM (2003) 138, S. 36. Zur Differenzierung nach Börsenzulassung im deutschen Recht vgl. *Pellens/Fülbier,* ZGR 2000, S. 572 ff.

[673] S.o. unter 1. h); *Ekkenga,* BB 2001, S. 2362 ff. (2365); *Ernst,* BB 2001, S. 823 ff. (825).

[674] S.o. unter (III.) (1.); auf die Unmöglichkeit, die Übereinstimmung der unterschiedlichen Systeme durch bloße Übersetzung festzustellen, weist *Großfeld,* Systembildung und Systemlücken, S. 289 ff. (295 ff.) hin.

[675] Ein erster Schritt ist eine Richtlinie zur Änderung der Rechnungslegungsrichtlinien, die die Bewertung bestimmter Finanzaktiva und -passiva zum „fair value", zulässt, der sich statt an den Anschaffungskosten am Marktwert orientiert. Richtlinie des Europäischen Parlaments und des Rates zur Änderung der Richtlinien 78/660/EWG und 83/349/EWG im Hinblick auf die im Jahresabschluss bzw. im konsolidierten Abschluss von Gesellschaften bestimmter Rechtsformen zulässiger Wertansätze v. 27. 9. 2001, ABl. EG Nr. L 283 v. 27. 10. 2001 S. 28 ff.; vgl. den Kommissionsvorschlag v. 24. 2. 2000, DOK KOM (2000) 80 v. 24. 2. 2000. Die Richtlinie fordert ferner entsprechende Angaben in der GuV, dem Anhang zum Jahresabschluss und im Lagebericht. Bisher waren gemäß Art. 32 der vierten Richtlinie und Art. 29 der siebten Richtlinie die Anschaffungs- oder Herstellungskosten Grundlage der Bewertung der Posten im Jahresabschluss. Der entsprechende IAS 39 (Finanzinstrumente) war zuletzt Gegenstand einer ähnlichen Änderung, *IASC,* IAS 2000, S. 10, 937 ff.; ausführlich dazu *Hennrichs,* ZGR 2000, S. 627 ff. (634 ff.); *Busse von Colbe,* ZGR 2000, S. 651 ff. (656); *van Hulle,* EWS 2000, S. 521 ff. (525); vgl. ferner die Empfehlung der Kommission v. 30. 5. 2001 zur Berücksichtigung von Umweltaspekten in Jahresabschluss und Lagebericht von Unternehmen: Ausweis, Bewertung und Offenlegung v. 30. 5. 2001, ABl. EG Nr. L 156 v. 13. 6. 2001, S. 33 ff.; da-

1. Januar 2005 umzusetzen ist, soll diese mit den Entwicklungen in der modernen Rechnungslegung in Einklang bringen und damit alle bestehenden Konflikte mit den IAS zum Stand 1. Mai 2002 ausschließen.[676] Durch sie werden weitere Wahlrechte in die Rechnungslegungsrichtlinien aufgenommen, die die nach den IAS bestehenden Rechnungslegungsoptionen enthalten. Dies soll gewährleisten, dass für Unternehmen, unabhängig davon, ob sie die IAS anwenden oder nicht, gleiche Wettbewerbsbedingungen herrschen und bei der Börseneinführung ein reibungsloser Übergang möglich ist.[677]

Es bleibt abzuwarten, inwieweit fortbestehende Widersprüche in der Praxis zu Unstimmigkeiten und Brüchen in der Rechnungslegung führen werden und wie diesen auf Europäischer Ebene begegnet werden wird. Ungeklärt ist ferner, wie die Rechnungslegung in Bereichen, die von den IAS nicht abgedeckt werden, zu erfolgen hat.[678]

*(2.) Beschränkung auf Konzernunternehmen*

Die Anwendung der IAS ist auf börsennotierte Unternehmen beschränkt, die einen konsolidierten Abschluss erstellen. Nicht erfasst werden die – wenn auch praktisch seltenen – börsennotierten Einzelunternehmen, die mangels Tochterunternehmen keinen konsolidierten Abschluss erstellen. Die systematische Ausgrenzung und Ungleichbehandlung dieser Unternehmen durch die Verordnung ist kaum nachvollziehbar und signalisiert die noch wenig strukturierte Vorgehensweise des Gesetzgebers. Diesen Mangel der Verordnung könnte man beheben, indem man börsennotierte Einzelunternehmen verpflichtet, neben dem Einzelabschluss nach der vierten Richtlinie einen zusätzlichen Einzelabschluss nach den IAS zur Erfüllung der kapitalmarktrechtlichen Publizitätspflichten zu erstellen.[679]

---

zu *Berndt,* BB 2001, S. 1727ff.; zum Ganzen *Wiesner,* BB 2001, Heft 44 Beilage 8, S. 2ff. (13).

[676] 15. Erwägungsgrund, Art. 5 der Richtlinie 2003/58/EG des Europäischen Parlaments und des Rates vom 18. Juni 2003 zur Änderung der Richtlinien 78/660/EWG, 83/349/EWG, 86/635/EWG und 91/674/EWG über den Jahresabschluss und den konsolidierten Abschluss von Gesellschaften bestimmter Rechtsformen, von Banken und anderen Finanzinstituten sowie von Versicherungsunternehmen, ABl. EG Nr. L 178 v. 17.7.2003, S. 16ff. Dies betrifft insbesondere Fälle, in denen neue technische Entwicklungen eine Anpassung der traditionellen Rechnungslegungsmethoden erfordern, wie z.B. die Bilanzierung und Bewertung immaterieller Vermögensgegenstände.

[677] 5. Erwägungsgrund, Art. 1 der Richtlinie 2003/51/EG, ABl. EG Nr. L 178 v. 17.7.2003, S. 16ff.; vgl. Begründung des Richtlinienvorschlags v. 9.7.2002, DOK KOM (2002) 259/2, S. 4.

[678] Vgl. Art. 2 Satz 2 des ursprgl. Verordnungsvorschlags v. 13.2.2001. Danach sollten diese Bereiche durch „gleichwertige Rechnungslegungsgrundsätze, [...] die einen hohen Grad an Transparenz und Vergleichbarkeit der Rechnungslegung gewährleisten und den IAS so weit wie möglich entsprechen", geregelt werden; DOK KOM (2001) 80, S. 11. Diese Vorschrift wurde aufgrund ihrer Unbestimmtheit kritisiert und letztendlich verworfen.

[679] Vgl. *Ekkenga,* BB 2001, S. 2362ff. (2364). Entsprechendes fordern für das deutsche Recht *Pellens/Fülbier,* ZGR 2000, S. 571ff. (591).

Die Verordnung lässt ferner unklar, ob börsennotierte Konzernunternehmen, die gemäß der siebten Richtlinie bzw. entsprechenden Umsetzungsnormen von der Pflicht zur Erstellung eines konsolidierten Abschlusses befreit sind, dem Regelungsbereich der Verordnung unterfallen oder nicht.[680] Für eine generelle Verpflichtung börsennotierter Konzernunternehmen durch die Verordnung dürfte sprechen, dass im Europäischen Recht die Tendenz erkennbar ist, börsennotierte Unternehmen von Befreiungstatbeständen auszunehmen.[681] So stellt denn auch die Richtlinie vom 18. Juni 2003 zur Änderung der Rechnungslegungsrichtlinien klar, dass die Ausnahmetatbestände in Zukunft nicht für Unternehmen gelten, deren Wertpapiere auf einem geregelten Markt i.S. von Art. 1 Abs. 13 WpDlR zum Handel zugelassen sind.[682]

*(3.) Weitere praktische Schwierigkeiten*

Mit der Verordnung sind zahlreiche praktische Schwierigkeiten verbunden: Für bedenklich wird die Annahme gehalten, die Kommission könne tatsächlich Einfluss auf die Standardsetzung des IASB nehmen, da sie selbst nicht im Board vertreten ist, sondern lediglich fünf Angehörige der Mitgliedstaaten.[683] Was den Anerkennungsmechanismus betrifft, fühlen sich zahlreiche Gremien aus den Bereichen Bank-, Finanz- und Versicherungswirtschaft sowie Wertpapierregulierungsbehörden übergangen.[684] Ob die Ablehnung eines Standards den IASB tatsächlich beeindruckt und zu Änderungen zu bewegen vermag, erscheint zweifelhaft. Werden die vorgesehenen IAS angenommen, stellt sich ferner das Sprachenproblem: Es ist eine Übersetzung der betreffenden IAS und der entsprechenden Auslegungen, insgesamt etwa 1500 Seiten, in alle Amtssprachen

---

[680] S.o. unter 1. b); Artt. 5–11 der Richtlinie über den konsolidierten Abschluss.

[681] Der Befreiungstatbestand gemäß Art. 6 Abs. 1 der siebten Richtlinie kommt gemäß Art. 6 Abs. 4 nicht in Betracht, wenn eines der zu konsolidierenden Unternehmen eine Gesellschaft ist, deren Wertpapiere zur amtlichen Notierung an einer Wertpapierbörse in einem Mitgliedstaat zugelassen sind; aus demselben Grund steht es gemäß Art. 7 Abs. 3 der Richtlinie über den konsolidierten Abschluss den Mitgliedstaaten frei, den Befreiungstatbestand des Art. 7 Abs. 1 auf entsprechende Aktiengesellschaften anzuwenden. Weitergehend Artt. 107 Abs. 3, 108 Abs. 3 des dritten geänderten Vorschlags einer SE-VO v. 16. 5. 1991.

[682] Begründung, Art. 1 Nr. 20 (Neueinführung eines Art. 53a in die vierte Richtlinie), Art. 2 Nr. 3 lit. a), Nr. 4 lit. c), Nr. 12 (betreffend die siebte Richtlinie), ABl. EG Nr. L 178 v. 17. 7. 2003, S. 19 f.; vgl. Begründung zum Richtlinienvorschlags v. 9. 7. 2002, DOK KOM (2002) 259/2, S. 7 ff.

[683] S.o. unter (II.).

[684] Dem trägt der 11. Erwägungsgrund der Verordnung v. 19. 7. 2002 Rechnung, wonach „der Anerkennungsmechanismus (…) auch die Möglichkeit bieten (sollte), über internationale Rechnungslegungsstandards im Kreise der Hauptbetroffenen, insbesondere der nationalen standardsetzenden Gremien für Rechnungslegung, der Aufsichtsbehörden in den Bereichen Wertpapiere, Banken und Versicherungen, der Zentralbanken einschließlich der EZB, der mit der Rechnungslegung befassten Berufsstände sowie der Adressaten und der Aufsteller von Abschlüssen, zu beraten, nachzudenken und Informationen auszutauschen." ABl. EG Nr. L 243 v. 11. 9. 2002, S. 1 ff. (2).

der Mitgliedstaaten sowie deren Veröffentlichung im Amtsblatt erforderlich.[685] Ebenfalls große Schwierigkeiten wird die Erstanwendung der IAS für die Unternehmen mit sich bringen, da dies Bezüge zu den Zahlen aus vergangenen Geschäftsjahren verlangt, in denen noch nach den Umsetzungsvorschriften der Rechnungslegungsrichtlinien bilanziert wurde.[686]

Schließlich ist ungeklärt, wie zu verfahren ist, wenn ein Unternehmen nachträglich nicht mehr vom Anwendungsbereich der Verordnung erfasst wird, z.B. im Falle eines Delistings.

### *(VI.) Aufbau und Inhalt eines Abschlusses gemäß IAS*

Ein gemäß der Verordnung und den IAS 2000 aufgestellter konsolidierter Abschluss stellt sich wie folgt dar:

#### *(1.) Übergeordnete Vorgaben*

Die nach den IAS erstellten Abschlüsse sollen über die Vermögens-, Finanz- und Ertragslage eines Unternehmens sowie die Veränderungen in dessen Vermögens- und Finanzlage informieren, soweit dies für die Adressaten und deren wirtschaftliche Entscheidungen nützlich ist.[687] Zu den Adressaten gehören insbesondere die Teilnehmer des Kapitalmarkts, die dem Unternehmen Risikokapital zur Verfügung stellen, d.h. derzeitige und potenzielle Investoren. Sie benötigen Informationen über die Risiken und Erträge ihrer Kapitalanlage, um eine Entscheidung bezüglich des Kaufens, Haltens oder Veräußerns der Wertpapiere zu treffen. Ferner sind aktuelle Anleger daran interessiert, ob das Unternehmen die Fähigkeit besitzt, Dividenden oder Zinsen zu zahlen.[688]

Die IAS brauchen nicht auf unwesentliche Sachverhalte angewendet werden (materiality-Prinzip).[689] Wesentlich sind Informationen, wenn ihr Weglassen oder ihre fehlerhafte Darstellung die auf der Basis des Abschlusses getroffene Investitionsentscheidung des Anlegers beeinflussen könnten.[690] Die Informationen sollen den qualitativen Anforderungen der Verständlichkeit[691], Relevanz[692],

---

[685] Art. 3 Abs. 4 der Verordnung v. 19. 7. 2002, ABl. EG Nr. L 243 v. 11. 9. 2002, S. 1 ff. (3); darauf machte der Wirtschafts- und Sozialausschuss in seiner Stellungnahme zum ursprgl. Verordnungsvorschlag v. 11. 7. 2001 aufmerksam, ABl. EG Nr. C 260 v. 17. 9. 2001, S. 86 ff. (88).

[686] Dazu sagt der 18. Erwägungsgrund der Verordnung v. 19. 7. 2002, dass geeignete Übergangsvorschriften erlassen werden sollten, die auf internationaler Ebene ausgearbeitet werden sollten, um die internationale Anerkennung der festgelegten Lösungen sicherzustellen. ABl. EG Nr. L 243 v. 11. 9. 2002, S. 1 ff. (3); vgl. *Ekkenga,* BB 2001, S. 2362 ff. (2368 f.); *Heintzen,* BB 2001, S. 825 ff. (828 f.).

[687] *IASC,* IAS 2000, S. 33 (Rahmenkonzept §§ 12, 14).

[688] *IASC,* IAS 2000, S. 30 ff.

[689] *IASC,* IAS 2000, S. 21.

[690] Vgl. *IASC,* IAS 2000, S. 37 (Rahmenkonzept § 30).

[691] Hier werden jedoch eine angemessene Kenntnis geschäftlicher und wirtschaftlicher Tätigkeiten und der Rechnungslegung sowie die Bereitschaft vorausgesetzt, die Informationen mit entsprechender Sorgfalt zu lesen. Informationen dürfen daher nicht

Verlässlichkeit[693] und Vergleichbarkeit[694] entsprechen.[695] Die gemäß den IAS erstellten Abschlüsse müssen zwar nicht ausdrücklich dem Grundsatz des „true and fair view" entsprechen. Die Einhaltung der grundlegenden qualitativen Anforderungen und die Anwendung der einschlägigen Rechnungslegungsstandards führen aber im allgemeinen zu einem Abschluss, der das widerspiegelt, was im allgemeinen als Vermittlung eines den tatsächlichen Verhältnissen entsprechenden Bildes verstanden wird.[696] Wie nach den Rechnungslegungsrichtlinien darf ausnahmsweise unter ausführlicher Begründung und Beschreibung der Auswirkungen von den Anforderungen eines Standards abgewichen werden, wenn dies notwendig ist, um ein den tatsächlichen Verhältnissen entsprechendes Bild zu vermitteln.[697] Ferner sind zusätzliche Angaben bereitzustellen, wenn die Anforderungen der IAS nicht ausreichen, um es den Adressaten zu ermöglichen, die Auswirkungen einzelner Geschäftsvorfälle oder Ereignisse auf die Vermögens-, Finanz- und Ertragslage des Unternehmens zu verstehen.[698]

Damit kommt die Zielsetzung eines nach den IAS aufgestellten Abschlusses dem Informationskonzept des Europäischen Gesetzgebers, das seit dem Segré-Bericht von 1966 verfolgt wurde, erstaunlich nahe.

*(2.) Bestandteile des Abschlusses nach IAS*

Der Abschluss wird unter der Verantwortung der Unternehmensleitung aufgestellt.[699]

---

allein deshalb weggelassen werden, weil sie aufgrund ihrer Komplexität für manche Anleger zu schwer verständlich sind; Rahmenkonzept § 25; *IASC,* IAS 2000, S. 36.

[692] Informationen gelten dann als relevant bzw. nützlich, wenn sie die wirtschaftliche Entscheidung der Adressaten beeinflussen, indem sie ihnen bei der Beurteilung vergangener, derzeitiger oder zukünftiger Ereignisse helfen oder ihre Beurteilung aus der Vergangenheit bestätigen oder korrigieren; Rahmenkonzept §§ 26 ff., *IASC,* IAS 2000, S. 36 f.

[693] Informationen sind dann verlässlich, wenn sie keine wesentlichen Fehler enthalten, vollständig, frei von verzerrenden Einflüssen und vorsichtig sind. Sie dürfen nicht irreführen, sondern müssen glaubwürdig sein, d.h. Ereignisse und Geschäftsvorfälle gemäß ihrem tatsächlichen wirtschaftlichen Gehalt darstellen; Rahmenkonzept, §§ 31 ff., IAS 1 § 20, *IASC,* IAS 2000, S. 37, 67 f. Die Darstellung nach dem tatsächlichen wirtschaftlichen Gehalt sieht auch Art. 1 Nr. 2 (betreffend Art. 4 Abs. 6 der vierten Richtlinie) der Richtlinie 2003/58/EG v. 15. 7. 2003 zur Änderung der Rechnungslegungsrichtlinien vor, ABl. EG Nr. L 221 v. 4. 9. 2003 S. 17; vgl. Begründung zum Richtlinienvorschlag, DOK KOM (2002) 259/2, S. 5.

[694] Für die Vergleichbarkeit der Finanzdaten eines Unternehmens im Zeitablauf sind die Einhaltung des Grundsatzes der Stetigkeit bei der Bewertung und Bilanzierung, die Angabe von Information über etwaige Änderungen sowie die Angabe der entsprechenden Informationen über die vorhergehende Periode erforderlich; Rahmenkonzept §§ 39 ff., *IASC,* IAS 2000, S. 39.

[695] Zum Ganzen: Rahmenkonzept §§ 24–45, *IASC,* IAS 2000, S. 35 ff.; *Hennrichs,* ZGR 2000, S. 627 ff. (631).

[696] Rahmenkonzept § 46, IAS 1 §§ 10, 15, *IASC,* IAS 2000, S. 41, 65 f.

[697] IAS 1 §§ 13, 16 ff., *IASC,* IAS 2000, S. 65 ff.

[698] IAS 1 §§ 15, 67, *IASC,* IAS 2000, S. 66 f.

[699] Rahmenkonzept § 11, IAS 1 § 6, *IASC,* IAS 2000, S. 32, 63.

Struktur, Mindestinhalt und Darstellung eines gemäß den IAS aufgestellten Abschlusses sind in IAS 1 festgelegt.[700] Der Standard ist auf einfache und konsolidierte Abschlüsse anwendbar; für Konzernabschlüsse gilt ergänzend IAS 27.[701] Die Abschlüsse können sowohl getrennt als auch innerhalb eines anderen publizierten Dokuments, z.B. eines Prospekts oder Geschäftsberichts veröffentlicht werden.[702]

Der Abschluss enthält – wie die Abschlüsse nach den Europäischen Rechnungslegungsrichtlinien – Bilanz, GuV und Anhang. Die ersten beiden enthalten Zahlenangaben in Tabellenform, letzterer geht auf Bilanzierungs- und Bewertungsmethoden ein und enthält weitere Erläuterungen. Darüber hinaus enthält der Abschluss eine Aufstellung der Eigenkapitalveränderungen und eine Kapitalflussrechnung („Cash-Flow").[703] Erstere erfasst alle Posten der GuV, die unmittelbar im Eigenkapital erfasst werden und gibt so Aufschluss über die Zu- oder Abnahme des Reinvermögens im Berichtszeitraum.[704] Letztere enthält eine systematisch geordnete Darstellung der Geldzu- und -abflüsse in der Berichtsperiode. Sie gibt Aufschluss über die Fähigkeit des Unternehmens, Zahlungsmittel und Zahlungsmitteläquivalente zu erwirtschaften sowie über dessen Liquiditätsbedarf und die Möglichkeit, Gewinne an die Aktionäre auszuschütten. Somit ist sie ein zukunftsbezogenes Rechenschaftsinstrument.[705]

---

[700] IAS 1 wurde 1997 überarbeitet und trat für Abschlüsse in Kraft, deren Berichtsperioden am oder nach dem 1. 7. 1998 beginnen; *IASC,* IAS 2000, S. 57.

[701] Dieser definiert Beherrschung als die Möglichkeit, die Finanz- und Geschäftspolitik eines Unternehmens zu bestimmen, um aus dessen Tätigkeit Nutzen zu ziehen. Der Konzernabschluss gemäß IAS hat – wie gemäß Art. 26 Abs. 1 der siebten Richtlinie – die Konzernunternehmen so darzustellen, als handele es sich um ein einziges Unternehmen. IAS 27 gilt für Abschlüsse, deren Berichtszeitraum am oder nach dem 1. 1. 1990 beginnt, vgl. im Einzelnen IAS 27 §§ 1 f., 6, 9 ff., 33, *IASC,* IAS 2000, S. 581 ff. Da Beherrschung nach den IAS somit als Kontrollmöglichkeit unabhängig von einer Beteiligung an den Stimmrechten definiert wird, wurde die siebte Richtlinie durch Art. 2 Nr. 1 der Richtlinie 2003/51/EG v. 18. 6. 2003 zur Änderung der Rechnungslegungsrichtlinien entsprechend erweitert, ABl. EG Nr. L 178 v. 17. 7. 2003, S. 19; vgl. Begründung zum Richtlinienvorschlag v. 9. 7. 2002, DOK KOM (2002) 259/2, S. 8.

[702] IAS 1 § 2, *IASC,* IAS 2000, S. 62.

[703] IAS 1 § 7, *IASC,* IAS 2000, S. 64.

[704] Sie weist alle Komponenten aus, die die einzelnen Arten des Eigenkapitals durch Transaktionen zwischen Unternehmen und Anteilseignern sowie durch Verrechnung von Rücklagen mit dem Bilanzgewinn und durch ergebnisneutrale Bewertungsdifferenzen verändert haben; IAS 1, § 86 ff.; *IASC,* IAS 2000, S. 85; *Busse von Colbe,* ZGR 2000, S. 651 ff. (665); *Werlauff,* S. 337.

[705] IAS 7 (Kapitalflussrechnung) definiert Zahlungsmittel als Barmittel und Sichteinlagen; Zahlungsmitteläquivalente sind dagegen kurzfristige äußerst liquide Finanzinvestitionen, die jederzeit in bestimmte Zahlungsmittelbeträge umgewandelt werden können und nur unwesentlichen Wertschwankungsrisiken unterliegen; Cashflows sind Zu- und Abflüsse von Zahlungsmitteln und Zahlungsmitteläquivalenten. IAS 7 gilt für Abschlüsse, deren Berichtsperioden am oder nach dem 1. 1. 1994 beginnen; vgl. Rahmenkonzept §§ 47 f., IAS 1, § 90, IAS 7 Zielsetzung, § 3, 6 ff., *IASC,* IAS 2000, S. 41; gemäß § 297 Abs. 1 S. 2 HGB, der durch das KonTraG vom 27. 4. 1998 eingeführt wurde, müssen

Darüber hinaus müssen Unternehmen, deren Wertpapiere öffentlich gehandelt werden, das Ergebnis je Aktie in der GuV ausweisen.[706] Ferner müssen sie eine Segmentberichterstattung veröffentlichen. Diese enthält Finanzinformationen, d.h. Vermögen, Schulden, Ergebnis, Aufwendungen und Erträge aufgegliedert nach Geschäfts- und geographischen Segmenten.[707] Hinsichtlich der Bilanzierungs- und Bewertungsmethoden werden teilweise die in den Rechnungslegungsrichtlinien vorgeschriebenen herkömmlichen Grundsätze ordnungsgemäßer Buchführung angewendet.[708]

### *(VII.) Prüfung der Abschlüsse gemäß den International Standards on Auditing (ISA)*

Die Verordnung selbst enthält keine Vorschriften über die Prüfung der Abschlüsse. Jedoch sehen die IAS vor, dass der Abschluss von einem Abschlussprüfer zu prüfen ist, der einen Bestätigungsvermerk abfasst und einen Prüfungsbericht erstellt.[709] Näheres bestimmen die Institutionen, die die Anwendung der IAS vorschreiben oder gestatten, in diesem Fall also der Gemeinschaftsgesetzgeber.[710]

Auf EU-Ebene sind auch im Bereich der Abschlussprüfung umfangreiche Änderungen zu erwarten: Seit 1996 strebt die Kommission eine Ausdehnung

---

deutsche börsennotierte Konzernmütter den Anhang zum Konzernabschluss ebenfalls um eine Kapitalflussrechnung und eine Segmentberichterstattung erweitern; vgl. MünchKomm HGB-*Busse von Colbe,* § 297 Rn. 21 ff., 29 ff.; *Schön,* ZHR 161 (1997), S. 133 ff. (148); *Kübler,* ZGR 2000, S. 550 ff. (553). Art. 1 Nr. 1, Art. 2 Nr. 8 der Richtlinie 2003/51/EG v. 18. 6. 2003 ändert die 4. und 7. Richtlinie dahingehend, dass die Mitgliedstaaten vorschreiben oder gestatten können, dass die Abschlüsse weitere Unterlagen, insb. eine Kapitalflussrechnung umfassen, ABl. EG Nr. L 178 v. 17. 7. 2003, S. 17; vgl. Begründung zum Richtlinienvorschlag v. 9. 7. 2002, DOK KOM (2002) 259/2, S. 4, 9.

[706] Das Ergebnis ist verwässert und unverwässert und für jede Klasse von Stammaktien gesondert auszuweisen, dazu im Einzelnen IAS 33, der für Abschlüsse gilt, deren Berichtszeitraum am oder nach dem 1. 1. 1998 beginnen, IAS 33 §§ 1 f., 6 ff., 24 ff., 47 f., 53, *IASC,* IAS 2000, S. 695 ff.

[707] IAS 14 (Segmentberichterstattung) gilt für Abschlüsse, deren Berichtsperioden am oder nach dem 1. 7. 1998 beginnen, IAS 14 Einführung, §§ 3, 9, 16, 84, *IASC,* IAS 2000, S. 272 ff., 278 ff., 299; eine weitergehende Segmentberichterstattung nach Risikostämmen fordern das *Forum Europaeum Konzernrecht,* ZGR 1998, S. 672 ff. (700 f.) und *Hennrichs,* ZGR 2000, S. 627 ff. (643 ff.). Die einzelnen Stämme sollten – streng rechtlich auf die wesentlichen Beteiligungen der Mutter ausgerichtet – die jeweiligen Haftungs-, Risiko- und Ertrags-Areale innerhalb der Gruppe umfassen und hierüber zusätzlich informieren; dazu *Busse von Colbe,* ZGR 2000, S. 651 ff. (666 f.).

[708] Grundsatz der Unternehmensfortführung, der Periodenabgrenzung, der Stetigkeit und der Vorsicht, Rahmenkonzept §§ 22 f., IAS 1 §§ 23 ff., *IASC,* IAS 2000, S. 35, 68 ff.

[709] *IASC,* IAS 2000, S. 20, 31.

[710] Der Wirtschafts- und Sozialausschuss hat in seiner Stellungnahme zum Verordnungsvorschlag als flankierende Maßnahme zur effektiven Durchsetzung der Verordnung vorgeschlagen, dass die Abschlussprüfer im Rahmen des Bestätigungsvermerks auch angeben müssten, dass die Abschlüsse den IAS entsprechen. Sei dies nicht der Fall, müsse die Gesellschaft den Abschluss nochmals in korrekter Form veröffentlichen. ABl. EG Nr. C 260 v. 17. 9. 2001, S. 86 ff. (89).

der Harmonisierung über den Regelungsbereich der Prüferbefähigungsrichtlinie hinaus an.[711] Im „Aktionsplan für Finanzdienstleistungen" kündigte sie im Zusammenhang mit den Maßnahmen auf dem Gebiet der Rechnungslegung auch Maßnahmen zur qualitativen Verbesserung der Abschlussprüfung in den Bereichen Qualitätssicherung und Prüfungsgrundsätze an. Für die Schaffung eines Europäischen Kapitalmarktes sei es erforderlich, dass die gesetzliche Abschlussprüfung EU-weit auf einem einheitlich hohen Niveau durchgeführt werde, die die einwandfreie Anwendung der IAS gewährleiste.[712] Die Kommission hat am 16. 3. 2004 einen Richtlinienvorschlag vorgelegt, der im Wege des neuen vierstufigen Gesetzgebungskonzepts erlassen werden und die Prüferbefähigungsrichtlinie ersetzen soll. Sie wird die Anforderungen verschärfen und aktualisieren.[713] Auch der Bereich der Prüfungsgrundsätze wird von der Internationalisierung unmittelbar betroffen sein: Die Kommission betrachtet die von der International Federation of Accountants (IFAC)[714] herausgegebenen International Standards on Auditing (ISA) als Minimalanforderungen, um die Glaubwürdigkeit der Abschlüsse und deren Akzeptanz auf den internationalen Kapitalmärkten zu gewährleisten.[715] Die ISA werden in zunehmendem

---

[711] Vgl. *Europäische Kommission,* Grünbuch – Rolle, Stellung und Haftung des Abschlussprüfers in der Europäischen Union, ABl. EG Nr. C 321 v. 28. 10. 1996, S. 1 ff.; *dies.,* Mitteilung der Kommission betreffend die Abschlussprüfung in der Europäischen Union: künftiges Vorgehen, ABl. C Nr. 143 v. 8. 5. 1998, S. 12 ff.; zum Inhalt *Schwarz,* Rn. 505 f. Im Mai 1998 wurde innerhalb des Kontaktausschusses für Richtlinien der Rechnungslegung der „Ausschuss für Fragen der Abschlussprüfung" gegründet, der sich aus Regierungssachverständigen der 15 Mitgliedstaaten und den 3 Ländern des EWR sowie Vertretern der Berufsstände der Abschlussprüfer und der großen Wirtschaftsprüfungsgesellschaften zusammensetzt. Seine Hauptaufgaben bestehen erstens in der Überprüfung der International Standards on Auditing (ISA) bzgl. ihrer Eignung als Maßstab für die seitens der EU an die Abschlussprüfung zu stellenden Anforderungen, zweitens in einer Untersuchung externer Qualitätssicherungssysteme (Monitoring; Peer Review) und Entwicklung diesbezüglicher Mindestanforderungen für den Europäischen Binnenmarkt und drittens in der Überprüfung von Standards hinsichtlich der Unabhängigkeit und Objektivität der Abschlussprüfer.

[712] *Europäische Kommission,* Rechnungslegungsstrategie der EU: Künftiges Vorgehen – Mitteilung der Kommission an den Rat und das Europäische Parlament, DOK KOM (2000) 359 v. 13. 6. 2000, S. 10.

[713] Vorschlag einer Richtlinie des Europäischen Parlaments und des Rates über die Prüfung des Jahresabschlusses und des konsolidierten Abschlusses und zur Änderung der Richtlinien 78/660/EWG und 83/349/EWG des Rates v. 16. 3. 2004, DOK KOM (2004) 177.

[714] Die IFAC ist der Internationale Dachverband der OECD Kontenkommissare und genießt als weltweit unabhängige Organisation mit 143 Mitgliedsorganisationen aus 104 Ländern die Anerkennung aller wesentlichen Organisationen, wie der Weltbank, der IOSCO, der WTO und der UN; *Diße/Merz,* in: *Blomeyer/Peemüller,* Internationale Rechnungslegung und Prüfung, S. 445 ff. (449 ff.).

[715] *Europäische Kommission,* Aktionsplan für Finanzdienstleistungen, DOK KOM (1999) 232 v. 11. 5. 1999, S. 6 f., 23; als Resultat siehe *dies.,* Mindestanforderungen an Qualitätssicherungssysteme für die Abschlussprüfung in der EU, Empfehlung der Kom-

Maße als Konsens über die internationalen Anforderungen an eine Abschlussprüfung im Rahmen weltweiter Verhandlungen anerkannt.[716] Daher beabsichtigt die Kommission, dass die von EU-Unternehmen aufgrund gemeinschaftsrechtlicher Vorschriften aufgestellten Abschlüsse ab 2005 gemäß den ISA geprüft werden. Die ISA sollen – ähnlich wie die IAS – in einem Anerkennungverfahren von der Kommission unter Beteiligung eines neuen Regelungsausschusses „Abschlussprüfung" für die EU verbindlich gemacht werden.[717]

Um auch im Bereich der Abschlussprüfung gleiche Wettbewerbsbedingungen für Unternehmen, die die IAS anwenden, und für solche, die dies nicht tun, herzustellen, werden durch die Richtlinie zur Änderung der Rechnungslegungsrichtlinien vom 18. 6. 2003 die entsprechenden Vorschriften in der vierten und siebten Richtlinie geändert: Die Prüfung hat durch Abschlussprüfer zu erfolgen, die von den Mitgliedstaaten aufgrund der Durchführungsvorschriften der (neuen) Prüferbefähigungsrichtlinie zur Durchführung der gesetzlichen Abschlussprüfungen zugelassen worden sind. Es werden spezifische Anforderungen an die Form und den Inhalt der Bestätigungsvermerke in Übereinstimmung mit „gegenwärtig international bester Praxis" gestellt: Nach den neu eingeführten Art. 51a der vierten Richtlinie bzw. Art. 37 Abs. 2 der siebten Richtlinie soll der Bestätigungsvermerk des gesetzlichen Abschlussprüfers umfassen: a) eine Einleitung, die den zu prüfenden Jahresabschluss und die angewendeten Rechnungslegungsgrundsätze angibt, b) eine Beschreibung der Art und des Umfangs der gesetzlichen Abschlussprüfung, die Angaben über die angewendeten Prüfungsgrundsätze enthält, c) ein Prüfungsurteil, das zweifelsfrei Auskunft darüber gibt, ob der Abschluss nach Auffassung der gesetzlichen Abschlussprüfer dem „true and fair view"-Prinzip und ggfs. den geseztlichen Vorschriften entspricht, und zwar in Form eines uneingeschränkten, eingeschränkten oder negativen Bestätigungsvermerks oder einer Verweigerung desselben, wenn die Abschlussprüfer zu einer Beurteilung nicht in der Lage sind, d) einen Hinweis auf alle Umstände, auf die der Abschlussprüfer besonders auf-

---

mission vom 15. 11. 2000, ABl. EG Nr. L 91 v. 31. 3. 2001, S. 91 ff.; dazu *van Hulle*, Aktuelle Entwicklungen, S. 81 ff. (92 f.); *Wiesner*, BB 2001, Heft 44, Beilage 8, S. 4, 13.

[716] Es ist damit zu rechnen, dass die IOSCO nach Anerkennung der IAS im Mai 2000 den nationalen Aufsichtsbehörden auch die Anerkennung der ISA empfehlen wird; s.o. Fn. unter (II.); *Diße/Merz,* in: *Blomeyer/Peemüller,* Internationale Rechnungslegung und Prüfung, S. 445 ff. (447 ff.).

[717] Begründung, 11.–14., 23.–27. Erwägungsgrund, Art. 1 Abs. 7, 9, 10, Artt. 26–28, 49–51 des Vorschlags einer neuen Prüferbefähigungsrichtlinie v. 16. 3. 2004, DOK KOM (2004) 177, S. 6 f., 11, 14 ff., 25 f., 38 f.; vgl. 14. Erwägungsgrund der Empfehlung der Kommission v. 16. 5. 2002: Unabhängigkeit des Abschlussprüfers in der EU – Grundprinzipien (2002/590/EG), ABl. EG Nr. L 191 v. 19. 7. 2002, S. 22–57; *Europäische Kommission*, Stärkung der Abschlussprüfung in der EU, Mitteilung v. 21. 5. 2003, ABl. EG Nr. C 263 v. 2. 10. 2003, S. 2 ff.

merksam macht, ohne den Bestätigungsvermerk einzuschränken, e) ein Urteil bzgl. des Einklangs von Lagebericht und Jahresabschluss und f) Datum und Unterschrift(en) des/der gesetzlichen Abschlussprüfer(s).[718] Für nach den IAS aufgestellte Abschlüsse kann die Kommission im Komitologieverfahren einen Standardbestätigungsvermerk festlegen. Der Konzernprüfer trägt die volle Verantwortung für den Bestätigungsvermerk zum konsolidierten Abschluss. Im Anhang zum Jahresabschluss müssen künftig die Honorare, die die Abschlussprüfer während des Geschäftsjahrs für die Jahresabschlussprüfung und für sonstige Leistungen erhalten haben, angegeben werden.[719]

*(VIII.) Veröffentlichung: Aktuelle Entwicklungen und Ausblick*

Die Art und Weise der Veröffentlichung der Abschlüsse ist in den IAS nicht geregelt. Dies bleibt den Gesetzgebern vorbehalten, die die Anwendung der IAS vorschreiben oder gestatten. Sie richtet sich somit nach den gemeinschaftsrechtlichen Vorgaben, im Rahmen der Registerpublizität also nach den Umsetzungsvorschriften zur Publizitätsrichtlinie.

Die Registerpublizität öffnet sich auf nationaler und Europäischer Ebene zunehmend den Entwicklungen im Zeitalter von Computer und Internet: Im Jahre 1996 wurde von der Kommission eine Arbeitsgruppe zur Vereinfachung der Rechtsvorschriften im Binnenmarkt (simpler legislation for the internal market – SLIM)[720] eingesetzt, die sich seit 1998 auch mit der Vereinfachung des Gesellschaftsrechts befasst. Diese empfahl, die Publizitätsrichtlinie für die Möglichkeiten der elektronischen Datenverarbeitung und -verbreitung zu öffnen.[721] Dementsprechend hat die Kommission am 3. 6. 2002 einen Vorschlag zur Änderung der Publizitätsrichtlinie vorgelegt, der am 15. 7. 2003 verabschiedet wurde.[722] Die Änderungsrichtlinie sieht insbesondere vor, dass ab dem

---

[718] 10., 11. Erwägungsgrund, Art. 1 Nr. 17, 18 (Einführung eines Art. 51a in die 4. Richtlinie), Art. 2 Nr. 11 (Änderung des Art. 37 der 7. Richtlinie) der Richtlinie 2003/51/EG v. 18. 6. 2003, ABl. EG Nr. L 178 v. 17. 7. 2003, S. 17 f., 20; vgl. Begründung, 8. Erwägungsgrund des Richtlinienvorschlags v. 9. 7. 2002, DOK KOM (2002) 259/2, S. 7, 9, 14.

[719] Artt. 27, 28, 50 des Vorschlags einer neuen Prüferbefähigungsrichtlinie v. 16. 3. 2004, DOK KOM (2004) 177, S. 26, 38.

[720] Diese Arbeitsgruppe unter Leitung von Prof. E. Wymeersch setzte sich aus Vertretern der Justizministerien verschiedener Mitgliedstaaten und aus Praktikern zusammen.

[721] Die Vorschläge der SLIM-Arbeitsgruppe sind abrufbar unter: http://europa.eu.int/comm/internal_market/ en/update/slim/slim4de.pdf; in diesem Bereich zustimmend die *Europäische Kommission,* Ergebnisse der vierten Phase der SLIM-Initiative – Bericht, DOK KOM (2000) 56 v. 4. 2. 2000, S. 3 f., 13 f.; *Wymeersch,* 1. EuJT, S. 85 ff. (124 ff.); *Noack,* ZGR 1998, S. 592 ff. (607); *ders.,* BB 2001, S. 1261 ff. (1266) m.w.Nachw; *Grünwald,* EuGesR, S. 19; *van Hulle,* EWS 2000, S. 521 ff. (523 f.); *Drygala,* AG 2001, S. 291 ff. (292 ff.).

[722] Vorschlag für eine Richtlinie des Europäischen Parlaments und des Rates zur Änderung der Richtlinie 68/151/EWG in Bezug auf die Offenlegungspflichten von Gesellschaften bestimmter Rechtsformen v. 3. 6. 2002, DOK KOM (2002) 279.

1. 1. 2007 die Gesellschaften ihren Publizitätspflichten auch dadurch genügen können, dass sie die entsprechenden Unterlagen in elektronischer Form bei der Registerstelle einreichen, registrieren und bekannt machen lassen, die dann in dieser Form auch für jedermann zugänglich sind. Dies setzt voraus, dass die Handelsregister elektronisch geführt werden, was in einigen Mitgliedstaaten bereits der Fall ist,[723] und die Datensätze entsprechend aufbereitet werden. Auch das jeweilige Publikationsorgan (z.B. Bundesanzeiger) darf in elektronischer Form geführt werden.[724] Um den grenzüberschreitenden Zugang zu Unternehmensinformationen zu erleichtern, soll auch die freiwillige Eintragung von Urkunden und Angaben in anderen Sprachen ermöglicht werden. Verfügt die Gesellschaft über eine website, hat diese auf das entsprechende Register hinzuweisen. Langfristig soll die elektronische Publizität an die Stelle der Papierveröffentlichung treten und dieselben Publizitätswirkungen haben.[725]

*(IX.) Zusammenfassung*

Der Konzernabschluss börsennotierter EU-Unternehmen entwickelt sich zu einem umfassenden kapitalmarktorientierten Informationsinstrument und löst sich dabei in Teilen von den Regeln des Einzelabschlusses, soweit die Aufgaben unterschiedlich sind. Er wird von manchen Bewertungsmethoden Abschied nehmen und neue Elemente umfassen.[726]

Diese Entwicklung entspricht der Zielsetzung der Kommission, börsennotierte Gesellschaften nicht der Aufstellung eines gesonderten Abschlusses und damit einer zusätzlichen kostenintensiven Verpflichtung zu unterwerfen. Ferner sollen Verwirrungen auf Anlegerseite vermieden werden, die dadurch entstehen könnten, dass nach verschiedenen Rechnungslegungssystemen erstellte Abschlüsse in unterschiedlichem Zusammenhang veröffentlicht werden.[727]

---

[723] Für die Bundesrepublik siehe § 8a HGB; seit einigen Jahren gibt es das von einer belgischen EWIV getragene „European Business Register" (EBR), an dem Registerführer aus mehrere Mitgliedstaaten teilnehmen. Das ERB ermöglicht in jedem Teilnehmerland den Abruf von Jahresabschlüssen und weiteren standardisierten Unternehmensdaten im Internet; www.ebr.org; zu den Teilnehmern aus der EU gehören Belgien, Dänemark, Finnland, Frankreich, Griechenland, Italien, Österreich, Schweden, Spanien und neuerdings auch Deutschland; *Noack*, BB 2001, S. 1261 ff. (1266) m.w.Nachw.

[724] Vgl. § 25 S. 1 AktG i.d.F. des Transparenz- und Publizitätsgesetzes v. 19. 7. 2002, BGBl. I, S. 2681 ff., der ab dem 1. 1. 2003 anwendbar ist.

[725] 3., 6.–10. Erwägungsgrund, Art. 1 Nr. 3, 4 (Änderung des Art. 3, Einführung eines Art. 3a) der Richtlinie 2003/58/EG (...) v. 15. 7. 2003 zur Änderung der Richtlinie 68/151/EWG des Rates in Bezug auf die Offenlegungspflichten von Gesellschaften bestimmter Rechtsformen, ABl. EG Nr. L 221 v. 4. 9. 2003, S. 13 ff.; vgl. Begründung zum Richtlinienvorschlags v. 3. 6. 2002, DOK KOM (2002) 279, S. 4 ff.

[726] *Busse von Colbe*, ZGR 2000, S. 651 ff. (652).

[727] *Europäische Kommission:* Mitteilung: Harmonisierung auf dem Gebiet der Rechnungslegung: Eine neue Strategie im Hinblick auf die internationale Harmonisierung, DOK KOM (1995) 508 v. 14. 11. 1995, S. 2 ff.; *van Hulle*, ZGR 2000, S. 537 ff. (538); a.A. *Schön*, ZHR 161 (1997), S. 133 ff. (159); *ders.*, ZGR 2000, S. 706 ff. (733).

Die Verordnung wird damit für den Kapitalmarkt tatsächlich zu einer europaweit einheitlichen und damit vergleichbaren Konzernrechnungslegung führen. Die Anleger werden nicht nur wie bisher in der Lage sein, die Abschlüsse eines Unternehmens im Zeitablauf zu vergleichen, um Entwicklungen in dessen Finanz- und Ertragslage zu erkennen. Sie werden darüber hinaus relevante und verlässliche Informationen erhalten, die auch grenz- und branchenübergreifende Vergleiche im Hinblick auf die Leistungsfähigkeit von Unternehmen erlauben.[728] Die Entwicklung geht von einem „Financial Reporting" zu einem umfassenden „Business Reporting", das mehr als bisher Zukunftsperspektiven und nicht-finanzielle Informationen einschließt.[729] An die Stelle der Rechtsvereinheitlichung ist Kapitalmarktorientierung getreten.[730]

*(X.) Auswirkungen auf die kapitalmarktrechtliche Publizität*

*(1.) Auswirkungen auf die Emissionspublizität*

*(a) Inhaltliche Veränderungen*

Die künftigen Prospekte bauen inhaltlich auf zwei Regelwerken internationaler Standardsetzer auf: Während die in die Prospekte aufzunehmenden Finanzinformationen den IAS entsprechen müssen – zumindest, soweit auf einem geregelten Markt gehandelte Wertpapiere betroffen sind – richten sich sonstige Informationen nach den IOSCO Offenlegungsstandards.[731] Somit stellt die Verordnung einen fundamentalen Baustein für die Einführung eines Europäischen Emittentenpasses dar.

Das Registrierungsformular enthält ein Kapitel, das mit „Finanzinformationen" überschrieben ist. Hier ist aufzuführen, welche Finanzausweise in das Dokument aufzunehmen sind sowie die erfassten Geschäftsjahre, das Datum der Erstellung der Finanzausweise und sonstige Informationen finanzieller Art. Die Erstellung und Prüfung der Finanzausweise richtet sich nach den IAS und den ISA. Ein Abschnitt dieses Kapitels bilden die „konsolidierten Abschlüsse und sonstige Finanzinformationen".[732] Die IOSCO Offenlegungsstandards schreiben – wie bisher – vor, dass neben den Zahlenangaben aus den konsolidierten Abschlüssen die entsprechenden Zahlen der letzten drei Geschäftsjahre zum Vergleich anzugeben sind. Ferner sind die Prüfungsberichte der Abschlussprüfer für den entsprechenden Zeitraum und etwaige Einschränkungen oder Ver-

[728] Begründung zum Verordnungsvorschlag v. 13. 2. 2001, DOK KOM (2001) 80, S. 4, 19.

[729] *Busse von Colbe,* ZGR 2000, S. 651 ff. (670).

[730] *Havermann,* ZGR 2000, S. 693 ff. (694); vgl. zum Ganzen die entsprechende Regelung in Punkt 7.1 des Deutschen Corporate Governance Kodex der Regierungskommission v. 26. 2. 2002, www.corporate-governance-code.de/ger/download/DCG_K_D.pdf.

[731] S.o. Zweiter Teil, Drittes Kapitel unter D. I.; Begründung zum ursprgl. Vorschlag einer Prospektrichtlinie v. 30. 5. 2001, DOK KOM (2001) 280, S. 5.

[732] Anhang II Kapitel VII der Prospektrichtlinie v. 4. 11. 2003, ABl. EG Nr. L 345 v. 31. 12. 2003, S. 87.

weigerungen der Bestätigungsvermerke unter Angabe von Gründen beizufügen. Der letzte Abschluss darf im Zeitpunkt der Zulassung zum Handel nicht älter als 15 Monate sein. Insoweit ergibt sich gegenüber der kodRL eine Steigerung der Aktualität um drei Monate.

Über den bisherigen Inhalt des Prospekts hinaus geht die Aufstellung der Eigenkapitalveränderungen. Bisher enthalten die Prospekte nur eine Aufstellung der Veränderungen des gezeichneten Kapitals innerhalb der letzten drei Geschäftsjahre vor Börsenzulassung.[733] Eine Kapitalflussrechnung bzw. eine Aufstellung über die Mittelherkunft und -verwendung sowie die Angabe des Ergebnisses pro Aktie werden auf Europäischer Ebene bereits im Prospekt gefordert. Sie sind in den künftigen Prospekten also nicht mehr an gesonderter Stelle, sondern als Teile der Abschlüsse ausgewiesen.[734] Die Segmentberichterstattung entspricht einer Erweiterung der in den Europäischen Rechnungslegungsrichtlinien für den Anhang zum Abschluss und in der kodRL für den Prospekt geforderten Aufgliederung der Nettoumsatzerlöse nach Tätigkeitsbereichen und geographisch bestimmten Märkten.[735]

*(b) Aktualisierung der Finanzinformationen*

*(aa) Zwischenübersichten*

Auch nach der neuen Prospektrichtlinie finden Zwischenübersichten zu den Jahresabschlüssen Eingang in den Prospekt. Deren Inhalt richtet sich nach den IOSCO Offenlegungsstandards: Wenn das Registrierungsformular später als neun Monate nach dem Stichtag des letzten geprüften Abschlusses veröffentlicht wird, sind Zwischenübersichten in konsolidierter Form aufzunehmen, die mindestens einen Zeitraum von sechs Monaten abdecken. Die Beschränkung auf konsolidierte Zwischenübersichten ist bei einem Verzicht auf Einzelabschlüsse konsequent. Im Gegensatz zur kodRL stellt die IOSCO inhaltliche Anforderungen an die Zwischenübersichten: Sie enthalten die Bestandteile des letzten geprüften gemäß den IAS aufgestellten konsolidierten Abschlusses (Bilanz, GuV, Kapitalflussrechnung und Eigenkapitalveränderungen) und einen erläuternden Teil. Der Zahlenteil muss zumindest Angaben zu den Grobgliederungspunkten und Zwischensummen der Zahlenteile des letzten Volljahresabschlusses aufführen, grundsätzlich unter Gegenüberstellung der entsprechenden Zahlen des Vorjahreszeitraums.[736] Im erläuternden Teil sind Ausführungen

---

[733] Anhang I, Schema A Punkt 3.2.5. kodRL.

[734] Anhang I, Schema A Punkt 5.1.2., 5.1.6; Schema B Punkt 5.1.5 kodRL; vgl. Anhang I, Schema A Punkt 5.6., Schema B Punkt 5.5. kodRL, wonach gemäß den Prospektschemata vorgeschriebene Angaben nicht wiederholt zu werden brauchen, wenn sie bereits im Jahresabschluss enthalten sind.

[735] Art. 43 Nr. 8 Jahresabschlussrichtlinie (Anhang); Art. 34 Nr. 8 der Richtlinie über den konsolidierten Abschluss; Anhang I, Schema A, B jeweils Kapitel 4.1. kodRL.

[736] Wenn nicht die Zahlenangaben des letzten Jahresabschlusses für einen Vergleich ausreichen.

über wichtige Ereignisse und Veränderungen zu machen, die wesentlich für das Verständnis der Veränderungen der Finanzlage und der Geschäftstätigkeit der Gesellschaft seit dem Stichtag des letzten Abschlusses sind.

Eine vollständige Prüfung der Zwischenübersicht ist nicht zwingend, eine abgeschwächte Überprüfung der Zahlenangaben durch einen Abschlussprüfer wird aber empfohlen. In diesem Fall ist der Prüfungsbericht beizufügen.[737]

*(bb) Wichtige Veränderungen*

Auch nach der neuen Prospektrichtlinie müssen wichtige Veränderungen, die nach dem Stichtag des letzten Jahresabschlusses oder der Zwischenübersichten eingetreten sind, in das Registrierungsformular aufgenommen werden.[738]

*(c) Form der Abschlüsse und damit verbundene Anwendungsprobleme*

Nach der Prospektrichtlinie – ohne die Durchführungsbestimmungen der Kommission – werden Einzelabschlüsse nicht mehr in die Prospekte aufgenommen. Damit wird im Europäischen Börsenrecht die unterschiedliche Funktion von Einzelabschluss und Konzernabschluss bestätigt: Der allein auf Anlegerinformation ausgerichtete Konzernabschluss wird als kapitalmarktrechtliches Informationsinstrument hinsichtlich der Vermögens-, Finanz- und Ertragslage des Emittenten eingesetzt und als grundsätzlich ausreichend angesehen. Von der Wiedergabe des auf Ausschüttungs-bemessung und Kapitalschutz ausgerichteten Einzelabschlusses verspricht man sich offensichtlich keine weitergehende Informationswirkung.[739] Zwar können Einzelabschlussdaten über Konzernteileinheiten durchaus aussagekräftig sein; deren Funktion kann aber eine nach Möglichkeit bis auf die einzelnen Rechtseinheiten differenzierende Segmentberichterstattung als Teil des konsolidierten Abschlusses übernehmen.[740]

Die Prospektrichtlinie hat in diesem Bereich dieselben Schwächen wie die Verordnung: Es wird nicht geregelt, welche Rechnungslegungsinformationen Einzel- bzw. nicht konzernverbundene Unternehmen, die ihre Wertpapiere auf einem geregelten Markt zum Handel zulassen wollen, in ihren Prospekt aufzunehmen haben. Diese sollten durch Sondervorschriften verpflichtet werden, einen den IAS entsprechenden Einzelabschluss in den Prospekt aufzunehmen.

---

737 *IOSCO,* Offenlegungsstandards, S. 22.

738 Anhang II Kapitel VII B der Prospektrichtlinie v. 4. 11. 2003, ABl. EG Nr. L 345 v. 31. 12. 2003, S. 87; *IOSCO,* Offenlegungsstandards, S. 23.

739 Schon der Wirtschafts- und Sozialausschuss war in seiner Stellungnahme zum ursprgl. Vorschlag einer BZPR vom 17. 7. 1974 der Ansicht, den Prospekt auf konsolidierte Abschlüsse zu konzentrieren, wenn ein Unternehmen solche aufstelle und prüfen ließe; diese wären nach herrschender Meinung eindeutig das aussagekräftigere Instrumentarium; ABl. EG Nr. C 125 v. 16. 10. 1974, S. 1 ff. (9).

740 *Pellens/Fülbier,* ZGR 2000, S. 571 ff. (591).

*(d) Veröffentlichung*

Auch die Art und Weise der kapitalmarktrechtlichen Bekanntgabe von Jahresabschlüssen wird von den Entwicklungen der Kommunikationstechnologie erfasst werden:

Die Veröffentlichung der Abschlüsse im Rahmen der Emissionspublizität wird sich nach den Vorschriften der neuen Prospektrichtlinie richten. Machen Emittenten von der Möglichkeit Gebrauch, den Prospekt im Internet zu veröffentlichen,[741] werden auch die darin enthaltenen Jahresabschlüsse auf der Website des Emittenten und/oder seiner Finanzintermediäre abrufbar sein. Unabhängig von der Wahl des Publikationsmediums durch den Emittenten ist die Bereitstellung des Prospekts bzw. entsprechender links auf die Website der Emittenten auf der Website der Herkunftslandbehörde, so dass auch hier der Zugriff auf die Jahresabschlüsse ermöglicht wird.[742] Durch die Nutzung des Internets für Rechnungslegungsdaten der Unternehmen wird Investoren der Zugang zu Informationen erleichtert; ihre Analyse- und Vergleichsmöglichkeiten werden verbessert.[743]

*(2.) Auswirkungen auf die Regelpublizität*

*(a) Materielle Änderungen*

Im Anschluss an ihre Konsultationspapiere vom 11.7.2001 und 8.5.2002 hat die Kommission einen Vorschlag einer neuen Transparenzrichtlinie vorgelegt, der alle laufenden und wiederkehrenden Pflichten börsennotierter Gesellschaften in sich vereinigt und teilweise aktualisiert.[744]

Der geprüfte Jahresabschluss ist dem Publikum als Teil des sog. „Jahresfinanzberichts" zur Verfügung zu stellen. Neben dem geprüften Jahresabschluss und dem Lagebericht enthält dieser auch Erklärungen, in denen die beim Emittenten verantwortlichen Personen unter Angabe ihres Namens und ihrer Funktion nach bestem Gewissen versichern, dass die im Jahresfinanzbericht enthaltenen Informationen mit den Tatsachen übereinstimmen und der Bericht frei von Aussagen ist, die seine Aussagekraft beeinträchtigen könnten. Für

---

[741] S.o. Zweiter Teil, Drittes Kapitel unter I.

[742] Art. 14 Abs. 2 lit. c), Abs. 4 der Prospektrichtlinie v. 4.11.2003, ABl. EG Nr. L 345 v. 31.12.2003, S. 76f.; vgl. zum ursprgl. Richtlinienvorschlag *Wymeersch*, 1. EuJT, S. 85ff. (125f.).

[743] *Europäische Kommission,* Mitteilung an den Rat und das Europäische Parlament: Rechnungslegungsstrategien der EU: Künftiges Vorgehen, DOK KOM (2000) 359 v. 13.6.2000, S. 3; vgl. *Noack,* ZGR 1998, S. 592ff. (607ff.).

[744] 28. Erwägungsgrund des Vorschlags für eine Richtlinie (...) zur Harmonisierung der Transparenzanforderungen in Bezug auf Informationen über Emittenten, deren Wertpapiere zum Handel auf einem geregelten Markt zugelassen sind, und zur Änderung der Richtlinie 2001/34/EG v. 26.3.2003, DOK KOM (2003) 138, S. 40.

Falschangaben müssen diese Personen nach nationalen zivilrechtlichen Vorschriften haftbar gemacht werden können.[745]

Hinsichtlich des Aufbaus und Inhalts der Abschlüsse sind keine materiellen Änderungen vorgesehen. Diese ergeben sich allein aus der IAS-Verordnung. So werden den Anlegern in Zukunft alljährlich gemäß den IAS aufgestellte konsolidierte Abschlüsse zur Verfügung gestellt werden. Auf die Vorlage des Einzelabschlusses wird verzichtet. Lediglich Unternehmen ohne Tochterunternehmen, die der IAS-Verordnung nicht unterfallen, sind zur Veröffentlichung des Einzelabschlusses verpflichtet. Dieser hat den gesetzlichen Bestimmungen des Herkunftsmitgliedstaats zu entsprechen. Je nachdem, ob dieser von den Wahlmöglichkeiten der IAS-Verordnung[746] Gebrauch macht oder nicht, richtet sich dieser entweder ebenfalls nach den IAS oder nach den Umsetzungsvorschriften der vierten Richtlinie.[747] Der grundsätzliche Verzicht auf die Zurverfügungstellung der Einzelabschlüsse erscheint angesichts der Funktion der laufenden Publizitätsverpflichtung, die entsprechenden Angaben im Prospekt fortzuschreiben, konsequent, da diese in Zukunft auch im Prospekt fehlen werden. Sinn macht dies ferner für den Fall, dass die auf gemeinschaftsrechtlicher Ebene erkennbaren Tendenzen Gestalt annehmen, in Verbindung mit der Aufgabe der kapitalschützenden Vorschriften der Kapitalrichtlinie die Jahresabschlüsse künftig nicht mehr der Ausschüttungsbemessung zugrunde zu legen.[748] Denn dann wird sich eine Zurverfügungstellung der Einzelabschlüsse an die Aktionäre im Vorfeld der ordentlichen Hauptversammlung erübrigen.

*(b) Form und Sprache der Veröffentlichung*

Da der Richtlinienvorschlag nur Rahmenvorschriften enthalten soll, soll die Art und Weise der Veröffentlichung im Komitologieverfahren festgelegt werden. Dem Vorschlag lässt sich jedoch entnehmen, dass der Emittent seinen regelmäßigen und anlassbezogenen Publizitätspflichten künftig dadurch genügen kann, dass er die Informationen auf seiner offiziellen Website frei zur Verfügung

---

[745] Begründung, 10. Erwägungsgrund, Art. 4 Abs. 2 lit. c), Art. 7 Abs. 2 des Vorschlags einer neuen Transparenzrichtlinie v. 26. 3. 2003, DOK KOM (2003) 138, S. 25 f., 37, 45, 48.

[746] 13. Erwägungsgrund, Art. 5 der Verordnung v. 19. 7. 2002, ABl. EG Nr. L 243 v. 11. 9. 2002, S. 3; dazu s.o. Erstes Kapitel A. 2. f) (IV.) (2.).

[747] Begründung, 8. Erwägungsgrund, Art. 4 des Richtlinienvorschlags v. 26. 3. 2003, DOK KOM (2003) 138, S. 13 f., 25 f., 36, 45; unklar in diesem Punkt noch Erstes Konsultationspapier, S. 9; Zweites Konsultationspapier, S. 3, Anhang 1, S. 1, 8.

[748] SLIM-Bericht zur 2. Gesellschaftsrichtlinie, www.europa.eu.int/comm/internal_market/en/update/slim/ slim4de.pdf; kritisch dazu *Schön*, ZHR 166 (2002), S. 1 ff. (2 ff.); vgl. Report of the High Level Group of Company Law Experts on A Modern Regulatory Framework for Company Law in Europe, Brussels, 4 November 2002, p. 14 ff., www.europa.eu.int/comm/internal_market/en/company/company/ modern/consult/report_en.pdf.

stellt und dort für einen ebenfalls im Komitologieverfahren festzulegenden Zeitraum verfügbar hält. Die Website des Emittenten soll künftig als einzige Bezugsquelle für alle periodischen und laufenden Finanzinformationen dienen. Ferner sollen alle interessierten Parteien durch ein Benachrichtigungssystem (z.B. durch Email) in Echtzeit über jede Änderung der auf der Website enthaltenen Informationen hingewiesen werden.[749]

Wie bisher soll der Emittent gleichzeitig der zuständigen Behörde des Herkunftsmitgliedstaats die Informationen übermitteln, damit diese die Einhaltung der Informationspflichten überwachen und durchsetzen kann. Dies soll – anders als bisher, jedoch wie bei dem Prospekt nach der neuen Prospektrichtlinie – in elektronischer Form geschehen. Die Registrierung der Jahresabschlüsse soll mit der Dokumentationspflicht gemäß Art. 10 der Prospektrichtlinie in Einklang gebracht werden. Auch soll eine Abstimmung mit der von der Publizitätsrichtlinie geforderten Hinterlegung in den nationalen Handelsregistern erfolgen, damit durch das vorgeschlagene Hinterlegungssystem bei der Herkunftslandbehörde für die Emittenten kein zusätzlicher unnötiger Aufwand entsteht. Die Herkunftslandbehörde kann entscheiden, ob sie ihrerseits die Informationen unverzüglich auf ihrer Website zur Verfügung stellt oder auf diese verweist und dadurch eine weitere Bezugsquelle für alle Finanzinformationen entsteht.[750]

Die Websites der Herkunftslandbehörden sollen Hyperlinks zu den anderen Europäischen Wertpapieraufsichtsbehörden enthalten, die den Anlegern den Zugriff auf Informationen über alle in der EU zum Handel auf einem geregelten Markt zugelassenen Emittenten ermöglichen. Ferner sollen die Websites der Emittenten, der Wertpapieraufsichtsbehörden und der öffentlichen Register mit gegenseitigen links ausgestattet werden, so dass ein elektronisches Verbundnetz entsteht.[751]

Die Veröffentlichung soll in einer vom Herkunftsmitgliedstaat akzeptierten Sprache erfolgen. Sind die Wertpapiere in verschiedenen Mitgliedstaaten zum Handel auf einem geregelten Markt zugelassen, ist die zusätzliche Veröffentlichung in einer in der internationalen Finanzwelt geläufigen Sprache (i.d.R. Englisch) oder in eine Sprache, die in allen Aufnahmemitgliedstaaten akzeptiert wird, erforderlich. Eine Übersetzung in jede Amtssprache der Aufnahmemit-

---

[749] Begründung, Art. 4 Abs. 6, Art. 17 des Richtlinienvorschlags v. 26. 3. 2003, DOK KOM (2003) 138, S. 7 f., 31, 46, 56 f.

[750] Begründung, Art. 15, 18 des Richtlinienvorschlags v. 26. 3. 2003, DOK KOM (2003) 138, S. 30, 32, 54 f.

[751] 16. Erwägungsgrund, Art. 18 des Richtlinienvorschlags v. 26. 3. 2003, DOK KOM (2003) 138, S. 38, 57 f.; vgl. Erstes Konsultationspapier, S. 14 f.; Zweites Konsultationspapier, S. 10 f., Anhang 1, S. 3, 21; vgl. Report of the High Level Group of Company Law Experts on A Modern Regulatory Framework for Company Law in Europe, Brussels, 4 November 2002, p. 10, www.europa.eu.int/comm/internal_market/ en/company/ company/modern/consult/report_en.pdf.

gliedstaaten wird nicht mehr verlangt.[752] Letzteres dient der Erleichterung für Emittenten, erscheint aber im Hinblick auf den Schutz von Kleinanlegern bedenklich. Im Falle der Jahresabschlüsse kann ein Aufnahmemitgliedstaat jedoch aufgrund der Zweigniederlassungsrichtlinie von einem Unternehmen die Veröffentlichung einer beglaubigten Übersetzung verlangen, wenn es eine Zweigniederlassung in seinem Hoheitsgebiet gründet.[753]

Die Veröffentlichungsmöglichkeit im Internet ist für die Emittenten mit erheblichen Kostenersparnissen verbunden. Entsprechend ausgestatteten Anlegern würde ein – abgesehen von den Telefongebühren – kostenloser, effizienter und weltweiter Zugriff auf die Informationen in Echtzeit ermöglicht. Auf der Website des Emittenten könnten die Anleger mit einem Mausklick gleichzeitig die Gesamtheit der von diesem veröffentlichten kapitalmarktrechtlichen Informationen von zu Hause aus abrufen. Dieselben Informationen wären ggfs. auch auf der Website der Herkunftslandbehörde erhältlich. Dies ermöglicht erstmals ohne weiteren Aufwand einen Überblick über alle kapitalmarktrechtlichen Informationen und führt zu einem Abbau vorhandener Informationsasymmetrien sowie besseren Analysemöglichkeiten auch weniger erfahrener Privatanleger.[754]

*(c) Frist zur Veröffentlichung*

Der Richtlinienvorschlag sieht vor, dass die Frist zur Veröffentlichung des Jahresabschlusses drei Monate nach Ablauf des Geschäftsjahrs betragen soll.[755]

Eine größere Zeitnähe, d.h. ein kürzerer Abstand zwischen Abschlussstichtag und Veröffentlichung ist notwendig, da Informationen im Zeitablauf tendenziell an Entscheidungsrelevanz verlieren. Diese Problematik gewinnt vor dem Hintergrund zusammenwachsender und schnelllebiger Kapitalmärkte und der Möglichkeiten elektronischer Datenübertragung und des Internet an Gewicht, da die „Halbwertzeit" von publizierten Unternehmensdaten sinkt.[756]

---

[752] Begründung, 14. Erwägungsgrund, Art. 16 Abs. 2 des Richtlinienvorschlags, DOK KOM (2003) 138, S. 7, 31, 38, 55 f.; vgl. Zweites Konsultationspapier, S. 11, Anhang I, S. 21.

[753] Art. 4 der Elften gesellschaftsrechtlichen Richtlinie v. 22. 12. 1989 (89/666/EWG), ABl. EG Nr. L 395 v. 30. 12. 1989, S. 36 ff.

[754] Vgl. die Stellungnahme der EZB v. 16. 11. 2001 zum ursprgl. Vorschlag einer Prospektrichtlinie v. 30. 5. 2001, ABl. EG Nr. C 344 v. 6. 12. 2001, S. 4 ff. (5); vgl. *Noack*, ZGR 1998, S. 592 ff. (611 f.).

[755] Begründung, 8. Erwägungsgrund, Art. 4 Abs. 1 des Richtlinienvorschlags v. 26. 3. 2003, DOK KOM (2003) 138, S. 3, 13 f., 36, 45. Im Zweiten Konsultationspapier, S. 4, Anhang I S. 7 war von 90 Tagen die Rede; vgl. noch das Erste Konsultationspapier, S. 8, 12 f., wo entsprechend der Frist für die Veröffentlichung von Halbjahresberichten eine Frist von 60 Tagen vorgesehen war.

[756] *Pellens/Fülbier*, ZGR 2000, S. 572 ff. (584).

### 3. Kapitalmarktrechtliche Funktion des Lageberichts

Misst man der jährlichen Veröffentlichung des Jahresabschlusses eine Perpetuierungsfunktion der entsprechenden Angaben im Prospekt bei, so liegt es nahe, den Versuch zu machen, eine entsprechenden These auch für den Lagebericht aufzustellen. Dies ist aufgrund der strukturellen Unterschiede der beiden Dokumente aber nicht ohne weiteres möglich. Denn im Gegensatz zu den Jahresabschlüssen wird der Lagebericht in den Vorschriften über den Prospekt gemäß der kodRL nicht expressis verbis zum Bestandteil des Prospekts gemacht. Erst im Rahmen der Regelpublizität wird er zusammen mit dem Jahresabschluss als kapitalmarktrechtliches Informationsdokument funktionalisiert. Dennoch besteht ein Zusammenhang zwischen dem Lagebericht nach den Rechnungslegungsrichtlinien, dem Prospekt und der kapitalmarktrechtlichen Regelpublizität:

#### *a) Gesellschaftsrechtliche Anforderungen*

Zur Erinnerung: Nach der vierten und siebten Richtlinie hat der Lagebericht zumindest den Geschäftsverlauf und die Lage der Gesellschaft bzw. des Konzerns so darzustellen, dass ein den tatsächlichen Verhältnissen entsprechendes Bild entsteht. Dabei soll der Lagebericht auch auf Vorgänge von besonderer Bedeutung, die nach Schluss des Geschäftsjahrs eingetreten sind, die voraussichtliche Entwicklung der Gesellschaft bzw. des Konzerns, den Bereich Forschung und Entwicklung, den Bestand eigener Aktien sowie auf bestehende Zweigniederlassungen eingehen. Er muss mit dem Jahresabschluss des entsprechenden Geschäftsjahrs in Einklang stehen.[757]

#### *b) Bedeutung im Rahmen der Emissionspublizität*

##### *(I.) Inhalt der Vorschriften*

Die kodRL enthält keine Vorschrift, nach der auch der Lagebericht der Gesellschaft Eingang in den Prospekt findet. Im Rahmen einiger der nach Kapitel 4[758] und nach Kapitel 7 der Schemata A und B im Anhang I der kodRL zu machenden Angaben finden jedoch die im Lagebericht üblicherweise enthaltenen Informationen Eingang in den Prospekt.[759] Die entsprechenden Vor-

[757] Art. 46 Abs. 1, 2 der Jahresabschlussrichtlinie; Art. 36 der Richtlinie über den konsolidierten Abschluss; vgl. Art. 22 Abs. 2 der Kapitalrichtlinie; Art. 11 der Zweigniederlassungsrichtlinie; s.o. unter 1. d) (II.).

[758] Wie bereits gesehen, nehmen einige Gliederungspunkte in Kapitel 4 der Schemata A und B im Anhang I der kodRL auch Posten aus dem Anhang zum Jahresabschluss auf, s.o. unter 2. b) (I.).

[759] Für Finanzinstitutionen gelten die Schemata A und B, Kapitel 4 und 7 des Anhangs I der kodRL nicht. Stattdessen muss das nationale Recht entsprechende, den branchenspezifischen Unterschieden und Besonderheiten dieser Unternehmen Rechnung tragende Angaben über die Geschäftstätigkeit vorschreiben, die denen der Schemata A und B, Kapitel 4 und 7 des Anhangs I der kodRL zumindest gleichwertig sind; Art. 28 Abs. 1 lit. b) kodRL (vormals Art. 11 Abs. 1 2. Gedankenstrich BZPR). Es bietet sich an,

schriften nehmen nicht ausdrücklich Bezug auf dieses Dokument. Die jeweilige Kapitelüberschrift „Geschäftstätigkeit" bzw. „jüngster Geschäftsgang und Geschäftsaussichten des Emittenten" gleichen aber der allgemeinen Umschreibung des Lageberichts, der „zumindest den Geschäftsverlauf und die Lage der Gesellschaft" nach dem Grundsatz des „true and fair view" darzustellen hat.[760]

Während der Lagebericht sich *gleichzeitig* sowohl auf den Geschäftsverlauf im Geschäftsjahr, für das der Jahresabschluss erstellt worden ist (Vergangenheitsbezug) als auch auf die Geschäftslage der Gesellschaft im Zeitpunkt der Berichtserstellung (Gegenwartsbezug) sowie ihre Entwicklungsaussichten (Zukunftsbezug) bezieht, werden diese Informationen in den Schemata der kodRL auf zwei verschiedene Kapitel aufgeteilt: Kapitel 4 beschränkt sich weitgehend auf die Darstellung der Geschäftstätigkeit des Emittenten im Zeitraum, den die in den Prospekt aufgenommenen Jahresabschlüsse abdecken (Vergangenheitsbezug)[761], enthält aber auch im Zeitpunkt der Prospekterstellung gültige Daten (Gegenwartsbezug)[762] sowie einige Informationen über die künftige Entwicklung (Zukunftsbezug).[763] Hingegen bezieht sich Kapitel 7 einerseits auf Angaben über die Geschäftstätigkeit des Emittenten nach Abschluss des Geschäftsjahrs, für das der letzte Jahresabschluss erstellt worden ist (Gegenwartsbezug), sowie auf die Entwicklungsaussichten des Emittenten (Zukunftsbezug).

Es bietet sich demnach an, die vergangenheits-, gegenwarts- bzw. zukunftsbezogenen Teile des Lageberichts mit den entsprechenden in den Kapiteln 4 und 7 der Schemata geforderten Angaben zu vergleichen:

*(1.) Vergangenheitsbezogene Angaben: Geschäftsverlauf der Gesellschaft*

Für den Lagebericht werden hinsichtlich des vergangenheitsbezogenen Teils keine inhaltlichen Vorgaben gemacht. Es soll lediglich auf den Bereich Forschung und Entwicklung eingegangen werden.[764] Hingegen fordert die kodRL die Beschreibung der Haupttätigkeitsbereiche und der umsatzstärksten Betriebe des Emittenten sowie der außergewöhnlichen Ereignisse, die diese und die dort erzielten Umsatzerlöse beeinflusst haben. Ferner sind Angaben über den Bereich Forschung und Entwicklung und die Investitionen der letzten Ge-

hier an die entsprechenden besonderen Rechnungslegungsrichtlinien 86/635/EWG v. 8.12.1986 (für Banken und andere Finanzinstitute) bzw. 91/674/EWG v. 19.12.1991 (für Versicherungsgesellschaften) anzuknüpfen.

760 Art. 46 Abs. 1 Jahresabschlussrichtlinie; Art. 36 Abs. 1 der Richtlinie über den konsolidierten Abschluss.

761 Anhang I, Schema A Punkte 4.1.0., 4.1.1., 4.1.2., 4.3., 4.6., 4.7.0., Schema B Punkte 4.1.0., 4.1.1., 4.1.2., 4.4.0. kodRL.

762 Anhang I, Schema A Punkte 4.1.0., 4.1.3. UAbs. 2 und 3, 4.2., 4.4., 4.5., 4.7.1., Schema B Punkte 4.1.3. UAbs. 2 und 3, 4.2., 4.3., 4.4.1. kodRL.

763 Anhang I, Schema A Punkte 4.1.3. UAbs. 1, 4.7.2. Schema B Punkte 4.1.3. UAbs. 1, 4.4.2. kodRL.

764 Art. 43 Abs. 1, 2 lit. c) der Jahresabschlussrichtlinie; Art. 36 Abs. 1, 2 lit. c) der Richtlinie über den konsolidierten Abschluss.

schäftsjahre zu machen.[765] Dabei handelt es sich um Angaben, die im vergangenheitsbezogenen Teil der von Gesellschaften offengelegten Lageberichte üblicherweise enthalten sind.[766]

*(2.) Gegenwartsbezogene Angaben: Lage der Gesellschaft*

Der Lagebericht soll eingehen auf Vorgänge von besonderer Bedeutung, die nach Schluss des Geschäftsjahrs eingetreten sind.[767] Damit hat sich der Lagebericht auf den Zeitraum zu beziehen, den der Jahresabschluss nicht mehr abdeckt, für den also noch keine Zahlenangaben vorhanden sind. Da die obligatorischen Angaben über den Bereich Forschung und Entwicklung nicht auf den Zeitraum des Jahresabschlusses beschränkt sind, wird man sie auch für den Zeitraum nach Abschluss des Geschäftsjahrs erwarten dürfen.

Korrespondierend dazu beziehen sich auch die Angaben im Prospekt zum jüngsten Geschäftsgang der Gesellschaft – sofern die zuständigen Stellen keine Abweichungen zulassen – allgemein auf die Geschäftsentwicklung des Emittenten im Zeitraum seit dem Stichtag des letzten veröffentlichten Jahresabschlusses. Es werden Angaben gefordert über die Entwicklungstendenzen in den Bereichen Produktion, Absatz, der Lagerhaltung und Auftragslage sowie auf der Kosten- und Erlösseite.[768] Ferner werden Informationen über neue Erzeugnisse und/oder Tätigkeiten, über bestehende Abhängigkeiten von Patenten, Lizenzen, Verträgen und Verfahren und über laufende Investitionen verlangt, soweit sie von maßgeblicher Bedeutung für die Geschäftstätigkeit oder Finanzlage des Emittenten sind oder sein können.[769] Dabei handelt es sich größtenteils um Angaben, die für den Lagebericht von Gesellschaften üblicherweise vorgeschlagen werden.[770] Diese Angaben können im Gegensatz zum Lagebericht unter Umständen auf vorhandenes Zahlenmaterial Bezug nehmen. Denn für den Zeitraum nach dem Stichtag des letzten in den Prospekt aufgenommenen Jahresabschlusses sind möglicherweise Zwischenübersichten und/oder zusätzliche Vermerke vorhanden, die erläuterungsbedürftig sind.[771] Die Informationen über diesen Zeitraum werden somit vervollständigt.

---

[765] Anhang I, Schema A Punkte 4.1.0., 4.1.2., 4.1.4., 4.3., 4.7.0., Schema B Punkte 4.1.4., 4.4. kodRL.

[766] Vgl. den Überblick in MünchKomm HGB-*Lange* § 289 Rn. 52; dies ist insoweit konsequent, als für den Lagebericht Angaben über den Bereich Forschung und Entwicklung zeitraumunabhängig sowie Angaben über Vorgänge von besonderer Bedeutung für den gegenwartsbezogenen Teil des Lageberichts vorgeschrieben sind, so dass die gleichen Angaben für beide Zeitabschnitte gemacht werden.

[767] Art. 46 Abs. 2 lit. a), c) der Jahresabschlussrichtlinie.

[768] Anhang I, Schema A Punkt 7.1., Schema B Punkt 7.1. kodRL.

[769] Anhang I, Schema A Punkte 4.1.0. UAbs. 1, 4.2., 4.4., 4.7.1., Schema B Punkte 4.2., 4.3., 4.4.1. kodRL.

[770] Vgl. die Beispiele in MünchKomm HGB-*Lange* § 289 Rn. 52.

[771] Anhang I, Schema A Punkt 5.1.4., Schema B Punkt 5.1.2. kodRL; im Einzelnen dazu s.o. unter 2. b) (IV.) (1.); s.u. unter B. II. 2., VII. 2.

*(3.) Zukunftsbezogene Angaben: Entwicklungsaussichten der Gesellschaft*

Der Lagebericht soll über die voraussichtliche Entwicklung der Gesellschaft Auskunft geben. Dasselbe wird für den Prospekt gefordert, wonach die Aussichten des Emittenten zumindest für das laufende Geschäftsjahr dargestellt werden müssen, sofern die zuständigen Stellen keine Abweichungen zulassen.[772] Inhaltlich bestimmte zukunftsbezogene Angaben werden nur gefordert, wenn Daten vorhanden sind, aufgrund derer konkrete Aussagen möglich sind, wie im Falle von Investitionen, die fest beschlossen sind, und der voraussichtlichen Nutzungsdauer etwaiger Rohstoffvorkommen.[773]

Im Übrigen handelt es sich bei diesen Angaben weitgehend um Prognosen.[774] Aufgrund der schlechten Kalkulierbarkeit können vom Emittenten keine detaillierten Angaben verlangt werden. Dennoch dürfen dem Anleger keine bekannten wichtigen Umstände, die die Bewertung der Wertpapiere beeinflussen können, vorenthalten werden. Im Vergleich zu den übrigen Angaben im Prospekt kommt diesen Informationen ein geringerer Stellenwert zu. Dafür spricht auch, dass die zuständigen Stellen Abweichungen zulassen können. Im Ergebnis wird vom Emittenten lediglich eine ungefähre Einschätzung der Unternehmensentwicklung verlangt.[775]

*(4.) „Konsolidierter Lagebericht"*

Handelt es sich bei der emittierenden Gesellschaft um ein herrschendes Unternehmen, das mit anderen Unternehmen einen Konzern bildet, so hat dies Auswirkungen auf die gemäß Kapitel 4 und 7 der Schemata A und B im Anhang I der kodRL zu machenden Angaben im Prospekt: Diese müssen sich dann nicht nur auf den Emittenten, sondern auch auf den Konzern beziehen. Die zuständigen Stellen können zulassen, dass die Angaben nur für den Emit-

---

[772] Vgl. Art. 46 Abs. 2 lit. a) und b) der Jahresabschlussrichtlinie und Art. 36 Abs. 2 lit. a) und b) der Richtlinie über den konsolidierten Abschluss mit Anhang I, Schema A, B jeweils Punkt 7.1. und 7.2. kodRL. Dasselbe gilt für den Emissionsprospekt, sofern diese Angaben für eine etwaige Beurteilung des Emittenten von wesentlicher Bedeutung sind, Art. 11 Abs. 2 lit. g) der Emissionsprospektrichtlinie; vgl. § 29 BörsZulVO.

[773] Anhang I, Schema A Punkte 4.1.2. UAbs. 1, 4.7.2., Schema B Punkte 4.1.3., 4.4.2. kodRL.

[774] Die entsprechenden Vorschriften im ursprgl. Kommissionsvorschlag verlangten ausdrücklich die Klarstellung, dass es sich bei diesen Angaben um „Mutmaßungen und Absichten" handelt, „die nicht Wirklichkeit zu werden brauchen", ABl. EG Nr. C 131 v. 13. 12. 1972, S. 61 ff. (76, 84). Dies wurde vom Wirtschafts- und Sozialausschuss als mit den Prinzipien der Prospekthaftung nicht vereinbar angesehen; er empfahl daher die Streichung dieser Passagen, ABl. EG Nr. C 125 v. 16. 10. 1974, S. 1 ff. (10). Das änderte allerdings nichts an der Unkalkulierbarkeit der Angaben; im Gegenteil kommt diese in der geltenden Fassung weniger deutlich zum Ausdruck als im Entwurf; vgl. *Heinze*, S. 120 f. Fn. 102.

[775] *Heinze*, S. 120 f.

tenten oder nur für den Konzern gemacht werden, sofern die nicht vorgelegten Angaben nicht von wesentlicher Bedeutung sind.[776]

Eine derartige Befreiung werden die zuständigen Stellen nur aussprechen, wenn sie gleichzeitig die Verpflichtung zur Aufnahme der Jahresabschlüsse in den Prospekt entsprechend auf Einzel- oder konsolidierte Abschlüsse beschränkt haben.[777] Damit stehen dem Publikum korrespondierend zu den Finanzinformationen des Emittenten und/oder des Konzerns die vergangenheits-, gegenwarts- und zukunftsbezogenen Informationen über die Geschäftstätigkeit, den jüngsten Geschäftsgang sowie die Entwicklungsaussichten des jeweiligen Bezugsobjekts zur Verfügung.

*(5.) Prüfung und Offenlegung*

Hinsichtlich der Prüfung der Angaben im Rahmen der Prospektkontrolle und der Veröffentlichung innerhalb des Prospekts gilt dasselbe wie für die Angaben aus den Jahresabschlüssen.[778]

*(II.) Zweck der Vorschriften*

Mit den Angaben in Kapitel 4 und 7 der Schemata A und B im Anhang I der kodRL soll einerseits das erste mit der Erstellung und Veröffentlichung des Prospekts verfolgte Ziel, den Anlegern und ihren Anlageberatern ein „fundiertes Urteil über die Vermögens-, Finanz- und Ertragslage [...] des Emittenten [...] zu gestatten" erreicht werden. Denn die vergangenheits- und gegenwartsbezogenen Angaben runden die reinen Finanzinformationen aus den Jahresabschlüssen ab, so dass ein Gesamteindruck der finanziellen Situation des Unternehmens entsteht. Im Wesentlichen dienen sie jedoch dem zweiten mit dem Prospekt verfolgten Ziel, den Anlegern und deren Anlageberatern ein „fundiertes Urteil über [...] die Entwicklungsaussichten des Emittenten [...] zu gestatten."[779] Dieses Ziel ist angelehnt an den zukunftsbezogenen Teil des Lageberichts, der auch Aussagen über die „voraussichtliche Entwicklung der Gesellschaft" enthalten soll. Somit wird in der kodRL auch ein Bezug zur Intention des Lageberichts im Sinne der gesellschaftsrechtlichen Rechnungslegungsrichtlinien hergestellt.[780] Verdeutlicht wird dies dadurch, dass in den Kapiteln 7.1. von „Geschäftsaussichten" und „Entwicklungstendenzen" die Rede ist. Ferner werden in den Kapiteln 4 vielfach Angaben bestimmter gegenwärtiger Umstände gefordert, die die zukünftige Geschäftstätigkeit des Emittenten

---

[776] Anhang I, Schema A Punkt 5.5., Schema B Punkt 5.4. kodRL; s.o. unter 2. b) (VI.), d) (II.) (1.).

[777] S.o. unter 2. d) (III.) (1.).

[778] S.o. unter 2. d) (VII.),(VIII.).

[779] Art. 21 Abs. 1 kodRL (vormals Art. 4 Abs. 1 BZPR).

[780] Art. 46 Abs. 2 lit. b) der Jahresabschlussrichtlinie; Art. 36 Abs. 2 lit. b) der Richtlinie über den konsolidierten Abschluss.

beeinflussen (können).[781] Schließlich wird in den Kapiteln 7.2. vom Emittenten selbst eine Prognose über seine Geschäftsaussichten verlangt.

*(III.) Beurteilung/Vergleich mit anderen Kapitalgesellschaften*

Der Anleger, der in eine Gesellschaft investieren will, die die Zulassung ihrer Wertpapiere zur amtlichen Notierung beantragt hat, ist hinsichtlich des Informationsniveaus bzgl. der Geschäftstätigkeit, der Lage sowie der Entwicklungsaussichten der Gesellschaft deutlich besser gestellt als der Gesellschafter oder Gläubiger einer anderen Kapitalgesellschaft:

Da sich die entsprechenden Angaben im Prospekt zumindest auf die Zeiträume beziehen, die den Berichtszeiträumen der ebenfalls im Prospekt enthaltenen Zahlen aus Bilanz und GuV entsprechen, erhält der künftige Anleger in der Regel die Informationen für einen deutlich längeren Zeitraum, als Gesellschafter oder Gläubiger anderer Kapitalgesellschaften. Dadurch lässt sich die Entwicklung der Gesellschaft besser beurteilen.

Ferner sind die inhaltlichen Anforderungen an die Informationen nach den entsprechenden Kapiteln der Schemata im Anhang I der kodRL deutlich höher; bei ihnen handelt es sich zudem um obligatorische Mindestangaben.[782]

Demgegenüber bestehen in der vierten und siebten Richtlinie nahezu keine Inhaltsbestimmungen hinsichtlich des Lageberichts; die wenigen vorhandenen finden sich zudem in Sollvorschriften.[783] Sofern die Gesellschaften den Grundsatz des „true and fair view" beachten, sind sie in der Gestaltung des Lageberichts frei. Die Vergleichbarkeit von Lageberichten derselben Gesellschaft aus verschiedenen Jahren und mit Lageberichten anderer Gesellschaften ist damit nicht gewährleistet.

Dagegen dürfte ein Vergleich zweier emittierender Gesellschaften in diesem Bereich anhand der entsprechenden Angaben in den beiden Prospekten eher möglich sein.

Folglich ergibt sich nicht nur hinsichtlich der Vermögens-, Finanz- und Ertragslage, sondern auch hinsichtlich der Geschäftstätigkeit, der Lage und der Entwicklungsaussichten der Gesellschaft eine sowohl quantitative als auch qualitative Steigerung des Informationsniveaus am öffentlichen Kapitalmarkt im Vergleich zu nicht notierten Gesellschaften.

*c) Bedeutung im Rahmen der Regelpublizität*

Nach diesen Ausführungen stellt sich die Frage, wie sich die Pflicht, alljährlich dem Publikum den Lagebericht auf kapitalmarktspezifische Art und Weise un-

[781] Anhang I, Schema A, Punkte 4.1.3., 4.4., 4.5., Schema B Punkte 4.1.3., 4.3. kodRL.

[782] Art. 22 Abs. 1 kodRL (vormals Art. 5 Abs. 1 BZPR).

[783] Art. 46 Abs. 2 der Jahresabschlussrichtlinie; Art. 36 Abs. 2 der Richtlinie über den konsolidierten Abschluss; zur umstrittenen Auslegung dieser Sollvorschrift im deutschen Recht s.o. Fn. unter 1. d) (II.).

verzüglich zur Verfügung zu stellen,[784] in das gemeinschaftsrechtliche Informationskonzept einfügt.

Die Kommission verfolgt mit der Regelpublizität dieselben Ziele wie mit dem Prospekt selbst.[785] Also soll auch der jährliche Lagebericht den Anlegern und ihren Anlageberatern ein fundiertes Urteil über die Vermögens-, Finanz- und Ertragslage und die Entwicklungsaussichten der Gesellschaft erlauben, und zwar im Zeitpunkt der Veröffentlichung. Hält der Europäische Gesetzgeber im Rahmen des Prospekts dazu die in den Kapiteln 4 und 7 der Schemata A und B im Anhang I der kodRL genannten Angaben für erforderlich, so sollten diese Angaben auch in den jährlich nach den kapitalmarktrechtlichen Vorschriften dem Publikum zur Verfügung zu stellenden Lageberichten enthalten sein.[786] Dies entspricht zwar nicht der derzeitigen Gesetzeslage. Man könnte aber börsennotierte Gesellschaften dazu anhalten, sich bei der Aufstellung des Lageberichts an den entsprechenden Angaben im Prospekt zu orientieren. Dies würde gewährleisten, dass auch diese Angaben, die der Gemeinschaftsgesetzgeber für die Beurteilung der Wertpapiere für wesentlich hält, alljährlich in einem zusammenfassenden Dokument aktualisiert würden und es auf diese Weise zu einer Perpetuierung auch dieser Prospektangaben käme.

Hinsichtlich der Art und Weise der Verbreitung des Lageberichts im Rahmen der kapitalmarktrechtlichen Regelpublizität im Vergleich zu den Anforderungen nach der Publizitätsrichtlinie wird auf die obigen Ausführungen verwiesen.[787]

*d) Ausblick*

*(I.) Verordnung über die Anwendung von IAS*

Die Verordnung über die Anwendung internationaler Rechnungslegungsgrundsätze enthält zwar keine Vorschriften über einen Lagebericht. In IAS 1 wird jedoch empfohlen, außerhalb des Jahresabschlusses einen Bericht über die Lage des Unternehmens zu veröffentlichen, der die wesentlichen Merkmale der Vermögens-, Finanz- und Ertragslage des Unternehmens sowie die wichtigsten Unsicherheiten, denen sich das Unternehmen gegenüber sieht, beschreibt und erläutert. Ein solcher Bericht könnte einen Überblick geben über die Hauptfaktoren und -einflüsse, die die Ertragskraft bestimmen (Haupttätigkeitsbereiche). Ferner könnte er ggfs. eingehen auf Änderungen des äußeren Umfeldes, in dem das Unternehmen operiert, die Reaktionen des Unternehmens auf die Veränderungen und deren Auswirkungen (Umweltfaktoren). Zudem könnte er über die Investitionspolitik des Unternehmens berichten. Schließlich könnte der Bericht eingehen auf die Finanzierungsquellen, die

[784] Artt. 67 Abs. 1, 80 Abs. 1 kodRL, s.o. unter II., III.
[785] S.o. unter 3. c) (II.).
[786] Ähnlich die Forderung de lege ferenda von *Möllers,* ZGR 1997, S. 334 ff. (354).
[787] S.o. unter 3. d) (VIII.) (2), (3).

Grundsätze bzgl. des Verschuldungsgrades und des Risikomanagements sowie die Stärken und Ressourcen des Unternehmens, die sich im Jahresabschluss nicht darstellen lassen.[788]

Bei diesen Inhaltsangaben handelt es sich – genauso wie hinsichtlich des „Ob" der Berichterstattung – lediglich um unverbindliche Empfehlungen. Eine Abweichung von diesen würde nicht dazu führen, dass der Abschlussprüfer seinen Bestätigungsvermerk verweigern dürfte. Die Empfehlungen bieten zwar einen Anhaltspunkt für die Gestaltung des Lageberichts börsennotierter Gesellschaften im Hinblick auf die Bedürfnisse des Kapitalmarkts, führen aber nicht zu einer Verschärfung der Pflichten, die gemäß den jeweiligen nationalen Umsetzungsvorschriften der vierten und siebten Richtlinie bestehen.

*(II.) Richtlinie zur Änderung der Rechnungslegungsrichtlinien*

Durch die Richtlinie zur Änderung der Rechnungslegungsrichtlinien vom 18.6.2003 werden auch die Anforderungen an den Lagebericht präzisiert, um eine weitergehende Harmonisierung und eine bessere Informationsqualität im Hinblick auf das „true and fair view"-Prinzip zu erreichen. Die Richtlinie orientiert sich dabei an bester internationaler Praxis, u.a. auch an den Empfehlungen in den IAS. Die Anforderungen zum Zwecke der besseren Vergleichbarkeit sollen lediglich weiterentwickelt werden; eine Verschärfung oder Lockerung der Anforderungen ist nicht beabsichtigt. Sowohl der einfache als auch der konsolidierte Lagebericht sollen im Rahmen der Darstellung des Geschäftsverlaufs, des Geschäftsergebnisses und der Lage der Gesellschaft bzw. des Konzerns eine ausgewogene und umfassende Analyse enthalten, die dem Umfang und der Komplexität der Geschäftstätigkeit angemessen ist. Die Analyse soll die wichtigsten finanziellen und – soweit angebracht – nichtfinanziellen Leistungsindikatoren, die für die betreffende Geschäftstätigkeit von Bedeutung sind, enthalten, einschließlich Informationen in Bezug auf Umwelt- und Arbeitnehmerbelange. Ferner hat die Analyse ggfs. auch Angaben und zusätzliche Erläuterungen zu den im jeweiligen Abschluss ausgewiesenen Beträgen zu enthalten. Die zukunftsbezogenen Angaben hinsichtlich der voraussichtlichen Entwicklung der Gesellschaft bzw. des Konzerns umfassen auch die wesentlichen Risiken und Unsicherheiten, denen sie ausgesetzt ist. Der einfache und der konsolidierte Lagebericht können auch in Form eines einzigen Berichts dargestellt werden, wenn auf Umstände, die die für die Gesamtheit der in die Konsolidierung einbezogene Unternehmen von Bedeutung sind, besonders eingegangen wird.[789]

---

[788] IAS 1 § 8, *IASC*, IAS 2000, S. 64.

[789] 9. Erwägungsgrund, Art. 1 Nr. 14 (Änderung des Art. 46 der Jahresabschlussrichtlinie), Art. 2 Nr. 10 (Änderung des Art. 36 der Richtlinie über den konsolidierten Abschluss) der Richtlinie 2003/51/EG v. 18.6.2003, ABl. EG Nr. L 178 v. 17.7.2003, S. 17 ff.; vgl. Begründung des Richtlinienvorschlags v. 9.7.2002, DOK KOM (2002) 259/2, S. 6, 9; vgl. Zweites Konsultationspapier, Anhang I, S. 9.

Wie nach den IAS und den IOSCO-Offenlegungsstandards sollen also auch Risikofaktoren und Umweltaspekte Eingang in den Lagebericht finden.[790]

*(III.) Die neue Prospektrichtlinie*

*(1.) Inhalt des Registrierungsformulars*

Der emittentenbezogene Abschnitt des Prospekts bzw. im Falle eines dreiteiligen Prospekts das Registrierungsformular enthalten wesentlich umfangreichere Informationen hinsichtlich der Geschäftstätigkeit, der Lage und der Entwicklungsaussichten des Unternehmens als ein den gesellschaftsrechtlichen Anforderungen genügender Lagebericht und die entsprechenden Abschnitte eines nach der kodRL erstellten Prospekts:

Wie letzterer enthalten sie Angaben über die Geschäftstätigkeit, die Entwicklung des Unternehmens im letzten Jahr, den Bereich Forschung und Entwicklung, Informationen über Patente und Lizenzen sowie jüngste und erwartete Tendenzen.[791] Darüber hinaus sind aber auch Informationen über Risikofaktoren,[792] über Faktoren und Entwicklungen, die die Geschäftstätigkeit und die Finanzlage beeinflussen, über die Beteiligungsstruktur, die Beschäftigten und die Geschäftsleitung, über die Abschlussprüfer und über die an der Emission beteiligten Personen erforderlich.[793]

*(2.) Erstreckung der laufenden Verpflichtung auf die geregelten Märkte*

Durch die neue Prospektrichtlinie werden mittels einer Befugnisnorm alle nach der kodRL laufenden und anlassbezogenen Pflichten amtlich notierter Gesellschaften, also auch die Verpflichtung zur Verbreitung des Lageberichts, auf Gesellschafen erstreckt werden, deren Wertpapiere auf einem geregelten Markt gehandelt werden.[794]

---

[790] Beachte die Empfehlung der Kommission v. 30. 5. 2001 zur Berücksichtigung von Umweltaspekten in Jahresabschluss und Lagebericht von Unternehmen: Ausweis, Bewertung und Offenlegung, ABl. EG Nr. L 156 v. 13. 6. 2001, S. 33 ff.

[791] Anhang II, Kapitel II–IV. der Prospektrichtlinie v. 4. 11. 2003, ABl. EG Nr. L 345 v. 31. 12. 2003, S. 86 f.

[792] Innerhalb des Postens „Risikofaktoren" könnte auch auf die rechtliche Risikostruktur einer nachgeordneten Konzerngesellschaft innerhalb des Konzerns näher eingegangen werden, wie es das *Forum Europaeum Konzernrecht* für den Konzernlagebericht vorgeschlagen hat, ZGR 1998, S. 672 ff. (702 f.); auch §§ 289 Abs. 1 2. Hs., 315 Abs. 1 2. Hs. HGB schreiben für den Lagebericht und den Konzernlagebericht vor, auf die Risiken der künftigen Entwicklung einzugehen.

[793] Anhang II, Kapitel I., II. C., IV., V., VI. der Prospektrichtlinie v. 4. 11. 2003, ABl. EG Nr. L 345 v. 31. 12. 2003, S. 86 f.

[794] 38. Erwägungsgrund, Art. 21 Abs. 4 lit. c) der Prospektrichtlinie v. 4. 11. 2003, ABl. EG Nr. L 345 v. 31. 12. 2003, S. 67, 80.

### *(IV.) Kommissionsvorschlag einer neuen Transparenzrichtlinie*

#### *(1.) Keine materiellen Änderungen*

Die kapitalmarktrechtliche Verpflichtung zur Veröffentlichung des Lageberichts soll nach den Plänen der Kommission inhaltlich nicht verändert werden. Auch in Zukunft sollen die gemäß der (geänderten) siebten bzw. vierten Richtlinie erstellten Lageberichte i.R. des jährlich vorzulegenden „Jahresfinanzberichts" verwendet werden. Entsprechend der mit der IAS-Verordnung verbundenen Konzentration auf den konsolidierten Abschluss ist von Konzernunternehmen in Zukunft lediglich der konsolidierte Lagebericht zu veröffentlichen. Nur Einzelunternehmen müssen zusammen mit ihrem Jahresabschluss einen der vierten Richtlinie entsprechenden Lagebericht zur Verfügung stellen.[795] Das noch im Rahmen des Zweiten Konsultationspapiers verfolgte Vorhaben, die Lageberichte für die Zwecke des Kapitalmarkts um zusätzliche Informationen zu ergänzen, hat sich im Richtlinienvorschlag nicht niedergeschlagen.[796]

#### *(2.) Form und Sprache der Veröffentlichung; Veröffentlichungsfrist*

Hinsichtlich der Form, der Sprache und der Frist für die Zurverfügungstellung des Lageberichts an das Publikum wird es dieselben Entwicklungen geben wie hinsichtlich der Jahresabschlüsse.[797]

### *(V.) Vorschlag einer Richtlinie betreffend Übernahmeangebote vom 2. 10. 2002*

Der neueste Richtlinienvorschlag betreffend Übernahmeangebote, der nur auf (Ziel-) Gesellschaften mit Sitz in einem EU-Mitgliedstaat Anwendung findet, deren Wertpapiere auf einem geregelten Markt in einem der Mitgliedstaaten zum Handel zugelassen sind, sieht zahlreiche neue Pflichtangaben für den einfachen und konsolidierten Lagebericht dieser Gesellschaften vor. Sie gehen auf die Empfehlungen der von der Kommission anlässlich des Scheiterns des letzten Vorschlags der Takeover-Richtlinie im September 2001 eingesetzten

---

[795] Art. 4 Abs. 1, 2, 5 des Vorschlags einer Transparenzrichtlinie v. 26. 3. 2003, DOK KOM (203) 138, S. 45.

[796] Es sollten besondere Kontrollrechte (Betrag, Inhalt, Inhaber und deren Stellvertreter) angegeben werden, ferner die zur Emission von Wertpapieren bevollmächtigten Personen und Institutionen nebst den für sie geltenden Vorschriften. Außerdem sollten Informationen über etwaige Belegschaftsbeteiligungssysteme sowie über Aktien- und Aktienoptionen der geschäfts- und aufsichtsführenden Organwalter erteilt werden; Zweites Konsultationspapier, S. 3, Anhang I, S. 8. Diese Regelung geht zurück auf den Inhalt des Ersten Berichts v. 10. 1. 2002 der „Hochrangigen Expertengruppe für Gesellschaftsrecht" zu Fragen im Zusammenhang mit Übernahmeangeboten, S. 25 f., in dem die Verbesserung der Informationspflichten für Stimmrechte und Kapitalstrukturen empfohlen wurde; www.europa.eu.int/comm/internal_market/de/company/company/news/02–24.htm. Möglicherweise nahm man davon wegen der Überschneidungen mit den geplanten Änderungen der Richtlinie betreffend Übernahmeangebote Abstand, s.u. (V.).

[797] S.o. unter 2. f) (VIII.) und (X.) (2.) (b), (c).

„Hochrangigen Expertengruppe auf dem Gebiet des Gesellschaftsrechts" zurück. Diese schlägt vor, börsennotierte Gesellschaften zu verpflichten, ihre Corporate Governance – Strukturen und -Praktiken im deskriptiven Teil der Jahresabschlüsse zu veröffentlichen.[798] Es handelt sich u.a. um Angaben zu den Gesellschaftsstrukturen und -mechanismen, die die Übernahme und Ausübung der Kontrolle durch einen Bieter verhindern können. Diese Vorschriften sind in engem Zusammenhang mit den geplanten Änderungen der kapitalmarktrechlichen Publizitätsvorschriften zu sehen. Man erhofft sich, die Ausgangsbedingungen bei öffentlichen Übernahmeangeboten einheitlicher zu gestalten. Einige Angaben betreffen überwiegend die in der Satzung festzulegende innere Ordnung der Gesellschaft und die Führungsstruktur: zu erteilen sind z.B. ausführliche Informationen über die Zusammensetzung des Kapitals, über Beschränkungen der Übertragbarkeit von Wertpapieren und des Wertpapierbesitzes, über Stimmrechtsbeschränkungen sowie über die Voraussetzungen von Satzungsänderungen und der Ernennung oder Ersetzung der Mitglieder der Leitungs- und Verwaltungsorgane, über deren Möglichkeiten, Wertpapiere zu emittieren oder zurückzukaufen sowie über Vereinbarungen, die im Falle eines Kontrollwechsels wirksam werden. Andere Informationen betreffen die Kontrollmöglichkeiten über die Gesellschaft, wie z.B. bedeutende Beteiligungen i.S. der kapitalmarktrechtlichen Beteiligungstransparenz gemäß Art. 85 kodRL, Wertpapierinhaber mit besonderen Kontrollrechten, Stimmbindungsverträge und Stimmrechtskontrollen bei Kapitalbeteiligungen von Arbeitnehmern, wenn das Stimmrecht von ihnen nicht unmittelbar ausgeübt wird.

Die Informationen sind gemäß den kapitalmarktspezifischen Anforderungen der Artt. 102, 103 kodRL bekannt zu machen und im Rahmen der Regelpublizität jährlich zu aktualisieren.[799]

*(VI.) Bewertung*

Aus der Zusammenenschau der geplanten gesellschaftsrechtlichen bzw. kapitalmarktrechtlichen Änderungen der inhaltlichen Anforderungen an den Lagebericht ergibt sich, dass die zusätzlich in den Lagebericht aufzunehmenden Informationen denen ähneln, die für den emittentenbezogenen Teil des Prospekts bzw. das Registrierungsformular von der neuen Prospektrichtlinie vorgeschrie-

[798] Bericht der hochrangigen Gruppe von Experten auf dem Gebiet des Gesellschaftsrechts, Brüssel, 10. 1. 2002, a.a.O.; Report of the High Level Group of Company Law Experts on A Modern Regulatory Framework for Company Law in Europe, Brussels, 4. November 2002, p.10, www.europa.eu.int/comm/internal_market/en/company/company/modern/consult/report_en.pdf.; vgl. § 161 AktG i.d.F. des Transparenz- und Publizitätsgesetzes v. 19. 7. 2002, BGBl. I, S. 2681 ff.

[799] Begründung, Artt. 1, 10 des Richtlinienvorschlags betreffend Übernahmeangebote v. 2. 10. 2002, DOK KOM (2002) 534, S. 9, 17, 26 f.; vgl. die Änderungsvorschläge des Wirtschafts-und Sozialausschusses in seiner Stellungnahme v. 14./15. 5. 2003, ABl. EG Nr. C 208 v. 3. 9. 2003, S. 55 ff. (56 f.).

ben werden. Dies wird – in wesentlich größerem Umfang als nach der bisherigen Rechtslage – dazu führen, dass die entsprechenden Prospektangaben durch die in den jährlich zu veröffentlichenden kapitalmarktspezifischen Lageberichten enthaltenen Informationen fortgeschrieben und aktualisiert werden. Ferner wird – wie bei den Jahresabschlüssen – von börsennotierten Gesellschaften gegenüber sonstigen Kapitalgesellschaften die Erteilung detaillierterer Informationen verlangt, so dass auch in diesem Bereich ein Sonderrecht für börsennotierte Gesellschaften entsteht.

## B. Verpflichtung zur Erstellung und Veröffentlichung eines Halbjahresberichts

### I. Entstehungsgeschichte

#### 1. Segré-Bericht

Trotz der von den Gesellschaften im Jahre 1966 bereits verstärkten Veröffentlichung anlagerelevanter Angaben auf rein freiwilliger Basis[800] wurde die Verpflichtung zur Erteilung eines Zwischenberichts im Segré-Bericht als wesentlicher Bestandteil der sog. „ständigen" Publizität angesehen. Es sollten verbindliche Vorschriften aufgestellt werden, um neben der Veröffentlichung der Jahresabschlussrechnung eine *laufende* Information über die Tätigkeit der Gesellschaft zu erreichen[801] und so den Investoren eine Anlageentscheidung in voller Sachkenntnis zu ermöglichen. Die Zwischenberichte sollten sowohl an die Gesellschafter als auch an das Publikum erteilt werden.[802] Bezüglich des Ausmaßes einer „ständigen" Information sah der Sachverständigenausschuss die Möglichkeit, europaweit Grundsätze aufzustellen. Er schlug vor, dass der Vorstand einer Gesellschaft in regelmäßigen Zeitabständen, z.B. viertel- oder halbjährlich, mindestens den Umsatz und den erzielten Bruttogewinn veröffentlichen und ins Verhältnis mit den Zahlen des entsprechenden Vorjahreszeitraumes setzen sollte. Um Anlegern Anreize zu schaffen, europaweit zu investieren, sollten diese Informationen in den Mitgliedstaaten vergleichbar sein, um ein gleichmäßiges Schutzniveau zu erreichen und die Wertpapiere als Investitionsobjekte vergleichbar zu machen.[803]

#### 2. Entstehung der BZR (1975–1979)

Die Geschichte einer verbindlichen Regelung der Halbjahresberichterstattung begann gleichzeitig mit der Entwicklung der in Schema C der BZR aufge-

[800] Segré-Bericht, S. 31, 240 f., 251.
[801] Segré-Bericht, S. 31, 237, 241.
[802] Segré-Bericht, S. 240.
[803] Segré-Bericht, S. 237, 239.

stellten laufenden Verhaltenspflichten börsennotierter Aktiengesellschaften:[804] In den Kommissionsvorschlägen zur BZR von 1975 und 1976 findet sich im Anhang, Schema C und D sowohl für Emittenten von Aktien als auch für Emittenten von Schuldverschreibungen eine zwingende Pflicht zur regelmäßigen Zwischenberichterstattung in mindestens halbjährlichem Abstand, und zwar unbeschadet der jährlichen Veröffentlichung von Jahresabschluss und Rechenschaftsbericht der Gesellschaft bzw. des Konzerns. Die Regelung beschreibt das mit dem Bericht verfolgte Ziel, ist aber bezüglich seines Inhalts sehr unbestimmt: sie verlangt „ausreichende Informationen", um den Anlegern zu ermöglichen, die Vermögens-, Finanz- und allgemeine Geschäftslage der Gesellschaft zu beurteilen.[805] Damit wird das mit dem Prospekt verfolgte erste Ziel hinsichtlich der Informationen über den Emittenten, das in den beiden Vorschlägen einer BZPR zu diesem Zeitpunkt bereits normiert war, partiell aufgegriffen.[806] Die Vorschrift stellte, wie es im Segré-Bericht vorgeschlagen worden war, einen Grundsatz bzgl. der laufenden Information auf, dessen Präzisierung in einer gesonderten Richtlinie zusammen mit der Koordinierung der Rechnungslegung von Kapitalgesellschaften in der späteren vierten und siebten gesellschaftsrechtlichen Richtlinie erfolgen sollte.[807] Bis dahin sollte die praktische Anwendung des Grundsatzes einer laufenden Information und deren inhaltliche Ausgestaltung nach wie vor im Zuständigkeitsbereich der Mitgliedstaaten verbleiben.[808]

Der *Wirtschafts- und Sozialausschuss* hielt in seiner Stellungnahme zum ursprünglichen Kommissionsvorschlag einer BZR die Regelung für zu unbestimmt und ihren zwingenden Charakter in dieser Form für zu weitgehend; der gesetzliche Zwang solle auf die halbjährliche Veröffentlichung der Gewinn- und Verlustrechnung beschränkt werden.[809] Bei der Umsetzung wären zudem in solchen Mitgliedstaaten Schwierigkeiten aufgetreten, in denen bis dahin

[804] *Edwards*, EC Company Law, S. 261 f.

[805] Anhang, Schema C Nr. 4, Schema D Nr. 3 des ursprgl. Kommissionsvorschlags einer BZR v. 23. 12. 1975, DOK KOM (1975) 686, S. 28, 31; Anhang, Schema C Nr. 4, Schema D Nr. 3 des geänderten Kommissionsvorschlags einer BZR v. 3. 11. 1976, DOK KOM (1976) 565, S. 42, 47. Im geänderten Vorschlag wurde nur noch auf die Finanz- und allgemeine Geschäftslage, nicht mehr auf die Vermögenslage abgestellt.

[806] Art. 2 des ursprgl. Kommissionsvorschlags einer BZPR v. 26. 9. 1972, DOK KOM (1972) 835, S. 5; Art. 2 des geänderten Kommissionsvorschlags einer BZPR v. 1. 12. 1975, BT-Drucks. 7/4831 v. 5. 3. 1976, S. 1 ff. (3); vgl. Art. 21 Abs. 1 kodRL (vormals Art. 4 Abs. 1 BZPR).

[807] Die Kommissionsvorschläge der Jahresabschlussrichtlinie sind vom 16. 11. 1971 bzw. vom 21. 2. 1974, verabschiedet wurde die Richtlinie am 25. 7. 1978; die Kommissionsvorschläge der Richtlinie über den konsolidierten Abschluss sind vom 28. 4. 1976 bzw. vom 10. 12. 1978, verabschiedet wurde sie am 13. 6. 1983.

[808] Ursprgl. Kommissionsvorschlag einer BZR v. 23. 12. 1975, Begründung, V. 1., DOK KOM (1975) 686, S. 8.

[809] Stellungnahme des Wirtschafts- und Sozialausschusses zum ursprgl. Vorschlag einer BZR v. 1. 7. 1976, ABl. EG Nr. C 204 v. 30. 8. 1976, S. 5 ff. (9).

noch keine Verpflichtung zur Erstellung von Halbjahresberichten bestand. Sie wären gezwungen worden, eine Informationspflicht im Gesetzeswege einzuführen, ohne zu wissen, wie diese Information inhaltlich im einzelnen auszusehen hätte, was später ohnehin in einer gesonderten Richtlinie verbindlich festgelegt werden sollte. Deshalb wurde beschlossen, in der BZR keine laufende Informationspflicht einzuführen, sondern den ganzen Problemkreis im Rahmen der Halbjahresberichtsrichtlinie (HBR) zu behandeln.[810]

So wurde in der endgültigen Fassung der BZR auf die in den Kommissionsvorschlägen enthaltene Regelung verzichtet[811] und stattdessen die Vorschrift des Art. 5 Abs. 4 BZR in den Hauptteil der Richtlinie aufgenommen. Dieser entspricht Art. 8 Abs. 4 in Titel 1 Kapitel II kodRL, das die Überschrift „Strengere und zusätzliche Bedingungen und Pflichten" trägt. Nach dieser Vorschrift können die Mitgliedstaaten von Emittenten zur amtlichen Notierung zugelassener Wertpapiere nach den einschlägigen einzelstaatlichen Rechtsvorschriften verlangen, dass sie dem Publikum regelmäßig Informationen über ihre finanzielle Lage und über den allgemeinen Gang ihrer Geschäfte zur Verfügung stellen.

Die Vorschrift hat keinen eigenständigen Regelungsgehalt, sondern umschreibt beispielhaft eine mögliche Ausübung der in Art. 8 Abs. 2 kodRL enthaltenen allgemeinen Befugnis der Mitgliedstaaten, den Emittenten zusätzliche fortlaufende Pflichten aufzuerlegen (Grundsatz der Mindestharmonisierung).[812] Art. 8 Abs. 4 kodRL hat somit nur klarstellende Funktion: Bis zum Inkrafttreten der HBR und der damit verbundenen weitergehenden Harmonisierung durften die Mitgliedstaaten auf freiwilliger Basis ihre nationalen Regelungen, die bereits eine Zwischenberichtspflicht enthielten, beibehalten oder derartige Vorschriften einführen.

### 3. Wohlverhaltenskodex (1977)

Parallel zum Gesetzgebungsverfahren der BZR wurde 1977 der *Wohlverhaltenskodex* angenommen.[813] Er stellt einen konkreteren Grundsatz hinsichtlich einer Zwischenberichtspflicht auf: Jede Gesellschaft, deren Wertpapiere auf dem Wertpapiermarkt gehandelt werden, soll regelmäßig, wenigstens alle sechs Monate, eine klare, präzise, vollständige und dem neuesten Stand entsprechende Information über ihre Tätigkeit, ihre Ergebnisse und ihre finanzielle Lage veröffentlichen.[814]

---

[810] Begründung zum usrprgl. Kommissionsvorschlag einer HBR, BT-Drs. 8/2718 v. 2. 4. 1979 S. 1 ff. (5).

[811] An deren Stelle trat die bis dahin nicht in der BZR enthaltenen Verpflichtung, dem Publikum Jahresabschluss und Lagebericht zur Verfügung zu stellen.

[812] S.o. Erster Teil, Viertes Kapitel unter A. I.

[813] S.o. Erster Teil, Zweites Kapitel unter A. II.

[814] Wohlverhaltenskodex, Anhang, Ergänzende Grundsätze Nr. 12 S. 1, ABl. EG Nr. L 212 v. 20. 8. 1977, S. 37 ff. (42).

Der Unterschied der Richtlinienvorschrift und des Grundsatzes im Wohlverhaltenskodex besteht darin, dass Art. 8 Abs. 4 kodRL die Befugnis der Mitgliedstaaten zur Beibehaltung bzw. Regelung entsprechender Vorschriften deklaratorisch beschreibt, während der Wohlverhaltenskodex den Mitgliedstaaten eine entsprechende Regelung rechtsunverbindlich empfiehlt.

Seit Inkrafttreten der HBR im Jahre 1982 müssen die Mitgliedstaaten aufgrund ihrer Umsetzungsverpflichtung für Emittenten von Aktien eine solche Pflicht *gesetzlich* regeln.[815] Die entsprechende Regelung im Wohlverhaltenskodex hat seitdem keine praktische Bedeutung mehr. Die HBR beschränkte sich darauf, Inhalt und Verbreitung eines Zwischenberichts zu koordinieren[816] Obwohl manche Mitgliedstaaten im Jahre 1982 in ihren nationalen Vorschriften teilweise die Veröffentlichung von bereits mehr als einem Zwischenbericht vorsahen, wurde die für die gesamte Gemeinschaft verbindliche Forderung eines weiteren Zwischenberichts nicht für zweckmäßig gehalten. Dies wurde damit begründet, dass eine Verpflichtung der Gesellschaften, kurz vor Erstellung des Jahresabschlusses einen weiteren Zwischenbericht zu erstellen, zu Doppelbearbeitungen und auf Anlegerseite zu Verwirrungen führen könnte.[817]

Die Vorschriften der HBR entsprechen den Artt. 70–77 kodRL. Die Befugnis, diese Gesellschaften strengeren oder zusätzlichen Pflichten zu unterwerfen, bleibt gemäß Art. 71 kodRL[818] bestehen.

Die Vorschrift des Art. 8 Abs. 4 kodRL bezieht sich seitdem nur auf Regelungen für Emittenten, die nicht vom Anwendungsbereich der Artt. 70–77 kodRL erfasst sind. Dies sind insbesondere Emittenten, deren Schuldverschreibungen, nicht aber deren Aktien zur amtlichen Notierung zugelassen sind.[819]

## II. Verwandte Vorschriften im Sekundärrecht

Im Rahmen dieser systematischen Darstellung können zur Interpretation der Richtlinienvorschriften die mit diesen in Zusammenhang stehenden sekundärrechtlichen Vorschriften herangezogen werden:

### 1. Keine Entsprechung im Europäischen Gesellschaftsrecht

Dem allgemeinen Europäischen Kapitalgesellschaftsrecht ist keine Pflicht der Gesellschaften zu entnehmen, neben den Jahresabschlüssen halbjährlich Zwischenübersichten zu veröffentlichen. Lediglich für den Fall, dass das nationale Recht Abschlagszahlungen auf Dividenden (Zwischendividenden) vorsieht, ist

---

[815] Art. 70 kodRL (vormals Art. 2 HBR); Artt. 10, 249 Abs. 3 EG.

[816] 27. Erwägungsgrund kodRL (vormals 4. Erwägungsgrund HBR).

[817] Ursprgl. Kommissionsvorschlag zur HBR, Begründung, BT-Drucks. 8/2718 v. 2. 4. 1979, S. 6.

[818] Vormals Art. 3 HBR.

[819] Vgl. zum Anwendungsbereich der Vorschriften Artt. 2 Abs. 1, 4 Abs. 1 kodRL (vormals Art. 1 Abs. 1 BZR, Art. 1 Abs. 1 HBR); insoweit ungenau *Heinze*, S. 85, 256.

gemäß Art. 15 Abs. 2 der Kapitalrichtlinie die Aufstellung einer Zwischenbilanz erforderlich. Diese muss das seit dem Ende des letzten Geschäftsjahrs erzielte Ergebnis sowie alle erforderlichen Zahlen, die belegen, dass für die Ausschüttung genügend Mittel zur Verfügung stehen, ausweisen.[820]

### 2. Parallelvorschriften im Rahmen der Emissionspublizität

Im Prospekt sind nicht nur die letzten Jahresabschlüsse wiederzugeben.[821] In unmittelbarem Zusammenhang mit dieser Verpflichtung findet sich in den Schemata jeweils in dem Kapitel „Angaben über die Vermögens-, Finanz- und Ertragslage des Emittenten" folgende Vorschrift: „Liegt der Stichtag des letzten veröffentlichten nichtkonsolidierten und/oder konsolidierten Jahresabschlusses mehr als neun Monate zurück, so ist eine Zwischenübersicht über die Finanzlage für mindestens die ersten sechs Monate in den Prospekt aufzunehmen oder ihm beizufügen." Sofern diese Zwischenübersicht nicht geprüft wurde, ist dies anzugeben.

Bemerkenswert ist, dass die Pflicht, *vor* Zulassung zur amtlichen Notierung eine Zwischenübersicht zu erstellen, sowohl für Emittenten von Aktien als auch für Emittenten von Schuldverschreibungen gilt.[822] Demgegenüber besteht die Pflicht zur Halbjahresberichterstattung nur für Emittenten von Aktien (Art. 4 Abs. 1 kodRL).

## III. Persönlicher Anwendungsbereich

Die Pflicht zur Halbjahresberichterstattung trifft Gesellschaften, deren Aktien zur amtlichen Notierung an einer Wertpapierbörse der Gemeinschaft zugelassen sind.[823] Unerheblich ist, ob die Zulassung der Aktien direkt oder mit Hilfe von Zertifikaten, die diese vertreten, erfolgt.[824]

---

[820] Art. 15 Abs. 2 lit. a), b) i.V.m. Abs. 1 lit. a)–c) Kapitalrichtlinie; s.u. unter VII. 3. d) (II.).

[821] S.o. unter 2. b) (III.)–(VIII.).

[822] Anhang I, Schema A Punkt 5.1.4. UAbs. 1 und 2 (für Emittenten von Aktien), Schema B Punkt 5.1.2. UAbs. 1 und 2 (für Emittenten von Schuldverschreibungen), Schema C Punkt 1.8. UAbs. 2 und 3 S. 1 (für Aussteller von Zertifikaten, die Aktien vertreten) kodRL. Im Falle einer teilweisen Befreiung von der Prospektpflicht von im amtlichen Marktsegment seit mehr als drei Jahren notierten Emittenten ist neben dem letzten Jahresabschluss auch der letzte Halbjahresbericht zu veröffentlichen, sofern dieser bereits veröffentlicht wurde; Art. 23 Nr. 4 c) ii) kodRL (vormals Art. 6 Nr. 4 c) ii) BZPR). Eine Zwischenübersicht ist im Emissionsprospekt nur anzugeben, falls eine solche seit Abschluss des vorhergehenden Geschäftsjahrs veröffentlicht wurde, Art. 11 Abs. 2 lit. e) der Emissionsprospektrichtlinie.

[823] Die Richtlinie gewährte den vor Verabschiedung der Richtlinie bereits börsennotierten Gesellschaften keinen Bestandsschutz; auf die damit verbundenen Schwierigkeiten hat der Wirtschafts- und Sozialausschuss in seiner Stellungnahme vom 24./25. 10. 1979 zum ursprgl. Kommissionsvorschlag einer HBR hingewiesen, ABl. EG Nr. C 53 v. 3. 3. 1980, S. 54 ff. (55).

[824] Art. 4 Abs. 1 kodRL (vormals Art. 1 Abs. 1 HBR); vgl. § 40 Abs. 1 BörsG n.F. (vormals § 44a BörsG). Die Mitgliedstaaten sind berechtigt, die Zentralbanken, soweit diese

### 1. Emittenten amtlich notierter Schuldverschreibungen nicht erfasst

Ferner unterliegen Gesellschaften, bei denen nur die Schuldverschreibungen zur amtlichen Notierung zugelassen sind, nicht der Halbjahresberichtspflicht.

Sowohl im Wohlverhaltenskodex, als auch in den beiden Kommissionsvorschlägen einer BZR wurde hinsichtlich der Regelpublizität noch nicht zwischen Emittenten von Eigen- und Fremdkapitalpapieren unterschieden.[825] Im ersten Kommissionsvorschlag einer HBR von 1979 waren nur Emittenten einfacher Schuldverschreibungen von der Pflicht ausgenommen. Dies wurde damit begründet, dass auch Gesellschaften, bei denen nur einfache Schuldverschreibungen zur amtlichen Notierung zugelassen sind, dem Publikum Jahresabschluss und Lagebericht erteilen und Ad-hoc-Mitteilungen veröffentlichen müssten[826], also regelmäßig über die Geschäftstätigkeit der Gesellschaft informieren würden. Aufgrund der Beschaffenheit der den Inhabern einfacher Schuldverschreibungen gewährten Rechte (regelmäßige Zinszahlung sowie Rückzahlung des Kapitals) sei aus Gründen des Anlegerschutzes keine weitergehende Information erforderlich.

Inhaber von Wandelschuldverschreibungen, „austauschbaren" Schuldverschreibungen („obligations échangeables") oder Optionsanleihen wurden zunächst mit den Aktionären auf eine Stufe gestellt, da der Wert ihrer Papiere stärker vom guten Geschäftsverlauf der Gesellschaften abhängig sei. Ihnen wurde deshalb ebenfalls ein Anspruch auf Erteilung eines Halbjahresberichts zuerkannt.[827] Im geänderten Kommissionsvorschlag einer HBR von 1980 und in der letztendlich im Jahre 1982 verabschiedeten Fassung haben Inhaber derartiger Schuldverschreibungen diesen Informationsanspruch nicht mehr. Dies begründete man mit einem Verweis auf Art. 59 kodRL.[828] Danach erfolgt die Zulassung dieser Papiere zur amtlichen Notierung nur, wenn die Aktien, auf die sich die Anleihen beziehen, ihrerseits zur amtlichen Notierung oder an einem anderen regulierten, öffentlichen Markt zugelassen sind oder gleichzeitig zugelassen werden. Ein Verzicht auf diese Voraussetzung ist den Mitgliedstaaten nur gestattet, wenn ihre zuständigen Stellen die Gewissheit haben, dass die Inhaber der Schuldverschreibungen auf andere Weise ausreichend informiert werden, um den Wert der Aktien, auf die sich die Schuldverschreibungen beziehen, beurteilen zu können.

---

privatrechtlich organisiert sind, von der Anwendung der Richtlinie auszuschließen; vgl. Art. 4 Abs. 3 i.V.m. Abs. 1 kodRL (vormals Art. 1 Abs. 3 i.V.m. Abs. 1 HBR). Diese nicht näher begründete Regelung erscheint fragwürdig, da sie zur Benachteiligung sonstiger Kreditinstitute führen kann; *Izquierdo*, S. 82; *Heinze*, S. 248.

[825] S.o. unter I. 2. und 3.

[826] Artt. 80, 81 Abs. 1 kodRL.

[827] Ursprgl. Kommissionsvorschlag, Begründung, BT-Drucks. 8/2718 v. 2. 4. 1979, S. 5 f.; zustimmend die Stellungnahme des Europäischen Parlaments v. 13. 3. 1980, ABl. EG Nr. C 85 v. 8. 4. 1980, S. 69 ff. (70).

[828] Vormals Anhang Schema B Abschnitt A III Nr. 2 BZR.

Da durch diese Vorschrift – entweder durch die sich an die Zulassung anschließenden Publizitätspflichten oder in anderer Weise – die ausreichende Information der Inhaber von Schuldverschreibungen gewährleistet erschien, wurde die Pflicht zur Halbjahresberichterstattung auf Gesellschaften beschränkt, deren Aktien zur amtlichen Notierung an einer mitgliedstaatlichen Börse zugelassen sind.[829] Mangels einer Harmonisierung der regelmäßigen und anlassbezogenen Publizität auch für die geregelten Märkte besteht in diesem Bereich derzeit eine Schutzlücke.[830]

### 2. Gesellschaften aus Drittstaaten

Um eine gleichmäßige Behandlung aller an einer mitgliedstaatlichen Börse amtlich notierten Gesellschaften zu gewährleisten, insbesondere die Europäischen Gesellschaften gegenüber solchen aus Drittstaaten nicht zu benachteiligen, wurden auch Gesellschaften aus Drittstaaten der Verpflichtung zur Halbjahresberichtserstattung unterworfen.[831]

## IV. Mindestbedingungen

In beiden Richtlinienvorschlägen zur HBR von 1979 und 1980 ging die Kommission noch von einer ersten Harmonisierungsstufe aus, der weitere folgen sollten, um langfristig das Ziel der Vollharmonisierung zu erreichen.[832] In der im Jahre 1982 verabschiedeten endgültigen Fassung der HBR fehlt dagegen jeder Hinweis auf eine geplante weitergehende Harmonisierung. An der Aufstellung von Mindeststandards wurde festgehalten. Dementsprechend gestattet Art. 71 kodRL den Mitgliedstaaten, die Gesellschaften strengeren oder zusätzlichen Pflichten zu unterwerfen. Sie können beispielsweise konkretere Vorgaben für die zu veröffentlichenden Informationen machen, eine häufigere z.B.

---

[829] 28. Erwägungsgrund kodRL (vormals 5. Erwägungsgrund HBR); geänderter Kommissionsvorschlag einer HBR, ABl. EG Nr. C 210 v. 16. 8. 1980, S. 5 ff. (7); ähnlich auch die Stellungnahme des Wirtschafts- und Sozialausschusses vom 30. 8. 1976 zum Kommissionsvorschlag einer BZR, ABl. EG Nr. C 204 v. 30. 8. 1976, S. 5 ff. (9 f.).

[830] Vgl. *Schwark,* § 44b BörsG Rn. 3; *Heinze,* S. 249; Schäfer/*Hamann,* § 44b BörsG, Rn. 10, der diese Lücke dadurch schließt, dass er amtlich notierte Wertpapiere, die ein Umtausch- oder Bezugsrecht auf am geregelten Markt gehandelte Aktien verbriefen, als Zertifikate, die Aktien vertreten, begreift.

[831] Vgl. 30. Erwägungsgrund kodRL (8. Erwägungsgrund HBR); Schäfer/*Hamann,* § 44b BörsG Rn. 12.

[832] Jeweils 7. Erwägungsgrund im ursprünglichen und im geänderten Kommissionsvorschlag einer HBR, ABl. EG Nr. C 29 v. 1. 2. 1979, S. 5 ff. und ABl. EG Nr. C 210 v. 16. 8. 1980, S. 5 ff.; vgl. 6. Erwägungsgrund kodRL (vormals 6. Erwägungsgrund BZR). Der Wirtschafts- und Sozialausschuss kritisiert das Konzept einer Mindestharmonisierung in seiner Stellungnahme v. 24./25. 10. 1979 zum ursprgl. Kommissionsvorschlag einer HBR: die Weitergeltung unterschiedlicher Regeln in der Gemeinschaft würde die Vergleichbarkeit der Gesellschaften erschweren und die Gefahr von Verzerrungen im Kapitalverkehr mit sich bringen, ABl. EG Nr. C 53 v. 3. 3. 1980, S. 54 ff. (55 f.). Zum Konzept der Mindestharmonisierung s.o. Erster Teil, Viertes Kapitel unter A.

vierteljährliche Berichtserteilung verlangen oder die Frist, binnen derer der Halbjahresbericht zu erteilen ist, verkürzen. Dabei muss jedoch der Gleichbehandlungsgrundsatz gewahrt bleiben, und zwar nicht nur gegenüber Gesellschaften, die in dem betreffenden Mitgliedstaat ansässig sind, sondern auch gegenüber Gesellschaften aus anderen Mitgliedstaaten und aus Drittstaaten.[833]

## V. Mit dem Halbjahresbericht verfolgte Ziele

Aus den Erwägungsgründen zur HBR geht hervor, dass mit der Koordinierung der Vorschriften über die laufende Information dieselben Ziele verfolgt werden wie mit dem Prospekt selbst. Zwar bezieht sich dies zunächst auf die mit allen börsenrechtlichen Harmonisierungsmaßnahmen verfolgten (Fern-)Ziele, der Verbesserung des Anlegerschutzes und der Schaffung eines Europäischen Kapitalmarkts.[834] Jedoch wird hinsichtlich des mit dem Halbjahresbericht verfolgten Zwecks auch auf einige der konkret mit dem Prospekt verfolgten Ziele Bezug genommen: Der Bericht muss es den Anlegern ermöglichen, sich in voller Sachkenntnis ein Urteil über die allgemeine Entwicklung der Tätigkeit der Gesellschaft im Berichtszeitraum zu verschaffen.[835] Ferner wird – wie schon in den Vorschlägen einer BZR – hervorgehoben, dass der Bericht als periodische Information neben die jährliche Zurverfügungstellung von Jahresabschluss und Lagebericht treten, also diesbezüglich eine Ergänzung darstellen soll.[836]

## VI. Anforderungen an den Halbjahresbericht

Die Mitgliedstaaten müssen den Gesellschaften die Verpflichtung auferlegen, einen Halbjahresbericht über ihre Geschäftstätigkeit und ihre Ergebnisse während der ersten sechs Monate jedes Geschäftsjahrs (Berichtszeitraum) zu veröf-

---

[833] Ursprgl. Kommissionsvorschlag, Begründung, BT-Drucks. 8/2718 v. 2. 4. 1979, S. 6; s.o. Erster Teil, Viertes Kapitel unter A I. Der deutsche Gesetzgeber hat die Mindestbedingung in die Umsetzungsvorschriften übernommen, vgl. § 40 Abs. 1, 2 BörsG n.F. i.V.m. § 54 BörsZulVO.

[834] 25. Erwägungsgrund kodRL (vormals 2. Erwägungsgrund der HBR); s.o. Erster Teil, Viertes Kapitel unter C.

[835] S.o. Zweiter Teil, Erstes Kapitel unter B.

[836] 26., 27., 29. Erwägungsgrund kodRL (vormals 3., 4., 6. Erwägungsgrund der HBR). Vgl. § 40 Abs. 1 BörsG n.F.; *Schwark*, § 44b BörsG Rn. 5; Schäfer/*Hamann*, § 44b BörsG Rn. 1, *Henes*, S. 3; *Schuster*, S. 130 f.; s.o. Einleitung zum Dritten Teil. Vervollständigt werden sollte das Informationskonzept hinsichtlich der finanziellen Situation des Emittenten durch die Verpflichtung zur Ad-hoc-Publizität; Begründung der Kommission zum ursprgl. Vorschlag einer HBR, BT-Drs. 8/2718 v. 2. 4. 1979 S. 1 ff. (5); 2. Erwägungsgrund HBR; dazu ausführlich unter C. Deren Bedeutung hängt davon ab, wie häufig und in welchem Umfang Zwischenberichte zusätzlich zu Jahresabschluss und Lagebericht veröffentlicht werden. Bei einer lediglich halbjährlichen Veröffentlichung eines Rechnungslegungsdokuments – wie nach dem derzeitigen Stand der Harmonisierung – ist deren Bedeutung relativ hoch; *Möllers*, ZGR 1997, S. 334 ff. (343 ff.); *Heinze*, S. 244.

fentlichen.[837] Die Ausarbeitung des Halbjahresberichts obliegt in der Praxis den Leitungsorganen der Gesellschaft.[838]

### 1. Übergeordnetes Prinzip: True and fair view

Der mit dem Halbjahresbericht verfolgte Zweck, eine „Beurteilung der Entwicklung der Tätigkeit der Gesellschaft in voller Sachkenntnis" zu ermöglichen, greift den in den Jahresabschlüssen und Lageberichten sowie im Prospekt einzuhaltenden Grundsatz des „true and fair view" auf.[839] Jedoch werden nicht alle dazu erforderlichen Informationen, sondern einschränkend lediglich die wichtigsten Angaben gefordert. Da es sich beim Zwischenbericht naturgemäß nur um eine übersichtsweise Darstellung unternehmensrelevanter Informationen handelt, sind die Anforderungen weniger hoch anzusetzen als bei Jahresabschluss und Prospekt. Die Angaben brauchen bei weitem nicht so detailliert zu sein wie im Rahmen der Rechnungslegung oder des Prospekts; die kompakten Angaben müssen im Hinblick auf die Information der Anleger gleichwohl aussagekräftig sein, wesentliche Kennzahlen enthalten und dürfen keine Fehlvorstellungen hervorrufen.[840]

### 2. Generelle Vorgaben

Während die sachgerechte Beurteilung der *Entwicklungsaussichten* der Gesellschaft ein ausdrücklich mit dem Prospekt verfolgtes Ziel ist, wird dieses in den Rechnungslegungsrichtlinien nicht genannt, jedoch durch die Vergleichsübersicht der Zahlenangaben mit denen des Vorjahrs sowie ggfs. durch Informationen im Lagebericht ermöglicht. Im Lagebericht und im Prospekt ist sowohl auf die bisherige Entwicklung der Gesellschaft als auch auf deren voraussichtliche Entwicklung bzw. die Entwicklungsaussichten der Gesellschaft zumindest für das laufende Geschäftsjahr einzugehen.[841] Dies wird für den Halbjahresbericht aufgegriffen. Gemäß den Erwägungsgründen der HBR steht zwar die Entwicklung der Geschäftstätigkeit der Gesellschaft im Berichtszeitraum im Vordergrund; es geht also primär um eine vergangenheitsbezogene Betrachtung. Der erläuternde Teil darf sich jedoch nicht auf den Berichtszeitraum beschrän-

---

[837] Art. 70 kodRL (vormals Art. 2 HBR); die deutsche Umsetzung erfolgte in § 44b BörsG a.F. i.V.m. §§ 53–62 BörsZulVO durch das Börsenzulassungsgesetz vom 28. 4. 1986, BGBl. I S. 2478 ff. Die BörsZulVO wurde am 15. 4. 1987 erlassen, BGBl. I, S. 1234 ff.; dazu *Köbrich,* DB 1986, S. 1477 ff.; *Woopen,* ZIP 1986, S. 254 ff. (257, 263); das Vierte Finanzmarktförderungsgesetz führte inhaltlich zu keinen Änderungen. Zum Diskussionsentwurf *Mues*, ZBB 2001, S. 398 ff. (416).

[838] Ursprgl. Kommissionsvorschlag einer HBR, Begründung, BT-Drucks. 8/2718 v. 2. 4. 1979, S. 6 f.

[839] Vgl. *Heinze*, S. 245; *Henes*, S. 6 f., 9; Schäfer/*Hamann*, § 44b BörsG Rn. 22.

[840] Vgl. Schwark, § 44b Rn. 5, 6; *Heinze*, S. 264.

[841] Art. 46 Abs. 1, Abs. 2 lit. b) der Jahresabschlussrichtlinie; Art. 36 Abs. 1, Abs. 2 lit. b) der Richtlinie über den konsolidierten Abschluss; Art. 21 Abs. 1, Anhang I, Schema A Kapitel 7 kodRL (vormals Art. 4 Abs. 1, Anhang, Schema A Kapitel 7 BZPR).

ken; er muss sich auch – soweit dies möglich ist – auf die Aussichten der Gesellschaft für das laufende Geschäftsjahr erstrecken.[842]

Zur Erfüllung der Verpflichtung zur Halbjahresberichterstattung reicht es aus, dass der Bericht über die Tätigkeit der Gesellschaft die wichtigsten Informationen über die Finanzlage und den allgemeinen Geschäftsgang der Gesellschaft enthält.[843] Die allgemeine Entwicklung der Tätigkeit der Gesellschaft im Berichtszeitraum soll also durch Angaben über die *Finanzlage* und die *Geschäftstätigkeit* der Gesellschaft veranschaulicht werden.

Die *Finanzlage* ist dem Wortlaut nach nur *ein* Element des Dreiklangs „Vermögens, Finanz- und Ertragslage", der sowohl in den Prospektvorschriften der kodRL als auch in der vierten und siebten Richtlinie hinsichtlich der Angaben aus der Rechnungslegung des Emittenten bzw. der Jahresabschlüsse verwendet wird. Der Begriff bezeichnet jedoch nicht nur einen bestimmten Ausschnitt aus der Rechnungslegung, sondern steht stellvertretend für alle Elemente des Dreiklangs. Dafür spricht einerseits, dass auch die Zwischenübersicht im Prospekt sich dem Wortlaut nach allein auf die Finanzlage bezieht, obwohl sie der Aktualisierung des letzten Jahresabschlusses insgesamt dient,[844] andererseits, dass die im Halbjahresbericht obligatorischen Zahlenangaben der GuV entstammen, die primär die Ertragslage des Unternehmens darstellt.[845]

Die *Geschäftstätigkeit* ist im Rahmen der handelsrechtlichen Publizität vorwiegend Gegenstand des Lageberichts, nur teilweise des Anhangs zum Jahresabschluss.[846] Der Prospekt enthält eigene Kapitel über die Geschäftstätigkeit, den jüngsten Geschäftsgang und die Geschäftsaussichten des Emittenten.[847]

Die inhaltlichen Vorgaben dieser Dokumente, hinsichtlich derer die Harmonisierung viel weiter fortgeschritten ist, können aufgrund der aufgezeigten Bezüge Anhaltspunkte für eine inhaltliche Konkretisierung des nur unzureichend bestimmten Inhalts des Halbjahresberichts liefern.

---

[842] 29. Erwägungsgrund, Art. 73 Abs. 6 UAbs. 2 kodRL (vormals 6. Erwägungsgrund, Art. 5 Abs. 6 UAbs. 2 HBR); Schäfer/*Hamann,* § 44b BörsG, Rn. 3, 5.

[843] 27., 29. Erwägungsgrund kodRL (vormals 4., 6. Erwägungsgrund der HBR); zu den mit dem Halbjahresbericht verfolgten Zielen *Edwards,* EC Company Law, S. 263 f.; vgl. § 40 Abs. 1 BörsG n.F., § 53 BörsZulVO.

[844] Anhang I, Schema A Punkt 5.1.4. UAbs. 1; Schema B Punkt 5.1.2. UAbs. 1 kodRL; auch der 9. Erwägungsgrund der kodRL (vormals 2. Erwägungsgrund BZPR) verwendet nur den Begriff der Finanzlage, meint aber den „Dreiklang" sowie die Entwicklungsaussichten des Emittenten.

[845] *Schwark,* § 44b BörsG Rn. 6; vgl. Schäfer/*Hamann,* § 44b BörsG, Rn. 33, der fälschlicherweise von einem Redaktionsversehen ausgeht.

[846] Vgl. Artt. 43 Nr. 8, 46 Abs. 1 der Jahresabschlussrichtlinie; Artt. 34 Nr. 8, 36 Abs. 1 der Richtlinie über den konsolidierten Abschluss.

[847] Anhang I, Schema A, B jeweils Kapitel 4, 7 kodRL; vgl. Schäfer/*Hamann,* § 44b BörsG, Rn. 33a.

## VII. Aufbau und Inhalt des Halbjahresberichts

### 1. Bestandteile

Der Halbjahresbericht gliedert sich in zwei Teile: der erste Teil enthält tabellarische Zahlenangaben über die Tätigkeit und die Ergebnisse der Gesellschaft im Berichtszeitraum, der zweite Teil Erläuterungen, die sich auf die Zahlenangaben beziehen. Die Zahlenangaben sind jeweils den entsprechenden Zahlen des Vorjahreszeitraums gegenüberzustellen.[848]

Auf diese Weise ähnelt der Halbjahresbericht im Aufbau dem Jahresabschluss, der in der Bilanz und der GuV ebenfalls tabellarische Zahlenangaben enthält. Die Erläuterung der Zahlen erfolgt dort im Anhang zum Jahresabschluss, zum Teil auch im Lagebericht.[849]

Wie bei Bilanz und GuV im Rahmen des Jahresabschlusses und deren Aufnahme in den Prospekt[850] muss neben jeder Zahlenangabe die Zahl des entsprechenden Vorjahreszeitraums vermerkt werden. Dies ermöglicht es, die Entwicklung der Gesellschaftstätigkeit nachzuvollziehen.[851]

### 2. Inhaltliche Konkretisierung auch der Zwischenübersichten

Die Zwischenübersicht im Prospekt soll die Finanzlage des Emittenten während der ersten sechs Monate seit dem Stichtag des letzten in den Prospekt aufgenommenen Jahresabschlusses darstellen.[852] Darüber hinaus bestehen keine inhaltlichen Vorgaben. Da die Zwischenübersicht den letzten wiedergegebenen Jahresabschluss aktualisieren soll, liegt es nahe, ihren Aufbau in groben Zügen an diesem zu orientieren. Ferner bietet sich eine Aufmachung entsprechend der wenigen Vorgaben an die Zahlenangaben des Halbjahresberichts an, da diese im Rahmen der Regelpublizität dieselbe Funktion erfüllen. Insoweit gelten die folgenden Ausführungen hinsichtlich der Zahlenangaben auch für die inhaltliche Konkretisierung der Zwischenübersicht. Nicht übertragbar sind dagegen die folgenden Ausführungen zu den Erläuterungen. Denn die Zwischenübersicht enthält keinen erläuternden Teil. Diese Aufgabe übernimmt ein anderer Teil des Prospekts, der Informationen über die Geschäftsentwicklung des Emittenten seit Abschluss des Geschäftsjahrs, auf das sich der letzte veröffentlichte Jahresabschluss bezieht, enthält.[853]

---

[848] Art. 73 Abs. 1 und 5 kodRL (vormals Art. 5 Abs. 1 und 5 HBR); vgl. § 53 S. 2 BörsZulVO.

[849] S.o. unter A. IV. 1. d).

[850] S.o. unter A. 2. b) (I.).

[851] Art. 73 Abs. 5 kodRL (vormals Art. 5 Abs. 5 HBR), vgl. Anhang I, Schema A und B jeweils Punkt 5.1.0. kodRL.

[852] Anhang I, Schema A Punkt 5.1.4. UAbs. 1, Schema B Punkt 5.1.2. UAbs. 1 kodRL.

[853] Anhang I, Schema A, B jeweils Punkt 7.1. kodRL; unzutreffend daher die Ausführungen von *Heinze,* S. 132 f., 242 ff., wonach mit der Zwischenübersicht in den Prospektrichtlinien (Anhang I, Schema A Punkt 5.1.4. UAbs. 1, Schema B Punkt 5.1.2.

### 3. Zahlenangaben

*a) Entstehung der Vorschriften*

In den beiden Kommissionsvorschlägen einer HBR wurde noch die Aufschlüsselung des Zahlenteils in mindestens fünf bestimmte Posten vorgeschrieben, die nach der Jahresabschlussrichtlinie obligatorische Bestandteile der GuV sind: Neben Nettoumsatzerlösen und Rohgewinnergebnis sollten sonstige betriebliche Erträge, betriebliche Aufwendungen und gegebenenfalls vorgeschlagene oder ausgeschüttete Zwischendividenden angegeben werden. Die Zahlenposten wurden im Einzelnen unter Bezugnahme auf die Terminologie der Jahresabschlussrichtlinie definiert.[854]

*b) Inhaltliche Konkretisierung*

In der verabschiedeten Fassung ist der konkrete Inhalt des Zahlenteils nur insoweit vorgegeben, als dieser mindestens den Betrag der Nettoumsatzerlöse und das Ergebnis vor oder nach Steuern ausweisen muss.[855] Dies entspricht den Vorschlägen des Segré-Berichts sowie denen des Wirtschafts- und Sozialausschusses.[856]

Hinsichtlich der beiden Begriffe verweist die Richtlinie ausdrücklich auf die Terminologie der Rechnungslegungsrichtlinien. Dadurch sollen Ungenauigkeiten und Widersprüche im Text der Vorschriften über den Halbjahresbericht und der vierten und siebten gesellschaftsrechtlichen Richtlinie vermieden werden.[857] Der Verweis auf die Rechnungslegungsrichtlinien bedeutet zugleich,

---

UAbs. 1 kodRL; Art. 11 Abs. 2 Emissionsprospektrichtlinie) der Halbjahresbericht i.S. der HBR gemeint sein soll und im Wege einer „teleologische Auslegung" eine Vorverlagerung der Halbjahresberichtspflicht auf öffentlich anbietende Emittenten vor der Emission stattfindet.

[854] Artt. 5 Abs. 2, 6 Abs. 1 des ursprgl. Kommissionsvorschlags einer HBR, ABl. EG Nr. C 29 v. 1. 2. 1979, S. 5 ff. (6 f.); Artt. 5 Abs. 2, 6 Abs. 1 des geänderter Kommissionsvorschlags einer HBR, ABl. EG Nr. C 210 v. 16. 8. 1980, S. 5 ff. (9 f.). Vgl. die Stellungnahme des Wirtschafts- und Sozialausschusses v. 24./25. 10. 1979 zum ursprgl. Kommissionsvorschlag einer HBR, ABl. EG Nr. C 53 v. 3. 3. 1980, S. 54 ff. (55), der vorschlug, Kreditinstitute und Finanzunternehmen bis zum Erlass der Bankbilanzrichtlinie vom Geltungsbereich der HBR auszunehmen, um die Vergleichbarkeit von Jahresabschluss und Halbjahresbericht dieser Unternehmen sicherzustellen; dazu *Edwards*, EC Company Law, S. 262 f.

[855] Wegen Art. 71 kodRL (vormals Art. 3 HBR) bleibt es den Mitgliedstaaten unbenommen, in den nationalen Umsetzungsvorschriften konkretere oder zusätzliche Angaben zu fordern, solange die Gesellschaften gleichbehandelt werden.

[856] S. o. I. 1. und 2.; Stellungnahme des Wirtschafts- und Sozialausschusses v. 24./25. 10. 1979 zum ursprgl. Kommissionsvorschlag einer HBR, ABl. EG Nr. C 53 v. 3. 3. 1980, S. 54 ff. (56 f.).

[857] Ursprgl. Kommissionsvorschlag, Begründung, BT-Drucks. 8/2718 v. 2. 4. 1979, S. 6; vgl. die Stellungnahme des Europäischen Parlaments zu diesem Vorschlag v. 13. 3. 1980, ABl. EG Nr. C 85 v. 8. 4. 1980 S. 69 ff. (70); Stellungnahme des Wirtschafts- und Sozialausschusses v. 24./25. 10. 1979 zum ursprgl. Kommissionsvorschlag einer HBR, ABl. EG Nr. C 53 v. 3. 3. 1980, S. 54 ff. (56); vgl. § 54 Abs. 1 BörsZulVO.

dass die genannten Posten entsprechend den Vorgaben der Richtlinien ermittelt werden müssen und dass insbesondere deren Bewertungsgrundsätze Anwendung finden (Grundsatz der Stetigkeit).[858] Dies führt zu einer Vergleichbarkeit der Zahlen des letzten Jahresabschlusses mit denen des Halbjahresberichts und den entsprechenden Zahlen des Vorjahreszeitraums, so dass deren Zusammenschau die Entwicklung der Gesellschaft innerhalb von eineinhalb Geschäftsjahren wiedergibt.[859]

*c) Nettoumsatzerlöse*

Die Nettoumsatzerlöse bilden einen in der Gewinn- und Verlustrechnung auf der Ertragseite zwingend anzugebenden Posten.[860] Zu ihnen zählen gemäß der Definition der Jahresabschlussrichtlinie die Erlöse aus dem Verkauf von für die normale Geschäftstätigkeit der Gesellschaft typischen Produkten (Erzeugnisse und Dienstleistungen) nach Abzug von Erlösschmälerungen, der Mehrwertsteuer und anderer unmittelbar auf den Umsatz bezogener Steuern.[861] Dieselbe Definition findet sich in Art. 1 lit. g) kodRL[862] sowie in den beiden Vorschlägen der HBR.

Sowohl für den Anhang zum konsolidierten Abschluss als auch für den von Emittenten von Aktien zu erstellenden Prospekt ist eine Aufgliederung der (konsolidierten) Nettoumsatzerlöse nach Tätigkeitsbereichen sowie nach geographisch bestimmten Märkten erforderlich, soweit sich diese hinsichtlich der Organisation des Verkaufs von Erzeugnissen und der Erbringung von Dienstleistungen, die der normalen Geschäftstätigkeit der in die Konsolidierung einbezogenen Unternehmen bzw. des Emittenten entsprechen, untereinander erheblich unterscheiden.[863] Eine derartige Aufgliederung der Nettoumsatzerlöse war zunächst auch im ursprünglichen Vorschlag einer HBR vorgesehen;[864] darauf wurde schließlich mit Rücksicht auf die damit verbundenen Kosten für KMU verzichtet.

---

[858] S.o. unter A. IV. 1. d) (I.) (1.); vgl. Schäfer/*Hamann,* § 44b BörsG, Rn. 21–31. In England (chapter 12 listing rules), Österreich (§§ 87–90 Börsegesetz 1989 i.V.m. RVO des Finanzministers) und Italien (Artt. 80, 81 CONSOB Regulation 11971/1999) müssen die aufgeführten Posten grds. denen des zuletzt veröffentlichten Jahresabschlusses entsprechen.

[859] Der letzte Jahresabschluss enthält in einer Vergleichsübersicht die Zahlen des vorletzten Jahresabschlusses, während der aktuelle Halbjahresbericht in einer Vergleichsübersicht die Zahlen des letzten Halbjahresberichts enthält; vgl. *Heinze,* S. 259.

[860] Artt. 23–26 der Jahresabschlussrichtlinie.

[861] Art. 28 der Jahresabschlussrichtlinie; dazu *Heinze,* S. 260 f.; vgl. § 277 Abs. 1 HGB (Begriff der Umsatzerlöse).

[862] Vormals Art. 2 lit. d) BZPR.

[863] Art. 34 Nr. 8 der Richtlinie über den konsolidierten Abschluss; Anhang I, Schema A Punkt 4.1.1.kodRL (für die letzten drei Geschäftsjahre).

[864] Art. 7 des ursprgl. Vorschlags einer HBR v. 19. 1. 1979, ABl. EG Nr. C 25 v. 1. 2. 1979, S. 5 ff.; vgl. jedoch Umsetzung in § 55 S. 1 BörsZulVO, wo die Aufgliederung innerhalb des erläuternden Teils erfolgt.

*d) Ergebnis vor/nach Steuern*

Das Ergebnis ist ebenfalls ein Posten, der in der GuV auszuweisen ist, und zwar als „Ergebnis der normalen Geschäftstätigkeit nach Abzug von Steuern" und als „Ergebnis des Geschäftsjahres".[865] Der Begriff des „Ergebnisses" wird weder in den Vorschriften über den Halbjahresbericht in der kodRL noch in der Jahresabschlussrichtlinie näher bestimmt.

Einen Anhaltspunkt für eine Konkretisierung liefern die Kommissionsvorschläge der HBR, wo der Begriff des „Rohergebnisses" definiert ist. Dieses setzt sich aus der Summe der Nettoumsatzerlöse und sonstiger betrieblicher Erträge (incl. der Veränderungen des Bestandes an fertigen und unfertigen Erzeugnissen und anderen aktivierten Eigenleistungen) abzüglich der betrieblichen Aufwendungen (Material- und Personalaufwand, Wertberichtigungen auf Anlage- und Umlaufvermögen sowie sonstige betriebliche Aufwendungen) zusammen.[866] Ähnliches ergibt sich auch aus der Aufstellung der GuV gemäß der Jahresabschlussrichtlinie.[867]

Grundsätzlich kann die Gesellschaft wählen, ob sie ihr Ergebnis vor oder nach Abzug der Steuern ausweist. Der Begriff der Steuern erfasst in diesem Zusammenhang nur solche von Einkommen und Ertrag (d.h. Körperschafts- und Gewerbeertragssteuer).[868] Unter Berücksichtigung der unterschiedlichen Steuervorschriften der Mitgliedstaaten ist ein Ausweis des versteuerten Ergebnisses für die Anleger informativer, da es einen besseren Vergleich von Gesellschaften aus verschiedenen Mitgliedstaaten ermöglicht und Anhaltspunkte für die Ausschüttung nach Ende des Geschäftsjahres liefert.[869]

*(I.) Befreiungsmöglichkeit*

Die Mitgliedstaaten können bei der Umsetzung die zuständigen Stellen ermächtigen, eine Gesellschaft, deren Aktien nur in einem Mitgliedstaat zur amtlichen Notierung zugelassen sind, im Einzelfall von der genauen Berechnung des Ergebnisses zu befreien. Stattdessen muss die Gesellschaft das Ergebnis in Form einer geschätzten Zahlenangabe ausweisen und darauf im Bericht hinweisen. Diese Vorgehensweise ist nur zulässig, wenn sie nicht zur Irreführung der Anleger führt.[870] Dies verdeutlicht, dass der Gemeinschaftsgesetzgeber den Interessen des Publikums an einer wahrheitsgetreuen Darstellung zugunsten einer sachgerechten Beurteilung der Aktien vor den Interessen der kleinen Un-

---

[865] Artt. 23 Nr. 15, 21, 24 A Nr. 9, 13, B Nr. 8, 10, 25 Nr. 13, 19, 26 A Nr. 7, 11, B Nr. 6, 8 der Jahresabschlussrichtlinie; Art. 17 der Richtlinie über den konsolidierten Abschluss.

[866] Art. 6 des geänderten Vorschlags einer HBR v. 25. 6. 1980, ABl. EG Nr. C 210 v. 16. 8. 1980, S. 5 ff.; *Heinze*, S. 261; vgl. *Henes*, S. 56.

[867] Artt. 23–26 der Jahresabschlussrichtlinie.

[868] *Heinze*, S. 262; *Henes*, S. 56.

[869] Vgl. Schäfer/*Hamann*, § 44b BörsG, Rn. 38.

[870] Art. 73 Abs. 3 kodRL (vormals Art. 5 Abs. 3 HBR). Von dieser Möglichkeit hat Deutschland in § 54 Abs. 4 BörsZulVO Gebrauch gemacht.

ternehmen an Begrenzung des Personal- und Kostenaufwands den Vorrang eingeräumt hat.

Die Ausnahmevorschrift dürfte in die Richtlinie aufgenommen worden sein, um den Bedürfnissen mittlerer und kleinerer Unternehmen Rechnung zu tragen.[871]

*(II.) Besonderheiten bei Ausschüttung von Zwischendividenden*

Schüttet eine Gesellschaft Zwischendividenden aus oder schlägt sie dies vor, ist sie verpflichtet, unter den Zahlenangaben das Ergebnis *nach* Steuern auszuweisen und darunter den Betrag der vorgeschlagenen oder ausgeschütteten Zwischendividende.[872]

Diese Vorschrift stellt eine Parallelregelung zu Art. 50 der Jahresabschlussrichtlinie dar, wonach die Gesellschaft über die vorgeschlagene und tatsächliche Ergebnisverwendung im Rahmen der Veröffentlichung des Jahresabschlusses Auskunft zu geben hat.

Ob eine Gesellschaft Zwischendividenden ausschütten kann, hängt zunächst davon ab, ob der betreffende Mitgliedstaat von der Befugnis, gemäß Art. 15 Abs. 2 der Kapitalrichtlinie eine derartige Regelung zu treffen, Gebrauch gemacht hat.[873] Weitere Voraussetzungen sind, dass aus der in diesem Fall zu erstellenden Zwischenbilanz hervorgeht, dass – unter Berücksichtigung der in Art. 15 Abs. 1 enthaltenen Wertungen – ausreichend Mittel zur Verfügung stehen und ein positives Zwischenergebnis erzielt wurde. Art. 15 Abs. 2 enthält zugleich eine Abweichung vom Grundsatz in Art. 15 Abs. 1, Ausschüttungen an die Aktionäre nur auf Grundlage des letzten Jahresabschlusses und nach einer Entscheidung der Hauptversammlung vorzunehmen.[874] Der Grund für die Verpflichtung, in diesem Fall im Halbjahresbericht das Ergebnis nach Steuern auszuweisen, liegt im engen Zusammenhang zwischen Halbjahresüberschuss der Gesellschaft einerseits und der Zwischendividende andererseits. Ähnlich wie der Jahresabschluss bildet die Zwischenbilanz, die einen Teil des Halbjahresberichts bilden kann, in diesem Fall die Grundlage der Berechnung des ausschüttungsfähigen Gewinns. Dieser ist abhängig vom Betrag des versteuerten Ergebnisses.[875]

---

[871] Dazu Schäfer/*Hamann*, § 44b BörsG, Rn. 44 ff.; *Raida*, in: Büschgen/Schneider, S. 229 ff. (235).

[872] Art. 73 Abs. 4 kodRL (vormals Art. 5 Abs. 4 HBR); vgl. § 54 Abs. 2 BörsZulVO; dazu Schäfer/*Hamann*, § 44b BörsG, Rn. 40.

[873] In der Bundesrepublik ist eine ausdrückliche Ermächtigung in der Satzung erforderlich (vgl. § 59 AktG). Die Regelung trägt der Unternehmenspraxis im Vereinigten Königreich Rechnung; *Edwards*, EC-Company Law, S. 69 f.; vgl. *Heinze*, S. 251, 262 m.w.Nachw.

[874] Vgl. Art. 15 Abs. 1 der Kapitalrichtlinie; Artt. 48, 50 des dritten geänderten Vorschlags einer Strukturrichtlinie v. 20. 11. 1991.

[875] Vgl. im Einzelnen Art. 15 Abs. 2 lit. a) und b) der Kapitalrichtlinie; ausführlich zu den damit verbundenen Problemen *Werlauff*, S. 156 ff., 357; *Heinze*, S. 251.

Nicht geregelt ist, welches Organ oder welche Organe über die Ausschüttung der Zwischendividende zu entscheiden haben.

*e) Sonstige Zahlenangaben*

Die über Umsatzerlöse und Ergebnis hinausgehenden, von der Gesellschaft selbst wählbaren Zahlenangaben müssen angemessen im Hinblick auf die Tätigkeit der Gesellschaft sein. Unter Berücksichtigung des mit der Richtlinie verfolgten Ziels dürfte „angemessen" im Sinne von „aussagekräftig im Hinblick auf die Entwicklung der Geschäftstätigkeit" unter Beachtung des „true and fair view" – Prinzips zu verstehen sein.

*f) Keine obligatorische Prüfung der Zahlenangaben*

Die Artt. 72ff. kodRL stellen im Gegensatz zur vierten und siebten gesellschaftsrechtlichen Richtlinie keine Pflicht zur Prüfung der Zahlenangaben durch einen Abschlussprüfer auf. Ist eine Prüfung durch einen gesetzlich zugelassenen Abschlussprüfer erfolgt, so muss dies durch vollständige Wiedergabe des Bestätigungsvermerks einschließlich aller etwaigen Einschränkungen kenntlich gemacht werden.[876]

Im Gegensatz dazu wird in den Vorschriften über den Prospekt grundsätzlich von einer Prüfung der Zwischenübersicht ausgegangen, ohne dass diese gesetzlich vorgeschrieben ist.[877] Wurde keine Prüfung durchgeführt, ist dies im Prospekt anzugeben. Wurde eine Prüfung durchgeführt, ist dies in den Prospekt im Zusammenhang mit den persönlichen Angaben der gesetzlich zugelassenen Abschlussprüfer als „sonstige geprüfte Angabe" aufzunehmen.[878]

**4. Erläuterungen**

*a) Entstehung der Vorschriften*

Die Erläuterungen sollten sich ursprünglich nicht nur auf die Zahlenangaben beziehen, sondern darüber hinaus auf zahlreiche weitere, genau beschriebene Faktoren, die erforderlichenfalls mit Zahlen belegt werden sollten: Belegschaft, bisherige und bereits beschlossene Investitionen, Auftragsbestand, Bestand an Fertigerzeugnissen sowie neue Erzeugnisse und Geschäftstätigkeiten, die eine wesentliche Auswirkung auf den Umsatz im Berichtszeitraum hatten.[879] Diese

[876] Art. 75 kodRL (vormals Art. 8 HBR); vgl. § 54 Abs. 3 BörsZulVO; dazu *Schwark*, § 44b BörsG Rn. 17; Schäfer/*Hamann*, § 44b BörsG, Rn. 41 ff.

[877] Anhang I, Schema A Punkt 5.1.4. UAbs. 1 S. 2, Schema B Punkt 5.1.2. UAbs. 1 S. 2, Schema C Punkt 1.8. UAbs. 2 S. 2 kodRL.

[878] Anhang I, Schema A, B jeweils Punkt 1.3. UAbs. 3 kodRL; vgl. § 30 Abs. 2 BörsZulVO; vgl. *Heinze*, S. 120.

[879] Art. 5 Abs. 4 des ursprgl. Kommissionsvorschlag einer HBR, ABl. EG Nr. C 29 v. 1. 2. 1979, S. 5ff. (6f.); Art. 5 Abs. 4 des geänderten Kommissionsvorschlag einer HBR, ABl. EG Nr. C 210 v. 16. 8. 1980, S. 5ff. (9f.); vgl. die sehr ähnliche Umsetzung in § 55 S. 1 BörsZulVO, die auch die Aufgliederung der Umsatzerlöse vorschreibt; dazu *Schwark*, § 44b BörsG, Rn. 9; Schäfer/*Hamann*, § 44b BörsG, Rn. 47–53.

Anforderungen an die Erläuterungen entsprachen bestimmten obligatorischen Angaben über die Geschäftstätigkeit aus den Prospektschemata für Emittenten von Aktien. Sie ähneln zum Teil aber auch den Anforderungen, die an den Anhang zum Einzel- und konsolidierten Abschluss gestellt werden.[880] Dies verdeutlicht, dass der Halbjahresbericht ursprünglich die im Prospekt enthaltenen Daten über die Geschäftstätigkeit aktualisieren sollte. Die vorgeschriebenen Informationen waren auf klassische Handels- und Industrieunternehmen zugeschnitten und zum Teil für andere Arten von Gesellschaften, wie z.B. Kreditinstitute und Versicherungsunternehmen nicht geeignet. Zum damaligen Zeitpunkt wurde eine Aufstellung von Gemeinschaftsregeln, die für alle Arten von Gesellschaften anwendbar sind, nicht für möglich und zweckmäßig gehalten. Stattdessen wurde es als ausreichend angesehen, dass die zuständigen Stellen in Spezialfällen eine individuelle Anpassung der Informationen verlangen konnten.[881] Die hohen inhaltlichen Anforderungen, die in den Kommissionsvorschlägen an die Zwischenberichte gestellt wurden, begegneten heftiger Kritik: Der Wirtschafts- und Sozialausschuss hielt einen Großteil der detaillierten Vorschriften bzgl. der Zahlenangaben und Erläuterungen im Rahmen eines Halbjahresberichts für irrelevant oder für zu unpräzise formuliert.[882] Andere Stimmen begrüßten zwar die möglichst umfassende und einheitliche Information zum Schutz der Anleger. Diese hätten aber auch ein Interesse daran, dass möglichst viele Wertpapiere amtlich notiert würden und die Notierung aufrechterhalten bliebe. Es bestünde die Gefahr, dass Emittenten durch die vielen Pflichten, die sich an die Börsenzulassung anschlössen, vom Börsengang abgehalten würden bzw. freiwillig[883] oder gezwungenermaßen aus dem Börsenhandel ausschieden. Die Gefahr wurde vor allem für mittlere und kleine Unternehmen unter dem Aspekt des Personal- und Kostenaufwands gesehen.[884] Daher versuchte man, einen Kompromiss zwischen Publizitätsverbesserung und Begren-

---

[880] Art. 43 Nr. 9 der Jahresabschlussrichtlinie; Art. 34 Nr. 9 lit. a) der Richtlinie über den konsolidierten Abschluss (Personalbestand); Anhang I, Schema A Punkte 4.6. (Belegschaft), 4.7.0.–4.7.2. (Investitionspolitik), 4.1.0. (Haupttätigkeitsbereiche) kodRL.

[881] Ursprgl. Kommissionsvorschlag einer HBR, ABl. EG Nr. C 29 v. 1. 2. 1979, S. 5 ff. (6 f.); geänderter Kommissionsvorschlag einer HBR, ABl. EG Nr. C 210 v. 16. 8. 1980, S. 5 ff. (9 f.); vgl. die Stellungnahme des Wirtschafts- und Sozialausschusses v. 24./25. 10. 1979 zum ursprgl. Kommissionsvorschlag einer HBR, ABl. EG Nr. C 53 v. 3. 3. 1980, S. 54 ff. (55), der vorschlug, Kreditinstitute und Finanzunternehmen bis zum Erlass der Bankbilanzrichtlinie vom Geltungsbereich der HBR auszunehmen, um die Vergleichbarkeit von Jahresabschluss und Halbjahresbericht dieser Unternehmen sicherzustellen.

[882] Stellungnahme des Wirtschafts- und Sozialausschusses vom 24./25. 10. 1979 zum ursprgl. Kommissionsvorschlag einer HBR, ABl. EG Nr. C 53 v. 3. 3. 1980, S. 54 ff. (56 f.).

[883] Vgl. zum Anlegerschutz beim Rückzug eines Unternehmens von der Börse („going private") umfassend *Kleppe*.

[884] Vgl. die Stellungnahme des Wirtschafts- und Sozialausschusses v. 24./25. 10. 1979 zum ursprgl. Kommissionsvorschlag einer HBR, ABl. EG Nr. C 53 v. 3. 3. 1980, S. 54 ff. (55).

zung des Pflichtenanstiegs aus der Börsenzulassung zugunsten dieser Unternehmen zu finden. Von deutscher Seite wurde die Begrenzung des Anwendungsbereichs der Richtlinie durch Einführung von Schwellenwerten ähnlich wie in der Jahresabschlussrichtlinie vorgeschlagen.[885] Alternativ dazu wurde eine deutliche Reduzierung der an den Zwischenbericht gestellten inhaltlichen Anforderungen gefordert; es sollte insbesondere nur die Angabe solcher Zahlen obligatorisch sein, die sich aus der Buchführung ablesen ließen.[886]

Der letzte Vorschlag konnte durch eine weitgehende Deregulierung der im Zwischenbericht zu machenden Angaben in der endgültigen Fassung der HBR durchgesetzt werden[887]:

*b) Keine inhaltliche Konkretisierung*

In der letztendlich verabschiedeten Fassung der HBR wurde hinsichtlich der Erläuterungen daher auf jegliche inhaltliche Konkretisierung verzichtet. Umschrieben wird nur der Zweck, den diese zu erfüllen haben:

*(I.) True and fair view-Prinzip*

Die Erläuterungen müssen alle wesentlichen Angaben enthalten, die es dem Anleger ermöglichen, sich in voller Sachkenntnis ein Urteil über die Entwicklung der Tätigkeit und die Ergebnisse der Gesellschaft zu bilden (Art. 73 Abs. 6 UAbs. 1 1. Hs. kodRL).[888]

Diese Vorschrift greift die bereits im Wohlverhaltenskodex enthaltene Formulierung auf.[889] Sie entspricht derjenigen im 19. Erwägungsgrund der kodRL, der den Zweck des gesamten Halbjahresberichts beschreibt. Ferner

---

[885] S.o. Fn. unter A. IV. 1. a).

[886] Beschluss des Bundesrates zum Kommissionsvorschlag einer HBR, BR-Drucks. 47/79 v. 21. 12. 1979, S. 2. Die Bundesregierung ist seit Gründung der EWG verpflichtet, den Bundestag und den Bundesrat vor der Beschlussfassung im Rat über die Entwicklung der Rechtsetzung zu unterrichten, sofern durch den Beschluss innerdeutsche Gesetze erforderlich werden oder unmittelbar geltendes Recht geschaffen wird; zunächst geregelt in Art. 2 S. 1 des „Gesetzes zu den Verträgen vom 25. 3. 1957 zur Gründung der Europäischen Wirtschaftsgemeinschaft und der Europäischen Atomgemeinschaft" vom 27. 7. 1957, BGBl. II S. 753; stark erweitert durch Art. 23 GG sowie der Folgegesetze über die Zusammenarbeit von Bundesregierung und Deutschem Bundestag bzw. über die Zusammenarbeit von Bund und Ländern in Angelegenheiten der Europäischen Union, BGBl. 1993 I, S. 311, 313. Dies erlaubt es den gesetzgebenden Körperschaften, gegenüber dem deutschen Ratsmitglied ihre Stellungnahmen abzugeben und dadurch auf dessen Abstimmungsverhalten und möglicherweise auf die Beschlussfassung des Rates Einfluss zu nehmen; GTE/*Taschner*, EG-Vertrag, Art. 100 Rn. 57.

[887] Eine ähnliche Motivation, kleinen und mittleren Emittenten den Weg zum öffentlichen Kapitalmarkt zu eröffnen, sie aber nicht über Gebühr zu belasten, liegt auch der Emissionsprospektrichtlinie zugrunde: Sie verlangt aus diesem Grunde für den Emissionsprospekt weniger ausführliche Angaben, wenn keine Zulassung zur amtlichen Notierung beabsichtigt ist, 8. Erwägungsgrund, Artt. 11 ff. der Emissionsprospektrichtlinie.

[888] Vormals Art. 5 Abs. 6 HBR.

[889] S.o. unter I. 3.

ähnelt sie der jeweils allgemeinen Vorschrift in den Rechnungslegungsrichtlinien bzw. den Prospektvorschriften, die die allgemeinen Anforderungen an den Jahresabschluss und Lagebericht bzw. den Prospekt, insbesondere das „true and fair view"-Prinzip enthalten.[890]

*(II.) Beeinflussende Faktoren*

Die Erläuterungen müssen auch auf etwaige Faktoren hinweisen, die auf die Tätigkeit und die Ergebnisse der Gesellschaft während des Berichtszeitraums Einfluss genommen haben (Art. 73 Abs. 6 1. UAbs. 2. Hs. kodRL).[891]

Diese Regelung entspricht einer Vorschrift in den Prospektschemata im Kapitel über die Geschäftstätigkeit des Emittenten. Danach muss auf außergewöhnliche Ereignisse hingewiesen werden, die die Haupttätigkeitsbereiche und die dort erwirtschafteten Nettoumsatzerlöse beeinflusst haben. Durch diese Angaben erfährt der Anleger, worauf eine bestimmte Änderung der Zahlen gegenüber dem Vorjahreszeitraum zurückzuführen ist, so dass er – abhängig davon, ob die Ereignisse fortwirken oder sich erledigt haben – die künftige Entwicklung in diesem Bereich besser abschätzen kann.

*(III.) Bezug zum Vorjahreszeitraum*

Ebenso wie die Zahlenangaben müssen die Erläuterungen einen Bezug zum entsprechenden Vorjahreszeitraum herstellen und einen Vergleich ermöglichen (Art. 73 Abs. 6 UAbs. 1 a.E. kodRL). Um dies zu erreichen, ist eine inhaltlich ähnliche Gestaltung des erläuternden Teil aller Halbjahresberichte, aber auch der entsprechenden Angaben der sich mit den Halbjahresberichten abwechselnden Anhänge zu den Jahresabschlüssen und der Lageberichte erforderlich (Grundsatz der Stetigkeit).[892]

Die Prospektvorschriften enthalten zwar nicht ausdrücklich die Forderung der Vergleichbarkeit der Angaben aus verschiedenen Jahren. Eine solche wird jedoch bereits durch die ausführliche Aufgliederung der entsprechenden Angaben in zahlreiche Einzelposten, die sich auf den Zeitraum der letzten zwei oder drei Geschäftsjahre beziehen, gewährleistet.[893]

---

[890] Artt. 2 Abs. 3, 46 Abs. 1 der Jahresabschlussrichtlinie; Artt. 16 Abs. 3, 36 Abs. 1 der Richtlinie über den konsolidierten Abschluss, die sich auf die Vermögens-, Finanz- und Ertragslage bzw. den Geschäftsverlauf und die Lage der Gesellschaft bzw. des Konzerns beziehen; Art. 21 Abs. 1 kodRL (vormals Art. 4 Abs. 1 BZPR); Art. 11 Abs. 1 Emissionsprospektrichtlinie, wonach der Prospekt die Angaben enthalten muss, die nötig sind, um den Anlegern (…) ein fundiertes Urteil über die Vermögens-, Finanz- und Ertragslage und die Entwicklungsaussichten des Emittenten (…) zu gestatten; vgl. § 55 S. 1 BörsZulVO.

[891] Vgl. § 55 S. 2 BörsZulVO; Schäfer/*Hamann*, § 44b BörsG, Rn. 54 ff.

[892] Vgl. § 55 S. 3 BörsZulVO; *Schwark*, § 44b BörsG, Rn. 12; Schäfer/*Hamann*, § 44b BörsG, Rn. 39, 57.

[893] Vgl. Anhang I, Schema A, B jeweils Kapitel 4, Punkt 5.1. kodRL.

*(IV.) Aussichten für das laufende Geschäftsjahr*

Soweit möglich, müssen sich die Erläuterungen auch auf die Aussichten der Gesellschaft für das laufende Geschäftsjahr erstrecken (Art. 73 Abs. 6 UAbs. 2 kodRL).[894] Diese Anforderungen stellen die Rechnungslegungsrichtlinien an den Lagebericht und die Prospektschemata an die Angaben im Kapitel über den jüngsten Geschäftsgang und die Geschäftsaussichten des Emittenten.[895] Somit ist der Emittent im Rahmen des Halbjahresberichts auch zu prognostischen Angaben verpflichtet.

Wegen der hier aufgezeigten zahlreichen Bezüge zu den Vorgaben der Rechnungslegungsrichtlinien und der Prospektvorschriften kann sich der Emittent bei der Formulierung der Erläuterungen an den dort enthaltenen konkreten Inhaltsangaben orientieren.[896]

## 5. Form des Halbjahresberichts

Sofern die Gesellschaft einen konsolidierten Jahresabschluss veröffentlicht, hat sie die Wahl, ob sie den Halbjahresbericht ebenfalls in konsolidierter Form oder in nicht konsolidierter Form veröffentlicht. Die Mitgliedstaaten können die zuständigen Stellen ermächtigen, die Veröffentlichung der jeweils anderen Form zu verlangen, wenn diese wichtige zusätzliche Angaben enthält.[897]

In beiden Kommissionsvorschlägen einer HBR war die Vorschrift noch genauso formuliert wie die entsprechenden Vorschriften über den Prospekt und die Regelpublizität der kodRL:[898] D. h. im Falle gleichzeitiger Erstellung eines konsolidierten und eines nicht konsolidierten Abschlusses musste grundsätzlich auch der Halbjahresbericht in beiden Formen veröffentlicht werden. Eine Ausnahme sollte nur dann bestehen, wenn die zuständigen Stellen der Gesellschaft erlaubten, nur eine Form zu veröffentlichen, weil die nicht veröffentlichte Form keine wesentlichen zusätzlichen Angaben enthielt. Damit sollte klargestellt werden, dass der Halbjahresbericht im Wesentlichen genauso behandelt werden sollte wie der Jahresabschluss.[899]

Die letztendlich verabschiedete flexiblere Vorschrift in Art. 74 kodRL dürfte auf die nationalen Forderungen nach weniger strengen Anforderungen an

---

[894] Vgl. § 55 S. 4 BörsZulVO, Schäfer/*Hamann*, § 44b BörsG, Rn. 58 ff.

[895] Art. 45 Abs. 2 lit. b) der Jahresabschlussrichtlinie, Art. 36 Abs. 2 lit. b) der Richtlinie über den konsolidierten Abschluss; Anhang, Schema A, B jeweils Punkt 7.2. kodRL.

[896] In den Niederlanden müssen sich die Erläuterungen auf die Prospekte, die der Emittent während des laufenden Jahres veröffentlicht hat, beziehen (Effectenaufsichtsgesetz von 1995 i.V.m. Art. 29 Fondsenreglement).

[897] Art. 74 kodRL (vormals Art. 6 HBR). Vgl. § 56 BörsZulVO; *Schwark*, § 44b BörsG, Rn. 4; Schäfer/*Hamann*; § 44b BörsG, Rn. 11.

[898] Artt. 67 Abs. 2 S. 2, 80 Abs. 2 S. 2, Anhang I, Schema A, B Punkt 5.1.1. S. 3 kodRL (vormals Schema C Nr. 4b) S. 2, Schema D Abschnitt A Nr. 3 b) S. 2 BZR; Anhang, Schema A, B Punkt 5.1.1. S. 3 BZPR); s.o. unter A. IV. 2. b) (II.), d) (II.), (III.).

[899] Ursprgl. Kommissionsvorschlag, Begründung, BT-Drucks. 8/2718 v. 2. 4. 1979, S. 7.

die Veröffentlichung des Halbjahresberichts zurückzuführen sein. Der Europäische Gesetzgeber hat hier den Informationsnutzen auf Anlegerseite mit dem Verwaltungs- und Kostenaufwand der Unternehmen abgewogen. In der Vorschrift kommt zum Ausdruck, dass die Veröffentlichung nur einer Form des Halbjahresberichts den abgeschwächten Anforderungen an das Informationsniveau[900] in der Regel genügt. Aufgrund des erhöhten Informationsnutzens eines konsolidierten Abschlusses sollten sich die Emittenten jedoch grundsätzlich für die konsolidierte Form entscheiden.

Im Hinblick auf die von den Parallelvorschriften der kodRL eindeutig abweichende Regelung wäre eine etwaige, in das Belieben der Mitgliedstaaten gestellte nationale Norm, die den zuständigen Stellen gestattet, auch die Veröffentlichung der jeweils anderen Form zu verlangen, nur im Ausnahmefall anzuwenden.[901]

Auch die ggfs. in den Prospekt aufzunehmenden Zwischenübersichten müssen grundsätzlich nur in einer Form erstellt werden. Dies ergibt sich aus folgendem: Sofern der Emittent (auch) einen konsolidierten Jahresabschluss aufstellt, entscheiden die zuständigen Stellen, ob die Zwischenübersicht über die Finanzlage in konsolidierter Form vorzulegen ist oder nicht.[902] Hier liegt die Entscheidungsbefugnis, welche Form in den Prospekt aufzunehmen ist, also nicht beim Emittenten, sondern von vornherein bei der zuständigen Behörde. Aufgrund des erhöhten Informationswertes der konsolidierten Fassung dürften sich die Aufsichtsbehörden in der Regel für diese entscheiden.

## VIII. Halbjahresbericht von Gesellschaften aus Drittstaaten

Grundsätzlich unterliegen auch Gesellschaften aus Drittstaaten, deren Aktien an einer mitgliedstaatlichen Börse zur amtlichen Notierung zugelassen sind, den Richtlinienvorschriften über den Halbjahresbericht. Die zuständigen Stellen können einer Gesellschaft aus einem Drittstaat, die dort einen Halbjahresbericht veröffentlicht, gemäß Art. 76 Abs. 4 kodRL gestatten, diesen anstelle eines der Richtlinie entsprechenden Halbjahresberichts zu veröffentlichen, sofern die darin enthaltenen Informationen denen, die die Artt. 73–76 kodRL verlangen, gleichwertig sind.[903]

---

[900] Vgl. den 29. Erwägungsgrund kodRL; s.o. unter VI. 1.

[901] Zweifelhaft daher die Ausführungen von *Heinze*, S. 265, wonach sich die Verpflichtung, den Halbjahresbericht in beiden Formen zu veröffentlichen, bereits aus Art. 73 Abs. 6 kodRL (vormals Art. 5 Abs. 6 HBR) ergeben soll; vgl. dazu *Werlauff*, S. 357 f.

[902] Anhang I, Schema A Punkt 5.1.4. UAbs. 2; Schema B Punkt 5.1.2. UAbs. 2 kodRL.

[903] Vormals Art. 9 Abs. 4 HBR; vgl. § 58 BörsZulVO, insb. Satz 2, wonach sogar von dem Grundsatz der Erstellung in deutscher Sprache (§ 53 BörsZulVO) abgewichen werden kann, wenn die andere Sprache auf dem Gebiet der Wertpapieranlage in ausländischen Titeln nicht unüblich ist. Dabei wird es sich i.d.R. um die englische Sprache handeln. Dazu Schäfer/*Hamann*, § 44b BörsG, Rn. 12.

Diese Regelung ähnelt den Vorschriften bzgl. der Anerkennung von Jahresabschlüssen von Gesellschaften aus Drittstaaten, die im Rahmen eines Prospekts sowie nach erfolgter Börsenzulassung zu veröffentlichen sind.[904] Diese können akzeptiert werden, wenn sie zwar nicht den Rechnungslegungsrichtlinien, aber dem Grundsatz des „true and fair view" entsprechen.[905]

Die Vorschrift trägt dem Umstand Rechnung, dass Gesellschaften aus Drittstaaten allein aufgrund der Zulassung ihrer Wertpapiere an einer mitgliedstaatlichen Wertpapierbörse den jeweiligen nationalen Umsetzungsvorschriften der börsenrechtlichen Richtlinien unterworfen sind, obwohl sie im Übrigen nicht dem Recht eines Mitgliedstaats unterliegen (Gastlandprinzip). Insbesondere gelten für sie nicht die vierte und siebte Richtlinie, auf die die Vorschriften über den Halbjahresbericht Bezug nehmen.[906] Der Zugang von Gesellschaften aus Drittstaaten zu den Europäischen Wertpapiermärkten ist vom Gemeinschaftsgesetzgeber vorgesehen bzw. erwünscht und soll durch die Vorschriften der kodRL nicht erschwert werden. Die Richtlinie bezweckt nicht die geographische Beschränkung der Wertpapiermärkte auf den EWR, sondern soll zugunsten des Anlegerschutzes Mindeststandards hinsichtlich der Zwischenberichterstattung festlegen.[907] Solange gewährleistet ist, dass den Mindestbedingungen materiell entsprochen wird, ist kein Grund ersichtlich, Gesellschaften aus Drittstaaten zur Aufstellung eines den EG-Vorgaben entsprechenden Halbjahresberichts zu verpflichten, wenn diese nach dem möglicherweise sogar strengeren Recht ihres Ursprungslands – beispielsweise in den USA – bereits einen Halbjahresbericht erstellen müssen. Der gleichzeitige Umlauf zweier verschiedener Berichte ein und derselben Gesellschaft würde zudem die Gefahr unerwünschter Verwirrungen mit sich bringen.[908]

Mit Rücksicht auf den Anlegerschutz und den Grundsatz, Europäische Gesellschaften gegenüber solchen aus Drittstaaten nicht zu benachteiligen,[909] erscheint es ausreichend, dass die zuständigen Stellen im Einzelfall nach pflichtgemäßem Ermessen überprüfen, ob der von der betreffenden Gesellschaft in ihrem Land veröffentlichte Halbjahresbericht nicht hinter den EG-Standards zurückbleibt, sondern diesen gleichwertig ist. Ist dies der Fall, kann er zur Er-

---

[904] Artt. 67 Abs. 3, 80 Abs. 3, Anhang I, Schema A Punkt 5.1.5., Schema B Punkt 5.1.3. kodRL (vormals Anhang, Schema C Nr. 4 c), Schema D Abschnitt A Nr. 3 c) BZR; Anhang Schema A Punkt 5.1.5., Schema B Punkt 5.1.3. BZPR).

[905] Demgegenüber ist eine entsprechende Anerkennung hinsichtlich der Börsenzulassungs- oder Emissionsprospekte aus Drittstaaten nur durch bilaterale Abkommen möglich; Art. 41 kodRL (vormals Art. 25a BZPR); Art. 24 Emissionsprospektrichtlinie; ungenau daher *Heinze*, S. 257.

[906] S.o. unter VII. 3. b).

[907] 30. Erwägungsgrund kodRL (vormals 8. Erwägungsgrund HBR).

[908] Stellungnahme des Wirtschafts- und Sozialausschusses v. 24./25. 10. 1979 zum ursprgl. Kommissionsvorschlag einer HBR, ABl. EG Nr. C 53 v. 3. 3. 1980, S. 54 ff. (57).

[909] S.u. Drittes Kapitel unter C. II. 2.

füllung der gemeinschaftsrechtlichen Halbjahresberichtspflicht akzeptiert und der Emittent von den Vorgaben der Richtlinie befreit werden.[910]

## IX. Frist für die Veröffentlichung des Halbjahresberichts

Der Halbjahresbericht muss gemäß Art. 72 Abs. 1 kodRL innerhalb von vier Monaten nach Abschluss des Berichtszeitraums, also nach Ablauf des sechsten und vor Ablauf des zehnten Monats des laufenden Geschäftsjahrs in der vorgeschriebenen Form veröffentlicht werden.[911] Gemäß Art. 72 Abs. 2 kodRL dürfen die Mitgliedstaaten den zuständigen Stellen die Befugnis erteilen, die Frist in hinreichend begründeten Ausnahmefällen zu verlängern.[912] Im Rahmen der erforderlichen Interessenabwägung haben die zuständigen Stellen zu berücksichtigen, dass der Informationswert des Halbjahresberichts mit Zeitablauf geringer wird und spätestens mit Veröffentlichung des nächsten Jahresabschlusses gegen Null tendiert.[913]

## X. Art und Weise der Veröffentlichung des Halbjahresberichts

### 1. Inhalt der Vorschriften

Der Halbjahresbericht ist gemäß Art. 102 Abs. 2 kodRL in jedem Mitgliedstaat, in dem die Aktien zur amtlichen Notierung zugelassen sind, durch Abdruck in einer oder mehreren weit verbreiteten Zeitungen oder im nationalen Amtsblatt zu veröffentlichen. Alternativ dazu kann er dem Publikum in schriftlicher Form an vom Emittenten bestimmten Orten, auf die in der Presse hingewiesen wird, zugänglich gemacht werden. Schließlich können die zuständigen Stellen eine dritte, den ersten beiden gleichwertige Form der Bekanntgabe bestimmen.[914] Spätestens in dem Zeitpunkt, in dem der Halbjahresbericht erst-

[910] Vgl. dazu *Heinze*, S. 256f.

[911] Vormals Art. 4 Abs. 1 HBR; in beiden Kommissionvorschlägen betrug die Frist noch drei Monate; ursprgl. Kommissionsvorschlag einer HBR, ABl. EG Nr. C 29 v. 1. 2. 1979, S. 5ff. (6); geänderter Kommissionsvorschlag einer HBR, ABl. EG Nr. C 210 v. 16. 8. 1980, S. 5ff. (9). Sie wurde auf die Stellungnahme des Wirtschafts- und Sozialausschusses hin verlängert, damit die im Zwischenbericht veröffentlichten Zahlen nicht zu früh auf die Schlussergebnisse des abgelaufenen Geschäftsjahrs folgen und eine lange, bis zu neun Monaten dauernde Zeitspanne verstreicht, bevor weitere Ergebnisse vorgelegt werden; Stellungnahme des Wirtschafts- und Sozialausschusses vom 24./25. 10. 1979 zum ursprgl. Kommissionsvorschlag einer HBR, ABl. EG Nr. C 53 v. 3. 3. 1980, S. 54ff. (56). In Deutschland beträgt die Frist gemäß Art. 61 Abs. 1 BörsZulVO zwei Monate; dazu *Schwark,* § 44b BörsG, Rn. 16; zweifelhaft im Hinblick auf die Richtlinienkonformität erscheint § 61 Abs. 1 BörsZulVO, wonach Emittenten, die überwiegend Rückversicherungsgeschäfte betreiben, eine Frist von sieben Monaten zur Verfügung steht.

[912] Vormals Art. 4 Abs. 2 HBR; vgl. § 61 Abs. 3 BörsZulVO.

[913] Schäfer/*Hamann,* § 44b BörsG, Rn. 15.

[914] Vgl. § 61 Abs. 1 BörsZulVO, dazu Schwark, § 44b BörsG, Rn. 16.

mals in einem Mitgliedstaat veröffentlicht wird, muss die Gesellschaft eine Ausfertigung an die zuständigen Stellen aller Mitgliedstaaten übermitteln, in denen die Aktien zur amtlichen Notierung zugelassen sind.[915]

Hinsichtlich der Sprache, in der der Halbjahresbericht zu veröffentlichen ist, gilt wie für alle im Rahmen der Regelpublizität zu erteilenden Informationen Art. 103 kodRL.[916]

**2. Bedeutung**

Die speziell für den Halbjahresbericht formulierte Veröffentlichungsvorschrift des Art. 102 Abs. 2 kodRL wiederholt die allgemeinen Anforderungen an die Veröffentlichung und Bekanntgabe von Informationen nach erfolgter Börsenzulassung gemäß Art. 102 Abs. 1 kodRL.[917] Diesbezüglich wird auf die obigen Ausführungen verwiesen.[918]

Die Regelung geht insoweit über die allgemeine Vorschrift hinaus, als sie neben der Veröffentlichung in einer weit verbreiteten Zeitung auch die Veröffentlichung im jeweiligen Amtsblatt zulässt.[919] Eine solche ist hinsichtlich der Jahresabschlüsse gemäß der Publizitätsrichtlinie obligatorisch.[920]

Hinsichtlich der Übermittlungsverpflichtung gegenüber den zuständigen Stellen wird auf den Zeitpunkt der ersten Veröffentlichung abgestellt, da sich durch eine erforderliche Übersetzung des Berichts Verzögerungen ergeben und in den Mitgliedstaaten aufgrund der Möglichkeit, strengere Regelungen zu treffen, unterschiedliche Veröffentlichungsfristen gelten können.[921] Da alle anderen dem Publikum im Rahmen der Regelpublizität zu erteilenden Informationen unverzüglich, im Falle der Beteiligungstransparenz innerhalb einer bestimmten Frist, also im Ergebnis mehr oder weniger gleichzeitig zu veröffentlichen sind, bedurfte es in der allgemeinen Vorschrift des Art. 102 Abs. 1 UAbs. 2 kodRL keiner solchen Verschärfung. Die Vorschrift zwingt die Emittenten dazu, die Veröffentlichung erst vorzunehmen, wenn sie in der Lage sind, der zuständige Stelle jedes Marktes eine Fassung des für diesen Markt vorgesehenen Halbjahresberichts zu übermitteln. Damit soll eine möglichst gleichzeitige Veröffentlichung des Halbjahresberichts in allen Mitgliedstaaten erreicht werden, um dem Grundsatz Rechnung zu tragen, alle Anleger der Ge-

---

[915] Vormals Art. 7 HBR; vgl. § 62 BörsZulVO; dazu Schäfer/*Hamann* § 44b BörsG, Rn. 18.

[916] Siehe dazu die Ausführungen unter A. IV. 2. e) (VIII) (2), (3).

[917] Vormals Art. 17 Abs. 1 BZR.

[918] S.o. unter A. IV. 2. d) (VIII.) (2), (3).

[919] Damit ist das jeweils nationale Amtsblatt, in Deutschland also der Bundesanzeiger (§ 61 Abs. 1 S. 1 BörsZulVO) gemeint und nicht, wie *Heinze*, S. 270 annimmt, das Amtsblatt der EG!

[920] Artt. 2 Abs. 1 lit. f), 3 Abs. 2 und 4 Publizitätsrichtlinie, Art. 47 Jahresabschlussrichtlinie; Art. 38 der Richtlinie über den konsolidierten Abschluss.

[921] In England beträgt die Frist 90 Tage; Sec. 96 FSMA i.V.m. Chapter 12.46–48 der listing rules.

meinschaft hinsichtlich des Zugangs zu den Informationen gleich zu behandeln.[922]

Im Gegensatz zum Halbjahresbericht wird die Zwischenübersicht als Bestandteil oder Beilage zum Prospekt gemäß Art. 98 kodRL veröffentlicht. Sie unterliegt der vorherigen Kontrolle durch die zuständigen Behörden.[923]

## XI. Befugnisse der zuständigen Stellen

### 1. Anpassung der Pflichten

#### *a) Inhalt der Vorschriften*

Gemäß Art. 73 Abs. 7 kodRL müssen die zuständigen Stellen für die Anpassung der gemäß Art. 73 Abs. 2 kodRL obligatorischen Zahlenangaben sorgen, wenn diese im Hinblick auf die Tätigkeit der Gesellschaft unangemessen sind.[924] Laut Art. 76 Abs. 1 kodRL[925] gilt dasselbe, wenn sich die aus der Richtlinie ergebenden Pflichten „im Hinblick auf die Tätigkeit oder die Situation einer Gesellschaft als unangemessen" erweisen. Diese Bestimmung ist allgemeiner formuliert und betrifft nicht die Zahlenangaben, für die die Spezialvorschrift des Art. 73 Abs. 7 kodRL gilt, sondern die Erläuterungen sowie sonstige Pflichten. Die Anpassungsbefugnis erstreckt sich gemäß Art. 76 Abs. 3 kodRL auf zusätzliche und/oder strengere Pflichten, die sich zulässigerweise aus einzelstaatlichen Vorschriften ergeben.[926]

#### *b) Bedeutung*

Die Anpassungsmöglichkeit hatte in der Fassung des ursprünglichen Richtlinienvorschlags, der von den Gesellschaften die Angabe vieler konkreter Zahlen- und Erläuterungsposten forderte, die nicht auf alle Wirtschaftszweige passten,[927] noch größere Bedeutung.

Aber auch nach der jetzigen Fassung kann es passieren, dass die Pflichtangaben im Einzelfall nicht aussagekräftig sind. So wäre eine Anpassung des Berichtszeitraums oder des Zeitpunkts der Veröffentlichung denkbar, wenn beispielsweise eine Gesellschaft, deren Tätigkeit saisonalen Charakter hat, bei Beachtung der für die klassischen Gesellschaften vorgesehenen Fristen den Anlegern kein ihrer Tätigkeit entsprechendes Bild vermitteln könnte.[928]

---

922 Artt. 69, 82 kodRL (vormals Anhang, Schema C Nr. 6, Schema D Abschnitt A Nr. 5 BZR); vgl. dazu die Ausführungen im Dritten Kapitel unter B. II.

923 Art. 35 kodRL (vormals Art. 18 Abs. 2 und 3 BZPR).

924 Vormals Art. 5 Abs. 2, 7 HBR, vgl. § 57 Abs. 1 BörsZulVO, der sich auf die Umsatzerlöse beschränkt; dazu Schäfer/*Hamann*, § 44b BörsG, Rn. 46a, 48.

925 Vormals Art. 9 Abs. 3 HBR.

926 Vormals Art. 9 Abs. 5 i.V.m. Art. 3 HBR.

927 Artt. 5–7 des geänderten Kommissionsvorschlags einer HBR v. 25. 6. 1980, ABl. EG Nr. C 210 v. 16. 8. 1980, S. 5 ff. (9 f.).

928 Ursprgl. Kommissionsvorschlag v. 19. 1. 1979, Begründung, BT-Drucks. 8/2718 v. 2. 4. 1979, S. 7; *Edwards*, EC Company Law, S. 265 Fn. 204.

Die Anpassungsmöglichkeit lässt keine Verminderung des obligatorischen Informationsniveaus zu, sondern soll dazu führen, dass gleichwertige Informationen entsprechend der besonderen Art der betroffenen Gesellschaft geliefert werden.[929]

Die Vorschrift verdeutlicht, dass sich die Aufgabe der zuständigen Stellen weder auf die Archivierung der von den Emittenten eingereichten Unterlagen beschränkt, noch eine vollständige Inhaltskontrolle umfasst. Stattdessen haben jene das Recht und die Pflicht, unabhängig und kritisch zu überprüfen, ob die Angaben im Hinblick auf die Tätigkeit der Gesellschaft, so wie sie der Behörde aufgrund der eingereichten Unterlagen (Prospekte, Jahresabschlüsse, Satzung etc.) bekannt ist, glaubwürdig sind. Ist dies nicht der Fall, ist die Behörde verpflichtet, tätig zu werden.[930]

Da der Emittent lediglich verpflichtet ist, den Halbjahresbericht gleichzeitig mit der Veröffentlichung den zuständigen Stellen zu übermitteln, diese also nicht zur vorherigen Kontrolle berechtigt sind, ergibt sich auch hier – ähnlich wie bei den Jahresabschlüssen – das Problem, dass eine Anpassung der Angaben immer erst nach der Veröffentlichung des Halbjahresberichts möglich ist. Die angepassten Informationen werden den Markt-teilnehmern auf diese Weise erst nachträglich und außerhalb des Halbjahresberichts zur Verfügung gestellt, so dass die Gefahr besteht, dass sie kaum beachtet werden oder zu Verwirrungen führen. Deshalb wäre es wünschenswert, wenn die geplante Neuregelung vorsähe, dass die Halbjahresberichte bereits vor ihrer Veröffentlichung den zuständigen Stellen zwecks Überprüfung übermittelt werden müssten, so dass die Kapitalmarktteilnehmer im Falle der Anpassung von vornherein und ausschließlich die angemessenen Angaben erhalten.[931]

*c) Bezug zu den Rechnungslegungsrichtlinien und den Prospektvorschriften*

Eine Anpassung der Zahlenangaben durch die zuständigen Stellen ist auch im Rahmen der Rechnungslegungsrichtlinien sowie der Prospektvorschriften vorgesehen.[932]

Im ersten Fall können zusätzliche Angaben oder eine Abweichung von zwingenden Angaben gefordert werden, damit die Abschlüsse dem Grundsatz

---

[929] Vgl. den ursprgl. Kommissionsentwurf einer HBR, Begründung, BT-Drucks. 8/2716 v. 2.4.1979, S. 6.

[930] Beispielsweise dürfen Gesellschaften die Angaben nicht auf ein brillantes Ergebnis beschränken, wenn dieses hauptsächlich auf außerordentliche Erträge zurückzuführen ist, damit das Publikum nicht dahingehend getäuscht wird, die Hauptgeschäftstätigkeit des Unternehmens sei höchst lukrativ; *Werlauff,* S. 358 f.; *Edwards,* EC Company Law, S. 263; *Knobl/Opitz*, in: Griller, Banken im Binnenmarkt, S. 477 ff. (545).

[931] Vgl. oben unter A. IV. 2. d) (VII.) (2.).

[932] Art. 2 Abs. 2 und 3 der Jahresabschlussrichtlinie; Art. 16 Abs. 4 und 5 der Richtlinie über den konsolidierten Abschluss; Art. 21 Abs. 3 kodRL (vormals Art. 4 Abs. 3 BZPR).

des „true and fair view“ entsprechen. Im letzteren Fall ist eine Anpassung bestimmter Posten der Schemata vorgesehen, wenn diese nicht der Tätigkeit oder Rechtsform des Emittenten entsprechen. Die Posten sind im Prospekt durch gleichwertige Angaben zu ersetzen. Durch diese Vorgehensweise soll gewährleistet werden, dass der Prospekt alle Angaben enthält, die für eine sachgerechte Beurteilung der Wertpapiere durch die Anleger und ihre Berater erforderlich sind.

Sowohl hinsichtlich der Rechnungslegung als auch der Prospekte bestehen darüber hinaus Sondervorschriften für besondere Arten von Unternehmen, insbesondere für Finanzunternehmen, die von den allgemeinen Anforderungen abweichende, auf die Tätigkeit dieser Unternehmen speziell abgestimmte Angaben vorschreiben.[933] Demgegenüber dienen die Anpassungsmöglichkeiten der allgemeinen Richtlinienvorschriften der Feinabstimmung.

Hinsichtlich der Halbjahresberichte wird dagegen nicht zwischen unterschiedlichen Branchen differenziert.[934] Durch die spärlichen Inhaltsvorgaben der Artt. 70–77 kodRL sind die Unternehmen in der Gestaltung aber ohnehin freier und haben sich lediglich an dem mit dem Halbjahresbericht verfolgten Zweck, eine sachgerechte Beurteilung ihrer Ergebnisse und der Entwicklung der Geschäftstätigkeit im Berichtszeitraum zu ermöglichen, zu orientieren.[935] Im harmonisierten Bereich spielt die Anpassungsmöglichkeit daher eine untergeordnete Rolle. Bedeutsam wird sie vor allem im Falle einer inhaltlich konkreteren Regelung durch nationales Recht gemäß Art. 76 Abs. 3 kodRL.

### 2. Befreiungsmöglichkeit

Die zuständigen Stellen können die Gesellschaft gemäß Art. 76 Abs. 2 kodRL auf Antrag von der Aufnahme bestimmter, von der Richtlinie vorgesehener Angaben in den Halbjahresbericht befreien, wenn die Veröffentlichung dem öffentlichen Interesse zuwiderlaufen oder der Gesellschaft erheblichen Schaden zufügen würde. Eine Dispenserteilung ist im letzten Fall nicht möglich, wenn die Nichtveröffentlichung das Publikum über die für die Beurteilung der betreffenden Aktien wesentlichen Tatsachen und Umstände irreführen würde.[936]

---

[933] Richtlinie des Rates Nr. 86/635/EWG vom 8. 12. 1986 über den Jahresabschluss und den konsolidierten Abschluss von Banken und anderen Finanzinstituten; Richtlinie des Rates Nr. 91/674/EWG vom 19. 12. 1991 über den Jahresabschluss und den konsolidierten Abschluss von Versicherungsunternehmen; Art. 28 kodRL (vormals Art. 11 BZPR).

[934] Anders jedoch die deutsche Regelung in § 57 Abs. 2 und 3 i.V.m. § 55 BörsZulVO für Emittenten die überwiegend Bankgeschäfte betreiben oder Finanzdienstleistungen erbringen (§§ 1 Abs. 1 Satz 2; 1a Satz 2 KWG) bzw. Versicherungsgeschäfte tätigen.

[935] 29. Erwägungsgrund kodRL (vormals 6. Erwägungsgrund HBR); so auch schon der Wohlverhaltenskodex.

[936] Vormals Art. 9 Abs. 4 HBR. Der ursprgl. Kommissionsvorschlag einer HBR v. 19. 1. 1979 sah auch eine Befreiungsmöglichkeit für Angaben vor, die von geringer Bedeutung und nicht geeignet sind, die Beurteilung und die Entwicklung der Tätigkeit der

Unter denselben Voraussetzungen ist eine Befreiung von strengeren und zusätzlichen Angaben möglich, die sich aus nationalen Regelungen ergeben.[937]

Die beiden Befreiungstatbestände in der Vorschrift stimmen mit denen in Art. 24 lit. b) kodRL überein. Diesbezüglich wird auf die obigen Ausführungen verwiesen.[938]

Für die Genauigkeit und Richtigkeit der Angaben, die den Befreiungsantrag stützen, sind die Gesellschaft und ihre Vertreter verantwortlich.[939] Diese Regelung geht auf den Wirtschafts- und Sozialausschuss zurück und soll verhindern, dass die zuständigen Stellen gegenüber Investoren und Dritten die Verantwortung für alle Folgen tragen, die aufgrund der Auslassung von Informationen entstehen.[940] Dementsprechend stellt Art. 105 Abs. 3 kodRL klar, dass die Verantwortlichkeit der zuständigen Stellen weiterhin ausschließlich durch das innerstaatliche Recht bestimmt wird.[941]

## XII. Probleme bei Mehrfachnotierung

### 1. Keine Pflicht zur gegenseitigen Anerkennung

Die kodRL sieht keine strikte Anerkennungsverpflichtung der nach einem anderen mitgliedstaatlichen Recht erstellten Halbjahresberichte vor.[942] Das bedeutet, dass eine Gesellschaft grundsätzlich in jedem Mitgliedstaat, in dem ihre Aktien zur amtlichen Notierung zugelassen sind, einen Halbjahresbericht zu veröffentlichen hat. Dieser muss nicht nur den nationalen Umsetzungsvorschriften der Artt. 70–77 kodRL, sondern ggfs. auch zusätzlichen oder strengeren nationalen Vorschriften entsprechen, zu deren Erlass die Mitgliedstaaten gemäß Art. 71 kodRL berechtigt sind. Die Gesellschaft müsste den Halbjahresbericht also nicht nur in die jeweilige Amtssprache übersetzen, sondern u.U. darüber hinaus für jedes Land einen inhaltlich abweichenden Halbjahresbericht erstellen. Die mit dieser aufwendigen Prozedur verbundenen zusätzlichen Ver-

Gesellschaft zu beeinflussen, ABl. EG Nr. C 29 v. 1.2.1979, S. 5 ff. (8); diese Dispensmöglichkeit wurde auf Ersuchen des Europäischen Parlaments gestrichen, da in diesen Fällen der Zielsetzung der Richtlinie, das Publikum möglichst umfassend zu informieren, keine gewichtigen Interessen der Gesellschaft entgegenstehen, Stellungnahme des Europäischen Parlaments v. 13.3.1980 zum ursprgl. Kommissionsvorschlag einer HBR, ABl. EG Nr. C 85 v. 8.4.1980, S. 69 ff. (71); *Edwards,* EC Company Law, S. 265 Fn. 206; vgl. die Umsetzung in § 40 Abs. 2 S. 2 BörsG n.F. i.V.m. § 60 BörsZulVO; dazu *Schwark,* § 44b BörsG, Rn. 14; Schäfer/*Hamann,* § 44b BörsG, Rn. 46, 61–63.

[937] Art. 76 Abs. 3 i.V.m. Art. 71 kodRL (vormals Art. 9 Abs. 5 i.V.m. Art. 3 HBR).

[938] S.o. Zweiter Teil, Erstes Kapitel unter D. II. und III.

[939] Art. 76 Abs. 2 UAbs. 2 kodRL (vormals Art. 9 Abs. 4 S. 2 HBR).

[940] Stellungnahme des Wirtschafts- und Sozialausschusses v. 24./25.10.1979 zum ursprgl. Kommissionsvorschlag einer HBR, ABl. EG Nr. C 53 v. 3.3.1980, S. 54 ff. (57); *Edwards,* EC Company Law, S. 265 Fn. 205.

[941] Vormals Art. 9 Abs. 7 HBR.

[942] *Lutter,* EuUntR, 4. Aufl. 1996, S. 579.

waltungs- und Personalkosten könnten dazu führen, dass Gesellschaften von einer Mehrfachnotierung ihrer Aktien Abstand nehmen, was dem Ziel der stärkeren Durchdringung der Europäischen Wertpapiermärkte[943] zuwiderliefe.

Daher sieht Art. 77 kodRL[944] eine besondere Art der Zusammenarbeit der Mitgliedstaaten vor, in denen die Aktien der Gesellschaft amtlich notiert werden: Die jeweiligen zuständigen Stellen sollen sich bemühen, eine Fassung des Halbjahresberichts anzuerkennen, die den Anforderungen des Mitgliedstaates entspricht, in dem die Aktien erstmals zur amtlichen Notierung zugelassen worden sind, oder eine Fassung, die dieser möglichst nahe kommt. Sind die Aktien gleichzeitig in mehreren Mitgliedstaaten zur amtlichen Notierung zugelassen worden, so gilt dasselbe für den Halbjahresbericht, der den Anforderungen des Sitzstaats der Gesellschaft entspricht.[945] Liegt dieser in einem Drittstaat, so sollen die zuständigen Stellen der Mitgliedstaaten nach Möglichkeit eine einzige Fassung des Berichts akzeptieren.[946] Die Anforderungen der Richtlinie sind in jedem Fall einzuhalten.

Eine ähnliche Regelung sah die ursprünglich verabschiedete Fassung des Art. 24 Abs. 1 BZPR[947] für die Anerkennung des Prospekts für den Fall vor, dass für dasselbe Wertpapier gleichzeitig oder annähernd gleichzeitig Anträge auf Zulassung zur amtlichen Notierung an den Börsen verschiedener Mitgliedstaaten gestellt werden, bevor die Prospektanerkennungsrichtlinie 87/345/EG eine Verpflichtung zur gegenseitigen Anerkennung der Prospekte einführte.[948] Dass diese Richtlinie die Verpflichtung nicht auf Halbjahresberichte erstreckte, mag an der nur bruchstückhaften Harmonisierung durch die HBR und den infolgedessen zu unterschiedlichen nationalen Anforderungen gelegen haben.

Im Ergebnis geht es in Art. 77 kodRL darum, dass die zuständigen Stellen ihre Anforderungen in Bezug auf den Bericht möglichst weitgehend abstimmen, die Häufung von Formalitäten vermeiden und einen einheitlichen Wortlaut anerkennen, der ggfs. nur eine Übersetzung und Ergänzung entsprechend den eigenen Vorschriften jedes betroffenen Mitgliedstaats erfordert.[949]

---

[943] 25. Erwägungsgrund kodRL (2. Erwägungsgrund HBR).

[944] Vormals Art. 10 Abs. 2 HBR; vgl. § 59 BörsZulVO; dazu Schäfer/*Hamann,* § 44b BörsG, Rn. 19.

[945] Diese sich dem Herkunftslandprinzip annähernde Regelung geht auf die Stellungnahme des Wirtschafts- und Sozialausschusses v. 24./25. 10. 1979 zum ursprgl. Kommissionsvorschlag einer HBR zurück, ABl. EG Nr. C 53 v. 3. 3. 1980, S. 54 ff. (56).

[946] Vgl. dazu Art. 76 Abs. 4 kodRL und die Ausführungen unter VIII.

[947] Abgedruckt bei *Lutter,* EuGesR, 2. Aufl. 1984, S. 261 ff. (267).

[948] Artt. 37, 38 kodRL (vormals Artt. 24, 24a BZPR), eingeführt durch die Richtlinie 87/345/EG v. 22. 6. 1987; dazu eingehend im Zweiten Teil, Erstes Kapitel unter I.

[949] Vgl. Art. 11 a) des geänderten Kommissionsvorschlags einer HBR v. 25. 6. 1980, ABl. EG Nr. C 210 v. 16. 8. 1980, S. 5 ff. (13).

### 2. Praktische Probleme

Mangels einer gegenseitigen Anerkennung erscheinen die Fälle problematisch, in denen eine Gesellschaft, deren Aktien in mehreren Mitgliedstaaten zur amtlichen Notierung zugelassen sind, eine Befreiung von bestimmten Pflichten oder Angaben gemäß Art. 76 Abs. 2 kodRL erreichen will. Sie müsste dies bei allen zuständigen Stellen beantragen. Wenn nur eine dieser Stellen den Antrag abschlägig beschiede, wäre die Gesellschaft nicht in der Lage, sich eine Lockerung der entsprechenden Vorschrift zunutze zu machen, da aufgrund des Gleichbehandlungsgrundsatzes in Art. 69 kodRL der Halbjahresbericht in der gesamten Gemeinschaft gleichwertige Angaben enthalten muss. Daher erscheint es sinnvoll, die Entscheidungskompetenz in dieser Frage in erste Linie der zuständigen Stelle des Mitgliedstaats zu übertragen, in dem die betreffende Gesellschaft ihren Sitz hat.[950]

## XIII. Zusammenfassung/Funktion des Halbjahresberichts

Der Halbjahresbericht steht innerhalb der regelmäßigen und anlassbezogenen Informationspflichten über die finanzielle Situation der Gesellschaft zwischen der jährlichen Rechnungslegung und der Ad-hoc-Publizität. Während die in den Prospekten enthaltenen Zwischenübersichten den letzten im Prospekt enthaltenen Jahresabschluss aktualisieren sollen, dienen die Halbjahresberichte neben der Aktualisierung des zuletzt veröffentlichten Jahresabschlusses auch der Aktualisierung der Angaben im Lagebericht und im Prospekt. Denn im Gegensatz zu den Zwischenübersichten können sich die Halbjahresberichte auch auf Angaben außerhalb der Rechnungslegung der Emittenten beziehen.[951] Dies ergibt sich aus der Entstehungsgeschichte der HBR sowie aus den zahlreichen Bezugnahmen auf die Prospektvorschriften und verdeutlicht, dass sich die Verpflichtung zur Veröffentlichung eines Halbjahresberichts nahtlos in das Regelungskonzept der möglichst umfassenden und aktuellen Information der Anleger einfügt.[952]

---

[950] Dies würde eine weitere Annäherung an das Herkunftslandprinzip bedeuten; vgl. die Stellungnahme des Wirtschafts- und Sozialausschusses v. 24./25. 10. 1979 zum ursprgl. Kommissionsvorschlag einer HBR, ABl. EG Nr. C 53 v. 3. 3. 1980, S. 54 ff. (57); vgl. die Lösung dieses Problems i.R. der Anerkennung von Prospekten durch Artt. 38 Abs. 2, 39 Abs. 2 kodRL (vormals Artt. 24a Abs. 2, 24b Abs. 2 BZPR).

[951] A.A. *Hommelhoff*, ZGR 2000, S. 748 ff. (756 f.).

[952] Vgl. 25. Erwägungsgrund kodRL (vormals 2. Erwägungsgrund HBR); Stellungnahme des Europäischen Parlaments zum ursprgl. Vorschlag einer HBR v. 13. 3. 1980, ABl. EG Nr. C 85 v. 8. 4. 1980, S. 69 ff. (70).

## XIV. Ausblick

### 1. Aktionsplan für Finanzdienstleistungen

Im Aktionsplan für Finanzdienstleistungen hat die Kommission – nach Konsultationen mit dem FESCO und den Marktteilnehmern – Änderungen der Halbjahresberichtspflicht zugunsten häufigerer und qualitativ besserer Information vorgesehen, um das Vertrauen in die Europäischen Kapitalmärkte zu stärken und Kapital anzuziehen. Das darin gesteckte Ziel, noch im Jahre 2001 einen entsprechenden Richtlinienvorschlag vorzulegen, wurde nicht erreicht.[953]

### 2. Vorschlag einer neuen Transparenzrichtlinie vom 26. 3. 2003

Nach den Konsultationspapieren der Kommission vom 11. 7. 2001 und vom 8. 5. 2002 und dem Vorschlag einer neuen Transparenzrichtlinie vom 26. 3. 2003 soll die Zwischenberichtspflicht aktualisiert und verbessert werden. Angesichts der heutigen Markterfordernisse, Rechnungslegungspraktiken und -standards reichen die vor zwanzig Jahren aufgestellten Mindestanforderungen der HBR nicht mehr zur Erreichung des mit ihr verfolgten Ziels aus, dem Anleger eine sachgerechte Beurteilung der Entwicklung der Geschäftstätigkeit der Gesellschaft zu gestatten.[954] Auch hat die Beschränkung auf eine Mindestharmonisierung zu sehr unterschiedlichen Interpretationen und Umsetzungen der Richtlinie geführt. Deshalb sind die Halbjahresberichte in den Mitgliedstaaten so verschieden ausgestaltet, dass eine Vergleichbarkeit nicht möglich ist. Die Wertpapiermärkte sind nach wie vor fragmentiert und die Kosten für grenzüberschreitende Kapitalaufnahme weiterhin zu hoch.[955]

#### *a) Vierteljährliche Zwischenberichterstattung*

Nach Auffassung der Kommission wird eine lediglich halbjährliche Zwischenberichterstattung den heutigen Bedürfnissen der Investoren nicht gerecht. Institutionelle Anleger konzentrieren ihr Interesse auf Unternehmen, die

---

[953] Mitteilung der Kommission, DOK KOM (1999) 232 v. 11. 5. 1999, S. 22.

[954] Zwar verpflichtete Art. 11 Abs. 2 HBR, der nicht in die kodRL übernommen wurde, die Kommission, fünf Jahre nach Bekanntgabe der Richtlinie, also um den 20. 2. 1987, nach Anhörung des Kontaktausschusses dem Rat einen Bericht über die Anwendung der Artt. 3 und 5 der HBR (Artt. 71, 73 kodRL), d. h. die einzelstaatlichen strengeren und zusätzlichen Pflichten sowie die inhaltlichen Anforderungen, die die Richtlinie an den Halbjahresbericht stellt, und über die möglicherweise daran vorzunehmenden Änderungen vorzulegen. Ein solcher Bericht wurde aber nie veröffentlicht. Sollte es ihn gegeben haben, hat er zumindest bis heute nicht zu einer Änderung der Richtlinie geführt.

[955] Begründung, 9. Erwägungsgrund zum Vorschlag einer Richtlinie (...) zur Harmonisierung der Transparenzanforderungen in Bezug auf Informationen über Emittenten, deren Wertpapiere zum Handel auf einem geregelten Markt zugelassen sind, und zur Änderung der Richtlinie 2001/34/EG v. 26. 3. 2003, DOK KOM (2003) 138, S. 14 ff., 37; vgl. Erstes Konsultationspapier, S. 7 f.

sich den international höchsten Standards unterwerfen; zum Teil bestehen sogar interne Regeln, die den Kauf von Wertpapieren solcher Emittenten verbieten, die nicht mindestens Quartalsberichte veröffentlichen. Daher schlägt die Kommission vor, für Emittenten, deren Aktien zum Handel auf einem geregelten Markt in einem Mitgliedstaat zugelassen sind, zusätzlich zum Halbjahresbericht eine eingeschränkte Quartalsberichterstattung einzuführen. Zwar ist dies in verschiedenen Mitgliedstaaten bereits durch nationales Recht oder Börsenusancen vorgesehen und wird von weltweit emittierenden Unternehmen seit Jahrzehnten praktiziert.[956] Dennoch wird eine gemeinschaftsrechtlich verbindliche Annäherung an höchste internationale Standards im Interesse einer Verbesserung des Anlegerschutzes für notwendig gehalten.[957] Auf einen Bericht für das zweite und vierte Quartal neben dem Jahresfinanzbericht und dem Halbjahresbericht wurde verzichtet, um den Verwaltungsaufwand für die Unternehmen nicht unnötig zu erhöhen.[958]

*b) Inhaltliche Konkretisierung des Halbjahresfinanzberichts und der Quartalsangaben*

Auch hinsichtlich des Inhalts des Halbjahresberichts entsprechen die Europäischen Vorgaben nicht internationalen Rechnungslegungsstandards. Die wenigen obligatorischen Zahlenangaben in Tabellenform, die knappen Erläuterungen sowie die Möglichkeit, den Halbjahresbericht in nicht konsolidierter Form zu erstellen, sind nicht mehr zeitgemäß.

---

[956] In der Bundesrepublik sah Punkt 7.1. des Regelwerks Neuer Markt Quartalsberichte vor; in Italien unterliegen börsennotierte Unternehmen seit dem 1. 1. 2000 der Pflicht zur Quartalberichterstattung innerhalb v. 45 Tagen nach Abschluss des Berichtszeitraums; Art. 82 der CONSOB Regulation 11971/1999 implementing the provisions on issuers of Legislative decree 58 of 24. 2. 1998 as amended by CONSOB resolution 12745 of 6. 4. 2000, www.consob.it/produzione/docum/english/Regulations/reg11971e.htm. In Belgien werden Vierteljahresberichte nur am Neuen Markt verlangt; Royal Decree v. 3. 7. 1996 on periodic information i.V.m. Brussel Stock Exchange Listing and Reporting Requirements. In Frankreich werden zusätzlich Trimesterberichte innerhalb von 45 Tagen nach Abschluss des Berichtszeitraums verlangt; Art. 6 Loi No 84–148 v. 1. 3. 1984, règlement COB No 87–04; règlement No 98–01 COB.

[957] Erstes Konsultationspapier, S. 11; dies fordern auch *Möllers,* ZGR 1997, S. 334 ff. (360, 366); *Weber,* NJW 2000, S. 3461 ff. (3472 f.).

[958] Am Neuen Markt wurde der vierte Quartalsbericht durch den Jahresabschluss ersetzt, Punkt 7.1.1 Abs. 1 S. 2 des Regelwerks Neuer Markt (a.a.O.). Eine ähnliche Regelung besteht seit dem 1. 1. 2000 in Italien: gemäß Art. 82 Abs. 2 der CONSOB Regulation 11971/1999 können börsennotierte Unternehmen von der Veröffentlichung des 2./4. Quartalsberichts befreit werden, wenn sie dem Publikum und der CONSOB mitteilen, dass der Halbjahresbericht innerhalb von 75 Tagen bzw. der Jahresabschluss innerhalb von 90 Tagen nach Abschluss des jeweiligen Berichtszeitraums vorgelegt wird, CONSOB Regulation 11971/1999 implementing the provisions on issuers of Legislative decree 58 of 24. 2. 1998 as amended by CONSOB resolution 12745 of 6. 4. 2000, www.consob.it/produzione/docum/english/ Regulations/reg11971e.htm.

Die Kommission schlägt – anders noch als in den Konsultationspapieren – eine unterschiedliche Gestaltung des Halbjahresberichts und der Angaben vor, die das erste und dritte Quartal des Geschäftsjahrs betreffen: Während der Halbjahresbericht künftig in Form und Gestaltung dem neuen Jahresfinanzbericht entsprechen soll, sind die Anforderungen an die beiden Quartalsberichte abgeschwächt: So soll der künftige „Halbjahresfinanzbericht" einen verkürzten Abschluss, eine Aktualisierung der letzten Fassung des nach der siebten bzw. vierten Richtlinie aufgestellten Lageberichts[959] und die neue Erklärung der für die Angaben verantwortlichen Personen, die für Falschangaben haftbar gemacht werden können, enthalten. Den Aktivitäten der Kommission auf dem Gebiet der Rechnungslegung entsprechend[960] sollen die Finanzdaten des Halbjahresfinanzberichts – wie die der Jahresabschlüsse – gemäß den IAS aufgestellt werden. IAS 34 betrifft die Zwischenberichterstattung, der einen Satz konsolidierter Zahlenangaben vorschreibt.[961] Dieser Rechnungslegungsstandard wurde durch den Anerkennungsmechanismus in Verbindung mit der IAS-Verordnung gemeinschaftsweit vorgeschrieben.[962] Ist der Emittent ein Einzelunternehmen, richtet sich der Zahlenteil des Halbjahresfinanzberichts nach den nationalen Vorschriften des Herkunftsmitgliedstaats.

Eine obligatorische Prüfung der Halbjahresfinanzberichte soll auf Europäischer Ebene nicht eingeführt werden; den Mitgliedstaaten bleibt es jedoch unbenommen, eine eingeschränkte oder vollständige Prüfung vorzuschreiben. Für diesen Fall sind der Bestätigungsvermerk des Abschlussprüfers sowie jede diesbezügliche Einschränkung vollständig wiederzugeben. Auch auf das Fehlen einer Prüfung ist hinzuweisen.[963]

---

[959] Art. 46 der Jahresabschlussrichtlinie; Art. 36 der Richtlinie über den konsolidierten Abschluss i.V.m. Art. 1 Abs. 14, Art. 2 Abs. 12 der Richtlinie 2003/58/EG v. 18. Juni 2003 zur Änderung der Richtlinien 78/660/EWG, 83/349/EWG, 86/635/EWG und 91/674/EWG über den Jahresabschluss und den konsolidierten Abschluss von Gesellschaften bestimmter Rechtsformen, von Banken und anderen Finanzinstituten sowie von Versicherungsunternehmen, ABl. EG Nr. L 178 v. 17. 7. 2003, S. 16 ff.

[960] Rechnungslegungsstrategie der EU: Künftiges Vorgehen, DOK KOM (2000) 359 v. 13. 6. 2000; Verordnung (...) betreffend die Anwendung internationaler Rechnungslegungsstandards v. 19. 7. 2002, ABl. EG Nr. L 243 v. 11. 9. 2002, S. 1 ff.

[961] Dieser Grundsatz wurde im Februar 1998 vom IASC-Board genehmigt und trat für Abschlüsse in Kraft, deren Berichtsperiode am oder nach dem 1. 1. 1999 beginnt, IAS 34 § 46, *IASC*, IAS 2000, S. 717, 734; dazu *Federspieler*, DB 1997, S. 943 ff.

[962] Verordnung (EG) Nr. 1725 der Kommission v. 29. 9. 2003 betreffend die Übernahme bestimmter internationaler Rechnungslegungsstandards in Übereinstimmung mit der Verordnung (EG) Nr. 1606/2002 des Europäischen Parlaments und des Rates, ABl. EG Nr. L 261 v. 13. 10. 2003, S. 1 ff.

[963] Öffentlich rechtliche Emittenten sind von der Verpflichtung zur Halbjahresfinanzberichterstattung ausgenommen; Artt. 5, 7, 8 des Vorschlags einer Transparenzrichtlinie v. 26. 3. 2003, DOK KOM (2003) 138, S. 46 ff.; vgl. Zweites Konsultationspapier, S. 5, Anhang I, S. 9.

Finanzinformationen für das erste und dritte Quartal sollen nur von Emittenten von Aktien verlangt werden. Die Anforderungen an die Quartalsangaben sind nahezu identisch mit den bisherigen Anforderungen an den Halbjahresbericht: Der Zahlenteil muss mindestens eine tabellarische Übersicht über die Nettoumsatzerlöse und das Ergebnis vor oder nach Steuern, wie sie im betreffenden Quartal auf konsolidierter Basis erzielt wurden, enthalten. Der erläuternde Teil hat auf die Geschäftstätigkeit des Emittenten und auf das Ergebnis im betreffenden Quartal einzugehen. Zukunftsbezogene Angaben können auf freiwilliger Basis gemacht werden. Gedacht ist an Angaben zur voraussichtlichen Entwicklung des Emittenten und seiner Tochterunternehmen, die mindestens das verbleibende Geschäftsjahr umfassen, einschließlich aller bedeutsamen Unsicherheiten und Risiken, die diese Entwicklung beeinflussen können.

Für die Prüfung der Quartalsangaben gilt dasselbe wie für den Halbjahresfinanzbericht.[964]

*c) Eingeschränkte Erstreckung auf Emittenten von Schuldverschreibungen*

Emittenten, von deren Wertpapieren lediglich die Schuldverschreibungen, nicht aber die Aktien zum Handel auf einem geregelten Markt zugelassen sind, werden erstmals auf Gemeinschaftsebene der Pflicht zur Zwischenberichterstattung unterworfen. Für diese hält die Kommission es für ausreichend, wenn sie halbjährlich einen Halbjahresfinanzbericht der oben beschriebenen Art veröffentlichen.[965]

*d) Frist zur Veröffentlichung*

Ferner soll die Frist, innerhalb derer die Zwischenberichte nach Ablauf des Berichtszeitraums zu veröffentlichen sind, auf zwei Monate verkürzt werden.[966] Dies entspricht der derzeitigen deutschen Regelung und der Empfehlung in IAS 34 zur Zwischenberichterstattung.[967]

---

[964] Artt. 6 des Vorschlags einer neuen Transparenzrichtlinie v. 26. 3. 2003, DOK KOM (2003) 138, S. 47.

[965] Die Verpflichtung trifft jedoch nicht öffentlich-rechtliche Emittenten sowie Gesellschaften, die Schuldtitel in einer Stückelung von mindestens 50.000 € ausgeben. Begründung, Art. 8 des Vorschlags einer Transparenzrichtlinie v. 26. 3. 2003, DOK KOM (2003) 138, S. 19 f., 48; vgl. Zweites Konsultationspapier, S. 7, Anhang I, S. 11 mit Verweis auf die US-amerikanische Praxis. Demgegenüber wurde die ursprünglich vorgesehene Erleichterung für KMU nicht in den Vorschlag aufgenommen; vgl. Zweites Konsultationspapier, S. 6 f., Anhang I, S. 10.

[966] Erstes Konsultationspapier, S. 11 ff. (60 Tage); Zweites Konsultationspapier, S. 5, Anhang I, S. 9.

[967] § 61 Abs. 1 S. 1 BörsZulVO, § 54 Abs. 1 S. 2 BörsG n.F. i.V.m. § 61 Abs. 2 S. 1 der Börsenordnung für die Frankfurter Wertpapierbörse (abgedruckt bei *Kümpel/Hammen/Ekkenga,* Band 2, Nr. 438) und Punkt 7.1.7. Abs. 1 des Regelwerks Neuer Markt (abgedruckt bei *Kümpel/Hammen/Ekkenga,* Band 2, Nr. 456) sehen für den amtlichen, geregelten und Neuen Markt eine Veröffentlichung der Zwischenberichte innerhalb von 2 Monaten nach Abschluss des Berichtszeitraums vor; IAS 34 empfiehlt die Veröf-

#### *e) Art und Weise der Veröffentlichung*

Schließlich soll – wie bei allen kapitalmarktrechtlichen Informationen – künftig die Veröffentlichung der Zwischenberichte im Internet auf der Website des Emittenten ermöglicht werden. Ferner werden die Informationen ggfs. auch auf der Website der Herkunftslandbehörde abrufbar sein. Eine Übersetzung des Halbjahresberichts in jede Amtssprache der Staaten, auf deren geregelten Märkten die Wertpapiere gehandelt werden, ist nicht erforderlich, wenn eine Fassung in einer „in der Finanzwelt geläufigen Sprache" oder in einer von allen Aufnahmemitgliedstaaten akzeptierten Sprache zur Verfügung gestellt wird.[968]

### 3. Zwischenbericht gemäß IAS 34

#### *a) Zielsetzung eines Zwischenberichts gemäß IAS 34*

Gemäß IAS 34 besteht das Ziel eines Zwischenberichts darin, über alle Umstände zu informieren, die für das Verständnis der Vermögens-, Finanz- und Ertragslage eines Unternehmens während der Zwischenberichtsperiode wesentlich sind. Informationen sind wesentlich, „wenn ihr Weglassen oder ihre fehlerhafte Darstellung die auf der Basis des Abschlusses getroffenen" Investitionsentscheidungen der Anleger beeinflussen könnte.[969]

Dies entspricht dem mit den Jahresabschlüssen und den Prospekten verfolgten Zweck.

Der Standard regelt nicht, ob, wie häufig und wie schnell nach Ablauf einer Zwischenberichtsperiode ein Unternehmen zur Zwischenberichterstattung nach den IAS verpflichtet ist. Dies war bisher Aufgabe der Gesetzgeber, Aufsichtsbehörden oder Börsen und wird nun für die geregelten Märkte der EU in der neuen Transparenzrichtlinie verbindlich festgelegt werden.[970]

#### *b) Aufbau und Inhalt des Zwischenberichts*

Der Standard definiert den Mindestinhalt eines Zwischenberichts und stellt die anzuwendenden Erfassungs- und Bewertungsgrundsätze dar:

Nach IAS 34 ist der Zwischenbericht ein Finanzbericht, der einen verkürzten Abschluss für einen Berichtszeitraum beinhaltet, der kürzer als ein Geschäftsjahr ist. Er soll den letzten Jahresabschluss aktualisieren. Daher enthält er dieselben Bestandteile, also Bilanz, GuV mit dem Ergebnis je Aktie, Kapitalflussrechnung, Aufstellung der Veränderungen des Eigenkapitals und erläuternde Anhangangaben – jeweils in verkürzter Form. Dabei müssen die Zahlentei-

---

fentlichung innerhalb von 60 Tagen; IAS 34, Anwendungsbereich, *IASC*, IAS 2000, S. 722.

[968] Artt. 15–17 des Vorschlags einer Transparenzrichtlinie v. 26. 3. 2003, DOK KOM (2003) 138, S. 54 ff.; vgl. Zweites Konsultationspapier, S. 10, Anhang I, S. 21; Erstes Konsultationspapier, S. 14 f., s.o. unter A. IV. 2. f) (X.) (2.) (b).

[969] Sog. „materiality-Grundsatz", IAS 34 Zielsetzung, §§ 23 ff., § 41, *IASC*, IAS 2000, S. 722, 728 f., 733; s.o. unter A. IV. 2. f) (VI.) (1.).

[970] IAS 34 § 1, *IASC*, IAS 2000, S. 718, 722.

le zumindest jede der Überschriften und Zwischensummen des letzten Jahresabschlusses enthalten.[971]

Insoweit entspricht der Zwischenbericht der in den künftigen Prospekten enthaltenen Zwischenübersicht gemäß den IOSCO-Offenlegungsstandards.[972]

*(I.) Zahlenteil*

Die Zahlen der Bilanz sind jeweils zum Ende der Zwischenberichtsperiode, die Zahlen der GuV, der Aufstellung von Eigenkapitalveränderungen und der Kapitalflussrechnung jeweils vom Beginn des aktuellen Geschäftsjahrs bis zum Zwischenberichtstermin kumuliert darzustellen. Die Zahlen der GuV sind darüber hinaus allein für die aktuelle Zwischenberichtsperiode anzugeben. Ähnlich wie bisher müssen die Angaben jeweils den Zahlen zum Ende des vorangegangenen Geschäftsjahrs (Bilanz) bzw. des entsprechenden Vorjahreszeitraums gegenüber gestellt werden. Wie bisher hat das Unternehmen aus Gründen der Vergleichbarkeit im Zwischenbericht grundsätzlich dieselben Bilanzierungs- und Bewertungsmethoden anzuwenden wie im letzten Jahresabschluss (Grundsatz der Stetigkeit).[973] Aufgrund der informationsorientierten Bilanzierung gemäß den IAS werden somit auch die Zwischenberichte für die Investoren eine höhere Aussagekraft besitzen.

*(II.) Erläuternder Teil*

Die Anhangangaben des Zwischenberichts enthalten hauptsächlich Erläuterungen außergewöhnlicher Ereignisse und Veränderungen, die für das Verständnis der Änderungen der Vermögens-, Finanz- und Ertragslage des Unternehmens seit dem letzten Abschlussstichtag erforderlich sind. Dies entspricht der bisherigen Rechtslage.

Da davon ausgegangen wird, dass der Leser eines Zwischenberichts Zugang zum letzten Jahresabschluss einschließlich des Anhangs des betreffenden Unternehmens hat, enthalten die Erläuterungen keine unwesentlichen Aktualisierungen der dort gemachten Angaben. Sie müssen aber zumindest eventuelle Änderungen der Bewertungs- und Bilanzierungsmethoden, Neuemissionen und Tilgungen von Schuldverschreibungen, gezahlte Zwischendividenden und die Aufgliederung der Erlöse und Ergebnisse nach Geschäftsbereichen und geographischen Segmenten beinhalten. Außerdem ist auf wesentliche Ereignisse einzugehen, die nach Ende der Zwischenberichtsperiode eingetreten sind.[974]

*c) Form des Zwischenberichts*

Aus Gründen der Vergleichbarkeit sind die Zwischenberichte in der Form des letzten Jahresabschlusses zu erstellen. Wenn das Unternehmen für das letzte Ge-

---

[971] IAS 34, §§ 4, 6, 8, 10, 11, *IASC*, IAS 2000, S. 723 ff.
[972] *IOSCO*, Offenlegungsstandards, S. 22; s.o. unter A. IV. 2. f) (X.) (1.) (b) (aa).
[973] IAS 34 §§ 20, 28 ff., *IASC*, IAS 2000, S. 727 f., 730 ff.; s.o. unter VII. 3. b).
[974] IAS 34 §§ 15, 16, *IASC*, IAS 2000, S. 718, 725 f.

schäftsjahr einen konsolidierten Abschluss aufgestellt hat, sind auch die Zwischenberichte in konsolidierter Form aufzustellen. Dies wird aufgrund der IAS-Verordnung ab dem 1. 1. 2005 die Europäische Praxis sein. Auch wenn dem Publikum zusätzlich ein Einzelabschluss des Unternehmens zur Verfügung gestellt wurde, ist zur Erfüllung des Standards die Erstellung des Zwischenberichts in konsolidierter Form ausreichend. Dem Unternehmen bleibt es jedoch unbenommen, zusätzlich einen Zwischenbericht in nicht konsolidierter Form zu erstellen.[975]

Die Beschränkung der Verpflichtung zur Zwischenberichterstattung auf eine Form entspricht der bisherigen Rechtslage;[976] jedoch wird die größere Bedeutung der konsolidierten Fassung betont.

## C. Verpflichtung zur Ad-hoc-Publizität

### I. Historische Entwicklung

Bereits im *Segré-Bericht* findet sich die Idee, dass neben der regelmäßigen Information des Publikums durch Zwischenberichte auch dessen spontane Information beim Eintritt gewisser Umstände ein wesentlicher Bestandteil der „ständigen" Publizität sein müsse. So wurde der Vorschlag gemacht, dass dem Publikum schnellstmöglich jeder neue Umstand mitzuteilen sei, „der die Verhältnisse oder die Rentabilität des Unternehmens entscheidend beeinflussen könnte."[977]

In den Vorschlägen einer BZR aus den Jahren 1975 und 1976 sah die Kommission eine derartige Verpflichtung für Emittenten vor.[978]

Ein Jahr später veröffentlichte die Kommission den *Wohlverhaltenskodex,* der den Mitgliedstaaten empfahl, den Gesellschaften, deren Wertpapiere auf dem Wertpapiermarkt gehandelt werden, aufzuerlegen, jeden wichtigen Sachverhalt oder Beschluss, der einen nennenswerten Einfluss auf den Wertpapierkurs haben kann, unverzüglich bekannt zu geben. Wenn dies nicht möglich sei, z.B. weil der Gesellschaft daraus ein Schaden entstehen könnte oder die Gefahr einer Indiskretion bestünde, sollten die zuständigen Behörden unterrichtet werden, die bis zur Veröffentlichung der Information die notwendigen Maßnahmen treffen sollten, um das reibungslose Funktionieren des Marktes zu gewährleisten, beispielsweise durch die Unterbrechung des Handels.[979]

---

[975] IAS 34 § 14, *IASC*, IAS 2000, S. 725.

[976] S.o. unter VII. 5.

[977] Segré-Bericht, S. 241.

[978] DOK KOM (1975) 686 v. 23. 12. 1975, S. 28, 31; DOK KOM (1976) 565 v. 3. 11. 1976, S. 42 f., 47 f.

[979] Empfehlung (77/534/EWG) Begründung Nr. 11 B lit. c), Grundsätze Nr. 12 S. 2, Nr. 13, ABl. EG Nr. L 212 v. 20. 8. 1977, S. 40, 42.

Schließlich unterstrich die Kommission noch einmal in ihrer Begründung zum Vorschlag einer HBR von 1979, den sie unmittelbar vor Verabschiedung der BZR veröffentlichte, dass das Publikum zur Vervollständigung der laufenden Publizität über die finanzielle Situation des Emittenten durch Jahresabschluss, Lagebericht und Halbjahresbericht auch unverzüglich über außergewöhnliche Ereignisse unterrichtet werden sollte, die bedeutende Kursschwankungen bei den Wertpapieren auslösen könnten.[980]

## II. Inhalt der Vorschriften

In Schema C Nr. 5 lit. a), Schema D Nr. 4 lit. a) der BZR von 1979 wurde schließlich die Pflicht zur sog. Ad-hoc-Publizität geregelt. Die Vorschriften entsprechen Artt. 68 Abs. 1, 81 Abs. 1 der kodRL. Sie enthalten folgende Regelung:

Die Gesellschaft muss das Publikum unverzüglich über neue erhebliche Tatsachen in Kenntnis setzen, die in ihrem Tätigkeitsbereich eingetreten und der breiten Öffentlichkeit nicht bekannt sind. Dies gilt für Emittenten von Aktien dann, wenn die Tatsachen wegen ihrer Auswirkungen auf die Vermögens- und Finanzlage oder auf den allgemeinen Geschäftsverlauf zu einer beträchtlichen Änderung der Kurse führen können.

Für Emittenten von Schuldverschreibungen entsteht diese Verpflichtung, wenn die Tatsachen die Fähigkeit der Gesellschaft, ihren Verpflichtungen nachzukommen, erheblich beeinträchtigen können.

Ausnahmsweise können die zuständigen Stellen den Emittenten (auf dessen Wunsch)[981] von dieser Pflicht entbinden, wenn die Verbreitung bestimmter Informationen geeignet ist, den berechtigten Interessen der Gesellschaft bzw. des Unternehmens zu schaden.

## III. Art und Weise der Veröffentlichung

Für die Art und Weise der Veröffentlichung von Ad-hoc-Mitteilungen gelten die allgemeinen Vorschriften der Artt. 102 Abs. 1, 103 kodRL.[982]

## IV. Verweisung in der Insiderrichtlinie von 1989

Gemäß Art. 7 der Insiderrichtlinie von 1989[983] gelten „die im Anhang, Schema C Nr. 5 a)" der BZR „vorgesehenen Bestimmungen auch für Gesellschaf-

[980] Begründung der Kommission zum ursprgl. Vorschlag einer HBR, BT-Drs. 8/2718 v. 2. 4. 1979 S. 1 ff. (5); 2. Erwägungsgrund HBR.

[981] Dieses Merkmal ist nur in Art. 81 Abs. 1 UAbs. 2 kodRL (vormals Anhang, Schema D Abschnitt A Nr. 4a) Abs. 2 BZR) enthalten.

[982] Vormals Art. 17 BZR; *v. Klitzing*, Ad-hoc-Publizität, S. 198 f.; dies verkennt *Heinze,* S. 299 f. Die Pflicht zur Ad-hoc-Publizität stellte zumindest für die deutsche Rechtslage eine wesentliche Verschärfung gegenüber der vor Erlass der Richtlinie bestehenden Rechtslage dar; *Lutter*, EuUntR, 4. Aufl. 1996, S. 530.

[983] Richtlinie des Rates vom 13. 11. 1989 zur Koordinierung der Vorschriften betreffend Insider-Geschäfte (89/592/EWG), ABl. EG Nr. L 334 v. 18. 11. 1989 S. 30 ff.

ten und Unternehmen, deren Wertpapiere unabhängig von ihrer Art auf einem Markt" i.S. des Art. 1 Nr. 2 a.E. der Insiderrichtlinie zugelassen sind. Dies ist ein Markt, der von staatlich anerkannten Stellen reglementiert und überwacht wird, regelmäßig stattfindet und der Öffentlichkeit direkt oder indirekt zugänglich ist.

**1. Regelungsgehalt der Insiderrichtlinie**

Die Insiderrichtlinie koordiniert die Vorschriften zur Bekämpfung von Insiderverstößen, indem sie gemeinschaftsweit ein gesetzliches Verbot von Insidergeschäften einführt. Insider können Verstöße durch Ausnutzung einer Insiderinformation für eine Wertpapiertransaktion oder durch Weitergabe der Information an Dritte begehen.[984] Die Richtlinie ist das Ergebnis der bis zum Segré-Bericht von 1966 zurückzuverfolgenden Bemühungen der Kommission um eine gemeinschaftsrechtliche Regelung von Insidervorschriften.[985]

Die Insiderrichtlinie dient wie die anderen börsenrechtlichen Richtlinien der Stärkung des Vertrauens der Anleger, um die Funktionsfähigkeit der Europäischen Kapitalmärkte zu gewährleisten.[986] Dementsprechend wurde sie als Ergänzung der bis dahin erlassenen börsenrechtlichen Richtlinien angesehen. Nachdem sie aufgrund der anlegerschützenden Elemente zunächst auf Art. 44 Abs. 2 lit. g) EG (ex-Art. 54 Abs. 3 lit. g) EGV) gestützt werden sollte, wählte man letztendlich Art. 95 EG (ex-Art. 100a EGV) als Ermächtigungsnorm, da diese Vorschrift außerhalb des Bereichs der Niederlassungsfreiheit von Gesellschaften weitreichendere Maßnahmen zugunsten der Funktionsfähigkeit des Kapitalmarkts als Teil des Binnenmarktes gestattet.[987]

---

[984] Artt. 2–4, 6 Insiderrichtlinie. Danach sind Primärinsider Personen, die als Mitglied eines Verwaltungs-, Leitungs- oder Aufsichtsorgans des Emittenten, durch ihre Beteiligung am Kapital des Emittenten oder aufgrund ihrer Arbeit, ihres Berufs oder ihrer Aufgaben Zugang zu Insiderinformationen haben; Sekundärinsider sind Personen, die eine Insiderinformation von einem Primärinsider erlangt haben; *Lutter,* EuUntR, 4. Aufl. 1996, S. 595.

[985] Segré-Bericht S. 263 f.; Artt. 82 i.V.m. Artt. 70, 72, 80 des ursprgl. Kommissionsvorschlags einer SE-VO v. 24. 6. 1970, DOK KOM (1970) 600; Art. 82 i.V.m. Artt. 70, 72, 80 des geänderten Kommissionsvorschlags eines SE-VO v. 19. 3. 1975, DOK KOM (1975) 150, abgedruckt bei *Lutter,* EuGesR, 2. Aufl. 1984, S. 363 ff.; vgl. dazu *Hopt/Will,* Insiderrecht, S. 1 f.; 160 ff.; *Siebold,* Insiderrecht, S. 63 ff.; *Weber,* Insiderrecht, S. 132; *Krauel,* Insiderhandel, S. 206 ff.; Allgemeine Grundsätze Nr. 4 und 5, ergänzende Grundsätze Nr. 8, 9 der Empfehlung der Kommission 77/534/EWG v. 25. 7. 1977 (Wohlverhaltenskodex), abgedruckt bei *Lutter,* EuGesR, 2. Aufl. 1984, S. 307 ff.; zur Entstehungsgeschichte der Insiderrichtlinie *Edwards,* EC Company Law, S. 307 ff.; *Knobl/Opitz,* in: Griller, Banken im Binnenmarkt, S. 477 ff. (555).

[986] 1., 3.–6. Erwägungsgrund der Insiderrichtlinie; *Nagel,* Wirtschaftsrecht, S. 319; zu den wirtschaftswissenschaftlichen Hintergründen *Lahmann,* Insiderhandel, S. 33 ff.; *Weber,* Insider-Handel, S. 241 ff.

[987] Vgl. den ursprgl. Kommissionsvorschlag einer Insiderrichtlinie v. 21. 5. 1987, DOK KOM (1987) 111, S. 3; ABl. EG Nr. C 153 v. 11. 6. 1987, S. 8 ff.; *Edwards,* EC Company Law, S. 311 f.; *Hopt/Will,* Insiderrecht, S. 133 ff.; *Hopt,* Systembildung und Systemlücken, S. 307 ff. (317); *Siebold,* Insiderrecht, S. 66 f., 70 f.; *Krauel,* Insiderhandel, S. 207 f.

Das Vertrauen der Anleger wird unter anderem durch die Zusicherung der Gleichbehandlung erzielt. Dazu gehört auch, dass allen Anlegern dieselben Informationen zur Verfügung stehen und sie gegen die unrechtmäßige Verwendung von Insiderinformationen geschützt werden.[988]

### 2. Verknüpfung mit der Ad-hoc-Publizität

Aus dem Wortlaut des Art. 7 der Insiderrichtlinie ist schwerlich erkennbar, was die Kommission ursprünglich mit der Bezugnahme auf die Verpflichtung zur Ad-hoc-Publizität und deren Erweiterung bezweckte. Die Kommission hielt eine möglichst schnelle Veröffentlichung von Insider-Informationen für die beste Maßnahme zur Verhütung von Insider-Verstößen, weil durch die Bekanntgabe der Informationen diesen der Charakter der Insider-Information genommen würde. Man war sich zwar der entsprechenden Regelung in der BZR bewusst, wollte aber aufgrund der Beschränkung auf Emittenten zur amtlichen Notierung zugelassener Wertpapiere einen weiterreichenden analogen Tatbestand schaffen.[989] In beiden Kommissionsvorschlägen enthielt Art. 7 daher eine selbständige Verpflichtung börsennotierter Emittenten, „das Publikum […] unverzüglich über jede Sachlage oder Entscheidung in Kenntnis zu setzen, die zu einer beträchtlichen Änderung des Kurses dieser Wertpapiere führen können." Wenn dies aus Gründen des Schutzes der berechtigten Interessen des Emittenten nicht möglich sei, sollte dieser unverzüglich die zuständigen Behörden informieren, die ihn von der Verpflichtung entbinden konnten.[990]

Der Wirtschafts- und Sozialausschuss kritisierte die Verpflichtung als zu weit gefasst und regte an, sie auf Sachlagen und Entscheidungen, die das Unternehmen betreffen und der Geschäftsleitung bekannt sind, zu beschränken. Er erinnerte an die bereits vorhandene praktikable Verpflichtung zur Veröffentlichung kursrelevanter Informationen in Schema C Nr. 5 a) im Anhang der BZR und schlug vor, diese mittels Verweises auf die Bekanntgabe von Insider-Informationen anzuwenden.[991] Diesem Vorschlag ist der Rat in der verabschiedeten Fassung des Art. 7 gefolgt.

---

[988] 4.–6. Erwägungsgrund der Insiderrichtlinie; ursprgl. Kommissionsvorschlag einer Insiderrichtlinie v. 21. 5. 1987, BT-Drucks. XI/2358 Begründung S. 3 f.; *Edwards,* EC Company Law, S. 307; *Hopt/Will,* Insiderrecht, S. 49 ff., 122 ff.; vgl. dazu auch *Grunewald,* ZBB 1990, 128 ff. (130 f.); *Hoffmann,* S. 110; zum Ganzen *Elster,* S. 58 ff.; s.o. Erster Teil, Viertes Kapitel unter D. II.

[989] Begründung zum ursprgl. Vorschlag einer Insiderrichtlinie v. 21. 5. 1987, DOK KOM (1987) 111, S. 8 f.

[990] Ursprgl. Kommissionsvorschlag einer Insiderrichtlinie v. 21. 5. 1987, BT-Drucks. XI/2358 S. 3 ff. (8); geänderter Kommissionsvorschlag einer Insiderrichtlinie v. 4. 10. 1988, ABl. EG Nr. C 277 v. 27. 10. 1988, S. 13 ff. (16).

[991] Ursprgl. Kommissionsvorschlag einer Insiderrichtlinie v. 21. 5. 1987, BT-Drucks. XI/2358 S. 3 ff. (5 f.); Stellungnahme des Wirtschafts- und Sozialausschusses v. 16. 12. 1987 zum ursprgl. Kommissionsvorschlag einer Insiderrichtlinie, ABl. EG Nr. C 35 v. 8. 2. 1988, S. 22 ff. (24); *Edwards,* EC Company Law, S. 328.

Erst durch ihre Einbettung in die Insiderrichtlinie hat die Ad-hoc-Publizität die große praktische Bedeutung erlangt, die ihr heute zukommt.[992]

### 3. Klarstellung in den Vorschlägen einer Richtlinie betreffend Übernahmeangebote

Der Bezug zwischen der Verpflichtung zur Ad-hoc-Publizität und dem Verbot von Insidergeschäften wird auch in den bisher nicht verabschiedeten Vorschlägen einer Richtlinie über Übernahmeangebote deutlich: Die Bieter sollten verpflichtet werden, ihren Beschluss, ein Angebot zu unterbreiten, so früh wie möglich bekannt zu geben, „um die Möglichkeiten für Insidergeschäfte zu verringern".[993] Die Bekanntgabe der Entscheidung zur Abgabe eines Übernahmeangebots sollte also ein speziell geregelter Fall einer Ad-hoc-Mitteilung sein.[994]

## V. Mit der Ad-hoc-Publizität verfolgte Ziele

Aus der historischen Entwicklung der Verpflichtung zur Ad-hoc-Publizität erschließen sich die Ziele, die mit ihr verfolgt werden:

### 1. Vervollständigung und Aktualisierung der periodischen Publizität

Sowohl die Materialien zur BZR als auch die systematische Stellung der Verpflichtung zur Ad-hoc-Publizität im Anhang der BZR – jeweils im Kapitel „Zusätzliche Informationen" unmittelbar hinter den Vorschriften über die Veröffentlichung von Jahresabschluss und Lagebericht – verdeutlichen, dass sie

[992] Vgl. zum Ganzen *v. Klitzing,* Ad-hoc-Publizität, S. 40ff.; *Siebold,* Insiderrecht, S. 69, 161.

[993] Vgl. zuletzt 11. Erwägungsgrund, Art. 6 Abs. 1 des Vorschlags für eine Richtlinie des Europäischen Parlaments und des Rates betreffend Übernahmeangebote v. 2. 10. 2002, Mitteilung der Kommission, S. 14, 22; so bereits 14. Erwägungsgrund, Art. 6 Abs. 1 des Vorschlags für eine 13. Richtlinie (...) über Übernahmeangebote in der Fassung des Gemeinsamen Standpunktes des Rates v. 19. 6. 2000, ABl. EG Nr. C 23 v. 24. 1. 2001, S. 1ff.; ebenso auch schon 7. Erwägungsgrund, Art. 7 Abs. 1 des geänderten Vorschlags einer 13. Richtlinie v. 10. 9. 1990, ABl. EG Nr. C 240 v. 26. 9. 1990 S. 7ff., abgedruckt bei *Lutter,* EuUntR, 4. Aufl. 1996, S. 288ff.

[994] Der Richtlinienvorschlag v. 2. 10. 2002 enthält keine konkreten Bestimmungen darüber, wie das Pflichtangebot bekannt zu machen ist, macht aber Vorgaben hinsichtlich der mit der Bekanntgabe verfolgten Ziele: Alle erforderlichen Informationen (...) müssen in der Weise bekannt gemacht werden, dass sie den Wertpapierinhabern zumindest in den Mitgliedstaaten, in denen die Wertpapiere der Zielgesellschaft auf einem geregelten Markt zum Handel zugelassen sind (...), ohne Weiteres und umgehend zur Verfügung stehen. Die Bekanntgabe darf nicht zur Beeinträchtigung der Markttransparenz und -integrität im Handel mit Wertpapieren der beteiligten Gesellschaften führen; insbesondere dürfen die Informationen nicht falsch oder irreführend sein; Art. 8 des Vorschlags einer Richtlinie (...) betreffend Übernahmeangebote v. 2. 10. 2002, S. 25. Ein Spezialitätsverhältnis der Pflicht zur unverzüglichen Veröffentlichung der Entscheidung, ein Übernahmeangebot abzugeben, und der Vorschrift des § 15 WpHG sieht auch § 10 Abs. 6 WpÜG, das am 1. 1. 2002 in Kraft getreten ist, vor.

ursprünglich der Ergänzung und Aktualisierung der periodischen Information der Anleger über die wirtschaftliche Situation des Emittenten dienen sollte: Alle kursrelevanten Umstände aus dem Bereich des Unternehmens, die nicht im letzten Jahresabschluss, Lagebericht oder – nach Verabschiedung der HBR im Jahre 1982 – im Halbjahresbericht enthalten waren, sollten so schnell wie möglich in den Markt transportiert werden.[995]

## 2. Gleichbehandlung der Anleger

Die Ad-hoc-Publizität diente von Anfang an mittelbar der Gleichbehandlung der Anleger. Denn sie führt dazu, dass neue Tatsachen dem gesamten Publikum zeitgleich zugänglich gemacht werden, so dass ein gleichmäßiger Informationsstand erreicht wird. Ein anderer Aspekt dieses in der BZR angelegten Ziels der Gleichbehandlung wird in der Insiderrichtlinie hervorgehoben: Das Verbot, Insiderinformationen auszunutzen, trägt dazu bei, die Chancengleichheit der Anleger zu gewährleisten. Allen Marktteilnehmern soll es zum gleichen Zeitpunkt möglich und erlaubt sein, von den ihnen zur Verfügung stehenden Informationen Gebrauch zu machen. Dies wird durch die Verpflichtung der Emittenten, Insider-Informationen zu veröffentlichen, die dem Tatbestand von Schema C Nr. 5 a) im Anhang der BZR unterfallen, unterstützt.[996]

## 3. Prävention von Insiderverstößen

Gleichzeitig werden mit der Verpflichtung zur Ad-hoc-Publizität präventive Zwecke verfolgt, indem mögliche Täter von Insiderverstößen (Artt. 2, 4 der Insiderrichtlinie) vor solchen bewahrt werden. Denn je zuverlässiger und schneller die Gesellschaften möglicherweise kursrelevante interne Informationen veröffentlichen, desto seltener besteht die Gefahr, dass ihre eigenen Organwalter oder die für sie beruflich tätigen Personen sich aufgrund der Ausnutzung einer solchen Information eines Insiderverstoßes schuldig machen.[997]

---

[995] Vgl. zur deutschen Umsetzung in § 15 Abs. 1 S. 1 WpHG *Kümpel,* Bank- und Kapitalmarktrecht, Rn. 16.215; *Claussen,* Bank- und Börsenrecht, § 9 Rn. 104; Schäfer/*Geibel,* § 15 WpHG Rn. 6; *Schwark,* § 44a BörsG, Rn. 1; *Schanz,* § 16 Rn. 6; *v. Klitzing,* Ad-hoc-Publizität, S. 47 f.; *Gehrt,* Ad-hoc-Publizität, S. 26; *Heinze,* S. 273, 277; *Hopt,* ZHR 159 (1995), S. 135 ff. (148); *Schlüter,* Wertpapierhandelsrecht, Teil D Rn. 58; *Schuster,* S. 132; beachte die entsprechende Regelung in Punkt 6.1. des Deutschen Corporate Governance Kodex der Regierungskommission v. 26. 2. 2002, www.corporate-governance-code.de/ger/download/ DCG_K_D.pdf.

[996] *Hopt/Will,* Insiderrecht, S. 46 ff.; *Hopt,* in: Bankrechtstag 1995, S. 3 ff. (4 f.); Schäfer/*Geibel,* § 15 WpHG Rn. 5; *Kümpel,* in: Assmann/Schneider, § 15 WpHG Rn. 7; *Schwark,* § 44a BörsG, Rn. 1; Ebenroth/Boujong/Joost/*Grundmann,* § 15 WpHG, Rn. VI 120; *Hopt,* ZHR 159 (1995), S. 135 ff. (147); *Gehrt,* Ad-hoc-Publizität, S. 23 ff.

[997] Ursprgl. Kommissionsvorschlag einer Insiderrichtlinie v. 21. 5. 1987, BT-Drucks. XI/2358, Begründung S. 5; vgl. *Hopt/Will,* Insiderrecht, S. 175; Schäfer/*Geibel,* § 15 WpHG Rn. 4; *Lutter,* EuUntR, 4. Aufl. 1996, S. 598; *Kümpel,* Bank- und Kapitalmarktrecht, Rn. 16.220; *Schwark,* § 44a BörsG, Rn. 1; *Schanz,* § 16 Rn. 7; *Mülbert,* WM 2001, S. 2085 ff. (2094 f.); *v. Klitzing,* Ad-hoc-Publizität, S. 48; *Gehrt,* Ad-hoc-Publizität, S. 26 ff.;

## VI. Anwendungsbereich der Vorschrift

Die in der BZR enthaltenen Vorschriften über die Ad-hoc-Publizität betreffen Emittenten, deren Wertpapiere zur amtlichen Notierung an einer mitgliedstaatlichen Börse zugelassen sind.

Es fragt sich, inwieweit Art. 7 der Insiderrichtlinie den Anwendungsbereich der Vorschrift ausgedehnt hat. Durch die Formulierung „Wertpapiere, unabhängig von ihrer Art" könnte der auf den engen Wertpapierbegriff i.S. der BZR[998] beschränkte Anwendungsbereich auf alle Wertpapiere i.S. des Art. 1 Nr. 2 der Insiderrichtlinie erstreckt worden sein. Dies wären neben den dort in lit. a) genannten Aktien, Schuldverschreibungen und diesen vergleichbaren Wertpapieren auch die in lit. b)–d) genannten Finanzinstrumente, die sich auf die in lit. a) genannten Wertpapiere beziehen oder von diesen abgeleitet sind, insbesondere Derivate. Gegen eine derartige Ausweitung des Anwendungsbereichs spricht, dass Art. 7 nur hinsichtlich des Marktbegriffs, nicht hinsichtlich des Wertpapierbegriffs auf die Legaldefinition in Art. 1 Abs. 2 verweist. Art. 7 hätte sonst lauten können „(...) gelten auch für Gesellschaften und Unternehmen, die Wertpapiere (i.S. des Art. 1 Abs. 2) emittieren". Gegen eine Ausweitung spricht ferner, dass Art. 7 neben der Bezugnahme auf die materielle Regelung in Schema C Nr. 5 a) im Anhang der BZR auch die Wortwahl der BZR hinsichtlich der Emittenten, d.h. „Gesellschaft" einerseits und „Unternehmen" andererseits,[999] aufgreift. Dies spricht dafür, dass in Art. 7 auch die in der BZR betroffenen Emissionsobjekte i.S. des engen Wertpapierbegriffs, der insbesondere keine Derivate erfasst, gemeint sind. Bei dieser Interpretation ist die Formulierung „unabhängig von ihrer Art" so zu verstehen, dass sie die Differenzierung der BZR zwischen Aktien und Schuldverschreibungen aufhebt. Dies

---

*Heinze*, S. 273, 278; *Schlüter*, Wertpapierhandelsrecht, Teil D Rn. 61; *Groß*, Insiderhandelsverbot, Rn. 100; *ders.*, Bank- und Börsenrecht, § 9 Rn. 103; *Kübler*, Gesellschaftsrecht, S. 397. Die (neue) Verbindung zwischen Ad-hoc-Publizität und dem Verbot von Insidergeschäften hat der deutsche Gesetzgeber manifestiert: Die Verpflichtung zur Ad-hoc-Publizität wurde im Rahmen des zweiten Finanzmarktförderungsgesetzes v. 26. 7. 1994, BGBl. I 1994, S. 1749 ff. mit Wirkung vom 1. 1. 1995 aus dem Zusammenhang der börsenrechtlichen Publizitätsvorschriften (ex § 44a BörsG) entfernt und bei der Umsetzung der Transparenz- und Insiderrichtlinie sowie der „rules of conduct" der WpDlR in das WpHG (dort § 15) in unmittelbaren Zusammenhang mit den Insidervorschriften gestellt; *Lutter*, EuUntR, 4. Aufl. 1996, S. 457, 530, 598 f. Dadurch ging auch die Zuständigkeit zur Überwachung der Ad-hoc-Publizität von der Zulassungsstelle der Börse (vgl. § 31 Abs. 1 S. 2, 2. Hs. BörsG n.F.) auf das BAWe über. Durch Art. 4 des Gesetzes über die integrierte Finanzdienstleistungsaufsicht v. 22. 4. 2002, BGBl. I, S. 1310 ff. (1327) wurde die Zuständigkeit auf die Bundesanstalt für Finanzdienstleistungsaufsicht übertragen. Durch Art. 2 des Vierten Finanzmarktförderungsgesetzes v. 21. 6. 2002, BGBl. I, S. 2010 ff. (2028) wurde § 15 Abs. 1 WpHG um S. 2–4 erweitert. Ferner wurden mit den §§ 37b, 37c WpHG Schadensersatztatbestände wegen unterlassener und falscher Ad-hoc-Mitteilungen eingeführt.

[998] S.o. Erster Teil, Viertes Kapitel unter E. II.

[999] Art. 81 Abs. 1 kodRL (vormals Anhang, Schema D, Abschnitt A Nr. 4 a) BZR).

erklärt auch, warum in Art. 7 auf einen Verweis auf Schema D Abschnitt A Nr. 4 a) im Anhang der BZR verzichtet wurde, da Schuldverschreibungen dann bereits von Art. 7 erfasst sind.

Als Ergebnis ist festzuhalten, dass Art. 7 der Insiderrichtlinie keine Erweiterung des Anwendungsbereichs der Ad-hoc-Publizität hinsichtlich der betroffenen Wertpapiere enthält.[1000] Eine Ausdehnung des Anwendungsbereichs erfährt die Verpflichtung zur Ad-hoc-Publizität ausschließlich hinsichtlich der Märkte. Art. 7 betrifft nicht nur Emittenten, deren Wertpapiere zur amtlichen Notierung, sondern auch solche, deren Wertpapiere auf einem anderen geregelten Markt i.S. des Art. 1 Nr. 2 a.E. der Insiderrichtlinie zum Handel zugelassen sind.

## VII. Grundlagen der Interpretation

Den folgenden Ausführungen wird die erweiterte Fassung der Ad-hoc-Publizität in Schema C Nr. 5 a) im Anhang der BZR (Art. 68 Abs. 1 kodRL) zugrundegelegt, die sie durch Art. 7 der Insiderrichtlinie erhalten hat.

### 1. Legaldefinition der Insider-Information

Der Europäische Gesetzgeber hat sich anlässlich der Schaffung der Insiderrichtlinie erneut ausführlich mit der Verpflichtung zur Ad-hoc-Publizität als Mittel zur Bekanntgabe von Insider-Informationen auseinander gesetzt und sich bei der Formulierung der Legaldefinition der Insider-Information an dieser orientiert. Daher ist dessen Verständnis, das in der Insiderrichtlinie und den entsprechenden Materialien zum Ausdruck kommt, bei der Interpretation der einzelnen Tatbestandsmerkmale der Ad-hoc-Publizität mit zu berücksichtigen.

In Art. 1 Nr. 1 der Insiderrichtlinie wird eine Insider-Information als „eine nicht öffentlich bekannte präzise Information, die einen oder mehrere Emittenten von Wertpapieren oder ein oder mehrere Wertpapiere betrifft und die, wenn sie öffentlich bekannt würde, geeignet wäre, den Kurs dieses Wertpapiers oder dieser Wertpapiere beträchtlich zu beeinflussen“, definiert.[1001]

### 2. Parallelvorschriften vor der Zulassung

Da die Kommission mit der laufenden Publizität dieselben Ziele verfolgt, wie mit der Emissionspublizität,[1002] können bei der Interpretation der einzelnen Tatbestandsmerkmale auch die Prospektvorschriften der kodRL, die die

---

[1000] Schäfer/*Geibel,* § 15 WpHG Rn. 18; *v. Klitzing,* Ad-hoc-Publizität, S. 55, 59 f.; widersprüchlich Ebenroth/Boujong/Joost/*Grundmann,* § 15 WpHG Rn. VI 117, 124, 126; *Dreyling/Schäfer,* Insiderrecht, Rn. 332 ff.; a.A. *Lutter,* EuUntR, 4. Aufl. 1996, S. 597 f.; *Kümpel,* Bank- und Kapitalmarktrecht, Rn. 16.229 f.; *Heinze,* S. 274; ähnlich die Differenzierung zwischen Wertpapieren und Insiderpapieren in der deutschen Umsetzung, vgl. §§ 2 Abs. 1, 12 Abs. 1, 2 WpHG; § 15 Abs. 1 WpHG geht zulässigerweise über die Mindestanforderungen der Insiderrichtlinie hinaus.

[1001] Vgl. dazu *Weber,* Insiderrecht, S. 146 ff.; *Siebold,* Insiderrecht, S. 67, 71.

[1002] 25. Erwägungsgrund kodRL (vormals 2. Erwägungsgrund HBR).

Aktualisierung der Informationen vor der Zulassung betreffen, herangezogen werden:

*a) Aktualisierung der Finanzinformationen*

Dies sind zum einen die Vorschriften zur Aktualisierung der innerhalb des Prospekts wiedergegebenen Angaben des letzten Jahresabschlusses bzw. einer Zwischenübersicht: „Jede wesentliche Änderung, die seit Abschluss des letzten Geschäftsjahres oder dem Stichtag der Zwischenübersicht über die Finanzlage eingetreten ist, ist in einem in den Prospekt aufzunehmenden oder ihm beizufügenden Vermerk zu beschreiben.“[1003] Auch im Falle einer vollständigen oder teilweisen Befreiung von der Prospektpflicht sind „Einzelheiten über alle bedeutsamen Veränderungen oder Entwicklungen, die seit den Stichdaten“ des letzten veröffentlichten Lageberichts, Jahresabschlusses, Halbjahresberichts oder Zulassungs- oder Verkaufsprospekts eingetreten sind, zu veröffentlichen.[1004] Ferner müssen bei einer eingeschränkten Prospektpflicht in Sonderfällen Angaben über Ereignisse in den Prospekt aufgenommen werden, „die für die Bewertung der betreffenden Wertpapiere wichtig und nach dem Stichtag eingetreten sind, auf den sich der letzte Jahresabschluss bezieht.“[1005]

*b) Aktualisierung aller im Prospekt enthaltenen Angaben*

Allgemeiner gehalten ist die Vorschrift des Art. 100 kodRL über ergänzende Prospektangaben: Danach muss „jedes bedeutsame neue Ereignis, welches die Bewertung der Wertpapiere beeinflussen kann und zwischen der Fertigstellung des Prospekts und dem Beginn der amtlichen Notierung eintritt, [...] in ein ergänzendes Dokument aufgenommen werden, das unter den gleichen Bedingungen wie der Prospekt kontrolliert und nach den von den zuständigen Stellen festzusetzenden Modalitäten veröffentlicht wird.“[1006]

---

[1003] Anhang I, Schema A Punkt 5.1.4. UAbs. 3 (für Emittenten von Aktien), Schema B Punkt 5.1.2. UAbs. 3 (für Emittenten von Schuldverschreibungen), Schema C Punkt 1.8. UAbs. 3 S. 2 (für Aussteller von Zertifikaten, die Aktien vertreten) kodRL.

[1004] Art. 23 Nr. 4 c) i) 2. Gedankenstrich i.V.m. ii), iii) kodRL (vormals Art. 6 Nr. 4 c) i) 2. Gedankenstrich i.V.m. ii), iii) BZPR); diese Vorschrift betrifft Aktien oder diese vertretende Zertifikate, die vor dem Antrag auf Zulassung zur amtlichen Notierung mindestens drei Jahre lang in einem anderen Mitgliedstaat amtlich notiert waren und deren Emittenten dort während dieser Zeit stets ihren laufenden Verhaltenspflichten nachgekommen sind.

[1005] Art. 29 lit. b) kodRL (vormals Art. 12 2. Gedankenstrich BZPR); diese Vorschrift betrifft dauernd oder wiederholt ausgegebene Schuldverschreibungen von Kreditinstituten, die regelmäßig ihre Jahresabschlüsse veröffentlichen und die innerhalb der Gemeinschaft durch oder aufgrund eines besonderen Gesetzes geschaffen worden sind oder geregelt werden oder einer öffentlichen Aufsicht zum Schutz der Sparer unterstehen.

[1006] Vormals Art. 23 BZPR; eine entsprechende Vorschrift enthält Art. 18 der Emissionsprospektrichtlinie für den Zeitraum zwischen Veröffentlichung des Emissionsprospekts und Abschluss des öffentlichen Angebots: Danach muss „jedes neue Ereignis oder jede Ungenauigkeit des Prospekts [...], sofern dieses bzw. diese die Bewertung der Wertpapiere beeinflussen könnte und zwischen der Veröffentlichung des Prospekts und dem

Da die Verpflichtung zur Ad-hoc-Publizität der Ergänzung und Aktualisierung der entsprechenden Informationsdokumente *nach* erfolgter Zulassung dient, sind die genannten Regelungen in der kodRL als Parallelvorschriften *vor* der Zulassung anzusehen.

## VIII. Die Tatbestandsmerkmale im Einzelnen

### 1. Neue erhebliche Tatsache

Als Gegenstand der Veröffentlichungspflicht gemäß Artt. 68 Abs. 1, 81 Abs. 1 kodRL kommen nur *neue erhebliche Tatsachen* in Betracht.

#### *a) Begriff der Tatsache*

Die kodRL sowie die Materialien der BZR schweigen zum Begriff der Tatsache. Die historischen Dokumente, in denen die Einführung einer Verpflichtung zur Ad-hoc-Publizität vorgeschlagen wird, verwenden in diesem Zusammenhang die Begriffe Umstand, Sachverhalt, Beschluss, Ereignis, aber auch Information.[1007] In den Prospektvorschriften der kodRL zur Aktualisierung der Angaben des letzten in den Prospekt aufgenommenen Jahresabschlusses bzw. der Zwischenübersicht und zur Ergänzung der Prospektangaben ist von „wesentlichen Änderungen" bzw. „bedeutsamen neuen Ereignissen" die Rede.[1008]

Alle diese Begriffe deuten auf objektiv nachprüfbare, abgeschlossene Geschehnisse hin, die aber auch in einem Beschluss i.S. einer unternehmerischen Entscheidung bestehen können.

Berücksichtigt man die systematische Stellung der Norm innerhalb der kodRL, so fällt auf, dass sowohl der Befreiungstatbestand als auch die Überschrift den Begriff der „Information" verwenden.[1009] Dasselbe gilt für Art. 102 Abs. 1 kodRL, der die „Veröffentlichung und Bekanntgabe der Informationen" regelt, sowie für die Vorschriften in Artt. 69, 82 kodRL,[1010] in denen es um die

---

Zeitpunkt eintritt bzw. festgestellt wird, zu dem das öffentliche Angebot endgültig abgeschlossen ist, in einer Ergänzung zum Prospekt erwähnt oder berichtigt werden". Diese muss unter Einhaltung mindestens der gleichen Bestimmungen, nach denen der ursprüngliche Prospekt verteilt worden ist oder für das Publikum zur Verfügung gehalten wird, veröffentlicht werden, die von den Mitgliedstaaten oder den von ihnen bestimmten Stellen festgesetzt werden. Dass hier im Gegensatz zu Art. 100 kodRL auch die Berichtigung von Ungenauigkeiten vorgesehen ist, mag damit zusammenhängen, dass der Börsenzulassungsprospekt vor seiner Veröffentlichung von den zuständigen Stellen gebilligt werden muss, nachdem diese dessen Übereinstimmung mit der Richtlinie geprüft haben (Art. 35 kodRL); hingegen muss der Emissionsprospekt den zuständigen Behörden lediglich vorab zugestellt werden (Art. 15 Emissionsprospektrichtlinie).

[1007] S.o. unter I.; Segré-Bericht, Wohlverhaltenskodex, Begründung der Kommission zum ursprgl. Vorschlag einer HBR.

[1008] Anhang I, Schema A Punkt 5.1.4. Abs. 3; Schema B Punkt 5.1.2. Abs. 3 kodRL; Art. 100 kodRL (vormals Art. 23 BZPR).

[1009] Art. 68 kodRL.

[1010] Vormals Anhang, Schema C Nr. 6, Schema D Abschnitt A Nr. 5 BZR.

Gleichwertigkeit der den verschiedenen Märkten erteilten Informationen geht. Dies spricht dafür, dass der Gemeinschaftsgesetzgeber die Begriffe „Tatsache" und „Information" in der kodRL synonym verwenden wollte.

In der Insiderrichtlinie greift der Gemeinschaftsgesetzgeber die Vorschrift im Zusammenhang mit der Bekanntmachung von Insider-Informationen auf. Dies bedeutet jedoch nicht, dass der Tatsachenbegriff der Vorschrift in Schema C Nr. 5 a) im Anhang der BZR (Art. 68 Abs. 1 kodRL) durch die Legaldefinition der Insider-Information ersetzt werden sollte. Denn in beiden Kommissionsvorschlägen, die noch eine eigenständige Veröffentlichungspflicht enthielten, wurden die Begriffe „Sachlage" und „Entscheidung" im Gegensatz zum Begriff der Insider-Information verwendet. In der verabschiedeten Fassung hätte man sonst statt eines Verweises auf die BZR die Vorschrift folgendermaßen formulieren können: „Emittenten, die Wertpapiere i.S. des Art. 1 Nr. 2 emittieren, müssen Insider-Informationen i.S. des Art. 1 Nr. 1, die in ihrem Tätigkeitsbereich eingetreten sind, veröffentlichen." Eine derartig enge Verzahnung zwischen Insiderverbot und Ad-hoc-Publizität war jedoch offensichtlich nicht gewollt.

Demzufolge ist der Begriff der Information i.S. des Art. 1 Nr. 1 der Insiderrichtlinie nicht gleichbedeutend mit dem Tatsachenbegriff der Ad-hoc-Publizität.[1011]

Unter gleichzeitiger Berücksichtigung der Vorgängervorschriften sowie der Parallelvorschriften vor der Zulassung ist somit der Begriff der Tatsache in der kodRL als objektiv nachprüfbares Ereignis zu definieren. Darunter fallen auch unternehmerische Entscheidungen. Nicht erfasst werden hingegen subjektive Wertungen.[1012]

*b) Begriff der Neuheit, Begriff der Erheblichkeit*

Die Tatsache muss *neu* und *erheblich* sein. Beide Merkmale werden in anderen Tatbestandsmerkmalen der Vorschrift dem Sinne nach wiederholt, so dass sie im Rahmen des Tatsachenbegriffs keine eigenständige Bedeutung haben:

Bei *neuen* Tatsachen handelt es sich um Ereignisse, die in der Regel aufgrund ihrer Aktualität der *breiten Öffentlichkeit* (noch) *nicht bekannt sind*.

Demgegenüber ist das Merkmal der Erheblichkeit abhängig von der möglichen Kursbeeinflussung. Ein Ereignis, das den Kurs beträchtlich ändern bzw.

---

[1011] Der Informationsbegriff gemäß der Insiderrichtlinie soll vor allem auch subjektive Prognosen und Ankündigungen erfassen; *Kümpel,* Bank- und Kapitalmarktrecht, Rn. 16.235; *ders.,* in: Assmann/Schneider, § 15 WpHG Rn. 33; Schäfer/*Geibel,* § 15 WpHG Rn. 31; *v. Klitzing,* Ad-hoc-Publizität, S. 70 ff. m.w.Nachw.; a.A. Ebenroth/Boujong/Joost/*Grundmann,* § 15 WpHG Rn. VI 127, 130; Das einschränkende Merkmal „präzise" soll einfache Gerüchte und Spekulationen ausschließen; Begründung zum ursprgl. Vorschlag einer Insiderrichtlinie v. 21. 5. 1987, DOK KOM (1987) 111, S. 5; *Edwards,* EC Company Law, S. 315.

[1012] Vgl. *Schwark,* § 44a BörsG, Rn. 2; *v. Klitzing,* Ad-hoc-Publizität, S. 67 ff.

die Zahlungsfähigkeit des Emittenten beträchtlich beeinträchtigen kann, ist immer gleichzeitig als erheblich zu klassifizieren. Dementsprechend ging die Kommission bzgl. der Parallelvorschrift über ergänzende Prospektangaben davon aus, dass als erheblich nur solche Ereignisse anzusehen sind, die die Bewertung der betreffenden Wertpapiere durch das Publikum beeinflussen können.[1013] Einer zusätzlichen Einschränkung des Tatsachenbegriffs durch den Begriff der Erheblichkeit bedarf es somit nicht.[1014]

### 2. Im Tätigkeitsbereich der Gesellschaft eingetreten

Die Veröffentlichungspflicht bezieht sich nur auf Tatsachen, die *im Tätigkeitsbereich der Gesellschaft* bzw. *des Unternehmens eingetreten sind.*

#### a) Begriff des Eingetretenseins

Das Merkmal *eingetreten* bestätigt den bisher entwickelten Tatsachenbegriff insoweit, als dieser nur objektiv wahrnehmbare Ereignisse und Entscheidungen erfasst. Ferner führt es zu einer Einschränkung des Tatsachenbegriffs dahingehend, dass nur in der Gegenwart oder Vergangenheit liegende abgeschlossene Ereignisse und unternehmerische Entscheidungen erfasst werden. Nicht gemeint sind hingegen Pläne, Prognosen und Erwartungen hinsichtlich der zukünftigen Entwicklung.[1015] Diese Interpretation wird auch durch die anderssprachigen Fassungen der Vorschrift gestützt.[1016] Ferner spricht das mit jeder Form von Marktpublizität verfolgte Ziel, die Funktionsfähigkeit des Marktes durch Vertrauen der Marktteilnehmer zu steigern, für eine derartige Auslegung. Denn wären auch Prognosen publizitätspflichtig, müsste jedes Mal, wenn diese sich im Nachhinein als falsch erwiesen, eine Korrekturmitteilung veröffentlicht werden. Dies würde eher zur Verwirrung der Anleger als zur Vertrauenssteigerung in die Funktionsfähigkeit des Marktes führen.[1017] Schließlich geht es auch um den Schutz der Emittenten, die nicht dazu gezwungen werden sollen, selbst erarbeitete Wettbewerbsvorsprünge sowie noch nicht abgeschlossene unternehmensinterne Entwicklungs-, Pla-

---

[1013] Begründung der Kommission zum ursprgl. Vorschlag einer BZPR v. 26. 9. 1972, BR-Drucks. 566/72 v. 26. 10. 1972, S. 81 f.

[1014] Vgl. Ebenroth/Boujong/Joost/*Grundmann*, § 15 WpHG, Rn. VI 122; v. *Klitzing*, Ad-hoc-Publizität, S. 69; *Gehrt*, Ad-hoc-Publizität, S. 130, 137; *Tippach*, Insider-Handelsverbot, S. 136; differenzierend *Dreyling/Schäfer*, Insiderrecht, S. 373.

[1015] Vgl. *Schwark*, § 44a BörsG, Rn. 2; *v. Klitzing*, Ad-hoc-Publizität, S. 68 f., 84 f.; a.A. Ebenroth/Boujong/Joost/*Grundmann*, § 15 WpHG Rn. VI 128; *Heinze*, S. 291 ff.; *Grunewald*, ZBB 1990, S. 128 ff. (132).

[1016] Der französische Text enthält das Wort „faits“, der italienische „fatti“, der spanische „hechos“, der niederländische „feiten“. Lediglich das Wort „developments“ in der englischen Fassung könnte die vergangenheitsorientierte Interpretation in Frage stellen. Jedoch kann auch dieses Wort i.S. von „Entwicklungsstand“ bzw. „abgeschlossene Entwicklung“ übersetzt werden; *v. Klitzing*, Ad-hoc-Publizität, S. 69 Fn. 313.

[1017] *V. Klitzing*, Ad-hoc-Publizität, S. 68 f., 71 f.

nungs- und Entscheidungsprozesse durch vorzeitige Preisgabe bekannt zu geben.[1018]

*b) Begriff des Tätigkeitsbereichs*

Durch das Merkmal *im Tätigkeitsbereich* der Gesellschaft bzw. des Unternehmens wird der Kreis der publizitätspflichtigen Tatsachen gegenüber der Insider-Information i.S. des Art. 1 Nr. 1 der Insiderrichtlinie stark eingeschränkt. Trotz der engen Beziehung zwischen dem Verbot von Insidergeschäften und der Verpflichtung zur Ad-hoc-Publizität stellt nicht jede Insider-Information zugleich eine publizitätspflichtige Tatsache dar.[1019]

Während erstere sich auf einen oder mehrere Emittenten oder ein oder mehrere Wertpapiere beziehen kann, beschränkt sich letztere auf die interne Sphäre des Emittenten. Zwischen der Tatsache und der Gesellschaft bzw. dem Unternehmen muss also ein unmittelbarer Zusammenhang bestehen (Emittentenbezug).[1020]

Nicht in den Tätigkeitsbereich der Gesellschaft fallen daher Marktdaten, die die Rahmenbedingungen von Märkten allgemein beeinflussen, beispielsweise die Entscheidung der EZB, den Basiszins zu ändern, oder ein branchenspezifisches Gesetzesvorhaben. Erfasst werden auch nicht wertpapierbezogene Tatsachen, beispielsweise die Aussichten hinsichtlich eines oder mehrerer Wertpapiere aufgrund des Ordervolumens bei einem Kreditinstitut oder aufgrund der Herauf- oder Herabsetzung des Ratings eines Emittenten durch eine Rating-Agentur.[1021] Hinsichtlich der Änderung der mit den Wertpapieren verbundenen Rechte sieht die kodRL zudem in den den Vorschriften über die Ad-hoc-Publizität unmittelbar folgenden Normen Spezialregelungen vor.[1022]

In jedem Fall fallen Information über den Emittenten, die den internen Bereich des Unternehmens betreffen, z.B. eine Gewinnerhöhung, in den Tätigkeitsbereich.[1023]

Abgrenzungsschwierigkeiten ergeben sich, wenn es sich um Informationen aus einem unternehmensexternen Bereich handelt, die sich auf den internen Bereich des Emittenten auswirken. Eine Veröffentlichungspflicht besteht – vorbehaltlich des Vorliegens der übrigen Merkmale – nur, wenn die Tatsache

---

[1018] *Kübler,* Gesellschaftsrecht, S. 398; *Kümpel,* Bank- und Kapitalmarktrecht, Rn. 16.235; *ders.,* in: Assmann/Schneider, § 15 WpHG Rn. 33.

[1019] Ebenroth/Boujong/Joost/*Grundmann,* § 15 WpHG Rn. VI 127; *Kümpel,* Bank- und Kapitalmarktrecht, Rn. 16.235.

[1020] *Assmann,* ZGR 1994, S. 494 ff. (513); *v. Klitzing,* Ad-hoc-Publizität, S. 102.

[1021] *Kümpel,* Bank- und Kapitalmarktrecht, Rn. 16.242; *Gehrt,* Ad-hoc-Publizität, S. 137.

[1022] Artt. 68 Abs. 2, 81 Abs. 2–4 kodRL (vormals Anhang, Schema C Nr. 5b), Schema D Abschnitt A Nr. 4 b)–d) BZR); dazu s.u. Zweites Kapitel unter B.

[1023] Begründung zum ursprgl. Vorschlag einer Insiderrichtlinie v. 21. 5. 1987, DOK KOM (1987) 111, S. 5; vgl. *Edwards,* EC Company Law, S. 316.

emittentenspezifischen Charakter hat. Sinken beispielsweise bei einem exportabhängigen Unternehmen aufgrund des gesunkenen Dollarkurses die Umsätze, wäre nicht der Dollarkurs, sondern die infolgedessen veränderte Auftrags- und Ertragslage zu veröffentlichen. Es kommt demzufolge nicht darauf an, dass der Emittent Einfluss auf die Tatsache hat.[1024]

Problematisch sind ferner die Fälle, in denen sich Aktivitäten Dritter auf das Unternehmen auswirken:

*(I.) Unternehmenszusammenschlüsse*

Fraglich ist beispielsweise, ob eine im Tätigkeitsbereich eines abhängigen Unternehmens eingetretene Tatsache zugleich als im Tätigkeitsbereich des herrschenden Unternehmens eingetreten anzusehen ist. Da der Gemeinschaftsgesetzgeber die Ad-hoc-Publizität als Ergänzung der kapitalmarktrechtlichen Rechnungslegungspublizität angesehen hat, können zur Beantwortung dieser Frage die in den Rechnungslegungsrichtlinien enthaltenen Wertungen herangezogen werden. Daraus ergibt sich, welche Angaben über abhängige Unternehmen der Gemeinschaftsgesetzgeber für eine angemessene Anlegerinformation über die finanzielle Situation des herrschenden Unternehmens für notwendig gehalten hat.[1025] Dementsprechend sind solche Tatsachen, die im Tätigkeitsbereich eines anderen Unternehmens eingetreten sind, das in den Jahresabschlüssen des Emittenten erfasst wird, als im Tätigkeitsbereich des den Abschluss aufstellenden Unternehmens eingetreten anzusehen. Im konsolidierten Abschluss werden neben Tochterunternehmen, die in die Konsolidierung einbezogen sind, auch Unternehmen erfasst, über die im Anhang zum konsolidierten Abschluss Angaben gemacht werden müssen, d.h. bestimmte nicht in die Konsolidierung einbezogene Tochterunternehmen, assoziierte Unternehmen sowie unter gemeinsamer Leitung stehende Unternehmen.[1026] Ferner dürften auch Tatsachen, die im Tätigkeitsbereich eines Unternehmens eintreten, an dem eine Beteiligung i.S. des Art. 17 der Jahresabschlussrichtlinie besteht, als im Tätigkeitsbereich des bilanzierenden Unternehmens eingetreten anzusehen sein, da zu diesen Unternehmen eine dauernde Verbindung hergestellt werden soll.[1027] Im Gegensatz dazu ist eine im Tätigkeitsbereich des Mutterunternehmens eingetretene Tatsache nicht als im

---

[1024] *Caspari,* in: Baetge, S. 65 ff. (71); Schäfer/*Geibel,* § 15 WpHG Rn. 40; *v. Klitzing,* Ad-hoc-Publizität, S. 104; differenzierend *Gehrt,* Ad-hoc-Publizität, S. 138 f.

[1025] Vgl. den 1. Erwägungsgrund der Richtlinie über den konsolidierten Abschluss, 9. Erwägungsgrund der Jahresabschlussrichtlinie; vgl. *Tippach,* Insider-Handelsverbot, S. 137 f.

[1026] Art. 1; Art. 34 Nr. 2–5 i.V.m. Artt. 13, 14, 32, 33 der Richtlinie über den konsolidierten Abschluss; s.o. unter A. IV. 1. e) (II.).

[1027] Art. 17 i.V.m. Art. 9 C III. 3, Art. 10 C. III. 3 der Jahresabschlussrichtlinie; zum Beteiligungsbegriff s.u. unter D. V. 3. d).

Tätigkeitsbereich des börsennotierten Tochterunternehmens eingetreten anzusehen.[1028]

*(II.) Übernahmeangebote*

Problematisch und aufgrund der damit üblicherweise verbundenen Kursänderungen von erheblicher praktischer Bedeutung ist auch der Fall eines an die (Ziel-)Gesellschaft gerichteten Übernahmeangebots. Hier wird man zwischen freundlichen und feindlichen Angeboten unterscheiden müssen. Bei einem freundlichen Übernahmeangebot stimmt das Management der Zielgesellschaft der Übernahme durch die Bietergesellschaft zu. Sofern die Zustimmung der Veröffentlichung des Übernahmeangebots vorausgeht, wird man von einer Veröffentlichungspflicht der Zielgesellschaft ausgehen müssen, weil die Zustimmung eine im Tätigkeitsbereich der Gesellschaft eingetretene Tatsache darstellt. Anders ist es bei einem feindlichen Angebot, wenn die Bietergesellschaft ein Angebot an die freien Aktionäre abgibt und die Zielgesellschaft erst durch Veröffentlichung des Angebots gleichzeitig mit dem Publikum davon erfährt.[1029] Dafür, dass in diesem Fall die Zielgesellschaft nicht zu einer Meldung verpflichtet ist, spricht die Regelung in dem neuesten Vorschlag einer Richtlinie betreffend Übernahmeangebote, die dem Bieter auferlegt, den Entschluss zur Abgabe eines Übernahmeangebots dem Publikum möglichst früh mitzuteilen. Der Europäische Gesetzgeber rechnet das Übernahmeangebot also dem Tätigkeitsbereich der Bietergesellschaft zu.[1030]

*(III.) Änderung der Beteiligungsverhältnisse*

Ein weiterer zweifelhafter Fall ist die Änderung der Beteiligungsverhältnisse am stimmberechtigten Kapital der Gesellschaft. Eine solche spielt sich zwar außerhalb der inneren Sphäre des Unternehmens unter den Gesellschaftern ab, kann sich aber durch die Änderung der einflussreichen Personen erheblich auf die Geschäftsführung und Entwicklung des Unternehmens auswirken. Auch eine Veränderung der Beteiligungs-struktur könnte, wenn sie der Gesellschaft bekannt wird, eine im Tätigkeitsbereich eingetretene, publizitätspflichtige Tatsache

---

[1028] Vgl. zum Ganzen *Dreyling/Schäfer*, Insiderrecht, Rn. 389 m.w.Nachw.; Schäfer/*Geibel*, § 15 WpHG Rn. 44f. m.w.Nachw.; *v. Klitzing*, Ad-hoc-Publizität, S. 108f.; a.A. *Cahn*, ZHR 162 (1998), S. 1ff. (31).

[1029] Vgl. *Kümpel*, Bank- und Kapitalmarktrecht, Rn. 16.241; *ders.*, in: Assmann/Schneider WpHG § 15 Rn. 40a m.w.Nachw.; Schäfer/*Geibel*, § 15 WpHG Rn. 41ff.; *Hopt*, ZHR 159 (1995), S. 135ff. (153 Fn. 75); v. *Klitzing*, Ad-hoc-Publizität, S. 105ff.; *Gehrt*, Ad-hoc-Publizität, S. 139f.; *Leis/Nowak*, Ad-hoc-Publizität, S. 46ff.; *Heinze*, S. 295f.

[1030] 11. Erwägungsgrund, Art. 6 des Vorschlags einer Richtlinie (…) betreffend Übernahmeangebote v. 2. 10. 2002, Mitteilung der Kommission, S. 14, 22. Ähnliches ist in § 10 WpÜG vorgesehen, das am 1. 1. 2002 in Kraft getreten ist: § 10 Abs. 6 WpÜG erklärt § 15 WpHG ausdrücklich für nicht anwendbar, soweit es um die Entscheidung zur Abgabe eines Übernahmeangebots geht.

im Sinne der Artt. 68 Abs. 1, 81 Abs. 1 kodRL darstellen. Im unmittelbaren Zusammenhang mit dieser Regelung enthält Art. 68 kodRL[1031], der mit „zusätzliche Informationen" überschrieben ist, in Abs. 3 eine besondere Vorschrift für die Änderung der Beteilungsstruktur, die durch die TR (Artt. 89–97 kodRL) hinsichtlich des Inhalts der Meldung, der Form und Frist der Veröffentlichung konkretisiert worden ist.[1032] Daraus ergibt sich zwar einerseits, dass der Europäischen Gesetzgeber diesen Umstand aufgrund seiner Bedeutung für die Bewertung der Wertpapiere als wesentlich und damit publizitätspflichtig angesehen hat, andererseits aber auch, dass er diesen Umstand außerhalb der Verpflichtung zur Ad-hoc-Publizität speziell regeln wollte. Folglich sind die Vorschriften zur Beteiligungstransparenz als leges speciales gegenüber der Ad-hoc-Publizität anzusehen. Solange die Vorschriften über die Beteiligungstransparenz auf das amtliche Marktsegment beschränkt sind, kann im Falle der Änderung der Beteiligungsverhältnisse in Gesellschaften, deren Wertpapiere an anderen geregelten Märkten gehandelt werden, die Ad-hoc-Publizität allerdings als Auffangtatbestand eingreifen.[1033] Dabei sind jedoch die Wertungen der Vorschriften über die Beteiligungstransparenz zu beachten.

Nach der geplanten Erweiterung des Geltungsbereichs der Vorschriften über die Beteiligungstransparenz im Rahmen der Vereinheitlichung der Anwendungsbereiche der Regelpublizitätsvorschriften auf geregelte Märkte i.S. des Art. 1 Nr. 13 WpDlR werden die Vorschriften über die Beteiligungstransparenz stets als Spezialregelungen der Ad-hoc-Publizität vorgehen.[1034]

### 3. Der breiten Öffentlichkeit nicht bekannt

Die Tatsache darf *der breiten Öffentlichkeit nicht bekannt* sein. Art. 102 Abs. 1 kodRL, der die möglichen Veröffentlichungsformen der dem Publikum zu erteilenden Informationen regelt, verwendet die Formulierung „dem Publikum zugänglich machen." Daraus ergibt sich, dass eine Tatsache jedenfalls dann „bekannt" ist, wenn die Möglichkeit der Kenntnisnahme besteht. Erforderlich ist also nicht die tatsächliche Kenntnis. Mit „breiter Öffentlichkeit" ist nicht nur das Anlegerpublikum, sondern die breite Bevölkerung gemeint. Dies folgt ebenfalls aus Art. 102 Abs. 1 kodRL, der eine Veröffentlichung in weit verbreiteten oder allgemein zugänglichen Quellen fordert und sich somit nicht auf börsenspezifische Medien beschränkt.[1035]

---

[1031] Vormals Anhang, Schema C Nr. 5 c) BZR.

[1032] Dazu eingehend unter D.

[1033] Vgl. Schäfer/*Geibel*, § 15 WpHG Rn. 9, 39; *Raida*, in: Büschgen/Schneider, S. 229 ff. (241) „wesentliche Ergänzung zur Ad-hoc-Publizität"; a.A. *Dreyling/Schäfer*, Insiderrecht, Rn. 326 ff.; *v. Klitzing*, Ad-hoc-Publizität, S. 107.

[1034] Vgl. Erstes Konsultationspapier v. 11. 7. 2001, S. 13, in dem die Kommission ausführt, dass neben der Bekanntgabe größerer Beteiligungen noch *andere* wesentliche Informationen veröffentlicht werden müssen.

[1035] Vgl. *v. Klitzing*, Ad-hoc-Publizität, S. 91; s.o. unter A. IV. 2. d) (VIII.) (2), (3).

Die Legaldefinition der Insider-Information in Art. 1 Abs. 1 der Insiderrichtlinie enthält die Formulierung „nicht öffentlich bekannt". Da einer Tatsache durch die Veröffentlichung als Ad-hoc-Mitteilung der Charakter der Insider-Information genommen wird, ist dieses Merkmal im selben Sinne wie „der breiten Öffentlichkeit nicht bekannt" zu verstehen.[1036]

Eine weitere Konkretisierung dieses Merkmals ergibt sich durch eine Untersuchung der Materialien zur Insiderrichtlinie:[1037] Der ursprüngliche Vorschlag der Insiderrichtlinie enthielt das Tatbestandsmerkmal „nicht allgemein bekannt".[1038] Auch wenn diese Formulierung eher auf die tatsächliche Kenntnis des Publikums hindeutet, wollte die Kommission dies im Sinne von „noch nicht veröffentlicht" verstanden wissen.[1039] Das Europäische Parlament wollte demgegenüber das Merkmal modifizieren zu „der Öffentlichkeit nicht zugänglich oder nicht verfügbar". Dementsprechend sollte Offenlegung als „tatsächliche Weitergabe" der Information in einer Weise, „dass ihre Zugänglichkeit für die Anleger hinreichend gewährleistet ist", definiert werden.[1040] Damit wollte man sicherstellen, dass die bloße Ermöglichung für jedermann, auf die Information zuzugreifen, dieser die Qualität der Insider-Information nehmen sollte. Dies sollte gewährleisten, dass Finanzanalysten, die ihre Berichte auf öffentlich zugängliche Informationen stützen, das Ergebnis ihrer Auswertungen aber nicht veröffentlichen, ihrer Tätigkeit ungehindert nachgehen können, ohne sich der Gefahr eines Insider-Verstoßes auszusetzen. Obwohl die Kommission den Vorschlag des Europäischen Parlaments begrüßte, entschied sich der Rat in der verabschiedeten Fassung für die Formulierung „nicht öffentlich bekannt." Im 13. Erwägungsgrund der Insiderrichtlinie wurde zum Schutze der Finanzanalysten allerdings klargestellt, dass Bewertungen, die auf allgemeinen Angaben beruhen, nicht als Insider-Informationen anzusehen sind und aufgrund der Bewertungen getätigte Geschäfte somit keine Insiderverstöße darstellen.[1041]

Es stellt sich die Frage, ob dieses Merkmal letztendlich auf den förmlichen Akt der Bekanntgabe abstellt oder ob es auf die allgemeine Zugänglichkeit für die Anleger ankommt, wie es dem Europäischen Parlament vorschwebte.[1042]

---

[1036] Ebenroth/Boujong/Joost/*Grundmann*, § 15 WpHG Rn. VI 126; Vgl. *Kümpel*, Bank- und Kapitalmarktrecht, Rn. 16.99 ff., 16.236.

[1037] S.o. unter VII. 1.

[1038] Art. 6 des ursprgl. Vorschlags einer Insiderrichtlinie v. 21.5.1987, ABl. EG Nr. C 153 v. 11.6.1987, S. 8 ff. (9).

[1039] Begründung zum ursprgl. Vorschlag einer Insiderrichtlinie v. 21.5.1987, DOK KOM (1987) 111, S. 5.

[1040] Stellungnahme des Europäischen Parlaments zum ursprgl. Kommissionsvorschlag v. 15.6.1988, ABl. EG Nr. C 187 v. 18.7.1988, S. 90 ff. (92); *Edwards*, EC Company Law, S. 313 f.

[1041] Vgl. *Kümpel*, Bank- und Kapitalmarktrecht, Rn. 16.100 ff.

[1042] Die englische Fassung lautet „has not been made public"; vgl. *Edwards*, EC Company Law, S. 313 f.

Käme es auf eine beliebige Form der Veröffentlichung an, würde dies dazu führen, dass Insider für eine Transaktion genau den Zeitpunkt abwarten, in dem die Information veröffentlicht wird, ohne dass der Markt bzw. die übrigen Anleger Gelegenheit hätten, die Information zu verarbeiten und darauf zu reagieren. Dies wäre insbesondere dann der Fall, wenn ein auf Börsenkreise beschränktes Medium gewählt würde. Damit wäre der Gleichbehandlung der Anleger nicht gedient. Andererseits findet die Berücksichtigung einer Zeitspanne bis zur tatsächlichen Wahrnehmung oder einer Reaktionsfrist, wie sie teilweise gefordert wird[1043], keine Stütze im Gesetz und wäre für die Konkretisierung eines Tatbestands, an den Sanktionen geknüpft werden, zu unbestimmt. Unter Berücksichtigung der Zielsetzung der BZR und der Insiderrichtlinie, die Anleger gleichberechtigt und vollständig zu informieren, dürfte eine Information solange als „der breiten Öffentlichkeit nicht bekannt" bzw. „nicht öffentlich bekannt" angesehen werden, wie sie noch nicht in einer Weise bekannt gegeben worden ist, wie es üblicherweise zur Information der Anleger geschieht (vgl. Art. 102 Abs. 1 kodRL): zumindest in einem weit verbreiteten Presseorgan oder durch dortige Hinweise auf den Ort, wo die Information erhältlich ist, oder durch andere anerkannte Mittel (z.B. das Internet). Alle diese Methoden gewährleisten, dass sich jedermann die Information ohne größere Schwierigkeiten aus allgemein zugänglichen Quellen beschaffen kann.[1044] Diese Interpretation entspricht zugleich der Forderung nach allgemeiner Zugänglichkeit und Veröffentlichung der Informationen. Der zeitliche Informationsvorsprung, der Insidern und professionellen Anlegern stets zugute kommt, kann nicht in geeigneterer Form durch Marktregeln ausgeglichen werden.[1045]

### 4. Auswirkungen der Tatsache

Hinsichtlich der erforderlichen Auswirkungen der Tatsache auf die wirtschaftliche Situation des Unternehmens differenziert die kodRL zwischen Aktien und Schuldverschreibungen:

#### *a) Zusammengesetztes Tatbestandsmerkmal im Falle von Aktien*

Handelt es sich bei den emittierten Wertpapieren um Aktien, muss die Tatsache wegen ihrer *Auswirkungen auf die Vermögens- und Finanzlage oder auf den allge-*

---

[1043] Ähnlich *Hopt,* ZGR 1991, S. 17 ff. (29 f.); *ders.,* in: Hopt/Wymeersch, S. 129 ff. (134); *Claussen,* ZBB 1992, S. 267 ff. (275 f.).

[1044] Vgl. *Edwards,* EC Company Law, S. 314 f.; nicht richtlinienkonform ist daher die deutsche Umsetzung in § 15 Abs. 3 Nr. 2 WpHG (sog. Bereichsöffentlichkeit), vgl. *Möllers,* ZGR 1997, S. 334 ff. (358 f.); *Noack,* ZGR 1998, S. 592 ff. (609); *Kümpel,* Bank- und Kapitalmarktrecht, Rn. 16.105 ff.; *Claussen,* Bank- und Börsenrecht, § 9 Rn. 96; Ebenroth/Boujong/Joost/*Grundmann,* § 15 WpHG Rn. VI 132; *Gehrt,* Ad-hoc-Publizität, S. 134 ff.; *Hopt,* ZHR 159 (1995), S. 135 ff. (153 f.); *Hirte,* in: Bankrechtstag 1995, S. 47 ff. (65 f.); a.A. *Heinze,* S. 296; *Steinhauer,* Insiderhandelsverbot, S. 116 f.; *Dreyling/Schäfer,* Insiderrecht, Rn. 384 f.; *Becker,* WpHG, S. 81.

[1045] *Heinze,* S. 279; vgl. zum Ganzen *v. Klitzing,* Ad-hoc-Publizität, S. 91 ff., 99 f.

*meinen Geschäftsverlauf zu einer beträchtlichen Änderung der Kurse* der von der Gesellschaft emittierten *Aktien führen können.* Es handelt sich also um ein zusammengesetztes Tatbestandsmerkmal.

*(I.) Auswirkungen auf die Vermögens-, Finanzlage oder den allgemeinen Geschäftsverlauf*

Der erste Teil dieses Merkmals bedeutet – wie das Merkmal „im Tätigkeitsbereich" – eine weitere Einschränkung gegenüber der Legaldefinition der Insiderinformation, die nur eine Eignung zur beträchtlichen Kursbeeinflussung verlangt. Das Verbot, Insiderinformationen auszunutzen, greift nach geltendem Recht weiter als die mit Kosten- und ggfs. Haftungsfolgen verbundene Erklärungs- und Veröffentlichungspflicht des Emittenten.[1046]

Die Interpretation dieses Merkmals wird kontrovers diskutiert. Aufschlussreich erscheint die systematische Stellung der Norm innerhalb des kapitalmarktrechtlichen Informationskonzepts:

*(1.) Aktualisierung der Angaben in Jahresabschluss, Lagebericht und Halbjahresbericht*

Führt man sich die ergänzende Funktion der Ad-hoc-Publizität im Hinblick auf die periodische Publizität in Form von Jahresabschluss, Lagebericht und Halbjahresbericht vor Augen, fällt auf, dass diese Beziehung auch eindeutig durch die Wortwahl in diesem Tatbestandsmerkmal hergestellt wird: Die bekannte Terminologie der Rechnungslegungsrichtlinien wird aufgegriffen. Während die Begriffe *Vermögens- und Finanzlage* neben der Ertragslage hinsichtlich des Jahresabschlusses verwendet werden, sind der *Geschäftsverlauf* und die Geschäftslage im Lagebericht darzustellen.[1047] Demgegenüber ist im Halbjahresbericht die Finanzlage und die allgemeine Entwicklung der Geschäftstätigkeit, die dem allgemeinen Geschäftsverlauf entspricht, im Berichtszeitraum darzustellen.[1048]

Die Ertragslage wird zwar nicht ausdrücklich in Art. 68 Abs. 1 kodRL erwähnt. Aufgrund der Ergänzungsfunktion der Ad-hoc-Publizität gegenüber der periodischen Publizität ist jedoch nicht davon auszugehen, dass der Gemeinschaftsgesetzgeber Tatsachen, die sich auf die Ertragslage auswirken, bewusst ausklammern wollte. Ferner sind Vermögens-, Finanz- und Ertragslage so eng miteinander verknüpft, dass eine Tatsache sich niemals nur auf einen Bereich auswirken kann. Schließlich müssen die Vermögens- und Finanzlage – entgegen dem Wortlaut der deutschen Fassung – nicht kumulativ betroffen sein.

---

[1046] Vgl. Ebenroth/Boujong/Joost/*Grundmann,* § 15 WpHG Rn. VI 135 f.

[1047] Artt. 2 Abs. 3, 46 der Jahresabschlussrichtlinie; Artt. 16 Abs. 3, 36 der Richtlinie über den konsolidierten Abschluss.

[1048] 27., 29. Erwägungsgrund, Art. 73 Abs. 1 und 6 kodRL (vormals 4., 6. Erwägungsgrund, Art. 5 Abs. 1 und 6 HBR).

Dafür sprechen die anderssprachigen Fassungen, die das entsprechende Wort für „oder" verwenden. Auch das Ziel der Vorschrift, die Anleger möglichst umfassend über alle kursrelevanten Sachverhalte zu informieren, spricht für eine weite Auslegung des Merkmals.[1049]

Da die Begriffe in den Rechnungslegungsrichtlinien durch zahlreiche Einzelposten der Bilanz, der GuV, des Anhangs sowie durch die zwingenden Bestandteile von Lagebericht und Halbjahresbericht konkretisiert werden, lässt sich die unwiderlegliche Vermutung aufstellen, dass Tatsachen, die in diesen Posten zu berücksichtigen wären, Auswirkungen auf die Vermögens-, Finanz- oder Ertragslage oder den allgemeinen Geschäftsverlauf i.S. des Art. 68 Abs. 1 kodRL haben. Dies wären neben Tatsachen, die einen Buchungsvorgang in Bilanz oder GuV auslösen würden, auch Veränderungen der Angaben, die im Anhang oder im Lagebericht aufgeführt werden müssten. Auszunehmen wären lediglich die Angaben mit Prognosecharakter, d.h. zur „voraussichtlichen Entwicklung" der Gesellschaft im Lagebericht.[1050] Zum Veröffentlichungszeitpunkt muss sich die Tatsache noch nicht auf die wirtschaftliche Situation des Unternehmens ausgewirkt haben; es genügt, wenn eine Auswirkung erst in der Zukunft nachweisbar sein wird.[1051]

Diese Interpretation des Tatbestandsmerkmals führt zu einer „Vorab"-Publizität von Informationen, die im nächsten, dem Publikum zu erteilenden Zwischenbericht bzw. Jahresabschluss mit Lagebericht zu erteilen wären.[1052] Dies trägt dem kapitalmarktrechtlichen Informationskonzept Rechnung, die Anleger möglichst zeitnah und nicht nur zu bestimmten Stichtagen über kursrelevante Ereignisse zu informieren.

Dieselbe Interpretation ist den Vorschriften in den Prospektschemata im Anhang der kodRL zugrunde zu legen, wonach jede wesentliche Änderung der Finanzlage, die seit dem Stichtag des letzten in den Prospekt aufgenommenen Jahresabschlusses oder der Zwischenübersicht eingetreten ist, in den Prospekt aufzunehmen oder als ergänzender Vermerk beizufügen ist.[1053]

---

[1049] Vgl. *Kümpel*, in: Assmann/Schneider, § 15 WpHG Rn. 34, 59; Schäfer/*Geibel*, § 15 WpHG Rn. 58 f.; *v. Klitzing*, Ad-hoc-Publizität, S. 110 ff.; *Gehrt*, Ad-hoc-Publizität, S. 144; *Pellens/Fülbier*, DB 1994, S. 1381 ff. (1384 mit Fn. 38, 1388).

[1050] Art. 46 Abs. 2 lit. b) der Jahresabschlussrichtlinie; Art. 36 Abs. 2 lit. b) der Richtlinie über den konsolidierten Abschluss; dies entspricht den „Aussichten der Gesellschaft" im Halbjahresbericht, Art. 73 Abs. 6 UAbs. 2 kodRL; vgl. zum Ganzen *Kümpel*, in Assmann/Schneider, § 15 WpHG Rn. 58 ff.; Schäfer/*Geibel*, § 15 WpHG Rn. 60 ff.

[1051] Vgl. *Kümpel*, in: Assmann/Schneider, § 15 WpHG Rn. 57b; *Fürhoff/Wölk*, WM 1997, S. 449 ff. (453); *BAWe/Deutsche Börse AG*, Leitfaden, S. 36.

[1052] Baumbach/*Hopt*, 29. Aufl., § 44a BörsG Rn. 1.

[1053] Anhang I, Schema A Punkt 5.1.4. UAbs. 3; Schema B Punkt 5.1.2. UAbs. 3 kodRL, s.o. unter VII. 2. a).

*(2.) Tatsachen, die nicht im Rahmen der Rechnungslegung erfasst werden*

Überwiegend wird vertreten, die Ad-hoc-Publizität sei auf Tatsachen beschränkt, die grundsätzlich der Regelpublizität unterliegen.[1054] Diese Ansicht lässt die kapitalmarktrechtliche Funktion der Publizitätsvorschriften, eine möglichst umfassende Anlegerinformation zu erreichen, außer Acht. Dementsprechend fallen neben Tatsachen, die im Rahmen der Regelpublizität zu berücksichtigen wären, auch sonstige emittentenbezogenen Tatsachen in den Anwendungsbereich der Vorschrift.[1055] Die Frage ist, wie sich diese näher konkretisieren lassen.

*(a) Eigener Ansatz: Aktualisierung der emittentenbezogenen Angaben im Prospekt*

Hier gelangt man einen Schritt weiter, wenn man sich die Beziehung der Ad-hoc-Publizität zur Emissionspublizität vergegenwärtigt: Das in Rede stehende Merkmal ähnelt der allgemeinen Vorschrift des Art. 21 Abs. 1 kodRL, wonach der Prospekt abgesehen von den wertpapierbezogenen Angaben die Angaben enthalten muss, die erforderlich sind, um den Anlegern ein fundiertes Urteil über die *Vermögens-, Finanz- und Ertragslage und die Entwicklungsaussichten* des Emittenten zu ermöglichen. Es wurde bereits gezeigt, dass der Gemeinschaftsgesetzgeber die Angaben aus Jahresabschluss und Lagebericht nicht als ausreichend für eine fundierte Beurteilung der Wertpapiere vor deren Börsenzulassung angesehen hat. Dies ergibt sich daraus, dass das jeweils dritte bis siebte Kapitel der Schemata im Anhang der kodRL, von denen einige mit Angaben über die „Vermögens-, Finanz und Ertragslage“, bzw. „Geschäftstätigkeit“ bzw. „den jüngsten Geschäftsgang und die Geschäftsaussichten“ des Emittenten überschrieben sind, zahlreiche zusätzliche Posten enthalten, die über die Angaben in Bilanz, GuV, insbesondere aber im Anhang zum Jahresabschluss und im Lagebericht hinausgehen. Börsennotierte Gesellschaften müssen gemäß den kapitalmarktrechtlichen Vorschriften gegenüber den Anlegern also ein wesentlich höheres Informationsniveau einhalten als sonstige Gesellschaften gemäß der handelsrechtlichen Rechnungslegung zum Schutze von Gesellschaftern und Dritten.[1056]

Vor diesem Hintergrund ist zu berücksichtigen, dass die kapitalmarktrechtlichen laufenden Informationspflichten im Anschluss an die Börsennotierung dazu dienen, die Informationen im Prospekt fortzuschreiben. Zu den Informa-

[1054] Schäfer/*Geibel,* § 15 WpHG Rn. 8, 69 f.; *Kümpel,* in: Assmann/Schneider, § 15 Rn. 21, 62, 68; *Pellens/Fülbier,* DB 1994, S. 1381 ff. (1384); *Cahn,* ZHR 162 (1998), S. 1 ff. (28 f.); *Ekkenga,* Anlegerschutz, S. 452; *Dreyling/Schäfer,* Insiderrecht, Rn. 399 m.w.Nachw.

[1055] Schäfer/*Geibel,* § 15 WpHG Rn. 70; *Dreyling/Schäfer,* Insiderrecht, Rn. 324 f.; *Hopt,* ZHR 159 (1995), S. 135 ff. (150); *Cahn,* ZHR 162 (1998), S. 1 ff. (27 ff.); *Deutsche Börse AG,* WM 1994, S. 2038 ff. (2048); *BAWe/Deutsche Börse AG,* Leitfaden, S. 31; *Steinhauer,* Insiderhandelsverbot, S. 121.

[1056] S.o. unter A. IV. 2. c) (I.), d) (I.) (1.), (II.) (1.) und 3. b) (II.), (III.).

tionspflichten mit Emittentenbezug zählt die Ad-hoc-Publizität. Daraus lässt sich die These ableiten, dass diese auch dazu dient, die emittentenbezogenen Angaben im Prospekt nach der Börsenzulassung der Wertpapiere zu aktualisieren. Dafür spricht auch, dass in der kodRL Parallelvorschriften zur Ad-hoc-Publizität existieren, die dazu dienen, dass die Informationen, die den Anlegern vor Beginn der Notierung im Prospekt oder in ergänzenden Dokumenten erteilt werden, möglichst aktuell sind.

Unter Berücksichtigung dieser systematischen Erwägungen und unter Zugrundelegung des Prinzips möglichst umfassender Anlegerinformation spricht daher auch bei Tatsachen, die in einem Gliederungspunkt der Kapitel, die emittentenbezogene Angaben enthalten, berücksichtigt werden müssten, eine unwiderlegliche Vermutung dafür, dass sie sich auf die Vermögens- und Finanzlage oder den allgemeinen Geschäftsverlauf i.S. des Art. 68 Abs. 1 kodRL auswirken. Dies betrifft insbesondere die Einzelangaben über Unternehmen, an denen der Emittent beteiligt ist,[1057] Personalveränderungen in den Geschäftsführungs- und Aufsichtsorganen[1058] sowie die den Angaben im Lagebericht entsprechenden Informationen, die nach den Rechnungslegungsrichtlinien fakultativ, gemäß der kodRL aber obligatorisch sind.[1059] Auszunehmen sind auch hier die Angaben mit Prognosecharakter im jeweils siebten Kapitel.[1060]

*(b) Keine Aktualisierung der wertpapier- und marktbezogenen Angaben im Prospekt*

Es stellt sich die Frage, ob sich diese Interpretation unter Berücksichtigung des Art. 100 kodRL fortsetzen lässt. Dieser sieht vor, dass jedes bedeutsame neue Ereignis, das nach Fertigstellung des Prospekts, aber vor der Zulassung zur amtlichen Notierung eintritt und das die Bewertung der Wertpapiere beeinflussen kann, in ein ergänzendes Dokument aufgenommen werden muss. Sieht man die Ad-hoc-Publizität als ständige Aktualisierung des Prospekts, würde das bedeuten, dass alle Tatsachen, die in einen Prospekt aufgenommen werden müssten, auch als Ad-hoc-Mitteilung zu veröffentlichen wären.

Eine solche Interpretation überspannt den Wortlaut der Vorschrift. Denn Art. 100 kodRL grenzt die Tatsachen nicht nach ihren Auswirkungen auf die Vermögens- und Finanzlage oder den Geschäftsverlauf ein, sondern erfasst potenziell alle Tatsachen, die die Bewertung der Wertpapiere beeinflussen, also auch wertpapier- oder sogar marktbezogene Tatsachen, wie sie im jeweils zwei-

---

1057 Anhang I, Schema A Punkt 5.2.–5.5.; Schema B Punkte 5.2.–5.4. kodRL.

1058 Anhang I, Schema A, B Punkt 6.1. kodRL.

1059 Schäfer/*Geibel,* § 15 WpHG Rn. 67 f.; *Gehrt,* Ad-hoc-Publizität, S. 149 f.; *Schwark,* § 44a BörsG, Rn. 4; *v. Klitzing,* Ad-hoc-Publizität, S. 116 ff.; a.A. *Kümpel,* in: Assmann/Schneider, § 15 WpHG Rn. 68; *ders.,* Bank- und Kapitalmarktrecht, Rn. 16.293; *Pellens/Fülbier,* DB 1994, S. 1381 ff. (1388).

1060 „Angaben über die Aussichten des Emittenten", Anhang I, Schema A, B jeweils Punkt 7.2. kodRL.

ten Kapitel der Schemata enthalten sind.[1061] Für wertpapierbezogene Angaben sind in Artt. 68 Abs. 2, 81 Abs. 2–4 kodRL zudem Spezialregelungen vorgesehen, wonach der Emittent das Publikum u.a. unverzüglich über die Änderung der mit den Wertpapieren verbundenen Reche informieren muss. Die Ad-hoc-Publizität ist nach ihrer jetzigen Formulierung indes beschränkt auf emittentenbezogene Informationen.

*(3.) Aufrechterhaltung des „true and fair view"*

Allen Informationen der Emissions- und der periodischen Publizität liegt als „overriding principle" das „true and fair view"-Prinzip zugrunde.[1062] Es muss ein den tatsächlichen Verhältnissen entsprechendes Bild der Vermögens-, Finanz- und Ertragslage sowie des Geschäftsverlaufs des Emittenten vermittelt werden, so dass eine fundierte Beurteilung der Wertpapiere möglich ist. Sowohl ihre Zielsetzung der umfassenden und aktuellen Anlegerinformation als auch ihr Wortlaut verdeutlichen, dass die Ad-hoc-Publizität die Aufgabe hat, dieses Informationsniveau bis zur Veröffentlichung des nächsten Informationsdokuments im Wesentlichen aufrecht zu erhalten. Sind im Tätigkeitsbereich des Emittenten Tatsachen eingetreten, die keinem Punkt in den Gliederungsschemata des Jahresabschlusses oder des Prospekts zugeordnet werden können, ist festzustellen, ob die Tatsache dazu führt, dass die zuletzt veröffentlichten kapitalmarktrechtlichen Informationsdokumente ohne die Berücksichtigung der Tatsache nicht mehr dem „true and fair view" entsprechen. Ist dies der Fall, hat die Tatsache „Auswirkungen auf die Vermögens-, Finanzlage oder den allgemeinen Geschäftsverlauf.[1063]

*(4.) Ergebnis*

Für Tatsachen, die im Jahresabschluss, Lagebericht, Halbjahresbericht oder im emittentenbezogenen Teil des Prospekts erfasst werden müssten, gilt die unwiderlegliche Vermutung, dass sie „Auswirkungen auf die Vermögens- und Finanzlage oder den allgemeinen Geschäftsverlauf" der Gesellschaft i.S. des Art. 68 Abs. 1 kodRL haben. Ausgenommen sind jeweils die Angaben mit Prognosecharakter. Im Übrigen ist zu prüfen, ob die Tatsache dazu führt, dass die zuletzt veröffentlichten kapitalmarktrechtlichen Informationsdokumente nicht mehr dem Grundsatz des „true and fair view" entsprechen.

*(II.) Eignung zur beträchtlichen Kursbeeinflussung*

Die Tatsachen müssen „aufgrund" ihrer Auswirkungen auf die Vermögens- und Finanzlage oder den allgemeinen Geschäftsverlauf des Emittenten *zu einer be-*

---

[1061] Art. 21 Abs. 1, Anhang I, Schema A, B jeweils Kapitel 2 kodRL, z.B. die Information über die Änderung der Quellensteuer.

[1062] Art. 21 Abs. 1 kodRL (vormals Art. 4 Abs. 1 BZPR); Artt. 2 Abs. 3, 46 Abs. 1 Jahresabschlussrichtlinie; Artt. 16 Abs. 3, 36 Abs. 1 der Richtlinie über den konsolidierten Abschluss; Art. 73 Abs. 6 kodRL (vormals Art. 5 Abs. 6 HBR).

[1063] Ähnlich wohl *Hommelhoff,* ZGR 2000, S. 748 ff. (758); *Heinze,* S. 297.

*trächtlichen Änderung der Kurse […] führen können.* Erst dies führt zur Erheblichkeit der Tatsache i.S. des Art. 68 Abs. 1 kodRL. Zwischen den Auswirkungen der Tatsache und der möglichen Kursänderung muss also Kausalität bestehen.[1064]

Bereits der Wirtschafts- und Sozialausschuss hielt in seiner Stellungnahme zum ursprünglichen Kommissionsvorschlag der BZR die Verpflichtung zur Ad-hoc-Publizität insbesondere aufgrund dieses Merkmals für zu unbestimmt und lehnte sie ab.[1065] Dessen ungeachtet übernahm der Europäische Gesetzgeber das Merkmal sogar in die Legaldefinition der Insider-Information in Art. 1 Nr. 1 der Insiderrichtlinie. Sie spricht von einer Information, die „wenn sie öffentlich bekannt würde, geeignet wäre, den Kurs […] beträchtlich zu beeinflussen".[1066]

In diesem Zusammenhang sollte das Merkmal als Korrektiv dienen, um nicht jede Information als Insider-Information zu klassifizieren. Ansonsten könnten die Leiter und die meisten Beschäftigten einer Gesellschaft niemals Transaktionen mit Wertpapieren ihrer Gesellschaft tätigen, da sie ständig über Informationen verfügen, die nicht veröffentlicht worden sind.[1067]

Aufgrund der bewusst identischen bzw. in anderen Fassungen ähnlichen Formulierung ist das Tatbestandsmerkmal beider Vorschriften im selben Sinne auszulegen.[1068]

Die Worte „können" in Art. 68 Abs. 1 kodRL und „geeignet" in Art. 1 Nr. 1 der Insiderrichtlinie belegen, dass die beträchtliche Kursänderung nach der Veröffentlichung der Tatsache nicht tatsächlich eintreten muss. Es genügt, wenn

---

[1064] Unverständlich daher *Mülbert,* WM 2001, S. 2085 ff. (2101), der der Ansicht ist, der Verweis in Art. 7 der Insiderrichtlinie lasse im Unklaren, ob eine Tatsache schon kraft ihrer Kursrelevanz oder erst bei einer Auswirkung auf die Rechnungslegung publizitätspflichtig ist.

[1065] ABl. EG Nr. C 204 v. 30. 8. 1976, S. 5 ff. (9); der Bundesrat lehnte in seinem Beschluss zum Kommissionsvorschlag einer BZR die Einführung einer Verpflichtung zur Ad-hoc-Publizität in dieser weitgehenden Form wegen Unzumutbarkeit für die Gesellschaften gänzlich ab; die Vorschrift des Art. 13 BZR würde den Interessen der Anleger ausreichend Rechnung tragen, BR-Drs. 85/76 v. 14. 5. 1976, S. 5 f.; s.u. unter E.; in den anderssprachigen Fassungen wird jeweils das Synonym für „wichtig" verwendet (frz., ital., span.), während die engl. Fassung „substantial" gebraucht.

[1066] In den Kommissionsvorschlägen einer Insiderrichtlinie wurde noch das Wort „spürbar" verwendet, ABl. EG Nr. C 277 v. 27. 10. 1988, S. 13 ff. (16); es wurde auf die Stellungnahme des Wirtschafts- und Sozialausschusses v. 16. 12. 1987 hin geändert. Dieser erhob auch hier Bedenken wegen der Unbestimmtheit des Merkmals im Hinblick auf die Strafbewehrtheit eines Insiderverstoßes, ABl. EG Nr. C 35 v. 8. 2. 1988, S. 22 ff. (24).

[1067] Begründung zum ursprgl. Vorschlag einer Insiderrichtlinie v. 21. 5. 1987, DOK KOM (1977) 111, S. 5; vgl. *Edwards,* EC Company Law, S. 317.

[1068] *V. Klitzing,* Ad-hoc-Publizität, S. 129; Allerdings ist die deutsche Fassung die einzige, die dasselbe Wort wie in der kodRL verwendet. Anderssprachige Fassungen verwenden „significant" (engl.), „apreciable" (span.), „sensible" (frz.) bzw. „sensibile" (ital.); vgl. Ebenroth/Boujong/Joost/*Grundmann,* § 15 WpHG Rn. VI 127.

eine ex-ante-Prognose des Emittenten ergibt, dass das Bekanntwerden der Tatsache geeignet ist, eine beträchtliche Kursbewegung auszulösen.[1069]

Nach *Hopt* soll das Merkmal der „Eignung zur beträchtlichen Kursänderung" der normativen und judiziellen Konkretisierung durch die einzelnen Mitgliedstaaten vorbehalten sein.[1070] Gegen eine einzelstaatliche Konkretisierung des Merkmals spricht allerdings das Bedürfnis nach einer einheitlichen Anwendung der Richtlinie. Gerade die unterschiedliche Anwendung der Ad-hoc-Publizität in den einzelnen Mitgliedstaaten wurde vom Ausschuss der Weisen im Hinblick auf die Schaffung eines Europäischen Kapitalmarkts kritisiert.[1071] Außerdem ist zweifelhaft, ob die jeweilige einzelstaatliche Konkretisierung im Streitfall vor dem EuGH Bestand hätte. Daher ist eine am Gemeinschaftsrecht orientierte Konkretisierung geboten.[1072] Hier führt eine Aufspaltung des Merkmals weiter. Zunächst ist auf die generelle „Eignung zur Kursänderung" einzugehen, sodann auf die „Eignung zur beträchtlichen Kursänderung".

*(1.) Eignung zur Kursänderung*

Eine Kursänderung tritt ein, wenn sich das Angebot oder die Nachfrage hinsichtlich eines bestimmten Wertpapiers ändert. Zu Kauf- oder Verkaufsaufträgen kommt es regelmäßig, wenn die Investoren erwarten, dass das allgemeine Kursrisiko sowie die Transaktionskosten durch einen entsprechenden Kursgewinn oder -verlust kompensiert werden.[1073] Eine Kursänderung kann auf Umständen beruhen, die außerhalb des Wertpapiers liegen, z.B. einer Einkommenssteigerung der Anleger. Ursächlich kann aber auch eine veränderte Bewertung der Wertpapiere durch die Investoren sein. Diese ist in der Regel auf bestimmte Informationen über das Wertpapier oder das emittierende Unternehmen zurückzuführen. Somit haben alle Informationen, die die Bewertung der Wertpapiere betreffen, kursbeeinflussendes Potential.[1074]

Sämtliche kapitalmarktrechtlichen Informationspflichten im Gemeinschaftsrecht sollen dazu führen, dass die Anleger die Wertpapiere korrekt bewerten, damit es zu einer optimalen Kapitalallokation kommt. Durch eine inhaltliche Konkretisierung der zu veröffentlichenden Informationen bringt der Gemein-

---

[1069] *V. Klitzing*, Ad-hoc-Publizität, S. 127, 133f.; zum entsprechenden Merkmal in Art. 15 Abs. 1 S. 1 WpHG *Dreyling/Schäfer*, Insiderrecht, Rn. 409f. m.w.Nachw.; *Claussen*, Insiderhandelsverbot, Rn. 115.

[1070] *Hopt,* ZGR 1991, S. 17ff. (32); *ders.,* 27 CMLRev 1990, S. 50ff. (60); *ders.,* in: Hopt/Wymeersch, S. 129ff. (135).

[1071] Erster Bericht des Ausschusses der Weisen über die Reglementierung der Europäischen Wertpapiermärkte, Brüssel, 9.11.2000, S. 17.

[1072] Diesen Ansatz wählt auch *Tippach,* Insider-Handelsverbot, S. 135ff.

[1073] Schäfer/*Geibel,* § 15 WpHG Rn. 104.

[1074] Zur Hypothese von der Informationseffizienz der Kapitalmärkte s.o. Erster Teil, Viertes Kapitel unter D. I.

schaftsgesetzgeber zum Ausdruck, welchen Angaben er kursbeeinflussendes Potential zuschreibt. Deshalb lässt sich auch das Merkmal der Eignung zur Kursänderung in Art. 68 Abs. 1 kodRL anhand sekundärrechtlicher Vorschriften konkretisieren. Dazu eignen sich insbesondere die Prospektvorschriften der kodRL. Denn der Gemeinschaftsgesetzgeber beabsichtigte, dass der Prospekt alle Informationen enthalten müsse, die die Beurteilung der Wertpapiere beeinflussen können.[1075] Auch nach Fertigstellung des Prospekts sollten alle bedeutsamen Ereignisse, die vor dem Beginn der Notierung eintreten und die die Bewertung der Wertpapiere beeinflussen können, dem Publikum als ergänzende Prospektangaben mitgeteilt werden (Art. 100 kodRL).[1076] Die Gesamtbewertung der Wertpapiere ergibt sich aus einer fundierten Beurteilung der Vermögens-, Finanz- und Ertragslage und der Entwicklungsaussichten des Emittenten sowie der mit den Wertpapieren verbundenen Rechte (Art. 21 Abs. 1 kodRL). Welche Informationen dazu mindestens erforderlich sind, folgt aus den Schemata im Anhang der kodRL.[1077]

Daher lässt sich die These aufstellen, dass der Gemeinschaftsgesetzgeber durch die Aufnahme eines Gliederungspunktes in die Prospektschemata zum Ausdruck bringen wollte, dass es sich dabei um eine Angabe handelt, die die Bewertung der Wertpapiere und somit auch den Kurs beeinflussen kann. Jedoch ist diese Aussage nicht generell gültig. Denn neben Angaben, die stets in den Prospekt aufzunehmen sind,[1078] wenn nicht die Behörden im Einzelfall einen Dispens erteilen, weil sie nur von geringer Bedeutung und nicht geeignet sind, die Beurteilung der Vermögens-, Finanz- und Ertragslage und die Entwicklungsaussichten des Emittenten zu beeinflussen,[1079] gibt es solche, die nicht zwingend aufgenommen werden müssen, sondern ausdrücklich nur dann, „wenn sie von Bedeutung sind",[1080] „wenn sie von wesentlicher Bedeutung für

[1075] Begründung der Kommission zum ursprgl. Vorschlag einer BZPR v. 26. 9. 1972, BR-Drucks. 566/72 v. 26. 10. 1972, S. 63; vgl. Anhang I, Schema A, B Punkt 1.2. kodRL, wonach die für den Prospekt verantwortlichen Personen versichern müssen, dass keine Tatsachen verschwiegen werden, die die Aussage des Prospekts verändern können.

[1076] Begründung der Kommission zum ursprgl. Vorschlag einer BZPR v. 26. 9. 1972, BR-Drucks. 566/72 v. 26. 10. 1972, S. 81 f.

[1077] S.o. unter (I.) (1), (2).

[1078] Anhang I, Schema A, B Kapitel 3: Allgemeine Angaben über den Emittenten und dessen Kapital; Schema A Punkt 4.1.0.–4.1.2. (Haupttätigkeitsbereiche, Nettoumsatzerlöse, Schwerpunktbetriebe); Anhang I Schema A, B Punkt 5.1.0., 5.1.1. (mindestens eine Art der Abschlüsse); Anhang I Schema A, B Kapitel 6 kodRL: Angaben über die Verwaltung, Geschäftsführung und Aufsicht.

[1079] Gemäß der allgemeinen Dispensvorschrift in Art. 24 lit. a) kodRL, dazu s.o. Erstes Kapitel unter D. I.

[1080] Anhang I, Schema A, B Punkt 4.1.0. (neue Erzeugnisse), Punkt 4.1.3. (Rohstoffvorkommen); Schema A Punkt 4.3. (Forschungs- und Entwicklungspolitik für neue Produkte und Verfahren); Punkt 4.6. (Entwicklung des durchschnittlichen Personalbestands); Anhang I, Schema A, B Punkt 6.1. (Nebentätigkeiten der Verwaltungs-, Geschäftsführungs- und Aufsichtsorgane) kodRL.

die Geschäftstätigkeit oder die Rentabilität sind"[1081] oder „wenn sie einen erheblichen Einfluss auf die Finanzlage haben".[1082] In anderen Bereichen sind nur „die wichtigsten" Angaben zu machen.[1083] Die Beurteilung, ob die Angaben eine derartige Bedeutung haben, obliegt dabei dem Emittenten bzw. den für die Prospekterstellung verantwortlichen Personen.[1084] Demgegenüber haben bei bestimmten anderen Posten die zuständigen Stellen zu entscheiden, ob Angaben weggelassen werden können, weil sie nicht von wesentlicher Bedeutung sind,[1085] oder sie können von grundsätzlich zwingenden Angaben generell befreien.[1086] Somit sind in den Prospektschemata Wertungen enthalten, welche Umstände generell kursbeeinflussendes Potential haben und bei welchen Angaben es zusätzlich auf deren konkrete Bedeutung ankommt.

Diese Wertungen sind auch auf das Merkmal der Eignung zur Kursbeeinflussung übertragbar. Die Prospektvorschriften liefern dem Emittenten somit eine Orientierungshilfe. Zunächst hat er entsprechend der vorstehenden These festzustellen, ob eine Tatsache Auswirkungen auf die Vermögens-, Finanz- oder Ertragslage oder den allgemeinen Geschäftsverlauf hat.[1087] Ist dies der Fall, ist anhand der in den Prospektschemata enthaltenen Wertungen festzustellen, ob diese Tatsache im Hinblick auf eine Ad-hoc-Mitteilung auch kursbeeinflussendes Potential hat. Tatsachen, die an konkrete Angaben im Prospekt anknüpfen, wie z.B. der Ausgang eines dort angegebenen Gerichtsverfahrens,[1088] wären immer als kursrelevant anzusehen. Ebenso wäre eine personelle Änderung in der Geschäftsführung stets kurserheblich, während die Aufnahme einer neuen Tätigkeit auf ihre konkrete Bedeutung für die Finanzlage zu überprüfen wäre. Bei bestimmten Vorkommnissen im Tätigkeitsbereich eines Tochterunternehmens müssten die zuständigen Stellen konsultiert werden, die zu beurteilen hätten, ob dieser Tatsache wesentliche Bedeutung zukommt oder nicht.[1089]

---

[1081] Anhang I, Schema A, B Punkt 4.2. kodRL (Abhängigkeit von Patenten, Lizenzen, Verträgen und Verfahren).

[1082] Anhang I, Schema A Punkt 4.4.; Schema B Punkt 4.3. (Gerichts- oder Schiedsverfahren); Schema A Punkt 4.5. (Unterbrechung des Geschäftsbetriebs) kodRL.

[1083] Anhang I, Schema A, B Punkt 4.1.0. (Arten der vertriebenen Erzeugnisse); Schema A Punkte 4.7.0.–4.7.2. bzw. Schema B Punkte 4.4.0.–4.4.2. (vorgenommene, laufende und künftige Investitionen); Schema A Punkt 5.4. lit. b), Schema B Punkt 5.2. lit. b) (Firma und Sitz der in die Konsolidierung einbezogenen Unternehmen) kodRL.

[1084] Vgl. Art. 21 Abs. 2 i.V.m. Anhang I, Schema A, B Punkt 1.1. kodRL.

[1085] Anhang I, Schema A, B Punkt 5.1.1. Abs. 2 S. 2 (Aufnahme beider Arten der Abschlüsse); Schema A Punkt 5.5. Abs. 2, Schema B Punkt 5.4. Abs. 2 kodRL (bestimmte Angaben über Konzern und Einzelunternehmen).

[1086] Anhang I, Schema A, B jeweils Kapitel 7 kodRL: Angaben über den jüngsten Geschäftsgang und die Geschäftsaussichten.

[1087] S.o. unter (I.) (4.).

[1088] Anhang I, Schema A Punkt 4.4. bzw. Schema B Punkt 4.3. kodRL.

[1089] Vgl. Anhang I, Schema A, B Punkt 6.1. kodRL im Gegensatz zu Anhang I, Schema A, B Punkt 4.1.0. kodRL im Gegensatz zu Anhang I, Schema A, Punkt 5.5. Abs. 2 bzw. Schema B Punkt 5.4. Abs. 2 kodRL.

Als Zwischenergebnis ist somit festzuhalten: Für die Beurteilung, ob eine Tatsache aufgrund ihrer Auswirkungen auf die Vermögens-, Finanz- oder Ertragslage oder den allgemeinen Geschäftsverlauf geeignet ist, eine Kursänderung herbeizuführen, sind die in den Prospektschemata enthaltenen Wertungen zu berücksichtigen.

*(2.) Eignung zur beträchtlichen Kursbeeinflussung*

Wann eine Tatsachen geeignet ist, den Kurs *beträchtlich* zu beeinflussen, ist weitgehend ungeklärt.

Vielfach wird versucht, das Merkmal anhand eines bestimmten Prozentsatzes der zu erwartenden Kursschwankung, zum Teil abhängig von der Volatilität des jeweiligen Wertpapiers, oder anhand einer bestimmten Veränderung in der Bewertung von Finanzanalysten zu bestimmen.[1090] Diese verschiedenen Ansätze sind in anderem Zusammenhang ausführlich diskutiert worden; auf eine nähere Darstellung wird daher verzichtet.[1091] Ihnen ist gemeinsam, dass eine derartige Bestimmung der „Eignung zur beträchtlichen Kursbeeinflussung" höchst kompliziert und unpraktikabel ist, da sie dem Emittenten aufbürdet, hinsichtlich jeder in Betracht kommenden Tatsache innerhalb kürzester Zeit ggfs. mit Unterstützung von Experten mathematische Untersuchungen über deren mögliche Auswirkungen auf den Kurs anzustellen.[1092] Letztendlich stellt sich eine allgemeingültige Auslegung des Merkmals als unmöglich heraus. Die quantitative Änderung eines Börsenkurses ist wegen der Vielzahl der Einflussfaktoren niemals mit Sicherheit vorauszusehen; umso weniger sind die möglichen Auswirkungen einer einzelnen Tatsache auf den Kurs isoliert zu bestimmen. Letztendlich kann jeder Auslegungsansatz nur Orientierungshilfe sein.[1093]

Aufgrund der oben vorgenommenen am Gemeinschaftsrecht orientierten Konkretisierungen der Tatbestandsmerkmale „Auswirkungen auf die Vermögens- und Finanzlage oder den allgemeinen Geschäftsverlauf" und der „Eignung zur Kursbeeinflussung" verliert das Merkmal der „Beträchtlichkeit" an Bedeutung. Zum Teil wird es sogar als entbehrlich angesehen.[1094] Dies widerspricht hingegen dem eindeutigen Wortlaut der kodRL und der Insiderrichtlinie.

[1090] Vgl. die Nachweise bei *Dreyling/Schäfer*, Insiderrecht, Rn. 415 ff.; *BAWe/Deutsche Börse AG*, Leitfaden, S. 38.

[1091] Vgl. *v. Klitzing*, Ad-hoc-Publizität, S. 134–149; *Gehrt*, Ad-hoc-Publizität, S. 152–162; umfassend im europäischen Vergleich *Feldhaus*, Die Eignung zur erheblichen Kursbeeinflussung bei der Ad-hoc-Publizität, Univ. Diss. Bonn 2002.

[1092] *Kümpel*, in: Assmann/Schneider, § 15 WpHG Rn. 69a, b; *ders.*, Bank- und Kapitalmarktrecht, Rn. 16.109 ff.; vgl. *Loesche/Eichner/Stute*, AG 1999, S. 308 ff.; zuletzt *Nowak*, ZBB 2001, S. 449 ff.

[1093] *V. Klitzing*, Ad-hoc-Publizität, S. 139, 149; *Pellens/Fülbier*, DB 1994, S. 1381 (1384, 1388); Schäfer/*Geibel*, § 15 WpHG Rn. 96.

[1094] *Pellens/Fülbier*, DB 1994, S. 1381 ff. (1388); im Ergebnis wohl *Tippach*, Insider-Handelsverbot, S. 140, 153.

Der Emittent wird somit im Einzelfall abzuwägen haben, ob das Bekanntwerden der Tatsache das Investitionsverhalten der Marktteilnehmer insgesamt bzw. eines rational handelnden Anlegers beeinflusst oder nicht. Das Abstellen auf das mögliche Verhalten eines vernünftigen, durchschnittlichen Investors entspricht dem API-Konzept (average prudent investor) in den USA und der im Vordringen befindlichen Auffassung im deutschen Schrifttum[1095]

Ein Emittent, der eine Tatsache nach dem oben genannten Verfahren als kurserheblich eingestuft hat, sollte jedoch in der Regel zu dem Ergebnis gelangen, die Tatsache als Ad-hoc-Mitteilung zu veröffentlichen. Unter Berücksichtigung des Ziels möglichst umfassender und aktueller Anlegerinformation gilt der Grundsatz „in dubio pro publicitate".

*b) Einheitliches Tatbestandsmerkmal im Falle von Schuldverschreibungen*

Art. 81 Abs. 1 kodRL enthält statt des Merkmals der Auswirkungen auf die Vermögens- und Finanzlage sowie den allgemeinen Geschäftsverlauf und des Merkmals der beträchtlichen Kursbeeinflussung ein einziges Merkmal. Die Tatsache muss die *Fähigkeit des Unternehmens erheblich beeinträchtigen können, seinen Verpflichtungen nachzukommen.*

Noch in den Kommissionsvorschlägen zur BZR war der Tatbestand zunächst so ausgestaltet wie derjenige für Aktien und enthielt ebenfalls das zusammengesetzte Tatbestandsmerkmal.[1096] Ohne ersichtlichen Grund wurde der Tatbestand in der verabschiedeten Fassung abweichend formuliert. Möglicherweise sollte dadurch der unterschiedliche Charakter der Wertpapiere betont werden. Während die Aktie einen Gesellschaftsanteil verbrieft und für den Aktionär neben der Dividende vor allem der Börsenkurs von Bedeutung ist, verkörpern Schuldverschreibungen grundsätzlich einen Zins- und einen Rückzahlungsanspruch. Deren Realisierbarkeit hängt von der Zahlungsfähigkeit des Emittenten ab, die für den Inhaber weitaus wichtiger sein kann als der Börsenkurs.

Die Formulierung „Beeinträchtigungen" in Art. 81 Abs. 1 kodRL führt dazu, dass nur negative Unternehmensentwicklungen publizitätspflichtig sein können. Demgegenüber werden Tatsachen, die zur Steigerung der Zahlungs-

---

[1095] Schäfer/*Geibel,* § 15 WpHG Rn. 103 ff.; *Dreyling/Schäfer,* Insiderrecht, Rn. 422 m.w.Nachw.; *Kümpel,* in: Assmann/Schneider, § 15 WpHG Rn. 69b; *Heinze,* S. 299; *Gehrt,* Ad-hoc-Publizität, S. 162; *Hopt,* ZGR 1991, S. 17 ff. (32) („Markteinflusstest"); *ders.,* ZHR 159 (1995) S. 135 ff. (155); *Fürhoff/Wölk,* WM 1997, S. 449 ff. (455); *Cahn,* ZHR 162 (1998), S. 1 ff. (17); *v. Klitzing,* Ad-hoc-Publizität, S. 127.

[1096] Ferner gab es für besondere Arten von Schuldverschreibungen eine Sonderregelung: Waren sie indexgebunden oder ihr Zinssatz von bestimmten Parametern abhängig, so mussten auch die Informationen betreffend die Anwendung der Indexierungskriterien und des Parameters für die Bestimmung des Zinssatzes veröffentlicht werden. Auf diese Sonderregelung wurde in der endgültigen Fassung verzichtet; ursprgl. Vorschlag einer BZR v. 12. 1. 1976, DOK KOM (1975) 686 v. 23. 12. 1975, S. 31; geänd. Vorschlag einer BZR v. 3. 11. 1976, DOK KOM (1976) 565, S. 47 f.

fähigkeit oder des Kurses führen können, nicht erfasst. Dieses unbefriedigende Ergebnis existiert seit Erlass der Insiderrichtlinie zumindest im Europäischen Recht nicht mehr.[1097] Durch Art. 7 der Insiderrichtlinie, der sich auf einen Verweis auf Schema C Nr. 5 a) BZR (Art. 68 Abs. 1 kodRL) beschränkt, wurde die Vorschrift auf alle geregelten Märkte erstreckt und die Differenzierung zwischen Aktien und Schuldverschreibungen durch die Formulierung „Wertpapiere, unabhängig von ihrer Art" aufgehoben. Die Vorschrift in Art. 68 Abs. 1 kodRL gilt seitdem also auch für Schuldverschreibungen.[1098] Dies führt dazu, dass die Vorschrift in Art. 81 Abs. 1 kodRL, insbesondere das in Rede stehende Tatbestandsmerkmal, keine eigenständige Bedeutung mehr hat und allenfalls noch als Auslegungshilfe fungieren kann. Immer dann, wenn die Auswirkungen einer Tatsache sich derart massiv auf die Zahlungsfähigkeit des Unternehmens auswirken, dass die Befriedigung der Inhaber von Schuldverschreibungen beeinträchtigt ist, wird dies mit einem entsprechenden Kursverfall der Wertpapiere einhergehen und eine Veröffentlichungspflicht nach Art. 68 Abs. 1 kodRL bestehen.

*c) Freistellung von der Verpflichtung zur Ad-hoc-Publizität*

In Art. 10 kodRL[1099] wird den Mitgliedstaaten freigestellt, die Emittenten von Schuldverschreibungen bei der Zulassung zur amtlichen Notierung von der Verpflichtung zur Ad-hoc-Publizität zu entbinden, wenn es sich bei ihnen um Gesellschaften oder andere juristische Personen mit Sitz in einem Mitgliedstaat handelt, die durch ein Gesetz oder aufgrund eines besonderen Gesetzes geschaffen worden sind oder geregelt werden, sofern bei den Schuldverschreibungen ein Mitgliedstaat oder eines seiner Bundesländer für die Tilgung und den Zinsendienst bürgt.

Erfasst werden also solche Emittenten, die aufgrund einer gesetzlichen Maßnahme eines Mitgliedstaates überhaupt erst geschaffen wurden oder unmittelbarer staatlicher Kontrolle unterliegen.[1100] Ferner muss der Anleger eine finan-

[1097] Die deutsche Umsetzung in § 15 Abs. 1 Satz 1 2. Hs. WpHG führt immer noch zu Interpretationsschwierigkeiten, vgl. den Überblick bei *Dreyling/Schäfer*, Insiderrecht, Rn. 426 ff.

[1098] S.o. unter VI.; *v. Klitzing*, Ad-hoc-Publizität, S. 153 f.; vgl. zur deutschen Umsetzung in § 15 Abs. 1 S. 1 2. Hs. WpHG Schäfer/*Geibel*, § 15 WpHG Rn. 108 ff.; *Kümpel*, in: Assmann/Schneider, § 15 WpHG Rn. 35 ff.; zu § 44a Abs. 1 S. 1, 2. Hs. BörsG a.F. *Schwark*, § 44a BörsG Rn. 7.

[1099] Vormals Art. 8 BZR.

[1100] Vgl. *Heinze*, S. 69, 71 f., der es für den Schutz der Anleger nicht für erforderlich hält, dass diese einen Sekundärschuldner erhalten, sondern es ausreichen lässt, dass der Emittent notfalls umfassende Rückgriffsmöglichkeiten bei einem Mitgliedstaat i.w.S. hat. Daher erstreckt er den Anwendungsbereich auf Schuldverschreibungen, die von einem Mitgliedstaat selbst, seinen öffentlichen Gebietskörperschaften oder einem internationalen Organismus öffentlich-rechtlichen Charakters begeben werden, ohne dass es der Bestellung einer Sicherheit bedürfte. Gegen dieses extensive Verständnis dürf-

zielle Absicherung in der Form erhalten, dass ein (immer liquider) Mitgliedstaat oder ein Bundesland[1101] eine unwiderrufliche, unbedingte und unbeschränkte Sicherheit für Zinsen- und Tilgung übernimmt.[1102]

Der Grund für diese Freistellungsmöglichkeit dürfte sein, dass durch den umfassenden Eintritt eines Mitgliedstaates (i.w.S.) in die Schuld des Emittenten das Interesse des Anlegers an der Werthaltigkeit seiner Forderung im Gegensatz zu anderen Unternehmen zusätzlich geschützt ist und deshalb die Nichterteilung kursbeeinflussender Informationen sein finanzielles Risiko nicht erhöht.[1103]

### 5. Zeitpunkt der Bekanntgabe

Der Emittent ist verpflichtet, emittentenbezogene Tatsachen, die erhebliches kursbeeinflussendes Potential haben, „unverzüglich" zu veröffentlichen. Daraus folgt nur, dass den Emittenten einerseits keine Pflicht zur sofortigen Veröffentlichung trifft, andererseits soll er die Mitteilung möglichst schnell veröffentlichen und den Zeitpunkt nicht unnötig hinauszögern oder verschleppen.[1104]

---

te wohl der Wortlaut der Vorschrift sprechen. Es ließe sich aber auf den Segré-Bericht, S. 245 stützen, wonach sämtliche Informationsvorschriften „nicht zwangsläufig auch für die Emission von Wertpapieren gelten, die der Staat oder die ihm nachgeordneten Gebietskörperschaften auf dem Staatsgebiet auflegen oder für welche sie eine Garantie gewähren".

[1101] *Heinze,* S. 70, versteht „Mitgliedstaat" nicht wörtlich, sondern lässt es genügen, wenn der Sicherungsgeber ein Staat ist, welcher mit dem gemeinschaftlichen Markt in einer engeren Beziehung steht und dessen Solvenz und Solidität gewährleistet ist, z.B. ein Vertragsstaat des Abkommens über den EWR.

[1102] Für dieses untechnische, beispielhafte Verständnis des Wortes „bürgen" spricht sich *Heinze,* S. 70, aus.

[1103] *Heinze,* S. 83 f.; vgl. Kommissionsvorschlag zur BZR, Begründung, V 3., DOK KOM (1975) 686, S. 10; Aus diesen Gründen sind für Emittenten von Schuldverschreibungen, bei denen eine der beiden Voraussetzungen vorliegt, Erleichterungen bzgl. der Prospekterstellung hinsichtlich allgemeiner Angaben und der Angaben bzgl. der Kapitalausstattung sowie der Vermögens-, Finanz- und Ertragslage möglich; Art. 34 kodRL (vormals Art. 17 BZPR). Soweit im nationalen Umsetzungsgesetz vorgesehen, können Gesellschaften bei ähnlicher Konstellation von den zuständigen Stellen auch teilweise oder gänzlich von der Pflicht zur Veröffentlichung eines Prospekts befreit werden; vgl. Art. 23 Nr. 3 lit. b), c) kodRL (vormals Art. 6 Nr. 3 lit. b), c) BZPR). Vgl. zu den Erleichterungen bzgl. des Prospekts in ähnlichen Konstellationen Art. 29 f. kodRL (vormals Art. 12 f. BZPR). Statt des Prospekts müssen in jedem Fall die Angaben über Zahl, Art und die Ausgabebedingungen der zuzulassenden Wertpapiere gemäß dem üblichen Verfahren (Artt. 98, 99 kodRL; vormals Artt. 20, 21 BZPR) veröffentlicht werden. Dieselbe Befreiung von der Pflicht zur Erstellung eines Emissionsprospekts ist gemäß Art. 5 lit. b), c) der Emissionsprospektrichtlinie bei einem öffentlichen Angebot von entsprechenden Schuldverschreibungen möglich.

[1104] Die Formulierung „schnellstmöglich" enthielt der Segré-Bericht, S. 241; die englische Fassung lautet „as soon as possible", die französische „dans les meilleurs délais", die italienische „quanto prima", die spanische „en el plazo mas breve posible", die niederländische „zo spoedig mogelijk"; vgl. *v. Klitzing,* Ad-hoc-Publizität, S. 231 f.

### a) Systematische Erwägungen

Möglicherweise lässt sich auch der Zeitpunkt der Bekanntgabe durch systematische Erwägungen konkretisieren. In einem anderen Fall der anlassbezogenen Publizität, einer relevanten Änderung in der Beteiligungsstruktur, hat die Veröffentlichung „so bald wie möglich, spätestens jedoch neun Tage“ nach der entsprechenden Aktionärsmitteilung, also nach Kenntnisnahme zu erfolgen.[1105] Da die Formulierung „so bald wie möglich“ in etwa gleichbedeutend mit „unverzüglich“ ist,[1106] könnte man die Neuntagesfrist als Höchstgrenze auch im Rahmen der Ad-hoc-Publizität ansehen. Dafür spricht, dass die Verpflichtung zur Beteiligungstransparenz aufgrund ihrer systematischen Stellung in Art. 68 Abs. 3 kodRL als Spezialfall der Ad-hoc-Publizität anzusehen ist, die im Gegensatz zur Ad-hoc-Publizität durch die Transparenzrichtlinie konkretisiert wurde. Aufgrund der Vielgestaltigkeit der Ereignisse, die als Gegenstand einer Ad-hoc-Mitteilung in Betracht kommen, erscheint jedoch zusätzlich eine Berücksichtigung der Umstände eines jeden Einzelfalls geboten. Der Emittent muss genügend Zeit haben, um – ggfs. unter Hinzuziehung von Experten – zu überprüfen, ob die Tatsache mitteilungspflichtig ist oder er eine Befreiung beantragen will.[1107] Die Neuntagesfrist ist aber zumindest als Indiz anzusehen, so dass ein Zuwarten über diese Frist hinaus jedenfalls einer besonderen Rechtfertigung bedarf. In jedem Einzelfall sind die Interessen der Kapitalmarktteilnehmer an möglichst frühzeitiger Information und die Interessen des Unternehmens, bestimmte Sachverhalte erst möglichst spät der Öffentlichkeit preiszugeben, gegeneinander abzuwägen.[1108]

### b) Das Problem der mehrstufigen Entscheidungsprozesse

Schwierig ist die Bestimmung des Zeitpunkts vor allem im Falle mehrstufiger Entscheidungsprozesse. Es handelt sich um Sachverhalte, zu deren Realisierung aufgrund der gesellschaftsrechtlichen Zuständigkeitsverteilung verschiedene Entscheidungsstadien durchlaufen werden, insbesondere, weil nacheinander mehrere Organe zustimmen müssen.

Von einer Tatsache kann nach dem oben Gesagten immer erst dann gesprochen werden, wenn der Entscheidungsprozess innerhalb eines Organs abgeschlossen ist. Vorher ist die Tatsache nicht „eingetreten“.[1109] Bei mehrstufigen Entscheidungen lassen sich folgende Grundsätze aufstellen: Ist für die Realisierung einer Unternehmensentscheidung ein Beschluss der Hauptversammlung

[1105] Art. 91 kodRL (vormals Art. 10 Abs. 1 TR).

[1106] Die englische Fassung der „Ad-hoc-Publizität“ lautet hier „as soon as possible“, die französische „dans les meilleurs delais“, die italienische „quanto prima“, die spanische „en el plazo más breve posible“.

[1107] *Gehrt,* Ad-hoc-Publizität, S. 171.

[1108] *V. Klitzing,* Ad-hoc-Publizität, S. 231, 233.

[1109] S.o. unter 2. a).

erforderlich, z.B. im Falle einer Kapitalerhöhung oder der Verwendung des Bilanzgewinns,[1110] sieht das Gemeinschaftsrecht vor, dass die Aktionäre bereits in der Einberufung, die in der Regel öffentlich zugänglich ist, über den entsprechenden Gegenstand der Tagesordnung sowie den Entscheidungsvorschlag der Geschäftsführung informiert werden.[1111] Die gleichzeitige Veröffentlichung der Informationen für sonstige Anleger, beispielsweise der geprüften Jahresabschlüsse, ist daher unproblematisch.

Im Falle eines mehrstufigen Entscheidungsprozesses der Geschäftsführungs- und Aufsichtsorgane wird man hingegen den Zeitpunkt der letzten Organentscheidung, z.B. die Zustimmung des Aufsichtsrats, als maßgeblich anzusehen haben. Denn dessen Entscheidung soll durch eine frühzeitige Veröffentlichung weder präjudiziert werden, noch soll im Falle der Verweigerung der Zustimmung die Führung des Unternehmens in Verruf geraten. Ferner würde eine im letzteren Fall erforderliche Korrekturmeldung eher zur Verwirrung der Anleger führen.[1112] Anders ist die Lage zu beurteilen, wenn der Aufsichtsrat faktisch an die Entscheidung des Vorstands gebunden ist. Hier wird als Beispiel die Feststellung eines vom Vorstand nach IAS erstellten Jahresabschlusses genannt; aufgrund der kaum vorhandenen Wahlrechte und Gestaltungsspielräume habe die Feststellung durch den Aufsichtsrat keine Mitwirkungs-, sondern lediglich Aufsichtsfunktion.[1113]

Letztendlich kommt es bei mehrstufigen Entscheidungsprozessen wesentlich auf die jeweilige Zuständigkeitsverteilung der Gesellschaft nach nationalem Aktiengesellschaftsrecht bzw. nach der Satzung an, so dass hinsichtlich des Zeitpunkts der Veröffentlichung keine gemeinschaftsweit verbindliche weitergehende Konkretisierung möglich ist.[1114]

---

[1110] Art. 25 der Kapitalrichtlinie; Art. 50 Abs. 1 des dritten geänderten Vorschlags einer Strukturrichtlinie v. 20. 11. 1991.

[1111] Vgl. Art. 24 Abs. 1, 2 lit. f), g) des dritten geänderten Vorschlags einer Strukturrichtlinie v. 20. 11. 1991.

[1112] Vgl. die Kritik des Wirtschafts- und Sozialausschusses in seiner Stellungnahme v. 16. 12. 1987 zum ursprgl. Kommissionsvorschlag einer Insiderrichtlinie. Die Vorschrift überfordere jede Gesellschaft, wenn sie unternehmerische Entscheidungen bekannt machen müsse, die noch gar nicht umgesetzt seien, ABl. EG Nr. C 35 v. 8. 2. 1988, S. 22 ff. (24); *Edwards*, EC Company Law, S. 328; *v. Klitzing*, Ad-hoc-Publizität, S. 236 f.; *Happ/Semler*, ZGR 1998, S. 116 ff. (127 f., 141); *Hopt*, ZHR 159 (1995), S. 135 ff. (152); *Cahn*, ZHR 162 (1998), S. 1 ff. (22, 25); *Kübler*, Gesellschaftsrecht, S. 398; *Weber*, NJW 2000, S. 3461 ff. (3463); *Leis/Nowak*, Ad-hoc-Publizität, S. 25 ff.; *Schruff/Nowak/Feinendegen*, BB 2001, S. 719 ff. (719 ff.).

[1113] *V. Klitzing*, Ad-hoc-Publizität, S. 251.

[1114] Ausführlich zu den problematischen Fällen im deutschen Recht *v. Klitzing*, Ad-hoc-Publizität, S. 234–261; *Kümpel*, Bank- und Kapitalmarktrecht, Rn. 16.247–16.277; Schäfer/*Geibel*, § 15 WpHG Rn. 71 ff.; *Happ/Semler*, ZGR 1998, S. 116 ff.; *Dreyling/Schäfer*, Insiderrecht, Rn. 431–445; *Schneider*, BB 2001, S. 1214 ff.

## IX. Befreiungsmöglichkeit

Gemäß Artt. 68 Abs. 1 UAbs. 2, 81 Abs. 1 UAbs. 2 kodRL können die zuständigen Behörden den Emittenten von seiner Publizitätsverpflichtung entbinden, wenn die Verbreitung bestimmter Informationen geeignet ist, den berechtigten Interessen des Emittenten zu schaden.[1115]

Eine Befreiung setzt – entgegen dem Wortlaut in Art. 68 Abs. 1 UAbs. 2 kodRL – einen Antrag des Emittenten voraus. Dies ergibt sich aus systematischen und teleologischen Erwägungen: Art. 81 Abs. 1 UAbs. 2 kodRL sieht eine Befreiung „auf Wunsch" vor. Es ist nicht davon auszugehen, dass der Gemeinschaftsgesetzgeber Emittenten von Aktien einerseits und von Schuldverschreibungen andererseits hinsichtlich der formellen Voraussetzungen unterschiedlich behandeln wollte. Zudem erscheint eine Befreiung nur dann möglich und sinnvoll, wenn die Gesellschaft die Möglichkeit eines Schadens aufgrund bestimmter in ihrer Sphäre liegender Umstände gegenüber der Behörde darlegt.

---

[1115] Der ursprgl. Kommissionsvorschlag einer BZR sah keine Möglichkeit vor, im Einzelfall eine Gesellschaft von der Verpflichtung zu entbinden; DOK KOM (1975) 686 v. 23. 12. 1975, S. 28, 31. Aufgrund dessen hielt der Wirtschafts- und Sozialausschuss in seiner Stellungnahme zum ursprgl. Vorschlag einer BZR die Vorschrift für zu weitgehend, ABl. EG Nr. C 204 v. 30. 8. 1976, S. 5 ff. (9). Nach dem geänderten Kommissionsvorschlag sollte es den Mitgliedstaaten erlaubt sein, Emittenten von Aktien von der Ad-hoc-Mitteilungspflicht zu entbinden, wenn die Verbreitung einer bestimmten Information geeignet ist, den berechtigten Interessen der Gesellschaft **und** ihren Aktionären zu schaden. Für Emittenten von Schuldverschreibungen sollte dagegen eine entsprechende Befreiung durch die zuständigen Stellen möglich sein, wenn berechtigte Interessen des Unternehmens gefährdet sind; DOK KOM (1976) 565 v. 3. 11. 1976, S. 42 f., 47 f. Dies hätte für die Umsetzung bedeutet, dass die Mitgliedstaaten fakultativ für Emittenten von Aktien einen Ausnahmetatbestand hätten erlassen können, den die zuständigen Stellen unter Ausübung eines Ermessensspielraums hätten anwenden müssen. Dagegen hätte ein Dispens für Emittenten von Schuldverschreibungen aufgrund eines zwingend zu erlassenden Tatbestandes in das Ermessen der zuständigen Stellen gestellt werden müssen. Diese Differenzierung erscheint weder wünschenswert noch sinnvoll. Auch das Abstellen auf das kumulative Vorliegen entgegenstehender Interessen von Gesellschaft **und** Aktionären ist schwer nachzuvollziehen: Die Verpflichtung zur Ad-hoc-Publizität dient vor allem den Interessen aktueller und potentieller Anleger. Diese können durch zu starke Transparenz kaum beeinträchtigt werden. Verständlich ist die Vorschrift nur, wenn hier der Aktionär in seiner Position als Gesellschafter gemeint ist, dessen Interessen an Diskretion mit denen der Gesellschaft gleichlaufen. Dann wäre es aber nicht erforderlich, die Interessen der Aktionäre expressis verbis zu nennen. Im übrigen sollten in einem Befreiungstatbestand zugunsten der Gesellschaft die in der Regel gegenläufigen Interessen der Anleger nicht mehr zwingend zu berücksichtigen sein. Vielmehr dürfte es ausreichen, die im Grundtatbestand manifestierten Anlegerinteressen an weitestgehender Transparenz bei der konkreten Prüfung, ob im Einzelfall der Befreiungstatbestand erfüllt ist, im Rahmen der Interessenabwägung zu berücksichtigen. In der verabschiedeten Fassung wurden die genannten Unregelmäßigkeiten beseitigt: Im Befreiungstatbestand wird nur noch auf die berechtigten Interessen der Gesellschaft abgestellt. Die Beurteilung, ob diese im Einzelfall einer Ad-hoc-Mitteilungspflicht entgegenstehen, obliegt den zuständigen Stellen.

Diese ist in der Regel nicht in der Lage, die wirtschaftliche Entwicklung der Gesellschaft zu überwachen.[1116] Der Antrag auf Befreiung muss im Interesse des Anlegerschutzes so schnell wie möglich gestellt werden und darf nicht dazu ausgenutzt werden, die Veröffentlichung hinauszuzögern.[1117]

Die Wortwahl „berechtigte Interessen" lässt darauf schließen, dass die Behörde eine Abwägung des Geheimhaltungsinteresses der Gesellschaft und des Informationsinteresses des Anlegerpublikums vornehmen muss. Eine Befreiung kommt nur in Betracht, wenn die Behörde im Einzelfall den dem Emittenten drohenden Nachteil als gegenüber dem Interesse des Publikums an umfassender Information gravierender ansieht. Aufgrund der Funktion der Ad-hoc-Publizität als insiderrechtliche Präventivmaßnahme ist zugleich zu berücksichtigen, ob der Emittent zur Geheimhaltung der Tatsache in der Lage ist.

Anders als in den anderen Befreiungstatbeständen des Europäischen Börsenrechts[1118] ist eine Befreiung nicht ausdrücklich ausgeschlossen, wenn die Nichtveröffentlichung zu einer Irreführung des Publikums führt. Dennoch wird die Behörde eine durch die Geheimhaltung verursachte Irreführung des Publikums mit in Betracht ziehen müssen. Wenn eine solche zu befürchten ist, kommt eine Befreiung zugunsten des Emittenten nur im äußersten Not- und Ausnahmefall in Betracht. Sie ist denkbar, wenn dem Emittenten erhebliche Wettbewerbsnachteile oder die Gefährdung der Existenz drohen, z.B. bei Erfindungen vor deren Patentierung bzw. Liquiditätsschwierigkeiten, die durch Umsetzung eines Sanierungskonzepts behoben werden sollen.[1119] Mit Rücksicht auf den zuletzt genannten Fall wurde der Befreiungstatbestand seinerzeit in die Vorschrift aufgenommen.[1120]

Aus der Formulierung „können" geht hervor, dass die Entscheidung über eine Befreiung im Ermessen der Behörde liegt. Dieses dürfte im Falle des Dro-

---

[1116] *V. Klitzing*, Ad-hoc-Publizität, S. 165.

[1117] *Gehrt,* Ad-hoc-Publizität, S. 169, 171; *Hopt*, ZHR 159 (1995), S. 135 ff. (157); *Kümpel,* in: Assmann/Schneider, § 15 WpHG, Rn. 77; *Fürhoff/Wölk*, WM 1997, S. 449 ff. (457).

[1118] Artt. 24 lit. b) 2. Fall, 76 Abs. 2., 95 kodRL (vormals Art. 7 lit. b) 2. Fall BZPR; Art. 9 Abs. 4 HBR; Art. 11 TR).

[1119] Vgl. zur deutschen Umsetzung in § 15 Abs. 1 S. 5 WpHG n.F. *Schwark,* § 44a BörsG, Rn. 9; *Kümpel,* in Assmann/Schneider, § 15 WpHG Rn. 79 ff., 89; *ders.,* Bank- und Kapitalmarktrecht, Rn. 16.297 ff.; Schäfer/*Geibel,* § 15 WpHG Rn. 114 ff.; *BAWe/Deutsche Börse*, Leitfaden, S. 46; *Hopt*, ZHR 159 (1995), S. 135 ff. (157 f.); *Fürhoff/Wölk*, WM 1997, S. 449 ff. (458); *Wittich*, AG 1997, S. 1 ff. (4); *Heinze*, S. 300 ff.; *Gehrt,* Ad-hoc-Publizität, S. 165 ff.; *Claussen,* Insiderhandelsverbot, Rn. 125 f.

[1120] Vgl. die Stellungnahmen des Ausschusses für Fragen der EG und des Wirtschaftsausschusses in ihrer Empfehlung zum ursprgl. Vorschlag einer BZR i.R. der Sitzung des Bundesrates v. 14. 5. 1976: im Falle von Unternehmen, die sich in Liquiditätsschwierigkeiten befinden, sollte eine Veröffentlichung nicht dazu führen, dass die Gläubiger ihre Forderungen sofort geltend machen und durch Abzug von Liquidität das Unternehmen schneller an den Rande des Konkurses getrieben wird. Den Unternehmen sollte die Chance verbleiben, Sanierungskonzepte auszuarbeiten, BR-Drs. 85/76, S. 4 f.; *v. Klitzing*, Ad-hoc-Publizität, S. 165.

hens eines derart bedeutenden Schadens jedoch erheblich eingeschränkt sein.[1121]

Eine Befreiung hat lediglich aufschiebende Wirkung. Die Veröffentlichungspflicht lebt auf, sobald die Umstände, die sich schädlich auswirken könnten, weggefallen sind, Informationen herauströpfeln oder der konkrete Verdacht besteht, dass aufgrund der Tatsache Insidergeschäfte getätigt worden sind.[1122]

## X. Art und Weise der Veröffentlichung

Die Veröffentlichung der Ad-hoc-Mitteilungen richtet sich nach den allgemeinen Vorschriften der Artt. 102 Abs. 1, 103 kodRL.[1123]

## XI. Ausblick

### 1. Verzicht auf eine allgemeine Vorschrift im Rahmen der Neuregelung

Ursprünglich war vorgesehen, im Rahmen der geplanten neuen Transparenzrichtlinie, die die laufenden und anlassbezogenen Pflichten börsennotierter Gesellschaften vereinigen soll, die Vorschrift zur Ad-hoc-Publizität zu aktualisieren und zu verbessern. Dies sollte zum Abbau der großen Unterschiede in den nationalen Vorschriften betreffend die Offenlegung kursrelevanter markt- und unternehmensbezogener Tatsachen führen, auf die der Rat der Weisen in seinem ersten Bericht hingewiesen hat.[1124] Die Generaldirektion Binnenmarkt schlug in ihrem Ersten Konsultationspapier vor, diese Vorschrift dahingehend zu ergänzen, dass das Merkmal der Erheblichkeit einer Tatsache der Definition der wesentlichen Information in den Prospektrichtlinien[1125] angeglichen wird. Dementsprechend sollte die Vorschrift in etwa lauten: „Der Emittent unterrichtet das Publikum unverzüglich über alle neuen Entwicklungen[1126] mit erheblichem kursbeeinflussenden Potential, die nicht allgemein bekannt sind, den Anlegern aber mitgeteilt werden müssen, damit diese sich in Kenntnis der Sachlage ein fundiertes Urteil über die Vermögens-, Finanz- und Ertragslage

[1121] Vgl. *Kümpel,* in: Assmann/Schneider, § 15 WpHG Rn. 80; Schäfer/*Geibel,* § 15 WpHG Rn. 115; *Cahn,* WM 1998, S. 272 ff. (273 f.); a.A. *Fürhoff/Wölk,* WM 1997, S. 449 ff. (458); *Dreyling/Schäfer,* Insiderrecht, Rn. 489 f. m.w.Nachw.

[1122] Vgl. *Kümpel,* in: Assmann/Schneider, § 15 WpHG Rn. 77, 88; *v. Klitzing,* Ad-hoc-Publizität, S. 179 f.

[1123] S.o. unter A. IV. 2. d) (VIII.) (2.), (3.).

[1124] Erster Bericht des Ausschusses der Weisen über die Reglementierung der Europäischen Wertpapiermärkte, Brüssel, 9.11.2000, S. 17.

[1125] Art. 21 Abs. 1 kodRL (vormals Art. 4 Abs. 1 der BZPR); Art. 11 Abs. 1 der Emissionsprospektrichtlinie; Art. 5 Abs. 1 des geänderten Vorschlags einer Prospektrichtlinie v. 9.8.2002, DOK KOM (2002) 460, S. 39.

[1126] Die Wortwahl ersetzt nicht den bisherigen Begriff der Tatsache, sondern resultiert aus einer Übersetzung des Konsultationspapiers aus dem Englischen, wo der Begriff „developments" verwendet wird. Dies entspricht der bisherigen englischen Fassung der Vorschrift.

und die Entwicklungsaussichten des Emittenten sowie über die mit den Wertpapieren verbundenen Rechte bilden können." Die Ausnahmevorschrift sollte unverändert bestehen bleiben.[1127]

Letztendlich hat man sich entschieden, die Ad-hoc-Publizität nicht in der neuen Transparenzrichtlinie, sondern innerhalb der geplanten Richtlinie über Insider-Geschäfte und Marktmanipulation (Marktmissbrauch) neu zu regeln.[1128]

Die ursprünglich geplante Formulierung lässt jedoch Rückschlüsse darauf zu, welche Funktion die Kommission der Ad-hoc-Publizität beimisst und bestätigt zugleich die These, dass diese Pflicht nicht allein der Ergänzung der Angaben der periodischen emittentenbezogenen Publizität in Form von Jahresabschluss, Lagebericht und Halbjahresbericht, sondern als kapitalmarktrechtliche laufende Publizitätspflicht insbesondere der Fortschreibung der kapitalmarktrechtlichen Emissionspublizität, also der Angaben im Prospekt dient und damit im Anwendungsbereich weit über die in den Jahresabschlüssen und Lageberichten enthaltenen Angaben hinausgeht.[1129] Dies stützt zugleich die weitere These, dass bei allen Tatsachen, die in einem Posten der emittentenbezogenen Kapitel der Prospektschemata zu erfassen wären, die unwiderlegliche Vermutung gilt, dass sie – unter Berücksichtigung der dort enthaltenen Wertungen – geeignet sind, den Kurs des Wertpapiers zu beeinflussen.[1130] Verunglückt erscheint und deshalb zu Recht kritisiert wurde die geplante Ausweitung der Vorschrift auf wertpapier- und marktbezogene Tatsachen.

**2. Keine speziellen Ad-hoc-Informationen**

Noch im zweiten Konsultationspapier waren statt einer allgemeinen Vorschrift für die neue Transparenzrichtlinie spezielle emittentenbezogene Ad-hoc-Informationspflichten vorgesehen. Diese wurden jedoch nicht in den Richtlinienvorschlag vom 26.3.2003 aufgenommen. Dennoch geben die vorgestellten Pflichten Aufschluss über eine sinnvolle Auslegung der allgemeinen Verpflichtung zur Ad-hoc-Publizität: Nach Vorstellung der Kommission sollte der Emittent Änderungen mitteilen hinsichtlich der Regelungen für Ernennung, Abberufung und Befugnisse der Mitglieder der Geschäftsführungs- und Aufsichtsorgane, deren Aktien und Aktienoptionen sowie deren Möglichkeiten, Wertpapiere zu emittieren. Ferner sollten Änderungen der Regelungen für die

[1127] Diesbezüglich wurde jedoch vorgeschlagen, die Bedingungen oder Leitlinien, unter denen die zuständige Behörde Ausnahmen bewilligen kann, zu harmonisieren. Erstes Konsultationspapier, S. 7f., 13f.

[1128] Zweites Konsultationspapier, S. 7f.; s.u. 3.; vgl. die Kritik an der ursprgl. geplanten Regelung: Zusammenfassung der Antworten zum Ersten Konsultationspapier, S. 9f., www.europa.eu.int/comm/ internal_market/en/finances/mobil/transparency.pdf; *Mülbert*, WM 2001, S. 2085ff. (2102 Fn. 145).

[1129] S.o. unter VIII. 4. (I.) (2.), (4.).

[1130] S.o. unter VIII. 4. (III.) (1).

Inhaber besonderer Kontrollrechte und deren Stellvertreter offenbart werden; ebenso Änderungen der Regelungen für Beteiligungen von Arbeitnehmern, sofern diese die Stimmrechte einheitlich durch einen Dritten ausüben. Schließlich sollten Änderungen der Regelungen für die Bevollmächtigung einer Person oder Stelle zur Emission von Wertpapieren im Auftrag des Emittenten bekannt gemacht werden.[1131]

Diese ursprünglich geplanten neuen Informationspflichten stimmen überwiegend mit den im jüngsten Vorschlag einer Richtlinie betreffend Übernahmeangebote vorgesehenen zusätzlichen Pflichtangaben in den Lageberichten börsennotierter Gesellschaften überein, die Aspekte der Corporate Governance berühren. Es wäre sinnvoll, durch Veröffentlichung dieser Informationen als Ad-hoc-Mitteilungen die dort alljährlich zu veröffentlichenden Informationen auch während des Jahres punktuell zu aktualisieren und dem Publikum zur Verfügung zu stellen.[1132]

### 3. Richtlinie über Marktmissbrauch

Mit der neuen Marktmissbrauchsrichtlinie vom 28. 1. 2003 sind Änderungen für die derzeitige Regelung der Ad-hoc-Publizität verbunden:

#### *a) Gesetzgebungsverfahren*

Die Kommission hat am 30. 5. 2001 einen Vorschlag für eine Richtlinie über Insider-Geschäfte und Marktmanipulation (Marktmissbrauch) vorgelegt.[1133] Am 22. 11. 2001 hat die EZB eine Stellungnahme zu dem Richtlinienvorschlag abgegeben.[1134] Im Rat konnte am 13. 12. 2001 eine politische Einigung über den Richtlinienvorschlag erzielt werden. Der Wirtschafts- und Sozialausschuss hat am 17. 1. 2002 zu dem Richtlinienvorschlag Stellung genommen.[1135] Nach der Stellungnahme des Europäischen Parlaments am 14. 3. 2002 hat der Rat am 19. 7. 2002 einen Gemeinsamen Standpunkt festgelegt.[1136] Die Richtlinie wur-

---

[1131] Zweites Konsultationspapier, S. 3 f., Anhang I, S. 15.

[1132] Begründung, Art. 10 des Vorschlags einer Richtlinie betreffend Übernahmeangebote v. 2. 10. 2002, Mitteilung der Kommission, S. 9, 26 f.; s. o. A. 3. d) (V.).

[1133] Vorschlag für eine Richtlinie des Europäischen Parlaments und des Rates über Insider-Geschäfte und Marktmanipulation (Marktmissbrauch) v. 30. 5. 2001, DOK KOM (2001) 281; dazu *Weber*, EuZW 2002, S. 43 ff.

[1134] Stellungnahme der Europäischen Zentralbank v. 22. 11. 2001 auf Ersuchen des Rates der Europäischen Union zu dem Vorschlag für eine Richtlinie des Europäischen Parlaments und des Rates über Insider-Geschäfte und Marktmanipulation (Marktmissbrauch), ABl. EG Nr. C 24 E v. 26. 1. 2002, S. 8 ff.

[1135] Stellungnahme des Wirtschafts- und Sozialausschusses zu dem Vorschlag für eine Richtlinie des Europäischen Parlaments und des Rates über Insider-Geschäfte und Marktmanipulation (Marktmissbrauch), ABl. EG Nr. C 80 v. 3. 4. 2002, S. 61 ff.

[1136] Gemeinsamer Standpunkt (EG) Nr. 50/2002 vom Rat festgelegt am 19. 7. 2002 im Hinblick auf den Erlass der Richtlinie 2002/…/EG des Europäischen Parlaments und des Rates vom … über Insider Geschäfte und Marktmanipulation (Marktmissbrauch), ABl. EG Nr. C 228 E, S. 19 ff.

de am 28.1.2003 angenommen und trat am 12.4.2003 in Kraft. Sie muss bis zum 12.10.2004 umgesetzt werden.[1137]

*b) Ziel der Neuregelung*

Die Richtlinie ist eine Maßnahme im Rahmen der Umsetzung des „Aktionsplans für Finanzdienstleistungen." Zur Steigerung der Funktionsfähigkeit der Europäischen Kapitalmärkte und des Vertrauens der Anleger in diese bedarf es der Sicherung ihrer Integrität durch Aufstellung von verbindlichen Regeln für die Bekämpfung von Marktmissbrauch (Insidergeschäfte und Marktmanipulation). Der bestehende EU-Rechtsrahmen zum Schutz der Marktintegrität beschränkte sich bisher auf die Insider-Richtlinie, die den Missbrauch privilegierter Informationen verhindert. Demgegenüber handelt es sich um Marktmanipulation, wenn Anleger mittelbar oder unmittelbar in unangemessener Weise durch bestimmte Verhaltensweisen anderer Personen benachteiligt werden, z.B. durch die Verbreitung falscher oder irreführender Angaben oder eine verzerrende Einwirkung auf die Kursbildung, so dass die Chancengleichheit der Marktteilnehmer nicht mehr gewährleistet ist. Die neue Richtlinie gegen Marktmissbrauch aktualisiert die bestehenden Insiderregelungen und vereinigt sie mit neuen gemeinschaftsrechtlichen Regelungen gegen Marktmanipulation.[1138] Im Rahmen einer gemeinschaftsweiten Regelung zur Bekämpfung von Marktmissbrauch bildet diese Richtlinie die erste Stufe i.S. des neuen vierstufigen beschleunigten und flexiblen Rechtsetzungskonzepts, das im „Lamfalussy-Bericht" befürwortet wird.[1139] Sie enthält allgemeine Grundprinzipien. Diese werden auf der zweiten Stufe durch technische Umsetzungsmaßnahmen konkretisiert, die die Kommission im Wege des Regelungsverfahrens nach dem interinstitutionellen Komitologiebeschluss[1140] unter Mithilfe des EWA[1141] festlegt und festlegen wird.[1142]

---

[1137] Richtlinie 2003/6/EG des Europäischen Parlaments und des Rates vom 28.1.2003 über Insider-Geschäfte und Marktmanipulation (Marktmissbrauch), ABl. EG Nr. L 96 v. 12.4.2003, S. 16ff.

[1138] 2., 12., 15. Erwägungsgrund, Art. 1 Abs. 2 der Marktmissbrauchsrichtlinie, ABl. EG Nr. L 96 v. 12.4.2003, S. 16ff.; vgl. Begründung zum Richtlinienvorschlag v. 30.5.2001, DOK KOM (2001) 281, S. 1ff.., 6ff., 14f., 17, 19, 26f. Dazu *Mülbert,* WM 2001, S. 2085ff. (2102); eine Ausdehnung des Manipulationsverbots im deutschen Recht (vgl. § 88 BörsG) forderten bereits *Hopt/Baum,* in Hopt/Rudolph/Baum, Börsenreform, S. 287ff. (438ff.).

[1139] S.o. Erster Teil, Erstes Kapitel unter C. III.

[1140] Artt. 2, 5 des Beschlusses 1999/468/EG des Rates vom 28.6.1999, ABl. EG Nr. L 184 v. 17.7.1999, S. 23.

[1141] Vgl. Art. 6 des Beschlusses der Kommission Nr. 2001/538/EG v. 6.6.2001 zur Einsetzung des Europäischen Wertpapierausschusses, ABl. EG Nr. 191 v. 13.7.2001, S. 45.

[1142] 4.–9., 42., 43. Erwägungsgrund, Art. 17 der Marktmissbrauchsrichtlinie v. 28.1.2003, ABl. EG Nr. L 96 v. 12.4.2003, S. 16ff. Die Kommission hat gemeinsam mit dem Ausschuss der Europäischen Wertpapierregulierungsbehörden am 22.12.2003 bereits drei Rechtssetzungsakte zur Durchführung der Marktmissbrauchsrichtlinie erlassen:

Am Tag des Inkrafttretens der Richtlinie über Marktmissbrauch, dem 12. 4. 2003, sind die Insiderrichtlinie und die Vorschriften der kodRL zur Ad-hoc-Publizität aufgehoben worden.[1143]

*c) Auswirkungen auf die Verpflichtung zur Ad-hoc-Publizität*

Durch die Aufhebung der Insiderrichtlinie ist auch der Verweis in deren Art. 7 auf die Regelung der Ad-hoc-Publizität in Schema C Nr. 5 a) im Anhang der BZR (Art. 68 Abs. 1 kodRL) verschwunden. Stattdessen enthält Art. 6 Abs. 1 der Richtlinie zur Prävention von Insiderverstößen, die durch Ausnutzung oder Weitergabe einer Insider-Information begangen werden können folgende Vorschrift:[1144]

„Die Mitgliedstaaten sorgen dafür, dass alle Emittenten von Finanzinstrumenten Insider-Informationen, die sie unmittelbar betreffen, sobald als möglich der Öffentlichkeit bekannt geben."[1145]

Die durch Art. 7 der Insiderrichtlinie hergestellt Bifunktionalität der Ad-hoc-Publizität gemäß Schema C Nr. 5 a) BZR (Art. 68 Abs. 1 kodRL) ist zwar äußerlich nicht mher erkennbar, soll aber nach dem Willen der Kommission unverändet fortbestehen: die neue Vorschrift soll die Regelung der Ad-hoc-Publizität ersetzen.[1146]

*(I.) Änderung der Legaldefinition der Insider-Information*

Die Legaldefinition der Insider-Information wurde neu gefasst:

Gemäß Art. 1 Abs. 1 der Marktmissbrauchsrichtlinie ist eine Insider-Information „eine nicht öffentlich bekannte präzise Information, die direkt oder indirekt einen oder mehrere Emittenten von Finanzinstrumenten oder ein oder mehrere Finanzinstrumente betrifft und die, wenn sie öffentlich bekannt würde, geeignet wäre, den Kurs dieser Finanzinstrumente oder den Kurs

---

Verordnung Nr. 2273/2003 (...) zu Ausnahmeregelungen für Rückkaufprogramme und Kursstabilisierungsmaßnahmen, ABl. EG Nr. L 336 v. 23. 12. 2003, S. 33 ff.; Richtlinie 2003/124/EG (...) betreffend die Begriffsbestimmung und die Veröffentlichung von Insider-Informationen und die Begriffsbestimmung von Marktmanipulation, ABl. EG Nr. L 339 v. 24. 12. 2003, S. 70 ff.; Richtlinie (...) in Bezug auf die sachgerechte Darbietung von Anlageempfehlungen und die Offenlegung von Interessenkonflikten, ABl. EG Nr. 339 v. 24. 12. 2003, S. 73 ff.

[1143] Art. 20 der Marktmissbrauchsrichtlinie v. 28. 1. 2003, ABl. EG Nr. L 96 v. 12. 4. 2003, S. 16 ff. zum Ganzen *Wiesner,* BB 2001, Heft 44, Beilage 8, S. 6 f.; *Lepper/Stürwald,* ZBB 2002, S. 90 ff.; *von Ilberg/Neises,* WM 2002, S. 635 ff. (645 ff.).

[1144] Vgl. die Begründung des Vorschlags einer Richtlinie über Marktmissbrauch i.d.F. des Gemeinsamen Standpunkts des Rates v. 19. 7. 2002, ABl. EG Nr. C 228 E v. 25. 9. 2002, S. 19 ff. (24, 26); vgl. die ursprgl. Fassung der Kommission v. 30. 5. 2001, DOK KOM (2001) 281, S. 7 ff., 18 ff., 21.

[1145] Art. 6 Abs. 1 der Marktmissbrauchsrichtlinie v. 28. 1. 2003, ABl. EG Nr. L 96 v. 12. 4. 2003, S. 21. Der ursprgl. Vorschlag v. 30. 5. 2001 verzichtete dagegen auf jeglichen Emittentenbezug, DOK KOM (2001) 281, S. 19.

[1146] Zweites Konsultationspapier, S. 2, 7 f., Anhang I, S. 15.

sich darauf beziehender derivativer Finanzinstrumente erheblich zu beeinflussen."[1147]

In der Legaldefinition wurde das Wort *Wertpapier* durch *Finanzinstrument* ersetzt. Dementsprechend enthält die Richtlinie statt der bisherigen Bestimmung des Wertpapierbegriffs eine Legaldefinition des Finanzinstruments. Diese entspricht der Definition der „Instrumente" der WpDlR, erweitert um Warenderivate. Demnach zählen zu den Finanzinstrumenten neben Wertpapieren i.S. v. Art. 1 Nr. 4 WpDlR[1148] Investmentfondsanteile, Geldmarktinstrumente und diverse Derivate (Terminkontrakte, Swaps, Optionen etc.) sowie alle sonstigen Instrumente, die zum Handel auf einem geregelten Markt in einem Mitgliedstaat zugelassen sind oder für die ein Zulassungantrag gestellt wurde.[1149] Hinsichtlich des Begriffs des geregelten Marktes wird auf die Legaldefinition in Art. 1 Nr. 13 der WpDlR verwiesen. Dadurch werden bisherige Ungereimtheiten in den Begrifflichkeiten der Insiderrichtlinie und der WpDlR beseitigt.[1150]

*(II.) Vergleich mit der bisherigen Regelung*

Art. 6 Abs. 1 der Richtlinie hat einen erheblich weiteren Anwendungsbereich als die Verpflichtung zur Ad-hoc-Publizität, da sie den Kreis der publizitätspflichtigen Personen auf alle Emittenten von Finanzinstrumenten erstreckt.

Ebenso wie die von der Kommission im Rahmen des Ersten Konsultationspapiers ursprünglich geplante neue Formulierung verzichtet die Vorschrift auf

---

[1147] 16. Erwägungsgrund, Art. 1 Abs. 1 der Marktmissbrauchsrichtlinie v. 28. 1. 2003, ABl. EG Nr. L 96 v. 12. 4. 2003, S. 17, 20. Nach Art. 1 Abs. 1 der Durchführungsrichtlinie 2003/24/EG der Kommission v. 22. 12. 2003 ist eine Information dann als präzise anzusehen, wenn damit eine Reihe von Umständen gemeint ist, die bereits existieren oder bei denen man mit hinreichender Wahrscheinlichkeit davon ausgehen kann, dass sie in Zukunft existieren werden, oder ein Ereignis, das bereits eingetreten ist oder mit hinreichender Wahrscheinlichkeit in Zukunft eintreten wird, und diese Information darüber hinaus spezifisch genug ist, dass sie einen Schluss auf die mögliche Auswirkung dieser Reihe von Umständen oder dieses Ereignisses auf die Kurse von Finanzinstrumenten oder damit verbundenen derivativen Finanzinstrumenten zulässt. Nach Art. 2 Abs. 2 und 3 dieser Richtlinie wird die Informationspflicht nach Art. 6 Abs. 1 der Marktmissbrauchsrichtlinie auch dann erfüllt, wenn das Publikum unverzüglich über eine Reihe von Umständen oder ein Ereignis unterrichtet wird, selbst wenn dieses noch nicht förmlich festgestellt ist. Eine erhebliche Veränderung bzgl. einer bereits offengelegten Insider-Information ist unverzüglich nach dem Eintreten der Veränderung bekannt zu geben. ABl. EG Nr. L 339 v. 24. 12. 2003, S. 70 f.

[1148] Dies sind Aktien und andere Aktien gleichzustellende Wertpapiere, Schuldverschreibungen und sonstige verbriefte Schuldtitel, die auf dem Kapitalmarkt gehandelt werden können sowie alle anderen üblicherweise gehandelten Titel, die zum Erwerb solcher Wertpapiere durch Zeichnung oder Austausch berechtigen oder zu einer Barzahlung führen, mit Ausnahme von Zahlungsmitteln.

[1149] Art. 1 Abs. 3 der Marktmissbrauchsrichtlinie v. 28. 1. 2003, ABl. EG Nr. L 96 v. 12. 4. 2003, S. 21; vgl. Art. 1 Nr. 1 i.V.m. Abschnitt B im Anhang der WpDlR.

[1150] Art. 1 Nr. 4 der Marktmissbrauchsrichtlinie v. 28. 1. 2003, ABl. EG Nr. L 96 v. 12. 4. 2003, S. 21. Die bisherige Definition fand sich in Art. 1 Nr. 2 der Insiderrichtlinie.

die Merkmale „im Tätigkeitsbereich der Gesellschaft eingetreten" und „Auswirkungen auf die Vermögens- und Finanzlage oder den allgemeinen Geschäftsverlauf." Gegenüber der Definition der Insider-Information wird die Publizitätspflicht beschränkt auf emittentenbezogene Tatsachen, so dass wertpapier- oder marktbezogene Informationen ausgeschlossen werden. Ferner werden Tatsachen ausgeschlossen, die den Emittenten nicht unmittelbar betreffen.

Auf diese Weise wird die bisher bestehende Differenzierung zwischen dem weiten Umfang des Unterlassungsgebots, unter Ausnutzung von Insiderinformationen Wertpapiergeschäfte zu tätigen, und dem engeren Anwendungsbereich der Handlungspflicht der Emittenten, nur bestimmte Insiderinformationen mit Emittentenbezug als Ad-hoc-Meldung zu veröffentlichen, beibehalten.[1151] Trotz der Neuformulierung dürften weiterhin Prognosen nicht unter den Begriff der Information bzw. Tatsache fallen.

*(III.) Ausmaß der zu erwartenden Kursbeeinflussung*

Die Information müsste im Falle ihrer Bekanntgabe geeignet sein, den Kurs eines Finanzinstruments *erheblich* zu beeinflussen. Durch die Ersetzung des Wortes *beträchtlich* durch *erheblich* werden die Anforderungen an das Ausmaß der zu erwartenden Kursbeeinflussung nicht herabgesetzt.[1152] Die Worte *beträchtlich*, *wesentlich* und *erheblich* dürften synonym zu verstehen sein. Der unbestimmte Rechtsbegriff wird in der Durchführungsrichtlinie 2003/124/EG der Kommission dahingehend konkretisiert, dass dieses Merkmal dann vorliegt, wenn ein verständiger Anleger die Information wahrscheinlich als Teil der Grundlage seiner Anlageentscheidung nutzen würde.[1153]

Im Gegensatz zur bisherigen Rechtslage liegt eine Insiderinformation auch vor, wenn die Tatsache im Falle ihrer Bekanntgabe geeignet wäre, den Kurs etwaiger mit dem betreffenden Finanzinstrument verbundener derivativer Finanzinstrumente erheblich zu beeinflussen. Dies erscheint bedenklich, da in diesem Fall die Person, die die Information veröffentlichen muss, und der Emittent des abgeleiteten Finanzinstruments nicht identisch sein müssen. Der Pflichtige weiß unter Umständen gar nicht, welche Finanzinstrumente von dem von ihm emittierten Finanzinstrument abgeleitet sind. Praktisch wird aber eine relevante Kursbeeinflussung eines Derivats nur dann zu erwarten sein, wenn auch mit Kursveränderungen des originären Finanzinstruments zu rechnen ist, so dass der Emittent des letzteren schon deshalb publizitätspflichtig ist.

---

[1151] Vgl. *Hopt*, in: Bankrechtstag 1995, S. 3ff. (22).

[1152] In den Vorschlägen wurde noch das Wort „spürbar" verwendet; zuletzt Art. 1 Abs. 1 des Vorschlags einer Richtlinie über Marktmissbrauch i.d.F. des Gemeinsamen Standpunkts des Rates v. 19. 7. 2002, ABl. EG Nr. C 228 E v. 25. 9. 2002, S. 20, 23.

[1153] Sog. „reasonable investor test", Art. 1 Abs. 1 der Richtlinie 2003/124/EG der Kommission v. 22. 12. 2003 (…), ABl. EG Nr. L 339 v. 24. 12. 2003, S. 70.

*(IV.) Zeitpunkt der Veröffentlichung*

Die Veröffentlichung hat nicht – wie bisher – *unverzüglich* zu erfolgen, sondern *sobald als möglich*. Der Zeitpunkt der Veröffentlichung wird für den Fall der selektiven Weitergabe der Insider-Informationen durch Insider im Rahmen ihrer normalen Berufsausübung oder Aufgabenerfüllung in Art. 6 Abs. 3 der Richtlinie konkretisiert: Geben die Emittenten oder die in ihrem Auftrag oder für ihre Rechnung handelnden Personen die Information im normalen Rahmen der Ausübung ihrer Arbeit, ihres Berufs oder der Erfüllung ihrer Aufgaben an einen Dritten weiter, muss die Information im Falle der absichtlichen Weitergabe zeitgleich, im Falle der nicht absichtlichen Weitergabe unverzüglich der Öffentlichkeit vollständig und tatsächlich mitgeteilt werden. Dies gilt nicht, wenn die dritte Person dem Emittenten gegenüber hinsichtlich der Information zur Vertraulichkeit verpflichtet ist.[1154]

Diese Vorschrift soll eine gleichmäßige Information der Marktteilnehmer gewährleisten, wenn die Geheimhaltung von Insider-Informationen aufgrund ihrer zulässigen Weitergabe im Rahmen des normalen Geschäftsbetriebs nicht gewährleistet ist.[1155]

*(V.) Eigenmächtige Aufschiebung der Informationspflicht und Befreiungstatbestand*

Die Richtlinie sieht in Art. 6 Abs. 2 vor, dass der Emittent den Zeitpunkt der Bekanntgabe der Information auf eigene Verantwortung aufschieben kann, wenn er in der Lage ist, die Vertraulichkeit der Information zu gewährleisten und die Bekanntgabe den berechtigten Interessen des Emittenten schaden könnte. Dies gilt nicht, wenn die Unterlassung geeignet ist, die Öffentlichkeit irrezuführen. Die Mitgliedstaaten können in diesen Fällen eine Pflicht zur Unterrichtung der zuständigen Behörde vorsehen.[1156]

---

[1154] Art. 6 Abs. 3 UAbs. 1, 2 der Marktmissbrauchsrichtlinie v. 28. 1. 2003, ABl. EG Nr. L 96 v. 12. 4. 2003, S. 22. Vgl. die Begründung zum Kommissionsvorschlag v. 30. 5. 2001, DOK KOM (2001) 281 S. 8. Dieser sah vor, dass auch eine Weitergabe an Organisationen, die hauptsächlich Bonitätseinstufungen vornehmen, unschädlich sei, wenn die aufgrund der Information erstellte gesetzliche Bonitätsprüfung der Öffentlichkeit zugänglich gemacht würde.

[1155] Die gleichmäßige Anlegerinformation soll auch durch Art. 2 Abs. 4 der Durchführungsrichtlinie der Kommission 2003/124/EG v. 22. 12. 2003 gewährleistet werden. Danach soll die Veröffentlichung einer Insider-Information an das Publikum so zeitgleich wie möglich für alle Anlegerkategorien in den Mitgliedstaaten erfolgen. ABl. EG Nr. L 339 v. 24. 12. 2003, S. 71.

[1156] Art. 6 Abs. 2 der Marktmissbrauchsrichtlinie v. 28. 1. 2003, ABl. EG Nr. L 96 v. 12. 4. 2003, S. 21. Art. 3 der Durchführungsrichtlinie 2003/124/EG der Kommission v. 22. 12. 2003 nennt als Fallbeispiele laufende Verhandlungen, die die finanzielle Überlebensfähigkeit des Unternehmens betreffen, und mehrstufige Entscheidungen, wenn die Bekanntgabe der Information vor der Zustimmung eines anderen Organs zusammen mit der gleichzeitigen Ankündigung, dass diese Zustimmung noch ausstehe, die korrekte Bewertung der Informationen durch das Publikum gefährden würde. ABl. EG Nr. L 339 v. 24. 12. 2003, S. 71.

Schon der Wirtschafts- und Sozialausschuss hatte in seiner Stellungnahme zum Vorschlag einer Insiderrichtlinie von 1987 den Befreiungstatbestand in Art. 68 Abs. 1 UAbs. 2 kodRL kritisiert. Zum einen wurde bezweifelt, ob eine zuständige Behörde über die nötige Sachkenntnis, Erfahrung und Urteilsfähigkeit verfüge, die bereits für die betroffene Gesellschaft sehr schwierige Frage über einen Aufschub der Veröffentlichung zu lösen. Zum anderen vergrößere die Einschaltung einer Behörde den Personenkreis, der über die Insiderinformation verfügt. Daher erschiene es zweckmäßiger, der Gesellschaft selbst den Zeitpunkt für die Bekanntgabe zu überlassen. Die Behörde sollte für den Fall, dass sich im Nachhinein herausstellte, dass die Gesellschaft die Bekanntgabe in unzulässiger Weise hinausgezögert hat, mit Sanktionsbefugnissen ausgestattet werden.[1157]

Art. 6 Abs. 2 der Richtlinie entlastet den Emittenten von einem Antrag bei der Aufsichtsbehörde und diese von der schwierigen Interessenabwägung. Die Möglichkeit einer eigenverantwortlichen Nichtbefolgung einer Publizitätspflicht durch den Emittenten ist ein Novum im Europäischen Kapitalmarktrecht. Befreiungen oder Abweichungen sind normalerweise nur auf Antrag und nach Bewilligung durch die zuständigen Stellen möglich. Hier geht es allerdings nicht um eine gänzliche Befreiung von der Veröffentlichungspflicht, sondern lediglich um eine zeitliche Verzögerung, solange die Vertraulichkeit der Information gewährleistet werden kann.[1158] Im Übrigen entsprechen die Voraussetzungen für einen eigenverantwortlichen Aufschub – mögliche Schädigung von berechtigten Interessen des Emittenten und keine Irreführung des Publikums – denen der sonstigen Befreiungstatbestände im Europäischen Kapitalmarktrecht. Sobald die Vertraulichkeit der Information nicht mehr gewährleistet ist oder kein Schaden mehr droht, lebt die Verpflichtung nach Art. 6 Abs. 1 der Richtlinie zugunsten umfassender, gleichmäßiger Anlegerinformation wieder auf.[1159] Insofern verfolgen Art. 6 Abs. 2 und 3 der Richtlinie denselben Zweck.

[1157] Stellungnahme des Wirtschafts- und Sozialausschusses v. 16. 12. 1987 zum ursprgl. Kommissionsvorschlag einer Insiderrichtlinie, ABl. EG Nr. C 35 v. 8. 2. 1988, S. 22 ff. (24 f.); *Edwards*, EC Company Law, S. 328.

[1158] Diese Regelung wurde wohl in Anlehnung an die US-amerikanische „Disclose or obtain"-Formel, die die SEC zu der von ihr aufgrund Sec. 10 (b) Securities Exchange Act (1934) erlassenen Rule 10b–5 entwickelt hat und die von der Rechtsprechung übernommen wurde, geschaffen, *Krauel*, Insiderhandel, S. 121, 132, dort Fn. 574, 575.

[1159] Als Beispiel für eine Situation, in der der Emittent ein Interesse an einem Aufschub der Veröffentlichung haben kann, nennt die Kommission Gespräche über ein potenzielles Übernahmeangebot. Würden derartige Gespräche bekannt gegeben, bevor eine Vereinbarung zustande gekommen ist, könnte dies zu heftigen Kursschwankungen führen, die die Bestimmung eines angemessenen Preises für das Übernahmeangebot erschweren, Begründung zum Vorschlag einer Richtlinie über Marktmissbrauch v. 30. 5. 2001, DOK KOM (2001) 281, S. 9; ein solcher Fall würde gemäß der Verpflichtung zur Ad-hoc-Publizität schon nicht unter den Tatsachenbegriff fallen; s.o. unter VIII. 2. b) (II.).

Die neue Vorschrift ist aufgrund ihrer Flexibilität und ihrer „Emittentenfreundlichkeit", die von der Funktionstüchtigkeit der internen Geheimhaltungsstrukturen des Unternehmens („chinese walls") abhängig ist, zu begrüßen. Sie tritt neben den bisher geltenden Befreiungstatbestand, der im Kommissionsvorschlag einer neuen Transparenzrichtlinie erhalten bleiben soll. Jedoch sollen die Voraussetzungen für einen Dispens künftig im Komitologieverfahren festgelegt werden.[1160]

*(VI.) Hilfspflicht: Insiderverzeichnis*

Um die Einhaltung der Bestimmungen der Richtlinie zu fördern, müssen die Emittenten und die in ihrem Auftrag handelnden Personen ein laufend zu aktualisierendes Insider-Verzeichnis über die für sie tätigen Personen, die Zugang zu Insider-Informationen haben, führen und der Behörde übermitteln.[1161] Dies ist für die Aufsichtsbehörden besonders hinsichtlich der beim Emittenten beschäftigten oder von ihm beauftragten Personen interessant, da deren Personalien nicht – wie die der Leitungsorgane und der Inhaber wesentlicher Beteiligungen – im Wege der kapitalmarktrechtlichen Publizität veröffentlicht werden.[1162] Auch unter dem Gesichtspunkt des Anlegerschutzes ist diese neue Emittentenpflicht positiv zu beurteilen.

*(VII.) Art und Weise der Veröffentlichung*

Die Richtlinie regelt nur bruchstückhaft die Art und Weise der Veröffentlichung von Insider-Informationen durch die Emittenten: Die Mitgliedstaaten haben dafür zu sorgen, dass Emittenten alle Insider-Informationen, die sie der Öffentlichkeit mitteilen müssen, während eines angemessenen Zeitraums auf ihrer Website anzeigen. Dies hat „unbeschadet der Maßnahmen" zu erfolgen, die getroffen werden können, um der Publizitätsverpflichtung nach Art. 6 Abs. 1 der Richtlinie Folge zu leisten. Im Übrigen wird die Regelung der Bekanntgabe durch Durchführungsmaßnahmen auf die zweite Stufe des Regelungskonzepts verlagert, damit schnell und flexibel auf die sich ändernden Bedürfnisse des Kapitalmarkts reagiert werden kann. Die Kommission hat hier mit Unterstützung des EWA entsprechende Vorschriften erlassen: Sie verweist auf die Artt. 102 Abs. 1, 103 kodRL.[1163] Diese Entsprechung zu den Veröffentli-

---

[1160] Art. 15 Abs. 2, 4 UAbs. 1 des Vorschlags einer neuen Transparenzrichtlinie v. 26. 3. 2003, DOK KOM (2003) 138, S. 55.

[1161] Art. 6 Abs. 3 UAbs. 3 der Marktmissbrauchsrichtlinie v. 28. 1. 2003, ABl. EG Nr. L 96 v. 12. 4. 2003, S. 22; vgl. die Begründung zum Kommissionsvorschlag v. 30. 5. 2001, DOK KOM (2001) 281, S. 8.

[1162] Anhang I, Schema A, B jeweils Kapitel 1, 6; Schema A Punkte 3.2.6, 3.2.7 kodRL; Artt. 86 Abs. 3, 91 kodRL (vormals Anhang Schema C Nr. 5 c) BZR; Art. 10 TR).

[1163] Art. 2 der Richtlinie 2003/124/EG der Kommission v. 22. 12. 2003 zur Durchführung der Richtlinie 2003/6/EG (…) betreffend die Begriffsbestimmung und die Veröffentlichung von Insider-Informationen und die Begriffsbestimmung der Marktma-

chungsmodalitäten bezüglich der periodischen und anlassbezogenen kapitalmarktrechtlichen Publizitätsvorschriften i.S. der kodRL ist zu begrüßen. Denn die Verpflichtung gemäß Art. 6 Abs. 1 der Marktmissbrauchsrichtlinie tritt – soweit sie Emittenten von Wertpapieren betrifft – an die Stelle der Ad-hoc-Publizität innerhalb des Systems der Regelpublizität.

## D. Beteiligungstransparenz: Informationen bei Änderung der Struktur bedeutender Beteiligungen

### I. Entstehungsgeschichte

#### 1. Konzernrechtlicher Ursprung

Die Verpflichtung von Aktionären, gegenüber der Gesellschaft den Erwerb oder die Änderung einer bedeutenden Beteiligung an ihrem Kapital zu offenbaren und die sich daran anschließende Publizitätsverpflichtung der Gesellschaft haben ihren Ursprung nicht im Kapitalmarktrecht. Vorschriften zur Mitteilung und Offenlegung von Beteiligungen finden sich auf Gemeinschaftsebene erstmals in den frühen Verordnungsvorschlägen über das Statut der Europäischen Aktiengesellschaft von 1970[1164] und 1975[1165] sowie in den Vorentwürfen einer Konzernrechtsrichtlinie der Kommission von 1974[1166] und 1984[1167]. Letztere gehören zu den aufwendigsten Vorhaben zur Angleichung der nationalen Gesellschaftsrechte, haben aber mangels Konsensfähigkeit bis heute nicht zur Vorlage eines Richtlinienvorschlags an den Rat, geschweige denn einer Annahme der besagten Vorschriften geführt.[1168] Während der Verordnungsvorschlag über

nipulation, ABl. EG Nr. L 339 v. 24. 12. 2003, S. 70. Darüber hinaus müssen die Mitgliedstaaten dafür sorgen, dass die Information vom Emittenten so veröffentlicht wird, dass das Publikum einen schnellen Zugang zu ihr erhält und eine vollständige, korrekte und rechtzeitige Bewertung der Lage vornehmen kann. Ferner muss sichergestellt werden, dass der Emittent nicht auf irreführende Art und Weise die Veröffentlichung der Information für das Publikum mit der Vermarktung seiner Tätigkeit verbindet. Vgl. Art. 6 Abs. 1. UAbs. 2, Abs. 10 1. Gedankenstrich i.V.m. Art. 17 Abs. 2 der Marktmissbrauchsrichtlinie v. 28. 1. 2003, ABl. EG Nr. L 96 v. 12. 4. 2003, S. 21 f., 25.

[1164] Artt. 47 Abs. 5 S. 2, 191 Nr. 4 des ursprgl. Kommissionsvorschlags einer SE-VO v. 30. 6. 1970, DOK KOM (1970) 150.

[1165] Artt. 46a, 191 Nr. 3 des geänderten Kommissionsvorschlags einer SE-VO v. 30. 4. 1975, DOK KOM (1975) 150, S. 96 f., 592 ff.

[1166] Artt. 18, 19 des Vorentwurfs einer neunten Richtlinie von 1974 (1. Teil) (Konzernrechtsrichtlinie), DOK. Nr. XI/328 74-D, abgedruckt bei *Lutter*, EuGesR, 2. Aufl. 1984, S. 188 ff.

[1167] Artt. 3–5 des Vorentwurfs einer neunten Richtlinie (Konzernrechtsrichtlinie) von 1984, DOK. Nr. III/1639/84, abgedruckt bei *Lutter*, EuUntR, 4. Aufl. 1996, S. 244 ff.; der Vorentwurf von 1974 enthält in Artt. 20–23 entsprechende Vorschriften für den Fall, dass Gesellschaften wechselseitig aneinander beteiligt sind.

[1168] *Lutter*, EuUntR, 4. Aufl. 1996, S. 240; *Raiser*, Kapitalgesellschaftsrecht, § 7 Rn. 32; *Hirte*, Kapitalgesellschaftsrecht, Rn. 40c; *Edwards*, EC Company Law, S. 390 f.; Diese

das SE-Statut von 1989 hinsichtlich der Beteiligungstransparenz immerhin noch auf die nationalen Umsetzungsvorschriften der kurz zuvor verabschiedeten Transparenzrichtlinie und hinsichtlich des Konzernrechts auf das Recht des jeweiligen Sitzstaates verweist[1169], finden sich weder im Verordnungsvorschlag von 1991[1170] noch in der verabschiedeten Fassung von 2001[1171] Vorschriften über die Transparenz der Beteiligungsverhältnisse.

### 2. Mit der konzernrechtlichen Beteiligungstransparenz verfolgte Ziele

Angesichts der wirtschaftlichen Bedeutung von durch Kapitalbeteiligungen miteinander verbundenen Aktiengesellschaften und als Ausdruck eines in allen Mitgliedstaaten zunehmend verwirklichten grundsätzlichen rechtspolitischen Anliegens nach Transparenz der Herrschaftsverhältnisse innerhalb von Unternehmen sah es die Kommission als notwendig an, im Interesse der Aktionäre, Gläubiger, Arbeitnehmer und der Allgemeinheit die Besitz- und Machtverhältnisse in Unternehmenszusammenschlüssen durch eine möglichst weitgehende Offenlegung transparent zu halten, insbesondere jeden Aktionär, der in einer Aktiengesellschaft Einfluss ausüben kann, namhaft zu machen. Die Offenlegungsverpflichtung der Gesellschaften bzw. der S.E. sollte dazu dienen, der Öffentlichkeit ein hinreichend aussagekräftiges Bild der Beteiligungsverhältnisse zu vermitteln und durch die Koordinierung mittels der Konzernrechtsrichtlinie ein Mindestmaß an Gleichwertigkeit in der Gemeinschaft sicherzustellen.[1172]

Einen Beitrag zur Transparenz der wirtschaftlichen und finanziellen Verhältnisse innerhalb der Unternehmenszusammenschlüsse leisten bereits die nach der siebten Richtlinie aufzustellenden konsolidierten Jahresabschlüsse.[1173]

---

„neunte Richtlinie auf dem Gebiet des Gesellschaftsrechts" sollte zur Wahrung der Interessen von Aktionären und Gläubigern insbesondere Begriffe wie „Vertragskonzern" und „faktischer Konzern" definieren, Grabitz/Hilf/*Troberg,* Bd. I (alt), Art. 54 EGV, Rn. 41; vgl. *Forum Europaeum Konzernrecht,* Konzernrecht für Europa, ZGR 1998, S. 672 ff.

[1169] Artt. 50, 114 des zweiten geänderten Vorschlags einer SE-VO v. 25. 8. 1989, ABl. EG Nr. C 263 S. 41 ff. (52); die Offenlegung der Beteiligungsverhältnisse an einer SE sollte also nur stattfinden, wenn die Aktien der SE zur amtlichen Notierung zugelassen sind. Interessant in diesem Zusammenhang ist auch der Verweis in Art. 55 dieses Vorschlags auf die BZPR und die Emissionsprospektrichtlinie im Falle der Zulassung der Aktien der SE zur amtlichen Notierung bzw. eines öffentlichen Angebots.

[1170] Dritter geänderter Vorschlag einer SE-VO v. 16. 5. 1991, ABl. EG Nr. C 176 v. 8. 7. 1991, S. 1 ff., abgedruckt bei *Lutter,* EuUntR, 4. Aufl. 1996, S. 724 ff.

[1171] SE-VO v. 8. 10. 2001, ABl. EG Nr. L 294 v. 10. 11. 2001, S. 1 ff.; vgl. dazu *Schwarz,* ZIP 2001, S. 1847 ff.

[1172] Begründung zu Art. 46a des geänderten Vorschlags einer SE-VO v. 30. 4. 1975, DOK KOM (1975) 150, S. 592 f.; 2. Erwägungsgrund des Vorentwurfs einer neunten Richtlinie (Konzernrechtsrichtlinie) von 1984.

[1173] S.o. unter A. IV. 1. b), e); Siebte Richtlinie vom 13. 6. 1983 (Richtlinie über den konsolidierten Abschluss) (83/349/EWG), ABl. EG Nr. L 193 v. 18. 7. 1983 S. 1 ff.; 5. Erwägungsgrund des Vorentwurfs einer Konzernrechtsrichtlinie von 1984.

### 3. Inhalt der Vorschriften

Im Wesentlichen unterscheiden sich die entsprechenden Vorschriften in den Vorschlägen zwischen 1970 und 1984 kaum; der Vorentwurf der Konzernrechtsrichtlinie von 1984 ist am ausgefeiltesten. Danach sollten Aktionäre, die nach einem Aktienerwerb mehr als 10% des gezeichneten Kapitals einer Gesellschaft unmittelbar oder mittelbar besaßen, verpflichtet sein, dies der Gesellschaft unter Angabe der Beteiligungshöhe und der damit verbundenen Stimmrechte innerhalb von zwei Wochen[1174] nach dem Erwerb unverzüglich anzuzeigen. Dasselbe sollte im Falle jedes weiteren Aktienerwerbs, der die Beteiligung um ansteigende Schwellensätze von jeweils 5%, also bei 15, 20, 25, etc. %, erhöht, erfolgen. Umgekehrt sollte eine Meldepflicht beim Unterschreiten einer dieser Schwellen bestehen.[1175]

Die Gesellschaft ihrerseits sollte verpflichtet werden, die Mitteilungen unter Angabe der Aktionäre, deren Kapitalanteile und Stimmrechte im Anhang ihres Jahresabschlusses aufzuführen.[1176] Ferner sollten die Gesellschaften jede Mitteilung über eine neue Beteiligung oder eine spätere Änderung der Beteiligung, die die Schwelle von 10%, 25%, 50%, 75% oder 90% des Kapitals über- oder unterschreitet, entsprechend den nationalen Umsetzungsvorschriften des Art. 3 der Publizitätsrichtlinie offen legen.[1177]

Vor diesem Hintergrund ist es besonders interessant, dass entsprechende Vorschriften in einem ganz anderen Bereich des Europäischen Privatrechts, dem Kapitalmarktrecht, harmonisiert werden konnten. Dies verwundert nicht, las-

---

[1174] Art. 46a Abs. 1 des geänderten Vorschlags einer SE-VO sah eine Frist von acht Tagen vor, DOK KOM (1975) 150 v. 30. 4. 1975, S. 96. Die Vorschläge einer SE-VO stellen nur auf den Kapitalanteil, unabhängig von den mit diesem verbundenen Stimmrechten ab. Dieselbe Verpflichtung bestand gemäß Art. 47 Abs. 5 S. 1 des ursprgl. Vorschlags bzw. Art. 46a Abs. 2 des geänderten Vorschlags einer SE-VO für eine S.E., die direkt oder durch ein abhängiges Unternehmen oder durch Dritte für ihre Rechnung insgesamt mit mehr als 10% am Kapital einer anderen Gesellschaft beteiligt war, gegenüber dieser Gesellschaft (Art. 46a Abs. 2). Die Modalitäten der Offenlegung der Beteiligung durch die Gesellschaft sollten dem nationalen Recht des Staates, dem diese Gesellschaft unterlag, vorbehalten sein; DOK KOM (1975) 150 v. 30. 4. 1975, S. 96, 99, 593.

[1175] Art. 3 des Vorentwurfs einer neunten Richtlinie (Konzernrechtsrichtlinie) von 1984; diese Vorschrift entspricht in etwa der Regelung in Art. 18 des Vorentwurfs (Teil I) von 1974. Jedoch kamen als Gesellschaften, an denen die Beteiligung bestand, nicht nur Aktiengesellschaften, sondern auch Kommanditgesellschaften auf Aktien und Gesellschaften mit beschränkter Haftung in Betracht.

[1176] So bereits Art. 191 Nr. 4 des Vorschlags einer SE-VO v. 30. 6. 1970, DOK KOM (1970) 150.

[1177] Art. 5 des Vorentwurfs einer neunten Richtlinie (Konzernrechtsrichtlinie) von 1984; diese Regelungen entsprechen in etwa denen des Art. 19 Abs. 2 und 3 des Vorentwurfs (Teil I) von 1974; vgl. Artt. 46a Abs. 3, 191 Abs. 1 Nr. 3 des geänderten Vorschlags einer SE-VO v. 30. 4. 1975, der eine Meldung bei jeder 5%-Schwelle sowie eine Veröffentlichung im „Europäischen Handelsregister" vorsah; DOK KOM (1975) 150, S. 96f., 330; *Werlauff*, S. 285, 300f.; *Behrens*, in: Dauses, Handbuch des EU-Wirtschaftsrechts, E. III. Rn. 92.

sen doch die kapitalmarktrechtlichen Publizitätsvorschriften die interne Struktur und die Rechte und Pflichten in Unternehmenszusammenschlüssen unberührt.

### 4. Erste kapitalmarktrechtliche Vorschriften

Im kapitalmarktrechtlichen Bereich findet sich auf Gemeinschaftsebene die Verpflichtung börsennotierter Gesellschaften zur Beteiligungstransparenz erstmals in den ersten beiden vom Rat im Börsensektor in den Jahren 1979 und 1980 erlassenen Richtlinien, der BZR und der BZPR, und zwar sowohl vor der Zulassung zur amtlichen Notierung als auch laufend während der Notierung. Die Regelungen sind sparsam und weniger konkret ausgestaltet als in den etwa fünf Jahre früher formulierten konzernrechtlichen Vorschriften:

Die Verpflichtung von Gesellschaften, vor Zulassung ihrer Aktien zur amtlichen Notierung die Beteiligungsverhältnisse an ihrem Kapital im Prospekt offen zu legen, fand sich im Anhang der BZPR in Schema A, Kapitel 3, das die Überschrift „Allgemeine Angaben über den Emittenten und sein Kapital" trägt.

Gemäß **Punkt** 3.2.7. muss ein Emittent, soweit es ihm bekannt ist, die Aktionäre benennen, die „direkt oder indirekt einen *Prozentsatz des Kapitals der Gesellschaft* halten, der von den Mitgliedstaaten auf nicht höher als 20% festgelegt werden darf." [1178]

Nach **Punkt** 3.2.6. ist ein Emittent verpflichtet, soweit es ihm bekannt ist, die natürlichen oder juristischen Personen anzugeben, die direkt oder indirekt, einzeln oder gemeinsam den Emittenten beherrschen oder beherrschen können.[1179] Dies hat unter Angabe des von ihnen gehaltenen *Kapitalanteils, der ein Stimmrecht verleiht*, zu erfolgen.[1180] „Eine gemeinsame Beherrschung liegt dann

[1178] Diese Regelung war bereits in den Kommissionsvorschlägen einer BZPR als Schema A Punkt 3.2.6. S. 2 bzw. S. 1 2. Hs. angelegt. Hier war vorgesehen unabhängig von der Beherrschungsmöglichkeit alle Aktionäre, die direkt oder indirekt mindestens 10% des Kapitals besaßen, anzugeben, sofern dieser Besitz allgemein oder dem Unternehmen bekannt war; ursprgl. Kommissionsvorschlag einer BZPR vom 5. 10. 1972, BR-Drucks. 566/72 S. 25 f.; geänderter Kommissionsvorschlag einer BZPR vom 1. 12. 1975, BT-Drucks. 7/4831 v. 5. 3. 1976 S. 18 f.

[1179] Eine ähnliche Verpflichtung ergibt sich aus Art. 11 Abs. 2 lit. c) a.E. der Emissionsprospektrichtlinie für den Emissionsprospekt im Falle des erstmaligen Angebots von Wertpapieren in einem Mitgliedstaat, wenn keine Zulassung zur amtlichen Notierung beantragt wird. Danach müssen, soweit bekannt, die Aktionäre angegeben werden, die in der Geschäftsführung des Emittenten unmittelbar oder mittelbar eine beherrschende Rolle ausüben oder ausüben können.

[1180] Diese Regelung war bereits in den Kommissionsvorschlägen einer BZPR unter Schema A Punkt 3.2.6. S. 1 bzw. S. 2 1. Hs. angelegt. Jedoch reichte die Beherrschungs*möglichkeit* nicht aus. Es musste der Kapitalanteil unabhängig von der damit verbundenen Stimmberechtigung angegeben werden; ursprgl. Kommissionsvorschlag einer BZPR vom 5. 10. 1972, BR-Drucks. 566/72 S. 25 f.; geänderter Kommissionsvorschlag einer BZPR vom 1. 12. 1975, BT-Drucks. 7/4831 v. 5. 3. 1976 S. 18 f.

vor, wenn mehrere Gesellschaften oder mehrere Personen untereinander eine Vereinbarung getroffen haben, die ihnen die Möglichkeit gibt, dem Emittenten gegenüber eine gemeinsame Politik zu verfolgen."[1181]

Während es bei der ersten Vorschrift auf die abstrakte Beherrschungsmöglichkeit allein aufgrund des gehaltenen erheblichen Kapitalanteils ankommt, ist im Rahmen der zweiten Vorschrift die konkrete Beherrschungsmöglichkeit unabhängig von einer bestimmten Beteiligungshöhe ausschlaggebend.

Die an diese Angaben anknüpfende laufende Informationspflicht fand sich in Schema C Nr. 5 c) im Anhang der BZR. Nach der *ursprünglichen Fassung* von 1979 musste die Gesellschaft das Publikum über Änderungen informieren, die sich gegenüber früher veröffentlichten Informationen bezüglich der Struktur (Besitz und Anteile) der *Haupt*beteiligungen an ihrem Kapital ergeben, sobald sie hiervon Kenntnis erlangt.[1182]

Die „früher veröffentlichten Informationen" sind insbesondere die entsprechenden Angaben im Prospekt sowie die aufgrund dieser Vorschrift gemachten Angaben.

Für Emittenten von Schuldverschreibungen sind weder in der BZPR noch in der BZR entsprechende Verpflichtungen enthalten, da die Inhaber von Schuldverschreibungen nicht am Eigenkapital der Gesellschaft beteiligt, sondern lediglich Gläubiger der Gesellschaft sind, mithin keine Gesellschafterstellung innehaben, mithilfe derer sie Einfluss auf die Gesellschaft ausüben könnten.

Die Entstehung dieser drei Verpflichtungen der Gesellschaft hängt davon ab, dass die Gesellschaft *Kenntnis* von den Inhabern der Beteiligungen an ihrem Kapital hat.

Deshalb wurde es als wichtig angesehen, dass die Gesellschaft jederzeit über die Besitzverhältnisse an ihrem Kapital informiert ist, damit die sich aus der BZPR und der BZR ergebenden Pflichten zur Entstehung gelangen.

Das konnte dadurch erreicht werden, dass die Inhaber einer bedeutenden Beteiligung an einer börsennotierten Gesellschaft verpflichtet werden, die Gesellschaft hierüber zu unterrichten. Zum Zeitpunkt der Vorarbeiten der Richtlinie (1985) bestanden nur in Frankreich, Großbritannien und Italien spezifische kapitalmarktrechtliche Regelungen, denen zufolge Aktionäre die Gesellschaft über bedeutende Änderungen in der Beteiligungsstruktur unterrichten

[1181] Diese Formulierung ähnelt Art. 2 des Vorentwurfs einer Konzernrechtsrichtlinie (Teil I) von 1974.

[1182] Auch in beiden Kommissionsvorschlägen einer BZR ist von „Hauptbeteiligungen" die Rede, DOK KOM (1975) 686 v. 23. 12. 1975, S. 29; DOK KOM (1976), 575 v. 3. 11. 1976, S. 43; die Formulierung wurde durch Art. 1 Abs. 4 TR in *bedeutende* Beteiligung geändert; der Wirtschafts- und Sozialausschuss hielt in seiner Stellungnahme zum ursprgl. Kommissionsvorschlag einer BZR die Aufnahme dieser Vorschrift für entbehrlich, da diese bereits im nationalen Recht der einzelnen Mitgliedstaaten vorgeschrieben sei, ABl. EG Nr. C 204 v. 30. 8. 1976 S. 5 ff. (10).

mussten. Diese Regelungen unterschieden sich stark in den Anwendungsmodalitäten. In den anderen Mitgliedstaaten bestanden auf diesem Gebiet nur bruchstückhafte oder überhaupt keine Regelungen.[1183] Diese erheblichen Unterschiede in den nationalen Rechten führten dazu, dass auch die den Anlegern in den einzelnen Mitgliedstaaten von den Gesellschaften zur Verfügung gestellten Informationen über die Beteiligungsstruktur beträchtlich voneinander abwichen. Infolgedessen war der von den einzelnen Wertpapiermärkten der Gemeinschaft gebotene Anlegerschutz nicht gleichwertig. Zur Erreichung eines gemeinschaftsweit gleichwertigen Anlegerschutzniveaus sah die Kommission eine Koordinierung der Vorschriften (Inhalt und Modalitäten) über die Unterrichtung des Publikums über Erwerb und Veräußerung bedeutender Beteiligungen an börsennotierten Gesellschaften als unerlässlich an. Man wollte das mit den ersten drei börsenrechtlichen Richtlinien verfolgte Informationskonzept vervollständigen, indem man den Inhalt der Vorschrift im Anhang, Schema C 5 c) der BZR präzisierte und deren Anwendung durch die Einführung einer Meldepflicht für Hauptaktionäre erleichterte.[1184]

Im „Zeitplan für die Vollendung des Binnenmarktes" im Anhang zum *Weißbuch* von 1985 sah die Kommission deshalb einen „Vorschlag für eine Richtlinie betreffend die bei dem Erwerb oder der Aufgabe eines bedeutenden Anteils am Kapital einer an der Börse notierten Gesellschaft zu veröffentlichenden Informationen" vor. Die Vorlage des Vorschlags an den Rat sollte im Jahre 1985, dessen Annahme 1988 erfolgen.[1185] Dieser Zeitplan wurde eingehalten.

## II. Regelungsgehalt der Transparenzrichtlinie

Aus den genannten Gründen wurde durch die am 12. 12. 1988 verabschiedete TR eine Meldepflicht für Erwerber und Veräußerer bedeutender Beteiligungen an börsennotierten Aktiengesellschaften gegenüber den Gesellschaften und den

---

[1183] 36. Erwägungsgrund kodRL (vormals 6. Erwägungsgrund TR); *Edwards,* EC Company Law, S. 291.

[1184] 34., 36. Erwägungsgrund kodRL (vormals 4. und 6. Erwägungsgrund TR); ursprgl. Kommissionsvorschlag einer TR v. 23. 12. 1985, Begründung, DOK KOM (1985) 791, S. 1 ff.; dazu *Edwards,* EC Company Law, S. 291; *Knobl/Opitz*, in: Griller, Banken im Binnenmarkt, S. 477 ff. (547); *Izquierdo*, S. 99. Der Bundesrat hielt die Regelung nicht für erforderlich i.S. des Art. 54 Abs. 3 lit. g) EGV. Zum einen sei die deutsche konzernrechtliche Meldepflicht gegenüber einem Unternehmen bei Erreichen einer Beteiligung von 25% und 50% in § 20 AktG ausreichend. Die Informationspflicht gegenüber dem Publikum sei wegen der Unerheblichkeit vieler der vorgesehenen Schwellenwerte für den Anlegerschutz nicht geeignet und führe zu Verwirrungen. Schließlich befürchtete man, dass kleinere und mittlere Unternehmen durch eine zusätzliche Publizitätspflicht von der Notierung ihrer Wertpapiere im amtlichen Marktsegment Abstand nähmen (vgl. oben unter B VII. 4. a), 5.), Beschluss des Bundesrates zum ursprgl. Kommissionsvorschlag einer TR, BR-Drucks. 43/86 v. 16. 5. 1986.

[1185] EG-Kommission, Vollendung des Binnenmarktes, Weißbuch der Kommission an den Europäischen Rat, Juni 1985, Anhang S. 33.

zuständigen Stellen eingeführt. Diese Verpflichtung ist als vorbereitende bzw. als Hilfsverpflichtung für die in Schema C Nr. 5 c) im Anhang der BZR bereits bestehende laufende Pflicht börsennotierter Gesellschaften zur Beteiligungstransparenz anzusehen.

Die zweite wesentliche Regelung der Richtlinie besteht in der Konkretisierung dieser Publizitätspflicht börsennotierter Gesellschaften.

Die Vorschriften der Richtlinie enthalten sehr weitreichende Berichts- und Offenlegungspflichten im Hinblick auf vollständige Transparenz betreffend die Kontrolle börsennotierter Gesellschaften in der EU.[1186]

Die TR ist in den Vorschriften der Artt. 85–97 kodRL aufgegangen, die laufende Pflicht aus Schema C Nr. 5 c) der BZR entspricht Art. 68 Abs. 3 kodRL und die Prospektangaben in Schema A Punkt 3.2.6. und 3.2.7. im Anhang der BZPR finden sich an entsprechender Stelle im Anhang I der kodRL.[1187]

## III. Mit der kapitalmarktrechtlichen Beteiligungstransparenz verfolgte Ziele

### 1. Information der Anleger über potenziell kursbeeinflussende Umstände

Die Veröffentlichung der Beteiligungsstruktur und deren Veränderungen durch die Gesellschaften informiert die Anleger über die Personen, die die Geschäftsführung einer Gesellschaft und die Unternehmenspolitik maßgeblich beeinflussen können. Sie erhalten die Möglichkeit, die Zusammensetzung der Aktionäre einer Gesellschaft zu verfolgen und sich eine genauere Vorstellung von der künftigen Entwicklung dieser Gesellschaft zu machen. Die Machtstrukturen innerhalb der Gesellschaft wirken sich auf den Aktienkurs und die Ertragschancen der von der Gesellschaft begebenen Wertpapiere aus und spielen daher eine entscheidende Rolle bei der Kauf-, Stillhalte- oder Verkaufsentscheidung der Anleger.[1188]

---

[1186] *Werlauff,* S. 285.

[1187] Die Transparenzrichtlinie wurde durch Art. 1 des 2. Finanzmarktförderungsgesetzes vom 26. 7. 1994 (BGBl. I, S. 1749 ff.) in §§ 21–30 WpHG, zuletzt geändert durch Gesetz v. 23. 7. 2002 (BGBl. I, S. 2778), umgesetzt. Maßgebliche Änderungen der Vorschriften erfolgten durch Art. 2 des Gesetzes zur Regelung von öffentlichen Angeboten zum Erwerb von Wertpapieren und von Unternehmensübernahmen v. 20. 12. 2001, das am 1. 1. 2002 in Kraft getreten ist, BGBl. I, S. 3822; vgl. dazu *Witt,* AG 2001, S. 233 ff.; *Geibel/Süßmann,* S. 668 ff.; zu kapitalmarktrechtlichen Beteiligungstransparenzvorschriften im deutschen Recht *Schäfer,* Auskunft über Beteiligungen, S. 34–46.

[1188] 33. Erwägungsgrund kodRL (3. Erwägungsgrund TR); ursprgl. Kommissionsvorschlag einer TR v. 23. 12. 1985, Begründung, DOK KOM (1985) 791, S. 2; *Heinze,* S. 79; *Edwards,* EC Company Law, S. 292; *Claussen,* Insiderhandelsverbot, Rn. 130; *Schuster,* S. 158.

### 2. Vorbeugung von Insiderverstößen

Die Veröffentlichung von Änderungen in der Beteiligungsstruktur ist nicht nur nützlich für die Anleger. Dadurch dass diese Umstände nicht einem engen Personenkreis vorbehalten bleiben, werden auch unkontrollierbare Gerüchte verhindert und der Missbrauch von Insider-Informationen bekämpft.[1189] Die Verpflichtung zur Beteiligungstransparenz stellt somit einen Spezialfall der Ad-hoc-Mitteilung dar.[1190] Damit dient sie zugleich der Gleichbehandlung der Anleger hinsichtlich des Zugangs zu anlagerelevanten Informationen.

Darüber hinaus existiert ein weiterer Bezug zum Verbot von Insidergeschäften: Gemäß Art. 2 Abs. 1 2. Gedankenstrich, Abs. 2 der Insiderrichtlinie sind die Mitgliedstaaten verpflichtet, Personen, die durch ihre Beteiligung am Kapital des Emittenten über eine Insiderinformation verfügen, zu verbieten, „unter Ausnutzung derselben […] Wertpapiere des […] Emittenten zu erwerben oder zu veräußern." Inhaber wesentlicher Beteiligungen, insbesondere herrschende Unternehmen, gehören also zum Kreis der Primärinsider.[1191] Durch die Meldung von Änderungen in der Beteiligungsstruktur werden also zugleich die potentiellen Täter von Insiderverstößen namhaft und offenkundig gemacht.

## IV. Mit der Meldepflicht der Aktionäre verfolgte Ziele

### 1. Bezüge zum Übernahmerecht

Eine enge Beziehung der Beteiligungstransparenz gemäß der Transparenzrichtlinie besteht zu den gemeinschaftsrechtlichen Vorhaben auf dem Gebiet des Übernahmerechts.[1192]

Bereits im *Wohlverhaltenskodex*[1193] von 1977 wird den Gesellschaften eine Informationspflicht gegenüber dem Publikum und den Aufsichtsbehörden in Fällen des mittelbaren oder unmittelbaren Transfers einer Beteiligung, die de fac-

---

1189 Ursprgl. Kommissionsvorschlag einer TR v. 23. 12. 1985, Begründung, DOK KOM (1985) 791, S. 2; *Edwards,* EC Company Law, S. 291; *Claussen,* Insiderhandelverbot, Rn. 130; *Schuster,* S. 158.

1190 S.o. unter C. VIII. 2. b) (III.); a.A. *Schneider,* in: Assmann/Schneider, vor § 21 WpHG Rn. 29 f.

1191 *Werlauff,* S. 281; *Siebold,* Insiderrecht, S. 130 f.; *Weber,* Insiderrecht, S. 134 f.; vgl. zur deutschen Umsetzung in § 13 Abs. 1 Nr. 2 WpHG *Kübler,* Gesellschaftsrecht, S. 396, 398; *Claussen,* Bank- und Börsenrecht, Rn. 91; *Becker,* WpHG, S. 60 f.; vgl. Art. 2 Abs. 1 lit. b) des Vorschlags einer Richtlinie über Marktmissbrauch v. 30. 5. 2001, DOK KOM (2001) 281, S. 18.

1192 *Claussen,* Bank- und Börsenrecht, § 9 Rn. 102. Auch im anglo-amerikanischen Rechtskreis ist die Beteiligungstransparenz ein Aspekt der Übernahmeproblematik, *Edwards,* EC Company Law, S. 291 f.

1193 Empfehlung der Kommission vom 25. 7. 1977 betreffend europäische Wohlverhaltensregeln für Wertpapiertransaktionen (77/534/EWG), ABl. EG Nr. L 212 v. 20. 8. 1977, S. 37 ff.

to oder de jure die Kontrolle über eine Gesellschaft ermöglicht, auferlegt.[1194] Diese Information soll alle Aktionäre in die Lage versetzen, ggfs. ihre Aktien zu gleichen Bedingungen zu verkaufen.[1195] Die konkrete Publizitätspflicht sollte also der Verwirklichung des allgemeinen Gleichbehandlungsgrundsatzes der Aktionäre dienen.[1196]

Ähnliches brachte die Kommission erneut in den beiden gescheiterten Vorschlägen sowie im jüngsten Vorschlag vom 2. 10. 2002 einer dreizehnten Richtlinie über Übernahmeangebote zum Ausdruck: Für den Fall, dass jemand eine Beteiligung an einer börsennotierten Gesellschaft erwirbt, die die Kontrolle über diese begründet, sollte ein gemeinschaftsweiter Mindestschutz für (Minderheits-) Aktionäre und Gläubiger gewährleistet und insbesondere die Gleichbehandlung der Aktionäre sichergestellt werden.[1197] Nach den Kommissionsvorschlägen soll der Aktionärsschutz vor allem durch ein Pflichtangebot des Erwerbers an die Minderheitsaktionäre erfolgen, um diesen den Ausstieg aus der Gesellschaft zu ermöglichen:[1198] Eine Person, die infolge eines Erwerbs Wertpapiere hält, die ihr unter Hinzuzählung der von ihr bereits gehaltenen Wertpapiere durch die damit verbundenen Stimmrechte[1199] die Kontrolle über die Gesellschaft verschaffen, sollte zur Abgabe eines Übernahmeangebots an die Minderheitsaktionäre verpflichtet sein.[1200]

---

1194 Begründung Nr. 12 B lit. e) i.V.m. Grundsätzen Nr. 17 S. 1, Nr. 18 der Empfehlung 77/534/EWG.

1195 Neben der Veräußerungsmöglichkeit können die Aktionäre auch durch andere gleichwertige Maßnahmen, z.B. die gesetzliche Begrenzung der Befugnisse des Hauptaktionärs, geschützt werden, vgl. Empfehlung (77/354/EWG) Begründung Nr. 11 C Abs. 2, Grundsatz Nr. 17 S. 2 a.E. der Empfehlung 77/534/EWG, ABl. EG Nr. L 212 v. 20. 8. 1977, S. 39, 43.

1196 Begründung Nr. 11 C Abs. 1 und 2; Grundsätze Nr. 3 2. Hs., 17 S. 2 der Empfehlung 77/534/EWG.

1197 2., 8. Erwägungsgrund, Art. 3 Abs. 1 a) des Richtlinienvorschlags betreffend Übernahmeangebote v. 2. 10. 2002, Mitteilung der Kommission, S. 13f., 18; 2., 3., 5., 13. Erwägungsgrund des geänderten Vorschlags für eine dreizehnte Richtlinie (...) über Übernahmeangebote i.d.F. des gemeinsamen Standpunktes des Rates vom 19. 6. 2000, ABl. EG Nr. C 23 v. 24. 1. 2001, S. 1 ff.; vgl. bereits 2.–4. Erwägungsgrund des geänderten Vorschlags vom 10. 9. 1990 (Richtlinie über Übernahmeangebote), ABl. EG Nr. C 240 v. 26. 9. 1990, S. 7 ff.; *Lutter*, EuUntR, S. 282; *Habersack* Rn. 339.

1198 Vgl. *Forum Europaeum Konzernrecht*, ZGR 1998, S. 672 ff. (725).

1199 Unter den Wertpapierbegriff i.S. der Takeover-Richtlinie fallen nur übertragbare Wertpapiere, die ein Stimmrecht verleihen, Art. 1 lit. e) des Richtlinienvorschlags betreffend Übernahmeangebote v. 2. 10. 2002, Mitteilung der Kommission, S. 18; so bereits Art. 2 lit. e) des geänderten Vorschlags einer dreizehnten Richtlinie (...) über Übernahmeangebote i.d.F. des Gemeinsamen Standpunkts des Rates vom 24. 6. 2000, ABl. EG Nr. C 23 v. 24. 1. 2001, S. 1 ff.

1200 8. Erwägungsgrund, Art. 5 Abs. 1, 7 des Richtlinienvorschlags betreffend Übernahmeangebote v. 2. 10. 2002, Mitteilung der Kommission, S. 14, 21 f.; gemäß dem zuletzt gescheiterten Vorschlag konnten die Mitgliedstaaten auch gleichwertige Schutzmechanismen vorsehen; Richtlinienvorschlag i.d.F. des gemeinsamen Standpunkts des Rates v. 19. 6. 2000, ABl. EG Nr. C 23 v. 24. 1. 2001, S. 1 ff.; dazu *Habersack* Rn. 339.

Die Bieter sollten verpflichtet werden, ihre Absicht, ein Angebot zu unterbreiten, so früh wie möglich bekannt zu geben, „um die Möglichkeit für Insidergeschäfte zu verringern".[1201] In der den Anlegern bekannt zu machenden Angebotsunterlage sollte unter anderem der (stimmberechtigte) Anteil an der Zielgesellschaft, den der Bieter und mit ihm gemeinsam handelnde Personen halten, angegeben werden.[1202]

Vor diesem Hintergrund besteht das Ziel der Meldepflichten von Hauptaktionären nach den hier untersuchten börsenrechtlichen Vorschriften auch darin, einen künftigen Bieter daran zu hindern, insgeheim über die Zeit eine ausreichende Beteiligung aufzubauen, um die ahnungslose Gesellschaft, die Aktionäre und den Markt urplötzlich mit einem Übernahmeangebot zu überfallen.[1203] Die Minderheitsaktionäre sollen im Falle von Konzernbildungen oder -veränderungen geschützt werden.[1204] Ferner sollen erhebliche Kursschwankungen vermieden und die Funktionsfähigkeit des Kapitalmarkts gewährleistet werden.[1205]

### 2. Bezug der Beteiligungstransparenz zur Europäischen Fusionskontrolle

Die Transparenzrichtlinie wird schließlich als Vorstufe für die im September 1990 verabschiedete und 1997 novellierte Fusionskontrollverordnung[1206]

[1201] 11. Erwägungsgrund, Art. 6 Abs. 1 des Richtlinienvorschlags betreffend Übernahmeangebote v. 2. 10. 2002, Mitteilung der Kommission, S. 14, 22 f.; so bereits 14. Erwägungsgrund, Art. 6 Abs. 1 des Vorschlags für eine 13. Richtlinie (...) über Übernahmeangebote i.d.F. des Gemeinsamen Standpunktes des Rates v. 19. 6. 2000, ABl. EG Nr. C 23 v. 24. 1. 2001, S. 1 ff.; ebenso 7. Erwägungsgrund, Art. 7 Abs. 1 des geänderten Vorschlags einer 13. Richtlinie v. 10. 9. 1990, ABl. EG Nr. C 240 v. 26. 9. 1990, S. 7 ff., abgedruckt bei *Lutter*, EuUntR, 4. Aufl. 1996, S. 288 ff.

[1202] Art. 6 Abs. 3 lit. f) des Richtlinienvorschlags betreffend Übernahmeangebote v. 2. 10. 2002, Mitteilung der Kommission, S. 23; so bereits Art. 6 Abs. 3 lit. f) des Richtlinienvorschlags i.d.F. des Gemeinsamen Standpunkts des Rates vom 19. 6. 2000, ABl. EG Nr. C 23 v. 24. 1. 2001, S. 1 ff. Hier werden nur Mindestanforderungen aufgestellt; noch viel konkreter in Art. 10 Abs. 1 lit. e) und f) des geänderten Richtlinienvorschlags vom 10. 9. 1990, wonach auch alle zuzurechnenden Stimmrechte und die von anderen Personen gehaltene Anteile an der bietenden Gesellschaft angegeben werden sollten; *Behrens*, in: Dauses, Handbuch des Europäischen Wirtschaftsrechts, E. III. Rn. 93.

[1203] Dies entspricht dem Hauptziel der in Großbritannien seit 1967 bestehenden Verpflichtung zur Beteiligungstransparenz, *Edwards*, EC Company Law, S. 291 f.; Schäfer/*Opitz*, vor §§ 21–30 WpHG, Rn. 8 ff.

[1204] *Lutter*, EuUntR, 4. Aufl. 1996, S. 287.

[1205] 31. Erwägungsgrund kodRL (vormals 1. Erwägungsgrund TR); vgl. *Schneider*, in: Assmann/Schneider, vor § 21 WpHG Rn. 13, 19, 22 ff.

[1206] Verordnung vom 21. 12. 1989 über die Kontrolle von Unternehmenszusammenschlüssen (Nr. 4064/89/EWG), ABl. EG Nr. L 395 v. 30. 12. 1989 S. 1 ff. (FKVO), abgedruckt bei *Lutter*, EuUntR, 4. Aufl. 1996, S. 768 ff.; geändert durch VO Nr. 1310/97/EG v. 30. 6. 1997, ABl. EG Nr. L 180 v. 9. 7. 1997, S. 1 ff. Beachte die Verordnung (EG) Nr. 139/2004 des Rates v. 20. 1. 2004 über die Kontrolle von Unternehmenszusammenschlüssen (EG-Fusionskontrollverordnung), ABl. EG Nr. L 24 v. 29. 1. 2004, S. 1 ff. Sie ersetzt die bisherige FKVO mit Wirkung vom 1. 5. 2004 und findet auf nach diesem Zeitpunkt erfolgte Zusammenschlüsse Anwendung.

(FKVO) angesehen. An den Vorgaben der FKVO misst die Kommission Unternehmenszusammenschlüsse von gemeinschaftsweiter Bedeutung bzgl. des Kartell- und Missbrauchsverbots der Artt. 81, 82 EG (ex-Artt. 85, 86 EGV).[1207] Schon nach dem Vorentwurf einer Konzernrechtsrichtlinie sollten die Wettbewerbsregeln auf die vorgesehenen Konzernformen voll anwendbar sein.[1208] Ein „Unternehmenszusammenschluss" i.S. der FKVO kann dadurch entstehen, dass ein Unternehmen die unmittelbare oder mittelbare Kontrolle über ein anderes, i.d.R. mit ihm in Wettbewerb stehendes Unternehmen erlangt. Die Kontrolle kann auch durch den Erwerb einer Beteiligung an dem anderen Unternehmen erlangt werden. Denn durch die Ausübung der mit der Beteiligung verbundenen Stimmrechte kann das Wettbewerbsverhalten des anderen Unternehmens beeinflusst werden.[1209] Die Veröffentlichung der Beteiligungsstruktur kann somit dazu beitragen, wettbewerbswidrige Zusammenschlüsse aufzudecken.[1210]

## V. Die Meldepflicht der Aktionäre

Die Information des Publikums durch die Gesellschaft über Änderungen der Beteiligungsverhältnisse an ihrem Kapital hängt von der zeitlich vorgeschalteten Meldepflicht der Aktionäre ab. Daher ist es erforderlich, zunächst die Meldepflicht der Aktionäre darzustellen:[1211]

---

[1207] 6., 7., 10.,11., 13., 14. Erwägungsgrund FKVO.

[1208] 17. Erwägungsgrund des Vorentwurfs einer Konzernrechtsrichtlinie von 1984.

[1209] Art. 3 Abs. 1 lit. b), arg. ex Art. 3 Abs. 5 lit. a) FKVO, vgl. zum Begriff des Zusammenschlusses die Mitteilungen der Kommission, ABl. EG Nr. C 385 v. 31. 12. 1994, S. 5, S. 12; ABl. EG Nr. C 66 v. 2. 3. 1998, S. 5; vgl. den Bericht der Kommission an den Rat über die Anwendung der Verordnung über Unternehmenszusammenschlüsse, DOK KOM (2000) 399; vgl. das „Philipp Morris"-Urteil des EuGH – verb. RS 142 und 156/84, Urt.v. 17. 11. 1987, Slg. 1987, 4466; *Lutter,* EuUntR, 4. Aufl. 1996, S. 74 m.w.Nachw.; *Nagel,* Wirtschaftsrecht, S. 152 ff.

[1210] Gemäß Art. 14 Abs. 1 lit. a) und b) FKVO kann die Kommission gegen Unternehmen, die einen kontrollbedürftigen Unternehmenszusammenschluss nicht, nicht vollständig oder fehlerhaft nach Art. 4 FKVO anmelden, beträchtliche Geldbußen verhängen.

[1211] **Exkurs: Besonderheiten für Banken und Wertpapierfirmen**

Besondere Meldepflichten bzgl. der Beteiligungsstruktur, die weitgehend denen der Artt. 85 ff kodRL entsprechen, ergeben sich aus der 2. Bankrechtskoordinierungsrichtlinie und der WpDlR, (Zweite Richtlinie des Rates vom 15. 12. 1989 zur Koordinierung der Rechts- und Verwaltungsvorschriften über die Aufnahme und Ausübung der Tätigkeit der Kreditinstitute und zur Änderung der Richtlinie 77/780/EWG (89/646/EWG), ABl. EG Nr. L 386 v. 30. 12. 1989, S. 1 ff., abgedruckt bei *Lutter,* EuUntR, 4. Aufl. 1996, S. 332 ff.; Richtlinie des Rates vom 10. 5. 1993 über Wertpapierdienstleistungen (93/22/EWG), ABl. EG Nr. L 141 v. 11. 6. 1993, S. 23 ff., abgedruckt bei *Lutter,* EuUntR, 4. Aufl. 1996, S. 459). In diesem Bereich haben die Meldepflichten jedoch keine kapitalmarktrechtliche, sondern eine rein aufsichtsrechtliche Funktion: Die jeweils zuständigen Aufsichtsbehörden dürfen die Zulassung zur Aufnahme der Tätigkeit eines Kreditinstituts bzw. einer Wertpapierfirma nur erteilen, „wenn ihnen die Identität und der Beteili-

Art. 85 kodRL verpflichtet die Mitgliedstaaten, alle Personen einer Meldepflicht zu unterwerfen, die unmittelbar oder über eine zwischengeschaltete Person eine – noch zu definierende – Beteiligung an einer börsennotierten Gesellschaft erwerben oder veräußern, deren Sitz in einem Mitgliedstaat liegt, wenn dies zu einer Änderung in den Stimmrechtsverhältnissen führt.[1212] Art. 89 Abs. 1 UAbs. 1 kodRL[1213] enthält den die Meldepflicht begründenden Tatbe-

gungsbetrag der direkten oder indirekten Aktionäre oder Gesellschafter, die als juristische oder natürliche Person eine qualifizierte Beteiligung an dem Kreditinstitut bzw. der Wertpapierfirma halten, mitgeteilt wurden." Eine „qualifizierte Beteiligung" i.S. der Richtlinien ist das „direkte oder indirekte Halten von wenigstens 10% des Kapitals oder der Stimmrechte oder die Möglichkeit der Wahrnehmung eines maßgeblichen Einflusses auf die Geschäftsführung" eines Kreditinstituts bzw. eines Wertpapierunternehmens (jeweils Art. 1 Nr. 10 UAbs. 1 der zweiten Bankrechtskoordinierungsrichtlinie bzw. der WpDlR). Die Behörden können die Zulassung verweigern bzw. nach der Zulassung sanktionierende Maßnahmen ergreifen, wenn sie der Auffassung sind, dass die betreffenden Personen nicht den Ansprüchen genügen, die im Interesse der Gewährleistung einer soliden und umsichtigen Führung des Kreditinstituts bzw. der Wertpapierfirma zu stellen sind, oder sich der Einfluss dieser Personen auf die Führung des Unternehmens schädlich auswirken könnte (Artt. 5, 11 Abs. 5 der 2. Bankrechtskoordinierungsrichtlinie; Artt. 4, 9 Abs. 5 WpDlR). Deshalb werden Personen, die beabsichtigen, direkt oder indirekt einen Anteil von 10%, 20%, 33% oder 50% der Stimmrechte oder des Kapitals an einem Kreditinstitut bzw. einer Wertpapierfirma zu halten, zu erwerben oder aufzugeben, verpflichtet, vorher die zuständigen Behörden darüber zu unterrichten; den Aufsichtsbehörden steht ein Einspruchsrecht zu (Art. 11 Abs. 1, 3, 5 2. UAbs. der 2. Bankrechtskoordinierungsrichtlinie; Art. 9 Abs. 1, 3, 5 2. UAbs. der WpDlR). Die Beteiligungsschwellen – mit Ausnahme der 2/3-Schwelle – entsprechen denen des Art. 89 kodRL. Ferner wird für deren Berechnung die Zurechnungsnorm des Art. 92 kodRL für anwendbar erklärt (jeweils Art. 1 Nr. 10 UAbs. 2 der 2. Bankrechtskoordinierungsrichtlinie bzw. der WpDlR).

Die Unternehmen sind ihrerseits verpflichtet, die Aufsichtsbehörden über die Beteiligungsstruktur an ihrem Kapital und deren Veränderungen regelmäßig zu unterrichten, sobald sie davon erfahren. Bezüglich der Möglichkeit der Kenntniserlangung verweisen die Richtlinien u. a. auf die im Rahmen der Pflichten börsennotierter Gesellschaften erhaltenen Informationen (Art. 11 Abs. 4 der 2. Bankrechtskoordinierungs-richtlinie; Art. 9 Abs. 4 der WpDlR). Damit wird Bezug genommen auf die Meldepflichten der Aktionäre gegenüber den börsennotierten Gesellschaften gemäß Art. 89 ff. kodRL.

Die Meldepflichten in den genannten Richtlinien erweitern die Pflicht zur Beteiligungstransparenz gemäß Art. 91 kodRL für die betroffenen Unternehmen in zweifacher Hinsicht: Erstens finden sie auf alle Kreditinstitute und Wertpapierfirmen Anwendung, unabhängig davon, welche Rechtsform sie haben und – falls es sich um Aktiengesellschaften handelt –, ob ihre Aktien zur amtlichen Notierung an einer mitgliedstaatlichen Börse zugelassen sind oder nicht. Zum anderen wird eine neue Meldepflicht gegenüber den Aufsichtsbehörden begründet, sofern die Mitgliedstaaten für die Durchsetzung der Artt. 85 ff. kodRL eine andere Behörde für zuständig erklärt haben als für die Durchsetzung der Bankrechtskoordinierungsrichtlinien und der WpDlR. Für die an den Unternehmen beteiligten Personen wird die Meldepflicht ebenfalls auf alle Rechtsformen erstreckt. Ferner wird die Meldepflicht zeitlich verlagert auf den Zeitpunkt *vor* der Transaktion.

[1212] Vormals Art. 1 Abs. 1 TR.

[1213] Vormals Art. 4 Abs. 1 UAbs 1 TR.

stand: Führt der Erwerb oder die Veräußerung einer Beteiligung an einer Gesellschaft dazu, dass der von der betreffenden Person gehaltene Anteil an den Stimmrechten die Schwellen von 10%, 20%, 1/3, 50% oder 2/3 erreicht, übersteigt oder unterschreitet, so muss die Person gleichzeitig die Gesellschaft und die zuständigen Stellen über den Anteil an den Stimmrechten unterrichten, den sie nach der Transaktion hält.[1214]

Die Richtlinie sieht die Veröffentlichung des von einer Person *effektiv* gehaltenen Anteils des stimmberechtigten Kapitals vor, wenn dieser Anteil nach einem Erwerb die maßgeblichen Schwellen erreicht oder übersteigt oder nach einer Veräußerung diese Schwellen unterschreitet. Es ist also nicht der bei einer Transaktion erworbene oder veräußerte Anteil zu melden und zu veröffentlichen, weil für die Möglichkeit der Einflussnahme auf die Geschäftstätigkeit der Gesellschaft allein der effektiv gehaltene Anteil am stimmberechtigten Kapital entscheidend ist.[1215]

Art. 89 kodRL nimmt Bezug auf drei Elemente: 1. den Kreis der meldepflichtigen Personen, 2. die Gesellschaft, die die betreffenden Wertpapiere emittiert und 3. den auf eine Beteiligung gerichteten Vorgang (Erwerb oder Veräußerung), der die Meldepflicht auslöst.[1216] Diese Elemente bedürfen der näheren Erläuterung:

### 1. Meldepflichtige Personen

Die Meldepflicht trifft nicht nur Gesellschaften, sondern alle juristischen Personen des öffentlichen und des privaten Rechts sowie natürliche Personen.[1217] Erfasst werden also auch Staaten und deren Gebietskörperschaften.[1218] Es ist unerheblich, ob diese Personen in einem Mitgliedstaat der EU oder in einem Drittstaat ansässig sind. Im letzteren Fall ist die Meldepflicht allerdings schwer durchzusetzen, da die meldepflichtigen Personen nicht der Staatsgewalt eines Mitgliedstaats unterfallen.[1219]

1214 Die Umsetzung erfolgte in § 21 Abs. 1 WpHG; die Überschneidungen mit den konzernrechtlichen Vorschriften in §§ 20 f. AktG wurden durch das Dritte Finanzmarktförderungsgesetz v. 24. 3. 1998, BGBl. I, S. 529, zugunsten eines Vorrangs wertpapierhandelsrechtlicher Mitteilungspflichten für börsennotierte Gesellschaften beendet (§§ 20 Abs. 8, 21 Abs. 5 AktG); *Weber,* NJW 2000, S. 3461 ff. (3462); *Schneider,* in: Assmann/Schneider, vor § 21 WpHG Rn. 43 ff.

1215 Ursprgl. Kommissionsvorschlag einer TR v. 23. 12. 1985, DOK KOM (1985) 791, S. 8.

1216 Vgl. *Edwards,* EC Company Law, S. 293.

1217 Der Vorschlag der Bundesrepublik, natürliche Personen zum Schutz ihrer Privatsphäre von der Meldepflicht auszunehmen, fand keine Berücksichtigung, zit. nach *Lutter,* EuUntR, 4. Aufl. 1996, S. 586 Fn. 5.

1218 Ursprgl. Kommissionsvorschlag einer TR v. 23. 12. 1985, Erläuterungen, DOK KOM (1985) 791, S. 3; *Edwards,* EC Company Law, S. 294.

1219 Die UK Stock Exchange sah die Gefahr, dass Anleger aus Drittstaaten ihre Identität nicht preisgeben und die Beteiligungen über zwischengeschaltete ausländische Banken erwerben oder veräußern würden; *Edwards,* EC Company Law, S. 294.

Da im Rahmen der Beteiligungstransparenz die Einflussnahmemöglichkeit mithilfe der Aktien im Vordergrund steht, ist für den Fall, dass der Erwerb oder die Veräußerung einer bedeutenden Beteiligung über Zertifikate, die Aktien vertreten, erfolgt, nicht der Aussteller der Zertifikate, sondern deren Inhaber meldepflichtig.[1220]

### 2. Die Gesellschaft als Objekt der Beteiligung

Die Meldepflicht nach Art. 89 Abs. 1 1. UAbs. i.V.m. Art. 85 Abs. 1 kodRL entsteht nur bei Beteiligungen an Gesellschaften, die dem Recht eines Mitgliedstaats unterliegen und deren Aktien an einer mitgliedstaatlichen Börse zur amtlichen Notierung zugelassen sind.

#### *a) Beschränkung auf Beteiligungen an börsennotierten Gesellschaften*

Beteiligungen an Gesellschaften, deren Aktien nicht zur amtlichen Notierung an einer mitgliedstaatlichen Börse zugelassen sind, fallen nicht in den Anwendungsbereich der Beteiligungstransparenz. Die Beschränkung auf Beteiligungen an amtlich notierten Gesellschaften wurde damit begründet, dass deren Aktien regelmäßig gehandelt werden und der Großteil des Publikums vorzugsweise in derartige Aktien investiert. Daher sei es sachgerecht, diese Gesellschaften umfassenderen Informationspflichten zu unterwerfen als nicht börsennotierte Gesellschaften.[1221] Ob das Handelsvolumen angesichts der heutigen Umsätze in den nachrangigen mitgliedstaatlichen Märkten ein geeignetes Argument für die Beschränkung auf das jeweils erste Marktsegment ist, erscheint zweifelhaft. Die Kommission dürfte sich tatsächlich wohl eher an der bis dahin verfolgten gemeinschaftsrechtlichen Informationspolitik, die der Rat durch die Verabschiedung der BZR, der BZPR und der HBR eingeleitet hatte, orientiert haben.[1222] Obwohl die Richtlinie auf Beteiligungen an börsennotierten Gesellschaften beschränkt ist, entsteht die Meldepflicht theoretisch auch dann, wenn die konkret erworbenen oder veräußerten Aktien nicht amtlich notiert sind. Diese Konstellation dürfte aufgrund des Zulassungsgebots in Artt. 49, 64 kodRL allerdings selten sein.[1223]

#### *b) Beschränkung auf Beteiligungen an Gesellschaften mit Sitz in der EU*

Die Beteiligungen an börsennotierten Gesellschaften, die nicht unter das Recht eines Mitgliedstaats der Gemeinschaft fallen, deren Aktien aber an einer mit-

---

[1220] Art. 85 Abs. 2 kodRL (vormals Art. 1 Abs. 2 TR); *Edwards,* EC Company Law, S. 296.

[1221] Ursprgl. Kommissionsvorschlag einer TR v. 23. 12. 1985, Erläuterungen, DOK KOM (1985) 791, S. 4.

[1222] Ursprgl. Kommissionsvorschlag einer TR v. 23. 12. 1985, Begründung, DOK KOM (1985) 791, S. 1 f., 4; *Edwards,* EC Company Law, S. 294 f.

[1223] *Edwards,* EC Company Law, S. 295; zum Zulassungsgebot s.u. Drittes Kapitel unter B.

gliedstaatlichen Börse zur amtlichen Notierung zugelassen sind, wurden von der Meldepflicht ausgenommen. Auf diese finden zwar die übrigen börsenrechtlichen Richtlinien Anwendung,[1224] der Anwendungsbereich der Vorschriften über die Beteiligungstransparenz ist jedoch auf Gesellschaften beschränkt, deren satzungsmäßiger Sitz in einem Mitgliedstaat liegt. Der Grund dafür besteht darin, dass den Inhabern bedeutender Beteiligungen an diesen Gesellschaften, soweit sie Angehörige von Drittstaaten und dort ansässig sind, nicht durch einen gemeinschaftsrechtlichen Rechtsakt eine rechtlich verbindliche Meldepflicht auferlegt werden kann. Dadurch ist es diesen Gesellschaften in der Regel mangels Kenntnis nicht möglich, ihre Beteiligungsverhältnisse offen zu legen. Die Publizitätspflicht gemäß Art. 91 kodRL sollte nach dem Willen des Gemeinschaftsgesetzgebers nur so weit reichen wie eine entsprechende Mitteilungspflicht der Beteiligungsinhaber gegenüber der Gesellschaft.[1225]

### 3. Transaktionen, die die Meldepflicht auslösen

Die Meldepflicht entsteht nicht nur beim Erwerb, sondern auch bei der Veräußerung einer Beteiligung, wenn die Transaktion zu einer relevanten Änderung der Stimmrechtsverhältnisse führt. Dies resultiert daraus, dass für die Anlageentscheidung die Information über den Erwerb einer bedeutenden Beteiligung durch eine bestimmte Person genauso relevant sein kann wie die Information, dass eine Person ihre Beteiligung an einer Gesellschaft verringert oder sich aus dieser ganz zurückzieht.[1226]

#### *a) Inhalt der Meldeverpflichtung gemäß Artt. 85 Abs. 1, 89 Abs. 1 kodRL*

Für die Meldepflicht i.S. der Artt. 85 Abs. 1, 89 Abs. 1 kodRL kommt es nicht auf den von einer Person im Anschluss an eine Transaktion gehaltenen Anteil am *Grundkapital* der Gesellschaft an, sondern auf den Anteil an den *Stimmrechten*. Stimmrechtslose Vorzugsaktien sind für die Beurteilung, ob eine der maßgeblichen Schwellen erreicht, über- oder unterschritten wurde, irrelevant.[1227] Dies resultiert daraus, dass allein die mit Stimmrecht ausgestatteten Aktien für die Einflussmöglichkeiten eines Großaktionärs auf die Geschäftsführung der Gesellschaft im Rahmen der Hauptversammlung entscheidend sind.[1228]

---

[1224] Dies ergibt sich aus dem 3. und 30. Erwägungsgrund sowie den Artt. 1 lit. a), 2 Abs. 1, 3 Abs. 1, 4 Abs. 1 kodRL (vormals 2. Erwägungsgrund, Art. 1 Abs. 1 BZR; Artt. 1 Abs. 1, 2 lit. c) BZPR; 6. Erwägungsgrund, Art. 1 Abs. 1 HBR).

[1225] Ursprgl. Kommissionsvorschlag einer TR v. 23. 12. 1985, Erläuterungen, DOK KOM (1985) 791, S. 4; 35. Erwägungsgrund kodRL (5. Erwägungsgrund TR); zur Meldepflicht von Gesellschaften aus Drittstaaten s.u. unter VI. 5.

[1226] Ursprgl. Kommissionsvorschlag einer TR v. 23. 12. 1985, Erläuterungen, DOK KOM (1985) 791 S. 5; vgl. zur deutschen Umsetzung in § 21 Abs. 1 S. 1 WpHG *Becker*, WpHG, S. 88.

[1227] *Lutter*, EuUntR, 4. Aufl. 1996, S. 586.

[1228] *Werlauff*, S. 285.

*b) Die Regelung in Art. 89 Abs. 2 kodRL*

Die Mitgliedstaaten sind gemäß Art. 89 Abs. 2 kodRL verpflichtet, erforderlichenfalls im Rahmen und nach Maßgabe ihrer Rechtsvorschriften im Einzelnen zu bestimmen, wie die meldepflichtigen Personen über die maßgeblichen Stimmrechte zu unterrichten sind.[1229]

Diese Vorschrift hat folgenden Hintergrund: Der ursprünglichen Richtlinienvorschlag von 1985 sah noch vor, dass die Meldepflicht dann ausgelöst werden sollte, wenn der Anteil am *Kapital* der Gesellschaft die maßgeblichen Schwellen erreichte, unter- oder überschritt. Dementsprechend sollte die betreffende Person der Gesellschaft lediglich den von ihr gehaltenen *Anteil am gezeichneten Kapital* mitteilen. Die Gesellschaft ihrerseits hatte daraufhin das Publikum sowohl über den ihr mitgeteilten Kapitalanteil als auch über den damit verbundenen *Anteil an den Stimmrechten* zu informieren, falls diese voneinander abwichen.[1230] Die Kommission war sich bewusst, dass diese Vorgehensweise nicht die optimale Lösung war, um die Anleger über die Personen zu informieren, die in der Lage wären, Einfluss auf die Geschäftsführung der Gesellschaft zu nehmen, da dafür allein der Anteil an den Stimmrechten entscheidend ist. Ob die für die Beschlussfassung auf der Hauptversammlung maßgeblichen prozentualen Anteile an den Stimmrechten erreicht, über- oder unterschritten wurden, wurde durch diese Art der Information aber gerade nicht gewährleistet. Dennoch schlug man mit Rücksicht auf den einzelnen Erwerber oder Veräußerer zunächst diesen Weg ein, weil dieser in einigen Fällen nicht in der Lage ist, den Prozentsatz der von ihm gehaltenen *Stimmrechte* zu ermitteln. Denn in einigen Ländern können die Satzungen der Gesellschaften bestimmen, dass bestimmte Aktien entweder vorübergehend oder ständig mit Mehrfachstimmrecht ausgestattet sind. Zudem können in einigen Ländern oder bei bestimmten Gesellschaften die Stimmrechte, über die eine einzelne Person verfügen kann, generell oder nach Abstimmungsgegenstand variierend begrenzt sein. Denn die gemeinschaftsrechtliche Prämisse, dass das Stimmrecht grundsätzlich dem Anteil am Kapital entsprechen muss, konnte bis heute nicht harmonisiert werden.[1231] Auch im Falle der Emission von Wandelschuldverschreibungen ist die Gesamtheit der Stimmrechte von der Anzahl der in Aktien umgewandelten Schuldverschreibungen abhängig. In diesen Fällen besteht bei

---

[1229] Vormals Art. 4 Abs. 2 TR.

[1230] Artt. 3, 8 Abs. 2 des ursprgl. Kommissionsvorschlags einer TR v. 23. 12. 1985, DOK KOM (1985) 791 Begründung S. 5 f., Text S. 3, 5; vgl. dazu *Werlauff,* S. 288 f.; *Edwards,* EC Company Law, S. 293.

[1231] Vgl. Art. 33 Abs. 1 des dritten geänderten Vorschlags einer Strukturrichtlinie v. 20. 11. 1991; Art. 92 Abs. 1 des Vorschlags einer SE-VO v. 16. 5. 1991. Dies wird auch dadurch deutlich, dass in der am 8. 10. 2001 verabschiedeten SE-VO für das Stimmrecht der Aktionäre in Art. 53 auf das Recht des Sitzstaats verwiesen wird; dazu *Schwarz*, ZIP 2001, S. 1847 ff. (1857); vgl. §§ 12, 134 Abs. 1 S. 2, 139 AktG, § 5 Abs. 1 EG AktG; zum Stimmrecht des Aktionärs s.u. Zweites Kapitel unter C. II. 2. c) (III.).

dem einzelnen Erwerber oder Veräußerer Unklarheit über die Gesamtheit der vorhandenen Stimmrechte, so dass er nicht in der Lage ist, den Prozentsatz seines eigenen Anteils an den Stimmrechten zu ermitteln.

In der verabschiedeten Version des Art. 89 Abs. 1 kodRL entschied man sich zugunsten des mit der Richtlinie verfolgten Ziels, die internen Machtverhältnisse von Gesellschaften offen zu legen, dazu, den Aktionär zur Angabe des *Anteils an den Stimmrechten* zu verpflichten. Um der geschilderten Problematik Rechnung zu tragen, wurde die in den Kommissionsvorschlägen noch nicht enthaltenen Vorschrift des Art. 89 Abs. 2 kodRL[1232] aufgenommen. Die Mitgliedstaaten müssen für die Fälle, in denen Kapital- und Stimmrechtsanteil auseinanderfallen können, durch nationale Regelungen dafür sorgen, dass die Meldepflichtigen in die Lage versetzt werden, ihren prozentualen Anteil an der Gesamtheit der Stimmrechte zu berechnen. Das kann beispielsweise dadurch geschehen, dass die Gesellschaften, denen es stets möglich ist, über das gesamte stimmberechtigte Grundkapital sowie etwaige Begrenzungen der Stimmrechte Auskunft zu geben, verpflichtet werden, die Aktionäre darüber zu informieren.

#### *c) Die Regelung in Art. 89 Abs. 1 UAbs. 3 kodRL*

In diesem Zusammenhang ist auch die Vorschrift des Art. 89 Abs. 1 UAbs. 3 kodRL entstanden: Die Mitgliedstaaten können bestimmen, dass die Gesellschaft vom Aktionär zusätzlich über den von ihm gehaltenen Anteil am Kapital zu unterrichten ist. In Ländern, in denen keine Proportionalität zwischen Kapital und Stimmrechten besteht, ist es zugunsten der Anlegerinformation sinnvoll, von dieser Ermächtigung Gebrauch zu machen. Denn diese Information müsste durch die Gesellschaft an das Publikum weitergeleitet werden (Art. 91 Abs. 1 kodRL).[1233]

Der Meldepflicht voraus geht der *Erwerb oder die Veräußerung* einer *Beteiligung* an einer börsennotierten Gesellschaft. Diese Begriffe bedürfen der Konkretisierung:

#### *d) Beteiligungsbegriff*

Zur Konkretisierung des Beteiligungsbegriffs bietet es sich an, auf andere sekundärrechtliche Vorschriften zurückzugreifen.

##### *(I.) Übertragbarkeit der Legaldefinitionen in Art. 17 der vierten Richtlinie und Art. 1 lit. f) kodRL*

Sowohl Jahresabschlussrichtlinie als auch die Prospektvorschriften der kodRL enthalten eine Legaldefinition der Beteiligung: Es handelt sich um „Anteile an

[1232] Vormals Art. 4 Abs. 2 kodRL.

[1233] S.u. unter VI. 3.; ohne Berufung auf die Ermächtigungsnorm *Werlauff*, S. 289; ähnlich zur ganzen Problematik *Edwards*, EC Company Law, S. 297 f.; der deutsche Gesetzgeber hat von dieser Befugnis in § 21 WpHG keinen Gebrauch gemacht.

anderen Unternehmen, die dazu bestimmt sind, dem eigenen Geschäftsbetrieb durch Herstellung einer dauernden Verbindung zu jenen Unternehmen zu dienen; dabei ist gleichgültig, ob die Anteile in Wertpapieren verbrieft sind oder nicht."[1234]

Art. 17 S. 2 der Jahresabschlussrichtlinie stellt ferner die unwiderlegliche Vermutung einer Beteiligung an einer anderen Gesellschaft auf, wenn der Anteil an ihrem Kapital über einem Prozentsatz liegt, der von den Mitgliedstaaten auf höchstens 20% festgesetzt werden darf. Im Jahresabschluss sind „Beteiligungen" in der Bilanz als Posten des Anlagevermögens aufzuführen und nähere Angaben zu den Unternehmen, an denen die Beteiligung besteht, im Anhang zum Jahresabschluss zu machen.[1235]

Der Prospekt enthält im Abschnitt, der Angaben über die Vermögens-, Finanz- und Ertragslage des Emittenten enthält, dieselben Informationen durch Wiedergabe der letzten aufgestellten Jahresabschlüsse sowie Erläuterungen über die Unternehmen, an denen die Beteiligungen bestehen.[1236]

Obwohl die Definition in Art. 1 lit. f) kodRL ihrem Wortlaut nach auf die gesamte Richtlinie anwendbar ist, ist zweifelhaft, ob sie sich auch auf die Vorschriften über die Beteiligungstransparenz bezieht. Denn diese Definition war vor der Kodifizierung in Art. 2 lit. f) BZPR enthalten und ausdrücklich auf deren Vorschriften beschränkt, und durch eine Kodifizierung wird der materielle Gehalt der betroffenen Vorschriften nicht verändert.[1237] Allerdings spricht die Voranstellung der Vorschrift innerhalb der „Begriffsbestimmungen" dafür, dass allen vier zusammengefassten Börsenrichtlinien nach dem Willen

[1234] Art. 17 S. 1 der Jahresabschlussrichtlinie, Art. 1 lit. f) kodRL; vgl. Art. 15 Abs. 2 der Jahresabschlussrichtlinie, wonach das Anlagevermögen die Vermögensgegenstände umfasst, die dazu bestimmt sind, dauernd dem Geschäftsbetrieb zu dienen. Nach Art. 3 Abs. 2 2. Gedankenstrich der Konzernbesteuerungsrichtlinie v. 23.7. 1990 (90/435/EWG) und Art. 4 Abs. 2 2. Gedankenstrich des Vorschlags einer Richtlinie über Zinsen und Lizenzen v. 6. 12. 1990 können die Mitgliedstaaten Gesellschaften von den Steuerbefreiungen ausnehmen, wenn sie nicht während eines ununterbrochenen Zeitraums von mindestens 2 Jahren im Besitz einer Beteiligung bleiben, aufgrund derer sie als Muttergesellschaft gelten; abgedruckt bei *Lutter*, EuUntR, 4. Aufl. 1996, S. 799 ff. bzw. 829 ff.

[1235] Je nachdem, welches Gliederungsschema für die Bilanz gewählt wird, werden die Posten „Beteiligungen" und „Anteile an verbundenen Unternehmen" auf der Aktivseite unter Anlagevermögen/Finanzanlagen oder Umlaufvermögen ausgewiesen, vgl. Art. 9 C III Nr. 3, D III Nr. 1 bzw. Art. 10 C III Nr. 1 und 3 der Jahresabschlussrichtlinie; zu den Definitionen dieser Begriffe vgl. Art. 15 Abs. 1 und 2 und Art. 17, nach denen es für die Zuordnung der Vermögenswerte zu Anlage- oder Umlaufvermögen auf deren Zweckbestimmung ankommt. Anlagevermögen umfasst die Gegenstände, die dazu bestimmt sind, dauernd dem Geschäftsbetrieb zu dienen. Entsprechendes gilt gemäß Art. 17 Abs. 1 der Konzernbilanzrichtlinie für den konsolidierten Abschluss.

[1236] Anhang I, Schema A und B jeweils 5. Kapitel Punkt 5.1.0. und 5.2. kodRL; nach Schema A Punkt 5.3. müssen auch die Unternehmen angegeben werden, von denen der Emittent mindestens 10% des Kapitals hält.

[1237] S.o. Erster Teil, Zweites Kapitel unter B. V.

des Gemeinschaftsgesetzgebers von vornherein dieselben Begriffe zugrunde liegen sollten. Möglicherweise lassen sich noch weitere Argumente dafür finden, dass die Legaldefinition auch im Rahmen der Artt. 85 ff. kodRL Gültigkeit hat.

Der Begriff der Beteiligung wird in der Jahresabschlussrichtlinie und in den Prospektvorschriften der kodRL nur verwendet, wenn es darum geht, dass die Gesellschaft, die zur Erstellung des Prospekts bzw. des Jahresabschlusses verpflichtet ist, die von ihr gehaltenen Anteile *am Kapital eines anderen* Unternehmens angeben muss.[1238] Die Vorschriften, die die Beteiligungstransparenz innerhalb des Prospekts regeln und von der Gesellschaft die Angabe der Personen und deren Anteile *an ihrem Kapital* verlangen (Anhang I, Schema A Punkt 3.2.6. und 3.2.7. kodRL)[1239], verwenden diesen Begriff nicht. Dies spricht zunächst gegen eine Übertragbarkeit der Legaldefinition.

Demgegenüber wird in Art. 68 Abs. 3 kodRL, der eine laufende Verhaltenspflicht enthält und an Stelle der Vorschrift in Schema C Nr. 5 c) im Anhang der BZR getreten ist, der Begriff der *bedeutenden Beteiligung* gebraucht. Dort geht es um die im Besitz von Aktionären befindlichen bedeutenden Anteile am Kapital der Gesellschaften. Die Vorschrift verpflichtet zur Veröffentlichung von Änderungen in der *Beteiligungs*struktur gegenüber „früher veröffentlichte(n) Informationen" und nimmt damit Bezug auf Anhang I, Schema A Punkt 3.2.6. und 3.2.7. kodRL. Daraus kann man schließen, dass die unterschiedliche Terminologie nicht bewusst erfolgte. Der ungeschriebene Verweis auf diese Normen überträgt den Beteiligungsbegriff der Prospektvorschriften (und damit auch der Jahresabschlussrichtlinie) in die Vorschrift des Art. 68 Abs. 3 kodRL. Da es ausschließlich um Beteiligungen an Aktiengesellschaften geht, werden – im Gegensatz zu der Definition in der Jahresabschlussrichtlinie und in Art. 1 lit. f) kodRL – allerdings nur in Aktien verbriefte Beteiligungen erfasst. Da die Transparenzrichtlinie, die in den Artt. 85–96 kodRL aufgegangen ist, wiederum den Inhalt der Vorschrift in Schema C Nr. 5 c) im Anhang der BZR (jetzt Art. 68 Abs. 3 kodRL) präzisieren sollte,[1240] gilt derselbe Beteiligungsbegriff auch für deren Anwendungsbereich.

*(II.) Dauernde Verbindung*

Kennzeichnend für eine Beteiligung im Sinne der Jahresabschlussrichtlinie und der kodRL ist somit, dass mit ihrem Erwerb oder Halten eine dauernde Verbindung zu dem betreffenden Unternehmen hergestellt oder aufrechterhalten werden soll, unabhängig davon, ob die börsennotierte Gesellschaft die Beteili-

---

[1238] Vgl. z.B. Artt. 9, 10 jeweils C III Nr. 3 (Bilanzposten unter Aktiva, Anlagevermögen, Finanzanlagen) der Jahresabschlussrichtlinie; Anhang I, Schema A und B jeweils Punkte 5.1.0. und 5.2. kodRL.

[1239] S.o. unter I. 4.

[1240] S.o. unter I. 4., II.

gung aktiv hält oder ihr Kapital passiv Gegenstand einer Beteiligung ist.[1241] Die Vermutung in Art. 17 Satz 2 der Jahresabschlussrichtlinie, dass eine Beteiligung in diesem Sinne bei einem Kapitalanteil vorliegt, den die Mitgliedstaaten auf nicht höher als 20% festsetzen dürfen, gilt für amtlich notierte Gesellschaften wegen Art. 85 Abs. 1 kodRL bereits ab einem Anteil von 10%.[1242]

Das kurzfristige Halten des Kapitalanteils mit dem Ziel der Weiterveräußerung reicht für eine Beteiligung nicht aus. Dies bestätigen verschiedene Vorschriften in den gesellschafts- und steuerrechtlichen Richtlinien.[1243] Beispielsweise braucht ein Unternehmen dann nicht in die Konzernbilanz eines Mutterunternehmens aufgenommen zu werden, wenn die Anteile an diesem Unternehmen ausschließlich zum Zwecke der Weiterveräußerung gehalten werden.[1244]

*(III.) Kapitalanteil oder „stimmberechtigter Kapitalanteil"*

Durch die Beteiligungstransparenz sollen die Anleger über die Personen informiert werden, die „zuweilen merklich oder maßgeblich die Führung einer Gesellschaft beeinflussen können".[1245]

Nach den Rechnungslegungsrichtlinien wird unwiderleglich vermutet, dass ein Unternehmen einen maßgeblichen Einfluss auf die Geschäfts- und Finanzpolitik einer Gesellschaft ausübt, wenn es am Kapital der Gesellschaft beteiligt ist und zugleich 20% oder mehr der Stimmrechte hält.[1246] In diesem Zusammenhang kommt es also auf den mit der Kapitalbeteiligung verbundenen Stimmrechtsanteil an, da der Einfluss eines Großaktionärs auf die Geschäfts-

---

[1241] Eine „umgekehrte" Definition einer „engen Verbindung" treffen Art. 1 5. Gedankenstrich der ersten Bankrechtskoordinierungsrichtlinie und Art. 1 Nr. 15 der WpDlR: Dabei handelt es sich um „eine Situation, in der zwei oder mehr natürliche oder juristische Personen verbunden sind durch a) Beteiligungen, d.h. das direkte Halten oder das Halten im Wege der Kontrolle von mindestens 20% der Stimmrechte oder des Kapitals an einem Unternehmen, oder b) Kontrolle, d.h. die Verbindung zwischen einem Mutterunternehmen und einem Tochterunternehmen in allen Fällen des Art. 1 Abs. 1 und 2 der Richtlinie (... über den konsolidierten Abschluss) oder ein gleichgeartetes Verhältnis zwischen einer natürlichen oder juristischen Person und einem Unternehmen."

[1242] Vgl. Anhang I, Schema A Punkt 5.3. kodRL, wonach im Prospekt auch die Unternehmen angegeben werden müssen, von denen der Emittent mindestens 10% des Kapitals hält.

[1243] Art. 13 Abs. 3 c) der Richtlinie über den konsolidierten Abschluss, Art. 3 Abs. 5 lit. a) der FKVO.

[1244] Art. 13 Abs. 3 c) der Richtlinie über den konsolidierten Abschluss; siehe auch deren Art. 5 (Befreiungsmöglichkeit für Beteiligungsgesellschaften); Art. 3 Abs. 5 lit. a) der FKVO.

[1245] Ursprgl. Kommissionsvorschlag einer TR, DOK KOM (1985) 791 v. 23. 12. 1985, Begründung S. 2.

[1246] Art. 59 Abs. 1 der Jahresabschlussrichtlinie in der durch Art. 45 der Richtlinie über den konsolidierten Abschluss geänderten Fassung; Art. 33 Abs. 1 S. 2 der Richtlinie über den konsolidierten Abschluss.

führung der Gesellschaft im Wesentlichen über seine Stimmrechte in der Hauptversammlung ausgeübt wird. Dementsprechend brauchen Unternehmen dann nicht in die Konsolidierung einbezogen zu werden, wenn erhebliche oder andauernde Beschränkungen die Ausübung der Rechte des Mutterunternehmens in Bezug auf das Vermögen oder die Geschäftsführung dieses Unternehmens nachhaltig beeinträchtigen.[1247]

Vor diesem Hintergrund stellt sich die Frage, ob im Hinblick auf das mit der Beteiligungstransparenz verfolgte Ziel der aus den Europäischen Bilanzvorschriften übernommene Beteiligungsbegriff dahingehend einzuschränken ist, dass nur solche Kapitalanteile zu erfassen sind, die mit Stimmrechten ausgestattet sind. Zu ihrer Beantwortung ist es hilfreich, erneut auf die vierte Richtlinie und die Prospektvorschriften der kodRL zurückzugreifen und zu untersuchen, welcher Zweck jeweils mit der Angabe der Beteiligungsverhältnisse verfolgt wird:

Sowohl Jahresabschlussrichtlinie als auch die Prospektvorschriften enthalten Regelungen, nach denen Beteiligungen anzugeben sind, die die börsennotierte Gesellschaft an *anderen* Unternehmen hält.[1248] Diese Angaben dienen dazu, die Vermögens-, Finanz- und Ertragslage der Gesellschaft nach dem Grundsatz des „true and fair view" darzustellen.[1249] Die Beteiligung an einem anderen Unternehmen ist ein Bestandteil des Anlagevermögens der Gesellschaft, der als Aktivposten in der Bilanz auszuweisen ist.[1250] Für die Beurteilung der Finanzlage der Gesellschaft ist die Werthaltigkeit dieses Vermögensgegenstandes von Bedeutung. Sie hängt von der wirtschaftlichen Situation des betreffenden Unternehmens ab, die sich unter Umständen am Aktienkurs ablesen lässt. Für die Bewertung der Beteiligung ist nicht maßgeblich, ob mit ihr Stimmrechte verbunden sind oder nicht. Es geht vor allem um deren Wert als Kapitalanlage, weniger um die damit verbundene Einflussmöglichkeit auf die Führung des betreffenden Unternehmens.[1251] Somit ist bei der Angabe von Beteiligungen, die die Gesellschaft an *anderen* Unternehmen hält, allein auf den Anteil am Grundkapital des betreffenden Unternehmens abzustellen, unabhängig von den damit verbundenen Stimmrechten.

---

[1247] Art. 13 Abs. 3 lit. a), aa) der Richtlinie über den konsolidierten Abschluss.

[1248] S.o. unter (I.); vgl. z.B. Artt. 9, 10 jeweils C III Nr. 3 Jahresabschlussrichtlinie (Bilanzposten unter Aktiva, Anlagevermögen, Finanzanlagen). Entsprechendes gilt gemäß Art. 17 Abs. 1 der Richtlinie über den konsolidierten Abschluss für den konsolidierten Abschluss; Anhang I, Schema A und B jeweils Punkt 5.1.0. und 5.2. kodRL; nach Schema A Punkt 5.3. müssen auch die Unternehmen angegeben werden, von denen der Emittent mindestens 10% des Kapitals hält.

[1249] 4. Erwägungsgrund, Art. 2 Abs. 3 Jahresabschlussrichtlinie; Art. 21 Abs. 1, Anhang I, Schema A und B jeweils Punkt 5.2.kodRL.

[1250] Artt. 9 C III Nr. 3, 10 C III Nr. 3, 15, 17 der Jahresabschlussrichtlinie.

[1251] Nach dem Bewertungsgrundsatz in Art. 35 Abs. 1 a) und c) aa) der Jahresabschlussrichtlinie sind Beteiligungen als Finanzanlagen mit den Anschaffungskosten oder – nach entsprechenden Wertberichtigungen – mit dem u.U. niedrigeren Wert am Bilanzstichtag anzusetzen.

Im Gegensatz zu den gesellschaftsrechtlichen Publizitätsvorschriften verlangen die in Rede stehenden kapitalmarktrechtlichen Vorschriften von börsennotierten Gesellschaften zusätzlich Angaben über die Inhaber und die Größe der Beteiligungen, die *an der Gesellschaft selbst* bestehen.[1252]

Dabei wird teilweise die Angabe der Aktionäre und deren Kapitalanteile verlangt (Anhang I, Schema A Punkt 3.2.7., Art. 68 Abs. 3 kodRL), teilweise sind die Personen unter Angabe ihres Kapitalanteils „der ein Stimmrecht verleiht" bzw. ihres „Anteils an den Stimmrechten" zu nennen (Anhang I, Schema A Punkt 3.2.6., Artt. 91 i.V.m. Art. 89 kodRL).

Diese Informationen erfüllen einen anderen Zweck: Sie dienen nicht der Beurteilung der Vermögensverhältnisse der börsennotierten Gesellschaft. Vielmehr ist entscheidend, inwieweit die Personen, die eine Beteiligung an der Gesellschaft halten, Einfluss auf deren Geschäftsführung nehmen können oder sogar die Möglichkeit haben, die Gesellschaft zu beherrschen. Denn davon kann die Entwicklung der Geschäftstätigkeit des Unternehmens und die Kursentwicklung der von ihr begebenen Wertpapiere abhängen.[1253] Daher kommt es bei den Informationen, die die Beteiligungsstruktur des Gesellschaftskapitals betreffen, vor allem auf die mit der Beteiligung verbundenen Stimmrechte an.

Da die kapitalmarktrechtlichen Vorschriften nicht genau zwischen Stimmrechtsanteil und Kapitalanteil differenzieren, soll auch der Beteiligungsbegriff insoweit nicht weiter eingegrenzt werden. Soweit in den Vorschriften nur auf den – meist bedeutenden – Kapitalanteil abgestellt wird, kommt es dem Gemeinschaftsgesetzgeber auf die dadurch vermittelte abstrakte Beherrschungsmöglichkeit, unabhängig von den damit verbundenen Stimmrechten an.[1254] Im Falle der gemeinschaftsweiten Durchsetzung des Prinzips der strengen Proportionalität zwischen Stimme und Kapital wird die Angabe des Kapitalanteils auch entsprechend aussagekräftig hinsichtlich der damit verbundenen Einflussnahmemöglichkeit sein. In den anderen Vorschriften wird – dem Zweck der Beteiligungstransparenz entsprechend – auf den konkreten Stimmrechtsanteil und die damit verbundene Herrschaftsmöglichkeit abgestellt.[1255]

Eindeutig hingegen äußert sich der jüngste Richtlinienvorschlag betreffend Übernahmeangebote, in dem Pflichten des Erwerbers von Kontrollbeteiligungen an börsennotierten Gesellschaften aufgestellt werden: Die Legaldefinition

[1252] S.o. unter (I.); Anhang I, Schema A Punkt 3.2.6. und 3.2.7. kodRL, Artt. 68 Abs. 3, 91 kodRL (vormals Anhang, Schema C Nr. 5 c) BZR, Art. 10 TR).

[1253] So finden sich die entsprechenden Posten im Prospekt denn auch im Kapitel „Allgemeine Angaben über den Emittenten und dessen Kapital".

[1254] S.o. unter I. 4.

[1255] Nicht differenziert zwischen „Kapitalanteil" und „stimmberechtigtem Kapitalanteil" wird hingegen in den entsprechenden Vorschriften für Banken und Wertpapierfirmen, vgl. Art. 1 5. Gedankenstrich der 1. Bankrechtskoordinierungsrichtlinie; Artt. 1 Nr. 10, 11 Abs. 1, 3 der 2. Bankrechtskoordinierungsrichtlinie; Artt. 1 Nr. 10, 9 Abs. 1, 3 der WpDlR.

des Wertpapierbegriffs schließt stimmrechtslose Wertpapiere vom Anwendungsbereich der Richtlinie aus.[1256]

Im Rahmen der TR wurde die dargelegte Begriffsungenauigkeit dadurch ausgeglichen, dass es für die Meldepflicht des Aktionärs allein darauf ankommt, ob infolge des Erwerbs oder der Veräußerung der Beteiligung sein *Anteil an den Stimmrechten* eine relevante Schwelle erreicht, über- oder unterschritten hat.

*e) Unmittelbare und mittelbare Beteiligung*

Eine weitere Korrektur des engen bilanzrechtlichen Beteiligungsbegriffs für die Zwecke der Beteiligungstransparenz erfolgt durch die Bestimmung der die Meldepflicht auslösenden Transaktion.

Unter den aus den Bilanzvorschriften übernommenen Beteiligungsbegriff, der eine Position im Anlagevermögen der Gesellschaft bezeichnet, fallen per definitionem nur solche Kapitalanteile, die im *Eigentum* der Gesellschaft stehen.

Nach Art. 85 Abs. 1 kodRL können Personen der Meldepflicht unterliegen, die „unmittelbar oder über eine zwischengeschaltete Person eine Beteiligung [...] erwerben oder veräußern". Die Eigentümerstellung wird nicht ausdrücklich verlangt.[1257]

Auch in Vorschriften anderer Rechtsakte, in denen es auf die mit der Beteiligung verbundene Einflussmöglichkeit auf die Führung des betreffenden Unternehmens ankommt, ist häufig von „direkter oder indirekter"[1258] bzw. „unmittelbarer oder mittelbarer"[1259] Beteiligung, Beherrschung(smöglichkeit) oder Kontrolle die Rede. Ebenso kann eine „indirekte" Wertpapiertransaktion durch

[1256] Art. 1 lit. e) des Richtlinienvorschlags v. 2. 10. 2002, Mitteilung der Kommission, S. 18; so bereits der geänderte Richtlinienvorschlag v. 10. 9. 1990 i.d.F. v. 19. 6. 2000, ABl. EG Nr. C 23 v. 24. 1. 2001, S. 1 ff.

[1257] Auch in Art. 1 Abs. 1 des geänderten Kommissionsvorschlags einer TR war noch vorgesehen, dass nur solche Personen meldepflichtig werden konnten, die eine bedeutende Beteiligung an einer Gesellschaft „als Eigentümer" erwarben oder veräußerten. Zweck dieser Klarstellung sollte sein, dass vom Anwendungsbereich der Richtlinie diejenigen Personen ausgeschlossen wurden, die für Rechnung einer anderen Person (z.B. einer Bank oder einer zwischengeschalteten Person) Beteiligungen erwerben oder veräußern, DOK KOM (1987) 422 v. 4. 9. 1987, S. 3, 6. Dies erscheint verwirrend, da auch für Rechnung einer anderen Person handelnde Personen zunächst im eigenen Namen Eigentum erwerben. Der Richtliniengeber wollte wohl eher ausdrücken, dass es darauf ankommt, dass die Beteiligung von der betreffenden Person „für eigene Rechnung" erworben wird.

[1258] Art. 34 Nr. 5 S. 3 der Richtlinie über den konsolidierten Abschluss (hier geht es um indirekten oder direkten „Besitz" der Anteile); Anhang I, Schema A Punkt 3.2.6. und 3.2.7. kodRL; Artt. 1 Nr. 10, 4, 9 WpDlR; Artt. 1 Nr. 10, 5, 11 der 2. Bankrechtskoordinierungsrichtlinie.

[1259] Art. 85 Abs. 1 kodRL; Art. 3 Abs. 1 b) FKVO; Art. 18 Nr. 1 des Vorentwurfs (Teil I) einer Konzernrechtsrichtlinie von 1974; Art. 3 Abs. 1 S. 1 des Vorentwurfs einer Konzernrechtsrichtlinie von 1984; Art. 24a der Kapitalrichtlinie.

einen Primärinsider ein verbotenes Insidergeschäft darstellen, wenn es in Ausnutzung einer Insiderinformation getätigt wird.[1260]

Art. 92 kodRL[1261] zählt Fallgruppen auf, in denen Stimmrechte den von der betreffenden Person „gehaltenen" Stimmrechten, die gemäß Art. 89 Abs. 1 kodRL für die Entstehung der Meldepflicht maßgeblich sind, gleichgestellt werden. Dies sind überwiegend[1262] Fälle, in denen die Stimmrechte mit im Eigentum Dritter stehenden Aktien verbunden sind, sie aber aufgrund von rechtlichen Beziehungen der betreffenden Person zu dem Dritten in ihrem eigenen Interesse ausgeübt werden können.[1263]

Dementsprechend rechnet auch Art. 3 Abs. 4 2. Gedankenstrich der FKVO für die Beurteilung der Kontrolle über ein Unternehmen (Anteils-)Rechte solchen Personen zu, die, „obwohl sie aus diesen Rechten oder Verträgen nicht selbst berechtigt sind, die Befugnis haben, die sich daraus ergebenden Rechte auszuüben."

Folglich kommt es für die Beurteilung einer Beteiligung, mit der die Einflussnahme auf die Geschäftsführung der Gesellschaft bezweckt ist, entscheidend darauf an, dass die betreffende Person die mit dem Kapitalanteil verbundenen Stimmrechte im eigenen Interesse ausüben kann.[1264] Es stellt sich die Frage, welche Stimmrechte im Einzelnen für die Meldepflicht gemäß Art. 89 kodRL relevant sind.

*(I.) Stimmrechte aus im Eigentum der betreffenden Person stehenden Aktien*

Zu berücksichtigen sind Stimmrechte, die von der betreffenden Person „gehalten" werden (Art. 89 Abs. 1 kodRL). Damit sind Stimmrechte gemeint, die mit im Eigentum der betreffenden Person stehenden Aktien verbunden sind (arg. ex-Art. 92 Abs. 1 kodRL).

Es fragt sich, ob als zusätzliche Voraussetzung die betreffende Person auch berechtigt sein muss, die Stimmrechte in ihrem eigenen Interesse auszuüben, also diesbezüglich keine Beschränkungen zugunsten einer anderen Person bestehen dürfen. Dies würde dem Ziel der Beteiligungstransparenz entsprechen,

---

1260 Art. 2 Abs. 1 der Insiderrichtlinie.

1261 Vormals Art. 7 TR.

1262 Mit Ausnahme der Sicherungsverwahrung gemäß Art 92 Abs. 1 lit. e) kodRL; dazu s.u. unter (II.) (3.) (c).

1263 Ausführlich zu den einzelnen Fallgruppen s.u. unter (II.) (3.); *Werlauff*, S. 285.

1264 Auf das (rechtliche) Eigentum an den Stimmrechten wurde noch im geänderten Kommissionsvorschlag einer TR v. 4. 9. 1987 abgestellt. Dementsprechend wurde für die Berechnung der Beteiligung unterstellt, dass die Stimmrechte von Treuhändern und Tochterunternehmen im Eigentum der betreffenden Person stehen, DOK KOM (1987) 422, S. 3, 7 f., vgl. die entsprechenden Anregungen des Wirtschafts- und Sozialausschusses in seiner Stellungnahme v. 2. 7. 1986 zum ursprgl. Kommissionsvorschlag einer TR, ABl. EG Nr. C 263 v. 20. 10. 1986, S. 1 f. (1) sowie die Änderungsvorschläge des Europäischen Parlaments in seiner Stellungsnahme zum ursprgl. Kommissionsvorschlag einer TR, ABl. EG Nr. C 125 v. 11. 5. 1987, S. 141 ff. (142 f.).

wonach (nur) solche Beteiligungen erfasst werden sollen, mit denen die betreffende Person tatsächlich Einfluss auf die Geschäftsführung der Gesellschaft nehmen kann. Dem stehen jedoch gewichtige systematische Erwägungen entgegen:

Art. 92 kodRL führt zahlreiche Fälle auf, in denen Stimmrechte, obwohl sie mit fremden Aktien verbunden sind, der betreffenden Person aufgrund bestimmter rechtlicher Beziehungen zum Eigentümer zugerechnet werden. Demgegenüber enthält die Richtlinie keine Vorschriften, die den umgekehrten Fall regeln, nach denen also Stimmrechte aus eigenen Aktien der betreffenden Person nicht zuzurechnen sind, weil sie aufgrund rechtlicher Beziehungen im Interesse eines Dritten ausgeübt werden müssen. Es ist nicht davon auszugehen, dass der Richtliniengeber derartige Regelungen unbeabsichtigt nicht getroffen hat.

Demnach wären also Stimmrechte, die mit im Eigentum der betreffenden Person stehenden Aktien verbunden sind, stets zu berücksichtigen, unabhängig davon, wem das Recht zur Ausübung der Stimmrechte zusteht.[1265]

*(1.) Das Problem der Doppelmeldungen*

Dagegen könnte man einwenden, dass dann stimmberechtigte Aktien, bei denen das Eigentum an der Aktie und das Recht, das Stimmrecht auszuüben, auseinander fallen, im Rahmen der Beteiligungstransparenz doppelt berücksichtigt würden: einmal bei der Berechnung des Stimmrechtsanteils des Eigentümers der Aktien und einmal bei der Berechnung des Stimmrechtsanteils der Person, in deren Interesse die Stimmrechte ausgeübt werden. Würden alle Aktionäre der Gesellschaft durch Zufall gleichzeitig meldepflichtig, würden die gemeldeten Stimmrechte insgesamt ggfs. mehr als 100% betragen.[1266]

Die Vorschriften über die Beteiligungstransparenz enthalten nur eine einzige Regelung, die dazu dient, auf diese Weise entstehende „Doppelmeldungen" zu vermeiden:[1267]

Nach Art. 93 kodRL sind Tochterunternehmen, die nach der siebten gesellschaftsrechtlichen Richtlinie in den konsolidierten Jahresabschluss des Mutterunternehmens einbezogen werden, von der Meldepflicht nach Art. 89 Abs. 1 kodRL befreit, wenn die Muttergesellschaft ihrerseits ihrer Meldepflicht nachkommt. Ist das Mutterunternehmen selbst Tochtergesellschaft, so genügt es, wenn deren Muttergesellschaft die Meldepflicht erfüllt.[1268]

Die Stimmrechte des Tochterunternehmens werden gemäß Art. 92 Abs. 1 lit. b) i.V.m. Art. 87 kodRL[1269] dem Mutterunternehmen zugerechnet, so dass

[1265] So wohl auch *Edwards*, EC Company Law, S. 298.

[1266] Auf dieses Problem weist auch *Werlauff*, S. 288, hin, ohne es zu lösen.

[1267] *Lutter*, EuUntR, 4. Aufl. 1996, S. 591.

[1268] Vormals Art. 6 TR; umgesetzt in § 24 WpHG; dazu *Schneider*, in: Assmann/Schneider, § 24 WpHG; Schäfer/*Opitz*, § 24 WpHG.

[1269] Vormals Art. 7 Abs. 1 2. Gedankenstrich i.V.m. Art. 8 TR.

dieses meldepflichtig wird, wenn durch einen Erwerb des Tochterunternehmens eine relevante Schwelle überschritten wird.

Die Möglichkeit, Tochterunternehmen von Prüfungs- und/oder Publizitätspflichten zu befreien, wenn das Mutterunternehmen die entsprechenden Pflichten erfüllt, stammt aus den Rechnungslegungsrichtlinien: Damit ein Tochterunternehmen von der Verpflichtung, einen Jahresabschluss oder einen Teilkonzernabschluss aufzustellen, prüfen zu lassen oder offen zu legen, befreit werden kann, müssen allerdings weitere materielle Voraussetzungen erfüllt werden, z.B. eine bestimmte Beteiligungshöhe, erweiterte Informationspflichten des Mutterunternehmens oder die Zustimmung der betroffenen Aktionäre.[1270]

In den übrigen Fällen des Art. 92 kodRL scheint der Richtliniengeber Doppelmeldungen in Kauf genommen zu haben.[1271] Dies mag damit zusammenhängen, dass die dort genannten rechtlichen Beziehungen zwischen dem Eigentümer der Aktien und demjenigen, der das Recht hat, die Stimmrechte auszuüben, kurzfristig beseitigt werden können, während ein Unternehmenszusammenschluss in der Regel über einen langen Zeitraum besteht. Außerdem besteht die Möglichkeit, dass der Eigentümer der Aktien seine Befugnisse aus dem Innenverhältnis überschreitet, indem er die Stimmrechte im eigenen Interesse und nicht im Interesse der betreffenden Person ausübt.

Es wird also auf die abstrakte Beherrschungsmöglichkeit abgestellt.

*(2.) Zwischenergebnis*

Letztendlich ist festzuhalten, dass die Stimmrechte, die mit im Eigentum der betreffenden Person stehenden Aktien verbunden sind, für die Beurteilung der Meldepflicht stets berücksichtigt werden, unabhängig davon, ob die betreffende Person auch das Recht hat, die Stimmrechte im eigenen Interesse auszuüben.[1272]

*(II.) Zuzurechnende Stimmrechte aus im Eigentum Dritter stehenden Aktien*

Für die Beurteilung, ob eine Person infolge einer Transaktion meldepflichtig i.S. des Art. 89 Abs. 1 kodRL ist, werden nicht nur die von ihr unmittelbar gehaltenen Stimmrechte, d.h. die in ihrem Eigentum stehenden stimmberechtigten Aktien berücksichtigt. Art. 92 kodRL zählt Konstellationen auf, in denen Stimmrechte aus Aktien, die im Eigentum Dritter stehen, aufgrund einer besonderen rechtlichen Beziehung zwischen dem Dritten und der betreffenden Person im Interesse der betreffenden Person ausgeübt werden können. Art. 92 kodRL konkretisiert damit den Begriff der „zwischengeschalteten Person" in

[1270] Vgl. Artt. 57, 58 der Jahresabschlussrichtlinie i.d.F. v. Artt. 43, 44 der Richtlinie über den konsolidierten Abschluss; Artt. 7–11 der Richtlinie über den konsolidierten Abschluss; *Habersack,* EuGesR, Rn. 299.

[1271] Zum selben Ergebnis gelangt *Elster,* S. 26 f.

[1272] Vgl. *Schneider,* in: Assmann/Schneider, § 21 WpHG, Rn. 22, 56 ff.

Art. 85 Abs. 1 kodRL. Die Stimmrechte der in Art. 92 kodRL genannten dritten Personen werden im Rahmen der Prüfung, ob der Stimmrechtsanteil einer Person die nach Art. 89 Abs. 1 kodRL relevanten Schwellen erreicht, über- oder unterschreitet und die Meldepflicht auslöst, mitberücksichtigt. Durch die Verknüpfung der in Art. 92 kodRL genannten Fallgruppen mit dem Tatbestand des Art. 89 Abs. 1 kodRL wird zugleich die unwiderlegliche Vermutung aufgestellt, dass die Stimmrechte ggfs. tatsächlich im Interesse der betreffenden Person ausgeübt werden.

*(1.) Begriff des Erwerbs und der Veräußerung*

Art. 86 kodRL[1273] definiert den „Erwerb einer Beteiligung“: Erfasst wird „nicht nur der Kauf […], sondern auch jeder sonstige Erwerb […] ungeachtet seines Rechtsgrundes oder des angewandten Verfahrens, einschließlich des Erwerbs von Beteiligungen aufgrund eines der in Art. 92 genannten Fälle.“

Also kann eine Beteiligung auch dadurch „erworben“ werden, dass eine dritte Person, zu der eine Beziehung i.S. des Art. 92 kodRL besteht oder begründet wird, selbst stimmberechtigte Aktien erwirbt. Es handelt sich dann um einen Erwerb „über eine zwischengeschaltete Person“ i.S. des Art. 85 Abs. 1 kodRL. Da diese Vorschrift neben dem Erwerb auch die Veräußerung über eine zwischengeschaltete Person nennt und die Richtlinie auch im Übrigen den Erwerb und die Veräußerung einer Beteiligung gleichbehandelt,[1274] ist Art. 86 kodRL analog auf den Begriff der Veräußerung anzuwenden. Somit ist unter Veräußerung „nicht nur jeder Verkauf einer Beteiligung zu verstehen, sondern auch jede sonstige Veräußerung einer Beteiligung, ungeachtet ihres Rechtsgrundes oder des angewandten Verfahrens einschließlich der Veräußerung von Beteiligungen aufgrund eines der in Art. 92 kodRL genannten Fälle.“ Folglich ist auch eine Veräußerung einer Beteiligung durch eine Person, zu der eine Beziehung i.S. des Art. 92 kodRL besteht, im Rahmen der Meldepflicht gemäß Art. 89 Abs. 1 kodRL zu berücksichtigen.

*(2.) Setzt Art. 89 kodRL zwingend eine Wertpapiertransaktion voraus?*

Vor dem Hintergrund der Artt. 86, 92 kodRL stellt sich die Frage, ob für die Begründung der Meldepflicht nach Art. 89 Abs. 1 kodRL eine Wertpapiertransaktion erforderlich ist, oder ob bereits die bloße Veränderung der Machtverhältnisse durch Begründung oder Beendigung einer der in Art. 92 kodRL genannten Gestaltungen ausreicht, wenn dadurch eine relevante Schwelle erreicht, über- oder unterschritten wird.

Zum Teil wird vertreten, die Meldepflicht gemäß Art. 89 kodRL setze zwingend eine Wertpapiertransaktion im Sinne eines Kaufs oder Verkaufs von stimmberechtigten Wertpapieren voraus. Denn die Artt. 86, 92 kodRL seien

[1273] Vormals Art. 2 TR.

[1274] S.o. unter 3.

nicht isoliert zu lesen, sondern ausdrücklich bezogen auf Art. 89 Abs. 1 kodRL, der die Voraussetzungen für das Entstehen einer Meldepflicht enthalte und stets einen Erwerb oder eine Veräußerung verlange.[1275]

Dem ist entgegen zu halten, dass Art. 86 kodRL das allgemeine Verständnis des Begriffs „Erwerb" als „Kauf" für den Anwendungsbereich der Richtlinie ja gerade ausdehnen will auf Fälle, in denen die meldepflichtige Person durch eine der in Art. 92 kodRL genannten Gestaltungen die Stimmrechtsausübung dirigieren kann. Bei einem engen Verständnis des Erwerbsbegriffs hätte die Vorschrift des Art. 86 kodRL neben Art. 85 Abs. 1 kodRL, der bereits den Erwerb und die Veräußerung durch zwischengeschaltete Personen in den Anwendungsbereich der Richtlinie einbezieht, keine eigenständige Bedeutung mehr. Letztendlich spricht für eine weite Auslegung auch die Teleologie der Richtlinienvorschriften über die Beteiligungstransparenz, wonach das Publikum über alle Änderungen der Machtverhältnisse innerhalb einer Gesellschaft, die die Bewertung der Wertpapiere beeinflussen können, informiert werden soll. Die Änderung der Machtverhältnisse setzt aber nicht notwendig eine Wertpapiertransaktion voraus, sondern kann schon dadurch erfolgen, dass eine in Art. 92 kodRL genannte rechtliche Beziehung begründet oder beendet wird.

Unter Berücksichtigung des vom Europäischen Gesetzgeber angestrebten möglichst weitgehenden Anlegerschutzes und der Artt. 86, 92 kodRL ist Art. 89 Abs. 1 kodRL somit dahingehend zu verstehen, dass für die Begründung der Meldepflicht nicht notwendig eine Wertpapiertransaktion i.S. eines Kaufs oder Verkaufs erforderlich ist. Ausreichend ist, dass eine der in Art. 92 kodRL genannten Gestaltungen begründet oder beendet wird.[1276]

Die Meldepflicht entsteht jedoch nicht, wenn es aufgrund anderer Umstände als eines Erwerbs oder einer Veräußerung i.S. der Artt. 86, 92 kodRL[1277] zu einer relevanten Veränderung der Stimmrechtsbeteiligung einer Person kommt. Dies wäre beispielsweise denkbar im Falle des Kaufs eigener Aktien durch die Gesellschaft, was zur Aufhebung des mit diesen Aktien verbundenen Stimmrechts führt, oder im Falle des Auflebens der Stimmrechte aus stimmrechtslosen Vorzugsaktien, solange die Gesellschaft ihren Verpflichtungen gegenüber den Vorzugsaktionären nicht nachkommt.[1278]

---

[1275] *Edwards*, EC Company Law, S. 298. Eine Änderung der Machtverhältnisse ohne Wertpapiertransaktion könnte nach dieser Ansicht eine Verpflichtung zur Ad-hoc-Publizität auslösen, vorausgesetzt, die Gesellschaft ist entsprechend informiert.

[1276] A.A. *Elster*, S. 20f.

[1277] Vormals Artt. 2, 7 TR.

[1278] Vgl. Art. 22 Abs. 1 lit. a) der Kapitalrichtlinie; Art. 33 Abs. 1, 2 des dritten geänderten Vorschlags einer Strukturrichtlinie vom 20. 11. 1991. Im Gegensatz dazu werden diese Konstellationen in Sec. 199 des britischen Companies Act von 1985 berücksichtigt; *Edwards*, EC Company Law, S. 295; ebenso genügt in § 21 Abs. 1 WpHG auch ein Erreichen, Über- oder Unterschreiten der Schwellen „in sonstiger Weise"; dazu *Kübler*,

*(3.) Die nach Art. 92 (i.V.m. Art. 86 kodRL) zuzurechnenden Stimmrechte Dritter*

Gemäß Art. 92 kodRL sind die Stimmrechte folgender Personen denen der betreffenden Person gleichzustellen:

*(a) Stimmrechte aus Aktien von Personen, die im eigenen Namen für Rechnung der betreffenden Person handeln*

Zugerechnet werden Stimmrechte, die von anderen Personen in ihrem eigenen Namen für Rechnung der betreffenden Person gehalten werden (Art. 92 Abs. 1 lit. a) kodRL).

Damit werden insbesondere Fälle erfasst, in denen der Betreffende eine Beteiligung über Treuhänder oder Kommissionäre hält. Die Zurechnung erscheint deshalb sachgerecht, weil in diesen Fällen der Meldepflichtige das alleinige wirtschaftliche Risiko der Investition des Dritten trägt.[1279]

Dieselbe Regelung findet sich bereits in den entsprechenden Vorschriften der Vorschläge einer SE-VO von 1970 und 1975[1280] sowie der Vorentwürfe einer Konzernrechtsrichtlinie von 1974 und 1984.[1281]

Anteile oder Stimmrechte von Personen, die im eigenen Namen für Rechnung der betreffenden Person handeln, werden in den gesellschaftsrechtlichen Richtlinien häufig mitberücksichtigt, wenn es um die Bemessung der Einflussmöglichkeiten geht. So werden im Anhang zum einfachen und konsolidierten Jahresabschluss sowie im konsolidierten Lagebericht bei der Angabe von Beteiligungen der Gesellschaft auch Anteile von für Rechnung der Gesellschaft tätigen Personen aufgeführt.[1282] Auch bei der Überprüfung, ob die Gesellschaft die Beschränkung, eigene Aktien zu erwerben, eingehalten hat, werden ihr die von ihren Treuhändern gehaltenen Aktien zugerechnet.[1283] Ferner werden bei einer Kapitalherabsetzung durch die Einziehung eigener Aktien auch Aktien von

Gesellschaftsrecht, S. 398; *Becker*, WpHG S. 88; *Schneider*, in: Assmann/Schneider, § 21 WpHG, Rn. 24 f., 47a; Schäfer/*Opitz*, § 21 WpHG Rn. 16.

[1279] Vgl. die deutsche Umsetzung in § 22 Abs. 1 S. 1 Nr. 2, S. 2 WpHG i.d.F. von Art. 2 Nr. 2 des Gesetzes zur Regelung von öffentlichen Angeboten zum Erwerb von Wertpapieren und von Unternehmensübernahmen v. 20. 12. 2001 (vormals § 22 Abs. 1 Nr. 1 WpHG); *Schneider*, in: Assmann/Schneider, § 22 WpHG Rn. 24 ff.; Schäfer/*Opitz*, § 22 WpHG, Rn. 11 ff.; *Vedder*, S. 173, 182 f.

[1280] Art. 47 Abs. 5 des Vorschlags einer SE-VO v. 30. 6. 1970, DOK KOM (1975) 150; Art. 46a Abs. 1 und 2 des ersten geänderten Vorschlags einer SE-VO v. 30. 4. 1975, abgedruckt bei *Lutter*, EuGesR, 2. Aufl. 1984, S. 363 ff.

[1281] Art. 18 Nr. 2 1. Hs. des Vorentwurfs einer Konzernrechtsrichtlinie von 1974; Art. 3 Abs. 2 S. 1 des Vorentwurfs einer Konzernrechtsrichtlinie von 1984.

[1282] Art. 43 Abs. 1 Nr. 2 der Jahresabschlussrichtlinie; Art. 2 Abs. 1, Art. 34 Nr. 2–5 und Art. 36 Abs. 2 d) der Richtlinie über den konsolidierten Abschluss.

[1283] 2. Erwägungsgrund der Änderungsrichtlinie zur Kapitalrichtlinie (92/101/EWG) v. 23. 11. 1992; Artt. 18 Abs. 2, 19 Abs. 1 lit. b), Abs. 3, 20 Abs. 2 der Kapitalrichtlinie; so sah es schon der Vorentwurf einer Konzernrechtsrichtlinie (Teil I) von 1974 in Artt. 3 und 4 vor.

Treuhändern erfasst.[1284] Im Rahmen von Fusion und Spaltung nehmen eigene Aktien der übernehmenden bzw. begünstigten Gesellschaft oder Aktien ihrer Treuhänder nicht am Aktienaustausch teil.[1285] Darüber hinaus kann eine für fremde Rechnung erfolgte Wertpapiertransaktion durch einen Primärinsider einen Insiderverstoß darstellen.[1286]

*(b) Stimmrechte aus Aktien, an denen ein Nießbrauch bestellt ist*

Mitzuzählen sind ferner Stimmrechte aus Aktien, an denen zugunsten der betreffenden Peson ein Nießbrauch bestellt ist (Art. 92 Abs. 1 lit. f) kodRL), der „Nutzen" der Aktien also aufgrund eines dinglichen Geschäfts der betreffenden Person zugute kommt.[1287]

Die Beantwortung der aus deutscher Sicht umstrittenen Frage, wem im Falle der Bestellung eines Nießbrauchs das Stimmrecht zusteht, ist für den Anwendungsbereich des Art. 89 kodRL aufgrund der Zurechnung entbehrlich.[1288]

*(c) Stimmrechte aus Aktien, die als Sicherheit verwahrt werden*

Mitzuzählen sind auch Stimmrechte aus Aktien der betreffenden Person, die ein anderer als Sicherheit verwahrt (Art. 92 Abs. 1 lit. e) kodRL).

Mit *Sicherungsverwahrung* ist die sicherungsweise Übertragung des Besitzes gemeint. Dies ergibt auch ein Blick in die anderssprachigen Fassungen der Vorschrift.[1289] Es handelt sich also um Aktien, die im Eigentum der betreffenden Person stehen, deren Besitz aber aufgrund einer Sicherungsabrede einer dritten Person übertragen wurde, z.B. im Rahmen der Verpfändung.[1290] Insofern han-

---

[1284] Art. 37 Abs. 1 der Kapitalrichtlinie.

[1285] Artt. 19 II, 23, 26 der Fusionsrichtlinie; Art. Art. 17 Abs. 2 a) der Spaltungsrichtlinie; vgl. auch Art. 29 der Fusionsrichtlinie.

[1286] Art. 2 Abs. 1 der Insiderrichtlinie; vgl. die Dissertation von *Vedder*, Zum Begriff „für Rechnung" im AktG und WpHG, Köln 1998.

[1287] Die englische Fassung verwendet den Ausdruck „life interest"; die französische. Fassung „usufruct"; vgl. die deutsche Umsetzung in § 22 Abs. 1 S. 1 Nr. 4, S. 2 WpHG i.d.F. von Art. 2 Nr. 2 des Gesetzes zur Regelung von öffentlichen Angeboten zum Erwerb von Wertpapieren und von Unternehmensübernahmen v. 20. 12. 2001 (vormals § 22 Abs. 1 Nr. 5 WpHG).

[1288] *Lutter,* EuUntR, 4. Aufl. 1996, S. 586; *Schneider,* in: Assmann/Schneider, § 22 WpHG, Rn. 91 f.; Schäfer/*Opitz,* § 22 WpHG Rn. 59; *Hüffer,* § 16 AktG Rn. 7 m.w.Nachw., § 22 WpHG (Anh. § 22 AktG), Rn. 4.

[1289] Die englische Fassung verwendet den Begriff „lodged as security" (als Sicherheit hinterlegt); die französiche Fassung lautet „qui sont deposées en garantie".

[1290] Die deutsche Umsetzung in § 22 Abs. 1 S. 1 Nr. 3, S. 2 WpHG i.d.F. v. Art. 2 Nr. 2 des Gesetzes zur Regelung von öffentlichen Angeboten zum Erwerb von Wertpapieren und von Unternehmensübernahmen v. 20. 12. 2001 enthält dagegen die Formulierung „als Sicherheit übertragen", die eher auf eine sicherungsweise Übereignung schließen lässt; aber auch von dieser Vorschrift soll die Verpfändung erfasst sein, vgl. zu § 22 Abs. 1 Nr. 4 WpHG a.F. Schäfer/*Opitz,* § 22 Rn. 55 ff.; nach a.A. stehen nach deutschem Recht bei der Verpfändung die Stimmrechte ohnehin dem Verpfänder zu, so dass eine Zurechnung nicht erforderlich ist. Die Stimmrechte des Sicherungsnehmers bei einer Siche-

delt es sich bei dieser Fallgruppe um einen Fremdkörper innerhalb der anderen Konstellationen in Art. 92 kodRL, die sämtlich Aktien betreffen, die im Eigentum Dritter stehen. Die Besonderheit dieser Fallgruppe ist, dass die Stimmrechte während der Zeit der Verwahrung nicht von dem Inhaber der Aktien ausgeübt werden, da ein Aktionär zur Ausübung seines Stimmrechts in der Hauptversammlung in einigen Mitgliedstaaten den Besitz an den Aktien durch deren Hinterlegung bei einer dazu bestimmten Stelle nachweisen muss.[1291]

Da eine Sicherungsverwahrung bzw. Verpfändung in der Regel nur vorübergehend erfolgt, für die Verpflichtung zur Beteiligungstransparenz aber die längerfristige Einflussmöglichkeit auf die Geschäftsführung einer Gesellschaft entscheidend ist, erscheint es sinnvoll, auch Stimmrechte, die zeitweilig nicht genutzt werden, in die Gesamtrechnung des Sicherungsgebers mit einzubeziehen.

Nur für den Fall, dass dem Verwahrer die Stimmrechte aus den verwahrten Aktien zustehen und er die Absicht bekundet, diese im eigenen Interesse auszuüben, werden sie den Stimmrechten des Verwahrers gleichgestellt und nicht dem Sicherungsgeber zugerechnet (Art. 92 Abs. 1 lit. e) 2. Hs. kodRL).[1292]

Die Übertragung der Stimmrechte im Rahmen der Sicherungsverwahrung bzw. Verpfändung entspricht nicht der üblichen Praxis. Viele Sicherungsabreden sehen das Gegenteil vor und bestimmen, dass die Stimmrechte vorläufig dem Sicherungsgeber zustehen und dass der Sicherungsnehmer das Recht hat, sie zu übernehmen und auszuüben.[1293]

*(d) Stimmrechte aus verwahrten Aktien*

Mitzuzählen sind Stimmrechte aus Aktien, die nicht der betreffenden Person gehören, die aber bei dieser verwahrt sind, sofern sie die Stimmrechte nach eigenem Ermessen ausüben kann, wenn keine besonderen Weisungen der Inhaber vorliegen (Art. 92 Abs. 1 lit. h) kodRL).[1294]

Diese Vorschrift ist auf die klassische Depotverwahrung von Kreditinstituten zugeschnitten.[1295] Erforderlich ist daher keine „echte" Verwahrung im schuld-

rungsübereignung werden bereits von Art. 92 Abs. 1 Nr. 1 kodRL (§§ 22 Abs. 1 S. 1 Nr. 2 WpHG n.F.) erfasst; *Schneider,* in: Assmann/Schneider, § 22 WpHG, Rn. 89 ff.

[1291] Vgl. § 123 Abs. 2–4 AktG.

[1292] Gemäß § 22 Abs. 1 S. 1 Nr. 3 WpHG n.F. findet eine Zurechnung nur dann nicht statt, wenn der Sicherungsnehmer die Absicht bekundet, die Stimmrechte *unabhängig von den Weisungen des Sicherungsgebers* auszuüben; vgl. die amtl. Begründung der Bundesregierung, BT-Drucks. 14/7034 v. 5. 10. 2001, S. 54, 70.

[1293] *Werlauff,* S. 287.

[1294] Vgl. die deutsche Umsetzung in Art. 22 Abs. 1 S. 1 Nr. 6, S. 2 WpHG i.d.F. v. Art. 2 Nr. 2 des Gesetzes zur Regelung von öffentlichen Angeboten zum Erwerb von Wertpapieren und von Unternehmensübernahmen v. 20. 12. 2001 (vormals § 22 Abs. 1 Nr. 7 WpHG).

[1295] *Schneider,* in: Assmann/Schneider, § 22 WpHG Rn. 118 ff. mit Verweis auf nicht öffentlich zugängliche Diskussionsprotokolle.

rechtlichen Sinne, die eine Übertragung des unmittelbaren Besitzes voraussetzt. Vielmehr reicht es aus, dass dem Meldepflichtigen die Aktien anvertraut sind.[1296]

Art. 28 des dritten geänderten Vorschlags einer Strukturrichtlinie enthält zahlreiche Voraussetzungen für den Fall, dass das nationale Recht zulässt, dass sich jemand öffentlich zur Bevollmächtigung auf der Hauptversammlung erbietet: Unter anderem darf der Bevollmächtigte, wenn der Aktionär keine Weisungen erteilt hat, das Stimmrecht grundsätzlich nur so ausüben, wie es dem Aktionär vorher mitgeteilt worden ist.[1297] Dem Gemeinschaftsrecht liegt also gerade nicht der Gedanke zugrunde, dass ein Bevollmächtigter das Stimmrecht mangels konkreter Weisungen nach eigenem Ermessen ausüben darf. Vielmehr ist dieses Ermessen entsprechend der vorherigen Mitteilung gebunden.[1298] Dennoch sprechen Sinn und Zweck der Regelung für eine Anwendung der Zurechnungsnorm auch auf derartige Gestaltungen. Die Unterstellung, dass sich der Aktionär im Falle einer fehlenden Weisung den Vorschlag des Bevollmächtigten zu eigen mache und somit eine „Vollmacht mit gebundener Marschroute" vorliege, entspricht nicht der Rechtswirklichkeit. Ferner widerspräche ein Ausschluss dieser Fälle vom Anwendungsbereich dem Bedürfnis nach wirksamer Kontrolle des immensen Einflusses der Banken über das Depotstimmrecht auf die Geschäftsführung der Aktiengesellschaften und stünde somit eindeutig im Widerspruch zu den Zielsetzungen der Richtlinie. Also ist die Vorschrift des Art. 92 Abs. 1 lit. h) kodRL im Wege der teleologischen und systematischen Auslegung dahingehend zu interpretieren, dass eine Zurechnung der Stimmrechte aus verwahrten Aktien auch dann erfolgt, wenn eine Gestaltung i.S. des Art. 28 des dritten geänderten Vorschlags einer Strukturrichtlinie vorliegt.[1299] Eine richtlinienkonforme Auslegung der entsprechenden nationalen Umsetzungsvorschriften müsste zum selben Ergebnis führen.

Die Mitgliedstaaten können für diesen speziellen Fall vorsehen, dass der Verwahrer der Wertpapiere abweichend von Art. 89 kodRL die Gesellschaft nur

---

[1296] Dementsprechend verlangt § 22 Abs. 1 S. 1 Nr. 6 WpHG n.F. nur noch, dass die Aktien dem Meldepflichtigen „anvertraut" sind, während § 22 Abs. 1 Nr. 7 WpHG a.F. noch die Formulierung „zur Verwahrung anvertraut" enthielt; vgl. die amtliche Begründung der Bundesregierung zum Entwurf eines WpÜG, BT-Drucks. 14/7034 v. 5. 10. 2001, S. 54; zur a.F. *Schneider*, in: Assmann/Schneider, § 22 WpHG Rn. 113 ff.

[1297] Art. 28 Abs. 1 lit. d), dd), ee), e)–g) des dritten geänderten Vorschlags einer Strukturrichtlinie v. 20. 11. 1991.

[1298] Ähnliches sieht § 135 AktG vor, der die Ausübung des Stimmrechts durch Kreditinstitute und geschäftsmäßig Handelnde regelt. Gemäß § 135 Abs. 5 i.V.m. § 128 Abs. 2 AktG hat das Kreditinstitut das Stimmrecht nicht nach eigenem Ermessen, sondern gemäß seinem dem Kunden mitgeteilten Vorschlag bzw. einer vom Kunden erteilten Weisung auszuüben. Ein Verstoß führt jedoch nicht zur Unwirksamkeit der Stimmabgabe (Abs. 6); vgl. *Claussen*, Insiderhandelsverbot, Rn. 134.

[1299] Vgl. *Schneider,* in: Assmann/Schneider, § 22 WpHG, Rn. 121 ff.; a.A. *Lutter,* EuUntR, 4. Aufl. 1996, S. 586; Schäfer/*Opitz,* § 22 WpHG, Rn. 74.

drei Wochen vor deren Hauptversammlung unterrichten muss, wenn zu diesem Zeitpunkt die maßgeblichen Schwellen erreicht, über- oder unterschritten sind (Art. 92 Abs. 2 kodRL).[1300]

Dies resultiert daraus, dass die Kreditinstitute mittels der Stimmrechtsvertretung nur während der Hauptversammlung Einfluss auf die Geschäftsführung der Gesellschaft ausüben können. In der übrigen Zeit des Geschäftsjahres erfolgt die Verwahrung der Wertpapiere allein im Kundeninteresse. Die Schwankungen in den Depotbeständen sind von den Kreditinstituten weder beeinflussbar noch dienen sie der Erlangung oder dem Verlust von Einflussmöglichkeiten der Depotverwahrer auf die betreffende Gesellschaft.

Würden die Schwankungen in den Depotbeständen ständig eine Meldepflicht des Depotverwahrers nach Art. 89 kodRL und die sich daran anschließende Veröffentlichung nach Art. 91 kodRL auslösen, würde das Publikum eher verwirrt als dem Zweck der Richtlinie entsprechend informiert zu werden.[1301]

*(e) Stimmrechte, die durch die Ausübung eines bestehenden Rechts erworben werden können*

Den Stimmrechten der betreffenden Person werden auch Stimmrechte hinzugerechnet, die sie aufgrund einer förmlichen Vereinbarung durch einseitige Erklärung erwerben kann. Dasselbe gilt, wenn eine andere Person, deren Stimmrechte der betreffenden Person aufgrund einer der vorstehenden Fälle (mit Ausnahme der Depotverwahrung) zugerechnet werden, ein derartiges Recht hat. Für den Beginn der Frist, innerhalb derer die Gesellschaft und die zuständigen Stellen zu benachrichtigen sind, ist in diesem Fall nicht die Ausübung des Rechts ausschlaggebend, sondern der Zeitpunkt, in dem die Vereinbarung getroffen wird (Art. 92 Abs. 1 lit. g) kodRL).

Ein derartiges Recht wird sich in der Regel auf die Aktie als solche und alle mit ihr verbundenen Rechte einschließlich des Stimmrechts beziehen.[1302] Erforderlich ist, dass ein bindendes Übereignungsangebot vorliegt, so dass der Meldepflichtige oder ein relevanter Dritter jederzeit den Eigentumserwerb durch entsprechende Erklärung gegenüber dem Vertragspartner herbeiführen kann. Ausreichend ist aber auch, wenn nur ein schuldrechtlicher Anspruch auf Übereignung besteht, der von einer einseitigen Erklärung des Meldepflichtigen abhängig ist, wie z.B. im Falle einer Option. Dann liegt bereits ein „Erwerb" im weiten Sinne des Art. 86 kodRL vor, so dass eine Zurechnung erfolgt. Dies

[1300] Der deutsche Gesetzgeber hat von dieser Möglichkeit keinen Gebrauch gemacht.

[1301] *Edwards*, EC Company Law, S. 301, ist dagegen der Ansicht, die Meldepflicht der Gesellschaft bestünde uneingeschränkt fort.

[1302] *Werlauff*, S. 287; vgl. die deutsche Umsetzung in § 22 Abs. 1 S. 1 Nr. 5, S. 2 WpHG i.d.F. des Art. 2 Nr. 2 des Gesetzes zur Regelung von öffentlichen Angeboten zum Erwerb von Wertpapieren und von Unternehmensübernahmen v. 20. 12. 2001, wo im Gegensatz zur alten Fassung (§ 22 Abs. 1 Nr. 6 WpHG) die Willenserklärung nicht *einseitig* sein muss.

ist sinnvoll, um das Publikum auch über mögliche künftige Paketbildungen zu informieren.[1303]

*(f) Stimmrechte aus Aktien von kontrollierten Unternehmen*

Für die Beurteilung, ob eine Person meldepflichtig nach Art. 89 kodRL ist, werden auch Stimmrechte eines Unternehmens berücksichtigt, das von der betreffenden Person *kontrolliert* wird (Art. 92 Abs. 1 lit. b) kodRL). Die betreffende Person kann eine natürliche oder eine juristische Person sein.

Die Zurechnung der Stimmrechte von Tochterunternehmen war bereits in den entsprechenden Vorschriften der Vorschläge einer SE-VO von 1970 und 1975[1304] sowie der Vorentwürfe einer Konzernrechtsrichtlinie von 1974 und 1984 vorgesehen.[1305]

*(aa) Definition des kontrollierten Unternehmens*

Art. 87 kodRL[1306] definiert für den Anwendungsbereich der Richtlinie, in welchen Fällen eine Person ein Unternehmen *kontrolliert.* Diese Definition orientiert sich an den gemeinschaftsrechtlich zwingenden Tatbeständen des Art. 1 der siebten Richtlinie,[1307] bei deren Vorliegen ein Unternehmen (Mutterunternehmen) aufgrund seiner Möglichkeiten, beherrschenden Einfluss auf die Geschäftsführung eines anderen Unternehmens (Tochterunternehmen) auszuüben, zur Aufstellung eines konsolidierten Jahresabschlusses und Lageberichts verpflichtet ist.[1308]

Sie entspricht ferner der Definition eines Tochterunternehmens in Art. 2 des Vorentwurfs einer Konzernrechtsrichtlinie von 1984 sowie der Definition eines

---

[1303] Vgl. *Schneider,* in: Assmann/Schneider, § 22 WpHG Rn. 94–102; eine entsprechende Regelung enthält Sec. 198 Companies Act 1985; a.A. Schäfer/*Opitz,* § 22 WpHG, Rn. 62, 66 f.; *Hüffer,* § 22 WpHG (Anh. § 22 AktG), Rn. 5; ebenso die amtl. Begründung der Bundesregierung zum Entwurf eines WpÜG, BT-Drucks. 14/7034 v. 5. 10. 2001, S. 54, 73.

[1304] Art. 47 Abs. 5 des Vorschlags einer SE-VO v. 30. 6. 1970, DOK KOM (1975) 150; Art. 46a Abs. 1, 2 des ersten geänderten Vorschlags einer SE-VO v. 30. 4. 1975, abgedruckt bei *Lutter,* EuGesR, 2. Aufl. 1984, S. 363 ff.

[1305] Art. 3 Abs. 2 Satz 2 1. Hs. des Vorentwurfs einer Konzernrechtsrichtlinie von 1984; für den Vorentwurf (Teil 1) von 1974 ergibt sich dies aus einem Erst-recht-Schluss aus Art. 18 Nr. 2 2. Hs, wonach Anteile, die ein Treuhänder für ein Tochterunternehmen hält, dem Mutterunternehmen zugerechnet werden. Dann hat dies erst recht für Anteile zu gelten, die das Tochterunternehmen selbst besitzt.

[1306] Vormals Art. 8 TR.

[1307] Siebte Richtlinie des Rates Nr. 83/349/EWG v. 13. 6. 1983, ABl. EG Nr. L 193 v. 18. 7. 1983, S. 1 ff.

[1308] S.o. unter A. IV. 1 b); ursprgl. Kommissionsvorschlag einer TR v. 23. 12. 1985, DOK KOM (1985) 791, Begründung S. 8; geänderter Kommissionsvorschlag einer TR v. 4. 9. 1987, DOK KOM (1987) 422, Begründung S. 4; die Definition entspricht der Definition des Tochterunternehmens in Art. 2 des Vorentwurfs einer Konzernrechtsrichtlinie von 1984, DOK Nr. III, 1639/84, ZGR 1985, S. 444 ff., abgedruckt bei *Lutter,* EuUntR, 4. Aufl. 1996, S. 244 ff.

kontrollierenden oder herrschenden Unternehmens nach dem Vorschlag einer SE-VO von 1991, die allerdings aus der verabschiedeten Fassung ersatzlos gestrichen wurde.[1309] Ferner spielen die Konstellationen im Rahmen der Berechnung der eigenen Aktien eines Unternehmens eine Rolle: Aktien der Obergesellschaft, die von einer in derartiger Weise abhängigen Gesellschaft gehalten werden, werden eigenen Aktien der Obergesellschaft gleichgestellt.[1310] Der Erwerb der Kontrolle über ein Unternehmen aufgrund der folgenden Fallgruppen ist schließlich ein gemäß der FKVO und am Kartellverbot der Artt. 81, 82 EG (ex-Art. 85, 86 EGV) zu messender Vorgang. Dadurch wird ein Unternehmenszusammenschluss i.S. von Art. 3 Abs. 1 b) FKVO bewirkt.

Der Wortlaut in Art. 87 kodRL wurde gegenüber den konzernrechtlichen Vorschriften modifiziert, weil als meldepflichtige und kontrollierende Person i.S. der Vorschriften über die Beteiligungstransparenz neben einem Unternehmen auch eine natürliche Person in Betracht kommt (Art. 85 Abs. 1 kodRL).[1311]

Nach Art. 87 Abs. 1 kodRL kontrolliert eine Person ein Unternehmen, wenn sie

a) „über die Mehrheit der Stimmrechte der Aktionäre oder Gesellschafter verfügt[1312] oder
b) das Recht hat, die Mehrheit der Mitglieder des Verwaltungs-, Leitungs- oder Aufsichtsorgans zu bestellen und gleichzeitig Aktionär oder Gesellschafter des betreffenden Unternehmens ist[1313], oder

[1309] Art. 2 Abs. 1 des Entwurfs einer neunten Richtlinie von 1984 (Konzernrechtsrichtlinie), DOK Nr. III/1639/84, ZGR 1985, S. 444 ff., abgedruckt bei *Lutter*, EuUntR, 4. Aufl. 1996, S. 244 ff.; ähnlich bereits die Definition des herrschenden und abhängigen Unternehmens in Art. 1 des Vorentwurfs einer Konzernrechtsrichtlinie von 1974 (Teil I.), abgedruckt bei *Lutter,* EuGesR, 2. Aufl. 1984, S. 187 ff.; Art. 6 des dritten geänderten Vorschlags einer SE-VO vom 16. 5. 1991; vgl. Art. 6 des Vorschlags einer SE-VO v. 30. 4. 1975, abgedruckt bei *Lutter,* EuGesR, 2. Aufl. 1984, S. 363 ff.; ebenso Art. 6 des Vorschlags einer SE-VO v. 30. 6. 1970, DOK KOM (1970) 150; *Schwarz,* ZIP 2001, S. 1847 ff. (1858).

[1310] Art. 24a Abs. 1, 3 lit. a) der Kapitalrichtlinie, eingeführt durch Art. 1 der Richtlinie 92/101/EWG v. 23. 11. 1992; vgl. deren 3. und 5. Erwägungsgrund, ABl. EG Nr. L 347 v. 28. 11. 1992, S. 64 ff. ; vgl. *Lutter,* EuUntR, 4. Aufl. 1996, S. 110 f.

[1311] Eine Beschränkung auf Unternehmen enthielt noch Art. 4 Abs. 2 des ursprgl. Kommissionsvorschlags einer TR v. 23. 12. 1985, DOK KOM (1985) 791; *Edwards,* EC Company Law, S. 299; die deutsche Umsetzungsnorm (§ 22 Abs. 1 S. 1 Nr. 1, S. 2, Abs. 3 WpHG n.F.) beschränkt die Zurechnung ebenfalls auf Tochterunternehmen.

[1312] Diese Regelung entspricht Art. 1 Abs. 1 a) der Richtlinie über den konsolidierten Abschluss, Art. 2 Abs. 1 a) des Vorentwurfs einer Konzernrechtsrichtlinie von 1984, Art. 1 Nr. 2 b) des Vorentwurfs einer Konzernrechtsrichtlinie (Teil I) von 1974 und Art. 24a Abs. 1 der Kapitalrichtlinie; vgl. Art. 3 Abs. 1 b) und Abs. 4 FKVO, wonach die Kontrolle über ein Unternehmen auch über den Erwerb von „Anteilsrechten" begründet werden kann.

[1313] Diese Regelung entspricht Art. 1 Abs. 1 b) der Richtlinie über den konsolidierten Abschluss, Art. 2 Abs. 1 b) des Vorentwurfs einer Konzernrechtsrichtlinie von 1984, Art. 1 Nr. 2 c) des Vorentwurfs einer Konzernrechtsrichtlinie (Teil I) von 1974 und Art. 24a

c) Aktionär oder Gesellschafter ist und aufgrund einer mit anderen Aktionären oder Gesellschaftern dieses Unternehmens getroffenen Vereinbarung über die Mehrheit der Stimmrechte seiner Aktionäre oder Gesellschafter allein verfügt.[1314]"

Handelt es sich bei der betreffenden Person um ein (Mutter-)Unternehmen, so sind für die Beurteilung, ob ein kontrolliertes Untenehmen vorliegt, dessen Stimmrechte und Rechte auf Ernennung und Abberufung der Mitglieder der Verwaltungs-, Leitungs- oder Aufsichtsorgane mit den Rechten aller anderen von diesem Unternehmen kontrollierten Unternehmen zusammenzurechnen. Hinzugerechnet werden auch solche Rechte, die eine Person im eigenen Namen, aber für Rechnung des Unternehmens oder eines anderen von diesem kontrollierten Unternehmens ausübt (Art. 87 Abs. 2 kodRL).[1315]

Eine derartige Zurechnung der Rechte von anderen Tochterunternehmen sowie von für Rechnung des Mutterunternehmens oder anderer Tochterunternehmen gehaltenen Rechte erfolgt auch in den entsprechenden konzernrechtlichen Vorschriften.[1316]

---

Abs. 3 lit. a) erster Gedankenstrich der Kapitalrichtlinie; vgl. Art. 3 Abs. 1 b) i.V.m. Abs. 3 b) und Abs. 4 FKVO, wonach die Kontrolle über ein Unternehmen auch durch den Erwerb von Rechten begründet wird, die einen bestimmenden Einfluss auf die Zusammensetzung (...) der Organe des Unternehmens gewähren.

[1314] Diese Regelung entspricht Art. 1 Abs. 1 d) bb) der Richtlinie über den konsolidierten Abschluss, Art. 2 Abs. 1 d) des Vorentwurfs einer Konzernrechtsrichtlinie von 1984 und Art. 24a Abs. 3 lit. a) 2. Gedankenstrich der Kapitalrichtlinie (eingeführt durch Art. 1 der Richtlinie 92/101/EWG vom 23. 11. 1992); vgl. Art. 3 Abs. 1 b), Abs. 3 b) und Abs. 4 FKVO, wonach die Kontrolle über ein anderes Unternehmen auch durch vertragliche Vereinbarungen erworben wird, wenn diese dazu führen, dass ein bestimmender Einfluss auf die Tätigkeit eines Unternehmens ausgeübt werden kann.

[1315] Die Regelung in Art. 87 Abs. 2 kodRL entspricht Art. 18 Nr. 3 des Vorentwurfs einer Konzernrechtsrichtlinie (Teil I) von 1974 und Art. 3 Abs. 2 S. 2 des Vorentwurfs einer Konzernrechtsrichtlinie von 1984. Vgl. die deutsche Umsetzung in § 22 Abs. 1 S. 1 Nr. 1, S. 2, Abs. 3 WpHG i.d.F. v. Art. 2 Nr. 2 des Gesetzes zur Regelung von öffentlichen Angeboten zum Erwerb von Wertpapieren und von Unternehmensübernahmen v. 20. 12. 2001 (vormals § 22 Abs. 1 Nr. 2, Abs. 3 WpHG). Die neue Fassung spricht nicht mehr von kontrollierten Unternehmen, sondern von Tochterunternehmen. Nach Art. 22 Abs. 3 WpHG n.F. sind Tochterunternehmen Unternehmen, die als Tochterunternehmen i.S. des § 290 HGB gelten oder auf die ein beherrschender Einfluss ausgeübt werden kann, ohne dass es auf die Rechtsform oder den Sitz ankommt. Die neue Definition des Tochterunternehmens geht über das in Art. 87 kodRL zugrunde gelegte Control-Konzept hinaus, führt dieses fort und erweitert es um Elemente des Konzern-Konzepts; BT-Drucks. 14/7034 v. 5. 10. 2001, S. 53, 70. Zur alten Fassung vgl. Schäfer/*Opitz,* § 22 WpHG, Rn. 2 ff.

[1316] Art. 2 Abs. 1 der Richtlinie über den konsolidierten Abschluss; Art. 1 Nr. 3 des Vorentwurfs einer Konzernrechtsrichtlinie (Teil I) von 1974; Art. 2 Abs. 2 des Vorentwurfs einer Konzernrechtsrichtlinie von 1984; jeweils Art. 6 Abs. 2 der Vorschläge einer SE-VO v. 16. 5. 1991 und v. 25. 8. 1989; ebenso Art. 6 Abs. 4 der Vorschläge einer SE-VO von 1970 und 1975. Diese nehmen allerdings Rechte von Treuhändern der Tochterunternehmen aus; diese Vorschrift wurde in der SE-VO vom 27. 9. 2001 gestrichen; vgl.

Indem gemäß den Artt. 92, 87 kodRL alle Stimmrechte, die kontrollierten Unternehmen zur Verfügung stehen, der kontrollierenden Person zugerechnet werden, stellt die Vorschrift die unwiderlegliche Vermutung auf, dass zwischen der betreffenden Person und den von ihr kontrollierten Unternehmen und zwischen Unternehmen mit gemeinsamem Mutterunternehmen Stimmbindungsvereinbarungen bestehen bzw. dass diese ihre Stimmrechte im gegenseitigen Einvernehmen ausüben.[1317]

*(bb) Nicht zuzurechnende Stimmrechte analog Art. 2 Abs. 2 der siebten Richtlinie?*

Sowohl die siebte Richtlinie als auch der Vorentwurf einer Konzernrechtsrichtlinie von 1984 enthalten Ausnahmen von dem Grundsatz, dass stimmberechtigte Aktien des Tochterunternehmens den Stimmrechten des Mutterunternehmens zuzurechnen sind: Eine Zurechnung findet nicht statt, wenn das Tochterunternehmen die Aktien als Treuhänder für eine andere Person als das Mutterunternehmen oder ein anderes Tochterunternehmen hält und schuldrechtlich dazu verpflichtet ist, die Stimmrechte im Interesse dieser Person auszuüben.[1318] Beispielhaft wird jeweils der Fall der Sicherungsübereignung genannt.

Art. 87 kodRL wiederholt diese Ausnahme nicht. Es stellt sich demnach die Frage, ob man diese Ausnahmevorschrift analog auf die Zurechnung der Stimmrechte von Tochterunternehmen im Rahmen des Art. 87 kodRL anwenden kann. Das setzt eine planwidrige Regelungslücke bei vergleichbarer Interessenlage voraus.[1319]

Eine Regelungslücke liegt vor. Gegen deren Planwidrigkeit spricht allerdings, dass der Richtliniengeber Art. 87 Abs. 1 und 2 kodRL bewusst in Übereinstimmung mit Art. 1 Abs. 1 lit. a), b) und d) bb) sowie Art 2 Abs. 1 der siebten Richtlinie formuliert hat, ohne Art. 2 Abs. 2 der siebten Richtlinie zu übernehmen. Dies ist ein Anhaltspunkt dafür, dass bewusst auf eine derartige Regelung verzichtet wurde. Dasselbe folgt aus systematischen Erwägungen: Die Vorschriften über die Beteiligungstransparenz enthalten auch für die übrigen Fällen des Art. 92 kodRL keine Rückausnahmen.[1320]

Demzufolge verbietet sich eine analoge Anwendung des Art. 2 Abs. 2 der siebten Richtlinie im Rahmen des Art. 87 kodRL.

---

*Werlauff*, S. 362; auf die Bezüge zur 7. Richtlinie weist auch *Edwards,* EC Company Law, S. 299 hin.

[1317] Im geänderten Kommissionsvorschlag einer TR v. 4. 9. 1987 konnten die Unternehmen die Vermutung noch durch den Beweis des Gegenteils widerlegen, DOK KOM (1987) 422, S. 4, 9.

[1318] Art. 2 Abs. 2 der Richtlinie über den konsolidierten Abschluss; Art. 2 Abs. 3 des Vorentwurfs einer Konzernrechtsrichtlinie von 1984; eine ähnliche Regelung können die Mitgliedstaaten gemäß Art. 24 a) Abs. 4 a) der Kapitalrichtlinie im Rahmen der Vorschriften betreffend den Erwerb „eigener Aktien" durch ein kontrolliertes Unternehmen treffen.

[1319] *Larenz,* Methodenlehre, S. 381 f.

[1320] S.o. unter (I.) (1.), (2.).

*(g) Durch Vertrag gebundene Stimmrechte*

Ferner sind stimmberechtigte Aktien eines Dritten zu berücksichtigen, mit dem die betreffende Person eine schriftliche Vereinbarung getroffen hat, die dazu führt, dass die Stimmrechte im Interesse der betreffenden Person ausgeübt werden können.

Dies ist zum einen der Fall, wenn die Vereinbarung beide Seiten verpflichtet, langfristig eine gemeinsame Politik hinsichtlich der Geschäftsführung der betreffenden Gesellschaft zu verfolgen, indem die Stimmrechte einvernehmlich ausgeübt werden (Art. 92 Abs. 1 lit. c) kodRL).[1321]

Der Bestimmung des Inhalts der Vereinbarung lag die Definition der „gemeinsamen Beherrschung" in Anhang I, Schema A Punkt 3.2.6. S. 3 kodRL zugrunde.[1322] Derartige Vereinbarungen werden als Stimmbindungsverträge bezeichnet.[1323]

Nach Art. 35 des Vorschlags einer Strukturrichtlinie sind solche Vereinbarungen nichtig, wenn sich ein Aktionär verpflichtet, stets nach Weisung der Gesellschaft oder eines ihrer Organe oder stets gemäß deren jeweiligen Vorschlägen oder als Gegenleistung für besondere Vorteile in einem bestimmten Sinne zu stimmen oder überhaupt nicht zu stimmen.

Liegt ein wirksamer Stimmbindungsvertrag vor, sind die von beiden Personen gehaltenen Stimmrechte zusammenzurechnen, um zu ermitteln, ob eine relevante Schwelle erreicht, über- oder unterschritten worden ist. In diesem Fall muss jede der beteiligten Personen eine entsprechende Erklärung abgeben und darin den von ihr und den von der anderen Person gehaltenen Anteil der Stimmrechte angeben. Dieses Verfahren wurde vorgesehen, um jede der Perso-

---

[1321] Vgl. die deutsche Umsetzung in § 22 Abs. 2 WpHG i.d.F. v. Art. 2 Nr. 2 des Gesetzes zur Regelung von öffentlichen Angeboten zum Erwerb von Wertpapieren und von Unternehmensübernahmen v. 20. 12. 2001 (vormals § 22 Abs. 1 Nr. 3 WpHG a.F.). Danach werden dem Meldepflichtigen auch Stimmrechte eines Dritten aus Aktien der börsennotierten Gesellschaft in voller Höhe zugerechnet, mit dem der Meldepflichtige oder sein Tochterunternehmen sein Verhalten in Bezug auf die börsennotierte Gesellschaft auf Grund einer Vereinbarung oder in sonstiger Weise abstimmt; ausgenommen sind Vereinbarungen über die Ausübung von Stimmrechten in Einzelfällen. Für die Berechnung des Stimmrechtsanteils des Dritten gilt § 22 Abs. 1 WpHG n.F. entsprechend. D.h., dass wenn beim Dritten ein Sachverhalt vorliegt, der zu einer Zurechnung von Stimmrechten führt, diese auch dem Meldepflichtigen zugerechnet werden. Die Vorschrift erfasst auch Gestaltungen, die international unter dem Begriff des „acting in concert" zusammengefasst werden; amtl. Begründung der Bundesregierung zum Gesetzesentwurf, BT-Drucks. 14/7034 v. 5. 10. 2001, S. 54, 70. Zur alten Fassung *Schneider,* in: Assmann/Schneider, § 22 WpHG Rn. 71 ff.; Schäfer/*Opitz,* § 22 WpHG Rn. 37–54.

[1322] Ursprgl. Kommissionsvorschlag einer TR v. 23. 12. 1985, DOK KOM (1985) 791, Begründung S. 9; s.o. unter I. 4.

[1323] *Werlauff,* S. 208 f., 287; *Edwards,* EC Company Law, S. 300, kritisiert die Definition von „concert parties" als zu ungenau; die entsprechende Vorschrift in Großbritannien umfasst drei Artikel mit 21 Absätzen.

nen, die sich untereinander abgestimmt haben, für die nach Art. 89 kodRL abzugebende Erklärung verantwortlich zu machen.[1324]

Eine schriftliche Vereinbarung, in der sich ein Dritter verpflichtet hat, die Stimmrechte aus seinen Aktien der betreffenden Person vorläufig gegen Entgelt zu übertragen, führt ebenfalls dazu, dass die Stimmrechte des Dritten für die Beurteilung der Meldepflicht der betreffenden Person zugerechnet werden (Art. 92 Abs. 1 lit. d) 1. Fall kodRL). Denn auch hier kann die Person die Stimmrechte auf der Hauptversammlung in ihrem eigenen Interesse einsetzen.[1325]

*(4.) Bezüge zum Übernahmerecht*

Im Rahmen der Vorschläge einer Richtlinie betreffend Übernahmeangebote sind für die Beurteilung der Kontrolle die erworbenen oder gehaltenen Stimmrechte von mit der Person „gemeinsam handelnden Personen" zuzurechnen.[1326] Dies sind „natürliche und juristische Personen, die auf der Grundlage einer ausdrücklichen oder stillschweigenden, mündlich oder schriftlich getroffenen Vereinbarung, die die Erlangung der Kontrolle über die Zielgesellschaft sichern [...] soll, mit dem Bieter [...] zusammenarbeiten". Dabei gelten Personen, die im Sinne des Art. 87 kodRL von einer anderen Person kontrolliert werden, als mit dieser Person und untereinander gemeinsam handelnd.[1327]

---

[1324] Vgl. Art. 6 des ursprgl. Kommissionsvorschlags einer TR v. 23. 12. 1985, DOK KOM (1985) 791, Begründung S. 8, Text S. 4.

[1325] Dieser Fall wurde nicht in deutsches Recht umgesetzt, da eine isolierte Übertragung der Stimmrechte nicht vorgesehen ist; *Hüffer,* § 12 AktG, Rn. 3; *Schneider,* in: Assmann/Schneider, § 22 WpHG Rn. 4; Schäfer/*Opitz,* § 22 WpHG, Rn. 1.

[1326] Der Begriff der Kontrolle, der diese begründende Stimmrechtsanteil und dessen Berechnung, insbesondere die Zurechnung von Stimmrechten werden nicht näher bestimmt; deren Bestimmung richtet sich nach dem Recht des Mitgliedstaates, in dem die Zielgesellschaft ihren Sitz hat; Art. 5 Abs. 3 des Richtlinienvorschlags betreffend Übernahmeangebote v. 2. 10. 2002, Mitteilung der Kommission, S. 21; so bereits Art. 5 Abs. 1 S. 1, Abs. 5 und Art. 4 Abs. 2 lit. e) S. 2 des geänderten Richtlinienvorschlags i.d.F. des Gemeinsamen Standpunkts des Rates vom 19. 6. 2000, ABl. EG Nr. C 23 v. 24. 1. 2001 S. 1 ff.; vgl. Art. 4 Abs. 2 lit. b) und Abs. 2c lit. e) und f), Art. 10 Abs. 1 lit. e) cc) und lit. i), Art. 16, Art. 17 Abs. 2 des geänderten Vorschlags einer dreizehnten Richtlinie (...) über Übernahmeangebote vom 10. 9. 1990, wonach „Kontrolle" im Sinne von Art. 8 der TR (jetzt Art. 87 kodRL) zu verstehen sein sollte; *Lutter,* EuUntR, 4. Aufl. 1996, S. 284 Fn. 12. Nach Art. 4 Abs. 1 dieser Fassung durfte der die Kontrolle begründende Anteil an den Stimmrechten von den Mitgliedstaaten auf nicht höher als 1/3 festgelegt werden; in Art. 4 Abs. 2 und Abs. 2a des geänderten Richtlinienvorschlags vom 10. 9. 1990 wurden für die Stimmrechtszurechnung noch ausdrücklich die in Artt. 7 und 8 TR enthaltenen Fallgruppen zitiert. Art. 30 Abs. 2 WpÜG definiert als Kontrolle das Halten von mind. 30% der Stimmrechte an der Zielgesellschaft.

[1327] Art. 1 lit. d), Abs. 2 des Richtlinienvorschlags betreffend Übernahmeangebote v. 2. 10. 2002, Mitteilung der Kommission, S. 17; ähnlich bereits Art. 2 lit. d) des geänderten Richtlinienvorschlags i.d.F. des Gemeinsamen Standpunkts des Rates v. 19. 6. 2000, ABl. EG Nr. C 23 v. 24. 1. 2001, S. 1 ff.

Die Vorschrift weist zum einen Parallelen zu den in Art. 92 Abs. 1 lit. c) genannten Stimmrechtsvereinbarungen, zum anderen zum Zurechnungstatbestand hinsichtlicht der Stimmrechte von kontrollierten Unternehmen gemäß Art. 92 Abs. 1 lit. b) kodRL auf.

Die Definition der „gemeinsam handelnden Personen" führt im Gegensatz zu Art. 92 Abs. 2 lit. c) kodRL auch bei formlosen und stillschweigenden Vereinbarungen mit dem Ziel des Kontrollerhalts zu einer Zurechnung und lässt dadurch keinen Raum für mögliche Umgehungen. Ferner wird die in Art. 87 Abs. 2 kodRL unausgesprochene unwiderlegliche Vermutung, dass kontrollierte Unternehmen bzgl. der Stimmrechtsausübung mit der meldepflichtigen Person zusammenarbeiten,[1328] in Form einer Fiktion bestätigt.

*(5.) Lückenhafte Zurechnung von Stimmrechten, die das Tochterunternehmen indirekt hält*

Gemäß Art. 92 Abs. 1 lit. d) 2. Fall kodRL werden einem Mutterunternehmen Stimmrechte zugerechnet, die zwar nicht unmittelbar von einem kontrollierten Unternehmen gehalten werden, zu deren vorläufigen Übertragung sich aber ein Dritter gegenüber dem kontrollierten Unternehmen gegen Entgelt schriftlich verpflichtet hat. Ferner werden dem Mutterunternehmen Stimmrechte zugerechnet, die ein Tochterunternehmen aufgrund einer förmlichen Vereinbarung durch einseitige Erklärung erwerben kann (Art. 92 Abs. 1 lit. g) i.V.m. lit. b) kodRL).

Wenn das Tochterunternehmen in einer sonstigen in Art. 92 kodRL genannten Beziehung zu einem Dritten steht, z.B. mit diesem einen Stimmbindungsvertrag geschlossen hat, erfolgt hingegen keine Zurechnung zu den Stimmrechten des Mutterunternehmens. Auch die von einem Dritten für Rechnung des Tochterunternehmens gehaltenen Stimmrechte werden nicht zugerechnet, obwohl sich das Tochterunternehmen selbst zur Beurteilung seiner eigenen Meldepflicht diese Stimmrechte zurechnen lassen müsste.[1329] Diese Vorgehensweise erscheint inkonsequent und unsystematisch.

Die Legaldefinition der „gemeinsam handelnde(n) Personen" im jüngsten Vorschlag der Richtlinie betreffend Übernahmeangebote lässt Rückschlüsse auf eine künftige Gestaltung der Stimmrechtszurechnung im Rahmen der Beteiligungstransparenz zu.[1330] Denn unter diese lassen sich ggfs. auch in Art. 92 kodRL nicht genannte Konstellationen der von Tochterunternehmen mittelbar

[1328] S.o. unter (3.) (f) (aa).

[1329] Im Rahmen des Art. 87 Abs. 2 kodRL werden nur für *andere* Tochterunternehmen treuhänderisch gehaltene Stimmrechte mitberücksichtigt; *Vedder*, S. 175 Fn. 191, geht diesbezüglich von einem Redaktionsversehen des Europäischen Gesetzgebers aus und weist auf die noch in beiden Vorschlägen enthaltene Regelung in Art. 4 Abs. 2 hin, ABl. EG Nr. C 255 v. 25. 9. 1987, S. 6 ff. (7).

[1330] Art. 1 lit. d) des Richtinienvorschlags betreffend Übernahmeangebote v. 2. 10. 2002, Mitteilung der Kommission, S. 17.

gehaltenen Stimmrechte, wie Stimmbindungsverträge und Treuhandverhältnisse fassen.

Deren Fehlen hat auch bei der Anwendung der entsprechenden Umsetzungsvorschriften zu Auslegungsschwierigkeiten geführt.[1331]

*(III.) Zusammenfassung*

Für die Meldepflicht i.S. der Beteiligungstransparenz kommt es darauf an, dass eine Person infolge des Erwerbs oder der Veräußerung einer Beteiligung oder der Begründung oder Beendigung einer der in Art. 92 kodRL genannten Gestaltungen mit Hilfe der eigenen stimmberechtigten Aktien und mit Hilfe der Stimmrechte aus Aktien Dritter, die aufgrund einer in Art. 92 kodRL genannten Gestaltung in ihrem Interesse ausgeübt werden können, über einen Stimmrechtsanteil verfügt, der eine der in Art. 89 Abs. 1 kodRL genannten Beteiligungsschwellen erreicht, über- oder unterschreitet.

Das Zurechnungsverfahren in Art. 92ff. kodRL weist gravierende Lücken auf: Der Wortlaut in Art. 92 Abs. 1 lit. g) kodRL sollte eindeutig so formuliert werden, dass Stimmrechte, die von Depotbanken im Namen ihrer Kunden ausgeübt werden, den Stimmrechten der Depotbanken zugerechnet werden, wenn eine Stimmrechtsvollmacht i.S. des Art. 28 des Vorschlags einer Strukturrichtlinie vorliegt und die Kunden keine konkreten Weisungen erteilt haben. Die Zurechnungstatbestände der künftigen Richtlinie betreffend Übernahmeangebote und der Vorschriften über die Beteiligungstransparenz sollten angeglichen werden. Ferner sollte hinsichtlich der Zurechnungstatbestände eine Gleichstellung von Mutter- und Tochterunternehmen erfolgen, so dass eine Zurechnung zu den Stimmrechten des Mutterunternehmens immer dann stattfindet, wenn das Tochterunternehmen zu einem Dritten in einem in Art. 92 kodRL genannten Verhältnis steht.[1332] Eine derartige Korrektur ist in der neuen Transparenzrichtlinie vorgesehen.[1333]

---

[1331] Zu § 22 WpHG a.F. *Schneider,* in: Assmann/Schneider, § 22 WpHG, Rn. 6ff. Der Bezug zwischen Beteiligungstransparenz und Übernahmerecht wird auch im neuen deutschen WpÜG hergestellt. Die Stimmrechtszurechnung in § 30 WpÜG entspricht der in § 22 WpHG i.d.F. v. Art. 2 Nr. 2 des Gesetzes zur Regelung von öffentlichen Angeboten zum Erwerb von Wertpapieren und von Unternehmensübernahmen v. 20. 12. 2001. Siehe nun § 22 Abs. 1 S. 2 WpHG n.F., wonach auch in allen anderen Konstellationen des Art. 22 Abs. 1 S. 1 WpHG die Stimmrechte des Tochterunternehmens denen des Mutterunternehmens gleichgestellt werden; vgl. die amtl. Begründung der Bundesregierung, BT-Drucks. 14/7034 v. 5. 10. 2001, S. 53, 70. In den Fällen der Sicherungsverwahrung, des Nießbrauchs und der Stimmbindungsvereinbarung stellt dies eine Erweiterung gegenüber Artt. 86, 92 kodRL dar.

[1332] Zu einer derartigen Auslegung der geltenden Vorschriften kommt *Elster*, S. 42.

[1333] Art. 10 lit. e) des Vorschlags einer neuen Transparenzrichtlinie v. 26. 3. 2003, DOK KOM (2003) 138, S. 50; dazu s.u. XI. 2. c); vgl. Zweites Konsultationspapier, S. 8f.; Anhang I, S. 18f., das diesbezüglich noch keine Änderungen vorsah.

*f) Schwellenwerte*

Die Beteiligungsschwellen, bei deren Erreichen, Unter- oder Überschreiten die Meldepflicht gemäß Art. 89 Abs. 1 kodRL ausgelöst wird, liegen bei 10%, 20%, 1/3, 50% und 2/3 der Stimmrechte. Den Mitgliedstaaten steht es frei, statt der Schwellen von 20% und 1/3 eine einzige Schwelle von 25% und statt der Schwelle von 2/3 eine Schwelle von 75% anzuwenden. Es ist wahrscheinlich, dass diese Möglichkeit, die in den Vorschlägen der Kommission noch nicht enthalten war, mit Rücksicht auf die nationalen Aktienrechte solcher Staaten aufgenommen wurde, die für die erforderlichen Mehrheiten bzw. Sperrminoritäten bestimmter Hauptversammlungsbeschlüsse stets glatte, in der Regel durch fünf teilbare Prozentsätze vorsehen.[1334]

Die Wahl der Beteiligungsschwellen, die die Pflicht zur Erklärung nach Art. 89 kodRL auslösen, erfolgte nicht willkürlich, sondern stützte sich auf die bereits auf Gemeinschaftsebene durchgeführten Harmonisierungsarbeiten. Die Beteiligungsschwellen entsprechen Prozentsätzen, die bereits in anderen im Rahmen des Gesellschaftsrechts erlassenen Richtlinien und Richtlinienvorhaben von Bedeutung sind.[1335]

*(I.) Schwelle von 10%*

Die *Schwelle von 10%*[1336] ist im Hinblick auf Minderheitenrechte von Bedeutung: Gemäß der SE-VO kann die Einberufung der Hauptversammlung und die Festsetzung der Tagesordnung von einem oder mehreren Aktionären beantragt werden, die gemeinsam über mindesten 10% des gezeichneten Kapitals verfügen. Dasselbe gilt für die Ergänzung der Tagesordnung um einen oder mehrere weitere Gegenstände.[1337] Ferner können 10% der Aktionäre von einer

[1334] Nach *Raida*, in: Büschgen/Schneider, S. 229ff. (240ff.) gehen die Schwellen auf den deutschen Vertreter im Rat zurück. Der deutsche Gesetzgeber hat in § 21 Abs. 1 WpHG von beiden Möglichkeiten Gebrauch gemacht. Ferner besteht die Meldepflicht bereits bei einem Stimmrechtsanteil von 5%. Vgl. § 121 AktG (Einberufung der HV durch Aktionäre, deren Anteile insgesamt 5% des Grundkapitals erreichen); § 179 Abs. 2 AktG (die satzungsändernde Mehrheit beträgt 75% des bei der Beschlussfassung vertretenen Grundkapitals), dieselbe Mehrheit fordern § 179a (Verpflichtung zur Übertragung des gesamten Gesellschaftsvermögens), § 182 Abs. 1 S. 1, § 202 Abs. 2 S. 1, § 221 Abs. 1 S. 2, § 222 Abs. 1 AktG (Kapitalveränderungen), § 186 Abs. 3 S. 2 AktG (Ausschluss des Bezugsrechts); vgl. *Edwards,* EC Company Law, S. 296f.

[1335] Ursprgl. Kommissionsvorschlag einer TR v. 23. 12. 1985, DOK KOM (1985) 791, Begründung S. 6.

[1336] Mit Hinweis auf die unendliche Vermehrung der Schwellen blieb der Änderungsvorschlag des Europäischen Parlaments unbeachtet, das eine Meldepflicht auch einer Person auferlegen wollte, die innerhalb von einem Monat peu à peu mehr als 10% des gezeichneten Kapitals einer Gesellschaft veräußert, vgl. Stellungnahme des Europäischen Parlaments zum ursprgl. Kommissionsvorschlag einer TR, ABl. EG Nr. C 125 v. 11. 5. 1987, S. 141ff. (142); geänderter Kommissionsvorschlag einer TR v. 4. 9. 1987, DOK KOM (1987) 422, Begründung S. 2f.

[1337] Artt. 55 Abs. 1, 56 der SE-VO vom 8. 10. 2001, wobei die Schwelle auch unterschritten werden kann, wenn einzelstaatliche Vorschriften oder die Satzung dies vorse-

Tochtergesellschaft, die nach nationalem Recht von der Erstellung eines Teilkonzernabschlusses befreit ist, die Aufstellung eines konsolidierten Abschlusses verlangen.[1338] Im Rahmen der Publizitätspflichten börsennotierter Gesellschaften gewinnt die 10%-Schwelle ebenfalls an Bedeutung: Im Prospekt muss ein Emittent Einzelangaben über Unternehmen machen, von denen er mindestens 10% des Kapitals hält, wenn dies von Bedeutung für die Beurteilung der finanziellen Situation des Emittenten ist.[1339]

Als Negativbedingung findet sich die 10% – Schwelle in verschiedenen Vorschriften, die Unternehmenszusammenschlüsse oder Umwandlungen betreffen: Gemäß Artt. 7 und 8 der siebten Richtlinie kann ein Mutterunternehmen, das selbst Tochterunternehmen ist, von der Verpflichtung zur Aufstellung eines konsolidierten (Teil-)Abschlusses nur befreit werden, wenn dessen Mutterunternehmen nicht mehr als 10% der Anteile an dem zu befreienden Unternehmen fehlen. Dies gilt jedoch nicht für Unternehmen, deren Wertpapiere in einem Mitgliedstaat zum Handel an einem geregelten Markt zugelassen sind.[1340] Die Fusionsrichtlinie sieht bestimmte Abweichungen von den Verschmelzungsvorschriften vor, wenn einer Gesellschaft, die eine Verschmelzung durch Aufnahme beabsichtigt, an der übertragenden Gesellschaft nicht mehr als 10% der stimmberechtigten Anteile fehlen, d.h. sie eine Beteiligung von mindestens 90% innehat. In diesem Fall brauchen die Mitgliedstaaten die Zustimmung der Hauptversammlung der übernehmenden Gesellschaft nicht vorzuschreiben; die Minderheitsaktionäre der übertragenden Gesellschaft können von der übernehmenden Gesellschaft den Kauf ihrer Aktien gegen ein dem Wert ihrer Aktien entsprechendes Entgelt verlangen.[1341]

Dasselbe sieht Entwurf der Konzernrechtsrichtlinie von 1984 für die freien Aktionäre der kontrollierten Gesellschaft vor. Ferner sollte der Inhaber einer derartigen Beteiligung einen Unterordnungskonzern ohne Beherrschungsvertrag durch einseitige Erklärung gegenüber der Gesellschaft begründen können

---

hen; vgl. Artt. 83 Abs. 1, 85 des Vorschlags einer SE-VO v. 16. 5. 1991. Im Gegensatz dazu sind gemäß Artt. 23, 25 i.V.m. Art. 16 Abs. 1 des dritten geänderten Vorschlags einer Strukturrichtlinie v. 16. 5. 1991 nur 5% des gezeichneten Kapitals oder Aktien im Nennbetrag von maximal 100.000 € erforderlich.

1338 Art. 8 Abs. 1 der Richtlinie über den konsolidierten Abschluss.

1339 Anhang I, Schema A Punkt 5.3. kodRL.

1340 Art. 7 Abs. 3 der Richtlinie über den konsolidierten Abschluss i.d.F. des Art. 2 Nr. 4 lit. c) der Änderungsrichtlinie 2003/51/EG v. 18. 6. 2003, ABl. EG Nr. L 178 v. 17. 7. 2003, S. 19. Vgl. auch 3. Erwägungsgrund der Richtlinie über den konsolidierten Abschluss.

1341 Artt. 27, 28 der Dritten Richtlinie des Rates v. 9. 10. 1978 Nr. 78/855/EWG (Fusionsrichtlinie), ABl. EG Nr. L 295 v. 20. 10. 1978 S. 36 ff. Erleichterungen bzgl. der Dokumentation sieht auch Art. 13 Abs. 2 des Kommissionsvorschlags einer Richtlinie über die Verschmelzung von Kapitalgesellschaften aus verschiedenen Mitgliedstaaten vom 18. 11. 2003 vor, DOK KOM (2003) 703, S. 15.

und zugleich zur zwangsweise Übernahme der freien Aktionäre (squeeze out) berechtigt sein.[1342]

Auch der jüngste Richtlinienvorschlag betreffend Übernahmeangebote vom 2.10.2002 sieht die Möglichkeit eines sqeeze-out seitens des Bieters sowie eines Andienungsrechts der Minderheitsaktionäre vor, wenn der Bieter mindestens 90% bzw. die Minderheitsaktionäre weniger als 10% der Stimmrechte innehaben.[1343]

*(II.) Schwelle von 20%*

Die Schwelle von 20% spielt im Rahmen der Richtlinien über den Jahresabschluss von Gesellschaften eine Rolle: Nach Art. 17 S. 2 der Jahresabschlussrichtlinie wird vermutet, dass bei einer Beteiligung am Kapital einer Gesellschaft, der auf höchstens 20% festgesetzt werden darf, eine dauernde Verbindung zu dieser Gesellschaft hergestellt wird.[1344] Gestützt auf diesen Grundsatz stellen Art. 59 Abs. 1 S. 2 der Jahresabschlussrichtlinie[1345] und Art. 33 Abs. 1 S. 2 der Konzernbilanzrichtlinie eine weitere Vermutung auf: Ein Unternehmen, das 20% oder mehr der Stimmrechte der Aktionäre oder Gesellschafter eines anderen Unternehmens innehat, übt in der Regel einen maßgeblichen Einfluss auf dieses Unternehmen aus.[1346] Die Gesellschaft und das Publikum sollen also über Aktionäre informiert werden, die einen maßgeblichen Einfluss auf die Geschäftsführung der betreffenden Gesellschaft ausüben können.

---

[1342] 10., 13. Erwägungsgrund, Art. 33, 36, 39 des Entwurfs einer Konzernrechtsrichtlinie von 1984, abgedruckt bei *Lutter,* EuUntR, 4. Aufl. 1996, S. 244 ff.; *Werlauff,* S. 300 ff.

[1343] Die Mitgliedstaaten können den Prozentsatz auch auf maximal 95% festlegen. Begründung, 21. Erwägungsgrund, Artt. 14, 15 des Richtlinienvorschlags betreffend Übernahmeangebote v. 2. 10. 2002, Mitteilung der Kommission, S. 11, 16, 29 f.

[1344] Dies hat zur Folge, dass die Beteiligung an diesem Unternehmen in der Bilanz unter Anlagevermögen als „Anteil an verbundenen Unternehmen" oder als „Beteiligung" bilanziert werden muss, je nachdem, ob gleichzeitig eine Konzernverbindung besteht oder nicht. Ferner müssen im Anhang nähere Angaben über dieses Unternehmen gemacht werden; Artt. 9 C III 1, 3; 10 C III 1, 3; 43 Abs. 1 Nr. 2 1. UAbs., 59 der Jahresabschlussrichtlinie, ABl. EG Nr. L 222 v. 14. 8. 1978 S. 11 ff.

[1345] In der durch Art. 45 der Richtlinie über den konsolidierten Abschluss geänderten Fassung, abgedruckt bei *Lutter,* EuUntR, 4. Aufl. 1996, S. 227 f.

[1346] Im konsolidierten Abschluss muss die Beteiligung als „Anteil an assoziierten Unternehmen" ausgewiesen werden, wenn das Unternehmen nicht in den konsolidierten Abschluss einbezogen ist. Ferner sind im Anhang genauere Angaben über diese Unternehmen zu machen; Artt. 33, 34 Nr. 2, 3, 5, Art. 45 der Richtlinie über den konsolidierten Abschluss. In dieselbe Richtung weist Artt. 1 Abs. 1 lit. d) 1. UAbs. aa), 2. UAbs. dieser Richtlinie: Die Mitgliedstaaten sind berechtigt, einem Unternehmen vorzuschreiben, einen konsolidierten Abschluss zu erstellen, wenn dieses (Mutter-)Unternehmen Aktionär oder Gesellschafter eines Unternehmens ist und allein durch die Ausübung seiner Stimmrechte die Mehrheit der Mitglieder des Verwaltungs-, Leitungs- oder Aufsichtsorgans dieses Unternehmens (Tochterunternehmens), die während des Geschäftsjahres sowie des vorhergehenden Geschäftsjahres bis zur Erstellung des konsolidierten Abschlusses bestellt worden sind, im Amt sind. Die Anwendung dieser Regelung können sie davon abhängig machen, dass die Beteiligung des Mutterunternehmens 20% oder mehr der Stimmrechte beträgt.

*(III.) Die Schwellen von 1/3 und 2/3*

Nach Art. 40 Abs. 1 der Kapitalrichtlinie[1347] ist für mehrere wichtige Entscheidungen (Begrenzung des Bezugsrechts im Fall einer Kapitalerhöhung, Herabsetzung und Tilgung des Kapitals) ein Beschluss der Hauptversammlung mit einer Mehrheit von mindestens zwei Dritteln der Stimmen der vertretenen Wertpapiere erforderlich. Dieselbe Mehrheit ist Voraussetzung für einen Verschmelzungsbeschluss nach Art. 7 der Fusionsrichtlinie[1348] und für einen Spaltungsbeschluss nach Art. 5 der Spaltungsrichtlinie[1349]. Ferner sehen die Richtlinienvorhaben zur internationalen Fusion und Sitzverlegung eine entsprechende Mehrheit vor.[1350] Die SE-VO fordert für Satzungsänderungen grundsätzlich einen Beschluss der Hauptversammlung mit einer Mehrheit von zwei Dritteln der abgegebenen Stimmen, wenn nicht die SE-VO oder das Recht des Sitzstaats eine größere Mehrheit vorschreiben.[1351] Eine ähnliche Regelung enthält der Vorschlag einer Strukturrichtlinie.[1352] Eine Beteiligung von einem Drittel ergibt somit eine Sperrminorität gegenüber den genannten Beschlüssen.

Der Vorschlag einer Richtlinie betreffend Übernahmeangebote von 1990 sah vor, dass die Mitgliedstaaten den in Folge eines Erwerbs insgesamt gehaltenen Anteil an Stimmrechten, der zur Abgabe eines Übernahmeangebots an die restlichen Aktionäre verpflichtet, auf nicht höher als 33,3% festlegen sollten.[1353] Die jüngeren Vorschläge überlassen die Festlegung des Prozentsatzes am stimmberechtigten Kapital, das die Kontrolle über die Gesellschaft begründet, gänzlich den Mitgliedstaaten.[1354]

---

[1347] Zweite Richtlinie Nr. 77/91/EWG v. 13. 12. 1976, ABl. EG Nr. L 26 v. 31. 1. 1977, S. 1 ff.

[1348] Dritte Richtlinie Nr. 78/855/EWG v. 9. 10. 1978, ABl. EG Nr. L 295 v. 20. 10. 1978, S. 36 ff.

[1349] Sechste Richtlinie Nr. 82/891/EWG v. 17. 12. 1982, ABl. EG Nr. L 348 v. 31. 12. 1982, S. 47 ff.

[1350] Art. 7 des Vorschlags einer zehnten Richtlinie vom 8. 1. 1985 (internationale Fusionsrichtlinie), ABl. EG Nr. C 23 v. 25. 1. 1985, S. 11 ff., abgedruckt bei *Lutter,* EuUntR, 4. Aufl. 1996, S. 261 ff.; der neuere Kommissionsvorschlag v. 18. 11. 2003, DOK KOM (2003) 703, sieht eine derartige Regelung nicht mehr vor; Art. 6 Abs. 2, 3 des Vorentwurfs einer 14. Richtlinie vom 22. 4. 1997 (sog. Richtlinie über grenzüberschreitende Sitzverlegung), abgedruckt in ZIP 1997, 1721 ff.

[1351] Art. 59 Abs. 1 der SE-VO vom 27. 9. 2001, vgl. ZIP 2001, S. 1847 ff.; vgl. Art. 97 Abs. 1 des dritten geänderten Vorschlags einer SE-VO v. 16. 5. 1991. Gemäß Art. 59 Abs. 2 der SE-VO v. 27. 9. 2001 kann das Recht des Sitzstaates bestimmen, dass die einfache Mehrheit ausreicht, wenn mindestens die Hälfte des gezeichneten Kapitals vertreten ist; vgl. Art. 97 Abs. 2 des Vorschlags einer SE-VO v. 16. 5. 1991, wonach dies bereits in der Satzung bestimmt werden konnte.

[1352] Artt. 37 Abs. 1, 39 Abs. 1 und 2 des dritten geänderten Vorschlags einer Strukturrichtlinie v. 20. 11. 1991; *Werlauff,* S. 243.

[1353] Art. 4 Abs. 1 des geänderten Vorschlags einer dreizehnten Richtlinie vom 10. 9. 1990 (Richtlinie über Übernahmeangebote).

[1354] Art. 5 Abs. 1, 3 des Richtlinienvorschlags betreffend Übernahmeangebote v. 2. 10. 2002, Mitteilung der Kommission, S. 21; Artt. 2, 5 des Richtlinienvorschlags über

*(IV.) Schwelle von 50%*

Gemäß der SE-VO werden Beschlüsse der Hauptversammlung einer Europäischen Gesellschaft mit der Mehrheit der abgegebenen Stimmen gefasst, soweit die SE-VO oder das Recht des Sitzstaats nichts anderes vorschreiben.[1355] Ähnliches war im Vorschlag der Strukturrichtlinie für nationale Aktiengesellschaften vorgesehen.[1356] Wer mehr als 50% der Anteile einer Gesellschaft besitzt, hat die absolute Mehrheit in der Hauptversammlung, kann also die absolute Kontrolle über die Gesellschaft ausüben. Daher ist es unerlässlich, dass das Publikum jedesmal unterrichtet wird, wenn diese Schwelle überschritten wird.

*(V.) Die fakultativen Schwellen von 25% und 75%*

Die Schwellen von 25% und 75% spielen im Europäischen Steuerrecht eine Rolle: Nach der Konzernbesteuerungsrichtlinie und dem Vorschlag einer Richtlinie über Zinsen und Lizenzgebühren aus dem Jahre 1990 handelt es sich bei einer Gesellschaft um eine Muttergesellschaft, wenn sie einen Anteil von 25% am Kapital, wahlweise an den Stimmrechten an einer Gesellschaft eines anderen Mitgliedstaates besitzt.[1357] Nach dem Vorschlag einer Verlustrichtlinie aus demselben Jahr ist für eine Berücksichtigung der Verluste von in anderen Mitgliedstaaten belegenen Tochtergesellschaften bei der Steuerbemessung erforderlich, dass das Mutterunternehmen eine Beteiligung von mindestens 75% des Kapitals hält, die ihm die Mehrheit der Stimmrechte sichert.[1358]

*g) Mitteilungsfrist*

Um eine schnellstmögliche Unterrichtung des Publikums zu gewährleisten, muss der Erwerber oder Veräußerer die Gesellschaft innerhalb einer Frist von sieben Kalendertagen unterrichten. Die Frist läuft ab dem Zeitpunkt, zu dem der Inhaber der bedeutenden Beteiligung von dem Erwerb oder der Veräußerung Kenntnis hatte oder nach den Umständen davon Kenntnis hätte haben müssen (Art. 89 Abs. 1 S. 1 und 3 kodRL). Es mag zunächst verwundern, dass

---

Übernahmeangebote i.d.F. des Gemeinsamen Standpunkts des Rates vom 19.6.2000, die die Begriffsbestimmungen bzw. den Pflichtangebotstatbestand enthalten, verwenden den Begriff der Kontrolle, ohne ihn näher zu bestimmen.

[1355] Art. 57 der SE-VO v. 27.9.2001, vgl. ZIP 2001, S. 1847 ff., vgl. Art. 94 Abs. 1 des dritten geänderten Vorschlags einer SE-VO vom 16.5.1991; *Schwarz,* ZIP 2001, 1847 ff. (1857).

[1356] Art. 36 Abs. 1 des dritten geänderten Vorschlags der Strukturrichtlinie v. 20.11.1991, wonach auch die Satzung abweichendes vorschreiben kann; *Werlauff,* S. 242.

[1357] Art. 3 Abs. 1 lit. a), Abs. 2 der Konzernbesteuerungsrichtlinie v. 23.7.1990 (90/435/EWG); ABl. EG Nr. L 225 v. 20.8.1990, S. 6 ff.; abgedruckt bei *Lutter,* EuUntR, 4. Aufl. 1996, S. 799 ff.; Art. 4 Abs. 1 lit. a), Abs. 2 des Vorschlags einer Richtlinie über Zinsen und Lizenzgebühren v. 6.12.1990; ABl. EG Nr. C 53 v. 28.2.1991, S. 26 ff., abgedruckt bei *Lutter,* EuUntR, 4. Aufl. 1996, S. 829 ff.

[1358] Art. 2 3. Gedankenstrich des Vorschlags einer Verlustrichtlinie v. 6.12.1990, ABl. EG Nr. C 53 v. 28.2.1991, S. 30 ff.; abgedruckt bei *Lutter,* EuUntR, 4. Aufl. 1996, S. 822 ff. Die Mitgliedstaaten dürfen allerdings einen niedrigeren Prozentsatz vorschreiben.

die Kenntnis des Aktionärs nicht bereits ab dem Zeitpunkt der Transaktion als selbstverständlich vorausgesetzt wird. Führt man sich aber die vielen Tatbestände vor Augen, nach denen dem Aktionär im Eigentum Dritter stehende Aktien zugerechnet werden (Artt. 86, 87, 92 kodRL), wird klar, dass der Aktionär nicht in jedem Moment über die für die Meldepflicht relevanten Aktien informiert ist.[1359] Die Einbeziehung der *möglichen* Kenntnis des Meldepflichtigen für den Beginn der Frist soll verhindern, dass dieser sich der Kenntnisnahme bewusst verschließt und so den Beginn der Frist verhindert. Personen, die durch zwischengeschaltete Personen handeln, sowie Konzerne müssen entsprechende Informationssysteme einrichten oder andere Vorkehrungen treffen, um eine schnellstmögliche Kenntnisnahme zu gewährleisten.[1360]

Der Zeitraum entspricht der Frist, innerhalb derer ein Unternehmenszusammenschluss von gemeinschaftsweiter Bedeutung gemäß Art. 4 Abs. 1 FKVO bei der Kommission angemeldet werden muss.

*h) Art und Weise der Mitteilung*

Die Artt. 85 ff. kodRL enthalten keine Vorgaben, in welcher Form die Mitteilung erfolgen und welchen Inhalt sie im Einzelnen haben muss. Insbesondere besteht keine Verpflichtung, die Angabe nach den unmittelbar und durch zwischengeschaltete Personen gehaltenen Stimmrechten aufzuschlüsseln.[1361] Das mag damit zusammenhängen, dass die zwischengeschaltete Person in der Regel selbst aus Art. 89 Abs. 1 kodRL verpflichtet ist, die in ihrem Eigentum stehenden Aktien zu melden, unabhängig davon, ob das Stimmrecht im eigenen, im fremden oder im gemeinsamen Interesse ausgeübt wird.[1362]

Die Modalitäten der Mitteilung sind dem Recht der Mitgliedstaaten vorbehalten.[1363]

*i) Befreiungstatbestand*

Berufsmäßige Wertpapierhändler, die Mitglied einer in der Gemeinschaft ansässigen oder tätigen Wertpapierbörse sind oder von den zuständigen Stellen

---

[1359] Vgl. die Begründung zu Art. 46a des geänderten Vorschlags einer SE-VO v. 30. 4. 1975, DOK KOM (1975) 150, S. 593; *Werlauff,* S. 286.

[1360] *Edwards,* EC Company Law, S. 302; vgl. *Schneider,* in: Assmann/Schneider, § 21 WpHG, Rn. 92 ff.

[1361] Vgl. Art. 92 kodRL; dies ist jedoch gemäß § 21 Abs. 4 WpHG i.d.F. v. Art. 2 Nr. 2 des Gesetzes zur Regelung von öffentlichen Angeboten zum Erwerb von Wertpapieren und von Unternehmensübernahmen v. 20. 12. 2001 vorgeschrieben (vormals § 22 Abs. 2 WpHG); vgl. Schäfer/*Opitz,* § 21 WpHG, Rn. 32 ff.; *Schneider,* in: Assmann/Schneider, § 21 WpHG, Rn. 73–83.

[1362] Vgl. *Edwards,* EC Company Law, S. 302.

[1363] Vgl. § 21 Abs. 1 WpHG: erforderlich ist eine Mitteilung in Schriftform unter Angabe des Namens, der Anschrift, des Stimmrechtsanteils und des Datums des Erreichens, Über- oder Unterschreitens der Schwelle; dazu *Schneider,* in: Assmann/Schneider, § 21 WpHG Rn. 73–83; Schäfer/*Opitz,* § 21 WpHG Rn. 31 ff.

beaufsichtigt oder zugelassen werden, können im Einzelfall von ihrer Meldepflicht nach Art. 89 kodRL befreit werden: Wenn ein Wertpapierhändler infolge einer Transaktion im Rahmen seiner beruflichen Tätigkeit eine bedeutende Beteiligung erworben oder veräußert hat und nicht versucht, mit dem Erwerb die Geschäftsführung des Unternehmens zu beeinflussen, ist eine Dispenserteilung durch die zuständigen Stellen möglich (Art. 94 kodRL).[1364]

Damit soll vermieden werden, dass beispielsweise Kursmakler oder Kreditinstitute allein aufgrund von Schwankungen in ihrem Handelsbestand meldepflichtig werden.[1365] Dies entspricht auch dem mit der Richtlinie verfolgten Ziel. Das Publikum soll nur von Beteiligungen und deren Veränderungen unterrichtet werden, die von dem Inhaber zum Zwecke der Einflussnahme auf die Geschäftstätigkeit der Gesellschaft gehalten werden.[1366]

Dieses subjektive Element wurde nicht in den Wortlaut des die Meldepflicht enthaltenen Regeltatbestands des Art. 85 Abs. 1 i.V.m. Art. 89 kodRL aufgenommen, da sonst das Entstehen der Meldepflicht von dem Nachweis der Absicht (durch die zuständigen Behörden) abhängig wäre. Vielmehr wird im Rahmen dieser Vorschriften die Absicht der Einflussnahme auf die Führung des Unternehmen allein aufgrund des Haltens einer Beteiligung in Höhe von mindestens 10% der Stimmrechte grundsätzlich unwiderleglich vermutet.

Die in Art. 59 Abs. 1 S. 2 der Jahresabschlussrichtlinie und Art. 33 Abs. 1 S. 2 der Konzernbilanzrichtlinie enthaltene Vermutung, dass ein Unternehmen bei einer Beteiligung von 20% oder mehr der Stimmrechte einen maßgeblicher Einfluss auf die Geschäfts- und Finanzpolitik eines anderen Unternehmens ausübt, gilt im Falle von Beteiligungen an börsennotierten Gesellschaften also bereits ab einer Beteiligung von 10%.

Bei berufsmäßigen Wertpapierhändlern, bei denen es im Rahmen ihrer Tätigkeit im Kundeninteresse typischerweise zu Überschreitungen der in Art. 89 kodRL genannten Schwellen kommt, liegt es auf der Hand, dass sie mit dem Erwerb einer Beteiligung in der Regel keine Einflussnahme auf die Geschäftstätigkeit der Gesellschaft beabsichtigen. Diesen ist als einzigen die Widerlegung der in Art. 89 kodRL enthaltenen Vermutung gestattet. Das Nichtvorhandensein der Beeinflussungsabsicht muss der Wertpapierhändler gegenüber den zuständigen Behörden glaubhaft machen, um von der Meldepflicht im Einzelfall befreit zu werden.[1367]

---

1364 Vormals Art. 9 TR.

1365 *Lutter*, EuUntR, 4. Aufl. 1996, S. 587; *Knobl/Opitz*, in: Griller, Banken im Binnenmarkt, S. 477 ff. (549 f.); vgl. zur deutschen Umsetzung in § 23 Abs. 1 WpHG *Becker,* WpHG, S. 92 f.; *Schneider*, in: Assmann/Schneider, § 23 WpHG; Schäfer/*Opitz,* § 23 WpHG.

1366 S.o. unter III. 1., V. 3. d) (I.), (II.).

1367 Anders noch Art. 7 des ursprgl. Kommissionsvorschlags, der die Mitgliedstaaten ermächtigte, Wertpapierhändler generell von der Meldepflicht auszunehmen; die „vorsichtigere" Regelung einer Dispensmöglichkeit der zuständigen Stellen wurde erst spä-

Eine vergleichbare Regelung dürfen die Mitgliedstaaten gemäß Art. 24a Abs. 4 b) der Kapitalrichtlinie treffen: Wenn Tochtergesellschaften Aktien der Muttergesellschaft im Rahmen ihrer Tätigkeit als zugelassener oder beaufsichtigter berufsmäßiger Wertpapierhändler zeichnen, erwerben oder besitzen, müssen diese nicht den eigenen Aktien der Muttergesellschaft zugerechnet werden.

*j) Über Art. 89 kodRL hinausgehende Meldepflichten des Bieters nach der geplanten Richtlinie betreffend Übernahmeangebote*

Nach dem Willen des Europäischen Gesetzgebers soll ein bevorstehendes Pflichtangebot zu Meldepflichten des Bieters führen, die über die Vorschrift der Artt. 85 ff. kodRL hinausgehen: Während der Erwerber nach Art. 89 kodRL lediglich eine Meldepflicht gegenüber der Gesellschaft und den zuständigen Stellen hat, muss der Bieter die Absicht veröffentlichen, ein Angebot abgeben zu wollen und dadurch selbst das Anlegerpublikum über eine wesentliche Änderung der Beteiligungsverhältnisse der Zielgesellschaft informieren.[1368] Je nachdem, ob der von den Mitgliedstaaten festgelegte, die Kontrolle begründende Stimmrechtsanteil einer in der kodRL genannten Schwelle entspricht, werden zugleich Meldepflichten gemäß Artt. 89, 91 kodRL[1369] ausgelöst. Bestimmen die Mitgliedstaaten einen anderen Prozentsatz, erfolgt die Unterrichtung des Publikums über den vom Bieter konkret gehaltenen stimmberechtigten Kapitalanteil in der Angebotsunterlage. Das Publikum würde dann – über die Regelung der Beteiligungstransparenz hinaus – von Seiten des Bieters bei Erreichen eines weiteren Schwellenwerts über die Änderung der Beteiligungsverhältnisse unterrichtet.

## VI. Publizitätspflicht der Gesellschaft

### 1. Inhalt der Vorschrift des Art. 91 kodRL

Eine Gesellschaft, die gemäß Art. 89 kodRL von einer relevanten Änderung der Beteiligungsstruktur an ihrem Kapital erfahren hat, muss gemäß Art. 91 Abs. 1 kodRL spätestens neun Kalendertage nach Erhalt der Mitteilung das Publikum in den Mitgliedstaaten, in denen ihre Wertpapiere zur amtlichen Notierung an einer Wertpapierbörse zugelassen sind, hierüber unterrichten.

Den Mitgliedstaaten steht es frei vorzuschreiben, dass die Unterrichtung des Publikums nicht von der Gesellschaft, sondern von den zuständigen Stellen – ggfs. in Zusammenarbeit mit der Gesellschaft – veranlasst wird (Art. 91 Abs. 1 UAbs. 2 kodRL).[1370]

---

ter entwickelt, DOK KOM (1985) 791, Text S. 5; vgl. *Edwards*, EC Company Law, S. 302 f.

[1368] Art. 5 Abs. 1, 6 Abs. 1, 2, 3 lit. f.) des Richtlinienvorschlags betreffend Übernahmeangebote v. 2. 10. 2002, Mitteilung der Kommission, S. 21 ff.

[1369] Vormals Artt. 4, 10 TR.

[1370] Die deutsche Umsetzung erfolgte in §§ 25 Abs. 1 S. 1, 26 Abs. 3 WpHG. Von der Befugnis in Art. 91 Abs. 1 UAbs. 2 kodRL wurde kein Gebrauch gemacht.

Machen die Mitgliedstaaten von dieser Möglichkeit Gebrauch, ist auch die Vorschrift in Art. 68 Abs. 3 kodRL dahingehend zu interpretieren, dass nicht die Gesellschaft, sondern die entsprechende Behörde die Unterrichtung des Publikums veranlasst und die Gesellschaft von der Meldepflicht befreit ist.[1371]

**2. Entwicklung der Verpflichtung**

Durch die Transparenzrichtlinie von 1988 wurde börsennotierten Gesellschaften an sich keine neue Pflicht auferlegt. Vielmehr sollten Inhalt und Modalitäten der Verpflichtung, die sich aus der bestehenden Vorschrift in Schema C Nr. 5 c) Abs. 1 im Anhang der BZR ergab, präzisiert und koordiniert werden.[1372] Nach der zunächst verabschiedeten Fassung dieser Vorschrift musste die Gesellschaft, sobald sie hiervon Kenntnis erlangt hatte, das Publikum über Änderungen in Kenntnis setzen, die sich gegenüber früher veröffentlichten Informationen bezüglich der Struktur (Besitzer und Kapitalanteile) der *Hauptbeteiligungen* an ihrem Kapital ergaben.[1373] Durch Art. 1 Abs. 4 TR wurde der Wortlaut dieser Vorschrift abgeändert in *bedeutende Beteiligungen.*[1374]

Das hängt damit zusammen, dass Schema C Nr. 5 c) Bezug nahm auf Schema A Punkt 3.2.6. und 3.2.7. im Anhang der BZPR. Hier geht es um Beteiligungen in einer Größenordnung, die zu einer Beherrschungsmöglichkeit bzw. einem maßgeblichen Einfluss[1375] auf die Geschäftsführung der Gesellschaft führen. Demgegenüber entsteht die Meldepflicht nach der TR bereits bei Beteiligungen, die einer Sperrminorität (10%) entsprechen. Derartige Beteiligungen sind zwar „bedeutend", können aber kaum als „Hauptbeteiligungen" angesehen werden.

**3. Inhalt der Mitteilung**

Art. 91 kodRL bestimmt, dass die Gesellschaft das Publikum über den Inhalt der von einer meldepflichtigen Person erhaltenen Erklärung zu unterrichten hat. Das bedeutet, dass sie dem Publikum grundsätzlich die Beteiligung der Person an den *Stimmrechten* der Gesellschaft mitzuteilen hat. Nur wenn die Mitgliedstaaten entsprechend Art. 89 Abs. 1 3. UAbs. kodRL die meldepflichtigen Personen verpflichten, die Gesellschaft auch über den gehaltenen *Kapitalanteil* zu unterrichten, wird diese Information über Art. 91 kodRL dem Publikum weitergeleitet.[1376]

---

[1371] Vgl. *Werlauff,* S. 286.

[1372] 34. Erwägungsgrund kodRL (vormals 4. Erwägungsgrund TR); ursprgl. Kommissionsvorschlag einer TR v. 23. 12. 1985, DOK KOM (1985) 791, Begründung S. 3, Text S. 2; die dort enthaltenen Erwägungsgründe 4 und 5 wurden in der verabschiedeten Fassung gestrichen.

[1373] S. o. unter I. 4.

[1374] Vgl. Art. 68 Abs. 3 kodRL.

[1375] Vgl. Art. 33 Abs. 1 S. 2 der Richtlinie über den konsolidierten Abschluss.

[1376] S. o. unter V. 3. c); dazu *Edwards,* EC Company Law, S. 303 f.

### 4. Interpretation und Bedeutung von Art. 68 Abs. 3 kodRL seit Annahme der Transparenzrichtlinie

Vor diesem Hintergrund ist zweifelhaft, wie der Begriff „Kapitalanteile" in Art. 68 Abs. 3 kodRL zu interpretieren ist. Der Wortlaut deutet auf „Anteil am gezeichneten Kapital" hin, unabhängig davon, wie viele Stimmrechte mit diesem Anteil verbunden sind. Etwas anderes ergibt sich, wenn man historische und systematische Erwägungen anstellt: Da der Gemeinschaftsgesetzgeber durch Art. 10 TR die Vorschrift in Schema C Nr. 5 c) BZR präzisieren und konkretisieren wollte, ist „Kapitalanteil" in Art. 68 Abs. 3 kodRL spätestens seit Annahme der Transparenzrichtlinie durch den Rat allein im Sinne des „Anteils am stimmberechtigten Kapital" zu verstehen.[1377]

An dieses Ergebnis schließt sich die Frage an, welcher Regelungsgehalt der Vorschrift des Art. 68 Abs. 3 kodRL nach Annahme der TR noch verbleibt. Im Anwendungsbereich des Art. 91 kodRL wird Art. 68 Abs. 3 kodRL nach dem Willen des Gemeinschaftsgesetzgebers verdrängt. Außerhalb des Anwendungsbereichs kann die Vorschrift nur im Einzelfall zu einer Publizitätsverpflichtung der Gesellschaft führen. Dies ist beispielsweise denkbar, wenn die Gesellschaft unabhängig von einer Meldung i.S. des Art. 89 Abs. 1 kodRL von einer Änderung der Stimmrechtsverhältnisse erfahren hat und diese im Widerspruch zu einer früher veröffentlichten Information steht. Aber auch in diesem Fall sollte zwecks Einheitlichkeit auf die Anwendungsmodalitäten der jeweiligen Umsetzungsvorschriften der Artt. 85–97 kodRL hinsichtlich der Beteiligungsschwellen, der Frist und der Form der Mitteilung zurückgegriffen werden.

### 5. Meldepflichten von Gesellschaften aus Drittstaaten

Meldepflichtig gemäss Art. 91 Abs. 1 kodRL sind – entsprechend Art. 85 Abs. 1 kodRL – nur Gesellschaften, die dem Recht eines Mitgliedstaats unterliegen. Nicht erfasst werden Gesellschaften aus Drittstaaten, deren Aktien gleichwohl zur amtlichen Notierung an einer mitgliedstaatlichen Börse zugelassen sind.

Der Grund hierfür besteht darin, dass die Gemeinschaft die Inhaber bedeutender Beteiligungen an diesen Gesellschaften, die in der Regel Staatsangehörige des betreffenden Drittstaats sind, keiner Meldeverpflichtung im Sinne des Art. 89 Abs. 1 kodRL unterwerfen kann und Gesellschaften aus Drittstaaten mangels Kenntnis es somit nicht möglich ist, der Pflicht aus Art. 91 kodRL nachzukommen.[1378]

Vor diesem Hintergrund ist die Vorschrift des Art. 1 Abs. 4 TR[1379] zu verstehen, die seinerzeit die Regelung in Schema C Nr. 5 c) BZR um einen Abs. 2

[1377] Auf diese Problematik weisen auch auch *Knobl/Opitz*, in: Griller, Banken im Binnenmarkt, S. 477 ff. (550) hin.

[1378] S.o. unter V. 2. b); ursprgl. Kommissionsvorschlag einer TR v. 23. 12. 1985, Erläuterungen, DOK KOM (1985) 791, S. 4.

[1379] Diese Vorschrift ist im Rahmen der Kodifizierung entfallen.

erweiterte. Letzterer entspricht heute Art. 68 Abs. 3 UAbs. 2 kodRL: Danach müssen Gesellschaften, die zwar Art. 2 kodRL (d.h. dem Anwendungsbereich der BZR) unterfallen, auf die aber die Artt. 85–97 kodRL (vormals TR) nicht anwendbar sind, das Publikum innerhalb von neun Kalendertagen nach Kenntnisnahme von relevanten Änderungen der Beteiligungsstruktur in den Mitgliedstaaten, in denen ihre Aktien zur amtlichen Notierung zugelassen sind, hierüber unterrichten. Für die Relevanz der Änderungen wird auf die Schwellenwerte des Art. 89 kodRL verwiesen.[1380] Die Entstehung der Pflicht hängt von der Kenntnis der Gesellschaft ab. Bestehen also im Herkunftsland der Gesellschaft Bestimmungen, nach denen die Inhaber bedeutender Beteiligungen relevante Änderungen gegenüber der Gesellschaft oder dem Publikum offenbaren müssen, oder erhält die Gesellschaft auf andere Weise Kenntnis von Änderungen in der Beteiligungsstruktur, unterliegt die Gesellschaft aus dem Drittstaat materiell derselben Verpflichtung wie Gesellschaften, die gemäß Art. 91 kodRL meldepflichtig sind.[1381] Dies ist gleichzeitig eine Konkretisierung der besonderen Gleichbehandlungspflicht in Art. 69 Abs. 2 kodRL.[1382] Danach müssen Gesellschaften, deren Aktien zugleich an einer oder mehreren Börsen der Mitgliedstaaten und in einem Drittstaat zur amtlichen Notierung zugelassen sind, sicherstellen, dass die dem Wertpapiermarkt des Mitgliedstaats erteilten Informationen den im Drittstaat veröffentlichten zumindest gleichwertig sind.

**6. Veröffentlichungsfrist**

Die Gesellschaft muss nach Erhalt der Mitteilung so bald wie möglich, spätestens nach neun[1383] Kalendertagen, das Publikum in den Mitgliedstaaten, in denen ihre Wertpapiere zur amtlichen Notierung an einer Wertpapierbörse zugelassen sind, hierüber unterrichten (Art. 91 Abs. 1 kodRL). Eine Veröffentlichung nach Ablauf dieser Frist bedarf einer besonderen Begründung.[1384] Die verhält-

---

[1380] Diese Regelung entspricht dem vom Europäischen Parlament geänderten Text des ursprgl. Richtlinienvorschlags, ABl. EG Nr. C 125 v. 11. 5. 1987, S. 141 ff.; geänderter Kommissionsvorschlag einer TR v. 4. 9. 1987, DOK KOM (1987) 422, S. 6; vgl. die deutsche Umsetzung in § 26 Abs. 1 und 2 WpHG.

[1381] Geänderter Kommissionsvorschlag einer TR v. 4. 9. 1987, DOK KOM (1987) 422, S. 3; die Einbeziehung von Personen und Gesellschaften aus Drittstaaten in den Geltungsbereich der Richtlinie hatte der Bundesrat vorgeschlagen, BR-Drucks. v. 43/86 v. 16. 5. 1986, S. 2.

[1382] Vormals Anhang, Schema C Nr. 6 b) BZR; insoweit ungenau ursprgl. Kommissionsvorschlag einer TR v. 23. 12. 1985, Erläuterungen, DOK KOM (1985) 791, S. 4; zum Ganzen *Edwards*, EC Company Law, S. 294.

[1383] Der ursprgl. Kommissionsvorschlag einer TR sah in Art. 8 noch eine Frist von sieben Kalendertagen vor, DOK KOM (1985) 791, Begründung S. 9, Text S. 5; sie wurde auf die Stellungnahme des Wirtschafts- und Sozialausschusses vom 2. 7. 1986 hin, der die Frist für zu kurz hielt, verlängert, ABl. EG Nr. C 263 v. 20. 10. 1986 S. 1 f.; vgl. *Edwards*, EC Company Law, S. 303 f.; die Frist wurde in § 25 Abs. 1 Satz 1 WpHG übernommen.

[1384] *Schneider*, in: Assmann/Schneider, § 25 WpHG, Rn. 17.

nismäßig kurzen Fristen führen zu einer Veröffentlichung der veränderten Beteiligungsverhältnisse nach spätestens 16 Tagen, dürften aber gleichwohl zu lang bemessen sein, um die missbräuchliche Nutzung dieser Informationen, insbesondere zur Durchführung von Insidergeschäften, auszuschliessen.[1385]

### 7. Art und Weise der Veröffentlichung

Die Modalitäten zur Unterrichtung des Publikums richten sich nach den allgemeinen Vorschriften der Art. 102 Abs. 1, 103 kodRL,[1386] nach denen auch die Veröffentlichung von Jahresabschluss und Lagebericht erfolgt.[1387] Dasselbe gilt für Mitteilungen gemäß Art. 68 Abs. 3 kodRL. Insoweit wird auf die obigen Ausführungen verwiesen.[1388]

### 8. Befreiungstatbestand

Die zuständigen Stellen können die Gesellschaft gemäß Art. 95 kodRL[1389] von ihrer Publizitätspflicht befreien, wenn sie der Auffassung sind, dass die Verbreitung der Information dem öffentlichen Interesse zuwiderlaufen oder der Gesellschaft erheblichen Schaden zufügen würde, sofern im letzteren Fall die Nichtveröffentlichung nicht zu einem Irrtum des Publikums über die für die Beurteilung der betreffenden Wertpapiere wesentlichen Tatsachen und Umstände führen kann.[1390]

Die Terminologie in Art. 95 kodRL wurde bewusst gewählt, um die Befreiungstatbestände in allen im Börsenbereich erlassenen Richtlinienvorschriften ähnlich auszugestalten.[1391] Hinsichtlich der Voraussetzungen wird auf die obigen Ausführungen verwiesen.[1392]

---

[1385] A.A. die Kommission im ursprgl. Vorschlag einer TR v. 23. 12. 1985, DOK KOM (1985) 791, Begründung S. 9.

[1386] Vormals Art. 10 Abs. 2 TR; umgesetzt in § 25 Abs. 1 S. 1, 2 WpHG.

[1387] Ursprgl. Kommissionsvorschlag einer TR v. 23. 12. 1985, DOK KOM (1985) 791, Begründung S. 9.

[1388] S.o. unter A. IV. 2. d) (VIII.) (2.) (3.).

[1389] Vormals Art. 11 TR.

[1390] In den Kommissionsvorschlägen war noch vorgesehen, dass auch die nach Art. 4 TR meldepflichtigen Personen unter denselben Bedingungen von ihrer Mitteilungspflicht befreit werden konnten; ursprgl. Kommissionsvorschlag einer TR v. 23. 12. 1985, DOK KOM (1985) 791, Begründung S. 10, Text S. 5; geänderter Kommissionsvorschlag einer TR v. 4. 9. 1987, DOK KOM (1987) 422, S. 5, 10. Auf diesen Befreiungstatbestand wurde in der verabschiedeten Fassung wohl deshalb verzichtet, weil von der Mitteilung gegenüber der Gesellschaft und den zuständigen Stellen noch keine Gefahr für die meldepflichtigen Personen oder die Gesellschaft ausgeht. Für die zuständigen Stellen ist es leichter, einen Antrag der Gesellschaft auf Befreiung von der Beteiligungstransparenz zu bearbeiten, wenn ihr zunächst die Änderung der Beteiligungsverhältnisse mitgeteilt worden ist. Die deutsche Umsetzung erfolgte in § 25 Abs. 3 WpHG; dazu *Schneider,* in: Assmann/Schneider, § 25 WpHG, Rn. 40–74; Schäfer/*Opitz,* § 25 WpHG, Rn. 17–25.

[1391] Geänderter Kommissionsvorschlag einer TR v. 4. 9. 1987, DOK KOM (1987) 422, S. 5; vgl. Artt. 24 lit. b), 68 Abs. 1 UAbs. 2, 76 Abs. 2 kodRL.

[1392] S.o. Erstes Kapitel unter D. II., III., Zweites Kapitel unter B. XI. 2., C. IX.

Auch nach den Vorentwürfen einer Konzernrechtsrichtlinie von 1974 und 1984 sollten Ausnahmen von den Pflichten der Gesellschaft möglich sein, wenn die Mitteilung und Offenlegung geeignet waren, dem betroffenen Aktionär oder der Gesellschaft einen erheblichen Nachteil zuzufügen. Die Unterlassung der Veröffentlichung sollte dann allerdings im Anhang zum Jahresabschluss angegeben werden.[1393]

Während die Konzernrechtsrichtlinie auf die Interessen des mitteilungspflichtigen Aktionärs und der Gesellschaft Rücksicht nimmt, geht es in der kodRL um die Interessen der Gesellschaft und des Publikums.[1394] Hier manifestiert sich der Unterschied zwischen gesellschaftsrechtlicher und börsenrechtlicher Publizität: Die konzernrechtliche Beteiligungstransparenz dient in erster Linie dem Schutz von Minderheitsgesellschaften, Gläubigern und Arbeitnehmern der verbundenen Unternehmen. Deren konkretes Informationsinteresse sollte durch die Möglichkeit der Einsichtnahme in ein öffentliches Register gedeckt werden. Nur sekundär dient sie der Information der Allgemeinheit.[1395] Im Rahmen der kapitalmarktrechtlichen Beteiligungstransparenz stehen die angemessene Unterrichtung des Publikums und die Funktionsfähigkeit des Kapitalmarktes im Vordergrund.[1396] Sie dient nicht vorrangig dem Schutz von Gesellschaftern und Dritten, sondern allgemein der Verwirklichung der Niederlassungsfreiheit und der Information des Marktes. Dementsprechend stützte sich die TR nicht auf Art. 44 Abs. 3 lit. g) EG, sondern auf Art. 44 EG.[1397] Die Beteiligungstransparenz ist ein Aspekt der möglichst umfassenden (Produkt-)Information über das Investitionsobjekt „Gesellschaft." So erklärt sich auch, dass im Falle eines Dispenses aufgrund entgegenstehender Interessen der Gesellschaft die Nichtveröffentlichung nicht dazu führen darf, dass das Publikum über Umstände und Tatsachen irregeführt wird, die für die Beurteilung der betreffenden Wertpapiere wesentlich sind.

## VII. Mindestbedingungen

Die Mitgliedstaaten können die Inhaber bedeutender Beteiligungen und die Gesellschaften strengeren Pflichten als denen in Artt. 89, 91 kodRL und zusätzlichen Pflichten unterwerfen, sofern sie allgemein auf alle Beteiligungsinha-

[1393] Art. 5 Abs. 2 des Vorentwurfs einer neunten Richtlinie (Konzernrechtsrichtlinie) von 1984; Art. 19 Abs. 3 des Vorentwurfs (Teil I) von 1974.

[1394] Die Befreiungsmöglichkeit aufgrund entgegenstehender Interessen des Aktionärs war auch noch im ursprgl. Kommissionsvorschlag einer TR v. 23. 12. 1985 enthalten; es sollte jeweils den Interessen der beteiligten Parteien Rechnung getragen werden, DOK KOM (1985) 791, Text S. 5, Begründung S. 9.

[1395] 2. Erwägungsgrund des Vorentwurfs einer Konzernrechtsrichtlinie von 1984.

[1396] 31. Erwägungsgrund kodRL (vormals 1. Erwägungsgrund TR).

[1397] Der Bundesrat akzeptierte Art. 44 Abs. 3 lit. g) EG als Ermächtigungsgrundlage nicht, da die Beteiligungstransparenz zum Schutze von Gläubigern und Dritten nicht „erforderlich" sei, Beschluss v. 16. 5. 1986, BR-Drucks. 43/86, S. 2.

ber und Gesellschaften oder auf solche einer bestimmten Kategorie anwendbar sind (Art. 88 kodRL[1398]).

Insbesondere können die Mitgliedstaaten weitere meldepflichtige Schwellenwerte vorsehen und die Fristen verkürzen.[1399]

## VIII. Übergangsregelung

Die TR sah eine Übergangsregelung vor, um eine anfängliche Bestandsaufnahme der Beteiligungsstruktur amtlich notierter Gesellschaften in der Gemeinschaft zu schaffen.

Die Inhaber einer Beteiligung von mindestens 10% am stimmberechtigten Kapital einer Gesellschaft mussten durch die Mitgliedstaaten verpflichtet werden, auf der ersten Hauptversammlung, die mehr als drei Monate nach der Umsetzung der Richtlinie in einzelstaatliches Recht[1400] stattfand, die Gesellschaft und die zuständigen Stellen über den tatsächlichen Anteil der von ihnen gehaltenen Stimmrechte zu unterrichten. Diese Pflicht bestand nicht, wenn die meldepflichtige Person in der Zwischenzeit bereits eine Erklärung nach Art. 89 Abs. 1 kodRL abgegeben hatte. Die Gesellschaft oder – soweit die Mitgliedstaaten dies vorsahen – die zuständigen Stellen mussten ihrerseits innerhalb eines Monats nach der Hauptversammlung das Publikum entsprechend dem Verfahren des Art. 91 kodRL über alle Beteiligungen, die die 10%-Schwelle erreichten oder überstiegen, unterrichten (Art. 90 kodRL).[1401]

Diese Vorschrift ist heute nur noch für künftige Beitrittskandidaten von Bedeutung, die die Vorschriften aufgrund des *acquis communautaire* umsetzen müssen.[1402]

---

[1398] Vormals Art. 3 TR; zum Konzept der Mindestharmonisierung s.o. Erster Teil, Viertes Kapitel unter A.

[1399] Ursprgl. Kommissionsvorschlag einer TR v. 23. 12. 1985, DOK KOM (1985) 791, Begründung S. 8; *Werlauff,* S. 285 f.; die deutsche Regelung sieht eine zusätzliche Schwelle bei 5% vor (§ 21 Abs. 1 WpHG); ebenso Frankreich; im Vereinigten Königreich besteht die Meldepflicht ab 3% und steigt dann in weiteren 3%-Schritten; Sec. 199 (2) Companies Act 1985; in Italien beträgt die niedrigste Schwelle 2%, in Belgien besteht die Mitteilungspflicht bei Erreichen, Über- oder Unterschreiten jeder 5%-Marke, zit. nach: *Schneider* in: Assmann/Schneider, § 21 WpHG, Rn. 14 f.; Schäfer/*Opitz,* § 21 WpHG, Rn. 12.

[1400] Bei vertragstreuem Verhalten der Mitgliedstaaten wäre dies der 1. 1. 1991 gewesen; diese Frist hat keiner der Mitgliedstaaten eingehalten; vgl. die unterschiedlichen Umsetzungstermine in Art. 90 kodRL.

[1401] Vormals Art. 5 Abs. 1 u. 2 TR; diese Vorschrift ist angelehnt an die entsprechende Übergangsvorschrift in Art. 42 des Vorentwurfs einer Konzernrechtsrichtlinie von 1984; *Edwards,* EC Company Law, S. 303.

[1402] Vgl. § 21 Abs. 1a WpHG, der eine ähnliche Regelung im Falle der erstmaligen Börsenzulassung enthält.

## IX. Zuständige Stellen

Zuständig ist gemäß Art. 96 kodRL[1403] jeweils die Stelle des Mitgliedstaats, dessen Recht die börsennotierte Gesellschaft unterliegt. Das ist grundsätzlich der Staat, in dem die Gesellschaft ihren Sitz hat.[1404] Die Meldepflicht besteht also nur in einem Mitgliedstaat, selbst dann, wenn die Aktien an verschiedenen mitgliedstaatlichen Börsen zur amtlichen Notierung zugelassen sind. Durch diese Vorschrift wird erstmals im Europäischen Recht des Primärmarkts die alleinige Zuständigkeit der Herkunftslandbehörde begründet.[1405] Die Behörden der Mitgliedstaaten sind zur Zusammenarbeit verpflichtet, um die gemeinschaftsweite Durchsetzung der Richtlinie zu gewährleisten.[1406]

## X. Sanktionen

Die Mitgliedstaaten sind gemäß Art. 97 kodRL[1407] verpflichtet, für den Fall, dass die meldepflichtigen Personen und Gesellschaften ihrer Meldepflicht nicht nachkommen, angemessene Sanktionen vorzusehen, um die Bestimmungen der Richtlinie effektiv durchzusetzen. Den Mitgliedstaaten bleibt freigestellt, ob sie nur Strafen vorsehen oder ob darüber hinaus die Stimmrechte solange nicht ausgeübt werden können, bis die Meldepflicht erfüllt ist.[1408]

Demgegenüber waren in den konzernrechtlichen Vorgängervorschriften konkrete Sanktionen enthalten: Die Vorschläge einer SE-VO[1409] sowie der Vorentwurf einer Konzernrechtsrichtlinie von 1984 sahen bei Nichterfüllung der Mitteilungspflicht der Aktionäre das Ruhen der mit den Aktien verbundenen Rechte vor. Wenn im Widerspruch dazu durch den Einsatz der betreffenden

[1403] Vormals Art. 13 TR.
[1404] *Lutter,* EuUntR, 4. Aufl. 1996, S. 586.
[1405] Vgl. *Schneider,* in: Assmann/Schneider, § 21 WpHG, Rn. 53.
[1406] Art. 106 kodRL (vormals Art. 12 Abs. 3 TR); vgl. § 30 WpHG.
[1407] Vormals Art. 15 TR.
[1408] *Werlauff,* S. 287. Im deutschen WpHG ist der Verstoß gegen die Mitteilungs- bzw. Veröffentlichungspflicht eine bußgeldbewehrte Ordnungswidrigkeit (§ 39 Abs. 1 Nr. 1 c), Nr. 2 b) WpHG). Im Übrigen wird zwischen den meldepflichtigen Personen i.S. v. Art 89 kodRL und den meldepflichtigen Gesellschaften i.S. des Art. 91 kodRL differenziert: Erfüllt eine meldepflichtige Person i.S. des Art. 89 kodRL ihre Meldepflicht nicht, ordnet § 28 WpHG das Ruhen der Rechte aus eigenen Aktien sowie der Ausübungsrechte bzgl. der zugerechneten Stimmrechte aus fremden Aktien an. Sofern der Meldepflichtige nicht vorsätzlich gehandelt und die Mitteilung nachgeholt hat, gilt dies nicht für den Dividendenanspruch (§ 58 Abs. 4 AktG) und im Falle der Liquidation nicht für den Anteil an einem etwaigen Abwicklungsüberschuss (§ 271 AktG). Erfüllt die börsennotierte Gesellschaft ihre Mitteilungspflicht nicht, nicht vollständig oder unzutreffend, kann die Bundesanstalt für Finanzdienstleistungsaufsicht gemäß § 29 Abs. 3 WpHG die Veröffentlichung auf Kosten der Gesellschaft selbst vornehmen; vgl. Art. 16 Abs. 2 S. 2 kodRL.
[1409] Art. 46a Abs. 4 des geänderten Vorschlags v. 30. 4. 1975; Art. 47 Abs. 5 S. 3 des ursprgl. Vorschlags sah vor, dass nur die Rechte aus den die Schwelle von 10% überschreitenden Anteilen suspendiert sein sollten; vgl. DOK KOM (1975) 150, S. 99, 593 f.

Stimmrechte das Abstimmungsergebnis eines Hauptversammlungsbeschlusses beeinflusst worden war, sollte der Beschluss durch Nichtigkeitsklage beseitigt werden können. Ferner sollte die Gesellschaft zur Rückforderung der an den Aktionär gezahlten Dividende berechtigt sein. Darüber hinaus sollten die Mitgliedstaaten weitere geeignete Maßregeln für den Fall der Nichterfüllung der Mitteilungspflicht androhen.[1410]

## XI. Ausblick

### 1. Beteiligungstransparenz im Prospekt nach der neuen Prospektrichtlinie

Nach der neuen Prospektrichtlinie enthält das Registrierungsformular ein Kapitel über „Hauptaktionäre und Geschäfte mit verbundenen Parteien". Darin sind u.a. Informationen über Hauptaktionäre und sonstige Personen, die das Unternehmen kontrollieren oder kontrollieren können, bereitzustellen.[1411] Die Angaben sind unter Bezugnahme auf eigene Aktien der Gesellschaft zu machen.

Hauptaktionäre i.S. der IOSCO Offenlegungsstandards sind Aktionäre, die *wirtschaftliche Eigentümer* („beneficiary owner") von 5% oder mehr einer Gattung stimmberechtigter Aktien sind.[1412] *Wirtschaftlicher Eigentümer* einer Aktie ist derjenige, der, auch wenn er nicht Eigentümer im rechtlichen Sinne ist, den mit den Wertpapieren verbundenen Nutzen zieht. Zum Nutzen gehört die Bestimmung der Stimmrechtsausübung und die Verfügungsmacht über die Wertpapiere. Eine Person wird auch dann als wirtschaftlicher Eigentümer angesehen, wenn sie durch Option oder eine andere Vereinbarung das Recht hat, innerhalb von 60 Tagen die Wertpapiere zu erwerben. Wirtschaftlicher Eigentümer ist auch derjenige, der Wertpapiere indirekt, d.h. durch Treuhänder, Wertpapierhändler, Bevollmächtigte, gesetzliche Vertreter oder andere Zwischenhändler oder durch Gesellschaften hält, an denen er eine maßgebliche Beteiligung besitzt. Eine solche Kontrollbeteiligung ist gegeben, wenn die direkte oder indirekte Möglichkeit besteht, die Geschäftsleitung und die Geschäftspolitik zu steuern.[1413]

Im Gegensatz zu den Prospektvorschriften der kodRL werden den Informationen über Hauptaktionäre und sonstige Personen, die Einfluss auf das Un-

[1410] Art. 4 des Vorentwurfs einer neunten Richtlinie (Konzernrechtsrichtlinie) von 1984; Art. 19 Abs. 1 des Vorentwurfs (Teil I) von 1974 ordnete zwar auch das Ruhen der mit den Aktien verbundenen Rechte an, enthielt aber keine Vorschriften für den Fall, dass die Rechte im Widerspruch dazu ausgeübt wurden.

[1411] Ferner sind Informationen über Geschäfte des Unternehmens mit verbundenen Personen vorzulegen, aus denen auch hervorgeht, ob die Bedingungen dieser Geschäfte für das Unternehmen angemessen sind; Anhang II Kapitel VI der Prospektrichtlinie v. 4. 11. 2003, ABl. EG Nr. L 345 v. 31. 12. 2003, S. 87.

[1412] Sieht das nationale Recht einen geringeren Prozentsatz vor, gilt dieser.

[1413] *IOSCO*, Offenlegungsstandards, S. 7.

ternehmen nehmen können, nach der neuen Prospektrichtlinie nicht nur zwei einzelne Gliederungspunkte, sondern ein eigenes Kapitel innerhalb des Prospekts gewidmet. Eine entscheidende inhaltliche Änderung besteht darin, den Mindestprozentsatz für eine anzugebende Beteiligung auf 5% festzulegen. Während bisher die kodRL den Mitgliedstaaten für den Prospekt eine Festlegung auf nicht mehr als 20% gestattet, liegt der harmonisierte Prozentsatz für die laufende Beteiligungstransparenz bei 10%.[1414]

Die Hauptaktionäre sind mit ihrem Namen, der Anzahl ihrer Aktien und dem entsprechenden prozentualen Anteil an der Gesamtheit der im Umlauf befindlichen Aktien jeder Gattung anzugeben. Darüber hinaus sind bedeutende Änderungen in der Beteiligungsstruktur in den letzten drei Jahren anzugeben. Außerdem ist anzugeben, ob die Hauptaktionäre unterschiedliche Stimmrechte haben oder nicht. Ferner sind die in einem Aufnahmestaat gehaltenen Aktienanteile anzugeben. Soweit dies der Gesellschaft bekannt ist, soll sie angeben, ob sie direkt oder indirekt, allein oder gemeinschaftlich im Eigentum einer oder mehrerer anderer Körperschaft(en), ausländischen Regierung(en) oder sonstiger natürlicher oder juristischer Personen steht oder von einer oder mehreren solchen beherrscht wird. In diesem Fall sind der Name der kontrollierenden Person(en) und die Art der Beherrschung und der stimmberechtigte Kapitalanteil anzugeben. Ferner müssen alle der Gesellschaft bekannten Vereinbarungen angegeben werden, aufgrund derer in der Zukunft ein Kontrollwechsel innerhalb der Gesellschaft herbeigeführt werden kann.[1415]

Die neue Prospektrichtlinie enthält eine Befugnisnorm, die mit der Beteiligungstransparenz in engem Zusammenhang steht: Die Herkunftslandbehörde ist befugt, von den Emittenten und den sie kontrollierenden oder durch sie kontrollierten Personen die Beibringung von Informationen und Unterlagen zu verlangen.[1416]

### 2. Kommissionsvorschlag einer neuen Transparenzrichtlinie vom 26.3.2003

#### *a) Anwendungsbereich*

Durch die geplante neue Transparenzrichtlinie, die alle laufenden Verhaltenspflichten vereinigen soll, wird die Beteiligungstransparenz auf alle geregelten Märkte erstreckt werden. Ebenso sieht es der Richtlinienvorschlag betreffend Übernahmeangebote vom 2.10.2002 vor.[1417]

---

[1414] Art. 89 Abs. 1, Anhang I, Schema A Punkt 3.2.7. kodRL, s.o. unter d) (II.), f) (I.).

[1415] *IOSCO*, Offenlegungsstandards, S. 19.

[1416] Art. 21 Abs. 3 lit. b) der Prospektrichtlinie v. 4.11.2003, ABl. EG Nr. L 345 v. 31.12.2003, S. 79.

[1417] Auch von der Richtlinie betreffend Übernahmeangebote sollen nur Beteiligungen an Gesellschaften mit Sitz in einem Mitgliedstaat erfasst werden, deren Wertpapiere auf einem geregelten Markt i.S. der WpDlR gehandelt werden; 2. Erwägungsgrund,

Die Meldepflicht betrifft „Wertpapierinhaber", die in der Richtlinie legaldefiniert werden sollen. Eine Abweichung zur bisherigen Regelung betrifft den Gegenstand der die Meldepflicht auslösenden Transaktion: Hier wird vom Begriff der Beteiligung Abstand genommen. Stattdessen wird auf Wertpapiere i.S. des Wertpapierbegriffs der Prospektrichtlinie abgestellt. Erfasst wird auch eine Transaktion von derivativen Wertpapieren, die eine Person berechtigen, mit Stimmrechten beim Emittenten verbundene Aktien auf eigene Initiative zu erwerben oder auf alleinige Initiative eines Dritten zu veräußern (z.B. Optionsanleihen und Wandelschuldverschreibungen). Denn auch über diese Finanzinstrumente kann Einfluss in einem Unternehmen ausgeübt werden.[1418]

*b) Beteiligungsschwellen*

Die Kommission beabsichtigt ferner die Einführung weiterer die Meldepflicht auslösender Schwellen von 5%[1419], 15% und 30%. Die Schwellen von 20% und 25% werden kumulativ vorgeschrieben. Die 30%-Schwelle kann durch nationales Recht durch die Schwelle von einem Drittel ersetzt werden; ebenso soll hinsichtlich der Schwellen von 66,6% und 75% weiterhin ein Wahlrecht der Mitgliedstaaten bestehen. In Zukunft soll die meldepflichtige Person gegenüber der zuständigen Stelle und der Gesellschaft sowohl über den Kapitalanteil als auch über den Anteil an den Stimmrechten Auskunft geben. Der Mitteilung des Kapitalanteils bedarf es jedoch nur dann, wenn der Herkunftsmitgliedstaat Mehrfachstimmrechte aus Aktien zulässt und der Emittent Entsprechendes in seiner Gründungsurkunde oder Satzung vorsieht.[1420]

---

Art. 1 Abs. 1, Art. 10 des Richtlinienvorschlags betreffend Übernahmeangebote v. 2. 10. 2002, Mitteilung der Kommission, S. 13, 17, 26. Der deutsche Gesetzgeber hat die Ausdehnung des Anwendungsbereichs der §§ 21 ff. WpHG auf Gesellschaften, deren Aktien zum Handel auf einem organisierten Markt zugelassen sind, durch Art. 2 Nr. 1, 2 des Gesetzes zur Regelung von öffentlichen Angeboten zum Erwerb von Wertpapieren und von Unternehmensübernahmen v. 20. 12. 2001 mit Wirkung zum 1. 1. 2002 vorweggenommen. Dies wurde seit langem gefordert, vgl. *Schneider,* in: Assmann/Schneider, § 21 WpHG, Rn. 50; *Mülbert,* WM 2001, S. 2085 ff. (2101).

[1418] Die Kommission denkt hier vor allem an die Einflussnahme durch Investmentgesellschaften; Begründung, Art. 2 Abs. 1 lit. e) des Vorschlags einer neuen Transparenzrichtlinie v. 26. 3. 2003, DOK KOM (2003) 138 S. 21, 42.

[1419] Von der Anwendung dieser Schwelle kann ein Herkunftsmitgliedstaat absehen, wenn ein Wertpapierinhaber ausschließlich derivative Wertpapiere hält oder wenn Stimmrechte aus Aktien ausgeübt werden, an denen ein Nießbrauch besteht oder die der Wertpapierinhaber verwahrt; Art. 9 Abs. 3 lit. a) des Vorschlags einer neuen Transparenzrichtlinie v. 26. 3. 2003, DOK KOM (2003) 138, S. 49.

[1420] Begründung, Art. 9 Abs. 1, 2 des Vorschlags einer neuen Transparenzrichtlinie v. 26. 3. 2003, DOK KOM (2003) 138, S. 4, 20 ff., 49. Den Mitgliedstaaten war es bisher gemäß Art. 89 Abs. 1 UAbs. 3 kodRL überlassen, dies vorzuschreiben.

*c) Zurechnungstatbestände*

Auch die neue Transparenzrichtlinie soll eine Zurechnung von Stimmrechten eines von der betreffenden Person kontrollierten Unternehmens vorsehen. Der Begriff des kontrollierten Unternehmens soll im Wesentlichen beibehalten werden; ein Auffangtatbestand soll jedoch bestimmen, dass als kontrolliertes Unternehmen auch ein solches gilt, über das der Wertpapierinhaber effektiv direkt oder indirekt einen dominierenden Einfluss ausübt.[1421] Die bisherigen Lücken in der Stimmrechtszurechnung von Tochterunternehmen werden dadurch geschlossen, dass in Zukunft auch Stimmrechte Dritter, die Gegenstand einer Treuhandabrede, eines Stimmbindungsvertrages oder einer Sicherungsverwahrungsvereinbarung mit dem Tochterunternehmen sind, dem Mutterunternehmen zugerechnet werden. Umgekehrt als bisher wird das Mutterunternehmen von der Meldepflicht befreit, wenn das Tochterunternehmen seiner Meldepflicht nachkommt.[1422]

Zur sachgerechten Information der Unternehmen soll ein neuer Zugerechnungstatbestand Stimmrechte erfassen, die die betreffende Person auf gemeinsame Weisung von Wertpapierinhabern als Bevollmächtigter ausüben kann. Diese Vorschrift wurde im Hinblick auf die generell zulässige Teilnahme von Bevollmächtigten aus anderen Mitgliedstaaten auf Hauptversammlungen eingeführt.[1423]

*d) Mitteilung und Bekanntgabe*

Sowohl in der Meldung durch die Aktionäre an die Emittenten und die zuständige Behörde des Herkunftsmitgliedstaats als auch in der Bekanntgabe durch den Emittenten sollen die nach der Transaktion gehaltenen Stimmrechte und die Kapitalbeteiligung, das Datum der Transaktion sowie die Identität des Wertpapierinhabers und der zur Ausübung von Stimmrechten im Namen des Wertpapierinhabers berechtigten natürlichen oder juristischen Person genannt werden. Neu ist, dass im Falle der Zurechnung von Stimmrechten aufgrund eines Stimmbindungsvertrages, einer Vereinbarung über eine vorläufige Übertragung der Stimmrechte und eines Nießbrauchs das Entgelt sowie jede andere Form der Gegenleistung, das bzw. die für die Stimmrechte gewährt

---

[1421] Durch Art. 2 Nr. 1 der Richtlinie 2003/51/EG v. 18. 6. 2003 zur Änderung der Rechnungslegungsrichtlinien wird auch in Art. 1 Abs. 2 der siebten Richtlinie nun die faktische Kontrollmöglichkeit berücksichtigt; ABl. EG Nr. L 178 v. 17. 7. 2003, S. 19.

[1422] Begründung, Art. 2 Abs. 1 lit. e), f), Art. 10 lit. e), Art. 11 Abs. 3 des Vorschlags einer neuen Transparenzrichtlinie v. 26. 3. 2003, DOK KOM (2003) 138, S. 24, 28, 42, 50 f.; vgl. oben D. V. 3. e) (III.). Die Befreiung des Mutterunternehmens von der Meldepflicht in Art. 11 Abs. 3 des Richtlinienvorschlags könnte ein Redaktionsversehen sein, da die Kommission hier keine Änderung beabsichtigt, vgl. Begründung, DOK KOM (2003) 138, S. 29.

[1423] Begründung, Art. 10 lit. h) des Vorschlags einer neuen Transparenzrichtlinie v. 26. 3. 2003, DOK KOM (2003) 138, S. 28, 50.

wird, anzugeben ist. Schließlich soll die Frist für die Meldung der Aktionäre auf fünf Geschäftstage, die für die Bekanntgabe der Emittenten auf drei Geschäftstage verkürzt werden.[1424] Die Aktionäre sollen übergangsweise verpflichtet werden, bis zum 15. 1. 2005 den Gesellschaften und zuständigen Stellen die gemäß den geänderten Vorschriften meldepflichtigen Informationen zu erteilen. Diese Informationen sollen von den Emittent bis zum 31. 1. 2005 offengelegt werden.[1425]

Die Mitteilung durch die Aktionäre soll in elektronischer standardisierter Form ermöglicht werden. Sie braucht nur in einer in der internationalen Finanzwelt geläufigen Sprache zu erfolgen, so dass insbesondere Aktionäre aus anderen Mitgliedstaaten nicht an die Amtssprache des Herkunftsmitgliedstaats gebunden sind. Die Offentlegung durch den Emittenten soll nach den neuen Regelungen erfolgen, d.h. vor allem durch Veröffentlichung auf dessen Website.[1426]

*e) Weitere Änderungen*

Der in Art. 95 kodRL enthaltene allgemeine Befreiungstatbestand wird als überholt angesehen. An dessen Stelle soll eine Norm treten, wonach der Herkunftsmitgliedstaat den Emittenten von der Offenlegung befreien kann, wobei die genauen Voraussetzungen von der Kommission im Komitologieverfahren zu bestimmen sind. Auch werden berufsmäßige Wertpapierhändler in Zukunft nicht wie in Art. 94 kodRL privilegiert sein. Nur für den Fall, dass ein Erwerb von Wertpapieren ausschließlich das Clearing und die Abrechnung von Geschäften innerhalb einer kurzen Frist bezweckt, wird keine Meldepflicht ausgelöst.[1427]

*f) Bewertung*

Durch die Einführung der 5%-Schwelle wird eine Entsprechung zu den IOSCO-Offenlegungsstandards hergestellt, die im Rahmen der neuen Prospektrichtlinie die Mindestanforderungen für den Prospektinhalt vorgeben. Damit wird eine Fortschreibung und Aktualisierung der im zuletzt veröffentlichten emittentenbezogenen Prospektteil bzw. im Registrierungsformular enthaltenen

---

[1424] Begründung, 11. Erwägungsgrund, Art. 10, 11 Abs. 2, 4 des Vorschlags einer neuen Transparenzrichtlinie v. 26. 3. 2003, DOK KOM (2003) 138, S. 4, 21, 28 f., 37, 50 f. Eine weitergehende Information über den Inhalt von Aktionärsvereinbarungen war in den Konsultationspapieren vorgesehen; Zweites Konsultationspapier, S. 9, Anhang I, S. 17 ff.; Erstes Konsultationspapier, S. 3, 10.

[1425] Art. 26 Abs. 2 des Vorschlags einer neuen Transparenzrichtlinie v. 26. 3. 2003, DOK KOM (2003) 138, S. 63; vgl. die leicht abweichende Konzeption im Zweiten Konsultationspapier, S. 9, Anhang I, S. 17 ff. und im Ersten Konsultationspapier, S. 3, 10.

[1426] Art. 15 Abs. 3, 4, Art. 16 Abs. 4 des Vorschlags einer neuen Transparenzrichtlinie v. 26. 3. 2003, DOK KOM (2003) 138, S. 55 ff.

[1427] Begründung, Art. 2 lit. e), Art. 15 Abs. 2, 4 des Vorschlags einer neuen Transparenzrichtlinie v. 26. 3. 2003, DOK KOM (2003) 138, S. 29, 42, 55.

Informationen gewährleistet. Die Herabsetzung des relevanten Prozentsatzes ist auch deshalb zu begrüßen, weil im Europäischen Aktienrecht bereits an eine 5%-Beteiligung gewisse Minderheitenrechte geknüpft werden.[1428]

## E. Feinabstimmung

### I. Inhalt der Vorschriften

Art. 16 Abs. 1 kodRL (Art. 13 Abs. 1 BZR) enthält die Verpflichtung, nach erfolgter Zulassung der Wertpapiere zur amtlichen Notierung den zuständigen Stellen *sämtliche* Auskünfte zu erteilen, die diese im Hinblick auf den Anlegerschutz und einen ordnungsgemäßen Ablauf des Marktes für *zweckdienlich* erachten.

Nach Art. 16 Abs. 2 kodRL (Art. 13 Abs. 2 BZR) können die zuständigen Stellen die Emittenten auffordern, *bestimmte* Auskünfte innerhalb einer von der Behörde für angemessen gehaltenen Form und Frist zu veröffentlichen, wenn der Anlegerschutz oder der ordnungsgemäße Ablauf des Marktes dies *erfordern*. Leistet der Emittent dieser Aufforderung nicht Folge, können die zuständigen Stellen nach Anhörung des Emittenten selbst die Veröffentlichung *dieser* Auskünfte vornehmen.

### II. Zweck der Vorschriften

Art. 16 Abs. 1 kodRL statuiert zunächst eine umfassende („*sämtliche*") Auskunftsverpflichtung gegenüber der Behörde. Diese ist davon abhängig, dass die zuständige Behörde die Auskünfte im Hinblick auf den Anlegerschutz und die Funktionsfähigkeit des Marktes für zweckdienlich hält. Die Verpflichtung des Emittenten hängt also von der Aufforderung der zuständigen Stelle ab.[1429] Die Vorschrift nimmt Bezug auf die beiden zentralen Ziele der Europäischen Publizitätsvorschriften.[1430] Die Formulierung „zweckdienlich" verdeutlicht einerseits, dass den zuständigen Stellen ein Einschätzungsspielraum zuerkannt wird, andererseits, dass die Voraussetzungen für eine Auskunftspflicht nicht besonders hoch sind. Es dürfte genügen, dass die Behörden der Auffassung sind, die Informationen seien im Hinblick auf die genannten Ziele nützlich.[1431] Dies ist im

---

[1428] Art. 8 lit. c) der Fusionsrichtlinie; Art. 6 lit. c), 20 lit. c) der Spaltungsrichtlinie; vgl. 14. Erwägungsrund, Artt. 16 Abs. 1 lit. a); 21u (actio pro socio); 23, 25 (Einberufung der Hauptversammlung) des dritten geänderten Vorschlags einer Strukturrichtlinie v. 20. 11. 1991.

[1429] Nach der deutschen Umsetzung in § 41 Abs. 1 BörsG n.F. (vormals § 44c Abs. 1 BörsG) sind die Emittenten, aber auch das die Zulassung betreibende Kreditinstitut von sich aus zur Auskunft verpflichtet.

[1430] *Schuster*, S. 133; s.o. Erster Teil, Viertes Kapitel unter C, D.

[1431] Weiter gefasst ist die deutsche Umsetzung in § 44c Abs. 1 BörsG, die auf die Erforderlichkeit für die ordnungsgemäße Aufgabenerfüllung der Aufsichtbehörde abstellt; dazu Schäfer/*Hamann*, § 44c BörsG Rn. 4.

Hinblick auf die Interessen des Emittenten vor allem deshalb unbedenklich, weil die bei den Behörden tätigen Personen zur Amtsverschwiegenheit verpflichtet sind (vgl. Art. 107 Abs. 1 und 2 kodRL)[1432].

Art. 16 Abs. 2 S. 1 kodRL statuiert dagegen eine Veröffentlichungspflicht des Emittenten. Dies ist eine aus Sicht des Emittenten schärfere Maßnahme. Die Verpflichtung ist ebenfalls von der Aufforderung der Aufsichtsbehörde abhängig. Abs. 2 S. 1 bezieht sich auf Abs. 1, indem auf *bestimmte* Auskünfte der in Abs. 1 genannten *sämtlichen* Auskünfte Bezug genommen wird. Eine weitere Verringerung der erfassten Informationen erfolgt dadurch, dass die Veröffentlichung der Information im Hinblick auf den Schutz der beiden genannten Ziele erforderlich sein muss. Die Behörden werden bei ihrer Ermessensausübung folglich einer erhöhten Begründungspflicht für jeden Einzelfall unterworfen. Hinsichtlich der Angemessenheit der Form und Frist für die Veröffentlichung steht den Behörden ein Einschätzungsspielraum zu.[1433]

Abs. 2 S. 2 bezieht sich nur auf Abs. 2 S. 1. Wenn der Emittent *diese,* d.h. die von der Behörde zur Veröffentlichung *bestimmten* Auskünfte nicht fristgerecht veröffentlicht, sind die Behörden berechtigt, nach nochmaliger Anhörung des Emittenten diese Auskünfte an Stelle des Emittenten veröffentlichen. Auch dies beweist, dass Abs. 2 sich nur auf die gemäß Abs. 1 mitgeteilten Auskünfte bezieht, da die Behörde nur Informationen veröffentlichen kann, über die sie bereits verfügt. Bei der Anhörung hat der Emittent die Gelegenheit, seine gegen die Veröffentlichung sprechenden Interessen geltend zu machen, die die Behörde bei der Ausübung ihres Entschließungsermessens gegen die Interessen des Anlegerschutzes und der Funktionsfähigkeit des Kapitalmarkts abzuwägen hat. Da die Behörde im Falle ihres Tätigwerdens die Pflicht anstelle des Emittenten erfüllt, also im Wege der Ersatzvornahme tätig wird, richtet sich die Veröffentlichung nach Artt. 102 Abs. 1, 103 kodRL.[1434]

### III. Verhältnis zu anderen Publizitätspflichten, insb. zur Ad-hoc-Publizität

Unter die „im Hinblick auf den Anlegerschutz und die Funktionsfähigkeit des Marktes zweckdienlichen bzw. erforderlichen Informationen" im Sinne des Art. 16 kodRL können theoretisch auch die kurserheblichen Ereignisse fallen, deren Bekanntmachung gemäß den Vorschriften über die Ad-hoc-Publizität vorgesehen ist. Aus diesem Grunde hielt der Bundesrat in seinem Beschluss zum Kommissionsvorschlag einer BZR die Einführung einer weitreichenden

---

[1432] Vormals Art. 19 BZR.

[1433] Die deutsche Umsetzung erfolgte in § 41 Abs. 2 BörsG n.F. (vormals § 44c Abs. 2 BörsG); dazu vgl. Schäfer/*Hamann,* § 44c BörsG, Rn. 8 ff.

[1434] *Knobl/Opitz,* in: Griller, Banken im Binnenmarkt, S. 477 ff. (529); a.A. *Heinze,* S. 75 f.; vgl. zur deutschen Umsetzung Schäfer/*Hamann,* § 44c BörsG Rn. 8 ff.; *Schwark,* § 44c BörsG Rn. 7 f.

Verpflichtung wie der Ad-hoc-Publizität im Hinblick auf den Anlegerschutz für nicht erforderlich und lehnte sie wegen Unzumutbarkeit für die Gesellschaften generell ab.[1435]

Es stellt sich also die Frage, welche Bedeutung Art. 16 kodRL im Verhältnis zu den anderen Publizitätspflichten, insbesondere der Verpflichtung zur Ad-hoc-Publizität zukommt.

Die Prospektpflicht und die laufenden Publizitätspflichten treffen den Emittenten bereits bei Erfüllung der jeweiligen Tatbestände, also ohne zusätzliche Aufforderung durch die Behörde. Ferner müssen die Emittenten den zuständigen Behörden stets zeitgleich die Informationen übermitteln, die im Rahmen der Prospekte und der laufenden Publizität veröffentlicht werden.[1436] Daher kann Art. 16 Abs. 1 kodRL nur Informationen erfassen, zu denen der Emittent nicht aufgrund anderer Vorschriften verpflichtet ist, oder die er unter Verstoß gegen solche Vorschriften weder mitgeteilt noch veröffentlicht hat.[1437] Somit kommt die Vorschrift des Art. 16 Abs. 1 kodRL vor allem dann zum Tragen, wenn die Behörde von dritter Seite oder gerüchteweise von Umständen erfährt, die den Emittenten betreffen, und sie prüfen will, ob diese für den Markt von Interesse sind.[1438] Die Vorschrift des Art. 16 Abs. 2 kodRL betrifft dagegen Auskünfte, die die Behörde nach erfolgter Prüfung für veröffentlichungspflichtig hält, z.B. weil sie auf wirtschaftliche Schwierigkeiten des Emittenten hindeuten oder die im Rahmen des Prospekts oder der Regelpublizität hätten veröffentlicht werden müssen, aber nicht, nicht richtig oder nur unzureichend veröffentlicht worden sind.[1439]

Somit ergeben sich keine Überschneidungen des Art. 16 kodRL mit den anderen Publizitätsvorschriften, wenn der Emittent sich ordnungsgemäß verhält; in deren Anwendungsbereich ist die Vorschrift subsidiär.[1440] Art. 16 kodRL greift somit nur in nicht geregelten Sonderfällen[1441] und dann ein, wenn ein Emittent seine Informationspflichten nicht ordnungsgemäß erfüllt. Für diesen Fall erhält die Behörde eine speziell geregelte (vgl. Art. 105 Abs. 2 kodRL[1442]) Handhabe, die Informationspflichten durchzusetzen.

Im Ergebnis dient die Vorschrift des Art. 16 kodRL somit der Unterstützung, Überwachung und Feinabstimmung des durch die übrigen Publizitätspflichten aufgestellten Informationskonzepts.

---

[1435] BR-Drs. 85/76 v. 14. 5. 1976, S. 4 f.

[1436] Artt. 35 Abs. 1, 102 Abs. 1 UAbs. 2, Abs. 2 UAbs. 2 kodRL (vormals Art. 18 Abs. 2 BZPR; Art. 17 Abs. 1 S. 2 BZR; Art. 7 Abs. 3 HBR).

[1437] Vgl. *Schwark,* § 44c BörsG, Rn. 1.

[1438] *Schwark,* § 44c BörsG, Rn. 1.

[1439] *Schwark,* § 44c BörsG, Rn. 7; Schäfer/*Hamann,* § 44c BörsG, Rn. 10.

[1440] Vgl. *Kümpel* zum Verhältnis von § 15 WpHG zu § 44c BörsG a.F., in: Assmann/Schneider, § 15 WpHG Rn. 83 f.; *ders.,* Kapitalmarktrecht, S. 96 f.; *v. Klitzing,* Ad-hoc-Publizität, S. 181 f.

[1441] *V. Klitzing,* Ad-hoc-Publizität, S. 36 f.

[1442] Vormals Art. 9 Abs. 2 BZR.

## IV. Ausblick

Die Vorschriften sollen nach dem Willen der Kommission nicht durch die neue Transparenzrichtlinie aufgehoben werden. Ferner wird diese nahezu gleichbedeutende Befugnisnormen für die zuständige Behörde vorsehen. Das Auskunftsrecht der Behörde soll allerdings auch gegenüber den Personen bestehen, die den Emittenten kontrollieren oder von ihm kontrolliert werden, also gegenüber dessen Mutter- und Tochterunternehmen.[1443]

Die neue Prospektrichtlinie sieht ähnliche Befugnisnormen der Herkunftslandbehörde sowohl für die Zeit nach Antragstellung als auch nach Zulassung der Wertpapiere zum Handel an einem geregelten Markt vor. Die Offenlegung von wesentlichen Informationen kann im letzteren Fall dann verlangt werden, wenn diese die Bewertung der Wertpapiere beeinflussen können.[1444] Auf eine Befugnis zur Ersatzvornahme wurde in der Prospektrichtlinie verzichtet.

Die neuen Vorschriften finden – anders als die Parallelvorschrift des Art. 16 Abs. 2 S. 1 kodRL – nicht nur auf zur amtlichen Notierung zugelassene Wertpapiere, sondern auch auf die an einem geregelten Markt zum Handel zugelassenen Wertpapiere Anwendung. Damit behalten sie für den Geltungsbereich des amtlichen Marktsegments den Charakter eines „Feinreglers" neben den regelmäßigen und anlassbezogenen Publizitätspflichten sowie einer Befugnisnorm der Behörden im Falle des Verstoßes eines Emittenten gegen diese. Für die geregelten Märkte werden sie neu eingeführt und ebenfalls mit diesen beiden Funktionen neben die im Geltungsbereich erstreckten Publizitätsvorschriften gestellt.

Die neuen Vorschriften greifen die gemäß Art. 16 kodRL mit den Informationen verbundenen Ziele – Anlegerschutz und Effizienz des Kapitalmarktes – auf, die allen Publizitätspflichten des Europäischen Kapitalmarktrechts immanent sind. Darüber hinaus ist die Vorschrift der neuen Prospektrichtlinie, die die Zeit nach der Zulassung betrifft, in ihrer Formulierung stark an die Verpflichtung zur Ad-hoc-Publizität angelehnt, indem sie auf die „Wesentlichkeit" der Informationen und deren mögliche Relevanz für die Bewertung der Wertpapiere abstellt. Im Gegensatz zur Ad-hoc-Publizität wird auf jeden Bezug zur Tätigkeit des Emittenten verzichtet,[1445] so dass auch reine Marktinformationen und außerhalb des Unternehmensbereichs eintretende kursbeeinflussende Informationen erfasst werden.

---

[1443] Art. 20 Abs. 4 lit. a), b), 28 des Vorschlags einer neuen Transparenzrichtlinie v. 26. 3. 2003, DOK KOM (2003) 138 S. 59; vgl. Zweites Konsultationspapier, Anhang I, S. 22, 64.

[1444] Art. 21 Abs. 3 lit. b), c) Abs. 4 lit. a) der Prospektrichtlinie v. 4. 11. 2003, ABl. EG Nr. L 345 v. 31. 12. 2003, S. 79 f.

[1445] Vgl. aber die ursprgl. Planung im Ersten Konsultationspapier v. 11. 7. 2001, S. 14; s. o. unter C. XI. 1. a).

# Zweites Kapitel: Pflichten, die die mit den Wertpapieren verbundenen Rechte betreffen

Der zweite Pflichtenkomplex betrifft Informationen über die mit den Wertpapieren verbundenen Rechte. Die Anleger müssen über diese sowie über diesbezügliche Änderungen informiert werden. Ferner ist ihnen mitzuteilen, wie sie die mit den Wertpapieren verbundenen Rechte ausüben können.

## A. Maßnahmen bei Änderung des Errichtungsakts oder der Satzung

Eine auf den ersten Blick nicht unmittelbar in diesen Pflichtenkomplex passende Verpflichtung enthalten die Artt. 66, 79 kodRL. Diese waren ursprünglich in Schema C Nr. 3 und Schema D Abschnitt A Nr. 2 im Anhang der BZR normiert und trugen die Überschrift „Änderung des Errichtungsakts oder der Satzung".

### I. Inhalt der Vorschriften

Eine Gesellschaft, die eine Änderung ihres Errichtungsakts oder ihrer Satzung[1446] beabsichtigt, muss den Änderungsentwurf den zuständigen Stellen der Mitgliedstaaten, in denen ihre Wertpapiere notiert werden, spätestens zum Zeitpunkt der Einberufung des Organs, das über die vorgeschlagene Änderung zu beschließen hat, übermitteln.

Die Mitteilungspflicht gilt für Emittenten von Aktien bei jeder Satzungsänderung. Emittenten von Schuldverschreibungen müssen Satzungsänderungen nur mitteilen, wenn die Änderung die mit den Schuldverschreibungen verbundenen Rechte berührt.[1447] Diese Einschränkung wurde entgegen der beiden Kommissionsvorschläge[1448] auf Anraten des Wirtschafts- und Sozialaus-

[1446] Die Unterscheidung von Errichtungsakt und Satzung rührt daher, dass in einigen Mitgliedstaaten (z.B. in Italien und im Vereinigten Königreich) zwischen dem Gründungsvertrag als dem vertraglichen Akt der Gründer, die Gesellschaft zu errichten (memorandum of association), und der Satzung als dem Akt der innergesellschaftlichen Normgebung zur Regelung der internen Organisation (articles of association) unterschieden wird. Im deutschen Kapitalgesellschaftsrecht fallen der Errichtungsakt und die Satzung zusammen. Die Satzungsfeststellung ist der Abschluss des Gesellschaftsvertrags (vgl. § 23 Abs. 1 AktG), *Schwarz,* Rn. 306, Fn. 32 m.w.Nachw.; vgl. Art. 6 der SE-VO v. 8. 10. 2001; vgl. dazu *Schwarz,* ZIP 2001, S. 1847 ff.

[1447] Diese Regelung ist in de Bundesrepublik umgesetzt in § 39 Abs. 1 Nr. 3, Abs. 2 BörsG n.F. (vormals § 44 Abs. 1 Nr. 3, Abs. 2 BörsG) i.V.m. § 64 BörsZulVO, zur a.F. *Schwark,* § 44 BörsG, Rn. 10.

[1448] Diese Einschränkung war in den Kommissionsvorschlägen einer BZR noch nicht enthalten, vgl. DOK KOM (1975) 686 v. 23. 12. 1975, S. 30 f.; DOK KOM (1976) 575 v. 3. 11. 1976, S. 46.

schusses eingefügt, da andere Satzungsänderungen keine Auswirkungen auf die Interessen der Inhaber von Schuldverschreibungen haben.[1449]

Die Bedeutung dieser Verpflichtung erschließt sich, wenn man sich vergegenwärtigt, wie sich Satzungsänderungen nach Europäischem Gesellschaftsrecht vollziehen:

## II. Satzungsänderungen nach Europäischem Aktiengesellschaftsrecht

Nach den Wertungen des allgemeinem Europäischen Aktiengesellschaftsrechts, die sich dem letzten Vorschlag einer Strukturrichtlinie und der SE-VO entnehmen lassen, bedarf jede Satzungsänderung grundsätzliche eines Beschlusses der Hauptversammlung, für den eine Mehrheit von mindestens zwei Dritteln der Stimmen des vertretenen Kapitals erforderlich ist.[1450] Sind mehrere Gattungen von Aktien vorhanden, bedürfen Beschlüsse über Satzungsänderungen neben der qualifizierten Mehrheit der Hauptversammlung einer gesonderten Abstimmung zumindest der Aktionäre solcher Gattungen, deren Rechte durch die Maßnahme berührt bzw. beeinträchtigt werden.[1451]

In der Einberufung zur Hauptversammlung, deren Bekanntgabe zumindest den handelsrechtlichen Publizitätsanforderungen gemäß der Publizitätsrichtlinie entsprechen muss, also eine Veröffentlichung im jeweiligen nationalen Amtsblatt erfordert, sind die Aktionäre über den vorgeschlagenen Wortlaut der Satzungsänderung zu informieren.[1452] Der Einhaltung dieser Formerfordernisse wird große Bedeutung beigemessen, da ihre Nichtbeachtung die Nichtigkeit des Hauptversammlungsbeschlusses und damit der Satzungsänderung begründen kann.[1453] Nach dem Beschluss über die Satzungsänderung ist diese öffentlich zu beurkunden und gemäß den handelsrechtlichen Publizitätsvorschriften bekannt zu machen.[1454]

---

[1449] Stellungnahme des Wirtschafts- und Sozialausschusses vom 1. 7. 1976 zum Kommissionsvorschlag einer BZR, ABl. EG Nr. C 204 v. 30. 8. 1976, S. 5 ff. (10).

[1450] Artt. 37, 39 i.V.m. Art. 24 des dritten geänderten Vorschlags einer Strukturrichtlinie v. 20. 11. 1991; Artt. 97 Abs. 1 des dritten geänderten Vorschlags einer SE-VO vom 16. 5. 1991; Art. 59 Abs. 1 der SE-VO v. 27. 9. 2001, der jedoch dann keine Anwendung findet, wenn das Recht des Sitzstaats eine größere Mehrheit vorsieht; *Werlauff,* S. 243; *Behrens,* in: Dauses, Handbuch des EU-Wirtschaftsrechts, E. III. Rn. 50.

[1451] Artt. 25 Abs. 3, 31, 38 der Kapitalrichtlinie (Kapitalerhöhung, -herabsetzung, Tilgung, Einziehung); Artt. 7 Abs. 2, 23 Abs. 1 der Fusionsrichtlinie; Artt. 5, 22 Abs. 1 der Spaltungsrichtlinie (Zustimmung zu Verschmelzung und Spaltung), Art. 40 des dritten geänderten Vorschlags einer Strukturrichtlinie v. 20. 11. 1991; Art. 45a, 98 des Vorschlags einer SE-VO v. 16. 5. 1991; Art. 60 Abs. 1 der SE-VO vom 27. 9. 2001 (danach ist eine gesonderte Abstimmung nur erforderlich, wenn „spezifische" Rechte berührt werden); *Behrens,* in: Dauses, Handbuch des EU-Wirtschaftsrechts, E. III. Rn. 36.

[1452] Artt. 38 i.V.m. Art. 24 des dritten geänderten Vorschlags einer Strukturrichtlinie v. 20. 11. 1991; *Behrens,* in: Dauses, Handbuch des EU-Wirtschaftsrechts, E. III. Rn. 48.

[1453] Artt. 42 lit. a), f), 43 des dritten geänderten Vorschlags einer Strukturrichtlinie v. 20. 11. 1991.

[1454] Artt. 2 Abs. 1 lit. b), c), 10 der Publizitätsrichtlinie.

Entsprechende harmonisierte Vorschriften für die Gläubigerversammlung bzw. das entsprechende Organ, das über Satzungsänderungen zu beschließen hat, die die mit den Schuldverschreibungen verbundenen Rechte berühren, existieren nicht. Die nationalen Rechte der Mitgliedstaaten enthalten allerdings vergleichbare Regelungen.[1455]

## III. Bedeutung der Verpflichtung gegenüber der Aufsichtsbehörde

Die kapitalmarktrechtliche Vorschrift verpflichtet die Gesellschaft dazu, die Aufsichtsbehörden spätestens zum Zeitpunkt der Einberufung, d.h. in dem Zeitpunkt, in dem auch die Aktionäre oder Anleihegläubiger von der geplanten Satzungsänderung erfahren, über diese zu unterrichten.[1456] Die Stellungnahme der Aufsichtsbehörde kann daher noch auf die Beschlussfassung einwirken.[1457]

Der Bundesrat hielt in seinem Beschluss zum Kommissionsvorschlag einer BZR die frühzeitige Unterrichtung der Zulassungsstellen über vorgesehene Satzungsänderungen für entbehrlich. Beabsichtigte Satzungsänderungen bedürften in der Bundesrepublik Deutschland nicht der Zustimmung der Börsen. Daher sei eine Benachrichtigung der Zulassungsstellen zur Verbesserung des Anlegerschutzes nicht erforderlich.[1458]

Der Bundesrat verkannte, dass der Grund für diese Mitteilungspflicht darin liegt, dass sich aus der Satzung und den Gründungsakten die Legitimation der Gesellschaft ergibt. Diese Legitimation ist Voraussetzung für die Zulassung der Wertpapiere zur amtlichen Notierung, deren Vorliegen von den zuständigen Behörden zu prüfen ist: Gemäß den Artt. 42, 52 kodRL[1459] muss der Emittent sowohl hinsichtlich seiner Gründung als auch seines satzungsmäßigen Funktionierens den Gesetzen und Verordnungen entsprechen, denen er unterliegt. Jede Statutenänderung führt somit zu einer erneuten Prüfung des Vorliegens der Zulassungsvoraussetzungen. Die vorherige Information der Aufsichtsbehörde liegt also im Interesse des Emittenten, da diese vorab die Vereinbarkeit mit den Zulassungsbedingungen prüfen und etwaige Bedenken äußern kann, um nicht nach erfolgter Satzungsänderung beschränkende Maßnahmen treffen zu müssen.[1460]

---

[1455] Vgl. z.B. §§ 6, 7, 10 ff. des Gesetzes betreffend die gemeinsamen Rechte der Besitzer von Schuldverschreibungen vom 4. 12. 1899 i.d.F. der Veröffentlichung im BGBl. III, Folge 111, S. 51, abgedruckt bei *Kümpel/Hammen/Ekkenga*, Band 1, Nr. 118.

[1456] Insoweit ungenau *Heinze*, S. 77, 81.

[1457] Schäfer/*Hamann*, § 44 BörsG, Rn. 36.

[1458] BR-Drucks. 85/76 v. 14. 5. 1976, S. 4.

[1459] Vormals Anhang, Schema A I Nr. 1, Schema B Abschnitt A I Nr. 1 BZR.

[1460] Schäfer/*Hamann*, § 44 BörsG, Rn. 36; *Heinze*, S. 77, 81; a.A. *Groß*, §§ 53–70 BörsZulVO Rn. 10, wonach die Benachrichtigung entbehrlich sein soll, wenn die geplante Satzungsänderung gemäß § 124 Abs. 2 Satz 2 AktG in der Einladung zur Hauptversammlung, die darüber zu beschließen hat, enthalten ist. Diese Ansicht begegnet Be-

## IV. Keine Vorabinformation des Anlegerpublikums

Eine Information potenzieller künftiger Anleger über bevorstehende Satzungsänderungen börsennotierter Gesellschaften gemäß den kapitalmarktrechtlichen Publizitätsvorschriften ist im Gemeinschaftsrecht nicht vorgesehen. Eine Information des allgemeinen Anlegerpublikums findet grundsätzlich erst im Falle bereits eingetretener Änderungen der mit den verschiedenen Gattungen der Aktien oder Schuldverschreibungen verbundenen Rechte statt.[1461] Davon unabhängig zu beurteilen ist die Frage, ob eine geplante Satzungsänderung ggfs. die Pflicht zu einer Ad-hoc-Mitteilung an das gesamte Anlegerpublikum auslöst. Nach den oben gewonnenen Ergebnissen ist die geplante Satzungsänderung als „eingetretene Tatsache" anzusehen, wenn sie nur noch von der Zustimmung der Hauptversammlung abhängig ist. Aufgrund der Bedeutung von Satzungsangaben im Prospekt wird unwiderleglich vermutet, dass diesbezügliche Änderungen kursbeeinflussendes Potential haben.[1462] Die Veröffentlichungspflicht hängt allein davon ab, ob das kursbeeinflussende Potential als erheblich einzustufen ist. Falls man dies im Einzelfall bejaht, muss die Mitteilung den kapitalmarktrechtlichen Publizitätsanforderungen genügen.[1463]

## V. Bedeutung der Satzungsangaben für den Investor

Obgleich das Gemeinschaftsrecht in Verbindung mit den nationalen Vorschriften detaillierte Vorgaben für die Verfassung und Funktion von Aktiengesellschaften liefert, gibt es Bereiche, die der Regelung im Gesellschaftsvertrag jeder einzelnen Gesellschaft vorbehalten sind. Hier erfüllen Errichtungsakt und Satzung, die zwingende und freiwillige Bestandteile enthalten, für diejenigen, die mit der Gesellschaft in Kontakt treten wollen, wichtige Informationszwecke.[1464] Aus diesem Grund hat der Gemeinschaftsgesetzgeber Kapitalgesellschaften auferlegt, Errichtungsakt und Satzung, jede Änderung und den vollständigen Wortlaut der geänderten Fassung öffentlich zu beurkunden und gemäß den Vorschriften der Publizitätsrichtlinie (Hinterlegung oder Eintragung in ein Register und Bekanntgabe im nationalen Amtsblatt) offen zu legen.[1465] Dadurch ist stets die gültige Fassung des Gesellschaftsvertrages aus einer einzigen zu den Registerakten genommenen Urkunde ersichtlich.[1466]

---

denken, da es dann der Aufsichtbehörde obliegen würde, auf entsprechende Veröffentlichungen zu achten.

[1461] Artt. 68 Abs. 2, 81 Abs. 2 kodRL (vormals Schema C Nr. 5 b), Schema D Nr. 4 b) BZR); s.u. unter B.

[1462] Anhang I, Schema A und B jeweils Kapitel 3 kodRL; s.u. unter VI.

[1463] S.o. Erstes Kapitel unter C. VIII. 6. b).

[1464] *Werlauff*, S. 195.

[1465] Artt. 2 Abs. 1 lit. a)–c), 3 Abs. 1–4, 10 der Publizitätsrichtlinie; Art. 97 Abs. 4 i.V.m. Art. 53 der SE-VO v. 27.9.2001.

[1466] *Schwarz*, Rn. 306; vgl. die deutsche Umsetzung in § 181 Abs. 1 S. 2 AktG.

Aus den Erwägungsgründen der Kapitalrichtlinie geht hervor, dass Errichtungsakt und Satzung einer Aktiengesellschaft im Gebiet der Gemeinschaft jedem Interessierten die Möglichkeit bieten müssen, sich über die wesentlichen Merkmale der Gesellschaft, insbesondere über die genaue Zusammensetzung des Gesellschaftskapitals zu informieren.[1467] Neben Rechtsform, Firma und Sitz der Gesellschaft sowie dem Gegenstand des Unternehmens muss sie hinsichtlich der Zusammensetzung des Gesellschaftskapitals mindestens den Nennbetrag oder die Zahl der gezeichneten Aktien sowie den Betrag des genehmigten Kapitals beinhalten. Sofern es mehrere Gattungen oder Formen (Inhaber- oder Namenspapiere) von Aktien gibt, muss dies angegeben werden. Die Angaben über die mit den Aktien verbundenen Rechte müssen dann nach Gattungen aufgegliedert werden.[1468]

## VI. Aufnahme von Satzungsangaben in den Prospekt

Die Bedeutung des Satzungsinhalts für die Teilnehmer des Kapitalmarkts zeigt sich auch darin, dass bestimmte Satzungsangaben im Prospekt wiedergegeben und damit den weiten kapitalmarktrechtlichen Publizitätsanforderungen entsprechend verbreitet werden müssen: Unter der Rubrik „Allgemeine Angaben über den Emittenten und sein Kapital" sind Bezeichnung, Sitz und Ort der Hauptverwaltung, Zeitpunkt der Gründung, Rechtsform, Unternehmensgegenstand, Handelsregister und -nummer, Betrag des gezeichneten, genehmigten und bedingten Kapitals und dessen Aufteilung in verschiedene Gattungen sowie deren Hauptmerkmale, die Anzahl der Wertpapiere, die in Aktien der Gesellschaft umgewandelt oder getauscht werden können, sowie die Bedingungen für Kapitalveränderungen und Änderungen der Aktionärsrechte, soweit sie strenger sind als gesetzlich vorgeschrieben,[1469] anzugeben. Ferner muss aus dem Prospekt hervorgehen, wo die dort genannten, den Emittenten betreffenden Unterlagen, also auch die Satzung, eingesehen werden können.[1470]

---

[1467] 3. Erwägungsgrund Kapitalrichtlinie.

[1468] Artt. 2, 3 Kapitalrichtlinie, dazu *Werlauff,* S. 197 ff.; *Behrens,* in: Dauses, Handbuch des EU-Wirtschaftsrechts, E. III. Rn. 26, 29; *Edwards,* EC Company Law, S. 57 f.

[1469] „Gesetzlich vorgeschrieben" ist nach Europäischem Verständnis ein Beschluss der Hauptversammlung mit einer Mehrheit von zwei Dritteln des vertretenen Kapitals, Artt. 25 Abs. 1 und 3, 30 Abs. 1, 31 der Kapitalrichtlinie; Art. 39 Art. 1 des dritten geänderten Vorschlags einer fünften Richtlinie vom 20. 11. 1991 (Strukturrichtlinie); Art. 59 Abs. 1 der SE-VO vom 27. 9. 2001.

[1470] Anhang I, Schema A Punkte 3.1.0.–3.2.4., Schema B Punkte 3.1.0.–3.2.1. kodRL; vgl. *Heinze,* S. 124 f.

## VII. Ausblick

### 1. Veränderungen durch die neue Prospektrichtlinie

Nach der neuen Prospektrichtlinie werden dem Anlegerpublikum im Prospekt ebenfalls Informationen aus der Satzung zur Verfügung gestellt werden. Der emittentenbezogene Teil des Prospekts bzw. das Registrierungsformular enthält im Kapitel „Zusätzliche Informationen" eine Rubrik „Gründungsurkunde und Satzung"[1471], in der einige Angaben aus der Satzung zum Teil zusammengefasst wiedergegeben werden müssen: Gemäß den IOSCO-Offenlegungsstandards sind die oben genannten Angaben aufzuführen, die Kapitalzusammensetzung nach Aktiengattungen und die damit verbundenen Rechte, Vorzüge und Beschränkungen jedoch viel ausführlicher als nach den bisherigen Prospektvorschriften.[1472] Über diese hinaus gehen ferner Angaben über die Stimmrechte und Befugnisse von Organmitgliedern bei Beschlüssen, an denen sie ein persönliches Interesse haben, sowie deren Abfindungsansprüche, die Art und Weise der Einberufung der Hauptversammlung und die Teilnahmebedingungen, die Möglichkeiten, einen Kontrollwechsel (Übernahme) zu verhindern oder zu verzögern und etwaige Erwerbs- oder Stimmrechtsbeschränkungen sowie Meldepflichten von Hauptaktionären. Außerdem müssen bei gravierenden Unterschieden in den Rechtsordnungen des Herkunftsstaats und des Aufnahmestaats die damit verbundenen Auswirkungen für die Anleger deutlich gemacht werden.[1473]

### 2. Entwicklung der laufenden Verhaltenspflicht

Im Falle der Verabschiedung der neuen Transparenzrichtlinie über periodische und anlassbezogene Pflichten börsennotierter Gesellschaften wird die Verpflichtung zur Benachrichtigung der zuständigen Stellen über beabsichtigte Satzungsänderungen in ihrem Geltungsbereich auf die geregelten Märkte erstreckt werden.[1474] Mit Einführung des Herkunftslandprinzips wird die Mitteilungsverpflichtung auf die Herkunftslandbehörde beschränkt werden, so wie es ursprünglich in den Kommissionsvorschlägen der BZR vorgesehen war. Zugleich ist aber auch eine Mitteilung an die Behörde des geregelten Marktes vorgesehen, an dem das betreffende Wertpapier zugelassen ist. Das bedeutet, dass der Herkunftsmitgliedstaat die Zuständigkeit für die Kontrolle des Emit-

---

[1471] Anhang II; Kapitel VIII B. der Prospektrichtlinie v. 4. 11. 2003, ABl. EG Nr. L 345 v. 31. 12. 2003, S. 87.

[1472] X. B. (Memorandum and Articles of Association) Nr. 1, 3, 4, 10, *IOSCO*, Offenlegungsstandards, S. 28 f.

[1473] X. B. Nr. 2, 6–9, *IOSCO*, Offenlegungsstandards, S. 28 f.

[1474] Dies erfolgt nicht bereits durch die neue Prospektrichtlinie, da diese in Art. 21 Abs. 4 lit. c) lediglich die Ausweitung der Informations- und Gleichbehandlungspflichten vorsieht, ABl. EG Nr. L 345 v. 31. 12. 2003, S. 80.

tenten selbst dann behält, wenn die Aktien des Emittenten lediglich in einem anderen Mitgliedstaat zum Handel zugelassen sind.[1475]

## B. Information bei Änderung der mit den Wertpapieren verbundenen Rechte

### I. Inhalt der Vorschriften

Gemäß Artt. 68 Abs. 2, 81 Abs. 2–4 kodRL muss die Gesellschaft das Publikum unverzüglich über jede Änderung der mit den verschiedenen Arten von Wertpapieren verbundenen Rechte in Kenntnis setzen.

Diese Informationspflichten befanden sich in den Schemata C und D im Anhang der BZR jeweils in dem Abschnitt, der mit „Zusätzliche Informationen" überschrieben war, und dort jeweils hinter den Vorschriften über die Ad-hoc-Publizität; im Abschnitt betreffend Aktien fanden sie sich ferner unmittelbar vor der Vorschrift über die Beteiligungstransparenz.[1476] Aus dieser – in der kodifizierten Richtlinie teilweise erhaltenen – systematischen Stellung der Normen folgt, dass es sich bei diesen Vorschriften um anlassbezogene Informationspflichten handelt, die im Gegensatz zu den übrigen Vorschriften dieses Abschnitts nicht emittenten-, sondern wertpapierbezogen sind. Die Informationsverpflichtung entsteht bei jeder Änderung der mit den Wertpapieren verbundenen Rechte. Aufgrund des Prinzips möglichst umfassender Anlegerinformation ist der Begriff der „verbundenen Rechte" weit auszulegen; er erfasst alle Rechte, die in irgendeinem Zusammenhang mit den Wertpapieren stehen.[1477]

### II. Zeitpunkt der Veröffentlichung

Der Emittent muss die Änderung unverzüglich veröffentlichen. Hinsichtlich der Konkretisierung dieses Merkmals kann auf die Ausführungen zur Ad-hoc-Publizität verwiesen werden.[1478] Die Neuntagesfrist in Art. 91 Abs. 1 kodRL bietet einen Anhaltspunkt dafür, dass eine Veröffentlichung, die später erfolgt,

---

[1475] Begründung, Art. 15 Abs. 1 UAbs. 2 des Vorschlags einer neuen Transparenzrichtlinie v. 26. 3. 2003, DOK KOM (2003) 138, S. 30, 55; vgl. Zweites Konsultationspapier, Anhang I, S. 15. Die Mitteilung der geplanten Satzungsänderung sollte nach den Vorschlägen einer BZR nicht gegenüber den zuständigen Stellen aller Mitgliedstaaten, in denen die Wertpapiere amtlich notiert waren, sondern nur gegenüber den Behörden des Sitzstaates der Gesellschaft erfolgen, wenn die Wertpapiere dort zur Börsennotierung zugelassen waren, andernfalls nur gegenüber den Behörden des ausländischen Staates, an dessen Börse der hauptsächliche Handel stattfand. DOK KOM (1975) 686 v. 23. 12. 1975, S. 28, 30 f.; DOK KOM (1976) 575 v. 3. 11. 1976, S. 41 f., 46.

[1476] Vormals Anhang, Schema C Nr. 5 b), Schema D Abschnitt A Nr. 4 b)-d) BZR.

[1477] Vgl. Schäfer/*Hamann*, § 44 BörsG Rn. 31.

[1478] S.o. Erstes Kapitel unter C. VIII. 6.

grundsätzlich nicht mehr als unverzüglich anzusehen ist. Zu berücksichtigen ist ferner, dass der Emittent mangels Befreiungstatbestand keine Überlegungsfrist benötigt, um zu entscheiden, ob er einen Befreiungsantrag stellt oder nicht. Das Fehlen eines Befreiungstatbestandes im Gegensatz zu den beiden emittentenbezogenen anlassbezogenen Publizitätspflichten resultiert daraus, dass die mit den Wertpapieren verbundenen Rechte die Rechtsposition des Investors im Verhältnis zur Gesellschaft konstituieren. Im Gegensatz zu Ad-hoc-Publizität und Beteiligungstransparenz besteht hier kein schutzwürdiges Geheimhaltungsinteresse der Gesellschaft, das sich gegenüber den Interessen der Investoren an einer umfassenden Information über die Ausstattung ihrer Kapitalanlage durchsetzten würde. Mangels einer Überlegungsfrist zugunsten der Gesellschaft muss eine Veröffentlichung so schnell wie möglich und in der Regel deutlich vor Ablauf von neun Tagen erfolgen.

## III. Art und Weise der Veröffentlichung

Die Veröffentlichung muss den allgemeinen Anforderungen der Art. 102 Abs. 1, 103 kodRL entsprechen.[1479]

## IV. Die Informationspflichten im Einzelnen

### 1. Informationen bezüglich der mit Aktien verbundenen Rechte

Gemäß Art. 68 Abs. 2 kodRL muss die Gesellschaft das Publikum über „jede Änderung der mit den verschiedenen Gattungen ihrer Aktien verbundenen Rechte in Kenntnis setzen."[1480]

#### *a) Verschiedene Gattungen von Aktien*

Das Europäische Aktienrecht geht von der Prämisse aus, dass eine Aktiengesellschaft verschiedene Gattungen von Aktien emittieren kann: Die Aktien können mit unterschiedlichen Rechten hinsichtlich der Gewinnausschüttung oder der Verteilung des Gesellschaftsvermögens im Falle der Liquidation und – nach noch geltendem Europäischen Recht – auch mit unterschiedlichen Stimmrechten ausgestattet sein. Aktien mit gleichen Rechten bilden eine Gattung.[1481]

---

[1479] S.o. Erstes Kapitel, A. IV. 2. d) (VIII.) (2.), (3).

[1480] Umgesetzt in § 39 Abs. 1 Nr. 3, Abs. 2 BörsG n.F. i.V.m. § 66 Abs. 1 BörsZulVO.

[1481] Art. 29 Abs. 2 lit. a), b) der Kapitalrichtlinie; vgl. Art. 52 des dritten geänderten Vorschlags einer SE-VO v. 16. 5. 1991. Diese Vorschrift ist der Generalverweisung in Art. 5 der SE-VO vom 27. 9. 2001 zum Opfer gefallen. Die Aussage bleibt dennoch gültig, da die SE-VO von der Möglichkeit verschiedener Aktiengattungen ausgeht; vgl. z.B. Art. 60 Abs. 1. Gemäß Art. 4 Abs. 5 des dritten geänderten Vorschlags einer Strukturrichtlinie v. 20. 11. 1991 darf den Inhabern einer Gattung von Aktien durch die Satzung nicht das ausschließliche Vorschlagsrecht für die Bestellung der Mehrheit der Mitglieder des Aufsichtsorgans übertragen werden.

*b) Informationen über die Zusammensetzung des Kapitals*

Gemäß der Kapitalrichtlinie sind in der Satzung „sofern es mehrere Gattungen von Aktien gibt", deren Zahl, Nennbetrag und die mit ihnen verbundenen Rechte anzugeben.[1482] Ferner sind im Anhang zum Jahresabschluss, sofern es mehrere Gattungen von Aktien gibt, die Zahl und der Nennbetrag, mangels Nennbetrag der rechnerische Wert für jede von ihnen anzugeben.[1483]

*c) Angaben im Prospekt*

Informationen über die mit den Wertpapieren verbundenen Rechte finden sich an zwei Stellen des Prospekts. Im emittentenbezogenen Teil sind die Angaben aus der Satzung über die Zusammensetzung des Gesellschaftskapitals auszuweisen: Der Betrag des gezeichneten Kapitals ist unter Angabe der Zahl und der Gattungen der Aktien, die dieses Kapital verbriefen, sowie ihrer Hauptmerkmale anzugeben.[1484]

Über die konkreten Rechte derjenigen Aktien, für die der Zulassungsantrag gestellt wird, informiert der wertpapierbezogene Teil des Prospekts: Hier finden sich insbesondere Angaben über den Umfang des Stimmrechts, den Anspruch auf Beteiligung am Gewinn und am Erlös aus einer Liquidation sowie über alle Vorrechte.[1485] Ferner enthält der Prospekt Angaben über das Bezugsrecht der Altaktionäre.[1486]

*Gemeinschaftsrechtliche Ausgestaltung der mit den Aktien verbundenen Rechte*

Das Stimmrecht, der Anspruch auf Gewinnbeteiligung sowie das Bezugsrecht, die zentralen Rechte des Aktionärs, sind im Gemeinschaftsrecht näher ausgestaltet:

*(1.) Stimmrecht:*

Durch das Stimmrecht wirkt der Aktionär auf der Hauptversammlung am Willensbildungsprozess der Gesellschaft mit. Den bisher nicht verabschiedeten gemeinschaftsrechtlichen Vorschriften über das Stimmrecht des Aktionärs in den Vorschlägen der Strukturrichtlinie liegt das Prinzip der strengen Proportionalität zwischen gezeichnetem Kapital und Stimmrechten zugrunde. Grundsätzlich soll das Stimmrecht des Aktionärs dem durch die Aktie verkörperten Anteil am gezeichneten Kapital der Gesellschaft entsprechen. Die Mitgliedstaaten können jedoch gestatten, dass bis zu einem Betrag in Höhe der Hälfte des gezeichneten Kapitals stimmrechtsbeschränkte oder stimmrechtslose Vorzugsaktien emittiert werden, die besondere Vermögensvorteile, z.B. eine höhere Ge-

[1482] Art. 2 lit. c), 3 lit. d), e) der Kapitalrichtlinie.
[1483] Art. 43 Abs. 1 Nr. 4 der Jahresabschlussrichtlinie.
[1484] Anhang I, Schema A, B Punkt 3.2.0. kodRL; s.o. unter A. VI.
[1485] Anhang I, Schema A Punkt 2.2.0.–2.2.5. kodRL.
[1486] Anhang I, Schema A Punkt 3.2.0. kodRL.

winnbeteiligung gewähren. Das Stimmrecht aus diesen Aktien lebt auf, wenn und solange die Gesellschaft die mit diesen Aktien verbundenen Verpflichtungen nicht erfüllt. Im Übrigen sind Stimmrechtsbeschränkungen (Höchststimmrechte) oder Erweiterungen des Stimmrechts, insbesondere Mehrstimmrechtsaktien unzulässig.[1487] Diese Begrenzung soll gewährleisten, dass Anleger, die in Europäische Aktiengesellschaften investieren, davon ausgehen können, dass der Investition ein entsprechender Einfluss in der Hauptversammlung entspricht.[1488]

In den Mitgliedstaaten sind die Vorschriften betreffend das Stimmrecht des Aktionärs mangels einer erfolgreichen Harmonisierung bislang sehr unterschiedlich. Während in Deutschland strenge Proportionalität zwischen Kapital und Stimmrecht besteht, gibt es in den meisten Mitgliedstaaten noch Höchst- und Mehrfachstimmrechte sowie Stimmrechtsbeschränkungen.[1489] Aufgrund dieser fehlenden Harmonisierung sind die Angaben im Prospekt über den Umfang des mit den neu begebenen Aktien verbundenen Stimmrechts für den Anleger von besonderer Bedeutung.

*(2.) Dividende*

Nach Europäischem Aktiengesellschaftsrecht verbrieft jede Aktie grundsätzlich einen Anspruch auf einen Anteil am Bilanzgewinn (Dividende). Die Dividende muss nicht proportional zu dem in der Aktie verkörperten Kapitalanteil sein.[1490] Sie steht – abgesehen von der Spekulation auf steigende Kurse – im Mittelpunkt der finanziellen Interessen des Aktionärs. Schließt eine Gesellschaft das Geschäftsjahr mit einem Gewinn ab, ist die Ausschüttung einer Dividende davon abhängig, dass der letzte Jahresabschluss der Gesellschaft diesen ausweist,

---

[1487] Art. 33 Abs. 1, 2 des dritten geänderten Vorschlags einer Strukturrichtlinie vom 20. 11. 1991; vgl. Artt. 92, 52 des Vorschlags einer SE-VO v. 16. 5. 1991, die in der verabschiedeten Fassung v. 27. 9. 2001 zugunsten einer Generalverweisung in Art. 5 SE-VO auf das Recht des Sitzstaats gestrichen wurden.

[1488] *Werlauff*, S. 238 ff.; harmonisiert sind dagegen die Vorschriften, wonach das Stimmrecht aus eigenen Aktien der Gesellschaft und aus diesen gleichgestellten Aktien aufgehoben ist; Art. 22 Abs. 1 lit. a) der Kapitalrichtlinie. Gleichgestellt sind gemäß Artt. 22 Abs. 1, 24, 25 der Kapitalrichtlinie Aktien der Gesellschaft, die die Gesellschaft als Sicherheit hält, die ein Treuhänder in ihrem Namen hält und die eine Tochtergesellschaft hält.

[1489] Vgl. zur Möglichkeit von Höchststimmrechten § 134 Abs. 1 S. 2, S. 6 AktG, der nur für nicht börsennotierte Gesellschaften gilt; ebenso in Belgien (Hohloch/*Wymeersch/de Vylder/de Wulf*, Rn. 138), Dänemark (Hohloch/*Alstedt/Hansen*, Rn. 141); Finnland (Hohloch/*Collan/Uusitalo*, Rn. 585); Frankreich (Hohloch/*Tillmanns*, Rn. 293). Ein Verbot, Mehrstimmrechtsaktien auszugeben, besteht dagegen in Griechenland (Hohloch/*Bailas/Bailas/Roussos*, Rn. 250) und Luxemburg (Hohloch/*Hohloch/Schultheiß*, Rn. 202). Stimmrechtsbeschränkungen sind in Spanien möglich (Hohloch/*Martinez* Rn. 216). Das Prinzip der Proportionalität von Kapitalbeteiligung und Einfluss ist im Vereinigten Königreich fremd (Hohloch/*Hohloch*, Rn. 183).

[1490] Vgl. Art. 29 Abs. 2 lit. a), b) der Kapitalrichtlinie.

ausreichend Mittel zur Verfügung stehen, keine Ausschüttungsbeschränkungen bestehen und die Hauptversammlung die Gewinnausschüttung beschlossen hat.[1491] Die Höhe der nach Abschluss des laufenden Geschäftsjahrs zu zahlenden Dividende steht also im Zeitpunkt der Emission nicht fest.[1492]

Im Prospekt ist daher nur anzugeben, dass die emittierten Aktien einen Dividendenanspruch verbriefen. Bestehen diesbezüglich Vorrechte, z.B. im Falle von Vorzugsaktien, sind diese anzugeben. Ferner ist der Beginn der Dividendenberechtigung anzugeben, wenn die Emission der Aktien mitten im Geschäftsjahr erfolgt, sowie die Verfallfrist für den Dividendenbezug und die Angabe, zu wessen Gunsten die Dividenden verfallen, falls Aktionäre ihren Dividendenanspruch nicht rechtzeitig geltend machen.[1493] Anhaltspunkte für die Höhe der künftigen Dividende liefern die Informationen im emittentenbezogenen Teil des Prospekts über die Dividende pro Aktie für die letzten drei Geschäftsjahre, an denen sich die bisherige Entwicklung der Gewinnausschüttung nachvollziehen und die künftige Entwicklung abschätzen lässt.[1494]

*(3.) Bezugsrecht*

Das Bezugsrecht des Aktionärs ist in Art. 29 Abs. 1 der Kapitalrichtlinie garantiert. Danach müssen bei jeder Kapitalerhöhung gegen Bareinlagen die neuen Aktien oder Wertpapiere, die in Aktien umgewandelt werden können, den Altaktionären im Verhältnis zu dem durch ihre Aktien vertretenen Teil des Kapitals vorzugsweise angeboten werden.[1495] Damit hat jeder Altaktionär die Möglichkeit, trotz der nominellen Erhöhung des gezeichneten oder bedingten Kapitals seinen prozentualen Anteil am Kapital, mit dem er durch den Dividendenanspruch am Erfolg der Gesellschaft teilnehmen und vermittels der Stimmrechte Einfluss auf die Gesellschaft ausüben kann, aufrecht zu erhalten. Das Bezugsrecht schützt den Aktionär also vor einer Verwässerung seines Kapitalanteils.[1496] Es kann unter gewissen Voraussetzungen durch einen Beschluss

[1491] Art. 50 der Jahresabschlussrichtlinie; Art. 15 Abs. 1 der Kapitalrichtlinie; Artt. 34 Abs. 1 lit. b), 37 Abs. 1 S. 1 der Jahresabschlussrichtlinie; Art. 50 des dritten geänderten Vorschlags einer Strukturrichtlinie v. 20. 11. 1991.

[1492] Vgl. Art. 52 Abs. 1 S. 2 des dritten geänderten Vorschlags einer SE-VO v. 16. 5. 1991.

[1493] Anhang I, Schema A Punkte 2.2.2., 2.2.5. kodRL, vgl. Schema C Punkt 2.1.0. kodRL.

[1494] Anhang I, Schema A Punkt 5.1.3. kodRL.

[1495] Vgl. Art. 44a des Vorschlags einer SE-VO v. 16. 5. 1991, der jedoch in der verabschiedeten Fassung vom 27. 9. 2001 zugunsten einer Generalverweisung auf das Recht des Sitzstaats (Art. 5 SE-VO) gestrichen wurde.

[1496] Vgl. Art. 29 Abs. 2 lit. b) der Kapitalrichtlinie, wonach die Mitgliedstaaten bei einer Emission einer schon vorhandenen Aktiengattung das Bezugsrecht vorzugsweise den Aktionären derselben Gattung gewähren können; vgl. Art. 44 Abs. 1a des dritten geänderten Vorschlags einer SE-VO v. 16. 5. 1991; diese Vorschrift wurde in der verabschiedeten Fassung durch die Generalverweisung in Art. 5 SE-VO v. 27. 9. 2001 ersetzt.

der Hauptversammlung beschränkt oder ausgeschlossen werden. Das Angebot zur vorzugsweisen Zeichnung sowie die Frist, innerhalb der dieses Recht ausgeübt werden muss, sind gemäß den Umsetzungsvorschriften der Publizitätsrichtlinie bekannt zu machen, wenn nicht jeder Aktionär persönlich unterrichtet wird.

Die im Prospekt enthaltenen Informationen über das Bezugsrecht betreffen nicht die Rechte aus den Aktien, die Gegenstand der Börsenzulassung sind, sondern das Bezugsrecht der Altaktionäre hinsichtlich der neuen Aktien. Im Prospekt sind etwaige Beschränkungen oder ein Ausschluss des Bezugsrechts samt Begründung anzugeben. Besteht ein Bezugsrecht, sind Informationen über den Vorzugspreis, die Bezugsfrist, die Bezugsrechtsausübung, die Handelbarkeit der Bezugsrechte sowie Bestimmungen über nicht in Anspruch genommene Bezugsrechte in den Prospekt aufzunehmen.[1497]

Da Bezugsrechte unter den Wertpapierbegriff der kodRL fallen[1498], können diese auch Gegenstand der Börsenzulassung sein. Allerdings sieht die Richtlinie für diesen Falle keine besonderen Prospektvorschriften vor.

### 2. Informationen bezüglich der mit Schuldverschreibungen verbundenen Rechte

Gemäß Art. 81 Abs. 2 kodRL muss der Emittent das Publikum unverzüglich über jede Änderung der Rechte der Inhaber von Schuldverschreibungen informieren, insbesondere über solche Änderungen, die sich aus der Minderung der Anleihebedingungen oder der Zinssätze ergeben.[1499]

Über die mit den Schuldverschreibungen verbundenen Rechte werden die Anleger ebenfalls an zwei Stellen des Prospekts informiert:

Im emittentenbezogenen Teil des Prospekts finden sich im Abschnitt mit allgemeinen Angaben über den Emittenten und sein Kapital auch Informationen über das bedingte Kapital, insbesondere im Zusammenhang mit der Ausgabe von Wandelschuldverschreibungen und Optionsanleihen auf die Zeichnung von Aktien. Neben dem Betrag des bedingten Kapitals, der etwaigen Dauer der Ermächtigung für die Kapitalerhöhung und dem Kreis der Begünstigten, die ein Recht auf vorzugsweise Zeichnung dieses Kapitals haben, müssen die Bedingungen und Modalitäten der Ausgabe der Aktien, die dem bedingten Kapital entsprechen, angegeben werden. Ferner ist der Betrag der Wandelschuldverschreibungen, austauschbaren Schuldverschreibungen oder Optionsanleihen unter Angabe der Umwandlungs-, Tausch- oder Bezugsbedingungen und -modalitäten anzugeben.[1500] Schließlich enthält der in den Prospekt aufgenomme-

---

[1497] Anhang I, Schema A Punkte 2.3.0., 2.3.3., 2.3.4. kodRL.

[1498] S.o. Erster Teil, Viertes Kapitel unter E. II.

[1499] Vormals Schema D Abschnitt A Nr. 4b) BZR; umgesetzt in § 39 Abs. 1 Nr. 3, Abs. 2 BörsG i.V.m. § 66 Abs. 1, 2 BörsZulVO.

[1500] Anhang I, Schema A Punkte 3.2.2., 3.2.3., Schema B Punkt 3.2.1. kodRL.

ne Anhang zum Jahresabschluss Informationen über das Bestehen von Genussscheinen, Wandelschuldverschreibungen und vergleichbaren Wertpapieren oder Rechten unter Angabe der Zahl und der Rechte, die sie verbriefen.[1501]

Im wertpapierbezogenen Teil des Prospektes geht es hingegen um die rechtliche Ausgestaltung der Schuldverschreibungen, die Gegenstand der Börsenzulassung sind. Die dort wiedergegebenen Anleihebedingungen geben Auskunft über den Ausgabe- und Rücknahmepreis, die Laufzeit, den Nominalzinssatz der Anleihe und die Bedingungen für dessen Änderung, den Beginn der Verzinsung und die Zinstermine, sonstige zu gewährende Vorteile, die Tilgungs- und Rückzahlungsmodalitäten, die Verjährungsfristen der Ansprüche auf Zinsen und Rückzahlung sowie die Rendite.[1502] Im Falle von Wandelschuldverschreibungen, austauschbaren Schuldverschreibungen oder Options- anleihen müssen darüber hinaus Informationen über die Art der zur Umwandlung, zum Tausch oder zum Bezug angebotenen Aktien und die mit diesen verbundenen Rechte erteilt werden. Ferner sind die Umwandlungs-, Tausch- oder Bezugsbedingungen und -modalitäten sowie die Voraussetzungen, unter denen sie geändert werden können, wiederzugeben.[1503]

Da diese Wertpapiere in Aktien umgewandelt werden können bzw. zum Bezug von Aktien berechtigen, informiert der Prospekt auch über das Bezugsrecht der Altaktionäre hinsichtlich dieser Schuldverschreibungen.[1504]

## V. Bedeutung der Informationsverpflichtung bei Änderungen der mit den Wertpapieren verbundenen Rechte

Die anlassbezogene Publizitätspflicht knüpft an die genannten im Prospekt enthaltenen Angaben an. Ändern sich die mit den einzelnen Gattungen der Aktien bzw. Arten von Schuldverschreibungen verbundenen dort beschriebenen Rechte, z.B. das Stimmrecht, der Dividendenanspruch, die Tilgungsbestimmungen, der Zinssatz oder die Umwandlungs- oder Optionsbedingungen, muss die Gesellschaft das Publikum darüber informieren. Da für Satzungsänderungen, Kapitalveränderungen sowie negative Veränderungen der Rechte der Anleihegläubiger grundsätzlich ein Hauptversammlungsbeschluss bzw. ein Beschluss der Gläubigerversammlung erforderlich ist, erfahren die aktuellen Anleger bereits durch die Einberufung von der geplanten Rechtsänderung. Die anlassbezogene Publizitätsverpflichtung über Änderungen der mit den Wertpapieren verbundenen Rechte dient somit dazu, darüber hinaus auch potenzielle künftige Anleger, letztendlich die Gesamtheit der Kapitalmarktteilnehmer zu informieren.

---

[1501] Art. 43 Abs. 1 Nr. 5 der Jahresabschlussrichtlinie.

[1502] Anhang I, Schema B Punkt 2.1.0.–2.1.8. kodRL.

[1503] Vgl. Artt. 25 Abs. 2, 31 Abs. 1, 2 kodRL (vormals Artt. 8 Abs. 2, 14 Abs. 1, 2 BZPR).

[1504] Anhang I, Schema B Punkt 2.4.0. kodRL; vgl. Art. 29 Abs. 6 der Kapitalrichtlinie.

Die mit den Wertpapieren verbundenen Rechte ergeben sich aus dem nationalen Gesellschaftsrecht, aus der Satzung und den Emissionsbedingungen. Im Prospekt sind diese Angaben zur Information der Anleger wiedergegeben und zwar im wertpapierbezogenen Teil, soweit es um die Ausstattung der zuzulassenden Wertpapiere geht, im emittentenbezogenen Teil, soweit die Kapitalstruktur des Emittenten betroffen ist. Mit der Aufnahme dieser Angaben in den Prospekt verdeutlicht der Gemeinschaftsgesetzgeber, dass diese für eine sachgerechte Beurteilung der mit den Wertpapieren verbundenen Rechte, aber auch der Vermögenslage des Emittenten erforderlich sind (Art. 21 Abs. 1 kodRL) und dass jede Einzelangabe geeignet ist, die Bewertung der Wertpapiere zu beeinflussen. Kommt es in diesen Bereichen zu Änderungen, erfüllt der Prospekt nicht mehr den Anspruch, ein den tatsächlichen Verhältnissen entsprechendes, verständliches Bild der Ausstattung der Wertpapiere und der wirtschaftlichen Situation des Emittenten zu vermitteln. Denn die Rechtsänderungen führen zu einer veränderten Gesamtbewertung der Wertpapiere, die die Investitionsentscheidung der Anleger und deren Anlageberater hinsichtlich des Kaufs, Verkaufs oder Haltens der Wertpapiere beeinflussen kann. Die Informationsverpflichtung anlässlich der Änderung der mit den Wertpapieren verbundenen Rechte dient also – wie die anderen anlassbezogenen Informationen – der Aktualisierung und Korrektur der entsprechenden Angaben im Prospekt, so dass die Marktteilnehmer wieder über alle relevanten aktuellen Informationen verfügen, um eine sachgerechte Beurteilung der Wertpapiere vornehmen zu können.

## VI. Besondere Informationspflichten für Emittenten von Schuldverschreibungen

Neben der allgemeinen Informationspflicht bei Veränderungen der Rechte der Anleihegläubiger sind in Art. 81 Abs. 3 und 4 kodRL konkrete Veränderungen umschrieben, die eine Informationsverpflichtung auslösen[1505]:

### 1. Art. 81 Abs. 3 kodRL

#### *a) Inhalt der Vorschriften*

Gemäß Art. 81 Abs. 3 kodRL muss der Emittent das Publikum über neue Emissionen von Anleihen informieren, insbesondere über die Garantien, die für diese Anleihen übernommen werden.[1506]

---

[1505] Die Kommissionsvorschläge einer BZR enthielten noch keine allgemeine Pflicht der Gesellschaften, Inhaber von Schuldverschreibungen über Rechtsänderungen zu informieren. Lediglich die besonderen Mitteilungspflichten (Art. 81 Abs. 3 und 4 kodRL) waren von Anfang an Gegenstand des Rechtsetzungsprozesses; DOK KOM (1975) 686 v. 23. 12. 1975, S. 31 f.; DOK KOM (1976) 575 v. 3. 11. 1976, S. 48.

[1506] Vormals Schema D Abschnitt A Nr. 4 c) BZR; umgesetzt in § 39 Abs. 1 Nr. 3, Abs. 2 BörsG n. F. i. V. m. § 66 Abs. 2 Nr. 1 BörsZulVO; dazu *Schwark*, § 44 BörsG Rn. 9.

*b) Entsprechende Angaben im Prospekt*

Über Art und Umfang der Sicherheiten, Garantien und Verpflichtungen, mit denen die Bedienung der Anleihen, d.h. die Tilgung und Zinszahlungen gewährleistet werden sollen, informiert der wertpapierbezogene Teil des Prospekts.[1507] Dort sind die Anleger auch über etwaige Klauseln zu informieren, aus denen sich die Nachrangigkeit der Anleihe gegenüber anderen schon bestehenden oder künftigen Schulden des Emittenten ergibt.[1508]

*c) Bedeutung der Verpflichtung*

Diese vor und während der Zulassung zu erteilenden Informationen beziehen sich nicht auf die mit den Schuldverschreibungen verbundenen Rechte im engeren Sinne oder deren Änderung, sondern betreffen den Rang der Anleihegläubiger im Verhältnis zu anderen Anleihegläubigern des Emittenten. Die Anleihegläubiger werden darüber informiert, inwieweit die Gesellschaft weiteres Fremdkapital in Form von Anleihen aufnimmt, also weitere Verpflichtungen eingeht und ggfs. Sicherheiten bestellt. Dieser Umstand erhöht das finanzielle Risiko der bereits vorhandenen Gläubiger hinsichtlich der Tilgung und Zinszahlung der Anleihe und kann die Werthaltigkeit der vorhandenen Anleihen beeinträchtigen.[1509]

*d) Ausnahme: Art. 10 kodRL*

Gemäß Art. 10 kodRL können die Mitgliedstaaten bei der Zulassung zur amtlichen Notierung von Schuldverschreibungen, die von Gesellschaften oder anderen juristischen Personen mit Sitz in einem Mitgliedstaat begeben werden, die durch ein besonderes Gesetz oder aufgrund eines besonderen Gesetzes geschaffen worden sind oder geregelt werden, von der Anwendung dieser Pflicht befreien, sofern bei diesen Schuldverschreibungen ein Mitgliedstaat oder eines seiner Bundesländer für die Tilgung und den Zinsendienst bürgt.[1510] Neben der Befreiung von der Verpflichtung zur Ad-hoc-Publizität ist bei bestimmten Emittenten also auch eine Befreiung von dieser anlassbezogenen Publizitätsverpflichtung möglich, da die Rechte der Anleihegläubiger in besonderer Weise gesichert sind und sich ihr Risiko durch die Aufnahme neuer Anleihen nicht erhöht.[1511]

---

[1507] Anhang I, Schema B Punkt 2.2.1. kodRL; die entsprechenden Vertragstexte müssen dem Publikum zugänglich gemacht werden.

[1508] Anhang I, Schema B Punkt 2.2.3. kodRL.

[1509] Vgl. *Heinze*, S. 82.

[1510] Vormals Art. 8 BZR; von dieser Regelungsmöglichkeit hat der deutsche Gesetzgeber in § 66 Abs. 3 Nr. 1 BörsZulVO Gebrauch gemacht; dasselbe gilt gemäß § 66 Abs. 3 Nr. 2 i.V.m. § 38 BörsZulVO auch für Schuldverschreibungen, die dauernd oder wiederholt von Kreditinstituten ausgegeben werden.

[1511] S.o. Erstes Kapitel unter C. VIII. 5.; vgl. dazu *Heinze*, S. 83 f.

### 2. Art. 81 Abs. 4 kodRL

*a) Inhalt der Vorschrift*

Art. 81 Abs. 4 kodRL enthält eine besondere Informationspflicht für Emittenten von Schuldverschreibungen, die den Bezug von Aktien ermöglichen (Wandelschuldverschreibungen, austauschbare Schuldverschreibungen, Optionsanleihen): Das Publikum muss unverzüglich über alle Änderungen der Rechte informiert werden, die mit den verschiedenen Gattungen der Aktien verbunden sind, auf die sich die Schuldverschreibungen beziehen.[1512]

*b) Bedeutung der Verpflichtung*

Diese Verpflichtung ist nur dann relevant, wenn das Publikum über die Änderungen der mit den Aktien verbundenen Rechte, auf die sich die Schuldverschreibungen beziehen, nicht schon aufgrund der Verpflichtung in Art. 68 Abs. 2 kodRL informiert wird.[1513]

Dies ist entweder dann der Fall, wenn der Emittent der Schuldverschreibungen nicht identisch mit dem Emittenten der betreffenden Aktien ist, oder dann, wenn die betreffenden Aktien nicht zur amtlichen Notierung an derselben Börse wie die Schuldverschreibungen zugelassen sind.[1514] Letztere Möglichkeit kann aufgrund der in Art. 59 kodRL[1515] aufgestellten Zulassungsvoraussetzungen für Wandelschuldverschreibungen, austauschbaren Schuldverschreibungen und Optionsanleihen nur eintreten, wenn die Aktien an einer anderen Börse zur amtlichen Notierung zugelassen oder auf einem geregelten Markt gehandelt werden, oder wenn die Aufsichtsbehörde von dieser Voraussetzung aufgrund der Gewissheit eine Ausnahme gemacht hat, dass die Inhaber der Schuldverschreibungen über alle notwendigen Informationen verfügen, um sich ein Urteil über den Wert der Aktien bilden zu können, auf die sich die Schuldverschreibungen beziehen.[1516]

## VII. Ausblick

### 1. Angaben über die Ausstattung der Wertpapiere nach der neuen Prospektrichtlinie

Gemäß der neuen Prospektrichtlinie werden die wertpapierbezogen Informationen künftig im wertpapierbezogenen Teil des Prospekts bzw. im Falle eines dreiteiligen Propsekts in der sog. Wertpapierbeschreibung zu finden sein. Diese

[1512] Vormals Schema D Abschnitt A Nr. 4 d) BZR; umgesetzt in § 39 Abs. 1 Nr. 3, Abs. 2 BörsG n.F. i.V.m. § 66 Abs. 2 Nr. 2 BörsZulVO, dazu *Schwark*, § 44 BörsG Rn. 9.

[1513] Dies verkennt *Heinze*, S. 82.

[1514] Vgl. zu diesen Konstellationen die zum Teil erleichterten Anforderungen an den Prospekt gemäß Artt. 23 Nr. 2 lit. b), c), 25 Abs. 2, 31 Abs. 1, 2 kodRL (vormals Artt. 6 Nr. 2 lit. b), c), 8 Abs. 2, 14 Abs. 1, 2 BZPR).

[1515] Vormals Schema B Abschnitt A III. 2. BZR.

[1516] Vgl. oben Erstes Kapitel unter B. III. 1.

enthält in ihrem knappen emittentenbezogenen Teil Informationen über die Zusammensetzung des Kapitals der Gesellschaft, also auch des gezeichneten und bedingten Kapitals. In ihrem ausführlichen wertpapierbezogenen Teil enthält sie neben den Emissionsbedingungen[1517] ausführliche Informationen über die Ausstattung der konkreten Wertpapiere, die Gegenstand der Börsenzulassung sind.[1518]

Durch die IOSCO-Offenlegungsstandards lassen sich die in dieser Rubrik wiederzugebenden Informationen konkretisieren: Zunächst ist anzugeben, um welchen Typ und um welche Gattung es sich bei den zuzulassenden Wertpapieren handelt. Dann sind die mit diesen Wertpapieren verbundenen Rechte aufzuführen. Sind Aktien Gegenstand der Börsenzulassung, ist anzugeben, welche Arten von Aktien (Namens- oder Inhaberaktien) ausgegeben werden, ferner deren Anzahl, ggfs. der Nennwert pro Aktie, der Mindestemissionspreis sowie die mit den Aktien verbundene Dividendenberechtigung. Ferner muss darauf hingewiesen werden, wenn die mit den zuzulassenden Aktien verbundenen Rechte durch mit anderen Gattungen von Wertpapieren verbundene Rechte, bestimmte Vorschriften oder Verträge wesentlich eingeschränkt werden.

Sind Bezugsrechte Gegenstand der Zulassung, sind genaue Informationen über die Wertpapiere, die durch Ausübung des Bezugsrechts erworben werden können, zu erteilen. Ferner sind Angaben über die Anzahl der Bezugsrechte, den Bezugspreis, die Bedingungen für dessen Änderung oder Anpassung, die Bezugsfrist und sonstige wesentliche Aspekte hinsichtlich der Wertpapiere und der mit diesen verbundenen Rechte zu machen.

Im Falle von Wandelschuldverschreibungen oder Optionsanleihen, die von Tilgungs- oder Zeichnungsangeboten abhängig sind, muss in der Beschreibung der Umtausch- bzw. Optionsbedingungen auch darauf eingegangen werden, ob die Umtausch- bzw. Optionsrechte verfallen, wenn sie nicht innerhalb der in der Benachrichtigung über das Tilgungs- oder Zeichnungsangebot angegebenen Frist ausgeübt werden. Ferner sind das Ende der Umtausch- bzw. Optionsfrist, die Art und Weise, die Häufigkeit und die Zeitpunkte der Benachrichtigungen über das Tilgungs- oder Zeichnungsangebot einschließlich der Veröf-

---

[1517] Gemäß den IOSCO-Offenlegungsstandards haben diese Rubriken hinsichtlich des Wertpapierangebots mindestens folgende Informationen zu enthalten: den Ausgabepreis, die Modalitäten der Preisbestimmung, im Falle von Wandel- oder Optionsanleihen den Umtausch- oder Optionspreis sowie alle sonstigen mit dem Wertpapiererwerb verbundenen Kosten; ferner sind Informationen über ein etwaiges Bezugsrecht der Altaktionäre, dessen Beschränkung oder Ausschluss sowie über den Bezugspreis zu erteilen. Schließlich hat die Gesellschaft – anders als bisher – ausführliche Angaben über die Kursentwicklung der von ihr emittierten Wertpapiere in den letzten fünf Jahre zu machen; IX. A. Nr. 1–4, *IOSCO,* Offenlegungsstandards, S. 23 f.

[1518] Anhang III, V. (Einzelheiten zum Wertpapierangebot und zur Zulassung zum Handel) der Prospektrichtlinie v. 4. 11. 2003, ABl. EG Nr. L 345 v. 31. 12. 2003, S. 88 f.

fentlichungsorte anzugeben. Handelt es sich bei den Schuldverschreibungen um Inhaberpapiere, ist ferner darauf hinzuweisen, dass die Anleger selbst dafür Sorge tragen müssen, Vorkehrungen zu treffen, um den Verlust der Umtausch- bzw. Optionsrechte im Falle eines Tilgungs- oder Zeichnungsangebots zu vermeiden. Denn in diesem Fall kann der Emittent die Anleger nicht persönlich, sondern nur anonym durch die Medien vom Tilgungs- oder Zeichnungsangebot unterrichten.[1519]

Abgesehen von den Besonderheiten für den Fall, dass Bezugsrechte Gegenstand des Zulassungsantrags sind, stellen die künftigen Anforderungen keine nennenswerte Erhöhung des Informationsniveaus im Vergleich zur bisherigen Rechtslage dar.

#### 2. Entwicklung der anlassbezogenen Informationsverpflichtung

Dem Kommissionsvorschlag der neuen Transparenzrichtlinie ist zu entnehmen, dass die Informationspflichten bei Änderungen der mit den Wertpapieren verbundenen Rechte nahezu unverändert übernommen werden sollen. Ihr Geltungsbereich wird auf alle geregelten Märkte erstreckt werden.[1520]

## C. Informationen zur Ausübung der mit den Wertpapieren verbundenen Rechte

Während die bisher beschriebenen gesellschafts- und börsenrechtlichen Publizitätspflichten bezüglich des Emittenten und der Ausstattung der Wertpapiere vorwiegend die Grundlage einer informierten Investitionsentscheidung der aktuellen und potenziellen Anleger bilden sollen, gewährleistet ein anderer Teil der gemeinschaftsrechtlich verbürgten kapitalmarktrechtlichen Pflichten, dass die Gesellschaft die Wertpapierinhaber in die Lage versetzt, die mit den von ihr emittierten Wertpapieren verbundenen Rechte tatsächlich auszuüben.[1521]

Die mit den Wertpapieren verbundenen Rechte ergeben sich aus dem bereits harmonisierten nationalen Aktienrecht, aus der Satzung der Gesellschaft sowie den Emissionsbedingungen, die überwiegend im Prospekt wiedergegeben sind.[1522] Sie konkretisieren das bestehende Rechtsverhältnis zwischen dem Emittenten und dem individuellen Wertpapierinhaber. Daher bestehen die kapitalmarktrechtlichen Pflichten der Gesellschaft, die der Realisierung dieser Rechte dienen sollen, nur gegenüber den aktuellen Wertpapierinhabern und nicht gegenüber dem allgemeinen Anlegerpublikum. Dementsprechend trugen

---

[1519] IX. A. „Offer and Listing Details" Nr. 5–7, *IOSCO,* Offenlegungsstandards, S. 24 f.

[1520] Begründung, Art. 12 des Vorschlags einer neuen Transparenzrichtlinie v. 26. 3. 2003, DOK KOM (2003) 138, S. 29, 51; vgl. Zweites Konsultationspapier, Anhang I, S. 15 f.

[1521] Vgl. *Schön,* RabelsZ 2000, S. 1 ff. (26); *Edwards,* EC Company Law, S. 260.

[1522] S.o. unter A. V., VI. und unter B. IV.

die entsprechenden Abschnitte in Schema C und D im Anhang der BZR auch die Überschrift „Behandlung der Aktionäre" bzw. „Behandlung der Inhaber von Schuldverschreibungen".

Die Artt. 65 Abs. 2, 78 Abs. 2 kodRL enthalten jeweils im Anschluss an den Gleichbehandlungsgrundsatz die Verpflichtung, mindestens in jedem Mitgliedstaat, in dem die Aktien bzw. Schuldverschreibungen notiert werden, alle erforderlichen Einrichtungen vorzusehen und Informationen zu erteilen, damit die Inhaber der Wertpapiere ihre Rechte ausüben können.[1523] Es folgt jeweils eine nicht abschließende („insbesondere") Aufzählung spezieller Pflichten, die einerseits die Ausübung der finanziellen Rechte, andererseits die Ausübung der Mitwirkungsrechte betreffen:

## I. Informationen zur Ausübung der finanziellen Rechte

### 1. Informationen für Aktionäre

#### *a) Inhalt der Vorschrift*

Gemäß Art. 65 Abs. 2 lit. b) kodRL muss die Gesellschaft gegenüber den Aktionären die Angaben über die Ausschüttung und Auszahlung von Dividenden, die Begebung neuer Aktien sowie die Ausübung der Bezugs-, Zeichnungs-, Umtausch- und Wandlungsrechte veröffentlichen oder durch Rundschreiben bekannt geben.[1524]

#### *b) Bedeutung*

Diese Informationspflichten beziehen sich auf die im Prospekt wiedergegebenen, mit den Wertpapieren verbundenen Rechte.[1525] Während im Prospekt die für den Anleger wichtigsten Rechte unabhängig von ihrer Fälligkeit bzw. dem Zeitpunkt ihres Entstehens zusammengestellt sind, entstehen die laufenden Informationsverpflichtungen zur Ausübung dieser Rechte jeweils dann, wenn eines dieser Rechte „fällig" wird.

Hat beispielsweise die Hauptversammlung über die Verwendung des Bilanzgewinns entschieden, ist hinsichtlich der Informationspflichten der Gesellschaft zu unterscheiden:

---

[1523] Vormals Anhang, Schema C Nr. 2 b), Schema D Abschnitt A Nr. 1 b) BZR; dazu *Heinze,* S. 77, 80. In den Kommissionsvorschlägen zur BZR war die Regelung für die Anleger zunächst günstiger ausgestaltet, da die Gesellschaft ihnen die Ausübung ihrer Rechte ermöglichen musste, ohne dass ihnen daraus Kosten entstanden; DOK KOM (1975) 686 v. 23. 12. 1975, S. 27, 32; DOK KOM (1976) 575 v. 3. 11. 1976, S. 41, 45 f. Die Umsetzung ins deutsche Recht erfolgte in § 39 Abs. 1 Nr. 3, Abs. 2 BörsG n.F. i.V.m. § 63 BörsZulVO; vgl. dazu Schäfer/*Hamann,* § 44 BörsG Rn. 30; *Groß,* §§ 53–70 BörsZulVO Rn. 9; *Schwark,* § 44 BörsG Rn. 9.

[1524] Vormals Anhang, Schema C Nr. 2 b) 2. Gedankenstrich BZR.

[1525] Anhang I, Schema A Punkte 2.2.2., 2.4.0. kodRL.

Die Tatsache, dass eine Ausschüttung erfolgt und die Höhe der Dividende sind als „Änderung der mit den Wertpapieren verbundenen Rechte" anzusehen. Diese kursrelevanten Informationen sind somit dem Publikum gemäß Art. 68 Abs. 2 kodRL zu erteilen. Die aktuellen Aktionäre müssen darüber hinaus erfahren, wie und wo die Ausschüttung und Auszahlung erfolgt und welche Voraussetzungen sie dazu erfüllen müssen (z.B. Vorlage von Coupons). Die dazu notwendigen Informationen sind nicht kursrelevant; sie sind den Aktionären gemäß Art. 65 Abs. 2 lit. b) kodRL zu erteilen.

Ähnliches gilt im Falle einer Neuemission von Aktien. Hat die Hauptversammlung eine Kapitalerhöhung beschlossen, entsteht zugleich das Bezugsrecht der Altaktionäre. Das Publikum muss über die Kapitalerhöhung durch eine Ad-hoc-Mitteilung gemäß Art. 68 Abs. 1 kodRL, über die Entstehung und Ausgestaltung des Bezugsrechts gemäß Art. 68 Abs. 2 kodRL informiert werden. Die konkreten Modalitäten der Ausübung und der Auslieferung der Aktien sind nur den Aktionären gemäß Art. 65 Abs. 2 lit. b) kodRL bekannt zu geben.

Umtausch- und Wandlungsrechte können bei Aktien entstehen, wenn die Gesellschaft Inhaber- in Namensaktien umwandelt oder umgekehrt, wenn sie Nennwertaktien in Stückaktien umwandelt oder umgekehrt oder wenn sie den Nennwert der Aktien verändert. Auch mit bestimmten Umwandlungsvorgängen kann ein Aktienaustausch verbunden sein.[1526] In allen diesen Fällen muss die Gesellschaft – ggfs. in Zusammenhang mit einer kursrelevanten Information des Publikums – ihre Aktionäre über die Bedingungen und Modalitäten zur Ausübung der entsprechenden Rechte informieren.

### 2. Informationen für Anleihegläubiger

#### *a) Inhalt der Vorschrift*

Gemäß Art. 78 Abs. 2 lit. a) a.E. kodRL muss der Emittent amtlich notierter Schuldverschreibungen die Angaben über die Zinszahlung, die Ausübung etwaiger Umwandlungs-, Austausch-, Zeichnungs- und Kündigungsrechte sowie über die Rückzahlung veröffentlichen oder durch Rundschreiben bekannt geben.[1527]

#### *b) Bedeutung*

Auch diese Informationsverpflichtung dient der Ausübung der im Prospekt wiedergegebenen mit den Schuldverschreibungen verbundenen Rechte.[1528]

Die Zinszahlung als solche sowie der Zahlungstermin sind zwar in der Regel durch die Emissionsbedingungen festgelegt, die Höhe des Zinssatzes kann aber variieren. Auch die Rückzahlung kann von Auslosungen durch den Emittenten oder Kündigungen durch den Anleihegläubiger etc. abhängig sein. Ist

[1526] Vgl. Art. 32, Anhang I, Schema A Punkt 2.2.1. kodRL (vormals Art. 15, Anhang, Schema A Punkt 2.2.1. BZPR)

[1527] Vormals Anhang, Schema D Abschnitt A Nr. 1a) a.E. BZR.

[1528] Anhang I, Schema B Punkte 2.1.1., 2.1.2., 2.1.4., 2.1.7. kodRL.

der Zeitpunkt für Zins- oder Rückzahlungen gekommen und steht die Höhe des Zinssatzes sowie der Umfang der Rückzahlung fest, hat der Emittent das Publikum gemäß Art. 81 Abs. 2 kodRL zu informieren, während den betroffenen Anleihegläubigern gemäß Art. 78 Abs. 2 lit. a) a.E. kodRL die Bedingungen und Modalitäten für die Rechtsausübung (z.B. Ausübung eines Kündigungsrechts, Vorlage von Coupons) mitzuteilen sind. Dasselbe gilt für Umwandlungs-, Austausch- und Zeichnungsrechte im Falle von Wandelschuldverschreibungen, austauschbaren Schuldverschreibungen und Optionsanleihen, wenn der in den Emissionsbedingungen festgelegte Zeitpunkt für die Ausübung der jeweiligen Rechte gekommen ist und die Umtausch- bzw. Zeichnungsmodalitäten feststehen.

### 3. Art und Weise der Bekanntgabe der Informationen

Da die vorstehend erläuterten Informationspflichten nur gegenüber den aktuellen Wertpapierinhabern, nicht aber gegenüber dem Publikum bestehen, war hinsichtlich der Art und Weise der Veröffentlichung der Informationen Art. 17 BZR, in dem von den „dem Publikum zugänglich zu machenden Informationen gemäß den Schemata C und D" die Rede ist, nicht unmittelbar anwendbar. Art. 102 Abs. 1 kodRL verweist folgerichtig auch nicht auf die Artt. 65, 78 kodRL. Diese geben vor, dass die Gesellschaft die Angaben zu „veröffentlichen oder durch Rundschreiben bekannt [zu] geben" hat. Das bedeutet, dass die Informationen zu veröffentlichen sind, wenn es sich um Inhaberpapiere handelt, es im Falle von Namenspapieren jedoch ausreicht, wenn die Wertpapierinhaber persönlich informiert werden. An eine Veröffentlichung sind hohe Anforderungen zu stellen. Sie muss in einer Art und Weise erfolgen, die ohne weiteres eine tatsächliche Kenntnisnahme durch alle aktuellen Anleger ermöglicht, z.B. in weit verbreiteten, allgemein zugänglichen Medien. Keinesfalls ausreichend sind daher die handelsrechtlichen Offenlegungsmodalitäten gemäß der Publizitätsrichtlinie. Vielmehr wird man eine den Anforderungen der Artt. 102 Abs. 1, 103 kodRL entsprechende Veröffentlichung fordern müssen.[1529]

## II. Informationen zur Ausübung der Mitwirkungsrechte

### 1. Pflichten gegenüber den Aktionären

#### *a) Inhalt der Vorschriften*

Die Aktionäre müssen gemäß Art. 65 Abs. 2 lit. a) kodRL über die Abhaltung der Hauptversammlung unterrichtet werden, und es muss ihnen ermöglicht werden, ihr Stimmrecht auszuüben.[1530]

---

[1529] So die deutsche Umsetzung in § 39 Abs. 1 Nr. 3, Abs. 2 n.F. BörsG i.V.m. § 70 BörsZulVO.

[1530] In den Kommissionsvorschlägen zur BZR wurde die Vorschrift noch so formuliert, dass den Aktionären die Ausübung ihres Stimmrechts „durch einen Bevollmächtig-

#### b) Verbindung zum Verbandsrecht

Diese Pflichten stellen eine Verbindung zum jeweiligen Verbandsrecht der Gesellschaft her. Sie dienen der Vorbereitung und Durchführung der Hauptversammlung und sollen diesbezüglich die Ausübung des Teilnahmerechts und des Stimmrechts der Aktionäre gewährleisten.

Die Information über die Abhaltung der Hauptversammlung ist gleichzusetzen mit der Einberufung der Hauptversammlung. Die Modalitäten der Einberufung richten sich nach den nationalen Aktienrechten. Auch die Vorschriften über das Teilnahmerecht, das Stimmrecht sowie dessen Ausübung bestimmen sich nach nationalem Recht. Die Harmonisierungsbemühungen in diesem Bereich durch eine fünfte Richtlinie (Strukturrichtlinie) sind bislang gescheitert. Dem vorhandenen Material können dennoch gemeinschaftsrechtliche Prinzipien entnommen werden. Sie zeigen, wie der Europäische Gesetzgeber sich die Mitwirkungsrechte der Aktionäre idealiter vorstellt. Denn der Verabschiedung der Strukturrichtlinie stand einzig der fortwährende Streit über die Arbeitnehmermitbestimmung im Wege.[1531]

#### c) Die Mitwirkungsrechte des Aktionärs nach Europäischem Verständnis

##### (I.) Einberufung der Hauptversammlung

Nach dem zwölften Erwägungsgrund des Vorschlags einer Strukturrichtlinie bedürfen die Aktionäre anlässlich der Vorbereitung und Durchführung der Hauptversammlung einheitlicher Garantien im Hinblick auf Form, Frist und Inhalt der Einberufung, Zutritt zur und Vertretung in der Versammlung, schriftliche Informationen und die Erteilung mündlicher Auskünfte. Nach diesem Richtlinienvorschlag und der SE-VO tritt die Hauptversammlung mindestens einmal jährlich innerhalb von sechs Monaten nach Abschluss des Geschäftsjahrs zusammen. Die Einberufung erfolgt bei dualistischer Führungsstruktur durch das Leitungsorgan, bei monistischer Führungsstruktur durch die geschäftsführenden Mitglieder des Verwaltungsorgans.[1532] Während die SE-VO hinsichtlich der Einberufung der Hauptversammlung und der Stimmrechtsausübung generell auf das nationale Aktienrecht des Sitzstaats verweist,[1533] enthält der Vorschlag einer Strukturrichtlinie konkrete Regelungen: Sofern nicht alle ausgegebenen Aktien Namensaktien sind und die Einberufung durch persönliche Mitteilung erfolgen kann, hat die Einberufung grundsätzlich zumindest durch

ten" ermöglicht werden müsse; DOK KOM (1975) 686 v. 23. 12. 1975, S. 27; DOK KOM (1976) 575 v. 3. 11. 1976, S. 41.

[1531] S.o. Erster Teil, Erstes Kapitel unter C.

[1532] Art. 54 Abs. 1 der SE-VO v. 27. 9. 2001; vgl. Art. 82 Abs. 1 des dritten Vorschlags einer SE-VO v. 16. 5. 1991; Artt. 11 Abs. 2, 22 des dritten geänderten Vorschlags einer Strukturrichtlinie vom 20. 11. 1991; *Werlauff*, S. 229.

[1533] Art. 53 SE-VO; vorher Art. 81a des Vorschlags einer SE-VO v. 16. 5. 1991; vgl. *Schwarz*, ZIP 2001, S. 1847 ff. (1857); vgl. *Werlauff*, S. 233 ff.

Bekanntmachung entsprechend den Vorgaben der Publizitätsrichtlinie, d.h. in einem von den Mitgliedstaaten zu bestimmenden Amtsblatt,[1534] zu erfolgen. Dabei muss die Einberufung bestimmte Angaben enthalten, insbesondere über Ort und Zeit der Hauptversammlung, über die Förmlichkeiten, die ggfs. zur Teilnahme an der Hauptversammlung und zur Ausübung des Stimmrechts einzuhalten sind (z.B. Hinterlegung der Aktien[1535], Erhalt einer Eintrittskarte) sowie über die Tagesordnung, die grundsätzlich bindend ist, und die diesbezüglichen Abstimmungsvorschläge.[1536] Nach – zum Teil noch nicht verabschiedetem – Europäischem Gesellschaftsrecht hat die Gesellschaft den Aktionären im Vorfeld der Hauptversammlung in Bezug auf die zu treffenden Beschlüsse umfangreiche Informationen zur Verfügung zu stellen. Abgesehen von der Bereitstellung des Wortlauts vorgeschlagener Satzungsänderungen, der jüngsten Jahresabschlüsse und Lageberichte mit Bestätigungsvermerk des Abschlussprüfers sowie dem Vorschlag der Ergebnisverwendung[1537] bestehen umfangreiche außerordentliche Berichtspflichten beim Bezugsrechtsausschluss[1538] sowie bei Strukturentscheidungen nach der Fusionsrichtlinie[1539], der Spaltungsrichtlinie[1540] sowie den Richtlinienvorhaben zur internationalen Fusion[1541] und Sitzverlegung.[1542] Es entspricht einem gemeinschaftsrechtlichen Prinzip des Aktienrechts, dass die Gesellschaft allen Aktionären gleichen Zugang zu den im

[1534] Art. 3 Abs. 4 der Publizitätsrichtlinie, abgedruckt bei *Lutter*, EuUntR, 4. Aufl. 1996, S. 104 ff.

[1535] Diese Voraussetzung besteht in Griechenland (Hohloch/*Bailas/Bailas/Roussos*, Rn. 283); in Deutschland (§ 123 Abs. 2 AktG) und Belgien kann dies die Satzung bestimmen (Hohloch/*Hohloch,* Rn. 137).

[1536] Vgl. Artt. 24, 25, 32 des dritten geänderten Vorschlags einer Strukturrichtlinie v. 20. 11. 1991; dazu *Werlauff,* S. 229 ff., 237 f.; *Behrens,* in: Dauses, Handbuch des EU-Wirtschaftsrechts, E. III. Rn. 48 ff.

[1537] Artt. 30, 38 des dritten geänderten Vorschlags der Strukturrichtlinie v. 20. 11. 1991.

[1538] Art. 29 Abs. 4 S. 3 der Kapitalrichtlinie; dazu *Hirte,* Systembildung und Systemlücken, S. 211 ff. (223 ff.).

[1539] 4., 7. Erwägungsgrund, Artt. 5, 6, 9, 10, 11, 18 der Dritten Richtlinie vom 9. 10. 1978 (Fusionsrichtlinie) (78/855/EWG), ABl. EG Nr. L 295 v. 20. 10. 1978, S. 36 ff., abgedruckt bei *Lutter,* EuUntR, 4. Aufl. 1996, S. 131 ff.

[1540] 6., 9. Erwägungsgrund, Artt. 3, 4, 7, 9, 16 der Sechsten Richtlinie vom 17. 12. 1982 (Spaltungsrichtlinie)(82/891/EWG), ABl. EG Nr. L 378 v. 31. 12. 1982, S. 47 ff., abgedruckt bei *Lutter,* EuUntR, 4. Aufl. 1996, S. 199 ff.

[1541] Begründung, 4.–6. Erwägungsgrund, Art. 3–5 des Vorschlags einer internationalen Fusionsrichtlinie v. 18. 11. 2003, DOK KOM (2003) 703, S. 6, 9, 11 ff.; vgl. Artt. 5 I, 6, 7, 8, 9 des Vorschlags einer zehnten Richtlinie v. 8. 1. 1985 (internationale Fusionsrichtlinie), ABl. EG Nr. C 23 v. 25. 1. 1985, S. 11 ff., abgedruckt bei *Lutter,* EuUntR, 4. Aufl. 1996, S. 261 ff.

[1542] Art. 4, 5 des Vorentwurfs einer 14. Richtlinie vom 22. 4. 1997 (sog. Richtlinie über grenzüberschreitende Sitzverlegung), abgedruckt in ZIP 1997, 1721 ff.; zu den Berichtspflichten *Schön,* ZGR 2000, S. 1 ff. (26); *Habersack,* EuGesR, S. 131 f.; *Werlauff,* S. 379 ff.; *Behrens*, in: Dauses, Handbuch des EU-Wirtschaftsrechts, E. III. Rn. 81, 84; *Edwards*, EC Company Law, S. 107.

Vorfeld der Hauptversammlung zu erteilenden Informationen gewähren muss.[1543] Zwischen Bekanntmachung und Abhaltung der Hauptversammlung muss mindestens eine Frist von 21 Tagen liegen.[1544]

Sofern die Mitgliedstaaten für die Inhaber bestimmter Gattungen von Aktien gesonderte Versammlungen vorsehen, sollen sich diese nach den Vorschriften über die Hauptversammlung richten.[1545]

*(II.) Das Recht auf Teilnahme an der Hauptversammlung*

Die Einberufung soll jedem Aktionär die Teilnahme an der Hauptversammlung ermöglichen. Gemäß Art. 26 des Vorschlags einer Strukturrichtlinie ist jeder Aktionär, unabhängig davon, ob seine Aktien Stimmrechte verleihen oder nicht, zur Teilnahme berechtigt, wenn er die durch Gesetz oder Satzung vorgeschriebenen Förmlichkeiten (z.B. Hinterlegung der Aktien, Anmeldung[1546]) erfüllt hat. Er hat zumindest ein Recht auf gewissenhafte Auskunft über Angelegenheiten der Gesellschaft, soweit diese zur sachgemäßen Beurteilung eines Tagesordnungspunkts erforderlich ist.[1547] Jeder Aktionär kann sich durch einen anderen Aktionär oder andere Personen, soweit letzteres nicht durch die Satzung beschränkt ist, vertreten lassen, wenn der Gesellschaft eine schriftliche Vollmacht vorgelegt wird.[1548] Vor jeder Beratung und jedem Beschluss ist ein Teilnehmerverzeichnis mit den persönlichen Daten der erschienenen und vertretenen Aktionäre zu erstellen und das vertretene Kapital zu ermitteln.[1549]

*(III.) Die Ausübung des Stimmrechts*

Die Einberufung dient zugleich der Vorbereitung des Aktionärs auf die Stimmabgabe in der Hauptversammlung. Nach Europäischem Verständnis ist die Ausübung des Stimmrechts das zentrale Mitwirkungsrecht des Aktionärs bei der

[1543] *Werlauff,* S. 235f, der dies aus Art. 89 i.V.m. Art. 81a des dritten geänderten Vorschlags einer SE-VO v. 16. 5. 1991 ableitet. Art. 89 wurde nicht in die verabschiedete Fassung vom 27. 9. 2001 übernommen; *Schwarz,* ZIP 2001, S. 1847 ff. (1857).

[1544] Art. 24 Abs. 3 des dritten geänderten Vorschlags einer Strukturrichtlinie v. 20. 11. 1991.

[1545] Art. 47 des dritten geänderten Vorschlags einer Strukturrichtlinie v. 20. 11. 1991.

[1546] Vgl. § 123 Abs. 2–4 AktG.

[1547] Art. 31 i.V.m. Art. 42 lit. d) des dritten geänderten Vorschlags einer Strukturrichtlinie vom 20. 11. 1991; im Einzelnen *Werlauff,* S. 236 f.

[1548] Art. 27 des dritten geänderten Vorschlags einer Strukturrichtlinie v. 20. 11. 1991; beachte die Besonderheiten für Personen, die sich öffentlich zur Vertretung erbieten, in Art. 28; vgl. *Werlauff,* S. 233 ff.; Art. 53 SE-VO verweist hinsichtlich der Möglichkeit der Vertretung auf das Recht des Sitzstaats; Artt. 86, 87 des dritten geänderten Vorschlags einer SE-VO v. 16. 5. 1991 sahen noch vor, dass jeder Aktionär selbst oder durch einen Vertreter an der Hauptversammlung teilnehmen kann; *Schwarz,* ZIP 2001, S. 1847 ff. (1857); vgl. *Werlauff,* S. 233 ff.

[1549] Art. 29 des dritten geänderten Vorschlags einer Strukturrichtlinie v. 20. 11. 1991; dazu *Werlauff,* S. 238.

Willensbildung innerhalb der Gesellschaft.[1550] Gemäß den Erwägungsgründen des Vorschlags einer Strukturrichtlinie sollen für die Aktionäre einheitliche Garantien hinsichtlich der Ausübung des Stimmrechts geschaffen werden. Es erweise „sich als notwendig, die Stellung der Aktionäre in Bezug auf die Ausübung des Stimmrechts zu stärken, um zu gewährleisten, dass sie am Gesellschaftsgeschehen in hohem Maße beteiligt sind."[1551]

### *(IV.) Zuständigkeit der Hauptversammlung*

Nach dem Vorschlag der Strukturrichtlinie soll die Hauptversammlung für die Bestellung der Mitglieder des Aufsichtsorgans bzw. der nichtgeschäftsführenden Mitglieder des Verwaltungsorgans, für Entscheidungen über Satzungsänderungen sowie für die Feststellung des Jahresabschlusses, die Verwendung des Bilanzgewinns und die Bestellung der Abschlussprüfer zuständig sein.[1552] Auch die verabschiedeten gesellschaftsrechtlichen Rechtsakte sehen Spezialzuweisungen vor: Gemäß Art. 52 SE-VO ist die Hauptversammlung nur in solchen Bereichen zuständig, die ihr aufgrund der SE-VO oder des harmonisierten Rechts der Mitgliedstaaten, aufgrund des nicht harmonisierten Rechts des Sitzstaats oder durch die Satzung übertragen wurden.[1553] Das „harmonisierte Recht" beruht auf den verabschiedeten Richtlinien: Die Kapitalrichtlinie fordert einen Beschluss der Hauptversammlung im Falle des Erwerbs eigener Aktien durch die Gesellschaft, der Kapitalherabsetzung sowie der Kapitalerhöhung und der damit verbundenen Ausgabe von stimmberechtigten Wertpapieren.[1554] Die Fusions- und die Spaltungsrichtlinie erfordern Hauptversammlungsbeschlüsse der beteiligten Gesellschaften über den Verschmelzungs- bzw. den Spaltungsplan.[1555] Entsprechen-

[1550] *Schön*, RabelsZ 2000, 1 ff. (27).

[1551] 12., 13. Erwägungsgrund des dritten geänderten Vorschlags einer Strukturrichtlinie v. 20. 11. 1991, ABl. EG Nr. C 321 v. 12. 12. 1991, S. 9 ff.; abgedruckt bei *Lutter*, EuUntR, 4. Aufl. 1996, S. 176 ff.

[1552] Artt. 4 Abs. 1, 4 b) Abs. 1, 21 b) Abs. 1, 21 d) Abs. 1, 37, 48, 50, 55 Abs. 1, des dritten geänderten Vorschlags einer Strukturrichtlinie v. 20. 11. 1991. *Behrens,* in: Dauses, Handbuch des EU-Wirtschaftsrechts, E. III. Rn. 61, 77.

[1553] SE-VO v. 27. 9. 2001; vgl. die Negativabgrenzung in Art. 81 des dritten geänderten Vorschlags für eine SE-VO v. 16. 5. 1991, wonach die Hauptversammlung in allen Angelegenheiten zuständig sein sollte, die nicht ausdrücklich einem anderen Gesellschaftsorgan zugewiesen sind; vgl. dazu *Schwarz,* ZIP 2001, S. 1847 ff. (1856 f.).

[1554] Art. 19 Abs. 1 lit. a) (Erwerb eigener Aktien durch die Gesellschaft), Art. 25 (Kapitalerhöhung), Art. 30, 37 Abs. 1 (Kapitalherabsetzung), ebenso Artt. 35, 36 (Tilgung von Kapital ohne Kapitalherabsetzung bzw. Kapitalherabsetzung durch Zwangseinziehung, sofern im nationalen Recht vorgesehen), Kapitalrichtlinie v. 13. 12. 1976, ABl. EG Nr. L 26 v. 31. 1. 1977, S. 1 ff., abgedruckt bei *Lutter,* EuUntR, 4. Aufl. 1996, S. 114 ff.; dazu *Hirte,* Systembildung und Systemlücken, S. 211 ff. (221 f.).

[1555] Artt. 7, 23 Abs. 3 der Fusionsrichtlinie v. 9. 10. 1978, ABl. EG Nr. L 295 v. 20. 10. 1978, S. 36 ff., abgedruckt bei *Lutter,* EuUntR 4. Aufl. 1996, S. 131 ff.; Art. 5 der Spaltungsrichtlinie v. 17. 12. 1982, ABl. EG Nr. L 378 v. 31. 12. 1982, S. 47 ff., abgedruckt bei *Lutter,* EuUntR, 4. Aufl. 1996, S. 199 ff.; *Edwards,* EC Company Law, S. 106 f.

de Hauptversammlungsbeschlüsse sehen ferner die Richtlinienvorhaben zur internationalen Fusion[1556] und Sitzverlegung[1557] sowie zur Liquidation[1558] vor.

Aus der Gesamtschau dieser Einzelzuständigkeiten ist zu erkennen, dass den Richtlinien das gemeinsame Prinzip der Zuständigkeit der Hauptversammlung bei Entscheidungen über fundamentale Änderungen der Gesellschaftsstruktur zugrunde liegt.[1559]

Auch der EuGH hat das subjektive Recht des Aktionärs auf „Teilhabe an der Entscheidungsgewalt der Gesellschaft" bereits in mehreren Urteilen zur Kapitalrichtlinie in den Mittelpunkt des gemeinschaftsrechtlichen Gesellschafterschutzes gestellt.[1560]

*(V.) Vertretung bei der Stimmrechtsausübung*

Ebenso wie die Teilnahme soll auch die Stimmrechtsausübung auf der Hauptversammlung nach Europäischem Recht durch Vertreter möglich sein. Hier ist vor allem die Vertretung durch Institutionen, die sich öffentlich zur Stimmrechtsvertretung erbieten, insbesondere Depotbanken, von Bedeutung.[1561]

*d) Bedeutung der kapitalmarktrechtlichen Verpflichtung*

Vor diesem Hintergrund erschließt sich die Bedeutung der Regelung in Art. 65 Abs. 2 lit. a) kodRL. Die Vorschrift bzw. die entsprechende Vorgängernorm in der BZR verpflichtet die Mitgliedstaaten seit mehr als zwanzig Jahren, allen Aktionären von Gesellschaften, deren Aktien zur amtlichen Notierung zugelassen sind, die Stimmrechtsausübung zu ermöglichen, obwohl die entsprechenden gesellschaftsrechtlichen Vorschriften noch nicht harmonisiert sind. Letztere werden auf diese Weise also mittelbar durchgesetzt.[1562] Das nationale Gesell-

---

[1556] Begründung, 6. Erwägungsgrund, Art. 6 des Vorschlags einer internationalen Fusionsrichtlinie v. 18. 11. 2003, DOK KOM (2003) 703, S. 6, 9, 13; vgl. Art. 7 des Vorschlags einer zehnten Richtlinie vom 8. 1. 1985 (Internationale Fusionsrichtlinie), ABl. EG Nr. C 23 v. 25. 1. 1985 S. 11 ff, abgedruckt bei *Lutter,* EuUntR, 4. Aufl. 1996, S. 261 ff.; einen aktuelleren Vorschlag, der auch die GmbH einbezieht, hatte die Kommission 1997 vorgelegt; vgl. Art. 293 3. Gedankenstrich EG.

[1557] Art. 6 Abs. 2 des Vorentwurfs einer 14. Richtlinie vom 22. 4. 1997 (sog. Richtlinie über grenzüberschreitende Sitzverlegung), abgedruckt in ZIP 1997, S. 1721 ff.

[1558] 10. Erwägungsgrund, Art. 3 des überarbeiteten Vorentwurfs einer Richtlinie von 1987 (Liquidationsrichtlinie), abgedruckt bei *Lutter,* EuUntR, 4. Aufl. 1996, S. 302 ff.

[1559] *Werlauff,* S. 212; *Behrens,* in: Dauses, Handbuch des EU-Wirtschaftsrechts, E. III. Rn. 61.

[1560] EuGH Urt. v. 30. 5. 1991 – Rs. C 19, 20/90 (Karella/Karellas), Slg. 1991, I–2691 ff.; EuGH Urt. v. 24. 3. 1992 – Rs. C-381/89 (Evangelikis Ekklisias), Slg. 1992, I–2111 ff.; dazu *Edwards,* EC-Company Law, S. 79 f.

[1561] Vgl. Art. 28 des dritten geänderten Vorschlags einer Strukturrichtlinie v. 20. 11. 1991, wonach dies unter bestimmten Voraussetzungen durch einzelstaatliches Recht bestimmt werden kann; im Einzelnen s.o. Erstes Kapitel unter D. V. 3. e) (II.) (3.) (d).

[1562] Vgl. *Schön,* RabelsZ 2000, 1 ff. (26).

schaftsrecht wird an dieser Stelle durch das Europäische Kapitalmarktrecht durchdrungen; für börsennotierte Aktiengesellschaften besteht in diesem Bereich eine Harmonisierung, die für die übrigen Gesellschaften noch nicht erzielt werden konnte. Die Mitgliedstaaten haben überwiegend keine entsprechenden Vorschriften erlassen.[1563]

Für die Ausübung des Stimmrechts ist es einerseits erforderlich, dass der Aktionär rechtzeitig von der Hauptversammlung erfährt, die Einberufung also insbesondere früh genug erfolgt, andererseits, dass gewährleistet ist, dass der Aktionär sich ggfs. bei der Stimmabgabe vertreten lassen kann, wenn er selbst nicht gewillt oder daran gehindert ist, an der Hauptversammlung teilzunehmen. Insbesondere im Hinblick auf die Zielrichtung der börsenrechtlichen Richtlinien, die aufgrund ihrer Mindestgarantien dazu führen sollen, dass Anleger ihr Kapital europaweit in Aktiengesellschaften investieren, ist die Möglichkeit der Stimmrechtsvertretung von besonderer Bedeutung. Hinsichtlich der Stimmrechtsausübung durch Vertreter bestehen jedoch große Unterschiede in den nationalen Aktienrechten.[1564] Auch führen zu kurze Einberufungsfristen dazu, dass Aktionäre ihr Stimmrecht in ausländischen Gesellschaften nicht ausüben können.[1565] Ferner gibt es sehr unterschiedliche Regelungen hinsichtlich der Stimmrechte.[1566] Die nationalen Rechte der Mitgliedstaaten entsprechen in diesem Bereich also nicht den Vorgaben der Richtlinie.

---

[1563] Deutschland hat keine entsprechende Regelung getroffen; § 39 Abs. 1 Nr. 3, Abs. 2 BörsG n.F. i.V.m. § 63 Abs. 1 BörsZulVO beschränken sich auf Informationen; insoweit liegt ein Umsetzungsdefizit vor.

[1564] *Lutter*, ZGR 2000, S. 1 ff. (11) m.w.Nachw.; die Stimmrechtsvertretung ist in Belgien (Hohloch/*Hohloch,* Rn. 134), Dänemark (Hohloch/*Alsted/Hansen*, Rn. 141), Finnland (Hohloch/*Collan/Uusitalo*, Rn. 683), Österreich (Hohloch/*Szep,* Rn. 282), im Vereinigten Königreich (Hohloch/*Hohloch*, Rn. 182), vorbehaltlich gegenteiliger Bestimmungen im Gründungsvertrag in Italien (Hohloch/*Seibold/Vergine*, Rn. 174) möglich; in Frankreich ist die Vertretung nur durch den Ehegatten oder einen anderen Aktionär möglich (Hohloch/*Tillmanns*, Rn. 245); ähnlich in Portugal (Hohloch/*Stieb*, Rn. 320).

[1565] In Deutschland beträgt die Einberufungsfrist 1 Monat (§ 123 Abs. 1 AktG), in Belgien 8 Tage (Hohloch/*Hohloch*, Rn. 141); in Frankreich 15 Tage, im Falle fehlender Beschlussfähigkeit für die zweite Hauptversammlung lediglich 6 Tage (Hohloch/*Tillmanns*, Rn. 244); in Griechenland 20 Tage für die ordentliche bzw. 10 Tage für die außerordentliche Hauptversammlung (Hohloch/*Bailas/Bailas/Roussos*, Rn. 282, 289), im Vereinigten Königreich 21 Tage (Hohloch/*Hohloch*, Rn. 178); in Irland 21 Tage (Hohloch/*Albrecht*, Rn. 182), in Italien 15 Tage (Hohloch/*Seibold/Vergine*, Rn. 176); in Luxemburg 16 Tage (Hohloch/*Hohloch/Schultheiß*, Rn. 231); in den Niederlanden 15 Tage (Hohloch/*Mehring*, Rn. 253); in Österreich 14 Tage (Hohloch/*Szep*, Rn. 279); in Portugal 45 Tage (Hohloch/*Stieb*, Rn. 320); in Spanien 15 Tage (Hohloch/*Martinez* Rn. 226).

[1566] S.o. unter B. IV. 1. c) (I.) (1.).

## 2. Pflichten gegenüber den Inhabern von Schuldverschreibungen

### *a) Inhalt der Vorschrift*

Gemäß Art. 78 Abs. 2 lit. a) 1. Fall kodRL muss das Unternehmen gegenüber Inhabern von Schuldverschreibungen Angaben über die etwaige Abhaltung der Versammlung der Inhaber der Schuldverschreibungen veröffentlichen oder durch Rundschreiben bekannt geben.[1567]

### *b) Die Stellung der Anleihegläubiger im Europäischen Gesellschaftsrecht*

Da Inhaber einfacher Schuldverschreibungen im Gegensatz zu Aktionären mit dem Erwerb des Wertpapiers keine Gesellschafterstellung, sondern nur die Stellung einfacher Gläubiger erlangen, bestehen für jene nur wenige echte Mitwirkungsrechte, die die weitere Entwicklung der Gesellschaft tatsächlich beeinflussen können. Eine etwaige Gläubigerversammlung stellt somit nicht mehr dar als ein Organ aller Inhaber von standardisierten, in Wertpapieren verbrieften Forderungen gegen die Gesellschaft, das unter bestimmten Voraussetzungen Entscheidungen über die sich aus den Schuldtiteln ergebenden Rechte mit Wirkung für alle treffen kann.

Im Europäischen Gesellschaftsrecht werden vereinzelt die Rechte von Anleihegläubigern und Inhabern anderer Wertpapiere als Aktien ausdrücklich berücksichtigt. Ihnen steht im Falle der Spaltung und der internen und grenzüberschreitenden Fusion die Gewährung angemessener Garantien zu, wenn nicht das nationale Recht die entsprechende Strukturänderung von der Zustimmung einer etwaigen Gläubigerversammlung oder eines jeden Anleihegläubigers abhängig macht.[1568] Die Möglichkeit der Gläubiger, sich durch ein Organ vertreten zu lassen, wird im Europäischen Recht also vorausgesetzt.

Der Prospekt muss Angaben über die „Organisation der Trustees oder einer anderen Vertretung der Gesamtheit der Gläubiger" enthalten.[1569] Daraus lässt sich sogar entnehmen, dass die Gläubiger zur Bestellung eines Organs zur Vertretung ihrer Interessen verpflichtet sind.[1570]

---

[1567] Vormals Schema D Abschnitt A Nr. 1 b) 1. Gedankenstrich BZR.

[1568] 8. Erwägungsgrund, Artt. 12, 13 der Spaltungsrichtlinie vom 17. 12. 1982, ABl. EG Nr. L 378 v. 31. 12. 1982, S. 47 ff., abgedruckt bei *Lutter*, EuUntR, 4. Aufl. 1996, S. 199 ff.; 6. Erwägungsgrund, Artt. 13–15 der Fusionsrichtlinie v. 9. 10. 1978, ABl. EG Nr. L 295 v. 20. 10. 1978, S. 36 ff., abgedruckt bei *Lutter*, EuUntR, 4. Aufl. 1996, S. 131 ff.; Art. 9 des Vorschlags einer zehnten Richtlinie vom 8. 1. 1985 (Internationale Fusionsrichtlinie), ABl. EG Nr. C 23 v. 25. 1. 1985, S. 11 ff., abgedruckt bei *Lutter*, EuUntR, 4. Aufl. 1996, S. 261 ff.; dazu *Edwards*, EC Company Law, S. 109 f. Der Kommissionsvorschlag einer internationalen Fusionsrichtlinie v. 18. 11. 2003 enthält keine derartige Regelung.

[1569] Vgl. Anhang I, Schema B Punkt 2.2.2. kodRL.

[1570] *Werlauff*, S. 217.

*c) Bedeutung der kapitalmarktrechtlichen Verpflichtung*

Soweit eine Gläubigerversammlung nach nationalem Recht vorgesehen ist, müssen die Mitgliedstaaten gemäß Art. 78 Abs. 2 lit. a) 1. Fall kodRL börsennotierte Gesellschaften verpflichten, die Anleihegläubiger über die Gläubigerversammlung in einer ähnlichen Weise wie die Aktionäre hinsichtlich der Hauptversammlung durch Einberufung, Informationen über die zu treffenden Beschlüsse, Vertretungsmöglichkeiten etc. zu unterrichten.[1571]

### 3. Art und Weise der Veröffentlichung

Die Informationen zur Ausübung der Mitwirkungsrechte sind den Wertpapierinhabern durch Rundschreiben bekannt zu geben oder zu veröffentlichen. Diesbezüglich gilt das oben Gesagte.[1572]

### 4. Ausblick: Modernisierung des Europäischen Gesellschaftsrechts

Die oben angesprochenen und weitere Fragen der nationalen Unternehmensverfassung sollten nach dem „Aktionsrahmen für Finanzdienstleistungen" der Kommission überprüft werden, um rechtliche und administrative Hemmnisse festzustellen, die die Entwicklung eines einheitlichen EU-Finanzmarkts behindern.[1573] Die Kommission hat im September 2001 eine unabhängige „Hochrangige Expertengruppe auf dem Gebiet des Gesellschaftsrechts" eingesetzt mit dem Ziel, eine Diskussion über den gesellschaftsrechtlichen Modernisierungsbedarf in Europa zu initiieren. Diese hat sich zunächst mit der Gewährleistung der Gleichbehandlung der Aktionäre in allen Mitgliedstaaten, insbesondere im Wege einer gemeinschaftsweiten Durchsetzung der strengen Proportionalität zwischen Kapitalanteil und Stimmrecht („one share one vote") befasst. Ferner wurde eine weitergehende Harmonisierung hinsichtlich der Rechte der Anteilseigner einschließlich der Möglichkeiten der Stimmrechtsausübung im Ausland sowie der Vorbereitung und Abhaltung der Hauptversammlung im Internet erörtert.[1574] Schließlich standen die Änderung der Kapitalrichtlinie auf der Grundlage der Ergebnisse der SLIM-Arbeitsgruppe[1575] sowie Fragen der Corporate Governance zur Debatte.[1576] Die Expertengruppe hat der Kommission

[1571] Z.B. in Deutschland (§ 63 Abs. 2 S. 2 BörsZulVO; §§ 1, 3, 6 des Gesetzes betreffend die gemeinsamen Rechte der Besitzer von Schuldverschreibungen v. 4. 12. 1899, BGBl. III Folge 111, S. 51, abgedruckt bei *Kümpel/Hammen/Ekkenga,* Band 1, Nr. 118) und in Luxemburg (Hohloch/*Hohloch/Schultheiß,* Rn. 212).

[1572] S.o. unter I. 3.

[1573] Mitteilung der Kommission, DOK KOM (1999) 232 v. 11. 5. 1999 S. 14, 30.

[1574] Vgl. *Noack,* ZGR 1998, S. 592 ff. (595 ff., 613, 616).

[1575] Ergebnisse der vierten Phase der SLIM-Initiative, DOK KOM (2000) 56 v. 4. 2. 2000, S. 4 ff., 14 ff.; dazu *Wymeersch,* 1. EuJT, S. 85 ff. (126 ff.); *Kallmeyer,* AG 2001, S. 406 ff.; *Drygala,* AG 2001, S. 291 ff.

[1576] Das Mandat der Kommission ist abrufbar unter www.europa.eu.int/comm/internal_market/ de/company/company/news/01-1237.htm, erweitert aufgrund der Tagung des Ecofin-Rates in Oviedo im April 2002; vgl. *Hellwig,* EWS 2001, S. 580 ff. (582).

nach einem umfangreichen Konsultationsverfahren[1577] am 4. November 2002 ihren Schlussbericht vorgelegt.[1578]

Darin befürwortet sie u.a. die Verpflichtung börsennotierter Gesellschaften, ihren Aktionären innerhalb und außerhalb der EU wesentliche Informationen elektronisch zugänglich zu machen und ihnen die Stimmabgabe in Abwesenheit, insbesondere über die Website des Emittenten zu ermöglichen.[1579]

Die Ansätze der Expertengruppe sind in den Kommissionsvorschlag einer neuen Transparenzrichtlinie vom 26. 3. 2003 eingeflossen: Die bisher bestehenden Pflichten sollen übernommen werden. Darüber hinaus finden sich bemerkenswerte Neuerungen: Allen Stimmberechtigten soll bei der Einberufung der Aktionärs- bzw. Gläubigerversammlung ein Vollmachtsformular zur Verfügung gestellt werden, damit die Wertpapierinhaber – soweit dies nach dem Recht des Herkunftsmitgliedstaats vorgesehen ist – ihr Stimmrecht durch einen Dritten ausüben können. Darüber sowie über die Anzahl der Aktien und Stimmrechte bzw. die Zins-, Rückzahlungs- und Umtauschmodalitäten ist in der Einberufung zu informieren. Die Informationen können – wenn die Hauptversammlung dies beschlossen und der einzelne Wertpapierinhaber zugestimmt hat – auf elektronischem Wege bekannt gemacht werden, wenn der tatsächliche Zugang gewährleistet ist. Die bisherige Bekanntgabemöglichkeit durch Rundschreiben besteht fort. Der Geltungsbereich der Regelungen wird sich auf die geregelten Märkte erstrecken.[1580]

---

[1577] Moderne gesellschaftsrechtliche Rahmenbedingungen in Europa: Ein Konsultationspapier der Hochrangigen Expertengruppe auf dem Gebiet des Gesellschaftsrechts v. 25. 4. 2002, www.europa.eu.int/comm/internal_market/de/company/company/modern/consult/consult_de.pdf.

[1578] Report of the High Level Group of Company Law Experts on A Modern Regulatory Framework for Company Law in Europe, Brussels, 4. November 2002, www.europa.eu.int/comm/internal_market/en/company/company/modern/consult/report_en.pdf. Die Expertengruppe besteht aus 7 Mitgliedern, darunter Prof. Dr. Klaus J. *Hopt*, und ist am 11. 9. 2001 erstmals zusammengetreten, vgl. *Wiesner,* BB 2001, Heft 44, Beilage 8, S. 5.

[1579] Einige der Möglichkeiten bestehen seit dem 1. 1. 2003 in Deutschland. Vgl. §§ 25 S. 1, 2, 161 AktG i.d.F. des Transparenz- und Publizitätsgesetzes v. 19. 7. 2002, BGBl. I, S. 2681 ff.; i.V.m. Punkten 2.3.1, 6.4., 6.8. des Deutschen Corporate Governance Kodex' der Regierungskommission v. 26. 2. 2002, www.corporate-governance-code.de/ger/download/DCG_K_D.pdf. Die Stimmrechtsabgabe ist jedoch weiterhin nur innerhalb der Hauptversammlung möglich; dazu *Noack*, DB 2002, S. 620 ff.

[1580] Begründung, Art. 13 Abs. 2 lit. a), b),d) Abs. 3 (für Inhaber von Aktien), Art. 14 Abs. 2 lit. a), b), Abs. 4 (für Inhaber von Schuldverschreibungen) des Vorschlags einer neuen Transparenzrichtlinie v. 26. 3. 2003, DOK KOM (2003) 138, S. 29 f., 52 f.; vgl. Zweites Konsultationspapier, S. 8, Anhang I, S. 12, 14, wo noch vorgesehen war, dass es den Wertpapierinhabern auch möglich sein sollte, mittels Fernteilnahme an der Versammlung auf elektronischem Wege mit Hilfe einer elektronischen Signatur das Stimmrecht auszuüben; vgl. Richtlinie 1999/93/EG des Europäischen Parlaments und des Rates v. 13. 12. 1999 über gemeinschaftliche Rahmenbedingungen für elektronische Signaturen, ABl. EG Nr. L 13 v. 19. 1. 2000, S. 12 ff.

Es ist davon auszugehen, dass die Fortschritte in diesem Bereich dazu führen werden, dass auch solche Anleger dazu animiert werden, grenzüberschreitend in Wertpapiere, insbesondere in Aktien zu investieren, denen es nicht allein auf die Kapitalanlage, sondern mehr noch auf die Einflussnahme auf die Gesellschaft durch Ausübung der Mitgliedschaftsrechte ankommt.

Augenfällig ist, dass die neue Schwungkraft der lange geplanten und überfälligen fortschreitenden Harmonisierung der inneren Organisation und Struktur der Gesellschaft von den Bedürfnissen der Kapitalmärkte ausgeht.

## III. Einrichtungen zur Ausübung der finanziellen Rechte: Zahlstellen

### 1. Inhalt der Vorschriften

Gemäß Artt. 65 Abs. 2 lit. c), 78 Abs. 2 lit. b) kodRL ist der Emittent verpflichtet, in jedem Mitgliedstaat, in dem die Wertpapiere zur amtlichen Notierung zugelassen sind, ein Finanzinstitut als bevollmächtigte Stelle zu benennen, bei dem die Inhaber der Wertpapiere ihre finanziellen Rechte ausüben können. Dies gilt nicht, wenn die Gesellschaft selbst die finanzielle Bedienung bzw. den Schuldendienst übernimmt.[1581]

### 2. Bedeutung

Diese Verpflichtung dient der tatsächlichen Wahrnehmung der mit den Wertpapieren verbundenen finanziellen bzw. Teilhaberechte.[1582] Sie steht in unmittelbarem Zusammenhang mit der Verpflichtung in Artt. 65 Abs. 2 lit. b), 78 Abs. 2 lit. a) a.E. kodRL, die notwendigen Informationen zur Ausübung der Rechte zu erteilen. Durch die Benennung der Zahlstellen erfüllt die Gesellschaft ihre Verpflichtung, „alle erforderlichen Einrichtungen" vorzusehen, damit die Anleger ihre Rechte ausüben können. Der Emittent muss also zunächst derartige Einrichtungen schaffen oder bestimmen, z.B. seine Emissionsbank mit diesen Aufgaben beauftragen. Sodann ist den Anlegern mitzuteilen, dass sie dort Dividenden- und Zinsscheine einlösen können, ausgeloste und gekündigte Anleihen dort zurückgezahlt werden und über diese Stellen die Ausübung von Bezugs-, Zeichnungs-, Umtausch- und Wandlungsrechten erfolgen kann.[1583] Der Emittent hat somit einen „Wertpapierdienst" einzurichten, der alle Verrichtungen umfasst, die zur Erfüllung der Verbindlichkeiten erforderlich sind, die der Emittent gegenüber den Wertpapierinhabern eingegangen ist.[1584]

---

[1581] Vormals Anhang, Schema C Nr. 2 b) 3. Gedankenstrich, Schema D Nr. 1 b) 2. Gedankenstrich BZR; die Möglichkeit der Ausübung der Zahlstellenfunktion durch den Emittenten selbst wurde in den Kommissionsvorschlägen zur BZR noch nicht berücksichtigt, vgl. DOK KOM (1975) 686 v. 23. 12. 1975, S. 28, 30; DOK KOM (1976) 575 v. 3. 11. 1976, S. 41, 46; vgl. die deutsche Umsetzung in § 39 Abs. 1 Nr. 2 BörsG n.F.

[1582] Vgl. *Heinze,* S. 77, 80 f.

[1583] *Schwark,* § 44 BörsG Rn. 6; *Groß,* §§ 44–44d BörsG Rn. 6.

[1584] Schäfer/*Hamann,* § 44 BörsG Rn. 21.

### 3. Einrichtungen zur Ausübung der Mitwirkungsrechte

Nicht ausdrücklich genannt, aber von der Vorschrift erfasst („insbesondere") wird die Benennung von Einrichtungen zur Ausübung der Mitwirkungsrechte (Artt. 65 Abs. 2 lit. a), 78 Abs. 2 lit. a) 1. Fall kodRL). Für die nationalen Gesetzgeber bietet es sich an, die besagten Stellen zugleich mit der Vorbereitung der Haupt- bzw. Gläubigerversammlung zu betrauen, insbesondere hinsichtlich einer ggfs. erforderlichen Hinterlegung der Aktien, der Besorgung von Einlasskarten, der Erteilung von Stimmrechtsvollmachten etc.[1585]

### 4. Art und Weise der Veröffentlichung

In der Praxis werden die Informationen über die Art und Weise der Ausübung der mit den Wertpapieren verbundenen Rechte auch die Angaben über die damit beauftragten Einrichtungen, in der Regel Finanzinstitute enthalten. Diese Informationen sind also ebenso zu veröffentlichen oder den Wertpapierinhabern durch Rundschreiben bekannt zu geben.[1586]

### 5. Bezug zur Verpflichtung vor Börsenzulassung

Vor Börsenzulassung bestehen korrespondierende Informationspflichten: Im Prospekt sind diejenigen Finanzinstitute, die bei der Zulassung der Aktien zur amtlichen Notierung im jeweiligen Mitgliedstaat als Zahlstellen fungieren, anzugeben.[1587] Im Zusammenhang mit den Informationen über die Ausübung von Bezugsrechten und den Kauf der zuzulassenden Wertpapiere sind die Finanzinstitute zu benennen, bei denen die Zeichnungen des Publikums entgegen-genommen werden.[1588] Auch diese Angaben dürften entbehrlich sein, wenn die Gesellschaft selbst in dem Mitgliedstaat diese Funktionen erfüllt. Durch die laufende Information über die Zahlstellen werden die im Prospekt enthaltenen Angaben während der gesamten Dauer der Börsennotierung fortgeschrieben, wiederholt und aktualisiert.

### 6. Marktspezifische Angaben

Bei den Informationen über die jeweiligen Zahlstellen handelt es sich um marktspezifische Angaben. Die gemeinschaftsrechtlichen Vorschriften sehen vor, dass die Angaben in jedem Mitgliedstaat unterschiedlich sind. Im jeweili-

---

[1585] So der deutsche Gesetzgeber in § 39 Abs. 1 Nr. 2 BörsG n.F., der die Benennung mindestens einer „Zahl- und Hinterlegungsstelle" fordert; vgl. § 123 Abs. 2, 3 AktG, wonach die Satzung die Teilnahme an der Hauptversammlung und die Stimmrechtsausübung von der vorherigen Hinterlegung der Aktien abhängig machen kann.

[1586] S.o. unter I. 3.

[1587] Anhang I, Schema A 2. Kapitel Punkt 2.2.7., Schema B 2. Kapitel Punkt 2.1.5. kodRL; vgl. die deutsche Umsetzung in §§ 36 Abs. 3 Nr. 2, 38 Abs. 1 Nr. 2 BörsG i.V.m. § 15 Abs. 1 Nr. 6 BörsZulVO; dazu *Groß*, § 13–32 BörsZulVO, Rn. 7.

[1588] Anhang I, Schema A Punkt 2.3.5., Schema B Punkt 2.4.3. kodRL; vgl. *Heinze*, S. 123, 141; umgesetzt in §§ 30 Abs. 3 Nr. 2, 32 Abs. 1 Nr. 2 BörsG n.F. i.V.m. § 15 Abs. 1 Nr. 10 BörsZulVO.

gen Prospekt sind nur die für den Zulassungsstaat relevanten Zahlstellen anzugeben.[1589] Auch die Vorschriften über die gegenseitige Anerkennung von Prospekten, wonach die Behörden des Aufnahmestaats grundsätzlich keine abweichenden oder zusätzlichen Angaben verlangen dürfen, nehmen die marktspezifischen Angaben, wozu auch die Informationen über die in diesem Staat als Zahlstellen des Emittenten fungierenden Finanzinstitute zählen, von diesem Grundsatz aus.[1590] Ebenso ist der Emittent nach der Zulassung verpflichtet, im jeweiligen Zulassungsstaat eine Zahlstelle zu benennen.

Dies widerspricht nicht dem Gebot, grundsätzlich allen Anlegern die gleichen Informationen zu erteilen. Denn die Benennung der Zahlstellen ist für die Bewertung der Wertpapiere ohne Bedeutung. Für die Wertpapierinhaber ist zur Ausübung der mit den Wertpapieren verbundenen Rechte nur die Zahlstelle im betreffenden Mitgliedstaat relevant; die diesbezüglich einem anderen Markt erteilten Informationen sind überflüssig.

### 7. Ausblick

#### *a) Emissionspublizität*

Auch gemäß der neuen Prospektrichtlinie wird der Prospekt Angaben über die Finanzinstitute enthalten, die als Zahlstellen des Emittenten fungieren. In der Wertpapierbeschreibung findet sich im Kapitel „Zusätzliche Angaben" eine Rubrik „Dividenden und Zahlstellen". Dies wird in den IOSCO-Offenlegungsstandards konkretisiert: Abgesehen von Informationen über die Dividende müssen die Finanzorganisationen bezeichnet werden, die im Zeitpunkt der Börsenzulassung der Wertpapiere als Zahlstellen des Emittenten in den Ländern fungieren, in denen die Wertpapiere zugelassen sind oder zugelassen werden sollen.[1591]

#### *b) Regelpublizität*

Auch nach dem Kommissionsvorschlag einer neuen Transparenzrichtlinie sollen die Emittenten künftig ein Finanzinstitut als bevollmächtigte Stelle benennen, bei dem die Wertpapierinhaber ihre finanziellen Rechte ausüben können. Die Spezifikation der möglichen Finanzinstitute soll im Komitologieverfahren durch die Kommission erfolgen. Der Anwendungsbereich der Verpflichtung wird auf alle geregelten Märkte erstreckt.[1592]

---

[1589] Anhang I, Schema A 2. Kapitel Punkt 2.2.7., Schema B 2. Kapitel Punkt 2.1.5. kodRL.

[1590] Artt. 38 Abs. 1 S. 2, 39 Abs. 1 S. 2 kodRL (vormals Artt. 24a Abs. 1 S. 2, 24b Abs. 1 S. 2 BZPR); ebenso für die Angebotsunterlage Art. 6 Abs. 2 UAbs. 2 S. 2 des Richtlinienvorschlags betreffend Übernahmeangebote v. 2.10.2002, Mitteilung der Kommission, S. 23.

[1591] Anhang III, VI C der Prospektrichtlinie v. 4.11.2003, ABl. EG Nr. L 345 v. 31.12.2003, S. 88; *IOSCO,* Offenlegungsstandards, X. F., S. 30.

[1592] Art. 13 Abs. 2 lit. c), Abs. 4 S. 2 (für Inhaber von Aktien), Art. 14 Abs. 2 lit. c), Abs. 5 S. 2 (für Inhaber von Schuldverschreibungen) des Vorschlags einer neuen Transparenz-

# Drittes Kapitel: Gleichbehandlungspflichten

Wie bei den Informationspflichten bezüglich der mit den Wertpapieren verbundenen Rechte muss hinsichtlich der gemeinschaftsrechtlichen Gleichbehandlungspflichten börsennotierter Aktiengesellschaften unterschieden werden zwischen Pflichten gegenüber den aktuellen Wertpapierinhabern und Pflichten gegenüber dem allgemeinen Anlegerpublikum:

Die aktuellen Wertpapierinhaber stehen zu der Gesellschaft in einer konkreten Rechtsbeziehung: Sie sind stets Gläubiger, im Falle von Aktionären darüber hinaus auch Gesellschafter. Gleichbehandlungspflichten gegenüber den aktuellen Wertpapierinhabern können sich somit auf alle Rechte und Pflichten beziehen, die mit dem Eigentum am Wertpapier verbunden sind.

Demgegenüber besteht zwischen der Gesellschaft und potenziellen künftigen Anlegern kein konkretisiertes Rechtsverhältnis. Gleichbehandlungspflichten gegenüber Anlegern im Allgemeinen können hier nur insoweit bestehen, als dies für die Funktionsfähigkeit und die Effizienz des Marktes und die Schaffung von Anlegervertrauen erforderlich ist, also im Bereich der kapitalmarktrechtlichen Publizität. Soweit sich die Informationen auf das Wertpapier als „Rechtsprodukt" beziehen, das auf dem Europäischen Kapitalmarkt dem Anlegerpublikum angeboten wird, ist eine Differenzierung zwischen aktuellen und potenziellen Anlegern nicht sinnvoll. Denn sie alle sollen in die Lage versetzt werden, auf Grundlage derselben Informationen eine Investitionsentscheidung zu treffen und eine angemessene Bewertung der Wertpapiere vorzunehmen. In diesem Bereich sind also alle Anleger, sowohl die aktuellen als auch die potenziellen künftigen, gleich zu behandeln.

Vor diesem Hintergrund müssen die verschiedenen Vorschriften gesehen werden, die börsennotierte Gesellschaften allgemein oder in einem bestimmten Bereich zur Gleichbehandlung verpflichten.

## A. Gleichbehandlung der Wertpapierinhaber

### I. Historische Entwicklung

Ein kapitalmarktrechtlicher Gleichbehandlungsgrundsatz, d.h. die Pflicht von Wertpapieremittenten zur Gleichbehandlung der *aktuellen* Anleger, findet sich auf Gemeinschaftsebene erstmals im *Wohlverhaltenskodex* von 1977.[1593] Darin

richtlinie v. 26.3.2003, DOK KOM (2003) 138, S. 52f.; im Zweiten Konsultationspapier, Anhang I, S. 12, 14, war vorgesehen, dass die Finanzinstitute Wertpapierfirmen i.S. des Art. 1 Abs. 2 WpDlR sein müssten.

[1593] Begründung Nr. 11 C, Grundsatz Nr. 3, 1. Hs. der Empfehlung 77/534/EWG, ABl. EG Nr. L 212/37 v. 20.8.1977, berichtigt in ABl. EG Nr. L 294/28 v. 18.11.1977, abgedruckt bei *Lutter*, EuGesR, 2. Aufl., S. 307ff.

wurden die Mitgliedstaaten dazu angehalten, Maßnahmen zu treffen, um „allen Besitzern von Wertpapieren gleicher Art, die von ein und derselben Gesellschaft begeben wurden, […] Gleichbehandlung zu gewährleisten."

Dieses Gleichbehandlungsgebot wurde 1979 im Anhang der BZR in den Schemata C und D jeweils im Abschnitt, der mit „Behandlung der Aktionäre" bzw. „Behandlung der Inhaber von Schuldverschreibungen" überschrieben ist, für alle Mitgliedstaaten verbindlich festgeschrieben:[1594]

## II. Gleichbehandlung der Aktionäre

### 1. Inhalt der Vorschrift

Nach Art. 65 Abs. 1 kodRL muss die Gesellschaft „den Aktionären, die sich in denselben Verhältnissen befinden, die gleiche Behandlung sicherstellen."

Das bedeutet, dass die Gesellschaft die Aktionäre einer Gattung hinsichtlich aller mit den Aktien verbundenen Rechte gleich behandeln muss. Das Gleichbehandlungsgebot verbietet also nicht, Aktien von vorneherein mit unterschiedlichen Rechten, z.B. Stimmrechten und Dividendenansprüchen auszustatten, so wie es im nationalen Aktiengesellschaftsrecht vorgesehen ist.[1595]

Auf die Klarstellung, dass die Vorschrift einer Begrenzung der Ausübung des Stimmrechts in der Hauptversammlung, die sich aus nationalem Recht oder der Satzung ergibt, nicht entgegensteht, wurde in der verabschiedeten Fassung im Gegensatz zu beiden Kommissionsvorschlägen verzichtet.[1596]

### 2. Gleichbehandlungspflichten im Europäischen Gesellschaftsrecht

Das Prinzip der Gleichbehandlung der Aktionäre gilt nicht nur im Europäischen Kapitalmarktrecht, sondern kann als Eckpfeiler des Europäischen Gesellschaftsrechts bezeichnet werden.[1597] Zwar existiert – anders als teilweise im nationalen Recht[1598] – keine Generalklausel. Jedoch findet sich in den verabschiedeten gesellschaftsrechtlichen Richtlinien eine Vielzahl von Spezialregelungen zur Gleichbehandlung der Aktionäre in den jeweils harmonisierten Bereichen:

Gemäß Art. 42 der Kapitalrichtlinie müssen die Rechtsvorschriften der Mitgliedstaaten im Anwendungsbereich der Richtlinie (Kapitalaufbringung, -sicherung, -erhöhung und -herabsetzung, Gewinnausschüttung) die Gleichbe-

---

[1594] Anhang, Schema C Nr. 2 lit. a), Schema D Abschnitt A Nr. 1 lit. a) BZR.

[1595] *Schwark,* § 44 BörsG, Rn. 3.

[1596] Vgl. den Wortlaut im ursprgl. Kommissionsvorschlag v. 23. 12. 1976, DOK KOM (1975) 686, S. 27, 30 sowie im geänderten Kommissionsvorschlag einer BZR v. 3. 11. 1976, DOK KOM (1976) 565, S. 40 f., 45. Der Bundesrat schlug in seinem Beschluss zum Kommissionsvorschlag einer BZR vor, für bestimmte Fälle, z.B. einer Sanierung, Ausnahmen vom Gleichbehandlungsgrundsatz zuzulassen; BR-Drucks. 85/76 v. 14. 5. 1976, S. 4; dies setzte sich in der verabschiedeten Fassung des Rates nicht durch.

[1597] *Schön,* RabelsZ 2000, S. 1 ff. (25).

[1598] Vgl. § 53a AktG.

handlung der Aktionäre, die sich in denselben Verhältnissen befinden, gewährleisten. Die Gesellschaft ist also zur Gleichbehandlung der Aktionäre einer Gattung hinsichtlich ihres Anteils am Gesellschaftskapital verpflichtet.[1599] Eine ähnliche Vorschrift enthielt der Vorschlag einer SE-VO von 1991 im Kapitel über das Kapital der Gesellschaft, der jedoch in der verabschiedeten Fassung gestrichen wurde.[1600]

Daraus folgt, dass die Hauptversammlung ohne Zustimmung der betroffenen Aktionäre keinen Beschluss fassen darf, der zu einer ungleichen Verteilung unter oder einer Entziehung des Kapitals bei den Aktionären führt.[1601] Verdeutlicht wird dies durch Art. 29 der Kapitalrichtlinie über das Bezugsrecht, wonach den Aktionären grundsätzlich bei jeder Kapitalerhöhung gegen Bareinlagen die neuen Aktien im Verhältnis zu dem durch ihre Aktien vertretenen Kapitalanteil vorzugsweise angeboten werden müssen, wenn nicht die Hauptversammlung den Bezugsrechtsausschluss mit Zweidrittelmehrheit beschließt.[1602] Bestehen mehrere Gattungen von Aktien, ist die Zustimmung der Hauptversammlung von der gesonderten Abstimmung zumindest jeder Gruppe von Aktionären abhängig, deren spezifische Rechte durch den Beschluss berührt werden.[1603] Auch die Vorschriften, durch die die Möglichkeiten der Gesellschaften, ihre eigenen Aktien zu erwerben, beschränkt werden, dienen der Gleichbehandlung der Aktionäre.[1604]

Die Leitungs- und Aufsichtsorgane sind verpflichtet, das Gleichbehandlungsgebot für die Gesellschaft mit Rücksicht auf die Aktionäre einzuhalten.[1605]

---

[1599] Vgl. den 5. Erwägungsgrund der Kapitalrichtlinie; *Werlauff,* S. 289; *Behrens,* in: Dauses, Handbuch des EU-Wirtschaftsrechts, E. III. Rn. 36.

[1600] Art. 40 des dritten geänderten Vorschlags einer SE-VO v. 16. 5. 1991, ABl. EG Nr. C 176 v. 8. 7. 1991, S. 1 ff., abgedruckt bei *Lutter,* EuUntR, 4. Aufl. 1996, S. 724 ff. Das gesamte Kapitel wurde in der verabschiedeten Fassung gestrichen. An dessen Stelle ist eine reine Verweisungsvorschrift getreten, die hinsichtlich des Kapitals der SE die Vorschriften des Mitgliedstaats für anwendbar erklärt, in dem die SE eingetragen ist; vgl. Art. 5 der SE-VO vom 27. 9. 2001; dazu *Schwarz,* ZIP 2001, S. 1847 ff. (1854).

[1601] *Werlauff,* S. 177, 244; wohl auch *Lutter,* EuUntR, 4. Aufl. 1996, S. 111.

[1602] So auch noch Art. 44 des Vorschlags einer SE-VO v. 16. 5. 1991, der in der verabschiedeten Fassung v. 27. 9. 2001 zugunsten einer Verweisung auf das Recht des Sitzstaates gestrichen wurde; *Werlauff,* S. 139 ff.; *Lutter,* EuUntR, 4. Aufl. 1996, S. 112 m.w. Nachw.; eingehend *Bagel,* Bezugsrechtsausschluss in Europa, S. 333 ff.

[1603] Arg. ex. Art. 60 der SE-VO vom 27. 9. 2001; gemäß Art. 40 des dritten geänderten Vorschlags einer Strukturrichtlinie v. 20. 11. 1991 und Art. 98 Abs. 1 des Vorschlags einer SE-VO v. 1991 genügte es, wenn „deren Rechte" berührt werden; vgl. *Werlauff,* S. 245; *Schwarz,* ZIP 2001, S. 1847 ff. (1857); *Edwards,* EC Company Law, S. 77 f.

[1604] 1. Erwägungsgrund der Änderungsrichtlinie zur Kapitalrichtlinie (92/101/EWG) vom 23. 11. 1992, ABl. EG Nr. L 347 v. 28. 11. 1992, S. 64 ff.; Artt. 18 ff. der Kapitalrichtlinie.

[1605] Vgl. Artt. 10a des dritten geänderten Vorschlags einer Strukturrichtlinie v. 20. 11. 1991; *Werlauff,* S. 244.

Spezielle Gleichbehandlungspflichten bestehen ferner beim Umtauschverhältnis bei Verschmelzung und Spaltung[1606] sowie in den Vorschriften zur Hauptversammlung im Vorschlag der Strukturrichtlinie.[1607]

Schließlich ordnen auch die drei Kommissionsvorschläge für eine Richtlinie betreffend Übernahmeangebote an, dass „alle Inhaber von Wertpapieren der Zielgesellschaft, die der gleichen Gattung angehören", „in gleichwertiger Weise zu behandeln" sind.[1608] Die Grundlage dafür wurde bereits im *Wohlverhaltenskodex* gelegt, der dies für die Informationen und die Rechte im Falle der Übertragung von Kontrollbeteiligungen anordnete.[1609] Dieses besondere Gleichbehandlungsgebot verpflichtet allerdings nicht die Gesellschaft gegenüber ihren eigenen Aktionären, sondern den Mehrheitsaktionär (Bieter), der das Übernahmeangebot an die übrigen Aktionäre der Zielgesellschaft abgibt. Deshalb handelt es sich weniger um eine gesellschaftsrechtliche als vielmehr um eine kapitalmarktrechtliche Verpflichtung.[1610]

### 3. Bedeutung der kapitalmarktrechtlichen Verpflichtung

Art. 65 Abs. 1 kodRL erstreckt den Gleichbehandlungsgrundsatz auf alle Rechte und Pflichten aus dem Rechtsverhältnis zwischen einer börsennotierten Aktiengesellschaft und ihren Aktionären, also auch auf die nicht harmonisierten Bereiche des allgemeinen Aktienrechts. Die Harmonisierung ist für börsennotierte Aktiengesellschaften also weitergehend als für andere Gesellschaften.

---

[1606] Artt. 5 II b), 7 II, 8 b) i.V.m. 10, 11, 28 (für Aktionäre) Artt. 14, 15 (für Inhaber sonstiger Wertpapiere) der Fusionsrichtlinie v. 9. 10. 1978, ABl. EG Nr. L 295 v. 20. 10. 1978, S. 36 ff., abgedruckt bei *Lutter*, EuUntR, 4. Aufl. 1996, S. 131 ff.; Artt. 8, 9, 17 I b) (für Aktionäre); Artt. 12 V, 13 (für Anleihegläubiger) der Spaltungsrichtlinie v. 17. 12. 1982, ABl. EG Nr. L 378 v. 31. 12. 1982, S. 47 ff., abgedruckt bei *Lutter,* EuUntR, 4. Aufl. 1996, S. 199 ff.

[1607] Z.B. Artt. 26, 27, 30, 31, 33 des dritten geänderten Vorschlags einer Strukturrichtlinie v. 20. 11. 1991, ABl. EG Nr. C 321 v. 12. 12. 1991, S. 9 ff., abgedruckt bei *Lutter*, EuUntR, 4. Aufl. 1996, S. 176 ff.

[1608] Art. 3 Abs. 1 lit. a) des Vorschlags einer Richtlinie betreffend Übernahmeangebote v. 2. 10. 2002, Mitteilung der Kommission, S. 18; jedoch ist gemäß Art. 4 Abs. 5, 2. UAbs. in bestimmten begründeten Fällen eine Dispenserteilung durch die zuständigen Stellen ausnahmsweise zulässig; vgl. Artt. 3 Abs. 1 lit. a), 4 Abs. 5 UAbs. 2 des geänderten Vorschlags einer dreizehnten Richtlinie (...) über Übernahmeangebote i.d.F. des Gemeinsamen Standpunkts des Rates vom 24. 6. 2000, ABl. EG Nr. C 23 v. 24. 1. 2001, S. 1 ff.; vgl. bereits 3., 6. lit. a) und 16. Erwägungsgrund sowie Art. 6a) lit. a) des geänderten Vorschlags einer dreizehnten Richtlinie vom 10. 9. 1990 (Richtlinie über Übernahmeangebote), ABl. EG Nr. C 240 v. 26. 9. 1990, S. 7 ff., abgedruckt bei *Lutter*, EuUntR, 4. Aufl. 1996, S. 288 ff.; *Werlauff,* S. 290; *Behrens*, in: Dauses, Handbuch des EU-Wirtschaftsrechts, E. III. Rn. 94.

[1609] Begründung Nr. 11 C Abs. 2, Grundsatz Nr. 3 2. Hs. der Empfehlung 77/534/EWG; vgl. zur Gleichbehandlung als Problem der Europäischen Rechtsangleichung *Reul,* S. 5–14.

[1610] *Hopt*, Systembildung und Systemlücken, S. 307 ff. (317); vgl. *Schwark,* § 44 BörsG Rn. 3; *Groß,* §§ 44–44d BörsG, Rn. 2.

Soweit das nationale Aktienrecht eine entsprechende Generalklausel enthält, sind das aktienrechtliche und das kapitalmarktrechtliche Gleichbehandlungsgebot inhaltsgleich. Das Gleichbehandlungsgebot verpflichtet die Organe der Gesellschaft, also Hauptversammlung, Leitungs-, und Aufsichtsorgan, gegenüber den Aktionären, grundsätzlich jedoch nicht die Aktionäre untereinander,[1611] und ist bei allen Entscheidungen, die der Sache nach vom Gleichbehandlungserfordernis erfasst werden, zu beachten. Das Gebot schließt nicht jede Differenzierung aus, sondern verbietet lediglich willkürliche Ungleichbehandlung, also solche, für die kein sachlicher Grund besteht. Die Aktionäre können auf ihre durch das Gleichbehandlungsgebot geschützten Positionen im konkreten Fall verzichten, entweder vorab in der Satzung oder, indem sie einer ungleich behandelnden Entscheidung nachträglich zustimmen.[1612]

Ein Verstoß gegen das Gleichbehandlungsgebot ist beispielsweise denkbar durch einen Hauptversammlungsbeschluss, der eine ungleiche Verteilung der Dividende oder den Rückerwerb eigener Aktien außerhalb der Börse vorsieht.[1613]

## III. Gleichbehandlung der Inhaber von Schuldverschreibungen

### 1. Inhalt der Vorschrift

Der Gleichbehandlungsgrundsatz gilt auch gegenüber Inhabern von Schuldverschreibungen. Gemäß Art. 78 Abs. 1 kodRL müssen Inhaber von Schuldverschreibungen derselben Anleihe bezüglich aller mit diesen Schuldverschreibungen verbundenen Rechte gleich behandelt werden. Die Vorschrift macht eine Ausnahme für vorzeitige Rücknahmeangebote, die das Unternehmen abweichend von den Emissionsbedingungen an die Inhaber bestimmter Schuldverschreibungen richtet, wenn das innerstaatliche Recht solche Angebote zulässt. Eine Ungleichbehandlung kann insbesondere dann gerechtfertigt werden, wenn das Unternehmen nach sozialen Gesichtspunkten eine Rangfolge bestimmt.[1614] Diese Ausnahmevorschrift konnte der deutsche Vertreter im Rat in der verabschiedeten Fassung durchsetzen.[1615]

---

[1611] Mit Ausnahme der Regelungen der Richtlinenvorschläge betreffend Übernahmeangebote, s.o. 2.

[1612] Schäfer/*Hamann,* § 44 BörsG Rn. 6 ff.; *Schwark,* § 44 BörsG Rn. 3; *Groß,* §§ 44–44d BörsG Rn. 2.

[1613] Schäfer/*Hamann,* § 44 BörsG Rn. 11 f.; vgl. die Kommentierung zu § 53a AktG: *Hüffer,* AktG; *Lutter* in: Kölner Kommentar zum AktG; *Hefermehl/Bungeroth,* in: Geßler/Hefermehl/Eckhardt/Kropf, AktG.

[1614] Art. 78 Abs. 1 kodRL; vgl. die deutsche Umsetzung in § 39 Abs. 1 Nr. 1 BörsG n.F. (vormals § 44 Abs. 1 Nr. 1 BörsG).

[1615] Die Vorschrift enthielt zunächst keine Ausnahme, DOK KOM (1975) 686 v. 23. 12. 1975, S. 27, 30; DOK KOM (1976) 575 v. 3. 11. 1976, S. 40, 45. Der Bundesrat wies in seinem Beschluss zum Kommissionsvorschlag einer BZR darauf hin, dass für Realkreditinstitute die Möglichkeit gewährleistet bleiben müsse, an die Inhaber niedrig

### 2. Bedeutung

Das kapitalmarktrechtliche Gleichbehandlungsgebot hat für Anleihegläubiger erheblich größere Bedeutung als für Aktionäre, da die Vorschrift für jene die einzige Gleichbehandlungsgarantie im Gemeinschaftsrecht enthält und auch auf nationaler Ebene diesbezüglich nur bruchstückhafte Regelungen existieren.[1616] Somit sind die Inhaber amtlich notierter Schuldverschreibungen erheblich besser gestellt als andere Anleihe – oder sonstige Gläubiger.

Praktisch relevant wird das Gleichbehandlungsgebot für Emittenten von Anleihen insbesondere bei Teilrückkäufen. Soweit diese über die Börse, im Wege einer öffentlichen Offerte oder durch Auslosung im Rahmen eines Tilgungsplans erfolgen, bleibt die Chancengleichheit gewahrt, da es dem Zufall überlassen bleibt, welche Stücke zurückgekauft werden. Anders verhält es sich, wenn der Emittent bestimmten Gläubigern oder Gläubigergruppen gezielte Rücknahmeangebote macht. Diese Fälle betrifft die Ausnahmevorschrift: Eine Ungleichbehandlung ist zulässig, wenn ein berechtigtes Interesse der bevorzugten Gruppe vorliegt, das sich insbesondere aus sozialen Gesichtspunkten ergeben kann. Erlaubt ist beispielsweise der Rückkauf von Anlegern, deren Anleihen aufgrund eines Anstiegs des Zinsniveaus im Kurs stark gesunken sind und eine lange Restlaufzeit besitzen. Die Ausnahmevorschrift erlaubt den Umkehrschluss, dass weitere Abweichungen vom Gleichbehandlungsgebot, auch bei Vorliegen eines sachlichen Grundes, z.B. einem drohenden Schaden der Gesellschaft, nicht zulässig sind.[1617]

## IV. Ausblick

Eine Ausweitung des Geltungsbereichs der kapitalmarktrechtlichen Verpflichtung zur Gleichbehandlung sieht die neue Prospektrichtlinie an versteckte Stelle vor: Gemäß der Vorschrift, die die Mindestbefugnisse der zuständigen Behörde des Herkunftmitgliedstaats aufzählt, soll diese befugt sein, sicherzu-

---

verzinslicher Emissionen unter bestimmten Voraussetzungen (z.B. in Bezug auf bestimmte Stückelung, Höchstbeträge) vorzeitige Rückkaufangebote zu machen. Er forderte eine Ermächtigung für entsprechende Ausnahmeregelungen, BR-Drucks. 85/76 v. 14.5.1976, S. 5.

[1616] § 12 Abs. 1 des Gesetzes betreffend die gemeinsamen Rechte der Besitzer von Schuldverschreibungen v. 4.12.1899 bestimmt, dass die Gläubigerversammlung, wenn sie zur Abwendung der Zahlungseinstellung oder des Insolvenzverfahrens einen Beschluss über die Aufgabe oder Beschränkung von Rechten der Gläubiger fasst, für alle Gläubiger die gleichen Bedingungen festzusetzen hat. Die Festsetzung ungleicher Bedingungen ist nur mit ausdrücklicher Einwilligung der zurückgesetzten Gläubiger zulässig. Ein Beschluss, der durch Begünstigung einzelner Gläubiger zustande gebracht ist, hat den übrigen Gläubigern gegenüber keine verbindliche Kraft. Vgl. *Schwark,* § 44 BörsG Rn. 2; Schäfer/*Hamann,* § 44 BörsG Rn. 5; *Groß,* §§ 44–44d BörsG Rn. 3.

[1617] *Schwark,* § 44 BörsG, Rn. 4; Schäfer/*Hamann,* § 44 BörsG, Rn. 14 ff.; z.T. a.A. *Schäfer,* ZIP 1987, S. 953 ff. (956); *Groß,* §§ 44–44d BörsG, Rn. 4.

stellen, dass „in allen Mitgliedstaaten, in denen das öffentliche Angebot unterbreitet oder die Wertpapiere zum Handel zugelassen werden, alle Wertpapierinhaber, die sich in der gleichen Lage befinden, vom Emittenten gleich behandelt werden."[1618] Die Verpflichtung zur Gleichbehandlung wird damit auf Emittenten erstreckt, deren Wertpapiere Gegenstand eines öffentlichen Angebots waren oder die auf neben dem amtlichen Marktsegment existierenden geregelten Märkten gehandelt werden.

Der Vorschlag einer neuen Transparenzrichtlinie wird den Gleichbehandlungsgrundsatz für Inhaber von Aktien und Schuldverschreibungen inhaltlich unverändert übernehmen, lediglich den Geltungsbereich auf alle geregelten Märkte erstrecken.[1619]

## B. Börsennotierung neu begebener Aktien

### I. Inhalt der Vorschrift

Art. 64 kodRL verpflichtet die Gesellschaft, im Falle einer Neuemission von Aktien, die derselben Gattung wie bereits zur amtlichen Notierung zugelassene Aktien angehören, die Zulassung der neuen Aktien entweder spätestens ein Jahr nach ihrer Begebung zu beantragen oder zu dem Zeitpunkt, in dem die neuen Aktien uneingeschränkt handelbar werden, wenn die Zulassung nicht automatisch erfolgt. Dies gilt „unbeschadet der Bestimmung des Art. 49 Abs. 2" kodRL.[1620]

Diese Verpflichtung knüpft an die vor Börsenzulassung einzuhaltende Bedingung an, den Zulassungsantrag grundsätzlich auf alle bereits begebenen Aktien der gleichen Gattung zu erstrecken (Art. 49 Abs. 1 kodRL).[1621]

### II. Zweck des Zulassungsgebots

Der Wirtschafts- und Sozialausschuss hielt in seiner Stellungnahme zum Kommissionsvorschlag einer BZR die Verpflichtung der Gesellschaft, alle bereits begebenen Aktien an der Börse einzuführen und alle später emittierten einführen zu lassen, für problematisch. Es gebe Fälle, in denen aus Sicht des Emittenten die Börseneinführung des gesamten ausgegebenen Aktienkapitals unzweck-

[1618] Art. 21 Abs. 4 lit. c) der neuen Prospektrichtlinie v. 4. 11. 2003, ABl. EG Nr. L 345 v. 31. 12. 2003, S. 80.

[1619] Begründung, 12. Erwägungsgrund, Art. 13 Abs. 1 (für Aktionäre), Art. 14 Abs. 1 (für Inhaber von Schuldtiteln) des Vorschlags einer neuen Transparenzrichtlinie v. 26. 3. 2003, DOK KOM (2003) 138, S. 29 f., 37, 52 f.; vgl. Zweites Konsultationspapier, Anhang I, S. 12, 14.

[1620] Vormals Schema C Nr. 1; Schema A Ziffer II 5 Abs. 2 BZR; die deutsche Umsetzung findet sich in § 39 Abs. 1 Nr. 4 BörsG n.F. i.V.m. § 69 BörsZulVO.

[1621] Vormals Anhang, Schema A Ziffer II 5 Abs. 1 BZR; die deutsche Umsetzung findet sich in § 32 Abs. 1 Nr. d) BörsG i.V.m. § 7 BörsZulVO.

mäßig sei, ohne dass Belange der Öffentlichkeit und der Anleger beeinträchtigt würden.[1622] Dabei verkannte er die Intention des Zulassungsgebots:

Das Zulassungsgebot verfolgt mehrere Zwecke: In erster Linie handelt es sich dabei um eine Konkretisierung des allgemeinen Gleichbehandlungsgebots.[1623] Durch die umfassende Zulassung zur amtlichen Notierung nehmen alle Aktionäre der betroffenen Gattung in gleicher Weise an den damit verbundenen Vorteilen und Nachteilen, wie z.B. den Verkaufsmöglichkeiten an der Börse (exit), aber auch den Meldepflichten gemäß der TR teil. Die umfassende Zulassung soll ferner Kursverzerrungen, die durch die Knappheit der Aktien im amtlichen Marktsegment entstehen könnten, entgegenwirken.[1624] Schließlich soll verhindert werden, dass Aktienpakete aus dem Börsenhandel herausgehalten und damit stille, für den Anleger nicht ersichtliche Machtanhäufungen gesichert werden.[1625]

## III. Ausnahmen

Vom anfänglichen Zulassungsgebot können die Mitgliedstaaten gemäß Art. 49 Abs. 2 kodRL Ausnahmen zulassen: Zulassungsanträgen, die sich nicht auf alle Aktien derselben Gattung beziehen, kann stattgegeben werden, wenn die Aktien, deren Zulassung nicht beantragt wird, zu einem Aktienpaket gehören, das zur Aufrechterhaltung der Kontrolle über eine Gesellschaft, also einer bestehenden Konzernstruktur benötigt wird oder wenn einer vollständigen Zulassung ein vereinbartes, zeitlich beschränktes Handelsverbot (z.B. im Falle von zu Vorzugspreisen überlassenen Belegschaftsaktien) entgegensteht.[1626]

Bei beiden Ausnahmen handelt es sich um Fälle, in denen die Inhaber der nicht zugelassenen Aktien aufgrund anderer Vorteile ein Interesse an der Nichtzulassung haben. Daher ist eine derartige Ausnahme nur zulässig, wenn den Inhabern der notierten Aktien keine Nachteile entstehen, wenn also der Gleichbehandlungsgrundsatz beachtet wird. Ferner ist das Publikum hierüber zu informieren, um die Transparenz der Beteiligungsverhältnisse und Machtstrukturen zu gewährleisten. Denn die Inhaber wesentlicher Beteiligungen von Aktien, die nicht zur amtlichen Notierung zugelassen sind, unterliegen nicht der Meldeverpflichtung gemäß der Artt. 89, 90 kodRL.

Im Rahmen des nachträglichen Zulassungsgebots gemäß Art. 64 kodRL bedeutet die Berücksichtigung der Ausnahmevorschrift, die durch die Formulierung „unbeschadet" zum Ausdruck kommt, folgendes: Handelt es sich bei den neu begebenen Aktien um solche, die nach Art. 49 Abs. 2 kodRL vom Zulas-

---

[1622] ABl. EG Nr. C 204 v. 30. 8 1976, S. 5 ff. (9).
[1623] Schäfer/*Hamann*, § 44 BörsG, Rn. 6, 39.
[1624] *Schwark*, § 36 BörsG, Rn. 30, § 44 BörsG, Rn. 7; *Groß*, §§ 53–70 BörsZulVO, Rn. 15.
[1625] *Heinze*, S. 61.
[1626] Vgl. *Werlauff*, S. 149.

sungsantrag ausgenommen werden dürften, so muss für sie zwar der Zulassungsantrag fristgemäß beantragt und so der Zulassungsstelle die Neuemission zur Kenntnis gebracht werden. Die Zulassungsstelle kann dann aber entscheiden, ob die Zulassung tatsächlich erfolgen muss oder der Emittent ein berechtigtes Interesse i.S. des Art. 49 Abs. 2 kodRL an der Nichtzulassung hat. So wird gewährleistet, dass der Anleger in jedem Fall über möglicherweise kursrelevante Neuemissionen informiert wird und rechtzeitig darauf reagieren kann.[1627]

## IV. Erleichterungen der Prospekterstellung bei Neuemissionen

Wird die Zulassung neuer Aktien beantragt und umfasst die Neuemission weniger als 10% der Zahl oder des Wertes der an derselben Börse bereits zugelassenen Aktien derselben Gattung, können die zuständigen Stellen ganz oder teilweise von der Verpflichtung zur Veröffentlichung des Prospekts befreien, wenn der Emittent die laufenden Publizitätspflichten erfüllt und Angaben über Umfang, Art und Umstände der neuemittierten Wertpapiere veröffentlicht.[1628]

## V. Kein Zulassungsgebot für Emittenten von Schuldverschreibungen

Für Emittenten von Schuldverschreibungen besteht zwar gemäß Art. 56 kodRL ein anfängliches Zulassungsgebot hinsichtlich aller Schuldverschreibungen ein und derselben Emission.[1629] Hinsichtlich der Neuemission von Schuldverschreibungen fehlt es allerdings an einer Art. 64 kodRL entsprechenden Verpflichtung. Dies dürfte damit zusammenhängen, dass mit dem Innehaben von Schuldverschreibungen keine Einflussnahme vermittels des Stimmrechts auf die Gesellschaft verbunden ist und nicht wie im Falle von Aktien die Gefahr des heimlichen Bildens von Kontrollbeteiligungen besteht.

---

1627 Insoweit ungenau *Heinze*, S. 77.

1628 Art. 23 Nr. 3 a) kodRL (vormals Art. 6 Nr. 3 a) BZPR); dasselbe gilt im Falle eines öffentlichen Angebots, sofern die Anleger über aktuelle Informationen über den Emittenten verfügen, die den im Emissionsprospekt enthaltenen Angaben gleichwertig sind, Art. 11 Abs. 8 der Emissionsprospektrichtlinie. Art. 4 Abs. 2 lit. a) der Prospektrichtlinie v. 4. 11. 2003, ABl. EG Nr. L 345 v. 31. 12. 2003, S. 71, sieht sogar vor, dass eine Prospektpflicht garnicht besteht, wenn die Neuemission innerhalb von 12 Monaten nicht mehr als 10% beträgt.

1629 Vormals Anhang, Schema B Abschnitt A Ziffer II 4. BZR; vgl. die deutsche Umsetzung in §7 Abs. 2 BörsZulVO.

## C. Gleichbehandlung des Anlegerpublikums bzgl. der Erteilung von Informationen

### I. Ungeschriebener Gleichbehandlungsgrundsatz bei Inlandssachverhalten

Der Europäische Gesetzgeber geht von der Prämisse aus, dass ein einheitlicher Europäischer Finanzraum und das Vertrauen der Anleger in die Wertpapiermärkte nur dadurch geschaffen werden kann, dass für alle Anleger „gleiche Spielregeln gelten".[1630]

Dies gilt insbesondere im Hinblick auf die Erteilung kursrelevanter Informationen: Bereits der *Wohlverhaltenskodex* bestimmte, dass die Anleger bei der Erteilung von und dem Zugang zu Informationen nicht unterschiedlich behandelt werden dürfen.[1631]

Die Gleichbehandlung des Anlegerpublikums hinsichtlich der Erteilung kursrelevanter Informationen wird im Zusammenhang mit den vorstehend dargestellten Publizitätspflichten der kodRL durch die strengen Anforderungen an die Veröffentlichung der Informationen gewährleistet: Sowohl die Informationsdokumente als auch die anlassbezogenen Informationen müssen in einer Art und Weise bekannt gegeben werden, die sicherstellt, dass die breite Öffentlichkeit gleichzeitig die Möglichkeit erhält, ohne weiteres von den kursrelevanten Informationen Kenntnis zu nehmen.

Auch in der Insider-Richtlinie, die zur Funktionsfähigkeit des Europäischen Sekundärmarktes für Wertpapiere beitragen soll, kommt zum Ausdruck, dass das Vertrauen der Anleger in die Europäischen Wertpapiermärkte die Gleichstellung der Anleger erfordert. Da Insider-Geschäfte für bestimmte Anleger mit Vorteilen gegenüber anderen Anlegern verbunden sind, stellt die Richtlinie das Verbot der unrechtmäßigen Verwendung von Insider-Informationen auf.[1632] Der durch die zahlreichen Publizitätspflichten, insbesondere durch die Ad-hoc-Publizität angestrebte gleichmäßige Informationsstand der Teilnehmer am Kapitalmarkt wird also dadurch unterstützt, dass die Ausnutzung kursrelevanter Informationen verboten ist, solange diese der breiten Öffentlichkeit nicht zugänglich sind. Insofern werden durch die Insider-Richtlinie die gemeinschaftsrechtlichen Anlegerschutz- prinzipien der angemessenen Information und des gleichen Zugangs zu den Informationen miteinander verknüpft.[1633] Dies soll

---

[1630] Zuletzt Begründung der Kommission zum Vorschlag einer Richtlinie über Marktmissbrauch v. 30. 5. 2001, DOK KOM (2001) 281, S. 3; Begründung des Rates zum Gemeinsamen Standpunkt v. 19. 7. 2001 zum Vorschlag einer Richtlinie über Marktmissbrauch, ABl. EG Nr. C 228 E v. 25. 9. 2002, S. 19 ff. (29).

[1631] Begründung Nr. 12 B lit. d), Grundsatz Nr. 15 der Empfehlung 77/534/EWG.

[1632] Vgl. 4., 5. und 6. Erwägungsgrund der Insiderrichtlinie v. 13. 11. 1989, ABl. EG Nr. L 334 v. 18. 11. 1989, S. 30 ff., abgedruckt bei *Lutter*, EuUntR, 4. Aufl. 1996, S. 601 ff.

[1633] Vgl. *Schön*, RabelsZ 2000, S. 1 ff. (26).

dazu führen, dass alle Anleger gleichzeitig in der Lage sind, aufgrund aller kursrelevanten Informationen eine sachgerechte Bewertung der Wertpapiere vorzunehmen und dementsprechend eine vernünftige Anlageentscheidung zu treffen. Dies wiederum führt zu einer optimalen Kapitalallokation und zur Funktionsfähigkeit des Europäischen Kapitalmarkts.[1634]

Das Prinzip gleichmäßiger und gleichzeitiger Anlegerinformation wird auch in den jüngsten kapitalmarktrechtlichen Richtlinien aufgegriffen:

In der neuen Prospektrichtlinie findet sich im Zusammenhang mit den Vorschriften über Werbung im Vorfeld der Veröffentlichung eines Prospekts die Verpflichtung des Emittenten, erhebliche Informationen, die an qualifizierte Anleger oder bestimmte Anlegergruppen gerichtet sind, und Informationsbestandteile, die in Sitzungen mitgeteilt werden, auch dem Publikum bekannt zu geben.[1635]

Die Richtlinie über Marktmissbrauch enthält die Verpflichtung der Emittenten, Insiderinformationen zu veröffentlichen. Den Zeitpunkt der Veröffentlichung kann der Emittent bei berechtigtem Interesse an der Geheimhaltung selbst davon abhängig machen, wie lange er in der Lage ist, die Informationen geheim zu halten. Sobald eine Insiderinformation absichtlich oder unabsichtlich in irgendeiner Form nach außen dringt, besteht die Verpflichtung, sie zeitgleich bzw. unverzüglich zu veröffentlichen.[1636]

Beide Vorschriften verhindern die informationelle Besserstellung bestimmter Anlegergruppen gegenüber der breiten Öffentlichkeit.

## II. Ausdrückliches Gebot bei grenzüberschreitenden Sachverhalten

Während sich das Prinzip der gleichmäßigen Information aller Teilnehmer eines bestimmten mitgliedstaatlichen Wertpapiermarktes den kapitalmarktrechtlichen Vorschriften nur mittelbar entnehmen lässt, hat der Gemeinschaftsgesetzgeber diesen Grundsatz für grenzüberschreitende Sachverhalte ausdrücklich festgeschrieben:

Artt. 69, 82 kodRL enthalten entsprechende Regelungen für den Fall, dass Wertpapiere einer Gesellschaft zur amtlichen Notierung an mehreren, in verschiedenen Mitgliedstaaten oder auch in Drittstaaten ansässigen oder tätigen Wertpapierbörsen zugelassen sind. Die erste der beiden Vorschriften ist mit „Gleichwertigkeit der Informationen" überschrieben.

---

[1634] S.o. Erstes Kapitel unter C. V. 1., 2.

[1635] Art. 15 Abs. 5 S. 2 der neuen Prospektrichtlinie v. 4. 11. 2003, ABl. EG Nr. L 345 v. 31. 12. 2003, S. 77; vgl. Begründung zum Richtlinienvorschlag v. 9. 8. 2002, DOK KOM (2002) 460, S. 19.

[1636] Art. 6 Abs. 2, 3 der Richtlinie über Marktmissbrauch v. 28. 1. 2003, ABl. EG Nr. L 96 v. 12. 4. 2003, S. 21 f.; s.o. Erstes Kapitel unter C. XI. 2. b) (III.), (IV.).

### 1. Gleichbehandlung der Europäischen Märkte

#### *a) Inhalt der Vorschriften*

Nach Artt. 69 Abs. 1, 82 Abs. 1 kodRL muss eine Gesellschaft, deren Wertpapiere zur amtlichen Notierung an mehreren, in verschiedenen Mitgliedstaaten ansässigen oder tätigen Wertpapierbörsen zugelassen sind, sicherstellen, dass die dem Markt an jeder dieser Börse erteilten Informationen gleichwertig sind.[1637]

#### *b) Historische Entwicklung*

Diese Verpflichtung lässt sich auf die Forderungen des Segré-Berichts zurückführen: Um Anlegern Anreize zu schaffen, europaweit zu investieren, sollten die dem Publikum in den Mitgliedstaaten erteilten Informationen verhältnismäßig vergleichbar sein.[1638] Die dazu notwendige gemeinschaftsweite Harmonisierung der Publizitätsvorschriften wird dadurch unterstützt, dass die Emittenten neben der Unterwerfung unter diese Publizitätsvorschriften dazu verpflichtet werden, den Anlegern in den verschiedenen Mitgliedstaaten gleichwertige Informationen zu erteilen. Deshalb sah bereits der *Wohlverhaltenskodex* vor, dass Emittenten, deren Wertpapiere einer Kategorie gleichzeitig auf mehreren Märkten gehandelt werden oder gehandelt werden können, sich bemühen sollten, keinen Markt bevorzugt zu behandeln.[1639]

#### *c) Bedeutung vor dem Hintergrund der Mindestharmonisierung*

Durch die Verpflichtung, den mitgliedstaatlichen Wertpapiermärkten gleichwertige Informationen zu erteilen, sollen Wettbewerbsverzerrungen zwischen den einzelnen Märkten vermieden werden.[1640] Problematisch erscheint diese Verpflichtung vor dem Hintergrund der Mindestharmonisierung. Da die Mitgliedstaaten berechtigt sind, strengere und/oder zusätzliche Publizitätspflichten aufzustellen, können Emittenten aufgrund solcher nationaler Vorschriften dazu verpflichtet sein, dem Markt eines Mitgliedstaats detailliertere oder zusätzliche Informationen zu liefern und dies häufiger oder innerhalb kürzerer Fristen zu tun. Es stellt sich die Frage, ob in diesem Fall der Emittent diejenigen Informationen, die über die Publizitätsvorschriften des anderen Mitgliedstaats, in dem seine Wertpapiere notiert sind, hinausgehen, aufgrund des Gleichwertigkeitsgebots auch auf diesem Markt veröffentlichen muss. Dies würde dazu führen, dass ein Emittent, dessen Wertpapiere in mehreren Mitgliedstaaten zur

---

[1637] Vormals Anhang, Schema C Nr. 6 lit. a); Schema D Abschnitt A Nr. 5 lit. a) BZR; vgl. die deutsche Umsetzung in § 67 Abs. 2 BörsZulVO, der nicht zwischen Mitgliedstaaten und Drittstaaten differenziert; dazu *Groß,* §§ 53–70 BörsZulVO Rn. 13; Schäfer/*Hamann,* § 44 BörsG, Rn. 32.

[1638] Segré-Bericht, S. 237 ff., 241; an dieser Stelle hinsichtlich einer künftigen Zwischenberichterstattung.

[1639] Grundsatz Nr. 16 der Empfehlung 77/534/EWG.

[1640] *Heinze,* S. 79, 82.

amtlichen Notierung zugelassen sind, auf allen Märkten die Publizitätsvorschriften des Mitgliedstaats zu beachten hätte, der die strengsten Anforderungen stellt. Ferner wären sogar die strengeren und zusätzlichen nationalen Anforderungen verschiedener Staaten kumulativ zu beachten.

Hier ist zu differenzieren: Die Vorschrift verlangt „gleichwertige" Informationen. Dies ist nicht gleichzusetzen mit „gleichen" bzw. „denselben" Informationen. Müssen die Informationen nach den Vorschriften verschiedener Mitgliedstaaten lediglich unterschiedlich aufbereitet werden, unterscheiden sie sich aber nicht wesentlich in qualitativer oder quantitativer Hinsicht, liegt „Gleichwertigkeit" der Informationen im Sinne der Vorschrift vor. Bestehen in einem Mitgliedstaat jedoch wesentlich strengere oder zusätzliche Publizitätsanforderungen, z.B. die Verpflichtung zur Quartalsberichterstattung oder wesentlich kürzere Fristen hinsichtlich der Veröffentlichung bestimmter Informationen, so müssen diese Anforderungen auf allen Märkten beachtet werden, um dem Gleichwertigkeitsgebot zu genügen. Mit dem Prinzip gleichmäßiger Information aller Teilnehmer des Europäischen Kapitalmarkts wäre es unvereinbar, dass eine Gesellschaft in einem Mitgliedstaat Quartalsberichte veröffentlicht und in dem anderen nicht oder dass sie in dem einen ihren Jahresabschluss nach zwei Monaten, in dem anderen erst nach vier Monaten veröffentlicht. Derartige Informationsasymmetrien zwischen den einzelstaatlichen Märkten würden eine optimale Kapitalallokation in Europa behindern.

Dennoch mag dieses Ergebnis verwundern, da es dazu führt, dass in mehreren Mitgliedstaaten notierte Unternehmen in einem Mitgliedstaat mit niedrigen Publizitätsanforderungen schlechter gestellt sind, als nur in diesem Mitgliedstaat notierte Unternehmen, da sie auch hier die strengeren Anforderungen des anderen Mitgliedstaats beachten müssten. Diese „Schlechterstellung", die darin besteht, die Informationen übersetzen und veröffentlichen zu müssen, wurde allerdings vom Gemeinschaftsgesetzgeber bisher in Kauf genommen. Sie resultiert aus der noch unvollkommenen Harmonisierung der börsenrechtlichen Vorschriften. Die Einigung der Mitgliedstaaten auf den „kleinsten gemeinsamen Nenner" sollte nur ein erster Schritt auf dem Weg zu einer vollständigen Harmonisierung sein.

*d) Ausblick: Vorschlag einer neuen Transparenzrichtlinie*

Durch den Vorschlag einer neuen Transparenzrichtlinie wird für die regelmäßigen und anlassbezogenen Publizitätspflichten das Herkunftslandprinzip (d.h. Herkunftslandkontrolle und gleichzeitige gegenseitige Anerkennung der strengeren oder zusätzlichen nationalen Vorschriften im harmonisierten Bereich) eingeführt. Das bedeutet, dass nur der Herkunftsmitgliedstaat, aber kein Aufnahmestaat die Emittenten strengeren Informations- und Offenlegungspflichten unterwerfen darf. Dies soll nach der Vorstellung der Kommission nur in Situationen gelten, „in denen der Emittent ausschließlich für den inländischen

Markt von Belang ist."[1641] Dies würde dazu führen, dass die Richtlinie bei Mehrfachzulassungen zu einer maximalen Harmonisierung führt, so dass auf allen betroffenen Märkten dem Publikum die gleichen Informationen zur Verfügung stehen. Ferner wäre der zusätzliche Aufwand für mehrfach notierte Unternehmen gering, so dass die Existenz der laufenden Informationspflichten in Zukunft grenzüberschreitende Emissionen nicht hemmen dürfte.

### 2. Keine Schlechterstellung der Europäischen Märkte gegenüber Drittstaaten

#### *a) Inhalt der Vorschriften*

Sind die Wertpapiere neben der Zulassung in einem oder mehreren Mitgliedstaaten zugleich an einer Börse oder mehreren Börsen außerhalb des Gemeinschaftsgebiets zugelassen, so müssen gemäß Artt. 69 Abs. 2, 82 Abs. 2 kodRL die in den Mitgliedstaaten erteilten Informationen mindestens den in dem Drittstaat oder den Drittstaaten veröffentlichten Informationen gleichwertig sein, sofern diese für die Bewertung der Wertpapiere Bedeutung haben können.[1642]

#### *b) Bedeutung*

Durch diese Vorschrift will der Gemeinschaftsgesetzgeber den Europäischen Kapitalmarkt als solchen vor Wettbewerbsnachteilen gegenüber außereuropäischen Märkten schützen. Diese dürfen hinsichtlich kursrelevanter Informationen nicht besser gestellt werden als die Märkte der Mitgliedstaaten. Die Verpflichtung führt dazu, dass die Gesellschaft Informationen, die sie aufgrund von Publizitätsvorschriften des Drittstaats dort veröffentlicht, auch in den Mitgliedstaaten, in denen die Wertpapiere zur amtlichen Notierung zugelassen sind, veröffentlichen muss, wenn sie über die dortigen Anforderungen hinausgehen.

Dadurch dass der Europäische Gesetzgeber auch hier „gleichwertige" Informationen genügen lässt, verzichtet er auf eine vollkommene Übereinstimmung der Informationen in den verschiedenen Staaten. Es soll vermieden werden, dass Emittenten, die zugleich auch die Publizitätsanforderungen außereuropäischer Wertpapieraufsichtsbehörden, z.B. der SEC in den USA erfüllen müssen, dazu gezwungen sind, für jeden Markt eigenständige Informa-

---

[1641] Begründung, Art. 3 des Vorschlags einer Transparenzrichtlinie v. 26. 3. 2003, DOK KOM (2003) 138, S. 25, 44.

[1642] Vormals Anhang, Schema C Nr. 6 lit. b), Schema D Abschnitt A Nr. 5 lit. b) BZR. Diese Regelung war in den Kommissionsvorschlägen zur BZR noch strenger ausgestaltet: Danach musste es sich bei den innerhalb der EG und den in einem Drittstaat veröffentlichten Angaben um „dieselben" bzw. „gleichwertige" Informationen handeln. Dies war unabhängig davon, ob die Informationen möglicherweise von Bedeutung für die Bewertung der Wertpapiere waren oder nicht; DOK KOM (1975) 686 v. 23. 12. 1975, S. 29, 32; DOK KOM (1976) 575 v. 3. 11. 1976, S. 43 f., 51.

tionsdokumente auszuarbeiten.[1643] Eine unterschiedliche Aufbereitung qualitativ und quantitativ vergleichbarer Informationen genügt also dem Gleichwertigkeitsgebot.

### 3. Praktische Hindernisse

Erhebliche technische Schwierigkeiten bei einer Notierung an verschiedenen ausländischen Börsenplätzen können sich daraus ergeben, dass die zu veröffentlichenden Informationen gleichzeitig in mehrere Sprachen übersetzt werden müssen. Daher ist es meistens nicht zu vermeiden, dass die fremdsprachigen Fassungen erst mit einer gewissen zeitlichen Verzögerung zur Verfügung stehen.[1644] Auch wenn die gleichzeitige Information aller Europäischer Märkte das von der Kommission angestrebte langfristige Ziel zur Verwirklichung eines einheitlichen Europäischen Kapitalmarkts ist und zeitliche Informationsasymmetrien grundsätzlich unerwünscht sind, lassen die bestehenden Vorschriften geringe zeitliche Abweichungen zu. Von einer „Gleichwertigkeit" kann jedoch nicht mehr gesprochen werden, wenn die Informationen durch die Verzögerung derart an Aktualität verloren haben, dass sie für die Bewertung der Wertpapiere nicht mehr relevant sind.

### 4. Ausblick: (geplante) Neuregelungen

Nach der neuen Prospektrichtlinie haben die zuständigen Stellen sicherzustellen, „dass alle Anleger die gleichen Informationen erhalten". Mit allen Anlegern ist das Publikum in den Mitgliedstaaten gemeint, in denen ein öffentliches Angebot unterbreitet wird bzw. die Wertpapiere zum Handel an einem geregelten Markt zugelassen sind.[1645] Die Vorschrift dehnt den Geltungsbereich der Verpflichtung, die Europäischen Märkte hinsichtlich der Informationen gleich zu behandeln, auf Emittenten aus, deren Wertpapiere Gegenstand eines öffentlichen Angebots waren oder auf einem geregelten Markt außerhalb des amtlichen Marktsegments gehandelt werden.

Der Kommissionsvorschlag einer neuen Transparenzrichtlinie greift das Gleichbehandlungsgebot hinsichtlich der Informationen in einer Befugnisnorm auf: Die Behörde soll sicherstellen, dass der Emittent rechtzeitige Informationen in einer Art und Weise offen legt, die dem Publikum in allen Mitgliedstaaten, in denen die Wertpapiere gehandelt werden, einen wirksamen und *gleichwertigen* Zugang ermöglicht.[1646]

---

[1643] *Edwards,* EC Company Law, S. 260.

[1644] Stellungnahme des Wirtschafts- und Sozialausschusses vom 1.7.1976 zum Kommissionsvorschlag einer BZR, ABl. EG Nr. C 204 v. 30.8.1976, S. 5 ff. (10).

[1645] Vgl. 41. Erwägungsgrund 10. Spiegelstrich, Art. 21 Abs. 4 lit. c) der Prospektrichtlinie v. 4.11.2003, ABl. EG Nr. L 345 v. 31.12.2003, S. 68, 80.

[1646] Art. 20 Abs. 4 lit. f) des Vorschlags einer neuen Transparenzrichtlinie v. 26.3.2003, DOK KOM (2003) 138, S. 60.

Emittenten mit Sitz in einem Drittstaat können von der Herkunftslandbehörde[1647] von den laufenden Publizitätspflichten frigestellt werden, wenn in den Rechtsvorschriften des Drittstaats zumindest gleichwertige Anforderungen festgeschrieben sind. Gedacht ist hier an die Anforderungen der US-amerikanischen Börsen. Hinsichtlich der Bedeutung des Begriffs der Gleichwertigkeit wird auf die obigen Ausführungen verwiesen.[1648]

Auch kann die Veröffentlichung von über die Richtlinienvorschriften hinausgehender Angaben, die in dem Drittstaat offengelegt werden, verlangt werden, wenn sie für das Publikum der Gemeinschaft von Bedeutung sind. Damit soll wie bisher eine Diskriminierung der Europäischen Wertpapiermärkte gegenüber denen von Drittstaaten hinsichtlich der Erteilung kursrelevanter Informationen unterbunden werden. Bzgl. der Offenlegungsmodalitäten haben Emittenten aus Drittstaaten die gemeinschaftsrechtlichen Vorschriften einzuhalten; in diesem Bereich bestehen also keine Abweichungen gegenüber Emittenten aus den Mitgliedstaaten.[1649]

Durch die angestrebte künftige Möglichkeit der Veröffentlichung kursrelevanter Informationen im Internet und durch den Verzicht auf eine Übersetzung in jede Amtssprache, wenn die Informationen in einer in Finanzkreisen geläufigen Sprache (i.d.R. Englisch) verfügbar sind, wird mehr als bisher eine zeitgleiche Information der mitgliedstaatlichen Märkte ermöglicht und werden die Emittenten hinsichtlich der Übersetzungs- und Publikationskosten entlastet.[1650]

# Viertes Kapitel: Zuständige Stellen und deren Befugnisse

## A. Bisherige Rechtslage

### I. Bestimmung der zuständigen Stellen

Die kodRL verpflichtet die Mitgliedstaaten, die innerstaatlichen Stellen zu bestimmen, die für die Anwendung der Richtlinien verantwortlich sind und sie

---

[1647] Dies ist die Behörde des Mitgliedstaats, in dem die Wertpapiere erstmals zugelassen werden; Art. 2 Abs. 1 lit. i) i) zweiter Spiegelstrich des Vorschlags einer neuen Transparenzrichtlinie v. 26. 3. 2003, DOK KOM (2003) 138, S. 43, i.V.m. Art. 2 lit. m) iii) der neuen Prospektrichtlinie v. 4. 11. 2003, ABl. EG Nr. L 345 v. 31. 12. 2003, S. 70.

[1648] S. o. 1. c).

[1649] Begründung, Art. 19 des Vorschlags einer neuen Transparenzrichtlinie v. 26. 3. 2003, DOK KOM (2003) 138, S. 32, 58; vgl. Zweites Konsultationspapier, Anhang I, S. 4. ähnlich Punkt 6.5. des Deutschen Corporate Governance Kodex' v. 26. 2. 2002, www.corporate-governance-code.de/ger/download/DCG_K_D.pdf.

[1650] Begründung, 14. Erwägungsgrund, Art. 16 des Vorschlags einer neuen Transparenzrichtlinie, DOK KOM (2003) 138, S. 31, 38, 55; vgl. Zweites Konsultationspapier, S. 10, Anhang I, S. 21; Artt. 14 Abs. 1 lit. c)–e), 19 der neuen Prospektrichtlinie v. 4. 11. 2003, ABl. EG Nr. L 345 v. 31. 12. 2003, S. 76, 78.

zur Erfüllung ihrer Aufgaben mit den entsprechenden Zuständigkeiten und Befugnissen auszustatten (Art. 105 Abs. 1 und 2 kodRL).[1651] Dabei steht es den Mitgliedstaaten frei, vorhandene Institutionen zu beauftragen oder eigens neue zu schaffen und einzelne Zuständigkeiten aufzuteilen. Die Stellen können öffentlich-rechtlich oder privatrechtlich organisiert sein. Sind die Befugnisse auf mehrere Stellen verteilt, müssen diese genau abgegrenzt werden.[1652] Aus Gründen der Transparenz und Kontrollierbarkeit muss die EG-Kommission von der jeweils einzelstaatlich gewählten Zuständigkeitsverteilung unterrichtet werden.

## II. Befugnisse

Die den zuständigen Stellen einzuräumenden Befugnisse werden zum Teil in der kodRL konkretisiert[1653]; im Übrigen sind die Mitgliedstaaten in der Gestaltung frei, sofern eine effektive Durchsetzung der Richtlinie gewährleistet ist (Art. 249 Abs. 3 EG). Die Kommission ging allerdings davon aus, dass den zuständigen Stellen ein allgemeines Auskunftsrecht eingeräumt werden müsse, damit sie die Angaben der Gesellschaften auf Vollständigkeit und Richtigkeit prüfen können.[1654] Ferner sollten sie sämtliche Unterlagen und Informationen anfordern dürfen, die sie für erforderlich halten, um die Einhaltung der Pflichten zu kontrollieren, einschließlich aller Prüfungsberichte von Wirtschaftsprüfern und sonstiger Beweisunterlagen. Dies müsse auch für die Überprüfung von Tatsachen gelten, die dazu führen, dass ein Emittent einem Ausnahmetatbestand unterfällt.[1655]

Die kodRL enthält nur wenige konkrete Vorgaben, wie die Mitgliedstaaten Verstöße gegen die laufenden Verhaltenspflichten ahnden können: Gemäß Art. 17 kodRL[1656] können die zuständigen Stellen des Mitgliedstaats, in dem die Wertpapiere des Emittenten zur amtlichen Notierung zugelassen sind, falls dieser die aus der Zulassung erwachsenden Pflichten nicht erfüllt, diese Tatsache veröffentlichen, unbeschadet der für diesen Fall vorgesehenen sonstigen Maßnahmen oder Sanktionen.

Die Formulierung „unbeschadet" verdeutlicht, dass der Gemeinschaftsgesetzgeber davon ausgeht, dass den zuständigen Stellen angemessene Sanktionsmechanismen zur Verfügung gestellt werden, um eine effektive Durchsetzung der laufenden Verhaltenspflichten zu gewährleisten.[1657] Dies verlangt auch

---

1651 Vormals Art. 9 Abs. 1, 2 BZR, Art. 18 Abs. 1, 3 UAbs. 1 BZPR, Art. 9 Abs. 1, 2 HBR, Art. 12 Abs. 1 und 2, 13 TR.

1652 Kommissionsvorschlag zur BZR, Begründung, V B. 1., DOK KOM (1975) 686 v. 23. 12. 1975, S. 10; *Hoppmann*, S. 35, 40; *Knobl/Opitz*, in: Griller, Banken im Binnenmarkt, S. 477 ff. (523 f.).

1653 Z.B. Artt. 11 Abs. 2, 14–18 kodRL (vormals Art. 9 Abs. 3–14, 16 BZR).

1654 Stellungnahme des Wirtschafts- und Sozialausschusses v. 1. 7. 1976 zum Kommissionsvorschlag einer BZR, ABl. EG Nr. C 204 v. 30. 8. 1976, S. 5 ff. (7).

1655 Kommissionsvorschlag zur BZR, Begründung, V. B. 1. DOK KOM (1975) 686, S. 11.

1656 Vormals Art. 12 BZR.

1657 A. A. *v. Klitzing*, Ad-hoc-Publiztät, S. 213.

Art. 97 kodRL.[1658] Gemäß Art. 13 der Insiderrichtlinie, der auf die Umsetzungsvorschriften zur Ad-hoc-Publizität anwendbar ist, müssen „die Sanktionen so weit gehen, dass sie einen hinreichenden Anreiz zur Einhaltung dieser Vorschriften darstellen." Dabei steht den Mitgliedstaaten die konkrete Wahl und Ausgestaltung der Sanktionen frei; sie können grundsätzlich zivilrechtliche, verwaltungsrechtliche oder strafrechtliche Sanktionen vorsehen.[1659]

## B. Ausblick

### I. Bündelung der Zuständigkeit bei einer Behörde

Im Rahmen ihres Vorschlags einer neuen Transparenzrichtlinie vom 26. 3. 2003 will die Kommission im Interesse der vom Rat der Weisen geforderten Steigerung der Transparenz und Effizienz die Zuständigkeit für die Überwachung und Durchsetzung der laufenden Verhaltenspflichten in jedem Mitgliedstaat bei derselben zentralen, von den Börsen unabhängigen Behörde bündeln, die auch für die Durchsetzung der Prospektrichtlinie zuständig ist. Dabei soll es sich um die „Wertpapierregulierungsbehörde des Herkunftsmitgliedstaats" handeln.[1660] Eine Delegierung der Befugnisse soll jedoch möglich sein, wenn die Letztverantwortung bei der zentralen Behörde verbleibt.[1661]

### II. Befugnisse

Die Kommission schlägt ferner vor, die nationalen Behörden mit vergleichbaren Befugnissen auszustatten, die es ihnen ermöglichen, einen gleichwertigen

---

[1658] Vormals Art. 15 TR; s.o. Erstes Kapitel unter D. X.

[1659] Die vom EuGH entwickelten allgemeinen Grundsätze für die Sanktionierung von Verstößen gegen Gemeinschaftsrecht sind zu beachten. Dazu gehören das Gebot der materiellen und verfahrensrechtlichen Gleichbehandlung mit den auf nationalem Recht beruhenden Sachverhalten, das Gebot der wirksamen und abschreckenden Sanktionierung, das ausdrücklich in Art. 13 der Insiderrichtlinie genannt ist, sowie das Verhältnismäßigkeitsprinzip; EuGH, Rs. 68/88 (Kommission/Griechenland), Slg. 1989, S. 2965 ff. (2985); Rs. C-326/88 (Hansen), Slg. 1990, S. I-2911 ff. (2935); Rs. C-7/90 (Vandevenne u.a.), Slg. 1991, S. I-4371 ff. (4387). Diese Grundsätze sind Ausprägung des aus Art. 10 EG (ex-Art. 5 EGV) abgeleiteten Prinzips der „praktischen Wirksamkeit". Vgl. nur *Steindorff*, S. 304.; *Grundmann*, Europäisches Schuldvertragsrecht, 1. Teil, Rn. 180; *v. Klitzing*, Ad-hoc-Publizität, S. 213 f.

[1660] Dies wäre in der Bundesrepublik die Bundesanstalt für Finanzdienstleistungsaufsicht (BAFin), die aus dem ehemaligen BAWe, BAKred und BAV hervorgegangen ist; die Zulassungsstellen der Börsen würden ihre Zuständigkeit und ihre Befugnisse verlieren.

[1661] Begründung, 18. Erwägungsgrund, Art. 20 Abs. 1, 2 des Vorschlags einer neuen Transparenzrichtlinie v. 26. 3. 2003, DOK KOM (2003) 138, S. 33, 38, 59 ff.; vgl. Erstes Konsultationspapier, S. 8; Zweites Konsultationspapier, Anhang I, S. 22; Artt. 21 ff. der Prospektrichtlinie v. 4. 11. 2003, ABl. EG Nr. 345 v. 31. 12. 2003, S. 79 ff.; vgl. die Begründung zum geänderten Vorschlag einer Prospektrichtlinie v. 9. 8. 2002, DOK KOM (2002) 460, S. 4, 20 f.; s.o. Zweiter Teil, Drittes Kapitel unter H., K.

Anlegerschutz zu gewährleisten und die Informationspflichten durchzusetzen. Dies erfordert im Gegensatz zur bisherigen Regelung eine weitergehende und detailliertere Festlegung von Befugnissen in der Richtlinie. Diese soll zumindest vorsehen, dass die zuständige Stelle befugt ist, von Abschlussprüfern, Führungskräften, Wertpapierinhabern und deren Verwaltern Auskünfte einzufordern, den Handel mit den Wertpapieren bis zu 10 Tage lang auszusetzen oder zu untersagen sowie öffentlich bekannt zu geben, dass der Emittent seinen Verpflichtungen nicht nachkommt.[1662] Auch die neue Prospektrichtlinie enthält diese und weitere Befugnisse.[1663]

Ferner sollen die Mitgliedstaaten in der geplanten Richtlinie ausdrücklich dazu verpflichtet werden, im Falle von Verstößen gegen die künftigen Informationspflichten zivilrechtliche Sanktionen und angemessene Verwaltungsmaßnahmen vorzusehen, die wirksam, abschreckend und verhältnismäßig sind. Dies entspricht der bisherigen Rechtsprechung des EuGH.[1664] Die zur Durchsetzung der Richtlinie erlassenen behördlichen Entscheidungen sollen hinreichend begründet und gerichtlich anfechtbar sein. Die verhängten Maßnahmen und Sanktionen dürfen öffentlich bekannt gemacht werden, wenn dies die Stabilität der Finanzmärkte nicht ernsthaft gefährdet und den Beteiligten keinen unverhältnismäßigen Schaden zufügt.[1665] Ähnliches sieht bereits die neue Prospektrichtlinie vor und reicht damit weit über die in Art. 97 kodRL enthaltene Befugnis hinaus.[1666]

Wie in der neuen Prospektrichtlinie sollen die Befugnisse grundsätzlich nur die Herkunftslandbehörde berechtigen. Die Behörden der Aufnahmemitgliedstaaten sind lediglich gehalten, der Herkunftslandbehörde Unregelmäßigkeiten oder Verstöße der Emittenten gegen ihre Pflichten mitzuteilen. Nur wenn die von der Herkunftslandbehörde ergriffenen Maßnahmen keine Wirkung zeitigen, sind die Behörden des jeweiligen Aufnahmemitgliedstaats nach Unterrichtung der Herkunftslandbehörde ausnahmsweise berechtigt, alle für den Anlegerschutz erforderlichen Maßnahmen zu ergreifen.[1667]

---

[1662] Begründung, 18. Erwägungsgrund, Art. 20 Abs. 4 des Vorschlags einer neuen Transparenzrichtlinie v. 26. 3. 2003, DOK KOM (2003) 138, S. 33, 38, 59; vgl. Zweites Konsultationspapier, Anhang I, S. 22 f.

[1663] 38. Erwägungsgrund, Art. 21 Abs. 3, 4 der neuen Prospektrichtlinie v. 4. 11. 2003, ABl. EG Nr. L 345 v. 31. 12. 2003, S. 67, 79 f.

[1664] S.o. Nachweise unter A. II.

[1665] 27. Erwägungsgrund, Art. 24 des Vorschlags einer neuen Transparenzrichtlinie v. 26. 3. 2003, DOK KOM (2003) 138, S. 40, 62; vgl. Erstes Konsultationspapier, S. 15, Zweites Konsultationspapier, Anhang I, S. 26.

[1666] S.o. unter A. II.; 43., 44. Erwägungsgrund, Artt. 25, 26 der neuen Prospektrichtlinie v. 4. 11. 2003, ABl. EG Nr. L 345 v. 31. 12. 2003, S. 68, 81.

[1667] Art. 22 des Vorschlags der neuen Transparenzrichtlinie v. 26. 3. 2003, DOK KOM (2003) 138, S. 61; Art. 23 der neuen Prospektrichtlinie v. 4. 11. 2003, ABl. EG Nr. L 345 v. 31. 12. 2003, S. 80; s.o. Zweiter Teil, Drittes Kapitel, H.

# Vierter Teil: Zusammenfassung

1. Das Europäische Kapitalmarktrecht bildet ein geschlossenes System von Rechten und Pflichten börsennotierter Aktiengesellschaften, das es ermöglicht, die jeweiligen nationalen Umsetzungsvorschriften gemeinschaftskonform systematisch auszulegen und anzuwenden.
2. Das Ziel, einen einheitlichen Europäischen Kapitalmarkt zu schaffen, ist im EG-Vertrag verankert[1668] und wird im Sekundärrecht aufgegriffen.[1669] Hierzu bedarf es der Effizienz der Kapitalmärkte und des Anlegervertrauens. Beides soll durch Anlegerschutzvorschriften erreicht werden,[1670] denen das aus der US-amerikanischen Regulierungsphilosophie stammende **Prinzip der Publizität** („principle of disclosure") sowie das **Prinzip der Anlegergleichbehandlung** zugrunde liegt: Zwingende Publizitätsvorschriften, die Unternehmen verpflichten, alle kursrelevanten Informationen zeitnah und gleichmäßig zu veröffentlichen, sollen – unterstützt durch staatliche Kontrollmechanismen – die Effizienz und Integrität der Kapitalmärkte gewährleisten.
3. Das Rechtsetzungskonzept zur Erreichung binnenmarktähnlicher Verhältnisse in Europa, das sich zunächst auf eine Mindestharmonisierung beschränkte, wird mehr und mehr ersetzt durch das Prinzip der Herkunftslandkontrolle und der gegenseitigen Anerkennung. Die neuen bzw. gegenwärtig im Entstehungsprozess befindlichen Rechtsetzungsakte der Gemeinschaft weisen durch Orientierung an weltweit anerkannten besten internationalen Standards und die Fruchtbarmachung des Internets für Veröffentlichungszwecke weit über die Grenzen des Europäischen Kapitalmarkts hinaus. Das Ziel der fortschreitenden Rechtsvereinheitlichung in Europa tritt immer stärker hinter dem Ziel der weltweiten Wettbewerbsfähigkeit des Europäischen Kapitalmarkts zurück.
4. Publizitätsvorschriften zum Schutze der Anleger bestehen sowohl vor als auch nach der Zulassung zum Börsenhandel. Die Emissionspublizität in Form eines Prospekts dient der erstmaligen umfassenden Information der Anleger über die Gesellschaft und die Wertpapiere. Der Prospekt wird fortgeschrieben durch die Regelpublizität, d.h. durch Informationen, die während der gesamten Dauer der Börsennotierung regelmäßig und anlassbezo-

---

[1668] Artt. 2, 3 Abs. 1 lit. c), h, 14, 43, 48, 56 EG.
[1669] 8., 9., 26., 32. Erwägungsgrund der kodifizierten Richtlinie.
[1670] Art. 44 Abs. 2 lit. g), 94, 95 EG.

gen erteilt werden. Sie sollen es den Anlegern ermöglichen, in voller Kenntnis der Sachlage eine Anlageentscheidung über den Kauf, das Behalten oder den Verkauf der Wertpapiere zu treffen.

5. Die Informationspflichten börsennotierter Aktiengesellschaften betreffen einerseits die Gesellschaft und andererseits die Wertpapiere. Darüber hinaus bestehen Gleichbehandlungspflichten gegenüber den Kapitalanlegern.
6. Diesem Prinzip folgend enthält der Prospekt alle Informationen, die für die Beurteilung der Wertpapiere durch die Marktteilnehmer erforderlich sind: Er bildet die wirtschaftliche Situation des Unternehmens sowie die mit den Wertpapieren verbundenen Rechte im Zeitpunkt der Zulassung zum Börsenhandel vollständig und aktuell ab. Die Qualität der Informationen wird durch staatliche Kontrolle gewährleistet. Die Gleichbehandlung des Anlegerpublikums wird durch die gleichzeitige und inhaltlich vergleichbare Veröffentlichung auf allen betroffenen Wertpapiermärkten sichergestellt.
7. Durch die Aufnahme der Jahresabschlüsse in den emittentenbezogenen Teil des Prospekts erhalten diese über ihre Aufgabe im Rahmen der handelsrechtlichen Rechnungslegung hinaus eine wichtige kapitalmarktrechtliche Informationsfunktion.

   Aufgrund der während der gesamten Zeit der Börsenzulassung bestehenden Verpflichtung der Gesellschaften, die Jahresabschlüsse nach den kapitalmarktrechtlichen Vorschriften und in ähnlicher Form wie den Prospekt dem Publikum zugänglich zu machen[1671], werden die wichtigsten im Prospekt enthaltenen Informationen über die Vermögens-, Finanz- und Ertragslage der Gesellschaft perpetuiert und aktualisiert. Dadurch, dass die Verpflichtungen ab 2005 nur durch die Veröffentlichung eines gemäß den IAS aufgestellten Konzernabschlusses erfüllt werden können, entsteht in diesem Bereich vom Gemeinschaftsrecht ausgehend ein Sonderrecht für börsennotierte Aktiengesellschaften.
8. Indem der Prospekt Bestandteile enthält, die die im Lagebericht üblicherweise enthaltenen Informationen wiedergeben und vertiefen, wird auch dieses Dokument für kapitalmarktrechtliche Informationszwecke fruchtbar gemacht. Durch die laufende Verpflichtung, dem Publikum jährlich den Lagebericht zur Verfügung zu stellen, wird eine Perpetuierung und Aktualisierung auch der wichtigsten Informationen über die Lage und die Entwicklung der Gesellschaft erreicht. Auch in diesem Bereich entwickelt sich ein Sonderrecht für börsennotierte Gesellschaften, da das Europarecht für deren Lagebericht künftig zusätzliche Pflichtangaben vorsehen wird.
9. Der Halbjahresbericht dient der Aktualisierung der von der Gesellschaft zuletzt veröffentlichten Jahresabschlüsse und Lageberichte. Er steht damit unter den emittentenbezogenen Informationspflichten zwischen der jährli-

[1671] Artt. 67, 80 kodRL.

chen Rechnungslegung und der Ad-hoc-Publizität. Durch die künftige Verpflichtung, neben einem Halbjahresbericht gemäß den IAS auch Quartalsangaben zu veröffentlichen, wird die Ad-hoc-Publizität an Bedeutung verlieren.

10. Die Verpflichtung zur Ad-hoc-Publizität führt zur Veröffentlichung neuer kursrelevanter Tatsachen. Dadurch soll erreicht werden, dass die Gesamtheit der dem Publikum zugänglichen Informationen über die Gesellschaft ständig dem Grundsatz des „true-and-fair-view" entspricht. Die Ad-hoc-Publizität dient damit der Aktualisierung der emittentenbezogenen Angaben im Prospekt bzw. in den regelmäßig zu veröffentlichenden Informationsdokumenten. Die sehr konkreten Mindestanforderungen an den Prospekt können deshalb zur Auslegung des unbestimmten Merkmals der wesentlichen Kursbeeinflussung herangezogen werden: Müsste die neue Tatsache im emittentenbezogenen Teil des Prospekts berücksichtigt werden, ist sie grundsätzlich als kursrelevant anzusehen und zu veröffentlichen.
11. Die Verpflichtung zur Ad-hoc-Publizität ist in der neuen Marktmissbrauchsrichtlinie[1672] aufgegangen, indem dort die Verpflichtung der Emittenten aufgenommen wurde, Insider-Informationen unverzüglich zu veröffentlichen. Auch wenn auf diese Weise die zweite Funktion der Ad-hoc-Publizität, Insider-Geschäften vorzubeugen, in den Vordergrund gerückt wird, verliert sie dadurch nicht ihre bisherige Funktion im Rahmen der laufenden Informationspflichten.
12. Die Verpflichtung von Aktionären, gegenüber der Gesellschaft den Erwerb oder die Änderung einer bedeutenden Beteiligung an ihrem stimmberechtigten Kapital zu offenbaren, und die sich daran anschließende Publizitätsverpflichtung der Gesellschaft haben ihren Ursprung im Konzernrecht. Die eine Meldepflicht auslösenden prozentualen Kapitalanteile orientieren sich an damit verbundenen Einflussausübungsmöglichkeiten, die im Europäischen Gesellschaftsrecht verankert sind. Also dient die Publizitätspflicht der Transparenz der finanziellen und wirtschaftlichen Verhältnisse innerhalb von Unternehmenszusammenschlüssen. Die Gesellschaft hat ihre Beteiligungsverhältnisse im Prospekt zu veröffentlichen sowie bei relevanten Änderungen zu aktualisieren. Die Meldepflicht der Aktionäre ermöglicht der Gesellschaft erst die Erfüllung dieser Verpflichtung. Die Beteiligungstransparenz ist ein Sonderfall der Ad-hoc-Publizität und weist starke Bezüge zum Übernahmerecht auf, da sie den heimlichen Aufbau einer Kontrollbeteiligung unterbindet. Schließlich unterstützt sie die öffentliche Fusionskontrolle.

---

[1672] Richtlinie 2003/6/EG des Europäischen Parlaments und des Rates vom 28. 1. 2003 über Insider-Geschäfte und Marktmissbrauch; ABl. EG Nr. L 96 v. 12. 4. 2003, S. 16 ff.

13. Die Gesellschaft muss auch die wertpapierbezogenen Angaben im Prospekt, insbesondere Änderungen der mit den Wertpapieren verbundenen Rechte, stets aktualisieren. Da für die Änderung der Wertpapierrechte grundsätzlich ein Beschluss der Haupt- bzw. Gläubigerversammlung erforderlich ist, erfahren die aktuellen Anleger bereits im Rahmen der Einberufung von der geplanten Änderung. Die kapitalmarktmäßige Veröffentlichung dient somit allein der umfassenden Information der übrigen Marktteilnehmer und potentiellen Investoren. Rein technische Informationen, die dazu dienen, den aktuellen Anleger die Ausübung ihrer Rechte zu ermöglichen und die auf den Kurs keinen Einfluss haben, stehen dabei außerhalb des Systems der Marktinformationen.
14. Auch hinsichtlich der Gleichbehandlungspflichten ist zu differenzieren zwischen Pflichten gegenüber allen Marktteilnehmern und Pflichten gegenüber den aktuellen Anlegern. Erstere beziehen sich lediglich auf die Erteilung von Informationen und sollen im Sinne der Kapitalmarkteffizienz gewährleisten, dass alle Märkte und Marktteilnehmer gleichmäßig und gleichzeitig mit gleichwertigen kursrelevanten Informationen versorgt werden. Letztere beziehen sich auf die gesamte Rechtsstellung eines aktuellen Wertpapierinhabers im Verhältnis zur Gesellschaft. In diesem Bereich deckt sich die Verpflichtung mit der im Europäischen Gesellschaftsrecht verankerten umfassenden Verpflichtung zur Gleichbehandlung aller Wertpapierinhaber derselben Gattung.

# Literaturverzeichnis

*Arndt, Hans-Wolfgang*: Europarecht, 5. Aufl., Heidelberg, 2001. (zit.: *Arndt*, Europarecht)

*Assmann, Heinz-Dieter:* Die rechtliche Ordnung des europäischen Kapitalmarkts – Defizite des EG-Konzepts einer Kapitalmarktintegration durch Rechtsvereinheitlichung, ORDO 44 (1993), S. 87–119. (zit.: *Assmann,* ORDO 44 (1993) S. 87 ff.)

*Ders.:* Die Regelung des Primärmarkts für Kapitalanlagen mittels Publizität im Recht der Europäischen Gemeinschaft, AG 1993, S. 549–563. (zit.: *Assmann,* AG 1993, S. 549 ff.)

*Ders.*: Das neue deutsche Insiderrecht, ZGR 1994, S. 494–529. (zit.: *Assmann,* ZGR 1994, S. 494 ff.)

*Ders.:* Harmonisierung des Kapitalmarkt- und Börsenrechts in der EG, in: Hadding, Walther/Hopt, Klaus J./Schimansky, Herbert (Hrsg.), Deutsches und europäisches Bank- und Börsenrecht – Bankrechtstag 1993, Berlin, New York, 1994, S. 61–134. (*Assmann,* in: Bankrechtstag 1993, S. 61 ff.)

*Assmann, Heinz-Dieter/Buck, Petra:* Europäisches Kapitalmarktrecht – Eine kritische Bestandsaufnahme des Vorhabens zur Schaffung eines einheitlichen Kapitalmarkts in einem integrierten europäischen Binnenmarkt durch Kapitalverkehrsliberalisierung und Rechtsangleichung auf den Gebieten des Gesellschafts-, Bank-, Börsen- und Investmentrechts sowie des Steuerrechts, EWS 1990, S. 110–123, S. 190–193, S. 220–226. (zit.: *Assmann/Buck,* EWS 1990)

*Assmann, Heinz-Dieter/Schneider, Uwe H. (Hrsg.):* Wertpapierhandelsgesetz – Kommentar, 2. Aufl., Köln 1999. (zit.: Assmann/Schneider/*Bearbeiter)*

*Assmann, Heinz-Dieter/Schütze, Rolf A. (Hrsg.):* Handbuch des Kapitalanlagerechts, 2. Aufl., München 1997. (zit.: *Assmann/Schütze,* Handbuch des Kapitalanlagerechts)

*Bagel, Friderike:* Der Ausschluss des Bezugsrechts in Europa, Köln 1999 (zugl. Bonn, Univ., Diss., 1999). (zit.: *Bagel,* Bezugsrechtsausschluss in Europa)

*Baumbach, Adolf (Begr.)/Hopt, Klaus J. (Bearb.):* Handelsgesetzbuch mit GmbH & Co., Handelsklauseln, Bank- und Börsenrecht (...), 29. Aufl., München 1995. (zit.: Baumbach/*Hopt,* 29. Aufl.)

*Baumbach, Adolf (Begr.)/Hopt, Klaus J. (Bearb.):* Handelsgesetzbuch mit GmbH & Co., Handelsklauseln, Bank- und Börsenrecht (...), 30. Aufl., München 2000. (zit.: Baumbach/*Hopt,* 30. Aufl.)

*BAWe/Deutsche Börse AG:* Insiderhandelsverbot und Ad-hoc-Publizität nach dem Wertpapierhandelsgesetz – Erläuterungen und Empfehlungen zur Behandlung kursbeeinflussender Tatsachen gemäß §§ 12 ff. WpHG, 2. Aufl., Frankfurt a.M., 1998. (zit.: *BAWe/Deutsche Börse AG,* Leitfaden)

*Becker, Joachim*: Das neue Wertpapierhandelsgesetz, Textausgabe mit Erläuterungen, Berlin 1995. (zit.: *Becker,* WpHG)

*Behrens, Peter.* Gesellschaftsrecht, in: Dauses, Manfred A. (Hrsg.), Handbuch des EU-Wirtschaftsrechts, München 1993 ff. (Lsbl.), Band 1 Teil E III (Stand 12/1997). (zit.: *Behrens,* in: Dauses, Handbuch des EU-Wirtschaftsrechts, E. III.)

*Berndt, Thomas*: Berücksichtigung von Umweltaspekten im Jahresabschluss – Anmerkungen zur Empfehlung de EU-Kommission vom 30. 5. 2001, BB 2001, S. 1727–1733. (zit.: *Berndt,* BB 2001, S. 1727)

*Biener, Herbert*: Rezeption der US GAAP über IOSCO und IASC?, in: Festschrift für W.D. Budde (hrsg. v. G. Förschle u.a.), München 1995, S. 87–103. (zit.: *Biener,* FS Budde, S. 87 ff.)

*Bischof, Hans Helmut*: Europarecht für Anfänger, 2. Aufl., München 1996. (zit.: *Bischof,* Europarecht)

*Bleckmann, Albert*: Europarecht – Das Recht der Europäischen Union und der Europäischen Gemeinschaften, 6. Aufl. Köln 1997. (zit.: Bleckmann/*Bearbeiter*, Europarecht)

*Busse von Colbe, Walther*: Ausbau der Konzernrechnungslegung im Lichte internationaler Entwicklungen, ZGR 2000, S. 651–673. (zit.: *Busse von Colbe,* ZGR 2000, S. 651 ff.)

*Cahn, Andreas*: Grenzen des Markt- und Anlegerschutzes durch das WpHG, ZHR 162 (1998), S. 1–50. (zit.: *Cahn,* ZHR 162 (1998), S. 1 ff.)

*Ders.*: Entscheidungen des Bundesaufsichtsamts für den Wertpapierhandel nach § 15 Abs. 1 Satz 2 WpHG, WM 1998, S. 272–274. (zit.: *Cahn,* WM 1998, S. 272 ff.)

*Callies, Christian/Ruffert, Matthias (Hrsg.)*: Kommentar des Vertrage über die Europäische Union und des Vertrages zur Gründung der Europäischen Gemeinschaft – EUV/EGV –, 2. Aufl., Neuwied 2002. (zit.: Callies/Ruffert/*Bearbeiter*)

*Caspari, Karl-Burkhard*: Die Problematik der wesentlichen Kursbeeinflussung einer publizitätspflichtigen Tatsache, in: Baetge, Jörg (Hrsg.), Insiderrecht und Ad-hoc-Publizität – Was bedeuten die neuen Regelungen für Unternehmenspublizität und Finanzanalyse? –, Düsseldorf 1995, S. 65–78. (zit.: *Caspari,* in: Baetge, S. 65 ff.)

*Claussen, Carsten Peter*: Neues zur kommenden Insidergesetzgebung (II), ZBB 1992, S. 267–283. (zit.: *Claussen,* ZBB 1992, S. 267 ff.)

*Ders.*: Insiderhandelsverbot und Ad-hoc-Publizität – Praktikerhinweise und -empfehlungen für Emittenten, Anleger, Banken, Wertpapierdienstleister und ihre Berater, Köln 1996. (zit.: *Claussen,* Insiderhandelsverbot)

*Ders.*: Bank- und Börsenrecht, 2. Aufl., München 2000. (zit.: *Claussen,* Bank- und Börsenrecht)

*Ders.*: Konzernabschluss versus Einzelabschluss der Muttergesellschaft, ZGR 2000, S. 604–619. (zit.: *Claussen*, ZGR 2000, S. 604 ff.)

*Deckert, Martina/von Rüden, Jens*: Anlegerschutz durch Europäisches Kapitalmarktrecht – Publizität statt Verbot, EWS 1998, S. 46–54. (zit.: *Deckert/von Rüden*, EWS 1998, S. 46 ff.)

*Deutsche Börse AG*: Insiderhandelsverbote und Ad-hoc-Publizität nach dem WpHG – Erläuterungen und Empfehlungen zur Behandlung kursbeeinflussender Tatsachen gem. §§ 12 ff. WpHG, Köln 1994, abgedruckt in WM 1994, S. 2038–2048. (zit.: *Deutsche Börse AG,* WM 1994, S. 2038 ff.)

*Dine, Janet*: Securities Regulation, in: Dine, Janet/ Hughes, Paul (Edit.), EC Company Law, Part IV, Bristol 1991 ff. (Lsbl.), Stand 9/2001. (zit.: *Dine,* Securities Regulation)

*Diße, Sabine/Merz, Gabriele*: International Standards on Auditing (ISA) – Gemeinsamkeiten und Unterschiede im Vergleich zu den deutschen Prüfungsgrundsätzen, in: Blomeyer, Wolfgang/Peemöller, Volker H., Internationale Rechnungslegung und Prüfung, Herne/Berlin 2000, S. 445–470. (zit.: *Diße/Merz,* ISA, in: Blomeyer/Peemöller, Internationale Rechnungslegung und Prüfung, S. 445 ff.)

*Dreyling, Georg/Schäfer, Frank A.*: Insiderrecht und Ad-hoc-Publizität – Praxis und Entwicklungstendenzen (RWS-Skript 314), Köln 2001. (zit.: *Dreyling/Schäfer,* Ad-hoc-Publizität)

*Drygala, Tim*: Die Vorschläge der SLIM-Arbeitsgruppe zur Vereinfachung des Europäischen Gesellschaftsrechts, AG 2001, S. 291–299. (zit.: *Drygala,* AG 2001, S. 291 ff.)

*Ebenroth, Carsten T./Boujong, Karlheinz/Joost, Detlef (Hrsg.)*: Handelsgesetzbuch, Band 2, §§ 343–475h, Transportrecht, Bank- und Börsenrecht, München 2001. (zit.: Ebenroth/Boujong/Joost/*Bearbeiter*)

*Edwards, Vanessa* (zit.: *Edwards:* EC Company Law, Oxford, 1999, EC Company Law)

*Ekkenga, Jens*: Anlegerschutz, Rechnungslegung und Kapitalmarkt: eine vergleichende Studie zum europäischen, deutschen und britischen Bilanz-, Gesellschafts- und Kapitalmarktrecht (Jus privatum Bd. 30), Tübingen 1998. (zit.: *Ekkenga,* Anlegerschutz)

*Ders.*: Neuordnung des Europäischen Bilanzrechts für börsennotierte Unternehmen: Bedenken gegen die Strategie der EU-Kommission, BB 2001, S. 2362–2369. (zit.: *Ekkenga,* BB 2001, S. 2362 ff.)

*Elster, Nico*: Europäisches Kapitalmarktrecht – Recht des Sekundärmarktes, München 2002. (zit.: *Elster*)

*Ernst, Christoph*: EU-Verordnungsvorschlag zur Anwendung von IAS: Europäisches Bilanzrecht vor weitreichenden Änderungen, BB 2001, S. 823–825. (zit.: *Ernst,* BB 2001, S. 823 ff.)

*Kommission der Europäischen Wirtschaftsgemeinschaft:* Der Aufbau eines Europäischen Kapitalmarkts, Bericht einer von der EWG-Kommission eingesetzten Sachverständigengruppe, Brüssel, November 1966. (zit.: Segré-Bericht)

*Kommission der Europäischen Gemeinschaften:* Vollendung des Binnenmarktes; Weißbuch der Kommission an den Europäischen Rat, Luxemburg 1985.

*Dies.*: Die Angleichung des Bilanzrechts in der EG: Probleme bei der Anwendung der Vierten Richtlinie, Amt für amtliche Veröffentlichungen der Europäischen Gemeinschaften, Brüssel/Luxemburg 1990.

*Dies.*: Wertpapiermärkte: Zusammenstellung der EG-Rechtsakte und Vorschläge sowie ihre Anwendung auf den Europäischen Wirtschaftsraum, Stand: Juni 1993, Luxemburg 1993.

*Europäische Kommission*: Harmonisierung auf dem Gebiet der Rechnungslegung: Eine neue Strategie im Hinblick auf die internationale Harmonisierung – Mitteilung der Kommission, DOK KOM (1995) 508 v. 14. 11. 1995.

*Dies.*: Grünbuch – Rolle, Stellung und Haftung des Abschlussprüfers in der europäischen Union, DOK KOM (1996) 338.

*Dies.*: Mitteilung betreffend die Abschlussprüfung in der Europäischen Union: Künftiges Vorgehen v. 29. 4. 1998, ABl. EG Nr. C 143 v. 8. 5. 1998, S. 12–18.

*Dies.*: Finanzdienstleistungen: Abstecken eines Aktionsrahmens – Mitteilung der Kommission, DOK KOM (1998) 625 v. 28. 10. 1998.

*Dies.*: Finanzdienstleistungen: Umsetzung des Finanzmarktrahmens: Aktionsplan – Mitteilung der Kommission, DOK KOM (1999) 232 v. 11. 5. 1999.

*Dies.*: Financial Services Action Plan – First Progress Report v. 29. 11. 1999, http://www.europa.eu.int/comm/internal_market/en/finances/actionplan/progress1en.pdf (zit.: Erster Fortschrittsbericht)

*Dies.*: Bericht der Kommission an das Europäische Parlament und der Rat – Ergebnisse der vierten Phase der SLIM-Initiative, DOK KOM (2000) 56 v. 4. 2. 2000.

*Dies.*: Aktueller Stand auf dem Gebiet der Finanzdienstleistungen, Zweiter Bericht, DOK KOM (2000) 336 v. 31. 5. 2000. (zit.: Zweiter Fortschrittsbericht)

*Dies.*: Rechnungslegungsstrategie der EU: Künftiges Vorgehen – Mitteilung der Kommission an den Rat und das Europäische Parlament, DOK KOM (2000) 359 v. 13. 6. 2000.

*Dies.*: Finanzdienstleistungen – Prioritäten und Fortschritte: Dritter Bericht, DOK KOM (2000) 692/2 v. 8. 11. 2000. (zit.: Dritter Fortschrittsbericht)

*Dies.*: Finanzdienstleistungen – Politische Herausforderungen, Vierter Fortschrittsbericht, Brüssel, Juni 2001, DOK KOM (2001) 286. (zit.: Vierter Fortschrittsbericht)

*Dies.*: Auf dem Weg zu einer EU-weiten Regelung der Informationspflichten von Emittenten, deren Wertpapiere zum Handel auf einem geregelten Markt zugelassen sind – Konsultationspapier der Dienststellen der Generaldirektion Binnenmarkt v. 11. 7. 2001, www.europa.eu.int/comm/internal_market/en/finances/mobil/euregime_de.pdf. (zit.: Erstes Konsultationspapier)

*Dies.*: Finanzdienstleistungen – Europa muss seinen Zeitplan einhalten, Fünfter Fortschrittsbericht, Brüssel, 30. 11. 2001, DOK KOM (2001) 712. (zit.: Fünfter Fortschrittsbericht)

*Dies.:* Bericht der Hochrangigen Expertengruppe auf dem Gebiet des Gesellschaftsrechts zu Fragen im Zusammenhang mit öffentlichen Übernahme-angeboten v. 10. 1. 2002, www.europa.eu.int/comm/internal_market/de/company/company/news/02–24.htm.

*Dies.:* Moderne gesellschaftsrechtliche Rahmenbedingungen in Europa: Ein Konsultationspapier der Hochrangigen Expertengruppe auf dem Gebiet des Gesellschaftsrechts v. 25. 4. 2002, www.europa.eu.int/comm/internal_market/de/company/company/consult/consult_de.pdf.

*Dies.:* Auf dem Weg zu einer EU-weiten Regelung der Informationspflichten von Emittenten, deren Wertpapiere zum Handel auf einem geregelten Markt zugelassen sind, Zweite Konsultation der Dienststellen der Generaldirektion Binnenmarkt der Europäischen Kommission v. 8. 5. 2002, www.europa.eu.int/comm/internal_market/en/finances/mobil/euregime_de.pdf; (zit: Zweites Konsultationspapier)

*Dies.:* Finanzdienstleistungen – Das Klima bessert sich – doch ist noch einiges zu tun, Sechster Fortschrittsbericht, Brüssel, 3. 6. 2002, DOK KOM (2002) 267. (zit.: Sechster Fortschrittsbericht)

*Dies.:* Report of the High Level Group of Company Law Experts on A Modern Regulatory Framework for Company Law in Europe, Brussels, 4. 11. 2002, www.europa.eu.int/comm/internal_market/en/company/company/consult/report_en.pdf

*Dies.:* Finanzdienstleistungen – Erfüllung der Prioritäten von Barcelona und Ausblick: Umsetzung, Siebenter Fortschrittsbericht, Brüssel, 3. 12. 2002, http://www.europa.eu.int/comm/internal_market/en/finances/actionplan/progress7_de.pdf. (zit.: Siebenter Fortschrittsbericht)

*Dies.:* Stärkung der Abschlussprüfung in der EU, Mitteilung der Kommission an den Rat und das Europäische Parlament v. 21. 5. 2003, ABl. EG Nr. C 236 v. 2. 10. 2003, S. 2 ff.

*Dies.:* Finanzdienstleistungen – Noch neun Monate bis zur vollständigen Verabschiedung des Aktionsplans für Finanzdienstleistungen (FSAP), Achter Fortschrittsbericht, Brüssel, 3. 6. 2003, http://www.europa.eu.int/comm/internal_market/en/finances/actionplan/progress8_de.pdf. (zit.: Achter Fortschrittsbericht)

*Dies.:* Finanzdienstleistungen – Endspurt für den FSAP, Neunter Fortschrittsbericht, Brüssel, 25. 11. 2003, http://www.europa.eu.int/comm/internal_market/en/finances/actionplan/progress9_de.pdf. (zit.: Neunter Fortschrittsbericht)

*Federspieler, Christian:* Zwischenberichterstattung nach IAS – Der Entwurf des International Accounting Standard Committee, DB 1997, S. 943–947. (zit.: *Federspieler,* DB 1997, S. 943 ff.)

*Fleischer, Holger:* Empfiehlt es sich, im Interesse des Anlegerschutzes und zur Förderung des Finanzplatzes Deutschland das Kapitalmarkt- und Börsenrecht neu zu regeln?, Zusammenfassung der Ergebnisse des Gutachtens zum 64. Deutschen Juristentag v. 17.–20. 9. 2002 in Berlin, Beilage zu NJW 2002, Heft 23, S. 37–41. (zit.: *Fleischer,* NJW 2002, Beilage H. 23, S. 37 ff.)

*Forum Europaeum Konzernrecht:* Konzernrecht für Europa, ZGR 1998, S. 672–772. (zit.: *Forum Europaeum Konzernrecht* ZGR 1998, S. 672 ff.)

*Fürhoff, Jens/Wölk, Armin:* Aktuelle Fragen zur Ad-hoc-Publizität, WM 1997, S. 449–459. (zit.: *Fürhoff/Wölk,* WM 1994, S. 449 ff.)

*Fürhoff, Jens/Ritz, Corinna:* Richtlinienentwurf der Kommission über den Europäischen Pass für Emittenten, WM 2001, S. 2280–2288. (zit.: *Fürhoff/Ritz,* WM 2001, S. 2280 ff.)

*Gehrt, John Alexander:* Die neue Ad-hoc-Publizität nach § 15 Wertpapierhandelsgesetz – Eine kritische Betrachtung im Vergleich zur französischen und anglo-amerikanischen Regelung, Baden-Baden 1997 (zugl. München, Univ.-Diss. 1997). (zit.: *Gehrt,* Ad-hoc-Publizität)

*Geibel, Stephan/Süßmann, Rainer:* Wertpapiererwerbs- und Übernahmegesetz (WpÜG), Kommentar, München 2002. (zit.: *Geibel/Süßmann*)

*Geiger, Rudolf:* EG-Vertrag, Kommentar, 3. Aufl., München 2000. (zit.: *Geiger*, EG-Vertrag)

*Gericke, Horst:* Handbuch für die Börsenzulassung von Wertpapieren, Frankfurt/M. 1992. (zit.: *Gericke*)

*Geßler, Ernst/Hefermehl, Wolfgang/Eckhardt, Ulrich/Kropff, Bruno/Goethel, Stephan R.:* Aktiengesetz, Kommentar, Band 1: §§ 1–75, 1. Aufl., München 1984. (zit.: *Bearbeiter,* in: Geßler/Hefermehl/Eckardt/Kropff, AktG,) Europäisches Bilanzrecht im Umbruch, DB 2001, S. 2057–2061. (zit.: *Goethel,* DB 2001, S. 2057 ff.)

*Grabitz, Eberhard/Hilf, Meinhard (Hrsg.):* Das Recht der Europäischen Union, Altband I und II, München, Lsbl., Stand: Juli 2000. (zit.: Grabitz/Hilf/*Bearbeiter,* Bd. I/II (alt) EGV)

*dies.:* Das Recht der Europäischen Union, Kommentar, Band I/II – neu –, München, Lsbl., Stand: Februar 2002. (zit.: Grabitz/Hilf/*Bearbeiter,* Bd. I/II (neu), EG)

*Grill, Wolfgang/Perczynski, Hans:* Wirtschaftslehre des Kreditwesens, 3. Aufl., Bad Homburg 1991. (zit.: *Grill/Perczynski*)

*Von der Groeben, Hans/Thiesing, Jochen/Ehlermann, Claus-Dieter (Hrsg.):* Handbuch des Europäischen Rechts – Systematische Sammlung mit Erläuterungen Baden-Baden (Lsbl.), Stand: Oktober 2002. (zit.: GTE-Handbuch/*Bearbeiter*)

*Von der Groeben, Hans/Thiesing, Jochen/Ehlermann, Claus-Dieter:* Kommentar zum EU-/EG-Vertrag, 5. Aufl., Baden-Baden 1997 ff. (zit.: GTE/*Bearbeiter,* EG-Vertrag)

*Groß, Wolfgang:* Kapitalmarktrecht – Kommentar zum BörsG, zur Börsenzulassungs-Verordnung, zum Verkaufsprospektgesetz und zur Verkaufsprospektverordnung, 2. Aufl., München 2002. (zit.: *Groß*)

*Großfeld, Bernhard:* Internationales und Europäisches Unternehmensrecht: das Organisationsrecht transnationaler Unternehmen, 2. Aufl., Heidelberg 1995. (zit.: *Großfeld,* IntUntR)

*Ders.:* Internationale Rechnungslegung – Internationalisierung als Führungsaufgabe, in: Grundmann, Stefan (Hrsg.), Systembildung und Systemlücken in Kerngebieten des Europäischen Privatrechts, Tübingen 2000, S. 289–303. (zit.: *Großfeld,* Systembildung und Systemlücken, S. 289 ff.)

*Grünwald, Alfons:* Europäisches Gesellschaftsrecht (WUV Studienbücher JuS 13), Wien 1999. (zit.: *Grünwald,* EuGesR)

*Grundmann, Stefan:* EG-Richtlinie und nationales Privatrecht – Umsetzung und Bedeutung der umgesetzten Richtlinie im nationalen Privatrecht, JZ 1996, S. 274–287. (zit.: *Grundmann,* JZ 1996, S. 274 ff.)

Ders.: Europäisches Kapitalmarktrecht, ZfSR 137 (1996), S. 103–149. (zit.: *Grundmann,* ZfSR 137 (1996), S. 103 ff.)

*Ders.:* Europäisches Schuldvertragsrecht – Das europäische Recht der Unternehmensgeschäfte, ZGR Sonderheft 15, Berlin/New York 1999. (zit.: *Grundmann,* Europäisches Schuldvertragsrecht)

*Ders.:* Binnenmarktkollisionsrecht – vom klassischen IPR zur Integrationsordnung, RabelsZ 64 (2000), S. 457–477. (zit.: *Grundmann,* RabelsZ 64 (2000), S. 457 ff.).

*Ders.:* Das Thema Systembildung im Europäischen Privatrecht – Gesellschafts-, Arbeits- und Schuldvertragsrecht, in: Grundmann, Stefan (Hrsg.), Systembildung und Systemlücken in Kerngebieten des Europäischen Privatrechts, Tübingen 2000, S. 1–49. (zit.: *Grundmann,* Systembildung und Systemlücken, S. 1 ff.)

*Grunewald, Barbara:* Neue Regeln zum Insiderhandel, ZBB 1990, S. 128–133. (zit.: *Grunewald,* ZBB 1990, S. 128 ff.)

*Habersack, Mathias:* Europäisches Gesellschaftsrecht, München 1999. (zit.: *Habersack,* EuGesR)

*Hakenberg, Waltraud:* Grundzüge des Europäischen Gemeinschaftsrechts, 2. Aufl., München 2000. (zit.: *Hakenberg,* Europäisches Gemeinschaftsrecht)

*Happ, Wilhelm/Semler, Johannes:* Ad-hoc-Publizität im Spannungsfeld von Gesellschaftsrecht und Anlegerschutz – Zum Begriff der Tatsache in § 15 WpHG bei mehrstufigen Entscheidungsprozessen, ZGR, 1998, S. 116–141. (zit.: *Happ/Semler,* ZGR 1998, S. 116 ff.)

*Havermann, Hans:* Private Regelsetzung aus der Sicht des Handelsbilanzrechts, ZGR 2000, S. 693–701. (zit.: *Havermann,* ZGR 2000, S. 693 ff.)

*Heintzen, Markus:* EU-Verordnungsentwurf zur Anwendung von IAS: Kein Verstoß gegen Unionsverfassungsrecht, BB 2001, S. 825–829. (zit.: *Heintzen,* BB 2001, S. 825 ff.)

*Heinze, Stephan:* Europäisches Kapitalmarktrecht – Recht des Primärmarktes, (Europäisches Wirtschaftsrecht Bd. 17), München 1999 (zugl. Halle, Univ.-Diss. 1999). (zit.: *Heinze*)

*Hellwig, Hans-Jürgen:* Angleichung des Gesellschaftsrechts in Europa – Notwendigkeit, Schwerpunkte und Wege aus der Sicht des Kapitalmarkts, EWS 2001, S. 580–583. (zit.: *Hellwig,* EWS 2001, S. 580 ff.)

*Henes, Frank:* Börsenrechtliche Zwischenberichtspublizität, Stuttgart 1995. (zit.: *Henes*)

*Hennrichs, Joachim:* Ausbau der Konzernrechnungslegung im Lichte internationaler Entwicklungen, ZGR 2000, S. 627–650. (zit.: *Hennrichs,* ZGR 2000, S. 627 ff.)

*Hirte, Heribert:* Die Ad-hoc-Publizität im System des Aktien- und Börsenrechts, in: in: Hadding, Walther/Hopt, Klaus J./Schimansky, Herbert (Hrsg.), Das Zweite Finanzmarktförderungsgesetz in der praktischen Umsetzung – Bankrechtstag 1995, Berlin 1996, S. 47–93. (zit.: *Hirte,* in: Bankrechtstag 1995, S. 47 ff.)

*Ders.:* Kapitalgesellschaftsrecht, RWS-Grundkurs 13, 3. Aufl., Köln 2001. (zit.: *Hirte,* Kapitalgesellschaftsrecht)

*Ders.:* Kapitalerhaltung (Gläubiger- und Eignerschutz) und Strukturmaßnahmen, in: Grundmann, Stefan (Hrsg.), Systembildung und Systemlücken in Kerngebieten des Europäischen Privatrechts, Tübingen 2000, S. 211–234. (zit.: *Hirte,* Systembildung und Systemlücken, S. 211 ff.)

*Hoffmann, Diether:* Banken- und Börsenrecht der EWG, 1. Aufl., Baden-Baden 1990. (zit.: Hoffmann)

*Hohloch, Gerhard (Hrsg.):* EU-Handbuch Gesellschaftsrecht, Berlin 1997ff (Lsbl.), Stand: 8/2001. (zit.: Hohloch/*Bearbeiter*)

*Hommelhoff, Peter:* Anlegerinformationen im Aktien-, Bilanz- und Kapitalmarktrecht, ZGR 2000, S. 748–775. (zit.: *Hommelhoff,* ZGR 2000, S. 748 ff.)

*Ders.:* Europäisches Bilanzrecht im Aufbruch, RabelsZ 62 (1998), S. 381–401. (zit.: *Hommelhoff,* RabelsZ 62 (1998), S. 381 ff.).

*Hoppmann, Carsten:* Europarechtliche Entwicklungen im Börsenrecht, Arbeitspapier 6/1998, Arbeitspapiere des Instituts für Handels- und Wirtschaftsrecht an der Universität Osnabrück, Osnabrück, 1998. (zit.: *Hoppmann)*

*Hopt, Klaus J.:* Der Kapitalanlegerschutz im Recht der Banken – Gesellschafts-, bank- und börsenrechtliche Anforderungen an das Beratungs- und Verwaltungsverfahren der Kreditinstitute, München, 1975. (*Hopt,* Kapitalanlegerschutz)

*Ders.:* Vom Aktien- und Börsenrecht zum Kapitalmarktrecht? – Teil 1: Der international erreichte Stand des Kapitalmarktrechts, ZHR 140 (1976) S. 201–235. (zit.: *Hopt,* ZHR 140 (1976), S. 201 ff.)

*Ders.:* Vom Aktien- und Börsenrecht zum Kapitalmarktrecht? Teil 2: Die deutsche Entwicklung im internationalen Vergleich, ZHR 141 (1977), S. 389–441. (zit.: *Hopt,* ZHR 141 (1977), S. 389 ff.).

*Ders.:* Die Publizität von Kapitalgesellschaften – Grundsätzliche Überlegungen zum Stand nach der 4. EG-Richtlinie und zur Reformdiskussion in den USA, ZGR 1980, S. 225–253. (zit.: *Hopt,* ZGR 1980, S. 225 ff.)

*Ders.:* The European Insider Dealing Directive, 27 CML Rev. 1990, S. 50–82. (zit.: *Hopt,* 27 CMLRev 1990, S. 50 ff.)

*Ders.:* The European Insider Dealing Directive, in: Hopt, Klaus J./Wymeersch, Eddy (Hrsg.), European Insider Dealing, London 1991, S. 129–149. (zit. *Hopt,* in: Hopt/ Wymeersch, S. 129 ff.)

*Ders.:* Europäisches und deutsches Insiderrecht, ZGR 1991, S. 17–93. (zit.: *Hopt,* ZGR 1991, S. 17 ff.)

*Ders.:* Grundsatz- und Praxisprobleme nach dem Wertpapierhandelsgesetz – insbesondere Insidergeschäfte und Ad-hoc-Publizität – , ZHR 159 (1995), S. 135–163. (zit.: *Hopt,* ZHR 159 (1995) S. 135 ff.)

*Ders.:* Das neue Insiderrecht nach §§ 12 ff. WpHG – Funktion, Dogmatik, Reichweite – in: Hadding, Walther/Hopt, Klaus J./Schimansky, Herbert (Hrsg.), Das Zweite Finanzmarktförderungsgesetz in der praktischen Umsetzung – Bankrechtstag 1995, Berlin 1996, S. 3–34. (zit.: *Hopt,* in: Bankrechtstag 1995, S. 3 ff.)

*Ders.:* Europäisches Kapitalmarktrecht – Rückblick und Ausblick, in: Grundmann, Stefan (Hrsg.), Systembildung und Systemlücken in Kerngebieten des Europäischen Privatrechts, Tübingen 2000, S. 307–330. (zit.: *Hopt,* Systembildung und Systemlücken, S. 307 ff.)

*Hopt, Klaus J. / Baum, Harald:* Börsenrechtsreform in Deutschland, in: Hopt, Klaus J./Rudolph, Bernd/Baum, Harald (Hrsg.), Börsenreform – Eine ökonomische, rechtsvergleichende und rechtspolitische Untersuchung, Stuttgart 1997, S. 287–467. (zit: *Hopt/Baum,* in: Hopt/Rudolph/Baum, Börsenreform, S. 287 ff.)

*Hopt, Klaus J. / Will, Michael R.:* Europäisches Insiderrecht, Einführende Untersuchungen – Ausgewählte Materialien, Stuttgart, 1973. (zit.: *Hopt/Will,* Insiderrecht)

*Hüffer, Jens:* Das Wertpapier-Verkaufsprospektgesetz – Prospektpflicht und Anlegerschutz, Köln 1996. (zit.: *Hüffer,* Wertpapier-Verkaufsprospektgesetz)

*Hüffer, Uwe:* Aktiengesetz, Kommentar, 5. Aufl., München 2002. (zit.: *Hüffer,* AktG)

*van Hulle, Karel:* Das Europäische Bilanzrecht – Entwicklungen und Herausforderungen, Schriftenreihe des Zentrums für Europäisches Wirtschaftsrecht der Universität Bonn, Nr. 34, 1994. (zit.: *van Hulle,* Das Europäische Bilanzrecht – Entwicklungen und Herausforderungen, 1993)

*Ders.:* „True and fair view" im Sinne der 4. Richtlinie, in: Festschrift für W.D. Budde (hrsg. v. G. Förschle u.a.), München 1995, S. 313–326. (zit.: *van Hulle,* FS Budde, S. 313 ff.)

*Ders.:* Die Zukunft der europäischen Rechnungslegung im Rahmen einer sich ändernden internationalen Rechnungslegung, WPg 1998, S. 138–153. (zit.: *van Hulle,* WPg 1998, S. 138 ff.)

*Ders.:* Die Reform des europäischen Bilanzrechts: Stand, Ziele und Perspektiven, ZGR 2000, S. 537–549. (zit.: *van Hulle,* ZGR 2000, S. 537 ff.)

*Ders.:* Aktuelle Entwicklungen im europäischen Gesellschaftsrecht, EWS 2000, S. 521–526. (zit.: *van Hulle,* EWS 2000, S. 521 ff.)

*Ders.:* EFRAG – Moderator, kein europäischer Standardsetzer!, BB 2001, Heft 33 S. I – „Die erste Seite". (zit.: *van Hulle,* BB 2001, Heft 33, „Die erste Seite")

*Ders.:* Aktuelle Entwicklungen im Europäischen Gesellschaftsrecht, in: Scheuing, D. H./Schwarz, G. C./ Wollenschläger, M. (Hrsg.), Europäisches Unternehmensrecht (Ius Europaeum Band 15), Baden-Baden 2001, S. 81–93. (zit.: *van Hulle,* Aktuelle Entwicklungen, S. 81 ff.)

*Institut der Wirtschaftsprüfer in Deutschland e. V. (IDW):* Praktisch relevante Abweichungen zwischen den Rechnungslegungsstandards der IASC und der 4. und 7. EG-Richtlinie, WPg 1998, S. 183–188. (zit.: *IDW,* WPg 1998, S. 183 ff.)

*IASC (Hrsg.):* International Accounting Standards 2000 (Deutsche Ausgabe), Stuttgart 2000. (zit.: *IASC,* IAS 2000)

*Ilberg, Philipp von/Neises, Michael:* Der Richtlinien-Vorschlag der EU Kommission zum „Einheitlichen Europäischen Prospekt" und zum „Marktmissbrauch" aus Sicher der Praxis – Hintergrund, Inhalt und Kritik –, WM 2002, S. 635–647. (zit.: *v. Ilberg/Neises*, WM 2002, S. 635 ff.)

*IOSCO (Hrsg.):* International Disclosure Standards for Cross-Border Offerings and Initial Listings by Foreign Issuers, September 1998, www.iosco.org/iosco.html. (zit.: *IOSCO*, Offenlegungsstandards)

*Izquierdo, Miriam:* Die Liberalisierung und Harmonisierung des Börsenrechts als Problem des EG-Rechts, hrsg. v. Europa-Institut der Universität des Saarlandes, 1989. (zit.: *Izquierdo)*

*Kampf, o.A.*: Finanzdienstleistungen, in: Grabitz, Eberhard/ Hilf, Meinhard (Hrsg.), Das Recht der Europäischen Union – Kommentar, Band IV, Teil E 26, München, (Lsbl.) Stand: Juli 2000. (zit.: *Kampf*, in: Grabitz/Hilf, Bd. IV, E 26)

*Kallmeyer, Harald:* SLIM – Schlankheitskur für das EU-Gesellschaftsrecht, AG 2001, S. 406–409. (zit.: *Kallmeyer*, AG 2001, S: 406 ff.)

*Kalss, Susanne:* Anlegerinteressen – Der Anleger im Handlungsdreieck von Verband, Vertrag und Markt, Wien 2001. (zit.: *Kalss)*

*Kiel, Peter:* Internationales Kapitalanlegerschutzrecht: zum Anwendungsbereich kapitalanlegerschützender Normen im deutschen, europäischen und US-amerikanischen Recht, Berlin/New York 1994 (zugl. Hamburg, Univ.-Diss., 1993). (zit.: *Kiel*)

*Klages, Joachim*: Die Richtlinie der EG über den Börsenzulassungsprospekt – Ein Vergleich mit den heutigen nationalen Regelungen, Baden-Baden 1981. (zit.: *Klages*)

*Kleppe, Martin:* Anlegerschutz beim Rückzug eines Unternehmens von der Börse, Köln 2002. (zit.: *Kleppe*)

*Klitzing, Joachim von:* Die Ad-hoc-Publizität – Zwischen europäischer Vorgabe und nationaler Umsetzung und zwischen Kapitalmarktrecht und Gesellschaftsrecht, Köln/ Berlin/Bonn/München 1999; zugl. Halle-Wittenberg, Univ.-Diss. 1999. (zit.: *v. Klitzing*, Ad-hoc-Publizität)

*Knobl, Peter/Opitz, Martin:* Wertpapiergeschäft und Börse im EG-Recht, in: Banken im Binnenmarkt, hrsg. v. Stefan Griller, Wien 1992, S. 477–565. (zit.: *Knobl/Opitz*, in: Griller, S. 477 ff.)

*Köbrich, Michael:* Die Erstellung und Veröffentlichung von Zwischenberichten nach bisheriger Rechtslage und nach neuem Recht, DB 1989, S. 1477–1482. (zit.: *Köbrich*, DB 1989, S. 1477 ff.)

*Koenig, Christian/Haratsch, Andreas:* Europarecht, 3. Aufl., Tübingen 2000. (zit.: *Koenig/ Haratsch*, Europarecht)

*Kopp-Colomb, Wolf von/Lenz, Jürgen:* Der europäische Pass für Emittenten, AG 2002, S. 24–30. (zit.: *Kopp-Colomb/Jürgen*, AG 2002, S. 24 ff.)

*Krauel, Wolfgang:* Insiderhandel – Eine ökonomisch-theoretische und rechtsvergleichende Untersuchung, Baden-Baden 2000. (zit.: *Krauel*, Insiderhandel)

*Kübler, Friedrich:* Gesellschaftsrecht – Die privatrechtlichen Ordnungsstrukturen und Regelungsprobleme von Verbänden und Unternehmen, 5. Aufl. Heidelberg 1998. (zit.: *Kübler*, Gesellschaftsrecht)

*Kümpel, Siegfried*: Kapitalmarktrecht – eine Einführung, 2. Aufl., Berlin 2000. (zit.: *Kümpel,* Kapitalmarktrecht)

*Ders.:* Bank- und Kapitalmarktrecht, 2. Aufl., Köln 2000. (zit.: *Kümpel*, Bank- und Kapitalmarktrecht)

*Kümpel, Siegfried/Hammen, Horst/Ekkenga, Jens (Hrsg.):* Kapitalmarktrecht – Ergänzbares Rechtshandbuch für die Praxis, Band 1 und 2, Berlin 1995 ff., (Lsbl.), Stand: Oktober 2002. (zit.: *Kümpel/Hammen/Ekkenga*)

*Lahmann, Kai:* Insiderhandel – Ökonomische Analyse eines ordnungspolitischen Dilemmas, Berlin, 1994. (zit.: *Lahmann,* Insiderhandel)

*Larenz, Karl:* Methodenlehre der Rechtswissenschaft, 6. Aufl., Berlin 1991. (zit.: *Larenz,* Methodenlehre)

*Leis, Josef/Nowak, Eric:* Ad-hoc-Publizität nach §15 WpHG, Stuttgart 2001. (zit.: *Leis/Nowak,* Ad-hoc-Publizität)

*Lenz, Carl Otto (Hrsg.):* EG-Vertrag, Kommentar, 2. Aufl., Köln u.a. 1999. (zit. Lenz/*Bearbeiter,* EG-Vertrag)

*Leppert, Michael/Stürwald, Florian:* Die insiderrechtlichen Regelungen des Vorschlags für eine Marktmissbrauchsrichtlinie und der Stand der Umsetzung im deutschen Wertpapierhandelsrecht, ZBB 2002, S. 90–106. (zit.: *Leppert/Stürwald,* ZBB 2002, S. 90 ff.)

*Loesche, Marco/Eichner, Gerrit/Stute, Winfried:* Die Berechnung von Erheblichkeitsgrenzen in den Insiderhandelsverboten des WpHG, AG 1999, S. 308–318. (zit.: *Loesche/Eichner/Stute,* AG 1999, S: 308 ff.)

*Löw, Edgar:* Deutsches Rechnungslegungs Standards Committee, ZBB 2001, S. 19–29. (zit.: *Löw,* ZBB 2001, S. 19 ff.)

*Lutter, Marcus:* Europäisches Unternehmensrecht, 4. Aufl., ZGR Sonderheft 1, Berlin/New York 1996. (zit.: *Lutter,* EuUntR, 4. Aufl. 1996)

*Ders.:* Europäisches Gesellschaftsrecht, 2. Aufl., ZGR Sonderheft 1, Berlin/New York 1984. (zit.: *Lutter,* EuGesR, 2. Aufl. 1984)

*Ders.:* Europäisches Gesellschaftsrecht, 1. Aufl., ZGR Sonderheft 1, Berlin/New York 1979. (zit.: *Lutter,* EuGesR, 1. Aufl. 1979)

*Ders.:* Das Europäische Unternehmensrecht im 21. Jahrhundert, ZGR 2000, S. 1–18. (zit.: *Lutter,* ZGR 2000, S. 1 ff.)

*Ders.:* Konzepte, Erfolge und Zukunftsaufgaben Europäischer Gesellschaftsrechtsharmonisierung, in: Grundmann, Stefan (Hrsg.), Systembildung und Systemlücken in Kerngebieten des Europäischen Privatrechts, Tübingen 2000, S. 121 – 143. (zit.: *Lutter,* Systembildung und Systemlücken, S. 121 ff.)

*Merkt, Hanno:* Zur Entwicklung des deutschen Börsenrechts von den Anfängen bis zum Zweiten Finanzmarktförderungsgesetz, in: Hopt, Klaus J./Rudolph, Bernd/ Baum, Harald (Hrsg.), Börsenreform – Eine ökonomische, rechtsvergleichende und rechtspolitische Untersuchung, Stuttgart 1997, S. 17–141. (zit.: *Merkt,* in: Hopt/Rudolph/Baum, Börsenreform, S. 17 ff.)

*Ders.:* Unternehmenspublizität: Offenlegung von Unternehmensdaten als Korrelat der Marktteilnahme, Tübingen 2001. (zit.: *Merkt,* Unternehmenspublizität)

*Möllers, Thomas M. J.:* Anlegerschutz durch Aktien- und Kapitalmarktrecht – Harmonisierungsmöglichkeiten nach geltendem und künftigem Recht, ZGR 1997, S. 334–367. (zit.: *Möllers,* ZGR 1997, S. 334 ff.)

*Moxter, Adolf:* Zum Verhältnis von handelsrechtlichen Grundsätzen ordnungsgemäßer Bilanzierung und True-and-fair-view-Gebot bei Kapitalgesellschaften, in: Festschrift für W.D. Budde (hrsg. v. Förschle u.a.), München 1995, S. 419–429. (zit.: *Moxter,* FS Budde, S. 419 ff.)

*Mues, Jochen:* Anmerkungen zum Börsengesetz nach dem Diskussionsentwurf für das Vierte Finanzmarktförderungsgesetz, ZBB 2001, S. 353–360. (zit.: *Mues,* ZBB 2001, S. 353 ff.).

*Mülbert, Peter:* Aktiengesellschaft, Unternehmensgruppe und Kapitalmarkt – Die Aktionärsrechte bei Bildung und Umbildung einer Unternehmensgruppe zwischen Verbands- und Anlegerschutzrecht, München 1995. (zit.: *Mülbert*)

*Ders.:* Konzeption des europäischen Kapitalmarktrechts für Wertpapierdienstleistungen, WM 2001, S. 2085–2102. (*Mülbert,* WM 2001, S. 2085 ff.)

*Nagel, Bernhard:* Wirtschaftsrecht der Europäischen Union – Eine Einführung, 3. Aufl., Baden-Baden 2001. (zit.: *Nagel,* Wirtschaftsrecht)

*Noack, Ulrich:* Moderne Kommunikationsformen vor den Toren des Unternehmensrechts, ZGR 1998, S. 592–616. (zit.: *Noack,* ZGR 1998, S. 592 ff.)

*Ders.:* Online-Unternehmensregister in Deutschland und Europa – Bemerkungen zum Regierungsentwurf eines Gesetzes über elektronische Register und Justizkosten für Telekommunikation (ERJuKoG), BB 2001, S. 1261–1267. (zit.: *Noack,* BB 2001, S. 261 ff.)

*Ders.:* Neuerungen im Recht der Hauptversammlung durch das Transparenz- und Publizitätsgesetz und den Deutschen Corporate Governance Kodex, DB 2002, S. 620–626. (zit.: *Noack,* DB 2002, S. 620 ff.)

*Nowak, Eric:* Eignung von Sachverhalten in Ad-hoc-Mitteilungen zur erheblichen Kursbeeinflussung, ZBB 2001, S. 449–465. (zit.: *Nowak,* ZBB 2001, S. 449 ff.)

*Onderka, Günther:* Die Umsetzung der EG-Börsenrichtlinien in das deutsche Recht, in: Hadding, Walther/Schneider, Uwe H. (Hrsg.), Beiträge zum Börsenrecht – Zur Reform des Börsenrechts, Geregelter Markt sowie zur Rechtsstellung des amtlichen Kursmaklers und des Freien Börsenmaklers, Frankfurt a.M. 1987, S. 9–22. (zit.: *Onderka,* in: Hadding/Schneider, S. 9 ff.).

*Oppermann, Thomas:* Europarecht, 2. Aufl., München 1999. (zit.: *Oppermann,* Europarecht)

*Pellens, Bernhard/Fülbier, Uwe:* Publizitätspflichten nach dem Wertpapierhandelsgesetz – Ausgestaltung unter Berücksichtigung anglo-amerikanischer Regulierungen, DB 1994, S. 1381–1388. (zit.: *Pellens/Fülbier,* DB 1994, S. 1381 ff.)

*Dies.:* Differenzierung der Rechnungslegungsregulierung nach Börsenzulassung, ZGR 2000, S. 572–593. (zit.: *Pellens/Fülbier,* ZGR 2000, S. 572 ff.)

*Raida, Helmut:* Die Entwicklungen des europäischen Börsenrechts, in Büschgen/Schneider, Der europäische Binnenmarkt 1992 – Auswirkungen für die deutsche Finanzwirtschaft – Beiträge zum Wirtschafts- und Bankrecht Bd. 2, WP-Mitteilungen, Frankfurt a.M. 1990, S. 229–242. (zit.: *Raida,* in: Büschgen/Schneider, S. 229 ff.)

*Raiser, Thomas:* Recht der Kapitalgesellschaften – Ein Handbuch für Praxis und Wirtschaft, 3. Aufl., München 2001. (zit.: *Raiser,* Kapitalgesellschaftsrecht)

*Regierungskommission Deutscher Corporate Governance Kodex:* Deutscher Corporate Governance Kodex v. 26. 2. 2002, www.corporate-governance-code.de/ger/download/DCG_K_.pdf.

*Reul, Jürgen:* Die Pflicht zur Gleichbehandelung der Aktionäre bei privaten Kontrolltransaktionen – Eine juristische und ökonomische Analyse, Tübingen 1991. (zit.: *Reul*)

*Roth, Wulf-Henning:* Niederlassungs- und Dienstleistungsfreiheit – Grundlagen, in: Dauses, Manfred A. (Hrsg.), Handbuch des EU-Wirtschaftsrechts, Teil E. I., München (Stand Februar 1993). (zit.: *Roth,* in: Dauses, Handbuch des EU-Wirtschaftsrechts, E.I.)

*Schäfer, Frank A. (Hrsg.):* Wertpapierhandelsgesetz, Börsengesetz mit BörsZulV, Verkaufsprospektgesetz mit VerkProspektV – Kommentar, Stuttgart, Berlin, Köln 1999. (zit.: Schäfer/*Bearbeiter*).

*Ders.:* Grundzüge des neuen Börsenrechts, ZIP 1987, S. 953–459. (zit.: *Schäfer,* ZIP 1987, S. 953 ff.)

*Schäfer, Sebastian:* Das Recht des Aktionärs auf Auskunft über Beteiligungen, Köln 1999. (zit.: *Schäfer,* Auskunft über Beteiligungen)

*Schanz, Kay-Michael:* Börseneinführung – Recht und Praxis des Börsengangs, 2. Aufl., München 2002. (zit.: *Schanz*)

*Schlüter, Uwe:* Wertpapierhandelsrecht – Handbuch für Banken und Finanzdienstleistungsinstitute, München 2000. (zit.: *Schlüter,* Wertpapierhandelsrecht)

*Schmidt, Karsten (Hrsg.):* Münchener Kommentar zum Handelsgesetzbuch, Bd. 4 Drittes Buch – Handelsbücher: §§ 238–342a HGB, Red. W. F. Ebke, München 2001. (zit.: MünchKomm HGB-*Bearbeiter*)

*Ders.:* Gesellschaftsrecht, 4. Aufl., Köln 2002. (zit.: *K. Schmidt,* Gesellschaftsrecht)

*Schneider, Sven H.:* Befreiung des Emittenten von Wertpapieren von der Veröffentlichungspflicht nach § 15 WpHG, BB 2001, S. 1214–1219. (zit.: *Schneider,* BB 2001, S. 1214 ff.)

*Schneider, Uwe H.*: Internationales Kapitalmarktrecht – Regelungsprobleme, Methoden und Aufgaben, AG 2001, S. 269–278. (zit.: *Schneider,* AG 2001, S. 269 ff.)

*Schön, Wolfgang:* Gesellschaftsrecht nach Maastricht – Art. 3b EGV und das europäische Gesellschaftsrecht, ZGR 1995, S. 1–38. (zit.: *Schön,* ZGR 1995, S. 1 ff.)

*Ders.:* Mindestharmonisierung im europäischen Gesellschaftsrecht, ZHR 160 (1996), S. 221–249. (zit.: *Schön,* ZHR 160 (1996), S. 221 ff.)

*Ders.:* Europäische Kapitalverkehrsfreiheit und nationales Steuerrecht, in: Schön, Wolfgang (Hrsg.), Gedächtnisschrift für Brigitte Knobbe-Keuk, Köln 1997, S. 743–777. (zit.: *Schön,* GS Knobbe-Keuk (1997), S. 743 ff.)

*Ders.:* Entwicklung und Perspektiven des Handelsbilanzrechts vom ADHGB zum IASC, ZHR 161 (1997), S. 133–159. (zit.: *Schön,* ZHR 161 (1997), S. 133 ff.)

*Ders.:* Anmerkung zu EuGH, Urt. v. 4. 12. 1997 – Rs. C-97/96 Daihatsu, JZ 1998, S. 194–195. (zit.: *Schön,* JZ 1998, S. 194 f.)

*Ders.:* Gesellschafter-, Gläubiger- und Anlegerschutz im Europäischen Bilanzrecht, ZGR 2000, S. 706–742. (zit.: *Schön,* ZGR 2000, S. 706 ff.)

*Ders.:* Das Bild des Gesellschafters im Europäischen Gesellschaftsrecht, RabelsZ 61 (2000), S. 1–37. (zit.: *Schön,* RabelsZ 61 (2000), S. 1 ff.)

*Ders.:* Die Niederlassungsfreiheit von Kapitalgesellschaften im System der Grundfreiheiten, in: Schneider, Uwe H. u.a. (Hrsg.), Festschrift für Marcus Lutter, Köln 2000, S. 685–706. (zit.: *Schön,* FS Lutter, S. 685 ff.)

*Ders.:* Editorial: Wer schützt den Kapitalschutz?, ZHR 166 (2002), S. 1–5. (zit.: *Schön,* ZHR 166 (2002), S. 1 ff.)

*Schruff, Wienand/Nowak, Eric/Feinendegen, Stefan:* Ad-hoc-Publizitätspflicht des Jahresergebnisses gemäß § 15 WpHG: Wann muss veröffentlicht werden?, BB 2001, S. 719–725. (zit.: *Schruff/Nowak/Feinendegen,* BB 2001, S. 719 ff.)

*Schuster, Gunnar:* Die internationale Anwendung des Börsenrechts – völkerrechtlicher Rahmen und kollisionsrechtliche Praxis in Deutschland, England und den USA, Berlin 1996. (zit.: *Schuster*)

*Schwark, Eberhard:* Anlegerschutz durch Wirtschaftsrecht – Entwicklungslinien, Prinzipien und Fortbildung des Anlegerschutzes, zugleich ein Beitrag zur Überlagerung bürgerlich-rechtlicher Regelung und gewerbepolizeilicher Überwachung durch Wirtschaftsrecht, München 1979. (zit.: *Schwark,* Anlegerschutz)

*Ders.:* Das neue Kapitalmarktrecht, NJW 1987, S. 2041–2045. (zit.: *Schwark,* NJW 1987, S. 2041 ff.).

*Ders.:* Börsengesetz – Kommentar zum Börsengesetz und zu den börsenrechtlichen Nebenbestimmungen, 2. Aufl., München 1994. (zit.: *Schwark*)

*Ders.:* Die Verhaltensnormen der §§ 31 ff. WpHG, in: Hadding, Walther/Hopt, Klaus J./ Schimansky, Herbert (Hrsg.), Das Zweite Finanzmarktförderungsgesetz in der praktischen Umsetzung – Bankrechtstag 1995, Berlin 1996, S. 109–134. (zit.: *Schwark,* in: Bankrechtstag 1995, S. 109 ff.)

*Schwarz, Günter C.:* Europäisches Gesellschaftsrecht, 1. Aufl., Baden-Baden 2000. (zit.: *Schwarz,* EuGesR)

*Ders.:* Zum Statut der Europäischen Aktiengesellschaft – Die wichtigsten Neuerungen und Änderungen der Verordnung, ZIP 2001, S. 1847–1861. (zit.: *Schwarz,* ZIP 2001, S. 1847 ff.)

*Schwarze, Jürgen (Hrsg.):* EU-Kommentar, 1. Aufl., Baden-Baden 2000. (zit.: Schwarze/*Bearbeiter*)

*Schweitzer, Michael/Hummer, Waldemar:* Europarecht – Das Recht der Europäischen Union – Das Recht der Europäischen Gemeinschaften (EGKS, EG, EAG) – mit Schwerpunkt EG, 5. Aufl., Neuwied 1996; Nachtrag: Der Vertrag von Amsterdam vom 2. Oktober 1997, Neuwied 1999. (zit.: *Schweitzer/Hummer,* Europarecht)

*Siebold, Hanns Christof:* Das neue Insiderrecht – Von der freiwilligen Selbstkontrolle zum internationalen Standard, Berlin 1994. (zit.: *Siebold,* Insiderrecht)

*Steindorff, Ernst:* EG-Vertrag und Privatrecht, 1. Aufl., Baden-Baden 1996. (zit.: *Steindorff*)
*Steinhauer, Carsten:* Insiderhandelsverbot und Ad-hoc-Publizität: Eine rechtsvergleichende Analyse zivilrechtlicher Haftungsansprüche von Anlegern in den USA und Deutschland, Baden-Baden 1999. (zit.: *Steinhauer,* Insiderhandelsverbot)
*Streinz, Rudolf:* Europarecht, 5. Aufl., Heidelberg 2001. (zit.: *Streinz,* Europarecht)
*Tippach, Stefan U.:* Das Insiderhandelsverbot und die besonderen Rechtspflichten der Banken, Köln 1995. (zit.: *Tippach,* Insider-Handelsverbot)
*Vedder, Caroline:* Zum Begriff „für Rechnung" im AktG und WpHG, Köln 1998. (zit.: *Vedder*)
*Weber, Klaus-Peter:* Insiderrecht und Kapitalmarktschutz – Haftungstheorien im U.S.-amerikanischen, europäischen und deutschen Recht, Berlin 1999. (zit.: *Weber,* Insiderrecht)
*Weber, Martin:* Die Entwicklung des Kapitalmarktrechts 1998–2000, Teil 2: Publizität, Insiderrecht und Kapitalmarktaufsicht, NJW 2000, S. 3461–3473. (zit.: *Weber,* NJW 2000, S. 3461 ff.)
*Weber, Stefan:* Kapitalmarktrecht – Eine Untersuchung des österreichischen Rechts und des Europäischen Gemeinschaftsrecht, Wien 1999. (zit.: *Weber,* Kapitalmarktrecht)
*Ders.:* Kapitalmarkt-, Börsen- und Investmentrecht, in: Dauses, Manfred A. (Hrsg.), Handbuch des EU-Wirtschaftsrechts, München 1993 ff (Lsbl.), Band 1 Teil F III (Stand 9/1994). (zit.: *Weber,* in: Dauses, Handbuch des EU-Wirtschaftsrechts, F. III.)
*Ders.:* Der Kommissionsentwurf einer Marktmissbrauchsrichtlinie, EuZW 2002, S. 43–47. (zit.: *Weber,* EuZW 2002, S. 43 ff.)
*Weber, Wolfgang:* Insider-Handel, Informationsproduktion und Kapitalmarkt – Eine institutionenökonomische Analyse, Wiesbaden 1994. (zit.: *Weber,* Insider-Handel)
*Werlauff, Erik:* EC Company Law – The common denominator for business undertakings in 12 states, Copenhagen 1993. (zit.: *Werlauff*)
*Wiedemann, Herbert:* Gesellschaftsrecht – Ein Lehrbuch des Unternehmens- und Verbandsrechts, Band I (Grundlagen), München 1980. (zit.: *Wiedemann,* Gesellschaftsrecht)
*Wiesner, Peter M.:* Aktuelle Entwicklungen im Europäischen Unternehmensrecht, BB 2001, Beilage 8 zu Heft 44. (zit.: *Wiesner,* BB 2001, Beilage 8)
*Witt, Carl-Heinz:* Die Änderungen der Mitteilungs- und Veröffentlichungspflichten nach §§ 21 ff WpHG durch das geplante Wertpapiererwerbs- und Übernahmegesetz, AG 2001, S. 233–241. (zit.: *Witt,* AG 2001, S. 233 ff.)
*Wittich, Georg:* Erfahrungen mit der Ad-hoc-Publizität in Deutschland, AG 1997, S. 1–5. (zit.: *Wittich,* AG 1997, S. 1 ff.)
*Woopen, Herbert:* Das Börsenrecht in der Reform, ZIP 1989, S. 254–267. (zit.: *Woopen,* ZIP 1989, S. 254 ff.)
*Wymeersch, Eddy:* Company Law in Europe and European Company Law, in: Referate für den 1. Europäischen Juristentag in Nürnberg 2001, Abteilung II: Gemeinschaftsweite Unternehmenstätigkeit, Baden-Baden 2001, S. 85–163. (*Wymeersch,* 1. EuJT, S. 85 ff.)
*Zöllner, Wolfgang (Hrsg.):* Kölner Kommentar zum Aktiengesetz, Band 1: §§ 1–75 AktG, 2. Aufl., Köln 1988. (zit.: *Bearbeiter* in: Kölner Kommentar zum AktG)